Direito Civil

FAMÍLIAS

Cleyson de Moraes Mello

Professor Adjunto da UERJ
Professor do PPGD da UERJ
Diretor Adjunto da Faculdade de Direito de Valença
Professor Titular da Unesa e FDV
Membro do Instituto dos Advogados do Brasil – IAB

Direito Civil

FAMÍLIAS

Freitas Bastos Editora

Direitos exclusivos da edição e distribuição em língua portuguesa:

Maria Augusta Delgado Livraria, Distribuidora e Editora

Editor: *Isaac D. Abulafia*
Revisão: *Madalena Moisés*
Capa e Diagramação: *Jair Domingos de Sousa*

DADOS INTERNACIONAIS PARA CATALOGAÇÃO
NA PUBLICAÇÃO (CIP)

M527d

Mello, Cleyson de Moraes
Direito civil: famílias / Cleyson de Moraes Mello. – Rio de Janeiro: Freitas Bastos, 2017.
620 p. ; 23 cm.

ISBN 978-85-7987-283-9

1. Direito de família – Brasil. I. Título.

CDD- 346.81015

Freitas Bastos Editora

Tel./Fax: (21) 2276-4500
freitasbastos@freitasbastos.com
vendas@freitasbastos.com
www. freitasbastos.com

DO MESMO AUTOR

- *Código Civil Comentado*. Volume I. Rio de Janeiro: Freitas Bastos, 2002 (esgotado). Coautoria com diversos autores.
- *Código Civil Comentado*. Volume II. Rio de Janeiro: Freitas Bastos, 2002 (esgotado). Coautoria com diversos autores.
- *Direitos Humanos* – Coletânea de Legislação. Rio de Janeiro: Freitas Bastos, 2002. Organizador com Thelma Araújo Esteves Fraga.
- *Novos Direitos* – Os Paradigmas da Pós-Modernidade. Niterói: Impetus, 2004. Coautoria com diversos autores.
- *Condomínio*. 2. ed. Rio de Janeiro: Freitas Bastos, 2005. Coautoria com Thelma Araújo Esteves Fraga
- *Direito Civil* – Parte Geral. Niterói: Impetus, 2004. Coautoria com Thelma Araújo Esteves Fraga
- *Direito Civil* – Contratos – Parte Geral. Rio de Janeiro: América Jurídica, 2006. Coautoria com Thelma Araújo Esteves Fraga
- *Responsabilidade Civil e a Interpretação pelos Tribunais*. Rio de Janeiro: Freitas Bastos, 2006.
- *O que é o Direito?*. Rio de Janeiro: Freitas Bastos, 2006.
- *Hermenêutica e Direito*. Rio de Janeiro: Freitas Bastos, 2006.
- *Introdução ao Estudo do Direito*. Rio de Janeiro: Freitas Bastos, 2006.
- *Introdução à Filosofia do Direito, à Metodologia da Ciência do Direito e à Hermenêutica Contemporâneas* – Um atuar dinâmico da Magistratura na perspectiva civil-constitucional. A (re)produção do Direito. Rio de Janeiro: Freitas Bastos, 2008.
- *Curso de Direito Civil:* Parte Geral. Rio de Janeiro: Freitas Bastos, 2008.
- *Curso de Direito Civil:* Obrigações. Rio de Janeiro: Freitas Bastos, 2008.
- *Curso de Direito Civil:* Contratos. Rio de Janeiro: Freitas Bastos, 2008.
- *Fundamentos do Direito. Homenagem ao Professor Sebastião Trogo*. Rio de Janeiro: Freitas Bastos, 2008. Coautoria com diversos autores.

- *A Constitucionalização do Direito. Revista Comemorativa dos 40 anos da FDV. Valença: Valença,* 2008.
- *Curso de Direito Civil:* Direito das Coisas. Rio de Janeiro: Freitas Bastos, 2009.
- *Hermenêutica. In: Revista Comemorativa dos 60 anos da Academia Valenciana de Letras – AVL. Valença,* 2009.
- *Código Civil Comentado*. 3. ed. Rio de Janeiro: Freitas Bastos, 2010.
- *Direito Civil-Constitucional, Direitos da Personalidade e Dignidade da Pessoa Humana*. Juiz de Fora: Editar, 2011. Coautoria com diversos autores.
- *Fundamentos do Direito*: Estudos em Homenagem ao Professor Paulo Nader. Juiz de Fora: Editar, 2011. Coautoria com diversos autores.
- *Hermenêutica, Direitos Fundamentais e Dignidade da Pessoa Humana*. Juiz de Fora: Editar, 2011. Coautoria com diversos autores.
- *Direito e(m) Verdade*. Rio de Janeiro: Freitas Bastos, 2011
- *Condomínio*. Rio de Janeiro: Freitas Bastos, 2012.
- *Código Civil Comentado e Interpretado*. 4. ed. Campo Grande, Mato Grosso do Sul: Contemplar, 2012.
- *Responsabilidade Civil e sua Interpretação pelos Tribunais*. 2. ed. Campo Grande, Mato Grosso do Sul: Contemplar, 2012.
- *Constituição da República Anotada e Interpretada*. Campo Grande, Mato Grosso do Sul: Contemplar, 2012.
- *Locação e Despejo. 2.ed.* Rio de Janeiro: Freitas Bastos, 2013.
- *Código de Processo Civil Comentado e Interpretado*. Coautoria com Marcia Ignácio de Moraes Mello. Rio de Janeiro: Freitas Bastos, 2013
- *Lei 8.112/90* Comentada e Interpretada. 1. ed. Rio de Janeiro: Freitas Bastos, 2014. Coautoria com José Maria Pinheiro Madeira.
- *Direito e(m) Verdade:* Os Novos Caminhos da Hermenêutica Jurídica 2. ed. Rio de Janeiro: Freitas Bastos, 2014.
- *Lei 8.666/93 Comentada e Interpretada:* Lei de Licitação e Contratos Administrativos. Rio de Janeiro: Freitas Bastos, 2014. Coautoria com José Maria Pinheiro Madeira.
- *As Dimensões Sociais, Jurídicas, Políticas e Econômicas do Processo:* Estudos em Homenagem ao Professor Antônio Pereira Gaio Júnior. Juiz de Fora: Editar, 2014. Coautoria com diversos autores.

- *Os Novos Caminhos do Direito:* Estudos em Homenagem ao Professor José Augusto Galdino da Costa. Juiz de Fora: Editar, 2014. Coautoria com diversos autores.
- *Legislação Imobiliária*. Rio de Janeiro: Freitas Bastos, 2015. Coautoria com Neimar Roberto de Sousa e Silva.
- *Diálogos jurídicos na contemporaneidade:* estudos em homenagem ao professor José Maria Pinheiro Madeira. Juiz de Fora: Editar, 2015. Coautoria com diversos autores.
- *Direitos Fundamentais e Dignidade da Pessoa Humana*. Rio de Janeiro: Freitas Bastos, 2015. Coautoria com Thiago Moreira.
- *O Direito em Movimento*. Juiz de Fora: Editar, 2015. Coautoria com diversos autores.
- *Direito, Filosofia e Processo:* Estudos em homenagem ao Professor Luis Carlos de Araújo. Juiz de Fora: Editar, 2015. Coautoria com diversos autores.
- *Curso do Novo Código de Processo Civil*. Rio de Janeiro: Freitas Bastos, 2015. Coautoria com diversos autores.
- *Código de Processo Civil Comentado*. Belo Horizonte: Del Rey, 2015, Coautoria com Antônio Pereira Gaio Júnior.
- *Locação e Despejo*. 2. ed. Rio de Janeiro: Freitas Bastos, 2015.
- *Controle de Constitucionalidade*. Rio de Janeiro: Freitas Bastos, 2016. Coautoria com Guilherme Sandoval Góes.
- *Código de Defesa do Consumidor Comentado*. Rio de Janeiro: Freitas Bastos, 2016. Coautoria com Antônio Pereira Gaio Júnior.
- *Código Civil Comentado*. 5. ed. Rio de Janeiro: Freitas Bastos, 2016.
- Direito das Coisas. Direito Civil. 2. ed. Rio de Janeiro: Freitas Bastos, 2017.
- Obrigações. Direito Civil. 2. ed. Rio de Janeiro: Freitas Bastos, 2017.
- Contratos. Direito Civil. 2. ed. Rio de Janeiro: Freitas Bastos, 2017.
- Parte Geral. Direito Civil. 3. ed. Rio de Janeiro: Freitas Bastos, 2017.
- Famílias. Direito Civil. Rio de Janeiro: Freitas Bastos, 2017.

A *vida eterna aos que, com perseverança em fazer bem, procuram glória, honra e incorrupção;*

Mas a indignação e a ira aos que são contenciosos, desobedientes à verdade e obedientes à iniquidade;

Tribulação e angústia sobre toda a alma do homem que faz o mal; primeiramente do judeu e também do grego;

Glória, porém, e honra e paz a qualquer que pratica o bem; primeiramente ao judeu e também ao grego;

Porque, para com Deus, não há acepção de pessoas.

Porque todos os que sem lei pecaram, sem lei também perecerão; e todos os que sob a lei pecaram, pela lei serão julgados.

Porque os que ouvem a lei não são justos diante de Deus, mas os que praticam a lei hão de ser justificados.

(Romanos 2: 7-13)

Para MATHEUS, meu filho, benção de DEUS em nossa FAMÍLIA.
Para MARCIA, minha querida esposa, sempre ao meu lado.

Para se completar, com frequência, o ser busca no amor a realização absoluta. O amor não é considerado simplesmente como uma conciliação de opostos ou, ainda, como pura e simples união sexual. [...] O amor é um polo de paradoxos, de empate entre tensões contrárias: vida e morte, encontro e desencontro, eu e o outro. É um momento de felicidade plena e também de intensa angústia, já que os amantes vivem, ao mesmo tempo, a certeza e a insegurança do sentir o outro próximo e distante, do "saber" que o outro pode escapar-lhe, pode não estar "sempre" e não lhe pode dar "tudo". Passado o momento de plenitude, quando a paixão, mergulhada em suas fantasias, sofre as primeiras desilusões, a realidade se instala entre os "dois-que-tentavam-ser-um" e revela o que estava sendo negado: a incompletude.

(Regina Pentagna Petrillo)[1]

1 PETRILLO, Regina Pentagna. Amor: desencontro e solidão, em Dias perdidos, de Lúcio Cardoso. In: *Revista Interdisciplinar da Faculdade de Direito de Valença*, v.8, 2011, p.209-210. Disponível em: <http://faa.edu.br/revistas/docs/RID/2011/RID_2011_14.pdf>. Acesso em: 28 jan. 2017.

Ao meu querido Mestre
Antônio Celso Alves Pereira.

PREFÁCIO

A necessidade de convivência em grupo fez com que a humanidade criasse sociedades de grupos institucionalmente organizados. Com isso, o primeiro desses grupos sociais formados foi a *instituição familiar*. É na família que o indivíduo nasce e se desenvolve como humano e ser de natureza social. A instituição familiar é importantíssima na formação do indivíduo, uma vez que é através dela que o indivíduo é preparado para viver em sociedade com outros indivíduos.

Assim, é com enorme satisfação e profundo orgulho que assumo a responsabilidade de escrever o prefácio da obra acadêmica DIREITO CIVIL: FAMÍLIAS, escrita pelo Prof. Doutor Cleyson de Moraes Mello, que está sendo oportunamente lançada pela Editora Freitas Bastos. Edição essa, diga-se de passagem, que vem em boa hora, haja visto o alto nível de abordagem feita pelo autor sobre o Direito de Família, uma das vertentes mais nobres do Direito e especialidade na qual o autor tem se dedicado ao longo de toda sua carreira acadêmica. É, portanto, uma publicação que se justifica por si só. Além disso, o presente livro traz ao longo de seu conteúdo uma preocupação específica e de natureza técnica, qual seja dar o devido embasamento teórico não só aos profissionais do Direito já atuantes, mas também e principalmente ao jovem bacharel em formação, visto como futuro operador do Direito brasileiro em sua vivência e experiência profissional.

O livro, tal como se apresenta, vem enriquecer ainda mais a bibliografia já existente sobre o assunto e que se preocupa com a atuação do direito de família no contexto social e jurídico contemporâneo, contexto esse, é sabido, onde as relações sócio familiares são repletas de conflitos e contradições historicamente estabelecidas ao longo da formação cultural brasileira enquanto nação. DIREITO CIVIL: FAMÍLIAS é, portanto, de grande valia literária, pois reproduz a larga experiência acadêmica e profissional adquiridas ao longo da carreira do Prof. Cleyson de Moraes Mello, enquanto pesquisador na área do Direito Civil e, mais precisamente no Direito de Família. Aliás, a atividade de pesquisa e análise crítica envolvendo o Direito dentro do contexto sócio cultural contemporâneo globalizado, tem sido a preocupação maior do Professor Cleyson Mello nas diferentes universidades onde atua, principalmente nos cursos da Faculdade de Direito da UERJ (Universidade do Estado do Rio de Janeiro), onde atua como professor adjunto e efetivo nos níveis de graduação, mestrado e doutorado.

Nesse sentido, a presente edição ganha relevância acadêmica e pertinência científica tendo como paradigma a complexidade que envolve o Direito de Família e o cenário social globalizado contemporâneo, verdadeira teia sócio cultural onde desejos diversos e distintos se entrelaçam de maneira incontrolável. É preciso, pois, exigir aos operadores do Direito envolvidos com a questão Famílias, o pleno domínio técnico e interpretativo de todo seu ordenamento institucionalmente estabelecido e o livro em questão tem esse objetivo e que é cumprido de maneira objetiva e brilhante pelo Prof. Cleyson de Moraes Mello. Adequar os diferentes interesses individuais dentro de uma convivência sócio familiar no ambiente societário talvez seja um dos grandes desafios a ser vencido pelo Direito de Família na atualidade. Vale dizer, por fim, que essa também é a preocupação da obra em questão quando discute tecnicamente o ordenamento jurídico civil-familiar e o apresenta de forma clara, objetiva e segura e, acima de tudo ou qualquer dúvida, como uma análise confiável cientificamente.

De forma subjetiva fica evidenciado também no livro a certeza de que a relação entre os indivíduos, o Estado e o Direito Civil na contemporaneidade é uma relação de caráter cada vez mais técnico e que não prioriza a dimensão ética nessa relação, apesar de haver um certo esforço nesse sentido por parte dos discursos político e jurídico formalmente estabelecidos. Talvez seja essa a principal crise que envolve o Direito Civil no contexto global contemporâneo, aliar *Ética* e *Direito* a partir de um referencial normativo de teor técnico, tal como é exigido pelo pragmatismo funcionalista pós-moderno. Não há como desconsiderar esse pressuposto, pois a realidade que nos envolve exige um Direito Civil equilibrado e justo, para que se pretenda e consiga estabelecer uma convivência social também equilibrada e justa. Assim, a pertinência maior do lançamento dessa edição do livro DIREITO CIVIL: FAMÍLIAS reside no fato de ser um esforço intelectual empreendido pelo autor para que se estabeleça uma nova mentalidade ética junto aos operadores do direito civil brasileiro.

No mais, para concluir, louvo o amigo e Professor Doutor Cleyson de Moraes Mello pelo excelente trabalho acadêmico produzido e parabenizo os leitores pela escolha por tão nobres ensinamentos.

Saquarema, verão de 2017.

Prof. Dr. Vanderlei Martins
Professor do PPGD da UERJ
Linha do Direito da Cidade

SUMÁRIO

Parte II
A Constituição de 1988 e os Direitos Sucessórios dos Companheiros

Parte III
A Solução da Controvérsia

Capítulo 1

AMOR E AFETO

"É a pessoa humana, o desenvolvimento de sua personalidade, o elemento finalístico da proteção estatal, para cuja realização devem convergir todas as normas de direito positivo, em particular aquelas que disciplinam o direito de família, regulando as relações mais íntimas e intensas do indivíduo no social." (Gustavo Tepedino)[1]

1.1 Construindo o Amor

O relacionamento amoroso na pós-modernidade ocorre de várias formas. Os novos relacionamentos permeados pelo afeto dão o tom das novas cores do mundo atual. Os avanços tecnocientíficos possibilitam novas dimensões nas práticas amorosas. Facebook, *websites, blogs*, Instagram, *e-mails*, telefones celulares, Skype, dentre outros, criam uma ambiência propícia para novos relacionamentos entre as pessoas. De outro lado, neste mundo conturbado, muitos se encontram sozinhos e deprimidos na falta de relacionamento concreto em busca da construção do amor.

Dessa maneira, não obstante os grandes avanços na área da tecnologia capazes de aproximar as pessoas, muitos estão com problemas psíquicos e psiquiátricos em razão de relacionamentos amorosos vazios e fugazes. Dificilmente um relacionamento amoroso se desenvolve sem rupturas, atropelos e obstáculos, uma vez que a complexidade é inerente ao próprio ser humano. Liberdade, segurança, ciúme, alegria, tristeza, felicidade, satisfação, prazer, dor, raiva, inveja, ódio e sofrimento são vetores que permeiam os relacionamentos amorosos na contemporaneidade, desvelando-se difíceis o seu equacionamento no seio familiar.

Destacar o amor como epicentro da felicidade familiar é fácil. Difícil é a decomposição do amor, uma vez que se desmultiplica em várias definições, adornando, cada vez mais as relações familiares. Do casamento "arranjado" a união poliafetiva, o amor e afeto se destacam na construção dos laços familiares. Cada vez mais, novos arranjos familiares se formam na busca pela construção da vida boa e feliz.

---

1 TEPEDINO, Gustavo. *Temas de Direito Civil*. Rio de Janeiro: Renovar, 1999, p. 328.

O amor é a fonte e o sentido das relações familiares inseridas na pós-modernidade. Não obstante, esse amor pode se transformar em ódio, ferindo até mesmo referências coletivas em questões religiosas, morais, jurídicas, raciais e familiares.

LUC FERRY destaca que o "advento do amor como único fundamento legítimo dos casais e das famílias logo ultrapassa o âmbito do casamento e se torna a regra de todas as uniões amorosas, quer as pessoas sejam casadas ou não, quer sejam do mesmo sexo ou não. A reivindicação do casamento homossexual é, nesse sentido, a ponta extrema dessa história que vai acabar de desconectar a união de casais de seus princípios tradicionais: a linhagem, a biologia, a economia."[2] Ocorre que ainda existem relacionamentos amorosos pautados em razões patrimoniais e sociais. A discriminação a qualquer união amorosa não tradicional (aquela que não baseada no casamento) ainda é extremamente perceptível nos dias atuais. Se o filho do patrão se unir à filha da empregada por meio de um amor irresistível, essa união ainda é vista como problemática. A discriminação não se limita às relações amorosas, mas se amplia em novos horizontes. Até bem pouco tempo, a empregada doméstica era proibida de usar o elevador social (foi preciso uma lei para proibir qualquer tipo de discriminação no uso dos elevadores).

Na esfera filosófica, o homem sempre buscou um fundamento último para a vida boa. Em linhas gerais, o fundamento cosmológico relacionava a vida boa do homem na harmonia com o Cosmo; o fundamento teológico aproxima a concepção de vida boa aos ensinamentos de Jesus Cristo (pensamento ocidental do final do século IV até o século XVII); em seguida, com o Renascimento, o fundamento se atrela ao progresso das ciências e das artes. É o Século das Luzes, ou seja, a vida boa está relacionada ao progresso da própria humanidade. Com Heidegger e Nietzsche, viveu-se uma fase de desconstrução, especialmente, em relação às ilusões metafísicas e religiosas. A vida plena não mais poderia ser escorada no Cosmos, em Deus ou no sujeito cartesiano. Neste momento, Nietzsche declara a "morte de Deus" (o filósofo acusa a decadência do cristianismo e denuncia a substituição da crença em Deus pela crença na Razão) e o sentido da vida não pode ser mais nenhum elemento transcendente. Para o filósofo a vida deve ser intensa e livre, ou seja, intensidade e emancipação são os vetores que devem nortear o sentido de vida boa. Nietzche critica a hegemonia da Razão e o progresso da Modernidade. O filósofo entende que o homem se afastou cada vez mais do conhecimento, uma vez que abandonou o fenômeno do trágico. O homem perde, pois, a sabedoria instintiva, já que somente resta destacado o aspecto lógico-racional da vida. Dessa maneira, falta ao homem visão mística, pois naquele momento o homem transformava tudo em pensamento abstrato, lógico e racional.[3]

---

2 FERRY, Luc. *Do Amor*: Uma Filosofia para o Século XXI. Tradução de Rejane Janowitzer. Rio de Janeiro: DIFEL, 2013, p. 29.

3 NIETZSCHE, Friedrich Wilhelm. *O Nascimento da Tragédia*. Tradução de J. Guinsburg. São

A Modernidade entra em crise com os pensadores da Escola de Frankfurt. Em 1923 é fundado o Instituto de Pesquisa Social de Frankfurt sob a direção de Carl Grünberg. Theodor Adorno, Max Horkheimer, Herbert Marcuse e Walter Benjamin são filósofos da primeira geração desta Escola. Na segunda geração podemos citar Jürgen Habermas, Leo Lonenthal e Erich Fromm.

Em linhas gerais, o pensamento da Escola de Frankfurt apresenta as seguintes características: a) a *teoria crítica da sociedade*, que destaca os problemas da indústria cultural ou cultura de massa, como decorrência do capitalismo selvagem, conduzindo as pessoas a alienação e consumismo; b) a *crítica da razão instrumental*, condenando a hegemonia da Razão como instrumento de emancipação dos seres humanos.

Já na Idade Complexa, pós-modernidade ou contemporaneidade se busca uma alternativa a ser adotada em substituição ao racionalismo (característica da Idade Moderna). Vale lembrar que esta Nova Era não é sequer um consenso entre os filósofos, juristas e sociólogos. BAUMAN entende que vivemos em uma nova fase da Modernidade (que ele denomina de Modernidade líquida).[4] BOAVENTURA DE SOUZA SANTOS destaca que vivemos em uma nova Era sem definição de seus contornos e sem denominação.[5] Ele afirma que "há um desassossego no ar. Temos a sensação de estar na orla do tempo, entre um presente quase a terminar e um futuro que ainda não nasceu [...] Vivemos, pois, numa sociedade intervalar, uma sociedade de transição paradigmática."[6] AGNES HELLER e FERENC FEHÉR preferem dizer que vivemos um desdobramento da Modernidade, no sentido de que vivemos "no presente estando depois", uma espécie de *post-histoire*.[7] Outros autores procuram enfrentar o tema, tais como: Cornelius Castoriadis, Giles Lipovetsky, Urich Beck, Zygmunt Bauman, Anthony Giddens, Jürgen Habermas, dentre outros.

Para LUC FERRY este novo momento é caracterizado pelo amor, como uma filosofia para o século XXI. Ele entende que vida boa é aquela que tenha havido amor, ou seja, o amor como sentido em nossa existência.[8]

É o amor que dá a liga e o amálgama no direito de família. O tema é complexo. Quais os limites dos relacionamentos amorosos na contemporaneidade? Quais as novas feições e configurações das novas famílias? O que é o

Paulo: Companhia das Letras, 2007, p.102-104.

4 BAUMAN, Zygmunt. *Modernidade Líquida*. Tradução de Plínio Dentzien. Rio de Janeiro: Jorge Zahar Editor, 2001.

5 SANTOS, Boaventura de Souza. *A Crítica da Razão Indolente*: contra o desperdício da experiência. 6.ed. São Paulo: Cortês, 2007.

6 Ibid., p. 41.

7 HELLER, Agnes; FEHÉR, Ferenc. A Condição Política pós-moderna. Tradução de Marcos Santarrita. 2.ed. Rio de Janeiro: Civilização Brasileira, 2002, p.12-18.

8 FERRY, Op. cit, p. 41.

amor e qual a sua relação com o direito? É possível definir o amor? Questões como romantismo, amor eterno, família, deveres conjugais e permissividade sexual na esfera privada precisam ser explicitados, já que seus efeitos jurídicos desembocam no Poder Judiciário. Vivenciamos uma época de transição entre velhos e novos modelos familiares.

O amor seria um arrebatamento capaz de conduzir os amantes a suplantar limites legais, morais ou religiosos? As relações afetivas transcendem o casamento e as regras religiosas e seculares. O adultério já deixou de ser crime. As relações extraconjugais estão liberadas ou o adúltero deve responder civilmente por seus atos? Autoridade marital, incapacidade das esposas e consentimento dos pais para realizar o casamento são lembranças do passado?

Grosso modo, a evolução da família ocorre em três fases.

A *primeira fase* é a família tradicional que tinha como escopo assegurar a transmissão do patrimônio e do nome do primogênito, com vistas a uma numerosa descendência para que pudessem ajudar nos trabalhos de campo, especialmente, na Europa rural e feudal. O casamento era "arranjado" com o propósito de manutenção ou ampliação patrimonial. Aqui, o casamento não tinha, em regra, nenhuma ligação com o amor. De qualquer forma, ainda que não houvesse amor, o relacionamento do casal podia ser envolvido pela amizade, fidelidade e ternura. Nos casos de infidelidade, era comum a prática do *charivari*. Da mesma forma, quando um marido era enganado pela mulher; mulheres com vida desregrada, mulheres que se casavam grávidas, casos de adultério, envolvimento com pessoas casadas ou até mesmo nas situações em que o marido era surrado pela mulher ou quando estes eram extremamente violentos com a mulher, eles sentavam em cima de um asno e percorriam todo o vilarejo sob cusparadas, gritarias e os legumes podres atirados em seu rosto. "Em seguida, são levados para a casa e o *charivari* começa. As pessoas se revezam durante horas, às vezes dois dias inteiros, para bater com tudo que possa fazer barulho (panelas, caçarolas, enxadas, pás etc.) nas paredes da casa para cobrar a lei da cidade. Hoje, a infidelidade faz parte da vida privada e se espera total discrição diante de alguém enganado pela mulher ou pelo marido. Mas, naquela época, era o inverso: era preciso a qualquer preço impedir o amor de vir perturbar a ordem familiar e social ditada pelo costume comum."[9]

Em um *segundo período*, o casamento é moderno ancorado na lógica do amor eterno. O casamento nasce na operária na época da Revolução Industrial. Isto porque as jovens mulheres passam a morar sozinhas ou com companheiras de oficina, já que trabalham nas grandes fábricas da cidade. É uma espécie de libertação da vida familiar no vilarejo. Elas passam a ser remu-

9 Ibid., p.78.

neradas pelo trabalho realizado e o casamento não é mais arranjado, senão realizado a partir dos desejos do coração. A burguesia levará mais tempo para aceitar o casamento por amor, uma vez que os motivos econômicos e patrimoniais falam mais alto neste momento. Somente depois da Segunda Guerra Mundial o casamento por amor prevalece em todas as classes sociais.[10] O divórcio já era previsto pelo Código de Napoleão, em 1804. Este foi revogado em 1816, em função dos protestos religiosos e restabelecido no ordenamento jurídico francês em 1884. Na família burguesa tradicional (1850-1950) não era comum o divórcio. Ao invés deste, o adúltero privilegiava a mentira, o segredo e a infidelidade.

Hoje, é possível afirmar que vivemos uma fase pós-moderna; é a família na contemporaneidade, uma família fragmentada, volátil e redividida. De acordo com BAUMAN, "com a nova fragilidade das estruturas familiares, com a expectativa de vida de muitas famílias sendo mais curta do que a de seus membros, com a participação em determinada linhagem familiar tornando-se rapidamente um dos elementos "indetermináveis" da líquida era moderna e com a adesão a uma das diversas redes de parentesco disponíveis transformando-se, para um crescente número de indivíduos numa questão de escolha – e uma escolha, até segundo ordem, *revogável* –, um filho pode ser ainda "uma ponte" para algo mais duradouro."[11]

No Brasil, as décadas de 1960 e 1970 tiveram forte influência da revolução sexual e liberdade no amor. O festival musical de Woodstock, realizado entre os dias 15 e 18 de agosto de 1969, na cidade de Bethel, no estado de Nova York, Estados Unidos, é um ponto marcante neste período. Os ideais de paz e amor se destacam entre os jovens. O movimento dos hippies, atos de nudismo eram praticados de forma intensa entre os participantes deste evento. Eram novas formas de desvelar o amor. Neste momento surgiu, também, o fenômeno da *despatriarcalização*, ou seja, o homem não era mais dono de sua esposa. Os movimentos feministas começam a surgir em vários lugares e o ano de 1975 é conhecido com o Ano Internacional da Mulher. Em dezembro de 1977, o Dia Internacional da Mulher foi adotado pelas Nações Unidas, para lembrar as conquistas sociais, políticas e econômicas das mulheres.

O ano de 1968 foi um período de conquistas sociais importantes, tais como a igualdade de direitos civis, a liberação sexual, o reconhecimento das lutas dos estudantes e da diversidade cultural. Neste ano, por exemplo, os jovens franceses se rebelaram contra as restrições sexuais. Isto porque viviam sob a égide do Código de Napoleão fortemente patriarcal. "O direito de família francês tinha seus aspectos progressistas, permitindo o divórcio e

10 Ibid, p.79.

11 BAUMAN, Zygmunt. *O amor líquido: sobre a fragilidade dos laços humanos*. Rio de Janeiro: Zahar, 2004, p.59.

salvaguardando a herança das filhas, mas em sua origem foi virulentamente patriarcal, a ponto de permitir que os pais internassem seus filhos nas prisões do estado. Com o passar do tempo, o código napoleônico foi sendo suavizado por revisões graduais. Em 1935, foi abolido o *droit de correction*, o "direito de correção" paterno, que proporcionava aos pais diversos modo de "corrigir" crianças desobedientes e, em 1938, a Frente Popular aboliu o infame parágrafo sobre o dever de "obediência" das mulheres a seus maridos. Em seu lugar, porém, colocou uma norma sobre ser o marido o "*chef de famille*" podendo, como tal, proibir ainda diversas atividades de sua esposa."[12]

Resta evidente a erosão do patriarcado e sua perda gradual de legitimidade em diversos lugares do mundo. No Brasil, sob a vigência do Código Civil brasileiro de 1916, a mulher não podia praticar uma série de atos jurídicos sem a anuência do marido. O artigo 242 do CCB de 1916 dizia que

"A mulher não pode, sem autorização do marido (art. 251): (Redação dada pela Lei nº 4.121, de 27.8.1962)

I - praticar os atos que este não poderia sem o consentimento da mulher (art. 235); (Redação dada pela Lei nº 4.121, de 27.8.1962)

II - alienar ou gravar de ônus real os imóveis de seu domínio particular, qualquer que seja o regime dos bens (arts. 263, II, III e VIII, 269, 275 e 310); (Redação dada pela Lei nº 4.121, de 27.8.1962)

III - alienar os seus direitos reais sobre imóveis de outrem; (Redação dada pela Lei nº 4.121, de 27.8.1962)

IV - Inciso suprimido pela Lei nº 4.121, de 27.8.1962: Texto original: Aceitar ou repudiar herança ou legado.

V - Inciso suprimido pela Lei nº 4.121, de 27.8.1962: Texto original: Aceitar tutela, curatela ou outro múnus público.

VI - Inciso suprimido pela Lei nº 4.121, de 27.8.1962:

Texto original: Litigar em juízo civil ou comercial, a não ser nos casos indicados no arts. 248 e 251.

VII - Inciso suprimido pela Lei nº 4.121, de 27.8.1962: Texto original: Exercer a profissão (art. 233, IV)

IV - contrair obrigações que possam importar em alheação de bens do casal. (Inciso VIII renumerado e alterado pela Lei nº 4.121, de 27.8.1962)

IX - Inciso acrescentado pelo Decreto do Poder Legislativo nº 3.725, de 15.1.1919 e suprimido pela Lei nº 4.121, de 27.8.1962: Texto original: Aceitar mandato (art. 1.299).

A Lei n 4.121/62 (Estatuto da Mulher Casada) alterou o nosso Código Civil de 1916. O artigo 393, por exemplo, que retirava da mulher o pátrio po-

12 THERBORN, Goran. *Sexo e poder: a família no mundo*. Tradução de Elisabete Doria Bilac. São Paulo: Contexto, 2011, p. 151.

der, em relação aos filhos do leito anterior, quando contraísse novas núpcias, teve sua redação alterada proclamando que a mulher não mais perderia os direitos do pátrio poder quando contraísse novas núpcias.

Os movimentos emancipatórios da mulher contribuíram para uma saudável revolução do amor. A experiência sexual de homens e mulheres antes e durante o casamento começa a ser vista de outra forma. Isto porque o adultério cometido pelo homem era, em linhas gerais, encarado com certa normalidade; entretanto, o adultério cometido pela esposa era visto com desprezo pela sociedade. Em relação ao homem, a ação era vista como fraqueza ou virilidade, já se cometido pela esposa, era sinal de traição e vadiagem. No mesmo sentido, era encarada a questão da virgindade. Aqui, GIDDENS afirma que "poucas garotas revelavam o fato de permitirem a um namorado uma relação sexual completa – e muitas só admitiam que tal coisa acontecesse se estivessem formalmente comprometidas com o rapaz em questão. As garotas mais sexualmente ativas eram depreciadas pelas outras, assim como pelos próprios homens que buscavam "se aproveitar" delas. Assim como a reputação das garotas estava apoiada em sua capacidade de resistir, ou conter, os avanços sexuais, a dos rapazes dependia das conquistas sexuais que poderiam realizar. Segundo o depoimento de um homem de 45 anos, a maior parte dos rapazes conseguia tais conquistas apenas "circulando com uma *daquelas* garotas, as vadias".[13]

Assim, a virgindade deixa de ser um tabu e uma questão religiosa para se tornar uma experiência viva em que homens e mulheres trazem para o casamento. Estas mudanças são mais visíveis nos grandes centros urbanos e mais acanhada em espaços rurais ou no campo. Aqui, a escassez de oportunidades e a fofoca/intrigas inibem tais comportamentos. Nas grandes cidades os anúncios e oportunidades de shows e casas noturnas clamam por novos encontros amorosos fora do casamento.

A homossexualidade passa a ser encarada não como perversão, mas sim adornada pela relação de afeto (destaca-se, aqui, a mudança para *homoafetividade*). O termo perversão é substituído pelo termo gay, ainda com forte conotação discriminatória. Não obstante, o reconhecimento dos *gays* é visto como uma abertura ao mundo plural de reconhecimento as diferenças, um mundo colorido e aberto a novas possibilidades amorosas. Aqui, a homoafetividade é um viés dos direitos humanos. Uma questão de escolha na liberdade sexual. É, pois, uma qualidade da própria pessoa. O importante é ser feliz e viver uma vida boa com o outro (seja homem ou mulher). A homossexualidade ou heterossexualidade é uma questão de estilo de vida, possibilitando uma vida feliz no seio familiar, propiciando, assim, um melhor desenvolvimento da própria personalidade.

---

13 GIDDENS, Anthony. *A transformação da intimidade*: sexualidade, amor & erotismo nas sociedades modernas. Tradução de Magda Lopes. São Paulo: UNESP, 1993, p.19

Dessa maneira, questões de identidade sexual e mudança no corpo são cada vez mais discutidas nas mais diversas searas do conhecimento, incluindo, o direito da personalidade. A sociedade pós-moderna considera a mudança do corpo como um elemento de estilo de vida: *piercings*, tatuagens, silicone, mudança de sexo, dieta, corpo escultural, distúrbios alimentares, alargadores de face, nariz e orelha são comuns entre jovens e adultos. Os tatuados ainda sofrem discriminação na sociedade, escola, local de trabalho, etc. A normalidade ou anormalidade é uma questão subjetiva, variando de pessoa a pessoa. As experiências sociais no mundo vivido se transformam de forma cada vez mais rápidas.

O amor romântico, apaixonado e eterno pela esposa dá lugar ao amor fugaz, eterno enquanto dure. Já dizia o poeta VINICIUS DE MORAES no *Soneto de Fidelidade*: "Eu possa me dizer do amor (que tive): Que não seja imortal, posto que é chama Mas que seja infinito enquanto dure."

> De tudo ao meu amor serei atento / Antes, e com tal zelo, e sempre, e tanto / Que mesmo em face do maior encanto / Dele se encante mais meu pensamento.
>
> Quero vivê-lo em cada vão momento / E em seu louvor hei de espalhar meu canto / E rir meu riso e derramar meu pranto / Ao seu pesar ou seu contentamento
>
> E assim, quando mais tarde me procure / Quem sabe a morte, angústia de quem vive / Quem sabe a solidão, fim de quem ama
>
> Eu possa me dizer do amor (que tive): que não seja imortal, posto que é chama / Mas que seja infinito enquanto dure.

Como dito alhures, o poder patriarcal perde força no seio familiar e o processo de emancipação da mulher ganha cada vez mais espaço, até mesmo com a chamada "produção independente". Ser mãe ou mulher de sucesso? Ser mãe solteira é uma opção de escolha. A construção da maternidade sozinha é uma realidade, a partir da existência de um "banco de espermas". Esta mudança social reflete até mesmo nas telenovelas brasileiras: do amor romântico a "produção independente", como estilo de vida da mulher. Da "A Moreninha", de Otávio Graça Mello, de 1965, uma novela romântica em que Carolina (Marília Pêra), uma moça sonhadora, fazia par romântico com Augusto (Cláudio Marzo), um estudante de Medicina determinado galanteador a novela "Amor à Vida", de Walcyr Carrasco, de 2013. Nesta telenovela, o querido vilão Félix é homossexual, interpretado por Mateus Solano que se apaixona por Niko (Thiago Fragoso), rolando, o primeiro beijo gay masculino na TV.

Verifica-se que as telenovelas influenciam os comportamentos de seus expectadores e acabam por refletir um *novo papel desempenhado pelo homem, pela mulher, pelos filhos* no cotidiano da sociedade.

Ao analisar as treze novelas veiculadas pela Rede Globo, no horário das 21 horas, entre os anos 2000 e 2008, MARCUS TAVARES destaca que "de uma forma geral, observam-se nas treze tramas os seguintes tipos de relacionamentos: a) relacionamentos extraconjugais, inclusive com o nascimento de filhos, reforçando o machismo ou então o *direito* que a mulher também tem de, assim como os homens, trair o cônjuge; b) relacionamentos entre primos, cunhados e membros da mesma família; c) relacionamentos curtos e descartáveis, em que o objetivo é apenas a satisfação pontual e sexual dos personagens, que passam a novela inteira *ficando* com outros personagens da trama, mantendo relações tanto heterossexuais quanto homossexuais e reforçando, inclusive, os estereótipos do homem "*conquistador*" e da mulher "*facil*"; d) relacionamentos curtos e descartáveis com nascimento de filhos; e) relacionamentos homossexuais femininos e masculinos; f) relacionamentos amorosos e/ou sexuais frutos da prostituição de ambos os sexos, seja por prazer ou necessidade; g) relacionamentos amorosos e/ou sexuais entre gerações (mulheres mais velhas com jovens rapazes e homens mais velhos com jovens do sexo feminino); h) relacionamentos amorosos e sexuais onde pais e filhos se apaixonam pela mesma pessoa; i) relacionamentos estáveis, mantidos muitas vezes pelo casamento, que terminam, mas são reconstruídos tantas vezes forem necessárias, segundo o interesse do personagem; e j) relacionamentos bissexuais."

Ao analisar cada novela – por meio da sinopse divulgada pela própria emissora – é possível quantificar cada tipo de relacionamento. A busca de um relacionamento estável, calcado na maioria das vezes no casamento, no qual os personagens casam e se separam tantas vezes quantas forem necessárias para alcançar a suposta felicidade (32 casos), e o relacionamento curto e descartável heterossexual com o nascimento de filhos, fora do casamento, (29 casos), são os dois tipos mais frequentes.

Em seguida, merecem destaque os relacionamentos em que o homem e a mulher têm vários parceiros ao longo da trama, reforçando os estereótipos do homem *conquistador* e da mulher *facil* (20 casos); relacionamentos oriundos de traição masculina com ou sem nascimento de filhos (16 casos); relacionamentos frutos da prostituição feminina ou masculina (13 casos), por prazer ou necessidade; relacionamentos homossexuais (12 casos); relacionamentos entre membros da mesma família (11 casos); relacionamentos de mulheres mais velhas com homens mais jovens (10 casos).

Em grande parte das tramas, esses relacionamentos descritos compõem, senão o tema central, o enredo das narrativas dos diferentes núcleos da novela. Vivenciados por atores e atrizes que, ao longo do tempo, conquistam a simpatia do público, os relacionamentos instigam o telespectador, trazendo à tona questões da vida privada para a pública e vice-versa.

Dentro de contextos narrativos particulares, alguns relacionamentos – vistos até então com preconceitos pela audiência – são debatidos e discutidos, ganhando novas análises e, dependendo da condução da trama, chegando a ser reavaliados e reinterpretados pelos próprios telespectadores. O relacionamento amoroso, a orientação sexual ou a condução da vida do personagem viram, inclusive, matéria de capa de jornais e revistas, bem como de programas de TV. O assunto entra na pauta das discussões nacionais.

Na já citada novela *Mulheres Apaixonadas*, os telespectadores foram apresentados a um casal de adolescentes lésbicas, Clara e Rafaela. Na obra, a mãe de uma delas combatia ferozmente o que chamava de *inclinação homossexual da filha*.

Ela fazia isso de tal forma, que o relacionamento entre as duas adolescentes despertava ojeriza no telespectador. Mas, ao mesmo tempo, o autor Manuel Carlos mostrava a personagem Helena, professora das meninas, que compreendia o relacionamento e impedia que houvesse maior discriminação, pelo menos na escola. Aos poucos, o sentimento de ojeriza foi cedendo lugar ao sentimento de respeito e compreensão. A história era contada com cuidado. Em nenhuma cena, por exemplo, as meninas se beijaram na boca, exceto no último capítulo da novela."[14]

Importante destacar que PAULO FREIRE, na obra Pedagogia do Oprimido diz que o amor é o fundamento do diálogo e que este é essencial para a compreensão do mundo e para a libertação dos homens. Daí que o amor não se desvela em uma relação de dominação, mas sim na relação dialógica.[15]

1.2 A Modernidade Líquida e o Amor Líquido de Bauman

BAUMAN ao estudar as sociedades modernas utiliza os termos "fluidez" ou "liquidez". O sociólogo polonês afirma que "os fluidos se movem facilmente. Eles "fluem", "escorrem", "esvaem-se", "respigam", "transbordam", "vazam", "inundam", "borrifam", "pingam"; são "filtrados", "destilados"; diferentemente dos sólidos, não são facilmente contidos – contornam certos obstáculos, dissolvem outros e invadem ou inundam seu caminho. Do encontro com sólidos emergem intactos, enquanto os sólidos que encontram, se permanecem sólidos, são alterados – ficam molhados ou encharcados."[16]

14 TAVARES, Marcus. Relacionamentos amorosos nas telenovelas. In: *Comunicação & Educação*, ano XVI, número 2, jul./dez. 2011, p. 55-57.

15 FREIRE, Paulo. *Pedagogia do Oprimido*. 44. ed. Rio de Janeiro: Paz e Terra, 2005, p. 92.

16 BAUMAN, Zygmunt. *Modernidade líquida*. Tradução de Plínio Dentzien. Rio de Janeiro: Zahar, 2001, p. 8.

Na obra a *Modernidade Líquida*, BAUMAN explica a relação do ser humano com a realidade fática em três momentos distintos, a saber: a Pré-Modernidade, a Modernidade e a Pós-Modernidade.[17] Vejamos o quadro abaixo:

Pré-Modernidade	Modernidade	Pós-Modernidade
As relações dos seres humanos com as coisas estavam dimensionadas ao próprio corpo (*wetware*). Por exemplo, os dias de viagens era a medida de tempo; as batalhas eram vencidas considerando o número de guerreiros, etc.	Na modernidade, a construção de veículos e máquinas diminui o tempo percorrido entre os espaços; é a chamada modernidade sólida ou modernidade pesada.	É a modernidade caracterizada pelo desapego, chamada de modernidade líquida, fluida ou leve. A principal característica é a liquidificação, o desfazimento, o desmantelamento de tudo o que era sólido, pesado e permanente. É a era do *software*.

Já na obra *O amor líquido: sobre a fragilidade dos laços humanos*, Zygmunt BAUMAN trata da interação amorosa, a partir da concepção de amor líquido. Melhor dizendo: o relacionamento afetivo perde sua força uma vez que enfrentam os "poderes do derretimento" da modernidade. O autor sustenta que as relações humanas são fundadas em vínculos motivados por interesses de consumo, assim como os relacionamentos amorosos teriam como pano de fundo os custos e vantagens que possam oferecer.[18] O sociólogo destaca que os padrões de dependência e interação estão debilitados e vulneráveis, a mercê da liquefação da modernidade. O autor diz que "Eles são agora maleáveis a um ponto que as gerações não experimentaram e nem poderiam imaginar; mas, como todos os fluidos, eles não mantêm a forma por muito tempo".[19]

Nos dias atuais, as pessoas possuem menor tolerância ao conflito amoroso, menos paciência para entender o outro e mais imediatismo. Daí que os relacionamentos apresentam, em linhas gerais, menor durabilidade, uma vez que os atores envolvidos estão sempre na busca frenética de sua felicidade.

A denominada "modernidade líquida", cunhada por Bauman, produz uma condição humana em que o sujeito pode escolher à vontade seus próprios modelos de felicidade e um modo de vida mais adequado ao seu estilo. É, pois, um mundo sem limites e sem instituições capazes de criar as normas e regras que possam acompanhar a mutação social. O sujeito possui um mundo aberto de possibilidades de escolha. Neste sentido, o sociólogo afirma que "(...) é como uma mesa de bufê com tantos pratos deliciosos que nem o mais dedicado comensal poderia esperar provar de todos. Os comensais são con-

17 Ibid. p.128-138.

18 BAUMAN, Zygmunt. *O amor líquido: sobre a fragilidade dos laços humanos*. Tradução de Carlos Alberto Medeiros. Rio de Janeiro: Zahar, 2004.

19 BAUMAN, Op. Cit., 2001, p. 14.

sumidores, e a mais custosa e irritante das tarefas que se pode pôr diante de um consumidor é a necessidade de estabelecer prioridades: a necessidade de dispensar algumas opções inexploradas e abandoná-las. A infelicidade dos consumidores deriva do excesso e não da falta de escolha."[20]

Mais uma vez, em relação às telenovelas e baseado em Bauman, Marcus Tavares aponta que "uma modernidade líquida que proporciona aos indivíduos a possibilidade de fazerem as mais diversas escolhas, sem o sentimento do certo ou do errado, sem que haja por trás uma moral que distinga os indivíduos por suas decisões: pode ser experimentar a traição, o adultério, mantendo uma relação estável e prazerosa com o cônjuge. Em outro capítulo, uma relação sexual com um parente próximo. No próximo, a prostituição por prazer ou um caso homossexual e heterossexual ao mesmo tempo. E, por fim, se apaixonar pelo namorado(a) da(o) mãe(pai). Tudo é permitido e não há nenhum obstáculo ou resistência.

Na novela *Duas Caras*, em 2008, Aguinaldo Silva apresenta ao público os personagens Dália, Bernadinho e Heraldo. O trio chama a atenção dos telespectadores, pois os três passam a viver juntos, dormindo na mesma cama. O fato ocorre depois que Dália fica grávida e não sabe qual dos dois é o pai da criança. Dália namora Heraldo, mas certa noite tem uma relação sexual com Bernadinho, homossexual que lhe tinha ajudado a se livrar das drogas. Ao nascer, a criança acaba sendo registrada com o nome dos dois pais. Mas Bernardinho deixa a casa, pois se casa com Carlão, paixão antiga com quem já havia tido um envolvimento."[21]

1.3 O Amor Confluente de Giddens

No contexto de todas estas mudanças comportamentais que caracterizam a contemporaneidade, é possível afirmar no declínio da crença da eternidade nos vínculos amorosos. O tradicional relacionamento amoroso a dois, cede espaço ao poliamor e famílias poliamorosas, em que várias pessoas vivem juntas no mesmo teto ou não. Estes novos modelos familiares admitem qualquer tipo de organização ou conformação – casais casados praticando o poliamor, praticantes de *swing*, relações "livres", dentre outras. É o que GIDDENS denomina de relacionamentos puros, ou seja, relacionamentos amorosos realizados a partir do custo-benefício.[22] São relacionamentos que se sustentam apenas pelos efeitos concretos que podem ser usufruídos desta relação amorosa. Este relacionamento puro produz o que o autor chama de

20 Ibid., p.75.

21 TAVARES, Marcus. Relacionamentos amorosos nas telenovelas. In: *Comunicação & Educação*, Ano XVI, número 2, jul/dez 2011, p.59.

22 GIDDENS, Anthony. *A transformação da intimidade*: sexualidade, amor & erotismo nas sociedades modernas. Tradução de Magda Lopes. São Paulo: UNESP, 1993.

amor confluente. É o tipo de amor que se caracteriza pelas inúmeras possibilidades que são oferecidas ao indivíduo que dele participa. É um tipo de amor ativo que se diferencia do amor eterno e único. Naquele os sujeitos envolvidos na relação amorosa estão preocupados com os benefícios que podem usufruir desta relação. Esta relação termina a partir do momento em que as partes entendem que os benefícios mútuos se esgotaram entre si.

Assim, na constituição de um relacionamento amoroso, as partes fazem escolhas, ingressando na relação com todos os ganhos e riscos inerentes a sua posição nesta relação.

Outrossim, tais relacionamentos amorosos são descartados com muita facilidade, semelhante a objetos de consumo obsoletos ou difíceis de operar. No primeiro enfrentamento (obstáculo), o relacionamento se rompe. É uma espécie de "satisfação imediata ou seu dinheiro de volta". Os interesses pessoais possuem primazia em relação aos interesses do casal ou da família.

De acordo com BAUMAN, "é como num shopping: os consumidores hoje não compram para satisfazer um desejo, como observou Harvie Ferguson – compram por impulso. Semear, cultivar e alimentar o desejo leva tempo (um tempo insuportavelmente prolongado para os padrões de uma cultura que tem pavor em postergar, preferindo a satisfação instantânea). [...] Guiada pelo impulso ("seus olhos se cruzam na sala lotada"), a parceria sexual segue o padrão do shopping e não exige mais do que as habilidades de um consumidor médio, moderadamente experiente. Tal como outros bens de consumo, ela deve ser consumida instantaneamente (não requer maiores treinamentos nem uma preparação prolongada) e usada uma só vez, "sem preconceito". É, antes de tudo, eminentemente descartável."[23]

1.4 Confiança e Ciúme

Se liberdade e celeridade andam de mãos dadas na contemporaneidade, o que se quer é ser feliz, e rápido. O relacionamento não deu certo ou parece que não vai dar, no primeiro desencontro, ocorre a sua extinção.

Se nas relações contratuais (e consumeiras) se desvela o princípio da confiança, com maior vigor este princípio deve nortear as relações jurídicas, sob pena de perdas e danos. A confiança acarreta um sentimento de segurança entre o casal. A desconfiança gera a vulnerabilidade e o temor entre as partes envolvidas na relação amorosa. É um constante sentimento de insegurança e desconfiança no outro.

A confiança precisa ser construída a partir da solidariedade, do respeito ao outro, da mútua entrega entre as partes envolvidas no compromisso amoroso. Confiança é, também, dar autonomia ao parceiro, deixar que ele viva (pelo menos em parte) alinhado com suas escolhas pessoais. Daí é possível

23 BAUMAN, Op.Cit., 2004, p.26-27.

afirmar que conviver é uma arte. O compromisso amoroso deve ser leal e verdadeiro na sua concretude. Não se pode sufocar o parceiro, fazer de si a própria sombra do outro. É preciso, pois, ter equilíbrio na relação amorosa. Uma espécie de "autonomia" com responsabilidade e confiança.

BAUMAN alerta que "quando a insegurança sobe a bordo, perde-se a confiança, a ponderação e a estabilidade da navegação. À deriva, a frágil balsa do relacionamento oscila entre as duas rochas nas quais muitas parcerias se esbarram: a submissão e o poder absolutos, a aceitação humilde e a conquista arrogante, destruindo a própria autonomia e sufocando a do parceiro. Chocar-se contra uma dessas rochas afundaria até mesmo uma boa embarcação com tripulação qualificada. O que dizer de uma balsa com um marinheiro inexperiente que, criado na era dos acessórios, nunca teve a oportunidade de aprender a arte dos reparos? Nenhum marinheiro atualizado perderia tempo consertando uma peça sem condições para a navegação, preferindo trocá-la por outra sobressalente. Mas na balsa do relacionamento não há peças sobressalentes."[24]

Uma das formas de se perder a confiança no parceiro e caminhar para a ruptura do relacionamento é por meio do ciúme e da insegurança. Não podemos tratar o outro como objeto, senão respeitar o parceiro sem que isto traga um peso excessivo ao relacionamento familiar. É preciso deixá-lo ser, destacando suas virtudes e procurando compreender os seus defeitos. Amor não pode significar a posse do outro (é a objetificação do amor). Não é incomum que a ruptura e a infelicidade dos casais tenham como origem um comportamento obsessivo de posse de um sobre o outro, até mesmo com o medo de que o outro nos escape.

LUC FERRY diz que *eros* "se nutre tanto da presença do objeto amado, quando nós o "consumimos", quanto de sua ausência, pois é preciso que esse objeto se eclipse durante um certo tempo para que o desejo renasça."[25]

1.5 A Sociedade Pós-Moralista

O grande desafio é o de pensar o Direito em face de uma profunda mutação dos valores, da moral, da ética e dos novos comportamentos sociais. O filósofo francês GILLES LIPOVETSKY trata a questão da união homoafetiva como uma nova ordem amorosa, uma nova estética dos prazeres, inserida numa cultura pós-moralista.[26] A nova proposta se dá porque, em poucas décadas, os rígidos princípios da moral sexual sofreram alterações.[27] O processo

24 Ibid., p.31.

25 FERRY, Luc. *Do Amor*: Uma Filosofia para o Século XXI. Tradução de Rejane Janowitzer. Rio de Janeiro: DIFEL, 2013, p. 67.

26 LIPOVETSKY, Gilles. *A Sociedade Pós-Moralista:* O crepúsculo do dever e a ética indolor dos novos tempos democráticos. Tradução Armando Braio Ara. Barueri: Manole, 2005. p. 36.

27 Nesses termos, Lipovetsky destaca que "o que era sinal característico da infâmia adquiriu,

pós-moralista designa uma operação de *autonomização da sexualidade* no que tange à moral.[28] LIPOVETSKY entende que o sexo pós-moralista tem primeiramente um sentido funcional, erótico e psicológico, bem como deixou de ser algo ligado ao trinômio vigiar-coibir-sublimar, podendo ser expresso sem constrangimentos nem restrições, desde que não prejudique terceiros.[29]

Atualmente, a união homossexual mede-se pela autenticidade nos afetos, pelo respeito à pessoa, pela doação inteira entre as partes. Daí porque essa relação deixou de ser conhecida como homossexual e passou a ser denominada de homoafetiva.

Tudo está em aberto: duas mulheres e filhos com inseminação artificial a partir de doação de sêmen; dois homens e filhos adotados; o aborto de filho com síndrome de Down;[30] o aborto de filho geneticamente diagnosticado homossexual;[31] a mobilização contra o assédio sexual, a prostituição, o direito de se tolher alguém no ato de sua própria destruição, a questão da "morte com qualidade de vida", a vontade de "morrer com dignidade"; o direito de

---

mais ou menos direito de cidadania; os estritos dispositivos morais se metamorfosearam em livres opções; o sexo-pecado foi substituído pelo sexo-prazer. Quem ainda considera a castidade e a virgindade deveres de ordem moral? Quem se indigna com a livre sexualidade das mulheres e dos jovens? Quem reprova a masturbação? Até os 'desvios' sexuais deixaram de ser alvo de censura. Pelo contrário, são cada vez mais estampados na imprensa e em anúncios de classificados; os sadomasoquistas têm direito de expressão nos estúdios de TV; na Dinamarca, a lei reconhece os casais homossexuais; na França, três em cada quatro jovens na faixa dos 15 aos 34 anos não condenam a homossexualidade." Ibid., p. 37.

28 Ibid., p. 37.

29 Ibid., p. 38.

30 Entrevista com James Watson, um dos cientistas que descobriu a estrutura do DNA. Veja, edição 1919, ano 38, número 34, de 24 ago 2005. A revista Veja pergunta ao cientista: "O senhor considera aceitável abortar bebês que poderiam viver; ainda que com deficiências?" E o cientista responde: "Algumas pessoas pensam que o aborto é irresponsável. Do meu ponto de vista, o que é irresponsável é deixar nascer uma criança que terá uma doença incurável grave. É algo que causará sofrimento desnecessário. Mas isso, é claro, é escolha individual que cabe à mulher grávida. Cada um age de acordo com seus valores, e não quero roubar a ninguém o direito de tomar suas decisões. Se, por exemplo, o seu filho ainda não nascido tiver síndrome de Down, você pode perguntar se há alguma chance de curá-lo. Como cientista, responderei que não, que não existe hoje nenhuma chance de que essa criança seja normal. Esse é um fato científico: como as pessoas lidarão com ele é outro problema. Algumas verão a síndrome como sendo a vontade de Deus. Eu a vejo como uma falha biológica: no lugar de ter duas cópias do cromossomo 21, ela tem três, e isso conduz a anormalidade. Não vejo propósito no nascimento de quem vai levar uma vida menor, restrita."

31 Entrevista com James Watson, um dos cientistas que descobriu a estrutura do DNA. Veja, edição 1919, ano 38, número 34, de 24 ago 2005. A revista Veja pergunta ao cientista: "E se um dia pudermos prever que um feto será, digamos, homossexual? Razões como essa seriam aceitáveis para um aborto?" E o cientista responde: "As mulheres devem ter a liberdade de fazer o que elas consideram o melhor para a sua família. Mulheres de diferentes culturas e circunstâncias terão diferentes concepções. Aquilo que é certo para uma delas pode não ser para a outra. Decisões genéticas devem ser tomadas pelas mães, ou em acordo com sua família. O Estado não deveria influir sobre isso de forma alguma."

não sofrer; o direito de não querer uma "agonia desumana"; a humanização da prática médica;[32] a possibilidade de se modificar a própria identidade sexual e civil;[33] o direito de alugar o próprio corpo ("ventres de aluguel"); o direito à maternidade fora do casamento; o direito de realizar o "testamento biológico".

Gilles Lipovetsky afirma que alguns países já atribuem um valor jurídico ao "testamento biológico". O autor destaca que "no Estado de Nova York, por exemplo, em 1990 foi aprovada uma lei pela qual todo o indivíduo em idade adulta, mediante declaração autenticada, pode delegar a um terceiro o direito de tomar todas as deliberações referentes à saúde, inclusive quanto à possibilidade de extinguir a própria vida, se o próprio interessado não estiver em condições de o fazer. Em toda a parte, a lei proíbe aos médicos fazer morrer o doente, mas os tribunais, frequentemente, são levados a admitir situações extremas, ou a excluir a criminalidade da eutanásia com base em circunstâncias atenuantes, ou ainda, a autorizar a suspensão de certos tratamentos. Nos Estados Unidos, desde 1986, os médicos gozam do direito de interromper todas as formas de tratamento médico no caso de um paciente em estado de coma irreversível, desde que tenha manifestado anteriormente esse desejo e uma vez que a família tenha dado o consentimento. Há mais de vinte anos, a jurisprudência holandesa vem sendo cada vez mais liberal, excluindo a criminalidade da eutanásia quando praticada em certas condições específicas. Na presente legislatura, uma lei está a ponto de ser aprovada, a qual descriminalizará a prática da 'morte tranquila'."

Vê-se a invenção criativa de novos laços sociais, cuja face da moral explícita foi substituída por um nível de moral maleável.[34] É esta a era pós-moralista. Nesses termos, verifica-se que a prostituição não causa tanta repulsa, já que "a linha divisória entre o bem e o mal só é definida pelo critério de causar dano aos outros."[35] O divórcio, o aborto, o controle de natalidade e o

32 A humanização da prática médica no sentido de privilegiar a "qualidade" da morte, respeitando "a manifestação de vontade dos vivos até os umbrais da morte". Lipovetsky afirma: "Neste caso, é óbvio que atua em favor dos valores humanistas, pois, recusando que se prolongue insana e desumanamente uma vida, na verdade está levando em conta o desejo expresso de quem se vê às voltas com um sofrimento lascinante." LIPOVETSKY, op.cit., 2005. p.69-70.

33 Segundo Raul Cleber da Silva Choeri, a identidade sexual, como subaspecto da identidade humana, deve ser compreendida em sua estrutura dual, com um componente estático – o sexo biológico – e outro dinâmico – o sexo psicossocial. Segundo as ciências médicas e sociais, a verdadeira identidade sexual da pessoa é fornecida pela vertente dinâmica, fruto da interação com o meio familiar e social. CHOERI, Raul Cleber da Silva. *O Conceito de Identidade e a Redesignação Sexual*. Rio de Janeiro: Renovar, 2004.

34 FORBES, Jorge; FERRAZ JUNIOR, Tercio Sampaio; REALE JÚNIOR, Miguel (Org.). *A Invenção do Futuro:* Um debate sobre a pós-modernidade e a hipermodernidade. Barueri: Manole, 2005, p.54.

35 LIPOVETSKY, op.cit., 2005. p.57.

uso de métodos anticoncepcionais já não causam um desprestígio coletivo dos valores morais. Os anúncios públicos relacionados à prostituição já não provocam tanta crítica.[36] Além do filme *"50 tons de cinza"*, filmes sadomasoquistas ganham popularidade. O celibato é questionado.

As raízes sociais, políticas, familiares, sexuais, profissionais são cada vez mais incertas; os grandes mitos científicos e ideológicos estão em transformação; a perspectiva do desemprego aumenta; é necessário um aperfeiçoamento contínuo. O aluno entrega a prova em branco ao professor com absoluta indiferença, e se "o professor quiser convencê-lo da importância dos estudos, ditando uma escala de valores entre formação, trabalho e dinheiro, o menino não se sensibilizará."[37] Essa situação, também, é abordada por Miguel Reale Júnior que informa que a escola já não é um instrumento de controle, mas passou a ser meramente informativa e não formativa. Daí a realidade de os professores de ensino fundamental, médio e universitário sentirem dificuldades na relação de hierarquia e de transmissão de valores para seus estudantes.[38]

A fidelidade matrimonial já não é eterna, isso porque os parceiros já estão conscientes da "árdua lei concreta da inconstância e da precariedade do impulso amoroso"[39]. A questão é manter-se plenamente fiel enquanto subsiste o amor. Mais uma vez LIPOVETSKY:[40] "Eis porque nosso imaginário da fidelidade não é menos idealista que realista. É idealista porque, apesar de tudo, ainda se acredita num ideal de amor que sobrepõe ao desgaste dos anos. É realista porque o esforço exigido não visa mais a uma fidelidade 'eterna'. Entende-se por fidelidade pós-moralista uma situação que associa uma vaga esperança do 'para sempre' com a consciência do real provisório."

O direito de família deve ser compreendido por uma perspectiva social, cultural e histórica de sua comunidade, mais pragmático e menos voltado aos padrões de uma racionalidade abstrata em que se verifica maior relevo ao silogismo analítico.

O modelo tradicional da família não é mais, exclusivamente, a família biológica. A valorização dos vínculos socioafetivos e seus reflexos traduzem a tendência de personificação do Direito Civil, para o qual a família deve ser

---

36 Recentemente, no Rio de Janeiro, um ônibus da linha 638, trazia um anúncio em sua janela traseira com o título: *"Satisfação Garantida"*. Era um anúncio publicitário com a fotografia enorme de uma mulher em trajes íntimos. O anúncio referia-se à prostituição, inclusive, com endereços e telefones.

37 FORBES, Jorge. *Mundo Mutante, Século XXI:* As Identidades em Crise. In: FERRAZ JUNIOR; REALE JÚNIOR; FORBES, op.cit., p.6.

38 REALE JÚNIOR, Miguel. *Constituições Culturais:* A Razão e o Afeto na Política. In: FERRAZ JUNIOR; REALE JÚNIOR; FORBES, op.cit., p.25.

39 LIPOVETSKY, op.cit., 2005. p.48.

40 Ibid., p.47-48.

o *locus* social de realização humana, preservando sempre que possível a sua dignidade.[41]

A expressão *entidade familiar* passou a integrar o direito pátrio a partir da Constituição da República Federativa do Brasil de 1988, já que passou a suportar as diversas formas de representatividade de um núcleo família, não só originado pela consanguinidade ou pelo casamento.

O amor e o afeto independem de sexo, cor e raça. Ora, são mutações de um modelo de família tradicional. A sociedade atual, essencialmente heterogênea e pluralista, repartida em classes e grupos, cujos conflitos e interesses são os mais variados possíveis, vê-se pautada por um sistema positivista que não mais corresponde às dinâmicas sociais.

É nessa linha que Jorge Forbes destaca que a visão tecnicista do homem deve ser contraposta ao senso de "humanidade". Nas palavras do psicanalista: "Acredito que caminhamos para uma nova época na qual o valor da palavra exata começa a perder importância por uma palavra afetivizada e oracular. O mundo globalizado, não o vejo compor o Um, perfeito, completo, como o concebeu Parmênides. Queria transmitir entre nós a ideia de que há formas não totais, difusas, para pensarmos a atualidade. Estamos no momento em que o processo de fragmentação só pode ser conciliado por meio de pontes culturais. Então, ou viveremos um massacre tecnológico ou um novo renascimento, diferente do anterior, porque não trará a unidade completa em seu horizonte, mas virá simplesmente como um retorno dos valores culturais, para repactuar a sociedade em nova forma."[42]

Daí porque, no campo jurídico, o positivismo legalista não traz a unidade completa e o purismo metodológico em seu horizonte está em distonia com os valores culturais da sociedade em sua nova forma.

Para Tercio Sampaio Ferraz Júnior, uma das saídas é recuperar a preocupação com os direitos humanos; não por intermédio dos direitos humanos como foram pensados no século XIX, ou seja, direitos humanos contaminados pela positivação: "perderam então a qualidade de certa invisibilidade, da penetração social, e passaram a ser normas que se interpretam e aplicam, como qualquer outro direito".[43] A ideia, portanto, é a retomada dos direitos humanos em sua dimensão não positivada.[44]

Existe uma dificuldade natural de conciliar o sistema positivista à ideia do que é ser humano. Dessa forma, Tercio Sampaio Ferraz Junior ensina

41 FRAGA, Thelma Araújo Esteves. *A Guarda e o Direito à Visitação sob o Prisma do Afeto.* Niterói, RJ: Impetus, 2005. p.5.

42 FORBES, op.cit., p.16.

43 FERRAZ JUNIOR, Tercio Sampaio. *Constituições Culturais:* A Razão e o Afeto na Política. In: FERRAZ JUNIOR; REALE JÚNIOR; FORBES, op.cit., p.32.

44 Tercio Sampaio Ferraz Junior lembra que o discurso oficial é no sentido que os direitos humanos são declarados e não postos. Ocorre que na prática eles acabam se submetendo às mesmas formas, aos mesmos métodos usados pelas leis postas. Ibid., p.38.

que[45] "o outro aspecto difícil de lidar nessa proposta, é, além da contaminação com as características do direito positivo em um mundo gerado pela globalização, o reconhecimento e a aceitação, em nome dos direitos humanos, do pluralismo das sociedades modernas. Esse pluralismo não desemboca em uma antropologia fundamental que embase os direitos: não conseguimos ter hoje uma ideia do que é o ser humano da qual depreendamos o que fazer."

Uma das propostas de Tercio Sampaio Ferraz Junior é pensar a subjetividade como intersubjetividade; é tratar a liberdade por meio da intersubjetivadade.[46]

Veja-se aí a importância do que o Tercio falou: a recuperação dos direitos humanos como valores a serem evidenciados, independe do direito posto, por meio da intersubjetividade.

Da mesma forma, Lís Alberto Warat, em "*Territórios desconhecidos:* a procura surrealista pelos lugares do abandono do sentido e da reconstrução da subjetividade", alerta para a necessidade da aceitação de uma realidade plural: "Vivemos a agonia dos sentidos da modernidade. Um estado terminal que demanda um espaço para a poesia, para que ela possa desenhar um horizonte de sentidos sustentados pela autonomia, os vínculos solidários e os saberes do querer: o devir como ser. O ser como uma possibilidade permanente de deixar-se surpreender pela vida, de optar pela renovação de suas condições de existência. Permitir o próprio devir como sentido da vida. Aceitar a realidade como plural de sentidos e respeitar o devir dos outros como diferença: autonomia. A dança das diferenças como sentido. O olhar que chama e provoca o imprevisto. Falo da vinculação da poesia a um processo de vida, a devolução da consciência individual e coletiva de uma função participativa. Uma aposta na potencialidade da imaginação poética como alavanca para a reconstrução do mundo. A poesia mostra o ser como produção. A poesia como reveladora da vida pelo reconhecimento do caráter castrador do paradigma cientificista da modernidade. A poesia tratando de devolver ao homem os poderes de sua liberdade."

Observa-se o sentido de revalorizar as potencialidades éticas, políticas, culturais e afetivas do homem. Vê-se a tentativa de superação de uma "mentalidade obscura, repleta de segredos e silêncios que deslocaram permanentemente os conflitos sociais para o lugar das abstrações cientificistas."[47] A modernidade encontra-se ameaçada por um processo de desintegração do homem centrado em absoluta neutralização como realização significativa.[48] Torna-se necessário recuperar o sentimento de alteridade, o sentimento pelo outro.

45 Ibid., p.32.
46 Ibid., p.33.
47 Ibid., p.439.
48 Ibid., p.453.

"Nessas circunstâncias, os militantes dos direitos humanos, como força de realização histórica da autonomia, precisam abandonar sua linguagem carregada de ideais inflexíveis, reivindicando o direito à transferência amorosa. Assim, os direitos humanos surgiram como práticas políticas tendentes à preservação do homem: práticas de recuperação de uma capacidade de auto-significar-se por meio do outro. Uma batalha que também serviria, para a recuperação do espaço social e político, partindo da forma mais íntima e privada de construção da identidade: o amor como outro.[49]

Dessa forma, é possível dizer que o paradigma de conhecimento da modernidade, apoiado em grandes sistemas explicativos e de crenças, levou-nos a ideias de objetividade e representação.[50]

Portanto, como o pensamento jurídico será capaz de responder e enfrentar o mundo atual com suas novas formas e laços sociais? Como pensar a ordem jurídica pautada em uma cronologia regulada pelo relógio? Como confrontar-se com os direitos humanos que não precisem ser declarados ou que não exijam uma declaração para funcionar?[51]

Quanto à questão do tempo, Jorge Forbes lembra que "o humano não responde apenas a essa ordem. O tempo do amor não é cronológico. Os tempos do ódio, da fome, da esperança, não são cronológicos. Deveríamos incluir essas variações, fundamentais nas nossas vidas, que também nos guiam."[52]

A dogmática jurídica encontra-se em crise e, desta forma, torna-se necessária a superação do velho em direção ao novo. A quebra dos referenciais tradicionais da ciência jurídica caminha no sentido de pensar o direito focado nos problemas da sociedade atual.

Outrossim, vale lembrar que a *Declaração sobre as Raças e os Preconceitos Raciais*, aprovada e proclamada pela Conferência Geral da Organização das Nações Unidas para a Educação, a Ciência e a Cultura, reunida em Paris, em sua vigésima reunião, em 27 de novembro de 1978, determinou, dentre outras coisas, que todos os indivíduos e os grupos têm o direito de ser diferentes, bem como a diversidade das formas de vida e o direito à diferença não podem em nenhum caso servir de pretexto aos preconceitos raciais.

Soma-se a isso que o preâmbulo constitucional, mormente quanto aos aspectos instituidores de um Estado Democrático, assegura o exercício dos

---

49 Ibid., p.453.

50 Nesse sentido Luis Alberto Warat afirma que a "trajetória epistemológica tradicional concebe o mundo social como sendo um sistema de regularidades objetivas e independentes. Esta proposta sugere a coisificação das relações sociais, o que permite concebê-las em seu estado ingênuo. É precisamente a perda dessa ingenuidade que vai permitir a formação de uma história das verdades, que nos mostre os efeitos políticos das significações na sociedade." WARAT, Luis Alberto. *Epistemologia e Ensino do Direito:* O Sonho Acabou. Florianópolis: Fundação Boiteux, 2004b. V.2, p.28.

51 FERRAZ JUNIOR, op.cit., 2005. p.39.

52 FORBES, op.cit., p.35.

"direitos sociais e individuais, a liberdade, a segurança, o bem-estar, o desenvolvimento, a igualdade e a justiça como valores supremos de uma sociedade fraterna, pluralista e sem preconceitos".[53] A igualdade fundamental de todos os seres humanos é elemento norteador dos direitos humanos e deve ser reconhecida e respeitada pelos mais elevados conceitos de filosofia, ética, moral e direito. Nesse sentido, o preâmbulo constitucional promete a disseminação das desigualdades e a proteção à dignidade humana, alçadas ao mesmo patamar da defesa da Federação e da República.

Assim, nossa sociedade é dita pluralista. Reitera-se, sociedade fraterna, pluralista e sem preconceitos, que institui um Estado Democrático destinado a assegurar o exercício dos direitos sociais e individuais, a liberdade, a segurança, o bem-estar, o desenvolvimento, a igualdade e a justiça como valores supremos de uma sociedade fraterna, pluralista e sem preconceitos, fundada na harmonia social e comprometida na ordem interna e internacional, com a solução pacífica das controvérsias.

Dessa forma, falar de uma sociedade pluralista é o mesmo que assegurar os direitos das minorias e direito à diferença, ou seja, direitos iguais e sem preconceitos. É de se ressaltar que tais direitos – à democracia, ao pluralismo e à informação – são considerados direitos fundamentais de Quarta geração por Paulo Bonavides, em sua obra "*Curso de Direito Constitucional*".[54]

O que importa, na sociedade pós-moralista, é que as pessoas se amem e queiram conviver. Só o sentimento as mantém juntas. Portanto, é a partir do conflito e das diferentes posições que se torna possível uma correção normativa. É dessa forma que o ser humano não pode mais ser visto a partir de uma subjetividade idealizada pelo pensamento da modernidade, mas sim como um sujeito inserido em situações hermenêuticas vinculada a costumes e tradições. Isso significa, segundo Manfredo Araújo de Oliveira, "reconhecer a determinação da nossa consciência pela história, uma posição que pretende ser o antípoda do 'saber absoluto', enquanto autotransparência plena: nós, enquanto seres finitos, não podemos simplesmente dispor sobre essa tradição que nos condiciona. Nosso conhecimento se faz a partir do horizonte de uma tradição de sentido que é, sempre, maior do que nossa consciência explícita. Aliás, a influência da tradição sobre nós, a determinação de nossa consciência não depende dela, mas, fundamentalmente, de nossa facticidade originária: historicidade significa experiência de finitude."[55]

O magistrado deve analisar o caso concreto decidindo a partir da sua contingência, já que o sentido exsurge em situações históricas específicas,

53 Preâmbulo da Constituição da República Federativa do Brasil , promulgada em 05 de outubro de 1988.

54 BONAVIDES, Paulo. *Curso de Direito Constitucional*. 8.ed. São Paulo: Malheiros, 1999. p.525.

55 Ibid., p.44.

portanto, contingentes. Isto acontece porque a consciência do intérprete jurídico é uma consciência que, em liberdade, se comunica com a tradição histórica em que ele já se encontra. É este o caráter circular da compreensão do texto jurídico. Por essa razão, a *situação hermenêutica* é essencialmente uma reflexão sobre a influência da história, na qual o julgador e o caso concreto a ser decidido encontram-se inseridos. Nesse sentido, a experiência fundante da vida humana ser a experiência da própria historicidade.[56]

56 OLIVEIRA, Manfredo Araújo de. *Reviravolta linguístico-pragmática na filosofia contemporânea*. 2. ed. São Paulo: Loyola, 2001b. p. 232.

Capítulo 2

DIREITO CIVIL CONSTITUCIONAL

> "O protagonismo do Poder Judiciário no que tange à concretização de pretensões que há tempos clamavam por uma tutela efetiva comprovou não apenas que os órgãos judicantes são os primeiros a serem chamados a se manifestar frente às novas demandas sociais, mas também sua importância no reconhecimento do direito de família como um espaço de luta para as causas civilizatórias, para a emancipação das pessoas e para a concretização da dignidade humana."
> (Maria Celina Bodin de Moraes)[1]

2.1 Direitos Fundamentais

A expressão "direitos fundamentais" é encontrado na dogmática jurídica em várias expressões, tais como: "direitos humanos", "direitos do homem", "direitos subjetivos públicos", "liberdades públicas", "direitos individuais", "liberdades fundamentais" e "direitos humanos fundamentais".[2]

No próprio texto constitucional, a expressão direitos fundamentais se apresenta de forma diversificada, como: a) direitos humanos (art. 4º, II da CRFB/88); b) direitos e garantias fundamentais (Título II e art. 5º, § 1º da CRFB/88); c) direitos e liberdades constitucionais (art. 5º, LXXI da CRFB/88); e d) direitos e garantias constitucionais (art. 60, § 4º, IV da CRFB/88).

A compreensão dos direitos fundamentais é vital para a superação do direito positivo, já que pretende aproximá-lo da filosofia do Direito. É uma espécie de aproximação do direito com a moral. Daí a importância do estudo do Direito Civil em harmonia com os direitos fundamentais na busca de uma fundamentação constitucional para as decisões dos casos concretos na esfera interprivada.

---

1 BODIN DE MORAES, Maria Celina. Um ano histórico para o direito de família. Editorial à Civilistica.com. Rio de Janeiro, a. 5, n. 2, 2016. Disponível em:< http://civilistica.com/wp-content/uploads/2016/12/Editorial-civilistica.com-a.5.n.2.2016.pdf>. Acesso em: 21 jan. 2017.

2 SARLET, Ingo Wolfgang. *A eficácia dos direitos fundamentais*. 3. ed. Porto Alegre: Livraria do Advogado, 2003, p. 31.

Gregorio Peces-Barba Martínez ensina que "en los derechos fundamentales el espíritu y la fueza, la moral y el Derecho están entrelazados y la separación los mutila, los hace incomprensibles. Los derechos fundamentales son una forma de integrar justicia y fuerza desde la perspectiva Del individuo propio de la cultura antropocentrica del mundo moderno".[3]

Não obstante o insucesso de consenso conceitual e terminológico relativo aos direitos fundamentais[4], alguns pontos de encontro entre tantos conceitos elaborados podem nos fazer chegar a uma conceituação aceitável, em que os direitos fundamentais são prerrogativas/instituições (regras e princípios) que se fizeram e se fazem necessárias ao longo do tempo, para formação de um véu protetor das conquistas dos direitos do homem (que compreendem um aspecto positivo, a *prestação*, e um negativo, a *abstenção*) positivados em um determinado ordenamento jurídico, embasados, em especial, na dignidade da pessoa humana, tanto em face das ingerências estatais, quanto, segundo melhor doutrina, nas relações entre particulares (seja esta proteção positivada ou não, é inegável a constitucionalização do direito privado, e, por consequência, a força normativa da constituição nestas relações), onde, em ambos os casos podem possuir eficácia imediata (chamada eficácia direta dos direitos fundamentais nas relações privadas), ou imediata, no primeiro caso, e mediata, no segundo (chamada eficácia indireta dos direitos fundamentais nas relações privadas), ou, ainda, possuindo eficácia só no primeiro caso (não aplicabilidade dos direitos fundamentais nas relações privadas), conforme o ordenamento no qual se encontram os referidos direitos.

Na precisa lição de José Afonso da Silva[5], qualificar tais direitos como fundamentais é apontá-los como situações jurídicas essenciais sem as quais o homem "não se realiza, não convive e, às vezes nem sobrevive; fundamentais do *homem* no sentido de que a todos, por igual, devem ser não apenas formalmente reconhecidos, mas concreta e materialmente efetivados", o que nos leva à intrínseca ligação de tais direitos ao princípio da dignidade humana e da igualdade.

Marçal Justen Filho afirma que direito fundamental "consiste em um conjunto de normas jurídicas, previstas primariamente na Constituição e destinadas a assegurar a dignidade humana em suas diversas manifestações, de que derivam posições jurídicas para os sujeitos privados e estatais."[6]

Jorge Miranda define os direitos fundamentais como "direitos ou as posições jurídicas ativas das pessoas enquanto tais, individual ou institucionalmente consideradas, assentes na Constituição, seja na Constituição formal,

3 MARTÍNEZ, Gregorio Peces-Barba. *Lecciones de derechos fundamentales*. Madrid: Dykinson, 2004, p. 31.

4 José Afonso da Silva entende que são "aqueles que reconhecem autonomia aos particulares, garantindo a iniciativa e a independência aos indivíduos diante dos demais membros da sociedade política e do próprio Estado". SILVA, José Afonso da. *Curso de Direito Constitucional Positivo*. 24. ed. São Paulo: Malheiros, 2004, p. 191.

5 SILVA, José Afonso da, *Op. cit.*, p. 178.

6 JUSTEM FILHO, Marçal. *Curso de Direito Administrativo*. 8. ed. Belo Horizonte: Fórum, 2012, p. 140.

seja na Constituição material. [...] os direitos fundamentais podem ser entendidos *prima facie* como direitos inerentes à própria noção de pessoa, como direitos básicos de pessoa, como os direitos que constituem a base jurídica da vida humana no seu nível atual de dignidade."[7]

Marcelo Galuppo ensina que "os direitos humanos transformaram-se em direitos fundamentais somente no momento em que o princípio do discurso se transformou no princípio democrático, ou seja, quando a argumentação prática dos discursos morais se converte em argumentação jurídica limitada pela faticidade do Direito, que implica sua positividade e coercibilidade, sem, no entanto, abrir mão de sua pretensão de legitimidade. Os direitos fundamentais representam a constitucionalização daqueles direitos humanos que gozaram de alto grau de justificação ao longo da história dos discursos morais, que são, por isso, reconhecidos como condições para a construção e o exercício dos demais direitos."[8]

Já Bacelar Gouveia entende direitos fundamentais como "posições jurídicas ativas das pessoas integradas no Estado-Sociedade, exercidas por contraposição ao Estado-Poder, positivadas no texto constitucional."[9] Desta definição, é possível perceber os três elementos dos direitos fundamentais, a saber: (a) subjetivo (contraponto entre o particular e o Estado-Poder), (b) objetivo (conjunto de vantagens que decorrem na proteção conferida pelos direitos fundamentais), e (c) formal (consagração dos direitos fundamentais na Constituição).

Neste ponto, é válido destacar as lições de Cristina Queiroz quanto à dupla dimensionalidade dos direitos fundamentais: "a dupla natureza (doppel Gestalt) dos direitos e liberdades fundamentais [...] na medida em que não garantem apenas direitos subjetivos, mas também princípios objetivos básicos para a ordem constitucional democrática do Estado de Direito".[10]

2.2 A Concepção dos *Direitos Fundamentais* na Constituição de 1988

O Título II (Dos Direitos e Garantias Fundamentais) da Constituição da República Federativa do Brasil de 1988 apresenta um rol extenso de direitos fundamentais. Somente o artigo 5° constitucional contempla 77 incisos.[11] Já o artigo 7°, com seus 34 incisos, apresenta um vasto rol de direitos sociais dos trabalhadores.

---

7 MIRANDA, Jorge. *Manual de Direito Constitucional*, Tomo IV, 3. ed. Coimbra: Coimbra Editora, 2000, p. 7-10.

8 GALUPPO, Marcelo Campos. O que são direitos fundamentais? In: SAMPAIO, José Adércio Leite. (Coord.) *Jurisdição constitucional e direitos fundamentais*. Belo Horizonte: Del Rey, 2003, p. 213-250.

9 GOUVEA, Jorge Bacelar. *Manual de Direito Constitucional*, V. II. 3. ed. Coimbra: Almedina, 2010, p. 1031.

10 QUEIROZ, Cristina. *Direito Constitucional*: as instituições do Estado democrático e constitucional. Coimbra: Coimbra Editora, 2009, p. 365.

11 O artigo 5° apesar de exaustivo, não apresenta cunho taxativo.

O catálogo dos direitos fundamentais consagrados na Constituição abarca vários direitos em suas variadas dimensões: direito à vida, à liberdade, à propriedade, direitos sociais básicos, direito ao meio ambiente ecologicamente equilibrado (art. 225 da CRFB/88), proteção ao consumidor, dentre outros.

Os direitos fundamentais podem ser classificados, de acordo com sua multifuncionalidade, em dois grandes grupos, a saber:[12]

a) *direitos de defesa*, aí incluídos os direitos de liberdade, igualdade, as garantias, bem como parte dos direitos sociais (liberdades sociais) e políticos. São direitos que impõem uma abstenção por parte do Estado e, em regra, representam os direitos subjetivos;

b) *direitos a prestações* integrados pelos direitos a prestações em sentido amplo, tais como os direitos à proteção e à participação na organização e procedimento, assim como pelos direitos a prestações em sentido estrito, representados pelos direitos sociais de natureza prestacional.

É necessário lembrar a cláusula de abertura prevista pelo art. 5°, § 2° da Constituição. Nesse sentido, cumpre referir que o "conceito materialmente aberto dos direitos fundamentais consagrado pelo art. 5°, § 2°, da CF, aponta para a existência de direitos fundamentais positivados em outras partes do texto constitucional e até mesmo em tratados internacionais, bem assim para a previsão expressa da possibilidade de se reconhecerem direitos fundamentais não escritos, implícitos nas normas do catálogo, bem como decorrentes do regime e dos princípios da Constituição".[13]

Vale destacar que o catálogo dos direitos fundamentais constitui em si uma concretização do princípio fundamental da dignidade da pessoa humana (art. 1°, inciso III, da CRFB/88). Daí que o princípio da dignidade humana constitui um *locus* hermenêutico aberto que deve ser harmonizado com a diversidade de valores que se manifestam nas sociedades complexas e plurais. É a questão da intersubtividade e da alteridade da norma jurídica, já que a dimensão intersubjetiva da dignidade humana deve ser compreendida a partir da relação do ser humano com os demais membros da sociedade em que vive.

2.3 Diferença entre *Direitos Fundamentais* e *Direitos Humanos*

Segundo Ingo Wolfgang Sarlet, a distinção é de que a expressão *direitos fundamentais* "se aplica para aqueles direitos do ser humano reconhecidos e positivados na esfera do Direito Constitucional positivo de determinado

12 SARLET, op. cit., p. 246.

13 SARLET, op. cit., p. 79.

Estado, ao passo que a expressão "direitos humanos" guardaria relação com os documentos de direito internacional, por referir-se àquelas posições jurídicas que se reconhecem o ser humano como tal, independentemente de sua vinculação com determinada ordem constitucional, e que, portanto, aspiram à validade universal, para todos os povos e tempos, de tal sorte que revelam um inequívoco caráter supranacional (internacional)".[14]

Dessa maneira, os *direitos fundamentais* representam os direitos reconhecidos pelo ordenamento constitucional interno de cada Estado e os *direitos humanos* são aqueles reconhecidos pelo direito internacional com validade universal e de contornos mais amplos e imprecisos.

Da mesma forma, as lições de Antonio-Enrique Pérez Luño, "*Los derechos humanos suelen venir entendidos como un conjunto de facultades e instituciones que, en cada momento histórico, concretan las exigencias de la dignidad, la libertad y la igualdad humanas, las cuales deben ser reconocidas positivamente por los ordenamientos jurídicos a nivel nacional e internacional. En tanto que con la noción de los derechos fundamentales se tiende a aludir a aquellos derechos humanos garantizados por el ordenamiento jurídico positivo, en la mayor parte de los casos en su normativa constitucional, y que suelen gozar de una tutela reforzada*".[15]

2.4 As Dimensões dos *Direitos Fundamentais*

O processo de reconhecimento dos direitos fundamentais no âmbito do direito positivo dá margem a sua compreensão a partir das características de seu conteúdo. Tais características podem ser agrupadas em dimensões (gerações):

a) *Direitos fundamentais da primeira geração*: São aqueles de índole liberal-individualista, fruto do pensamento liberal-burguês do século XVIII, que representam os direitos individuais frente ao Estado. Os direitos fundamentais de primeira geração estão relacionados aos direitos de cunho jusnaturalista, tais como: os direitos à vida, à liberdade, à propriedade, à igualdade (igualdade formal) perante a lei. Nesta dimensão estão incluídos, também, os direitos de participação política e as liberdades de expressão coletiva (liberdades de expressão, imprensa, manifestação, reunião, associação, etc.),

b) *Direitos fundamentais da segunda geração*: os direitos fundamentais da segunda geração estão relacionados aos direitos econômicos, sociais e culturais. Como observa Ingo Sarlet, estes direitos "não

14 Ibid., p. 33-34.

15 PEREZ LUÑO, Antonio-Enrique. *Los derechos fundamentales*. 8. ed. Madrid: Tecnos, 2004, p. 46.

englobam apenas direitos de cunho positivo, mas também as assim denominadas 'liberdades sociais', do que dão conta os exemplos da liberdade de sindicalização, do direito de greve, bem como do reconhecimento de direitos fundamentais aos trabalhadores, tais como o direito a férias e ao repouso semanal remunerado, a garantia de um salário mínimo, a limitação da jornada de trabalho".[16]

c) *Direitos fundamentais da terceira geração*: os direitos fundamentais da terceira geração são aqueles denominados de direitos de solidariedade. É caracterizado pelos direitos transindividuais, também chamados direitos coletivos e difusos e que, no geral, compreendem os direitos do consumidor e dos direitos relacionados à proteção do meio ambiente, respectivamente.

d) *Direitos fundamentais da quarta geração*: os direitos fundamentais da quarta geração são os direitos de manipulação genética, relacionados à biotecnologia e bioengenharia, e que tratam de questões sobre a vida e a morte, sobre cópias de seres humanos, e que requerem uma discussão ética prévia.

e) *Direitos fundamentais da quinta geração*: Os direitos fundamentais da quinta geração estão relacionados aos direitos da realidade virtual, que surgem do grande desenvolvimento da cibernética.

f) *Direitos fundamentais da sexta geração?* Os direitos de *sexta dimensão* para Agra são aqueles relacionados com a questão dos direitos dos animais.[17] Aqui, a discussão é acirrada já que os animais, de acordo com o Código Civil brasileiro são considerados bens semoventes e não sujeitos de direito. Interessante notar que várias pesquisas em sede de mestrado e doutorado em direito caminham no sentido desta discussão, ou seja, o direito dos animais não humanos.[18]

16 SARLET, op. cit., p. 53.

17 Ibid.

18 Neste sentido, ver: FRISKE, Gabriela. *O Direito dos Animais não Humanos*. Juiz de Fora: UNIPAC, Dissertação de Mestrado, 2013. Ver também: (1) EBERLE, Simone. *Deixando a Sombra dos Homens*: Uma Nova Luz sobre o Estatuto Jurídico dos Animais. 2006. 431 f. Tese de Doutorado (Direito Civil) – Faculdade de Direito da Universidade Federal de Minas Gerais. Belo Horizonte, 417 p.; (2) LOURENÇO, Daniel Braga. *Direito dos animais*: fundamentação e novas perspectivas. Porto Alegre: Sergio Antônio Fabris Editor, 2008, 566 p.; (3) OST, François. *A Natureza à Margem da Lei* – A ecologia à prova do direito. Trad. Joana Chaves. Lisboa: Instituto Piaget, 1995, 172 p.; (4) SINGER, Peter. *Ética Prática*. Trad. Jefferson Luiz Camargo. São Paulo: Martins Fontes, 2002, 399 p.; (5) SINGER, Peter. *Libertação Animal*. Trad. Marly Winckler. Porto Alegre: Lugano, 2004 e (6) SUNSTEIN, Cass R. *The Rights of Animals*, in: The University of Chicago Law Review, vol. 70, 2003.

Vale lembrar que a Unesco proclamou, em 27 de janeiro de 1978, a Declaração dos Direitos dos Animais. A partir desta declaração, os animais passaram a ser protegidos ao se tornarem seres de direito.[19]

2.5 Direitos Fundamentais no Âmbito das Relações entre Particulares

Nos últimos anos, a questão do Direito Civil-constitucional está em voga, ou seja, discute-se a influência do direito constitucional na esfera jurídica civilística, onde se indaga o papel dos princípios e regras constitucio-

---

19 DECLARAÇÃO UNIVERSAL DOS DIREITOS DOS ANIMAIS

Art. 1º) Todos os animais nascem iguais perante a vida e têm os mesmos direitos à existência.

Art. 2º) O homem, como a espécie animal, não pode exterminar outros animais ou explorá-los violando este direito; tem obrigação de colocar os seus conhecimentos a serviço dos animais.

Art. 3º) 1) Todo animal tem direito a atenção, aos cuidados e a proteção dos homens. 2) Se a morte de um animal for necessária, deve ser instantânea, indolor e não geradora de angústia.

Art. 4º) 1) Todo animal pertencente a uma espécie selvagem tem direito a viver livre em seu próprio ambiente natural, terrestre, aéreo ou aquático, e tem direito a reproduzir-se, 2) Toda privação de liberdade, mesmo se tiver fins educativos, é contrária a este direito.

Art. 5º) 1) Todo animal pertencente a uma espécie ambientada tradicionalmente na vizinhança do homem tem direito a viver e crescer no ritmo e nas condições de vida e liberdade que forem próprias da sua espécie; 2) Toda modificação desse ritmo ou dessas condições, que forem impostas pelo homem com fins mercantis, é contrária a este direito.

Art. 6º) 1) Todo animal escolhido pelo homem para companheiro tem direito a uma duração de vida correspondente á sua longevidade natural; 2) Abandonar um animal é ação cruel e degradante.

Art. 7ª) Todo animal utilizado em trabalho tem direito à limitação razoável da duração e da intensidade desse trabalho, alimentação reparadora e repouso.

Art. 8º) 1) A experimentação animal que envolver sofrimento físico ou psicológico, é incompatível com os direitos do animal, quer se trate de experimentação médica, científica, comercial ou de qualquer outra modalidade; 2) As técnicas de substituição devem ser utilizadas e desenvolvidas.

Art. 9º) Se um animal for criado para alimentação, deve ser nutrido, abrigado, transportado e abatido sem que sofra ansiedade ou dor.

Art. 10º) 1) Nenhum animal deve ser explorado para divertimento do homem; 2) As exibições de animais e os espetáculos que os utilizam são incompatíveis com a dignidade do animal.

Art. 11º) Todo ato que implique a morte desnecessária de um animal constitui biocídio, isto é, crime contra a vida.

Art. 12º) 1) Todo ato que implique a morte de um grande número de animais selvagens, constitui genocídio, isto é, crime contra a espécie; 2) A poluição e a destruição do ambiente natural conduzem ao genocídio.

Art. 13º) 1) O animal morto deve ser tratado com respeito; 2) As cenas de violência contra os animais devem ser proibidas no cinema e na televisão, salvo se tiverem por finalidade evidencias ofensa aos direitos do animal.

Art. 14º) 1) Os organismo de proteção e de salvaguarda dos animais devem ter representação em nível governamental; 2) Os direitos do animal devem ser defendidos por lei como os direitos humanos.

nais aplicados às normas infraconstitucionais. É o fenômeno denominado de "constitucionalização do Direito Civil".

A dogmática e a codificação civilista não pode ser interpretada dissociada dos valores e princípios constitucionais. Daí a importância, cada vez maior, do estudo do Direito Civil em harmonia e consonância com a normativa constitucional.

Nesses termos, um pensamento originário começa a fluir no campo jurídico civilístico. Esse caminhar foi guiado não só pela filosofia constitucional, bem como por estudiosos do vigor de Luiz Edson Fachin, Francisco Amaral, Gustavo Tepedino, Maria Celina Bodin de Moraes, Teresa Negreiros, Judith Martins-Costa, Daniel Sarmento dentre outros, que já trilharam caminhos inesperados sempre adornados com novas cores. São estes autores que estão dispostos a conhecer e a buscar a essência do Direito Civil, em seu sentido originário.

Daí a necessidade de apresentar, de forma preliminar, no Curso de Direito Civil, a problemática da eficácia das normas de direitos fundamentais no âmbito das relações interprivadas. É um tema que se discute desde a década de 50 do século passado, em especial, na Alemanha sob a denominação de "efeito frente a terceiros dos direitos fundamentais" (*Drittwirkung der Grundrechte*). De igual forma, nos Estados Unidos o assunto é chamado de *state action doctrine*.

As teses ou orientações doutrinárias quanto à eficácia dos direitos fundamentais relativamente a terceiros podem ser agrupadas em: a) a tese de recusa de eficácia; b) a tese da eficácia mediata ou indireta; c) as teses dos deveres de proteção; d) a tese da eficácia direta ou imediata.[20]

Em Portugal e na Espanha vários autores já enfrentaram o referido tema. José Joaquim Gomes Canotilho, em seu artigo em homenagem a Paulo Bonavides, denominado de "Civilização do Direito Constitucional ou Constitucionalização do Direito Civil? A eficácia dos direitos fundamentais na ordem jurídico-civil no contexto do direito pós-moderno", apresenta alguns exemplos que merecem atenção de todos os juristas.[21] Vejamos:

"Caso 1 – A urbanização quimicamente branca ou a "*action under color of State law*". O caso conta-se em poucas palavras. Os compradores de moradias dentro de uma urbanização localizada numa cidade norte-americana teriam de aceitar a cláusula contratual de proibição de venda a indivíduos

20 NOVAIS, Jorge Reis. *Direitos fundamentais*: trunfos contra a maioria. Coimbra: Coimbra Editora, 2006, p. 71-72.

21 CANOTILHO, José Joaquim Gomes. Civilização do direito constitucional ou constitucionalização do Direito Civil? A eficácia dos direitos fundamentais na ordem jurídico-civil no contexto do direito pós-moderno. In: GRAU, Eros Roberto; GUERRA FILHO, Willis Santiago. Direito constitucional. Estudos em homenagem a Paulo Bonavides. São Paulo: Malheiros, 2001, p. 111-115.

de raça negra. Um dos adquirentes violou a cláusula contratual, alienando a sua propriedade a um "cidadão preto". O problema aí está: será de imputar a violação do princípio da igualdade ao próprio Estado na medida em que este, por meio de seus tribunais, dá razão aos titulares da urbanização, reconhecendo a nulidade da venda em violação de uma cláusula contratual? Mas o que é que é "nulo": é a própria cláusula contratual por amor à Constituição (princípio da igualdade) ou a venda em violação da cláusula por amor à liberdade contratual?

Caso 2 – A "*terceira mulher*": da "*mulher diabolizada*" e da "*mulher exaltada*" à "*mulher criadora do seu papel*". Este caso é hoje sobejamente conhecido como o caso do "diferencialismo das executivas". A história tem mulheres de carne e osso e conta-se também em curtas palavras. Uma multinacional propõe a uma sua executiva de *top* a colocação imediata num importante posto de chefia com a cláusula de proibição de gravidez ou de "barriga de aluguer" durante 10 anos. A opção para a mulher de 26 anos é clara: ser mãe ou ser mulher de sucesso. A "proibição de gravidez" é uma cláusula constitucionalmente proibida; mas como proibir, no mundo da autonomia contratual-global, a inserção de uma condição que mais não é, segundo alguns, que a invenção da "terceira mulher": a "mulher criadora do seu próprio papel"?

Caso 3 – *As antenas parabólicas dos emigrantes portugueses*. O caso vem relatado em revistas alemãs. Vale a pena conhecer a história. Um emigrante português solicitou ao senhorio do prédio que tomara de arrendamento a autorização necessária para colocar no telhado uma antena parabólica de televisão para melhor captar os programas de língua portuguesa. O senhorio denegou tal autorização, e, perante esta recusa, o emigrante português intentou a ação competente junto dos tribunais para o reconhecimento do seu direito fundamental à informação. O êxito junto aos tribunais ordinários foi nulo, mas o mesmo já não aconteceu quando, por meio de ação constitucional de defesa, o Tribunal Constitucional alemão se teve de pronunciar sobre o assunto. A ordem jurídica dos direitos fundamentais está presente na "ordem dos contratos". "Os contratos de arrendamento não são espaços livres de direitos fundamentais como o direito de informar-se e ser informado".

Outros casos e hipóteses no direito português do problema metódico da aplicação dos direitos fundamentais nas relações jurídicas privadas são apontados por Canotilho em sua obra:[22]

(1) Uma empresa industrial celebrou contratos de trabalho em que os trabalhadores renunciaram a qualquer atividade partidária e à filiação em sindicados. Se as normas consagradoras dos direitos, liberdades e garantias (CRP, arts. 46º, 51º e 55º) vinculam enti-

22 CANOTILHO, José Joaquim Gomes. *Direito constitucional e teoria da constituição*. 7. ed. Coimbra: Almedina, 2003, p. 1285-1286.

dades privadas, como reagir contra o "desvalor constitucional" de tais contratos de trabalho?

(2) Num congresso de um partido político destinado a escolher os candidatos desse partido às eleições parlamentares, foi excluída a participação de indivíduos de raça negra (hipótese próxima da discutida nos célebres casos da jurisprudência americana, *Smith v. Allright* (1944) e *Terry v. Adams* (1946)). O princípio da igualdade (CRP, art. 13º /2) vinculará ou não, diretamente, uma associação partidária?

(3) A senhora X havia sido contratada como professora por um colégio particular, vinculando-se à "cláusula do celibato". Posteriormente, ela celebrou casamento e a empresa proprietária do colégio desencadeou o procedimento do despedimento, invocando a violação de uma cláusula do contrato. A senhora X contestou a ação de despedimento, apelando diretamente para o art. 36.º /1 da CRP, que vincularia entidade privadas como a empresa proprietária do colégio (caso já discutido em Portugal, mas com contornos um pouco diferentes, num Parecer da Comissão Constitucional).

(4) A empresa Z contratou dois indivíduos de sexo feminino para o seu serviço de informática, mas condicionou a manutenção do contrato de trabalho a três cláusulas (i) sujeitarem-se a testes de gravidez no momento da admissão; (ii) aceitarem como justa causa de despedimento o fato de ocorrer uma gravidez durante o contrato; (iii) considerarem também como justa causa de despedimento o fato eventual de virem a ser de "mães hospedeiras" (inseminação artificial) durante a vigência do contrato. Como conciliar estas cláusulas com direitos, liberdades e garantias com os direitos à intimidade pessoal (CRP, art. 26º) e o direito de constituir família (CRP, art. 36º /1)?

(5) As entidades patronais e as organizações sindicais celebraram um contrato coletivo de trabalho, onde incluíram a cláusula de *closed-shop*, ou seja, a proibição de contratação de operários não sindicalizados. Como conciliar esta cláusula contratual com os arts. 47º e 55º /6 da CRP?

(6) Uma escola particular de alunos deficientes, subsidiada pelo Estado, recusa-se a receber crianças deficientes não batizadas ou cujos pais professem uma religião diferente da ensinada nessa escola. Poderão os pais dessas crianças recorrer diretamente aos arts. 13º/2 e 41º/2/3?

Este é um dos dilemas atuais da dogmática jurídica contratual: até que ponto os direitos fundamentais devem interferir na autonomia e liberdade contratual? Qual o limite que representa a perda da irredutível autonomia do direito privado, já que o conteúdo contratual, por vezes, é alterado pelos Tribunais de Justiça em prol da eficácia direta dos direitos fundamentais na ordem jurídica privada. O Direito Civil está em crise.[23]

Se por um lado devemos refletir sobre a eficácia dos direitos fundamentais na ordem jurídica civilística, por outro, devemos ficar atentos a essa influência, para não transformar o Direito Civil em um direito de "não liberdade", já que a gênese do direito privado é a liberdade e autonomia das partes.

Em nome da autonomia da vontade e da liberdade contratual seria possível admitir a violação da dignidade da pessoa humana quando ameaçada por outros particulares? Jorge Reis Novais admite que dessa maneira seria "fazer prevalecer os direitos patrimoniais e o direito de propriedade sobre os direitos de liberdade pessoais, seria sacrificar os direitos fundamentais no altar de uma sacralização da livre iniciativa privada numa hierarquização de prioridades que, objetivamente, oculta o domínio dos economicamente mais poderosos".[24]

Aqui a divergência doutrinária resplandece. Vejamos as lições de Novais: "Por isso, diz-se, quem é mais pelos direitos fundamentais favorece a tese da aplicabilidade direta, quem é mais pela autonomia privada sustentará as outras teses. Quem é pela intervenção estatal de correção das assimetrias sociais e de limitação dos poderes privados, quem tem preocupações igualitárias, sustentará a aplicabilidade geral dos direitos fundamentais, incluindo as relações econômicas e sociais privadas; quem tem uma maior preocupação com a conservação de um *status* inigualitário favorecerá o acantonamento dos direitos fundamentais nas relações com o Estado, preservando a esfera privada das perturbações implicadas numa generalização indiscriminada dos destinatários dos direitos fundamentais".[25]

23 Exemplo interessante é apontado por Stefano Rodotà, destacado por Tepedino da seguinte forma: "a notícia publicada por um tablóide sensacionalista inglês, que pôs em dúvida a paternidade do príncipe William. Insinuou-se então que o herdeiro real poderia ser filho não de Charles, mas de um ex-professor de educação física da princesa Diana. O repórter, aproveitando-se de um descuido do jovem príncipe, acometido de uma gripe, apropriou-se de um lenço de papel por ele utilizado e jogado em uma lata de lixo. Valendo-se também de uma amostra do sangue (ou tecido) do pretenso pai, realizou o confronto das cadeias de DNA, cujo resultado negativo estancou a explosão nas vendas dos jornais populares e a apreensão geral relacionada à sucessão do trono. O Professor Rodotà, analisando a questão, esclareceu apropriadamente que não se tratava apenas de um lenço descartado (*res derelectae*), mas de informações que diziam respeito à própria essência da personalidade daqueles de quem foram apropriados". TEPEDINO, Gustavo. Normas constitucionais e Direito Civil na construção unitária do ordenamento. In: SOUZA NETO, Cláudio Pereira de; SARMENTO, Daniel. *A Constitucionalização do Direito*: Fundamentos Teóricos e Aplicações Específicas, Rio de Janeiro: Lumen Juris, 2007, p. 318.

24 NOVAIS, op. cit., 78.

25 Ibid., p. 78.

Na atualidade não se pode afirmar que os direitos fundamentais devam ser exercidos somente contra o Estado, deixando a liberdade contratual e a autonomia da vontade livres da interferência do Estado para serem conduzidas somente pelos particulares.

Na aplicação dos direitos fundamentais nas relações entre particulares ocorrerá uma colidência ou conflito de um direito fundamental e o princípio da autonomia privada que também representa uma garantia jurídico-constitucional.

Contudo, o tema não é apresentado e discutido nos manuais de Direito Civil, razão pela qual a problemática somente é enfrentada em sede de pós-graduação em direito. Como tantos outros temas, tornou-se necessário enfrentar a questão da incidência dos direitos fundamentais e sua eficácia no âmbito das relações jusprivatíticas. Não obstante a controvérsia que permeia a dogmática jurídica constitucional, entende-se que os direitos fundamentais se projetam sobre as relações interprivadas de forma a conformá-las sob o manto constitucional. Daí a importância da interpretação do Código Civil à luz dos cânones e princípios constitucionais. Nesse contexto, Tepedino ensina que "propriedade, empresa, família, relações contratuais tornam-se institutos funcionalizados à realização dos valores constitucionais, em especial da dignidade da pessoa humana, não mais havendo setores imunes a tal incidência axiológica, espécies de zonas francas para atuação da autonomia privada. A autonomia privada deixa de configurar um valor em si mesma, e será merecedora de tutela somente se representar, em concreto, a realização de um valor constitucional".[26]

Dessa maneira, as relações jurídicas privadas devem ser conformadas pelos princípios jurídicos constitucionais, tais como, o princípio da dignidade da pessoa humana (CRFB/88, art. 1°, III), e os princípios do trabalho e da livre iniciativa como valores sociais (CRFB/88, art. 1°, IV), com vistas a construir uma sociedade livre, justa e solidária (CRFB/88, art. 3°, I), a garantir o desenvolvimento nacional (CRFB/88, art. 3°, II), erradicar a pobreza e a marginalização e reduzir as desigualdades sociais e regionais (CRFB/88, art. 3°, III), bem como promover o bem de todos, sem preconceitos de origem, raça, sexo, cor, idade e quaisquer outras formas de discriminação (CRFB/88, art. 3°, IV).

Não obstante a nossa Constituição da República Federativa do Brasil de 1988 não apresentar explicitamente o mandamento da eficácia dos direitos fundamentais a ordem jurídica privada, estes devem possuir eficácia tanto

---

26 TEPEDINO, Gustavo. Normas constitucionais e Direito Civil na construção unitária do ordenamento. In: SOUZA NETO, Cláudio Pereira de; SARMENTO, Daniel. *A constitucionalização do direito*: fundamentos teóricos e aplicações específicas, Rio de Janeiro: Lumen Juris, 2007, p. 310-311.

no plano das relações verticais (relações entre indivíduo e Estado) como nas relações horizontais (relações entre particular e particular), com o firme propósito de perseguir uma sociedade livre, justa e solidária.

2.6 A Eficácia dos Direitos Fundamentais

A eficácia dos direitos fundamentais está relacionada com a força normativa dos preceitos constitucionais. O artigo 5°, § 1°, da Constituição da República Federativa do Brasil de 1988 determina que "as normas definidoras dos direitos e garantias fundamentais têm aplicação imediata". Além da clássica distinção entre as normas auto-aplicáveis (*self-executing*, *self-acting*, ou *self-enforcing*) e as normas não autoaplicáveis (*not self-executing*, *not self-acting*, ou *not self-enforcing*) e das diversas concepções doutrinárias existentes, José Afonso da Silva apresenta uma teoria tricotômica das normas constitucionais, discriminando-as em três categorias:[27]

I – *normas constitucionais de eficácia plena* – São as normas que dotadas de aplicabilidade direta, imediata e integral, não dependem da atuação do legislador ordinário para que alcancem sua plena operatividade;

II – *normas constitucionais de eficácia contida* – São normas constitucionais de aplicabilidade direta e imediata, mas possivelmente não integral. Algumas normas desse tipo indicam "elementos de sua restrição que não a lei, mas certos conceitos de larga difusão no direito público, tais como ordem pública, segurança nacional ou pública, integridade nacional, bons costumes, necessidade ou utilidade pública, perigo público iminente, etc.";[28]

III – *normas constitucionais de eficácia limitada ou reduzida*. São normas de aplicabilidade indireta e reduzida, já que necessário se faz a intervenção legislativa ordinária para a produção de seus efeitos jurídicos. Estas normas podem ser subdivididas em normas declaratórias de princípios institutivos ou organizativos e normas declaratórias de princípio programático.

Já Maria Helena Diniz classifica as normas constitucionais quanto ao seu efeito, em quatro grupos, a saber:[29]

a) *Normas com eficácia absoluta* – São normas intangíveis e insuscetíveis de alteração, até mesmo por Emenda Constitucional. São normas que independem da atuação do legislador ordinária para geração de efeitos.
b) *Normas com eficácia plena* – são normas que independem da atuação do legislador ordinário para geração de efeitos, criando desde

27 SILVA, José Afonso da. *Aplicabilidade das normas constitucionais*. 3. ed. São Paulo: Malheiros, 1998.
28 Ibid., p. 103-104.
29 DINIZ, Maria Helena. *Norma constitucional e seus efeitos*. 6. ed. São Paulo: Saraiva, 2003.

logo direitos subjetivos. Todavia, são suscetíveis de alteração por meio de emenda constitucional.

c) *Normas com eficácia relativa restringível* – spresentam aplicabilidade direta e imediata, gerando os efeitos jurídicos nela previstos. Estas normas estão sujeitas a restrições previstas na legislação ordinária ou podem depender de regulamentação posterior, reduzindo a sua aplicabilidade.
d) *Normas com eficácia relativa complementável ou dependente de complementação legislativa, de aplicação apenas mediata (indireta)* – são aquelas que não geram efeitos jurídicos desde logo, abrangendo as normas de princípios institutivos e as normas programáticas.

Além das classificações anteriores, Luís Roberto Barroso apresenta a seguinte tipologia das normas constitucionais:[30]

a) *Normas constitucionais de organização* – são normas que têm por objeto organizar o exercício do poder político.
b) *Normas constitucionais definidoras de direitos* – são as normas que devem fixar os direitos fundamentais dos indivíduos.
c) *Normas constitucionais programáticas* – são as normas constitucionais que procuram traçar os fins públicos a serem alcançados pelo Estado.

As diversas concepções e distinções das normas jurídicas constitucionais sob o aspecto da aptidão de geração de efeitos (eficácia jurídica) são fruto do entendimento doutrinário de que inexiste norma constitucional completamente destituída de eficácia. Daí a importância da análise e estudo da graduação da carga eficacial das normas jurídicas.

Para Ingo Wolfgang Sarlet, em todas as classificações se destacam dois grupos de normas:[31]

a) as normas que dependem, para a geração de seus efeitos principais, da intervenção do legislador infraconstitucional (normas constitucionais de baixa densidade normativa).
b) as normas que, desde logo, por apresentarem suficiente normatividade, estão aptas a gerar seus efeitos e, portanto, dispensam uma *interpositio legislatoris* (normas constitucionais de alta densidade normativa).

30 BARROSO, Luís Roberto. *O direito constitucional e a efetividade de suas normas*. 5. ed. Rio de Janeiro: Renovar, 2001, p. 94.
31 SARLET, op. cit., p. 237-238.

Sarlet prefere acompanhar a sistematização binária da norma jurídica, distinguindo entre as normas de *eficácia plena* e as normas de *eficácia limitada ou reduzida*. Vale lembrar que até mesmo as normas constitucionais de baixa densidade normativa apresentam uma normatividade mínima, já que sempre apresentam certo grau de eficácia jurídica.[32]

Dessa forma, levando em consideração a distinção sistemática das normas constitucionais, bem como o teor da norma contida no artigo 5°, § 1°, da Constituição da República Federativa do Brasil de 1988, a melhor exegese deste dispositivo constitucional é no sentido de que ele apresenta um viés principiológico. Melhor dizendo: O artigo 5°, § 1°, de nossa Constituição representa uma espécie de "mandado de otimização (ou maximização), isto é, estabelecendo aos órgãos estatais a tarefa de reconhecerem a maior eficácia possível aos direitos fundamentais".[33]

A partir da exegese do artigo 5°, § 1°, da CRFB/88, podemos entender que os direitos fundamentais possuem aplicabilidade imediata e plenitude eficacial, bem como incumbe aos poderes públicos atribuir a estas maior eficácia possível (postulado otimizador).

2.7 A Importância do Direito Civil Constitucional

A importância do Direito Civil constitucional despontou com um artigo de Maria Celina Bodin de Moraes, publicado em 1991, e que se intitulava precisamente "A caminho de um Direito Civil constitucional".[34] Outro texto paradigmático é o artigo "Premissas metodológicas para a constitucionalização do Direito Civil", de Gustavo Tepedino.[35]

O Código Civil de 1916, fruto das doutrinas individualistas e voluntaristas tinha como seu valor fundamental o indivíduo (Código de Napoleão). Naquela época, as pessoas tinham por finalidade precípua desmantelar os privilégios feudais, ou seja, queriam contratar, adquirir bens, circular as riquezas sem os óbices legais. Melhor dizendo: O Código Civil de 1916 tinha uma visão individualista do direito e era baseado nos dogmas do Estado Liberal clássico. O princípio da autonomia da vontade era o alicerce de sustentação do Estado Liberal. Nessa época, o paradigma era a liberdade. Daí o contrato era considerado justo, desde que firmado sob a égide da autonomia e liberdade das partes. O Estado Liberal não interferia no conteúdo dos contratos. A função do Estado Liberal clássico, na esfera contratual, se resumia

32 Ibid., p. 238.

33 Ibid., p. 258.

34 Maria Celina Bodin de Moraes. A caminho de um Direito Civil Constitucional. In: *Revista Direito, Estado e Sociedade*, n° 1, 2ª ed., jul./dez. 1991, Departamento de Ciências Jurídicas da PUC-Rio, p. 59-73. In: NEGREIROS, Teresa. *Teoria do contrato* – novos paradigmas. Rio de Janeiro. Renovar. 2002, p. 63.

35 TEPEDINO, Gustavo. *Temas de Direito Civil*. Rio de Janeiro. Renovar, 199, p. 1-22.

a garantir a liberdade das partes para contratar, já que atendia ao seguinte pressuposto: se as partes fossem livres, tudo o que elas ajustassem seria justo, porque atenderia aos seus interesses jusprivatísticos. Não seria de bom alvitre o Estado intervir na vontade das partes, já que esta era fruto da liberdade e autonomia contratual.

O Código Civil era tido como a Constituição do direito privado. Tal diploma legal era tido 'como estatuto único e monopolizador das relações privadas'.[36]

No século XX a burguesia ascende como classe dominante. É na modelagem capitalista que se encontra uma sociedade organizada em torno do lucro e da propriedade privada, sustentada no individualismo e na livre iniciativa. O capitalismo visa tornar a economia mais eficiente, gerando desta maneira mais recursos e riquezas, em um ambiente competitivo e desregulamentado, ou seja, sem as amarras do governo e da política.

Restou-se provado que a liberdade das partes em si e por si não garantia o equilíbrio contratual, isto porque, não obstante a existência da liberdade contratual, em havendo uma parte mais forte que a outra, seja economicamente, seja tecnicamente, a mais forte acabaria impondo a sua vontade, o seu interesse. Por isso, é que começou o dirigismo contratual a temperar o princípio da autonomia da vontade.

A partir do dirigismo contratual, o Estado vai se transformando em Estado intervencionista, começando a intervir na esfera contratual, com o firme propósito de proibir certas cláusulas consideradas abusivas ou impor a inserção de certas cláusulas para proteger o mais fraco.

Também, a estabilidade e a segurança do Código Civil de 1916 começam a declinar nos anos 1920, em razão da intervenção cada vez maior do Estado brasileiro na economia (época da eclosão da Primeira Grande Guerra). A partir de então, a dogmática civilística não mais atendia aos anseios sociais e o Estado legislador passou a publicar leis extravagantes, muitas em dissonância com os princípios basilares do Código Civil de 1916.[37]

A partir dos anos 1930, o nosso Código Civil de 1916 já tinha perdido seu caráter exclusivo de regulador das relações interprivadas. A legislação extravagante, em face da evolução econômica, disputava *pari passu* a importância na sua aplicação. Nessa época devemos destacar, também, a política legislativa do Welfare State – fenômeno do dirigismo contratual (Constituição de 1934).[38]

A partir da Constituição brasileira de 1946, o Código Civil perde definitivamente seu papel de Constituição do direito privado. Os princípios

36 TEPEDINO, op. cit. p. 3.
37 Ibid., p. 4.
38 Ibid., p. 6.

constitucionais passam a ter mais relevância e influência na exegese dos temas relacionados ao direito privado. "A função social da propriedade, os limites da atividade econômica, a organização da família, matérias típicas do direito privado", ganham proeminência na nova ordem pública constitucional.[39]

Essa publicização do Direito Civil atinge seu ápice com o advento da Constituição da República Federativa do Brasil de 1988, "valorado e interpretado juntamente com inúmeros diplomas setoriais, cada um deles com vocação universalizante. Era dos Estatutos'.[40] Daí que o direito privado é nominado de direito privado socializado, publicizado, constitucionalizado ou despatrimonializado, no sentido de maior relevo para a realização da personalidade e a tutela da dignidade da pessoa humana, nortes da nova ordem constitucional brasileira. Os princípios e valores constitucionais ganham proeminência no processo de interpretação e aplicação do Direito.

Com o advento do Código Civil brasileiro de 2002 ganham destaque às cláusulas gerais e os direitos da personalidade. As cláusulas gerais devem ser interpretadas em consonância com os princípios fundantes da Constituição da República, já que o intérprete jurídico deve colorir a exegese civilística com os matizes axiológicos da principiologia constitucional. Nesse momento, os valores civilísticos de índole liberal devem ser mitigados pelos valores coletivos de solidariedade e justiça social.

No mesmo sentido, MARTINS-COSTA ensina que "hoje adquire alargada dimensão pelo generalizado acolhimento, inclusive no plano da dogmática civilista, da ideia de 'redescoberta', 'refundação' ou 'renovação' do direito privado centrada justamente na alteração do seu eixo, que passa da esfera patrimonial à esfera existencial da pessoa humana, à qual é reconhecida, inclusive no patamar constitucional."[41]

Os direitos da personalidade, inseridos no Código Civil de 2002, devem ser interpretados em sintonia com as cláusulas constitucionais protetivas da personalidade, quais sejam: dignidade humana como valor fundamental da Constituição da República (art. 1º, III, da CRFB/88) e igualdade substancial (art. 3º, III, da CRFB/88).

Na esteira da filosofia existencialista (Heidegger, Sartre, Jaspers), a personalidade humana deve ganhar status de valor jurídico de cunho existencialista, já que esta não pode ficar aprisionada ao rol de direitos subjetivos

39 Ibid., p. 7.

40 Ibid., p. 8.

41 MARTINS-COSTA, Judith. Direito e cultura: entre as veredas da existência e da história. In: MARTINSCOSTA, Judith; BRANCO, Gerson. Diretrizes teóricas do novo Código Civil. São Paulo: Saraiva. 2002, p. 180-181

típicos adotado pelo Código Civil. Daí a importância do entrelaçamento principiológico do Direito Civil com os direitos humanos.

A personalidade jurídica não pode ser considerada como um reduto do poder do indivíduo, mas sim "como valor máximo do ordenamento, modelador da autonomia privada, capaz de submeter toda a atividade econômica a novos critérios de legitimidade".[42] Nesse sentido que o autor fala de uma verdadeira "cláusula geral de tutela e promoção da pessoa humana", tomada como valor máximo pelo ordenamento.[43] Vejamos as suas lições:[44]

Cabe ao intérprete ler o novelo de direitos introduzidos pelos arts. 11 a 23 do Código Civil à luz da tutela constitucional emancipatória, na certeza de que tais diretrizes hermenêuticas, longe de apenas estabelecerem parâmetros para o legislador ordinário e para os poderes públicos, protegendo o indivíduo contra a ação do Estado, alcançam também a atividade econômica privada, informando as relações contratuais. Não há negócio jurídico ou espaço de liberdade privada que não tenha seu conteúdo redesenhado pelo texto constitucional.

Da mesma forma, antes do advento do novo Código Civil de 2002, Francisco Amaral já alertava sobre as tendências do Direito Civil contemporâneo, a saber:[45]

1. Interpenetração crescente do Direito Civil com o constitucional e a conseqüente superação da clássica dicotomia direito público-direito privado;
2. Personalização do Direito Civil, no sentido da crescente importância da vida e da dignidade da pessoa humana, elevadas à categoria de direitos e de princípio fundamental da Constituição. É o personalismo ético da época contemporânea.
3. Desagregação do Direito Civil, face ao surgimento de ramos jurídicos autônomos, que se formam devido à complexidade das relações jurídicas. Por exemplo, direito imobiliário, direito bancário, direito previdenciário, etc.
4. Reservas à Codificação. O Código Civil deixa de ser o "estatuto orgânico da vida privada", em virtude da necessidade da releitura do Código Civil à luz dos princípios constitucionais.

42 TEPEDINO, Gustavo. Crise de fontes normativas e técnica legislativa na parte geral do Código Civil de 2002. In: TEPEDINO, Gustavo. (Org.) *A parte geral do novo Código Civil* – estudos na perspectiva constitucional. Rio de Janeiro: Renovar, 2002, p. XXV.

43 Ibid., p. XXV.

44 Ibid., p. XXVI.

45 AMARAL, Francisco. *Direito Civil* – introdução. 3. ed. Rio de Janeiro: Renovar, 2000, p. 151-153.

5. Surgimento dos microssistemas jurídicos. É a chamada "Era dos Estatutos", que surgem para disciplinar temas específicos.

É nesta linha de pensamento que a personalidade jurídica não pode ser considerada somente como a aptidão de ser titular de direitos e deveres, conforme prescreve o artigo 1° do Código Civil, ou seja, considerada como sinônimo de capacidade jurídica. Ao contrário, a compreensão da personalidade jurídica deve se dar em duas vertentes: a primeira, como a possibilidade de ser sujeito de direitos e deveres e a segunda, e mais relevante, como o sentido existencial do próprio ser humano, visto como valor fundamental de nosso ordenamento jurídico. Neste caso, é o princípio da dignidade da pessoa humana ressoando em sua mais nobre originalidade.

Nesse caso, destaca-se a importância dos estudos avançados de hermenêutica jurídica e Direito Civil-constitucional, uma vez que aquela deixa de ser considerada como hermenêutica de orientação metodológico-científica (modo de conhecer) para ser estudada como hermenêutica ontológica (modo de ser).

Nessa linha, a clássica dicotomia direito público – direito privado não representa nos dias de hoje esferas distintas de atuação do intérprete jurídico, pelo contrário, constituem um conteúdo nuclear comum que representa a incidência de vetores axiológicos constitucionais no direito privado. Este fenômeno é chamado de "constitucionalização do Direito Civil" ou "civilização do direito constitucional".

O núcleo comum constituído pelo entrelaçamento das normas do direito público e do direito privado refere-se à incidência da principiologia constitucional no âmbito do Direito Civil, especialmente, no que versa sobre direitos da personalidade, direito de família, direito de propriedade[46] e relações negociais, razão pela qual o Direito Civil deve ser estudado à luz dos paradigmas constitucionais com o firme propósito de construir-se uma sociedade justa e solidária.

Na sua peculiar lucidez, Gustavo Tepedino aponta que o direito público e o direito privado constituíram, para a cultura jurídica dominante na Escola da Exegese, "dois ramos estanques e rigidamente compartimentados. Para o Direito Civil, os princípios constitucionais equivaleriam a normas políticas, destinadas ao legislador e, apenas excepcionalmente, ao intérprete, que delas poderia timidamente se utilizar, nos termos do art. 4° da Lei de Introdução

46 Vale destacar que a Constituição de 1934, em seu artigo 113, já determinava que o direito de propriedade não poderia ser exercido contra o interesse social e coletivo. Todavia, a Constituição de 1937 não proibia que o direito de propriedade fosse exercido contrariamente aos interesses sociais e coletivos. A Constituição de 1967 e a Emenda Constitucional de 1969 foram as primeiras Cartas que utilizam o termo "função social da propriedade", conforme art. 157 da Constituição de 1967 e artigo 160 da EC de 1969.

ao Código Civil, como meio de confirmação ou de legitimação de um princípio geral de direito".[47] Daí que, ainda hoje, muitos operadores do direito aplicam a legislação ordinária civilísta no âmbito das relações de direito privado, desatentos às normas e princípios constitucionais.

Nesse contexto, a dogmática jurídica utilizada nas salas de aula considera o Direito por meio da dicotomia: direito público e direito privado. São professores que pertencem ao departamento de direito público e professores integrantes do departamento de direito privado. Isso sem contar que as disciplinas de hermenêutica jurídica e direito da personalidade, quando muito, são consideradas disciplinas eletivas. É certo que esse modelo é fruto de uma tradição liberal-individualista-normativista no qual o Código Civil sempre desempenhou uma referência normativa predominante e exclusiva no recinto das relações interprivadas.

2.8 Um Novo *Locus* Hermenêutico e a Nova Metódica do Direito Civil

A cultura jurídica operada em salas de aula e nos tribunais de justiça deve ser desconstruída (visão de um sistema fechado codicista) em busca de uma postura metodológica mais aberta, prospectiva que dê suporte a uma sociedade complexa e pluralista. Isso não quer dizer que o julgador desconsidere a segurança jurídica e passe a decidir de forma arbitrária (neste caso, estaríamos diante de um Estado-Judiciário). Pelo contrário, a jurisprudência deve reconhecer a eficácia normativa dos princípios constitucionais no âmbito das relações jurídicas de direito privado, bem como recorrer à hermenêutica jurídica não como um conjunto de métodos (hermenêutica metodológica), mas sim como condição de possibilidade (hermenêutica filosófica). É a reconstrução do Direito Civil a partir do como hermenêutico, ou seja, um *locus hermenêutico* constitucional com fincas no princípio fundante da proteção da dignidade da pessoa humana.

Daí que a norma jurídica civilística não pode ser compreendida como um juízo hipotético ancorada nos princípios da lógica formal, a partir de um rigorismo da separação dos mundos do "ser" e "dever ser". O Direito Civil e o direito constitucional devem estar em perfeita harmonia a fim de que possam espelhar a realização e concretização do direito.

Diante disso, as lições de Friedrich Muller são esclarecedoras: "Assim se evidenciou que o positivismo legalista ainda não superado pela teoria e práxis refletidas, com a sua compreensão do direito como sistema sem lacunas, da decisão como uma subsunção estritamente lógica, e com a sua eliminação de todos os elementos da ordem social não reproduzidos no texto da norma

47 TEPEDINO, Gustavo. O Código Civil, os chamados microssistemas e a Constituição: premissas para uma reforma legislativa. In: TEPEDINO, Gustavo (Org.). *Problemas de Direito Civil constitucional*. Rio de Janeiro. Renovar. 2000, p. 3.

é tributário de uma ficção que não pode ser mantida na prática".[48]

A tarefa da práxis do Direito Civil é a concretização de suas normas a partir de uma leitura constitucional de forma que "Direito Civil" e "realidade" sejam os lados de uma mesma moeda.

O operador do direito deve levar em conta a multiplicidade de situações da vida interprivada em que numa sociedade moderna (ou pós-moderna!) e complexa se impõe a necessidade de realizar uma (re)leitura da dogmática civilística à luz de uma axiologia constitucional.

Pode-se dizer, portanto, que a fundamentação da decisão jurídica deve ser conformada no espaço (*locus*) hermenêutico da juridicidade, vinculada a uma permanente reflexão crítica do homem enquanto ser-no-mundo. Isto significa dizer que as questões jurídicas concretas emergem num quadro cunhado por um horizonte hermenêutico, superando a relação sujeito-objeto.

Nas lições de Castanheira Neves é possível compreender que o problema da interpretação jurídica relaciona-se com o direito e não com a lei. Vejamos:[49]

> O problema da interpretação jurídica está, com efeito, a sofrer uma radical mudança de perspectiva no actual contexto metodológico. Deixou de conceber-se tão-só e estritamente como *interpretação da lei*, para se pensar como *actus* da *realização do direito*. E isto significa, por um lado, que a realização do direito não se identifica já com a interpretação da lei, nem nela se esgota; por outro lado, que não será em função da interpretação da lei, tomada abstractamente ou em si, que havemos de compreender a realização do direito – em termos de se dizer que esta será o que for aquela –, antes é pela própria problemática autônoma e específica realização do direito, e como seu momento metodológico-normativo, que se haverá de entender o que persista dizer-se interpretação da lei. Com o que o próprio conceito de interpretação jurídica se altera: de interpretação da lei converte-se em *interpretação do direito*, de novo a *interpretatio legis* se confronta com a *interpretatio iuris*.
>
> É que, se intencional e normativamente o direito deixou de identificar-se com a lei, também metodologicamente a realização do direito deixou de ser mera aplicação das normas legais e manifesta-se como o acto judicativamente decisório através do

48 MÜLLER, Friedrich. *Métodos de trabalho do direito constitucional*. 3. ed. Rio de Janeiro: Renovar, 2005, p. 32-33.

49 NEVES, Castanheira. *O actual problema metodológico da interpretação jurídica* – I. Coimbra: Coimbra Editores, 2003, p. 11-12.

> qual, pela mediação embora do critério jurídico possivelmente oferecido por essas normas, mas com ampla actividade normativamente constitutiva, se cumprem em concreto as intenções axiológicas e normativas do direito, enquanto tal. Dir-se-á que, nestes termos, o pensamento jurídico recuperou o concreto, que vai na essencial vocação do direito, depois que o positivismo legalista, com o seu normativismo analítico-dedutivo, o levara a refugiar-se no alienante abstracto.

Uma metódica do Direito Civil destinada a ir além de um núcleo normativo monolítico deve assumir uma postura de que o problema hermenêutico não está fincado no problema de método produzindo um conhecimento de segurança inabalável, mas sim está relacionado ao problema da hermenêutica filosófica. O fenômeno da compreensão perpassa a experiência da filosofia, a experiência da arte e a experiência da própria história. Todos esses modos de experiência nos apresenta (manifesta) uma verdade que não pode ser verificada com os meios metódicos da ciência.

O filósofo alemão Hans-Georg Gadamer (1900 – 2002), autor de *verdade e método* – esboços de uma hermenêutica filosófica, é um dos autores mais importantes acerca da hermenêutica contemporânea. Gadamer lastreado em estudos fenomenológicos entendia que a tradição não podia mais se apoiar nas interpretações metafísicas da razão. Daí que os estudos gadamerianos estão voltados para a consciência histórica, em que a historicidade do sentido tem papel relevante na autocompreensão que o ser humano alcança como participante e intérprete da tradição histórica.

Gadamer procura superar o problema hermenêutico relacionado ao conceito metodológico da moderna ciência. Na introdução de *Verdade e método*, Gadamer afirma que "o fenômeno da compreensão e da maneira correta de se interpretar o que se entendeu não é apenas, e em especial, um problema da doutrina dos métodos aplicados nas ciências do espírito. Sempre houve também, desde os tempos mais antigos, uma hermenêutica teológica e outra jurídica, cujo caráter não era tão acentuadamente científico e teórico, mas, muito mais, assinalado pelo comportamento prático correspondente e a serviço do juiz ou do clérigo instruído".[50]

A hermenêutica desenvolvida por Gadamer se afasta de uma doutrina de métodos das ciências do espírito e procura caminhar para um olhar além de sua auto-compreensão metódica por meio da experiência do homem no mundo. É um (re)pensar o universo da compreensão, já que o filósofo procura refletir sobre a questão da verdade nas ciências do espírito. É um afastamen-

50 GADAMER, Hans-Georg. *Verdade e método*: traços fundamentais de uma hermenêutica filosófica. Tradução Flávio Paulo Meurer. Petrópolis: Vozes, 1997. p. 31.

to dos modelos clássicos hermenêuticos, nos quais a exegese era considerada um conjunto de métodos.

Os estudos de Hans-Georg Gadamer estão entrelaçados na sua forma mais original com os estudos antecedentes de Husserl, Dilthey e Heidegger. Nas palavras de Gadamer: "A conscienciosidade da descrição fenomenológica, que Husserl nos tornou um dever, a abrangência do horizonte histórico, onde Dilthey situou todo o filosofar, e, não por último, a compenetração de ambos os impulsos, cuja iniciativa recebemos de Heidegger há décadas, assinalam o paradigma sob o qual se colocou o autor".[51]

2.8.1 O círculo hermenêutico e a questão dos preconceitos

O círculo hermenêutico deve ser compreendido a partir dos estudos heideggerianos, ou seja, a estrutura circular da compreensão é dada a partir da temporalidade do ser-aí (*Dasein*). É o círculo hermenêutico em um sentido ontológico originário, por meio do qual a verdade se manifesta pelo desvelamento do ser.

A compreensão é sempre um projetar-se. Gadamer afirma que "quem quiser compreender um texto realiza sempre um projetar. Tão logo apareça um primeiro sentido no texto, o intérprete prelineia o sentido do todo."[52] Melhor dizendo: a compreensão é um constante reprojetar-se a partir de determinadas perspectivas do intérprete. As perspectivas do intéprete (opiniões prévias), ou seja, antecipações de sentido do texto não devem ser confundidas com arbitrariedade do julgador.

É nesse sentido que Gadamer ensina que "a compreensão somente alcança sua verdadeira possibilidade, quando as opiniões prévias, com as quais ela inicia, não são arbitrárias. Por isso faz sentido que o intérprete não se dirija aos textos diretamente, a partir da opinião prévia que lhe subjaz, mas que examine tais opiniões quanto à sua legitimação, isto é, quanto à sua origem e validez".[53]

Com isso o intérprete deve deixar que o texto diga alguma coisa por si, para que se evite a possibilidade do mal-entendido (opiniões prévias que levam à arbitrariedade). Daí que o que importa é "dar-se conta das próprias antecipações, para que o próprio texto possa apresentar-se em sua alteridade e obtenha assim a possibilidade de confrontar sua verdade com as próprias opiniões prévias".[54]

Na verdade, porém, Gadamer fala dos preconceitos. Estes podem ser classificados em positivos e negativos. O caráter negativo está relacionado

51 Ibid., p. 36.
52 Ibid., p. 402.
53 Ibid., p. 403.
54 Ibid., p. 405.

com a época da Ilustração/Iluminismo (*Aufklärung*) representando um "juízo não fundamentado" e decidido "diante do tribunal da razão"[55] (preconceitos limitadores).[56] Os preconceitos positivos são aqueles reconhecidos como legítimos e enlaçados com a questão central de uma hermenêutica verdadeiramente histórica.

2.8.2 A questão da pertença

Esse comportamento histórico-hermenêutico realizado por meio da comunidade de preconceitos fundamentais e sustentadores é o sentido da pertença.[57] Logo, *pertença* é o momento da tradição no comportamento histórico-hermenêutico.[58] É a consciência hermenêutica incluída na consciência histórica. Os preconceitos fundamentais e sustentadores são aqueles que tornam possível a compreensão (preconceitos produtivos). Daí que a compreensão é um comportamento produtivo e não (re)produtivo. É o texto "levado a sério na sua pretensão de verdade".[59]

2.8.3 O Tempo em sua Produtividade Hermenêutica

A compreensão como comportamento produtivo dá-se como um existencial a partir da interpretação temporal aplicada ao modo de ser da pre-sença (*Dasein*), conforme ensinamentos heideggerianos. O tempo é o fundamento que sustenta o acontecer.[60] O *ser* é *tempo*.[61] Dessa maneira, a questão do tempo está relacionada com a questão central da hermenêutica, ou seja, nesse contexto devemos "distinguir os verdadeiros preconceitos, sob os quais compreendemos, dos falsos preconceitos que produzem os mal-entendidos. Nesse sentido, uma consciência formada hermeneuticamente terá de incluir também a consciência histórica".[62]

Portanto, Gadamer afirma: "Entender é, essencialmente, um processo de história efeitual".[63]

2.8.4 A questão da história efeitual e situação hermenêutica

A consciência da história efeitual está relacionada com a consciência da *situação hermenêutica*. Nas palavras de Gadamer, "quando procuramos

55 Ibid., p. 410.
56 Ibid., p. 416.
57 Ibid., p. 442.
58 Ibid., p. 442.
59 Ibid., p. 444.
60 Ibid., p. 445.
61 Para um estudo mais detalhado da temporalidade em Heideger, ver obra *Ser e tempo*.
62 Ibid., p. 447.
63 Ibid., p. 448.

compreender um fenômeno histórico a partir da distância histórica que determina nossa situação hermenêutica como um todo, encontramo-nos sempre sob os efeitos dessa história efeitual".[64]

Nas lições de Jean Grondin, por história efeitual (*Wirkungsgeschichte*) entende-se, desde o século XIX, nas ciências literárias, "o estudo das interpretações produzidas por uma época, ou a história de suas recepções. Nela se torna claro, que as obras, em determinadas épocas específicas, despertam e devem mesmo despertar diferentes interpretações. A consciência da história efeitual, a ser desenvolvida, está inicialmente em consonância com a máxima de se visualizar a própria situação hermenêutica e a produtividade da distância temporal".[65]

Gadamer entende que a consciência da história efeitual funciona como um princípio no processo de compreensão. A compreensão a partir de uma compreensão objetivista guindada no viés metodológico, obnubila o entrelaçamento efeitual-histórico que deve permear o processo hermenêutico. Melhor dizendo: A fé no processo metodológico acaba por obscurecer a própria historicidade.

É dessa maneira que o magistrado, no processo de decisão judicial, deve considerar os efeitos da história efeitual no processo exegético, ou seja, é preciso tornar consciente a própria situação hermenêutica, para melhor "dizer o Direito". Isso ocorre na medida em que o julgador analisa o caso concreto decidindo, a partir da interpretação da própria pré-compreensão, consoante ensinamentos heideggerianos. A história efeitual seria o "pano de fundo" do processo decisório, já que o julgador deve inserir-se na situação hermenêutica.

Segundo *Verdade e método*, Gadamer ensina que o conceito de situação "se caracteriza pelo fato de não nos encontrarmos diante dela e, portanto, não podemos ter um saber objetivo dela. Nós estamos nela, já nos encontramos sempre numa situação, cuja iluminação é a nossa tarefa, e esta nunca pode se cumprir por completo. E isso vale também para a situação hermenêutica, isto é, para a situação em que nos encontramos face à tradição que queremos compreender. Também a iluminação dessa situação, isto é, a reflexão da história efeitual, não pode ser plenamente realizada, mas essa impossibilidade não é defeito da reflexão, mas encontra-se na essência mesma do ser histórico que somos. *Ser histórico quer dizer não se esgotar nunca no saber-se*".[66]

64 Ibid., p. 449.
65 GRONDIN, Jean. *Introdução à hermenêutica filosófica*. Tradução: Benno Dischinger. São Leopoldo: Unisinos, 1999, p. 190.
66 GADAMER, op. cit., 1997, p. 451.

2.8.5 A importância de ter horizontes. A fusão de horizontes

O conceito de situação hermenêutica encontra-se entrelaçado com o conceito de horizontes. Isso porque o julgador, no momento da prestação jurisdicional, deve ampliar e abrir seus horizontes. Segundo Gadamer, horizonte é "o âmbito de visão que abarca e encerra tudo o que é visível a partir de determinado ponto".[67] Aplicando-se ao meio jurídico falamos então que o magistrado não tem visão, seus horizontes são limitados ao Códex, da possibilidade de ampliar a exegese civilística aos princípios constitucionais, da abertura de novos horizontes jurídicos em razão do multiculturalismo, dos direitos humanos, etc. Aquele juiz que não possui horizontes é um magistrado que não vê suficientemente longe e que, dessa forma, supervaloriza as regras do Código Civil (é um esforço intelectual reduzido preocupado apenas com o que lhe está mais próximo) sem o entrelaçamento devido com as normas e preceitos constitucionais. Pelo contrário, a leitura das regras jurídicas interprivadas à luz da axiologia constitucional significa não estar limitado ao mais próximo, mas poder ver para além disso. Aquele que tem horizontes sabe valorizar corretamente o significado de ser magistrado. Assim, a elaboração da *situação hermenêutica* pelo juiz significa a obtenção do horizonte de questionamento correto para as questões que se colocam frente ao magistrado.

Neste contexto, Gadamer afirma que "quem omitir esse deslocar-se ao horizonte histórico a partir do qual fala a tradição, estará sujeito a mal-entendidos com respeito ao significado dos conteúdos daquela. Nesse sentido, parece ser uma exigência hermenêutica justificada o fato de termos de nos colocar no lugar do outro para poder entendê-lo".[68]

Surge então a necessidade do julgador deslocar-se à situação histórica e procurar reconstruir seu horizonte. Por essa razão que Gadamer afirma que "o horizonte é, antes, algo no qual trilhamos nosso caminho e que conosco faz o caminho. Os horizontes se deslocam ao passo de quem se move".[69] O operador do direito ou magistrado que permanece alheio às mudanças sociais não realiza o "deslocar-se" para a situação hermenêutica.

Há, portanto, uma necessidade de compreender o outro homem a partir da intersubjetividade, considerando a alteridade da norma jurídica. Esse deslocar-se não é um ato de subjetividade ou arbitrariedade, nem a submissão do outro sob os padrões do julgador, mas significa uma ascenção a uma universalidade hermenêutica. Daí a importância de termos horizontes. Aplicando ao problema hermenêutica as questão de se ter horizontes, Hans-Georg Gadamer afirma que "ganhar um horizonte quer dizer sempre aprender a ver

67 Ibid., p. 452.
68 Ibid., p. 453.
69 Ibid., p. 455.

mais além do próximo e do muito próximo, não para apartá-lo da vista, senão que precisamente para vê-lo melhor, integrando-o em um todo maior e em padrões mais corretos".

É evidente que para ganhar para si um horizonte histórico requer um esforço pessoal do magistrado. Ele não pode ficar limitado ao modelo de decisão judicial pautado na lógica formal, de padrão matematizante. Ele deve ir além na busca de novos horizontes e paradigmas de decidibilidade judicial, como ser-no-mundo e mundo vivido.

A questão da decidibilidade judicial é muito importante, em especial, em uma sociedade plural e complexa, em constantes mutações. Daí que essa questão é muito mais complexa do que se pensa, já que cabe ao magistrado proferir sentenças judiciais que não sejam aparentes e superficiais fincadas em uma hermenêutica de superfície, ao contrário deve partir do fato de que uma situação hermenêutica está delimitada pelos preconceitos que trazemos conosco. É um ir além do que já não se consegue ver com a hermenêutica metodológica. Na verdade, o horizonte do presente está num processo de constante formação e mutação que condiciona os nossos preconceitos. A cada momento devemos pôr à prova tais preconceitos, a partir da fusão de horizontes. É o encontro do passado com a tradição da qual nós mesmos procedemos.[70] Segundo Gadamer a fusão de horzintes ocorre constantemente na tradição, pois "nela o velho e o novo crescem sempre juntos para uma validez vital, sem que um e outro cheguem a se destacar explicitamente por si mesmos".[71]

Toda essa tarefa hermenêutica deve ser desenvolvida conscientemente pelo magistrado, já que em si experimenta por si mesma à relação de tensão entre o texto legal e o presente. O julgador não pode decidir a demanda judicial com um comportamento hermenêutico ingênuo, desconsiderando a situação hermenêutica da qual faz parte.

Se formos em direção às lições gadamerianas, encontraremos: "A consciência histórica é consciente de sua própria alteridade e por isso destaca o horizonte da tradição com respeito ao seu próprio. [...] O projeto de um horizonte histórico é, portanto, só uma fase ou momento na realização da compreensão, e não se prende na auto-alienação de uma consciência passada, mas se recupera no próprio horizonte compreensivo do presente. Na realização da compreensão tem lugar uma verdadeira fusão horizôntica que, com o projeto do horizonte histórico, leva a cabo simultaneamente sua suspensão. Nós caracterizamos a realização controlada dessa fusão como a tarefa da consciência histórico-efeitual. Enquanto que, na herança da hermenêutica romântica, o positivismo estático-histórico ocultou essa tarefa, temos de di-

70 Ibid., p. 457.
71 Ibid.

zer que o problema central da hermenêutica se estriba precisamente nela. É o problema da aplicação que está contido em toda compreensão."[72]

2.8.6 A hermenêutica como aplicação

O problema da hermenêutica jurídica de cariz metodológico sofre uma ruptura com Gadamer. Isso porque "compreender é sempre também aplicar".[73] Uma regra jurídica não pode ser compreendida desalinhada com sua aplicação no instante concreto da decidibilidade judicial. Uma lei somente será compreendida adequadamente se "compreendida em cada instante, isto é, em cada situação concreta de uma maneira nova e distinta".[74] É o afastamento da tarefa hermenêutica ao modelo metodológico. Gadamer ensina que "a compreensão é menos um método por meio do qual a consciência histórica se aproxima do objeto eleito para alcançar seu conhecimento objetivo do que um processo que tem como pressuposição o estar dentro de um acontecer tradicional. A própria compreensão se mostrou como um acontecer".[75]

Dessa forma, o sentido de um texto jurídico e sua aplicação a um caso jurídico concreto não são atos separados, ao contrário representam uma unidade exegética.

72 Ibid., p. 458.
73 Ibid., p. 461.
74 Ibid.
75 Ibid., p. 462.

Capítulo 3

DIGNIDADE DA PESSOA HUMANA

Não é qualquer direito mínimo que se transforma em mínimo existencial. Exige-se que seja um direito a situações existenciais dignas.

Sem o mínimo necessário à existência cessa a possibilidade de sobrevivência do homem e desaparecem as condições iniciais da liberdade. A dignidade humana e as condições materiais da existência não podem retroceder aquém de um mínimo, do qual nem os prisioneiros, os doentes mentais e os indigentes podem ser privados.

O mínimo existencial não tem dicção constitucional própria. Deve-se procurá-lo na ideia de liberdade, nos princípios constitucionais da dignidade humana, da igualdade, do devido processo legal e da livre iniciativa, na Declaração dos Direitos Humanos e nas imunidades e privilégios do cidadão.

Só os direitos da pessoa humana, referidos a sua existência em condições dignas, compõem o mínimo existencial. Assim, ficam fora do âmbito do mínimo existencial os direitos das empresas ou das pessoas jurídicas, ao contrário do que acontece com os direitos fundamentais em geral.

O direito à existência deve ser entendido no sentido que lhe dá a filosofia, ou seja, como direito ancorado no ser-aí (Da-sein) ou no ser-no-mundo (in-der-Welt-sein). Integra a "estrutura de correspondências de pessoas ou coisas", em que afinal consiste o ordenamento jurídico. Não se contunde com o direito à vida, que tem duração continuada entre o nascimento e a morte e extensão maior que o de existência, que é situacional e não raro transitória. A Corte Constitucional da Alemanha define o mínimo existencial como o que "é necessário à existência digna" (ein menschenwürdiges Dasein notwendig sei).[1]

1 TORRES, Ricardo Lobo. *O Direito ao Mínimo Existencial*. Rio de Janeiro: Renovar, 2009, p. 36.

> [...]
> O mínimo existencial não é um valor nem um princípio jurídico, mas o conteúdo essencial dos direitos fundamentais.
> (Ricardo Lobo Torres)[2]

3.1 Construção Histórica

A análise da construção histórica da *dignidade humana* se impõe como necessário, pois existe uma distinção entre dignidade (a *dignitas* romana ou expressões gregas) como valor, honra e apreço e a expressão *dignidade da pessoa humana* como inerente à própria condição humana. Aquela é condicional, transitória, inigualitária e contingente; esta é universal e incondicional. A dignidade como valor, honra e apreço se refere a uma postura pessoal objetivamente apreciada pela sociedade; já a dignidade referida à condição humana possui caráter polissêmico e aberto encontrando-se em estado permanente de mutação e desenvolvimento ao longo do tempo e do espaço que está em constante concretização e delimitação pela práxis constitucional.[3] Daí a importância da distinção, pois ambas andam de mãos dadas nos dias atuais: ora a expressão dignidade pode ser utilizada como qualidade, apreço ou status social; ora pode ser entendida como ideia de igual dignidade inerente a todo e qualquer ser humano, especialmente, incorporada nos diplomas jurídico-constitucionais do segundo pós-guerra.

Na Roma antiga, a expressão *dignitas* estava relacionada ao status social do indivíduo na sociedade, tais como honra, respeito, deferência e consideração social até mesmo pela função pública que o sujeito exercia na comunidade. Era uma espécie de status privilegiado particular que o indivíduo ostentava no seio da sua comunidade.

De acordo com Ingo Sarlet, "no pensamento filosófico e político da antiguidade clássica, verificava-se que a dignidade (*dignitas*) da pessoa humana dizia, em regra, com a posição social ocupada pelo indivíduo e o seu grau de reconhecimento pelos demais membros da comunidade, daí poder falar-se em uma quantificação e modulação da dignidade, no sentido de se admitir a existência pessoas mais dignas ou menos dignas. Por outro lado, já no pensamento estóico, a dignidade era tida como a qualidade que, por ser inerente ao ser humano, o distinguia das demais criaturas, no sentido de que todos os seres humanos são dotados da mesma dignidade, noção esta que se encontra, por sua vez, intimamente ligada à noção de liberdade pessoal de cada indivíduo (o homem como ser livre e responsável por seus atos e seu destino), bem como a ideia de que todos os seres humanos, no que diz com a sua natureza, são iguais em dignidade. Com efeito, de acordo com o jurisconsulto político

2 Ibid., p. 83.
3 ROCHA, Cármen Lúcia Antunes. *O princípio da dignidade da pessoa humana e a exclusão social*. In: Revista interesse público. Belo Horizonte. n. 4. 1999. p. 24.

e filósofo romano Marco Túlio Cícero, é a natureza quem descreve que o homem deve levar em conta os interesses de seus semelhantes, pelo simples fato de também serem homens, razão pela qual todos estão sujeitos às mesmas leis naturais, de acordo com as quais é proibido que uns prejudiquem aos outros, passagem na qual (como, de resto, encontrada em outros autores da época) se percebe a vinculação da noção de dignidade com a pretensão de respeito e consideração a que faz jus todo ser humano. Assim, especialmente em relação a Roma – notadamente a partir das formulações de Cícero, que desenvolveu um compreensão da dignidade desvinculada do cargo ou posição social – é possível reconhecer a coexistência de um sentido moral (seja no que diz às virtudes pessoais do mérito, integridade, lealdade, entre outras, seja na acepção estóica referida) e o sociopolítico de dignidade (aqui no sentido da posição social e política ocupada pelo indivíduo)."[4]

Dessa maneira, é possível afirmar que os primórdios da dignidade da pessoa humana encontram-se na antiguidade clássica e o seu sentido e alcance estava relacionado à posição que cada indivíduo ocupava na sociedade. Como dito acima, a palavra *dignidade* provém do latim *dignus* que representa aquela pessoa que *merece estima e honra*, ou seja, aquela pessoa que é importante em um grupo social.

No período medieval, a *dignidade da pessoa humana* passou a entrelaçar-se aos valores inerentes à filosofia cristã. Melhor dizendo: a ideia de dignidade passa a ficar vinculada a cada individuo, lastreada no pensamento cristão em que o homem é criação de Deus sendo salvo de sua natureza originária por Ele e possuindo livre arbítrio para a tomada de suas decisões. Severino Boécio (480-524) é o divisor de águas de dois tempos: a antiguidade e o medievo. Boécio é, pois, o precursor da definição filosófica de pessoa (humana), embora seu desenvolvimento pleno tenha se dado na metade do século XIII. O seu contributo foi situar a pessoa humana no horizonte da racionalidade a partir de sua condição de singularidade. A partir de Boécio, a noção de pessoa como substância individual e racional elevou o ser humano a uma nova esfera de dignidade e responsabilidade, implicando em nova perspectiva de ser e estar no mundo.

De acordo com Savian Filho[5] e Ricardo Antonio Rodrigues[6], "Boécio elabora no capítulo III, do texto *Contra Eutychen et Nestorium* a definição de Persona que se tornará clássica no pensamento medieval e moderno. Já presente no contexto das controvérsias teológicas dos primeiros séculos, em

4 SARLET, Ingo Wolfgang. *A eficácia dos direitos fundamentais: uma teoria geral dos direitos fundamentais na perspectiva constitucional.* 10. ed. Porto Alegre: Livraria dos Advogados; 2011, p. 34-36.

5 BOÉCIO. *Escritos* (OPUSCULA SACRA). Tradução, introdução, estudos introdutórios e notas Juvenal Savian Filho. Prefácio de Marilena Chauí. São Paulo: Martins Fontes, 2005, p. 225-227.

6 RODRIGUES, Ricardo Antonio. *Severino Boécio e a invenção filosófica da dignidade humana.* In: Seara filosófica. N. 5, Verão, 2012, p. 3-20.

oposição com natura (*physis*) e essentia (*ousia*), persona torno-se palavra central também para a antropologia filosófica e teológica. Para um breve histórico dos principais passos da evolução do conceito convém considerar que há sempre controvérsias em torno dessa palavra, mas que passou por seu significado ligado ao teatro; sentido de máscara, inclusive ligada à antiguidade Greco-romana do culto à divindade Perséfone, onde a tal objeto se chamava *phersu*, e era usado nos rituais religiosos; depois o próprio sentido do teatro, inclusive é essa conotação mais aproximada se considerarmos a língua grega. O sentido geral dos romanos é que persona não era apenas o objeto em si, mas também o papel desempenhado por cada ator e ligando ao Direito e ao sentido político, tal máscara não caracterizava algo de essencial, pois era a expressão do papel mutável e não essencial exercido por quem a usava. Tinha como uma conotação de personalidade no sentido do não essencial. Isso em se tratando do século I. Já para os gregos *prosopón* tinha uma conotação que transcendia o aspecto gramatical, jurídico, religioso, e fundava-se num caráter mais filosófico de insurreição contra o trágico da existência, que somos também contingência e isso implica numa luta para a afirmação da liberdade. Parece haver uma relação entre a leitura de Boécio, Agostinho e os padres Capadócios, pois a ideia de individualidade, substância, etc. tem relação direta com a leitura trinitária de Deus. Ou seja, não há como negar que a leitura filosófica e antropológica de Boécio sobre a pessoa humana tenha um viés fortíssimo da teologia trinitária cristã."

Para Boécio o primordial não é o coletivo como fundamento, mas o sujeito que pensa e reflete e, por isso, é capaz de viver em comunidade. Assim, a contribuição de Boécio foi deslocar o sentido de racionalidade e individualidade como condição primeira, destacando a noção de individualidade com o acento na racionalidade da pessoa. Na visão do autor, as coisas inanimadas, os animais, os vegetais não podem nunca serem elevados a condição de pessoa, mas somente dos seres portadores de alma racional.[7]

Boécio afirma que "disso tudo decorre que, se há pessoa tão somente nas substâncias, e naquelas racionais, e se toda substância é uma natureza, mas não consta nos universais, e, sim, nos indivíduos, a definição que se obtém de pessoa é a seguinte: "substância individual de natureza racional".[8] Aqui a pessoa humana um estatuto de 'superioridade' aos demais seres, exceto aos anjos e as pessoas divinas.

Boécio "ao enfatizar a dimensão da natureza racional e do caráter individual da pessoa, sua definição ao considerar que a pessoa humana, como na tradição cristã, é imagem da própria Trindade, essa ênfase na dimensão racional e individual acabou sendo o pressuposto central, não só no cristia-

7 Ibid.
8 Ibid.

nismo, mas em toda cultura ocidental para o que denominamos de dignidade humana."[9]

Dessa forma, a compreensão da dignidade humana é vista a partir de um estatuto ontológico. A própria condição humana, o simples fato de sermos humanos, representa a garantia de certos direitos fundamentais fundados numa dignidade que é a priori.

BOAVENTURA DE BAGNOREGIO (São Boaventura) também elaborou uma síntese filosófica sobre pessoa ao escrever o *De Trinitate* em 1254-7. De acordo com Ricardo Antonio Rodrigues, São Boaventura, "certamente tenha se dado conta de que a pessoa divina não pode ser interpretada dentro do mesmo estatuto epistêmico que se apreende e compreende intelectivamente qualquer ente, ou como algo similar a uma coisa, pois a relação que é uma herança da noção trinitária, e por analogia aplicada à pessoa humana. [...] a pessoa humana como relação, é condição de estar e ser-no-mundo com os demais seres e coisas, e, com isso, não esteja apenas orientada para um solipsismo, ou mesmo uma solidão fechada e desesperadora que angustia e oprime. Para o nosso autor, a pessoa como relação é abertura, projeção e orientação que tende ao transcendente, aos outros e ao mundo. A relação como categoria essencial (São Boaventura, Hex., col. 12, n. 14) dispõe a condição humana como singularidade, incomunicabilidade e suprema dignidade (São Boaventura, III Sent., d. 5, a. 2, q. 2, ad.1)." [10]

Assim, a expressão da pessoa humana como alguém e não como algo, portanto, para Boaventura lhe dá "um caráter de dignidade diferenciada, inspira-se num movimento imitativo, mas com as devidas proporções e diferenças da realidade trinitária. Com isso, é possível pensarmos a pessoa, segundo o autor, no caso do humano, não apenas como coisa ou mesmo supercoisa, mas como um existente em processo, e numa perspectiva do devir, que é sendo; uma recorrente vocação a ser o que se é e o que se deve ser num complexo feixe ou nó de relações, como no exemplo da Trindade, algo que racionalmente é apreensível, de certo modo e até certo ponto, mas, que em sua mais profunda realidade, mantém-se mistério. [...] Assim, dentro desse horizonte a pessoa humana como semelhança da trindade não é um produto acabado ou uma essência fechada, mas perspectiva, eterna possibilidade, uma incomunicabilidade que tende à saída de si como projeção que se identifica ao relacionar-se, ao tender com tudo e com todos. Não que lhe falte algo que se consiga por meio da relação, mas a relação aperfeiçoa, mas que só se dá pela singularidade e pela realidade concreta do que se é.[...] A pessoa humana na perspectiva bonaventuriana possui uma exigência própria de ser que o impele a ser mais sempre, quase que de uma forma imperativa no sentido

9 Ibid.

10 RODRIGUES, Ricardo Antonio. *A pessoa humana é relação*. In: Thaumazein, ano IV, número 08, Santa Maria (dezembro de 2011), pp. 73-87.

do "torna-te quem tu deves ser". E esse ser mais tem um significado de que a relação que o situa e o identifica pode agregar ao seu ser, não um acréscimo identitário que lhe falte, mas a possibilidade de enriquecer ainda mais a sua realidade singular e pessoal ao encontrar-se com a alteridade."[11]

Vale destacar que o conceito da pessoa humana na concepção bonaventuriana como relação é importantíssimo para o direito, já que traduz a relação com os outros, o cuidado, a alteridade, característica fundamental da norma jurídica. É essencial para a compreensão do direito como relação jurídica de cooperação, ou seja, o ser com os outros.

Santo Tomás de Aquino (1225-1274), a partir da sistematização plena da cultura grega e latina, desencadeou o chamado *humanismo filosófico*. Com ele a pessoa humana é vista como portadora de uma dignidade vigorosa por ser Imagem de Deus. Há indícios de que Tomás de Aquino tenha escrito a Suma Teológica, pelo menos a primeira parte, segundo alguns cronologistas entre 1265 e 1271, ou seja, mais ou menos uma década após Boaventura ter redigido suas conclusões sobre a Trindade.[12]

São Tomás de Aquino afirma que "o termo dignidade é algo absoluto e pertence à essência", situando-o como um requisito inerente à condição humana.[13] Bruno Amaro Lacerda diz que Tomás de Aquino, partindo da definição de "pessoa" formulada por Boécio ("substância individual de natureza racional"), explica que "o homem é uma substância racional porque tem o domínio de seus atos, agindo por si mesmo e não pelo comando de outros seres. Em outras palavras, o homem é livre, pois tem o poder de determinar-se, de agir por si mesmo. Isso lhe confere uma superioridade em relação a todas as outras substâncias (entes) que não compartilham da mesma potência. Essa superioridade é chamada expressamente de dignidade: "Ora, é grande dignidade subsistir em uma natureza racional. Por isso dá-se o nome pessoa a todo indivíduo dessa natureza, como foi dito" (Suma Teológica, I, 29, 3)."[14]

Dessa forma, com São Tomás de Aquino, a dignidade da pessoa humana fincou fundamento na ideia de que o ser humano fora criado à imagem e semelhança de Deus, mas sobretudo na capacidade de autodeterminação inerente à natureza humana. O ser humano é livre por sua natureza, vivendo em função de usa própria vontade. Nos estudos de São Tomás de Aquino é possível perceber o destaque para a liberdade do homem o que, certamente, auxiliou Kant em seus estudos sobre a autonomia ética do ser humano.

Outro destaque na filosofia relacionada à *dignidade da pessoa* é Giovanni Pico. Ele nasceu em Mirandola, norte da Itália, em 24 de fevereiro de 1463,

11 Ibid.

12 Ibid.

13 AQUINO, São Tomás de. *Suma de Teología*. 4. ed. Madri: Biblioteca de Autores Cristianos, 2001, p. 411.

14 LACERDA, Bruno Amaro. *A dignidade humana em Giovanni Pico Della Mirandola. In:* Revista *Legis Augustus* (Revista Jurídica), vol. 3, n. 1, p. 16-23, setembro 2010.

e faleceu em Florença, também na Itália, em 17 de novembro de 1496. Dentre suas obras, é importante destacar o *Discurso sobre a dignidade do homem*, uma espécie de manifesto renascentista do homem, descrito como centro do mundo (antropocentrismo).

De acordo com as lições de Bruno Amaro Lacerda, Giovanni Pico "não se limita a dizer que o homem é livre para escolher seus próprios fins, mas que, ao escolhê-los, o homem encontra a sua própria essência. O homem não é apenas o "animal racional" capaz de escolher, mas o ser que está fadado a escolher. É como se Deus houvesse condenado o homem à escolha, dado a ele a capacidade de, por seus atos livres, tornar-se o que deve ser. Percebe-se, então, que o homem está acima dos animais não simplesmente por ser racional, mas porque a razão o impele em direção a algo que nenhum animal pode conseguir: a determinação do seu próprio ser. É interessante relacionar essa constatação com outro aspecto da filosofia de Pico, o apreço pela magia, vista não como poder sobrenatural, mas como capacidade de conhecer a natureza, de descobrir seus segredos e transformá-la. O homem não está apenas "no mundo"; ele também atua "sobre o mundo", coloca-o a seu serviço. [...] Isto é interessante porque mostra de que modo o homem é semelhante a Deus. O homem, ser livre, é capaz de atos de criação, de transformação de si mesmo e do mundo onde vive. Sua dignidade decorre dessa capacidade criadora e inovadora, que o torna imagem de Deus, microcosmo que reflete, em escala menor, o poder divino da criação. O que torna Pico um dos primeiros renascentistas é essa visão da dignidade humana como capacidade de autodeterminação e criação a partir da transformação da natureza. A razão e a inteligência do homem não possuem exclusivamente um alcance ético, mas também um viés poiético (de poiésis: produção, fabricação). A originalidade de Pico, que o torna elo entre duas eras, a medieval e a moderna, está nessa visão do homem. A liberdade é o dom que o homem recebeu. Sua dignidade está em saber usá-lo bem, transformando o mundo e a si mesmo em direção ao melhor [...] O melhor, assim, é tudo aquilo que eleva o homem, que o torna construtor, criador, uma espécie de demiurgo do mundo, aproximando-o de Deus. É isso que, segundo Pico, converte o homem em um ser digno, merecedor de respeito por parte dos outros homens: o auto-aperfeiçoamento, a capacidade de se tornar, pelo uso da razão, um "animal celeste", próximo à máxima perfeição."[15]

Importante destacar, também, o contributo de Marsilio Ficino (1433-1499) no Humanismo renascentista, em especial, quanto à noção de dignidade da pessoa humana.[16]

---

15 Ibid.

16 MASSAÚ, Guilherme Camargo. Dignidade Humana e *Marsilio Ficino:* a perspectiva do Renascimento. In: *Revista Direitos Humanos e Democracia* Unijuí: Unijuí, ano 2, n. 3, jan./jun, 2014, p.128-124.

De acordo com Guilherme Camargo Massaú "é possível visualizar em Ficino (como em Pico Della Mirandola) obra e atuação, uma ideia histórica diretamente ligada a um momento "original" da visão ocidental; trata-se de um percurso de representações teológicas específicas que contribuíram na formação do conceito de dignidade, estruturando pensamentos filosóficos puros, muitas vezes, ainda, de conceitualidade com base teológica.

A ideia de dignidade de Ficino enraizou-se, sobretudo, na imagem e semelhança do homem com Deus [...] O conceito de semelhança de Deus do homem de Ficino não se baseia somente sobre o parentesco de essência presumido e principiológico entre o espírito humano e o divino. Tal perspectiva é fundamentada, especialmente, com a posição mediana cósmica do homem e seu papel intermediário no universo. A partir da representação platônica do provir e, simultaneamente, a do regresso, o florentino tenta demonstrar que o *mens* do homem origina-se do espírito divino e, ao mesmo tempo, da sua determinação finalística. A *mens* é *speculum Dei*, Deus é correlato da consciência da dignidade humana."[17]

Importante destacar também um grande autor que fincou a questão da dignidade humana na esfera social e política: *Francisco de Vitoria* (Burgos ou Vitória, 1483 – Salamanca, 12 de agosto de 1546), teólogo, filósofo, jurista e iniciador do movimento que, ao longo do século XVI, congregou romanistas, canonistas e teólogos e formou a chamada Escola Clássica Espanhola do Direito Natural e das Gentes, cuja contribuição doutrinária é altamente relevante na formação do Direito Internacional moderno. O pioneirismo de Vitoria contribuiu, fundamentalmente, para os sucessos do movimento de renovação da escolástica tomista no período renascentista.

Além de Francisco de Vitória, na questão da proteção dos povos indígenas, é importante mencionar Bartolemé de Las Casas (1474-1566), além dos discípulos de ambos: Melchor Cano (1509-1560) e Domingo Soto (1494-1560), e posteriormente Francisco Suarez (1548-1617).

O problema estava centrado no reconhecimento da *alteridade do índio*, ou seja, sobre a natureza humana do indígena. O enfrentamento desta questão era crucial para legitimar ou não a conquista de novas terras e a dominação dos indígenas. Esta disputa política foi parar na mais alta corte da época, o papa Paulo III. O papa teve que editar uma bula *Sublimis Deus*, em 9 de junho de 1537, favorável a alteridade indígena que dizia: "Determina-se, como coisa de fé, que os índios são verdadeiros homens como os demais, capazes de salvação e de todos os sacramentos". Este documento papal estabeleceu, pois, um marco de poder simbólico que possibilitou avançar na construção de discursos a favor da dignidade humana.

Outrossim, é a partir da filosofia Kantiana – pensamento antropocentrista – que o conceito de *dignidade humana* passa a ser uma qualidade peculiar e

17 Ibid.

insubstituível do ser humano. Em Kant, o homem é compreendido como ser racional e não como mero objeto social. É a partir de sua racionalidade que o homem é qualificado como pessoa (um ser racional como um fim em si mesmo, provido de razão). Dessa maneira, somente o ser humano é pessoa, já que este é racional. Kant ensina que "age de tal sorte que consideres a Humanidade, tanto na tua pessoa como na pessoa de qualquer outro, sempre e simultaneamente como fim e nunca simplesmente como meio [...] os seres racionais estão submetidos à lei segundo a qual cada um deles jamais se trate a si mesmo ou aos outros simplesmente como meio, mas sempre e simultaneamente como fim em si [...] o homem não é uma coisa, não é, por consequência, um objeto que possa ser tratado simplesmente como meio, mas deve em todas as suas ações ser sempre considerado como um fim em si."[18 19]

Em Kant, a dignidade deixa de ser considerada a partir da crença religiosa, buscando lastro na capacidade de atuação racional e autodeterminação e responsabilização moral da pessoa humana. Neste diapasão, Jorge Reis Novais afirma que "fosse a aptidão racional do homem concebida como dádiva de um Deus que o projectou como ser essencialmente livre ou, diversamente, fosse ela resultado de criação natural, desenvolve-se toda uma construção de dignidade assente sobre as ideias de razão, pensamento independente, valia intrínseca, igualdade, autonomia moral e auto-responsabilidade, ou seja, os atributos que são também inelimináveis no sentido moral e jurídico da dignidade em nossos dias."[20]

Dessa forma, a maior qualidade de uma pessoa é, pois, a sua dignidade, como elemento fundamental e inerente à pessoa humana.

3.2 Dignidade Humana e Instrumentos Internacionais

Verificou-se, pois, que o conceito de dignidade humana foi construído historicamente alinhado a evolução do pensamento humano.

No seio jurídico, a ideia de dignidade humana já possui uma bela demonstração em diversos textos internacionais.

A *Declaração Universal dos Direitos do Homem*, de 1948,[21] no artigo 1º,

---

18 KANT, Immanuel. *Fondements de la métaphysique des Moeurs*. Paris: Librairie Philosophique J. Vrin, 1992. p. 105-111.

19 BARCELLOS, Ana Paula. *A Eficácia Jurídica dos Princípios Constitucionais*. O princípio da Dignidade da Pessoa Humana. Rio de Janeiro: Renovar, 2002, p. 107: "[...] Pode-se dizer que, para Kant, o homem é um fim em si mesmo – e não uma função do Estado, da sociedade ou da nação – dispondo de uma dignidade ontológica. O Direito e o Estado, ao contrário, é que deverão estar organizados em benefício dos indivíduos [...]."

20 NOVAIS, Jorge Reis. *A Dignidade da Pessoa Humana*: Dignidade e Direitos Fundamentais. Vol.1. Coimbra: Almedina, 2015, p.43.

21 *Preâmbulo – Considerando* que o reconhecimento da dignidade inerente a todos os membros da família humana e dos seus direitos iguais e inalienáveis constitui o fundamento da liberdade, da justiça e da paz no mundo; [...]

Considerando que, na Carta, os povos das Nações Unidas proclamam, de novo, a sua fé nos

diz que "todos os seres humanos nascem livres e iguais em dignidade e em direitos. Dotados de razão e de consciência, devem agir uns para com os outros em espírito de fraternidade." No artigo 23, em relação ao direito do trabalho afirma que "quem trabalha tem direito a uma remuneração equitativa e satisfatória, que lhe permita e à sua família uma existência conforme com a *dignidade humana*, e completada, se possível, por todos os outros meios de protecção social."

A *Declaração dos Direitos da Criança*, de 1959;[22] determina em seu princípio 2.º que "a criança gozará de uma proteção especial e beneficiará de oportunidades e serviços dispensados pela lei e outros meios, para que possa desenvolver-se física, intelectual, moral, espiritual e socialmente de forma saudável e normal, assim como em condições de liberdade e *dignidade*. Ao promulgar leis com este fim, a consideração fundamental a que se atenderá será o interesse superior da criança."

A *Declaração das Nações Unidas sobre a Eliminação de todas as formas de Discriminação Racial*, de 1963, afirmando solenemente a necessidade de eliminar rapidamente todas as formas e todas as manifestações de discriminação racial em todas as partes do mundo e de assegurar a compreensão e o *respeito da dignidade da pessoa humana*, esclarece em seu artigo 1º que "a discriminação entre seres humanos com base na raça, cor ou origem étnica constitui um *atentado à dignidade humana* e deverá ser condenada enquanto negação dos princípios da Carta das Nações Unidas, bem como enquanto violação dos direitos humanos e liberdades fundamentais proclamados na Declaração Universal dos Direitos do Homem, obstáculo às relações amistosas e pacíficas entre as nações e fato susceptível de perturbar a paz e segurança entre os povos."

Posteriormente, o *Pacto Internacional relativo aos Direitos Civil e Políticos*, de 1966; em seu artigo 10, n.1, dispôs que "todos os indivíduos privados da sua liberdade devem ser tratados com humanidade e com respeito da *dignidade inerente à pessoa humana*."

O *Pacto Internacional sobre os Direitos Econômicos, Sociais e Culturais*, de 1966,[23] ao cuidar do direito à educação, em seu artigo 13, n.1, esclarece que

---

direitos fundamentais do homem, na dignidade e no valor da pessoa humana, na igualdade de direitos dos homens e das mulheres e se declararam resolvidos a favorecer o progresso social e a instaurar melhores condições de vida dentro de uma liberdade mais ampla; [...]

22 *Preâmbulo – Considerando* que os povos das Nações Unidas reafirmaram, na Carta, a sua fé nos direitos fundamentais, na dignidade do homem e no valor da pessoa humana e que resolveram favorecer o progresso social e instaurar melhores condições de vida numa liberdade mais ampla;

23 Considerando que, em conformidade com os princípios enunciados na Carta das Nações Unidas, o reconhecimento da *dignidade* inerente a todos os membros da família humana e dos seus direitos iguais e inalienáveis constitui o fundamento da liberdade, da justiça e da paz no Mundo; Reconhecendo que estes direitos decorrem da *dignidade inerente à pessoa humana*;

"os Estados Partes no presente Pacto reconhecem o direito de toda a pessoa à educação. Concordam que a educação deve visar ao *pleno desenvolvimento da personalidade humana e do sentido da sua dignidade* e reforçar o respeito pelos direitos do homem e das liberdades fundamentais. Concordam também que a educação deve habilitar toda a pessoa a desempenhar um papel útil numa sociedade livre, promover compreensão, tolerância e amizade entre todas as nações e grupos, raciais, étnicos e religiosos, e favorecer as actividades das Nações Unidas para a conservação da paz."

A *Declaração sobre a Eliminação da Discriminação contra as Mulheres*, de 1967, já afirmava em seu artigo 1º que a discriminação contra as mulheres, na medida em que nega ou limita a sua igualdade de direitos em relação aos homens, é fundamentalmente injusta e constitui uma *ofensa à dignidade humana*.

A *Proclamação de Teerão* (Conferência Internacional dos Direitos Humanos), de 1968, diz, em seu item 5, que "o objetivo primordial das Nações Unidas na área dos direitos humanos consiste em fazer com que cada indivíduo alcance a máxima liberdade e *dignidade*. Para a realização deste objectivo, as leis de todos os países devem conceder a cada pessoa, independentemente da respectiva raça, língua, religião ou convicção política, liberdade de expressão, de informação, de consciência e de religião, bem como o direito de participar na vida política, económica, cultural e social do seu país." Os participantes desta conferência, terminam o documento, instando "todos os povos e governos a dedicarem-se aos princípios consagrados na Declaração Universal dos Direitos do Homem e a redobrar os seus esforços com vista a proporcionar a todos os seres humanos uma vida compatível com a liberdade e a *dignidade* e favorável ao bem-estar físico, mental, social e espiritual."

Na *Declaração sobre a Proteção de Todas as Pessoas contra a Tortura e outras Penas ou Tratamentos Cruéis, Desumanos ou Degradantes*, adotada pela Assembleia Geral das Nações Unidas, em 1975, o artigo 2º diz que "qualquer ato de tortura ou qualquer outra pena ou tratamento cruel, desumano ou degradante constitui uma *ofensa à dignidade humana* e será condenado como violação dos objectivos da Carta das Nações Unidas e dos direitos humanos e liberdades fundamentais proclamados na Declaração Universal dos Direitos do Homem".

A *Declaração sobre a Raça e os Preconceitos Raciais*, de 1978, afirma no artigo 1º, n.1, que todos os seres humanos pertencem à mesma espécie e descendem de uma origem comum. *Nascem iguais em dignidade* e em direitos e todos fazem parte integrante da Humanidade. O artigo 4º trata do *apartheid* e dos crimes contra a consciência e dignidade da pessoa humana. Vejamos: "1. Qualquer restrição à completa realização pessoal dos seres humanos e à livre comunicação entre eles que se baseie em considerações raciais ou étnicas é contrária ao princípio da igualdade em dignidade e direitos; não pode ser admitida. 2. O apartheid representa uma das mais graves violações deste princípio e constitui, como o genocídio, um crime contra a Humanidade, perturbando gravemente a paz e a segurança internacionais. 3. Outras políticas e práticas de segregação e discriminação racial constituem crimes contra a consciência e dignidade da espécie humana e podem provocar tensões políticas e comprometer gravemente a paz e a segurança internacionais." O artigo 9º do mesmo diploma internacional esclarece que "1. O *princípio da igualdade em dignidade e direitos de todos os seres humanos e todos os povos*, independentemente da respectiva raça, cor e origem, constitui um princípio de direito internacional geralmente aceite e reconhecido. Por conseguinte, qualquer forma de discriminação racial praticada pelo Estado constitui uma violação do direito internacional que dá origem a responsabilidade internacional. 2. Deverão ser tomadas medidas especiais para garantir a igualdade em dignidade e direitos dos indivíduos e grupos, sempre que necessário, evitando dar a estas medidas um carácter que possa parecer discriminatório no plano racial. A este respeito, deverá ser prestada particular atenção aos grupos raciais ou étnicos social ou economicamente desfavorecidos, de forma a garantir-lhes, em completa igualdade e sem discriminação ou restrição, a protecção da lei e regulamentos e os benefícios das medidas sociais em vigor, em particular nos domínios da habitação, emprego e saúde, respeitar a autenticidade da sua cultura e valores, e facilitar o seu progresso social e ocupacional, especialmente através da educação. 3. Os grupos populacionais de origem estrangeira, particularmente trabalhadores migrantes e suas famílias que contribuem para o desenvolvimento do país de acolhimento, deverão beneficiar de medidas adequadas destinadas a garantir-lhes segurança e o respeito da sua dignidade e valores culturais e a facilitar a sua adaptação ao meio de acolhimento e a progressão profissional com vista à posterior reintegração no respectivo país de origem e à sua contribuição para o desenvolvimento do mesmo; deverão ser tomadas medidas que permitam aos seus filhos aprender a sua língua materna. 4. Os desequilíbrios existentes nas relações económicas internacionais contribuem para exacerbar o racismo e os preconceitos raciais; por conseguinte, todos os Estados devem tentar contribuir para a reestruturação da economia internacional numa base mais equitativa."

Em 1981, foi proclamada a *Declaração sobre a Eliminação de todas as Formas de Intolerância e Discriminação baseadas na Religião ou Convicção*. O artigo 3º diz claramente que "a discriminação entre seres humanos por motivo de religião ou convicção constitui um *atentado à dignidade humana* e uma negação dos princípios da Carta das Nações Unidas, e deverá ser condenada enquanto violação dos direitos humanos e liberdades fundamentais proclamados na Declaração Universal dos Direitos do Homem e enunciados em detalhe nos Pactos Internacionais sobre Direitos Humanos, e enquanto obstáculo às relações amistosas e pacíficas entre nações."

A *Convenção Internacional sobre a Proteção de Todos os Trabalhadores Migrantes e dos Membros das suas Famílias*, de 1990, no artigo 17, nº 1, diz que estes devem ser tratados com humanidade e com respeito da *dignidade inerente à pessoa humana* e à sua identidade cultural.

Os *Princípios das Nações Unidas para as Pessoas Idosas,* adotados pela Resolução nº 46/91 da Assembleia Geral das Nações Unidas, de 1991, na parte que trata da assistência ao idoso, em seu item 14, dispõem que "os idosos devem ter a possibilidade de gozar os direitos humanos e liberdades fundamentais quando residam em qualquer lar ou instituição de assistência ou tratamento, incluindo a garantia do pleno respeito da sua *dignidade*, convicções, necessidades e privacidade e do direito de tomar decisões acerca do seu cuidado e da qualidade das suas vidas." Já os itens 17 e 18 tratam especificamente da *dignidade do idoso*. Vejamos: "17. Os idosos devem ter a possibilidade de viver com dignidade e segurança, sem serem explorados ou maltratados física ou mentalmente. 18. Os idosos devem ser tratados de forma justa, independentemente da sua idade, género, origem racial ou étnica, deficiência ou outra condição, e ser valorizados independentemente da sua contribuição económica."

Da mesma forma, é importante destacar, em 1992, a *Declaração sobre a Proteção de Todas as Pessoas contra os Desaparecimentos Forçados*. O artigo 1º diz claramente que qualquer ato de desaparecimento forçado constitui um atentado à dignidade da pessoa humana.[24]

A *Declaração e Programa de Ação de Viena*,[25] adotada a 25 de junho de 1993 pela Conferência Mundial sobre Direitos Humanos, que se realizou em Viena, Áustria, de 14 a 25 de junho de 1993, no item 11, ao tratar do direito ao desenvolvimento, diz que "todos têm direito a usufruir dos benefícios de-

24 1. Qualquer acto de desaparecimento forçado constitui um atentado à dignidade humana. É condenado enquanto negação dos objectivos das Nações Unidas e uma grave e flagrante violação dos direitos humanos e liberdades fundamentais proclamados na Declaração Universal dos Direitos do Homem e reafirmados e desenvolvidos em outros instrumentos internacionais nesta matéria.

2. Todo o acto de desaparecimento forçado subtrai as pessoas que a ele são sujeitas à protecção da lei e provoca grandes sofrimentos a essas pessoas e às suas famílias. Constitui uma violação das normas de direito internacional que garantem, nomeadamente, o direito ao reconhecimento da personalidade jurídica, o direito à liberdade e segurança pessoal e o direito de não ser sujeito a tortura ou a outras penas ou tratamentos cruéis, desumanos ou degradantes. Também viola ou constitui uma grave ameaça ao direito à vida.

25 *Reconhecendo* e afirmando que todos os direitos humanos decorrem da dignidade e do valor inerentes à pessoa humana, que a pessoa humana é o sujeito central dos direitos humanos e das liberdades fundamentais, e que, consequentemente, deve ser o seu principal beneficiário e participar activamente na realização desses direitos e liberdades, [...]

Relembrando o Preâmbulo da Carta das Nações Unidas, em particular a determinação em reafirmar a fé nos direitos humanos fundamentais, na dignidade e no valor da pessoa humana, e na igualdade de direitos dos homens e das mulheres, assim como das nações, grandes e pequenas,

correntes do progresso científico e das suas aplicações práticas. A Conferência Mundial sobre Direitos Humanos toma nota de que alguns progressos, nomeadamente nas ciências biomédicas e da vida, bem como nas tecnologias da informação, podem ter consequências potencialmente adversas para a integridade, a dignidade e os direitos humanos do indivíduo, apelando à cooperação internacional para garantir o pleno respeito pelos direitos humanos e pela *dignidade da pessoa humana* nesta área de preocupação universal."

Da mesma forma, no item 18, ao destacar os direitos humanos das mulheres e das crianças do sexo feminino, afirma que "a violência baseada no género e todas as formas de assédio e exploração sexuais, nomeadamente as que resultam de preconceitos culturais e do tráfico internacional, são incompatíveis com a *dignidade e o valor da pessoa humana* e devem ser eliminadas. Isto pode ser alcançado por meio de medidas de carácter legislativo e da acção nacional e cooperação internacional em áreas tais como o desenvolvimento sócio-económico, a educação, a maternidade segura e os cuidados de saúde, e a assistência social."

No item 20, a Conferência Mundial sobre Direitos Humanos reconhece a inerente *dignidade dos povos indígenas* e o contributo único destes povos para o desenvolvimento e o pluralismo da sociedade e reafirma fortemente o empenho da comunidade internacional no seu bem-estar económico, social e cultural e no seu gozo dos frutos do desenvolvimento sustentável.

No mesmo documento, item 25, afirma que a pobreza extrema e a exclusão social constituem uma *violação da dignidade humana* e que são necessárias medidas urgentes para alcançar um melhor conhecimento da pobreza extrema e suas causas, incluindo as que se relacionam com o problema do desenvolvimento, com vista a promover os direitos humanos dos mais pobres, a pôr fim à pobreza extrema e à exclusão social e a promover o gozo dos frutos do progresso social. É essencial que os Estados estimulem a participação das pessoas mais pobres no processo decisório da comunidade onde vivem, a promoção dos direitos humanos e os esforços para combater a pobreza extrema.

Por fim, trata no item 54 e seguintes da proibição da tortura, sublinhando que uma das violações mais atrozes da *dignidade humana* consiste no acto de tortura, cujos efeitos destroem a dignidade das vítimas e comprometem a sua capacidade para prosseguirem as suas vidas e as suas actividades.

Vale destacar, também, a *Declaração Universal sobre o Genoma Humano e os Direitos Humanos*, de 1997,[26] Parte A, que trata da dignidade humana e ge-

26 Recordando que o Preâmbulo da Constituição da UNESCO refere o "ideal democrático de dignidade, igualdade e respeito pela pessoa humana", rejeita qualquer "dogma da desigualdade das raças e dos homens", estabelece que "a difusão da cultura e a educação da humanidade para a justiça, a liberdade e a paz são indispensáveis à dignidade humana e constituem um dever sagrado que todas as nações devem cumprir com espírito de assistência mútua", proclama que "para que a paz subsista deverá assentar na solidariedade intelectual e moral da humanidade" e declara que a Organização procura promover

noma humano. O artigo 1º do documento diz que "o genoma humano tem subjacente a unidade fundamental de todos os membros da família humana, bem como o reconhecimento da sua inerente dignidade e diversidade. Em sentido simbólico, constitui o património da Humanidade." Todas as pessoas têm direito ao respeito da sua dignidade e dos seus direitos, independentemente das respectivas características genéticas (artigo 2º, a) e essa dignidade impõe que os indivíduos não sejam reduzidos às suas características genéticas e que se respeite o carácter único de cada um e a sua diversidade (artigo 2º, b).

Nenhuma pessoa poderá sofrer discriminação com base nas características genéticas, que tenha como objetivo ou como efeito atentar contra os direitos humanos, as liberdades fundamentais e a *dignidade humana* (artigo 6º).

Ademais, nenhuma investigação na área do genoma humano ou respectivas aplicações, em particular nas áreas da biologia, da genética e da medicina, deve prevalecer sobre o respeito pelos direitos humanos, pelas liberdades fundamentais e pela *dignidade das pessoas* ou, se for caso disso, dos grupos de pessoas (artigo 10).

As práticas que sejam contrárias à *dignidade humana*, como a clonagem de seres humanos para fins reprodutivos, não serão permitidas. Os Estados e as organizações internacionais competentes são convidados a cooperar na identificação de tais práticas e na adopção, a nível nacional ou internacional, das medidas necessárias para garantir o respeito dos princípios enunciados na presente Declaração (artigo 11).

O Artigo 12, alínea a, diz que "os benefícios dos progressos nas áreas da biologia, da genética e da medicina, relativos ao genoma humano, serão postos à disposição de todos, *tendo devidamente em conta a dignidade e os direitos humanos de cada pessoa*."

Cabe aos Estados tomar providências adequadas para proporcionar um enquadramento favorável ao livre exercício da investigação sobre o genoma humano tendo devidamente em conta os princípios enunciados na referida

---

"mediante a cooperação das nações do Mundo nos domínios da educação, da ciência e da cultura, os objectivos de paz internacional e bem-estar comum da humanidade, que presidiram à criação da Organização das Nações Unidas e que a respectiva Carta proclama", [...]

Tendo também presente a Convenção sobre a Diversidade Biológica, das Nações Unidas, de 5 de Junho de 1992, e destacando a este respeito que o reconhecimento da diversidade genética da Humanidade não pode dar origem a qualquer interpretação de natureza social ou política que possa pôr em causa a "dignidade inerente a todos os membros da família humana e [os] seus direitos iguais e inalienáveis", em conformidade com o Preâmbulo da Declaração Universal dos Direitos do Homem, [...]

Reconhecendo que a investigação sobre o genoma humano e suas consequentes aplicações abre amplas perspectivas de progresso ao nível da melhoria da saúde dos indivíduos e da Humanidade no seu conjunto, mas sublinhando que tal investigação deve respeitar plenamente a dignidade humana, a liberdade e os direitos humanos, bem como a proibição de todas as formas de discriminação com base nas características genéticas,

Declaração, a fim de salvaguardar o respeito pelos direitos humanos, liberdades fundamentais e *dignidade humana* e proteger a saúde pública. Devem tentar assegurar-se de que os resultados das investigações não são utilizados para fins não pacíficos, conforme artigo 15.

Por fim, vale lembrar o artigo 21 ao afirmar que "os Estados devem tomar medidas apropriadas para promover outras formas de investigação, formação e divulgação de informação que fomentem a sensibilização da sociedade e de todos os seus membros para as suas responsabilidades associadas às questões fundamentais relativas à *defesa da dignidade humana* que podem ser suscitadas pela investigação na área da biologia, da genética e da medicina, e suas aplicações. Devem também tentar facilitar uma discussão aberta, a nível internacional, sobre esta matéria, garantindo a livre expressão de diversas opiniões sócio-culturais, religiosas e filosóficas."

A *Declaração do Milênio das Nações Unidas*, adotada pela Assembleia Geral das Nações Unidas por meio da Resolução 55/2, de 8 de setembro de 2000, por ocasião da Cimeira do Milênio (Nova Iorque, 6 a 8 de setembro de 2000), reconhece no Capítulo I que, para além das responsabilidades que todos temos perante as nossas sociedades, temos a responsabilidade coletiva de respeitar e defender os *princípios da dignidade humana*, da igualdade e da equidade, a nível mundial. Como dirigentes, temos, pois, um dever para com todos os habitantes do planeta, em especial para com os mais vulneráveis e, em particular, as crianças do mundo, a quem pertence o futuro.

Considera, ainda, que determinados valores fundamentais são essenciais para as relações internacionais no século XXI. Entre eles, destaca-se a liberdade, afirmando que "os homens e as mulheres têm o direito de viver a sua vida e de criar os seus filhos com *dignidade*, livres da fome e livres do medo da violência, da opressão e da injustiça. A melhor forma de garantir estes direitos é por meio de uma governação democrática e participada baseada na vontade popular."

No capítulo VI cuida da proteção dos grupos vulneráveis, decidindo intensificar a cooperação internacional, designadamente a partilha de responsabilidades com os países que recebem refugiados, e a coordenação da assistência humanitária a estes países, e ajudar todos os refugiados e pessoas deslocadas a regressar voluntariamente às suas casas, em condições de segurança e de *dignidade*, e a reintegrarem-se sem dificuldade nas suas respectivas sociedades.

A *Conferência Mundial contra o Racismo, Discriminação Racial, Xenofobia e Intolerância Conexa* realizada na cidade de Durban, África do Sul, entre os dias 31 de Agosto e 8 de Setembro de 2001, representou um evento de importância crucial nos esforços empreendidos pela comunidade internacional para combater o racismo, a discriminação racial e a intolerância em todo o mundo, bem como a proteção da dignidade da pessoa humana.[27]

27 Declaração e Programa de Acção da III Conferência Mundial contra o Racismo e a Discriminação Racial (Durban, 2001). [...]

8. Reconhecemos que a religião, a espiritualidade e as convicções desempenham um papel central nas vidas de milhões de mulheres e homens, e na forma como vivem e tratam as outras pessoas. A religião, a espiritualidade e as convicções podem, na teoria e na prática, contribuir para a promoção da dignidade e do valor inerentes à pessoa humana e para Racismo, Discriminação Racial, Xenofobia e Intolerância Conexa 26 a erradicação do racismo, da discriminação racial, da xenofobia e da intolerância conexa; [...]

34. Reconhecemos que as pessoas de ascendência africana são desde há séculos vítimas de racismo, discriminação racial, xenofobia e intolerância conexa e da negação histórica de muitos dos seus direitos, e afirmamos que devem ser tratadas de forma justa e com respeito pela sua dignidade, não devendo sofrer qualquer tipo de discriminação. Deverão, assim, ser-lhes reconhecidos os direitos à cultura e à sua identidade própria; a participar livremente e em condições de igualdade na vida política, social, económica e cultural; ao desenvolvimento no contexto das suas próprias aspirações e costumes; a conservar, manter e dinamizar as suas próprias formas de organização, o seu modo de vida, a sua cultura, as suas tradições e as suas práticas religiosas; a manter e utilizar as suas línguas; à protecção dos seus saberes tradicionais e da sua herança cultural e artística; a utilizar, fruir e conservar os recursos naturais renováveis da zona onde vivem e à participação activa na concepção, aplicação e execução de sistemas e programas educativos, incluindo os de natureza específica e própria; e, se for caso disso, às terras ancestralmente habitadas; [...]

39. Reconhecemos que os povos indígenas são vítimas de discriminação desde há séculos e afirmamos que eles são livres e iguais em dignidade e em direitos e não devem sofrer qualquer discriminação, em particular com base na sua origem e identidade indígenas, e sublinhamos a contínua necessidade de medidas para ultrapassar o racismo, a discriminação racial, a xenofobia e a intolerância conexa que os continuam a afectar; [...]

54. Sublinhamos a urgência de fazer face às causas profundas das deslocações de pessoas e de encontrar soluções duradouras para os refugiados e deslocados internos, em particular o regresso voluntário em condições de segurança e dignidade aos seus países de origem, bem como a reinstalação em países terceiros e a integração local, se e sempre que apropriado e possível; [...]

65. Reconhecemos o direito dos refugiados a regressar voluntariamente aos seus lares e propriedades em condições de dignidade e segurança, e instamos todos os Estados a facilitar este regresso; [...]

82. Afirmamos que o Diálogo entre Civilizações constitui um processo que visa identificar e promover os elementos comuns às diversas civilizações, o reconhecimento e promoção da dignidade inerente a todos os seres humanos e da igualdade dos seus direitos, e o respeito dos princípios fundamentais de justiça; desta forma, pode dissipar ideias de superioridade cultural baseadas no racismo, na discriminação racial, na xenofobia e na intolerância conexa, e facilitar a reconciliação de todos os membros da família humana; [...]

92. Reconhecemos também a necessidade de promover a utilização das novas tecnologias da informação e comunicação, incluindo a INTERNET, para Declaração da Conferência Mundial contra o Racismo, Discriminação Racial, Xenofobia e Intolerância Conexa 45 contribuir para a luta contra o racismo, a discriminação racial, a xenofobia e a intolerância conexa; as novas tecnologias podem ajudar na promoção da tolerância e do respeito pela dignidade humana, e dos princípios da igualdade e não discriminação; [...]

101. A fim de encerrar esses capítulos negros da História e como forma de reconciliação e cicatrização de feridas, convidamos a comunidade internacional e os seus membros a honrar a memória das vítimas de tais tragédias. Constatamos também que alguns tomaram a iniciativa de lamentarem o sucedido, de manifestarem arrependimento ou de apresentarem desculpas, e apelamos a todos os que não contribuíram ainda para restabelecer a dignidade das vítimas para que encontrem formas adequadas de o fazer e, neste sentido, agradecemos aos países que o fizeram; [...]

103. Reconhecemos que as consequências das formas passadas e contemporâ- neas de ra-

cismo, discriminação racial, xenofobia e intolerância conexa constituem sérios desafios à paz e segurança a nível global, ao respeito da dignidade humana e à realização dos direitos humanos e liberdades fundamentais de muitas pessoas do mundo, em particular africanos, pessoas de ascendência africana, pessoas de ascendência asiática e povos indígenas; [...]

105. Orientados pelos princípios consagrados na Declaração do Milénio e pelo reconhecimento de que temos uma responsabilidade colectiva de defender os princípios da dignidade humana, da igualdade e da justiça e de garantir que a globalização se torne numa força positiva para todos os povos do mundo, a comunidade internacional compromete-se a trabalhar em prol da integração benéfica dos países em desenvolvimento na economia global e a combater a sua marginalização, determinada em alcançar um crescimento económico acelerado e um desenvolvimento sustentável e em erradicar a pobreza, a desigualdade e a miséria; [...]

ESTRATÉGIAS PARA ALCANÇAR UMA PLENA E EFECTIVA IGUALDADE, NOMEADAMENTE COOPERAÇÃO INTERNACIONAL E REFORÇO DAS NAÇÕES UNIDAS E OUTROS MECANISMOS NO DOMÍNIO DO COMBATE AO RACISMO, À DISCRIMINAÇÃO RACIAL, À XENOFOBIA E À INTOLERÂNCIA CONEXA

63. Encoraja o sector empresarial, em particular a indústria do turismo e os fornecedores de acesso à INTERNET, a elaborar códigos de conduta, a fim de prevenir o tráfico de pessoas e proteger as vítimas deste tráfico, especialmente pessoas envolvidas na prostituição, contra a discrimina- ção baseada no género e a discriminação racial, e promover os seus direitos, a sua dignidade e a sua segurança; [...]

126. Encoraja todos os Estados, em cooperação com as Nações Unidas, a Organização das Nações Unidas para a Educação, Ciência e Cultura e outras organizações internacionais competentes, a instituir e desenvolver programas culturais e educativos destinados a combater o racismo, a discriminação racial, a xenofobia e a intolerância conexa, a fim de garantir o respeito pela dignidade e valor de todos os seres humanos e de reforçar a compreensão mútua entre todas as culturas e civilizações. Insta também os Estados a apoiar e levar a cabo campanhas de informação pública e programas de formação específicos na área dos direitos humanos, se necessário, formulados nas línguas locais, a fim de combater o racismo, a discriminação racial, a xenofobia e a intolerância conexa e promover o respeito pelos valores da diversidade, do pluralismo, da tolerância, do respeito mútuo, da sensibilidade cultural, da integração e da inclusão. Estas campanhas e programas dever-se-ão dirigir a todos os sectores da sociedade, particularmente às crianças e aos jovens; [...]

NÍVEL INTERNACIONAL

148. Insta todos os intervenientes na cena internacional a construir uma ordem internacional baseada na inclusão, justiça, igualdade e equidade, dignidade humana, compreensão mútua e promoção e respeito da diversidade cultural e dos direitos humanos universais, e a rejeitar todas as doutrinas de exclusão baseadas no racismo, na discriminação racial, na xenofobia e na intolerância conexa; [...]

180. Convida a Assembleia Geral das Nações Unidas a considerar a possibilidade de elaborar uma convenção internacional completa e abrangente destinada a proteger e promover os direitos e a dignidade das pessoas com deficiência, incluindo, em especial, disposições que visem as prá- ticas e os tratamentos discriminatórios que as afectam; [...]

185. Manifesta a sua profunda preocupação pela gravidade do sofrimento humano das populações civis afectadas e pelo fardo suportado por muitos países receptores, particularmente países em desenvolvimento e países em transição, e solicita às instituições internacionais competentes que garantam a manutenção de uma urgente e adequada assistência financeira e humanitária aos países de acolhimento, de forma a permitir-lhes auxiliar as vítimas e fazer face, numa base equitativa, às dificuldades das populações expulsas dos seus lares, e apela à concessão de salvaguardas suficientes, que permitam aos refugiados exercer livremente o seu direito de regressar aos seus países de origem voluntariamente,

Em 2006, é necessário lembrar os *Princípios de Yogyakarta*, na Indonésia, elaborados por especialistas em legislação internacional de direitos humanos, orientação sexual e identidade de gênero.[28] O Princípio 3º dispõe que "Toda pessoa tem o direito de ser reconhecida, em qualquer lugar, como pessoa perante a lei. As pessoas de orientações sexuais e identidades de gênero diversas devem gozar de capacidade jurídica em todos os aspectos da vida. A orientação sexual e identidade de gênero autodefinidas por cada pessoa constituem parte essencial de sua personalidade e um dos aspectos mais básicos de sua autodeterminação, *dignidade* e liberdade. Nenhuma pessoa deverá ser forçada a se submeter a procedimentos médicos, inclusive cirurgia de mudança de sexo, esterilização ou terapia hormonal, como requisito para o reconhecimento legal de sua identidade de gênero. Nenhum status, como casamento ou status parental, pode ser invocado para evitar o reconhecimento legal da identidade de gênero de uma pessoa. Nenhuma pessoa deve ser sub-

---

em segurança e dignidade; [...]

Reafirmamos que: A Europa é uma comunidade de valores partilhados, multicultural no seu passado, presente e futuro; a tolerância garante a manutenção da Europa enquanto sociedade pluralista e aberta, no seio da qual é promovida a diversidade cultural;

Todos os seres humanos nascem livres e iguais em dignidade e em direitos e com capacidade para participar de forma construtiva no desenvolvimento e bem-estar das nossas sociedades;

A igual dignidade de todos os seres humanos e o princípio do Estado de Direito deverão ser respeitados e a igualdade de oportunidades deverá ser promovida;

Profundamente convencida de que a Europa é uma comunidade de valores partilhados, incluindo o valor da igual dignidade de todos os seres humanos, e de que o respeito desta igual dignidade é a pedra angular de todas as sociedades democráticas;

28 Um grupo eminente de especialistas em direitos humanos preparou um documento preliminar, desenvolveu, discutiu e refi nou esses Princípios. Depois de uma reunião de especialistas, realizada na Universidade Gadjah Mada, em Yogyakarta, Indonésia, entre 6 e 9 de novembro de 2006, 29 eminentes especialistas de 25 países, com experiências diversas

e conhecimento relevante das questões da legislação de direitos humanos, adotaram por unanimidade os Princípios de Yogyakarta sobre a Aplicação da Legislação Internacional de Direitos Humanos em relação à Orientação Sexual e Identidade de Gênero.

O relator da reunião, professor Michael O'Flaherty, deu uma contribuição imensa à versão preliminar e a revisão dos Princípios. Seu compromisso e esforço incansável foram críticos para o sucesso desse processo.

Os Princípios de Yogyakarta tratam de um amplo espectro de normas de direitos humanos e de sua aplicação a questões de orientação sexual e identidade de gênero. Os Princípios afi rmam a obrigação primária dos Estados de implementarem os direitos humanos. Cada princípio é acompanhado de detalhadas recomendações aos Estados. No entanto, os especialistas também enfatizam que muitos outros atores têm responsabilidades na promoção e proteção dos direitos humanos. São feitas recomendações adicionais a esses outros atores, que incluem o sistema de direitos humanos das Nações Unidas, instituições nacionais de direitos humanos, mídia, organizações não governamentais e fi nanciadores.

metida a pressões para esconder, reprimir ou negar sua orientação sexual ou identidade de gênero."

Outro documento de fundamental importância é a *Convenção sobre os Direitos das Pessoas com Deficiência*, de 2007, com entrada em vigor na ordem internacional, em maio de 2008. Ora, é mais que reconhecido que a discriminação contra qualquer pessoa com base na deficiência é uma violação da dignidade e valor inerente à pessoa humana. O objeto da referida Convenção, consoante o artigo 1º, é promover, proteger e garantir o pleno e igual gozo de todos os direitos humanos e liberdades fundamentais por todas as pessoas com deficiência e promover o respeito pela sua *dignidade* inerente.

Um dos princípios gerais da presente Convenção é o respeito pela dignidade inerente, autonomia individual, incluindo a liberdade de fazerem as suas próprias escolhas, e independência das pessoas (artigo 3º, a).

Neste documento, no artigo 8º (Sensibilização), os Estados Partes comprometeram-se a adotar medidas imediatas, efetivas e apropriadas para sensibilizar a sociedade, incluindo a nível familiar, relativamente às pessoas com deficiência e a fomentar o respeito pelos seus direitos e *dignidade*. Devem tomar, também, medidas apropriadas para promover a recuperação e reabilitação física, cognitiva e psicológica, assim como a reintegração social das pessoas com deficiência que se tornem vítimas de qualquer forma de exploração, violência ou abuso, incluindo da disponibilização de serviços de proteção. Tal recuperação e reintegração devem ter lugar num ambiente que favoreça a saúde, bem-estar, autoestima, *dignidade e autonomia da pessoa* e ter em conta as necessidades específicas inerentes ao genero e idade (artigo 16, n.4).

O artigo 24 desta Convenção trata da educação, reconhecendo o direito das pessoas com deficiência à educação. Com vista ao exercício deste direito sem discriminação e com base na igualdade de oportunidades, os Estados Partes deve assegurar um sistema de educação inclusiva a todos os níveis e uma aprendizagem ao longo da vida, direcionados para: a) O pleno desenvolvimento do potencial humano e *sentido de dignidade* e autoestima e ao fortalecimento do respeito pelos direitos humanos, liberdades fundamentais e diversidade humana; b) O desenvolvimento pelas pessoas com deficiência da sua personalidade, talentos e criatividade, assim como das suas aptidões mentais e físicas, até ao seu potencial máximo; c) Permitir às pessoas com deficiência participarem efectivamente numa sociedade livre.

O artigo 25 cuida do direito à saúde das pessoas com deficiência. Deve-se, pois, exigir dos profissionais de saúde a prestação de cuidados às pessoas com deficiência com a mesma qualidade dos dispensados às demais, com base no *consentimento livre e informado*, inter alia, da sensibilização para os direitos humanos, *dignidade*, *autonomia* e necessidades das pessoas com deficiência por meio da formação e promulgação de normas deontológicas para o setor público e privado da saúde.

Assim, sobreleva notar que em diversas declarações e textos internacionais afirmam a proteção da dignidade da pessoa humana. Daí a necessidade de sua delimitação e concretização no sistema jurídico internacional. Ademais, a ideia de dignidade humana possui um amplo espectro epistemológico e tem servido de base a diversas decisões de cortes internacionais e comunitárias.

Constata-se, portanto, que a dignidade da pessoa humana, "na sua acepção jurídica, não pode ficar restrita a campos definidos pelo direito positivo, mas pressupõe para sua materialização jurídica perspectivas mais amplas do que permite o espaço jurídico positivado."[29]

Todavia, vale lembrar que *dignidade humana* não se confunde com *direitos humanos*. Neste sentido, André de Carvalho Ramos defende o princípio da consubstancialidade parcial da dignidade humana com os direitos humanos, ou seja, a unidade ou comunhão entre dignidade humana e direitos humanos é parcial não havendo sinonímia. O autor explica que "em um primeiro nível (primário), todos os direitos humanos consistem minimamente com uma projeção da dignidade humana; em um segundo nível essa presença é distante, o que redunda em uma consubstancialidade parcial."[30]

3.3 A Dignidade da Pessoa Humana Como Discurso Legitimador do Direito

Pensar o Direito em sua forma mais originária. Este é o desafio em direção às sendas da realização da tutela da dignidade da pessoa humana. É um pensar o Direito com as lentes voltadas para o mais essencial: a dignidade humana como valor fundamental da Constituição da República (art.1°, III, da CRFB/88).

O "saber" jurídico não pode ficar atrelado ao ente, dominado pela sua estrutura, mas sim deve caminhar sempre para além deste, ultrapassando-o, constantemente. O operador jurídico deve procurar superar o texto da lei, em busca do seu fundamento – em direção ao ser. O saber essencial do Direito não está posto, não é algo dado, objetificado (entitativo), mas sim desvelado ao julgador na análise do caso concreto decidendo. É um "saber" essencial que passa por cima do ente e procura atingir a sua forma mais originária. Somente quando ultrapassamos o ente, em busca do seu ser, as "proposições" jurídicas terão alguma justificação.

---

29 BARRETTO, Vicente de Paulo; MOTA, Mauricio. *Por que estudar filosofia do Direito?* Aplicações da filosofia do Direito nas decisões judiciais. Brasília: ENFAM, 2011, p. 191.

30 RAMOS, André de Carvalho. *Dignidade humana como obstáculo à homologação de sentença strangeira*. In: Revista de Processo, vol. 249. Ano 40. São Paulo: RT, 2015, p. 43.

Nesse contexto, HEIDEGGER, na obra Sobre o Humanismo, *afirma que "somente na medida em que o homem, ec-sistindo na Verdade do Ser, pertence ao Ser, é que pode provir do próprio Ser a recomendação das prescrições que tornar-se-ão para o homem lei e regra. Em grego, recomendar é némein. O nómos não é apenas a lei, porém, mais originalmente, a recomendação protegida pelo destinar-se do Ser. Só essa recomendação pode dispor o homem para o Ser. E somente essa disposição pode trazer e instaurar obrigações. Do contrário, toda a lei permanecerá e continuará apenas um produto (das Gemächte) da razão humana. Mais essencial para o homem do que todo e qualquer estabelecimento de regras é encontrar um caminho para a morada da Verdade do Ser."*[31]

O esquecimento da Verdade do Ser em favor da "coisificação" do Direito, não pensado em sua essência, é o sentido de sua decadência. Sem a percepção desta essência todo o esforço e o cuidado para se "dizer o direito" transborda no vazio. As normas jurídicas em abstrato devem ganhar mais plenitude e colorido se considerarmos os estudos avançados de hermenêutica jurídica e concretude judicial, uma vez que aquela deixa de ser considerada como hermenêutica de orientação metodológica-científica (modo de conhecer) para ser estudada como hermenêutica ontológica (modo de ser).

Vicente de Paulo Barretto e Mauricio Mota, baseados nos argumentos de Bernard Edelman, afirmam que o conceito de dignidade humana situa-se em outro plano epistemológico. "Ela não designa nem mais nem menos a essência do homem, como formulada nos direitos humanos, mas atribui outro significado a essa essência."[32] Dessa maneira, a dignidade humana "situa-se no cerne da luta contra o risco de desumanização, consequência do desenvolvimento desmesurado da tecnociência e do mercado. O inimigo não é mais unicamente e exclusivamente o poder do Estado, mas também o próprio produto do conhecimento humano e do sistema produtivo."[33] Daí a necessária diferenciação entre dignidade humana e direitos humanos. A conceituação de ambos estão atrelados à pessoa humana. Ocorre que a dignidade "de alguma forma situa-se em nível mais profundo na essência do homem."[34] Os autores traçam, pois a diferenciação entre o homem dos direitos humanos e a humanidade. Vejamos as lições: "verifica-se então como a dignidade humana encontra-se referida à questão não do indivíduo, mas da humanidade. O homem dos direitos humanos representa, juridicamente, o indivíduo universal no exercício de sua liberdade também universal. A humanidade, por sua vez, é a reunião simbólica de todos os homens enquanto seres humanos."[35]

---

31 HEIDEGGER, Martin. *Sobre o humanismo*. Tradução de Emmanuel Carneiro Leão. 2. ed. Rio de Janeiro: Tempo Brasileiro, 1995, p. 4-95.

32 EDELMAN, Bernard. La personne em danger. Paris: Presses Universitaires de France, 1999, p. 508. In: BARRETTO, Vicente de Paulo; MOTA, Mauricio. *Por que estudar Filosofia do Direito?* Aplicações da Filosofia do Direito nas Decisões Judiciais. Brasília: ENFAM, 2011, p. 193.

33 Ibid.

34 Ibid, p.192.

35 Ibid, p.193.

A dogmática jurídica não pode esconder as vicissitudes da realidade material (mundo vivido) que o Direito deve tutelar, em especial, nas questões diretamente relacionadas ao Homem, sua dignidade e personalidade.

Sem focar o Direito na dignidade da pessoa humana, como pode o operador do direito aplicar as regras do direito posto? O primeiro passo é, pois, conhecer a dimensão ontológica do Direito.

A partir desse novo *lócus hermenêutico*, a relação jurídica deve ser compreendida como a realização do Direito, inserida no seu contexto histórico-cultural, ou seja, a ideia de relação jurídica deve estar em harmonia com os direitos fundamentais, com vistas a repersonalização da pessoa. É a realização do direito conduzida por uma questão prévia: a sintonia do Direito com os cânones da tutela da dignidade da pessoa humana. Daí a necessidade de uma nova racionalidade a partir de uma perspectiva ontológico-existencial.[36]

Melhor dizendo: é a possibilidade de análise do fenômeno jurídico a partir de suas vicissitudes totalitárias concretas no mundo da vida. É a relação jurídica ajustada a uma nova dinâmica social de inter-relação humana vista a partir de suas especificidades concretizantes. É o Direito inserido na pós-modernidade.

É justamente por isso que os operadores do direito precisam ajustar a dogmática jurídica ao novo, ao efêmero, ao *poder-ser*, a diversidade, à diferença, ao pluralismo, bem como enfrentar as relações jurídicas a partir de sua dinamicidade espaço-tempo cultural.

O jurista não pode fechar os olhos para esta nova realidade, refugiando-se num formalismo positivista que prescinda de aproximações com a hermenêutica filosófica e constitucional.

É desta forma que o Direito não pode se ancorar no paradigma epistemológico da filosofia da consciência e na subjetividade. Observa-se a entificação do Direito. O Direito deve restar harmonioso com o modo de ser-no-mundo (mundo da vida). Dessa maneira é possível reconhecer o fundamento da concretização normativa desejada.

O pensamento jurídico não pode ser concebido a partir de um predomínio imposto pelos limites da razão e edificado com os poderes da racionalidade abstrata. A transcendência existencial torna-se uma alavanca de evolução da ciência jurídica, já que a concretização normativa ficará garantida por meio dos pilares do círculo hermenêutico.

A superação da filosofia da consciência, da relação sujeito-objeto, do subjetivismo, é à busca do homem em sua essência, como possibilidade e modo de ser-no-mundo, ou seja, é o caminho em direção a uma humanização do Direito. É o caminho para a (de)sentificação do Direito, já que um ente não pode fundar os entes. É a partir da hermenêutica como modo de ser-no-mun-

36 MELLO, Cleyson de Moraes. *Hermenêutica e Direito*. Rio de Janeiro: Freitas Bastos, 2006.

do que o Direito deve procurar caminhar por uma área de valores humanos peculiares, subtraídos à lógica formal do direito positivo.[37]

O Direito é um sendo, é um acontecer, é uma abertura de possibilidades. O ser deve ser compreendido a partir do homem em seu próprio acontecer, historicamente situado. A hermenêutica, com o viés da ontologia fundamental, procura interrogar o ser por meio da historicidade e da temporalidade do ser-aí, ou seja, compreender a questão do ser fora do contexto da tradição metafísica.

Desse modo, é a partir do pensar originário que a ciência jurídica vai desdobrando o seu jogo de preceitos legais. No viço dessa originalidade, pensar o Direito quer dizer: vir e chegar à plenitude de ser no Direito são a clareira, *aletheia*; é a essência do pensamento jurídico em seu desvelar-se, em seu dar-se originário. Vê-se, pois, a produção do Direito e não, simplesmente, a sua (re)produção jurídica. É essa operação do pensamento jurídico que possibilita a sua renovação pela (re)fundamentação de seu ser.

A compreensão é a própria abertura do ser-no-mundo, bem como é um existencial. Todo o compreender é derivado dessa compreensão existencial, que é a própria luz, iluminação, abertura, clareira, revelação do ser-aí, Alethéia.

O Direito deve ser compreendido de modo originário e autêntico, desvinculado dos conceitos ingênuos e opiniões que a tradição em si as carrega. Há que se buscar uma abertura mais abrangente e mais originária do Direito.

É certo que na civilização moderna o conceito de pessoa brilha como estrela de primeira grandeza em seus mais diversos matizes nos campos da Moral, do Direito, da Filosofia, da Antropologia, da Sociologia, da Psicologia, da Religião, etc. Daí as diversas linhas teóricas e paradigmas que possuem como epicentro o conceito de pessoa. Nesta perspectiva torna-se difícil à busca de uma definição precisa acerca da dignidade da pessoa humana, em especial, na seara jurídica.

Na filosofia moderna, duas linhas teóricas condicionam-se mutuamente:[38] "é a reformulação do conceito de pessoa no campo conceptual da metafísica da subjetividade, intentada por Descartes e pelos cartesianos, que é o alvo da crítica empirista; e é a polêmica com essa crítica que leva Kant a um último e mais radical aprofundamento da concepção de pessoa em direção

37 Nessa linha de pensamento, Gianni Vattimo afirma que "se é verdade que é preciso procurar obter também no campo das ciências humanas uma forma de rigor e de exatidão que satisfaça as exigências de um ser metódico, isto deve fazer-se desde que se reconheça o que existe no homem de irredutível e peculiar; e esse núcleo é o humanismo da tradição, centrado em torno da liberdade, da escolha, da imprevisibilidade do comportamento, isto é, da sua constitutiva historicidade." VATTIMO, Gianni. *O Fim da Modernidade:* Niilismo e Hermenêutica na Cultura Pós-Moderna. Tradução Maria de Fátima Boavida. Lisboa: Presença, 1987. p.32.

38 VAZ, Henrique Cláudio Lima. *Antropologia Filosófica II*. 4.ed. São Paulo: Loyola, 2003, p. 195.

ao terreno da subjetividade absoluta. Na verdade, de Descartes a Kant e de Hobbes a Hume o conceito de pessoa oscila entre a unidade da consciência-de-si e a pluralidade das representações do Eu, aquela primeira e originária, essas coordenadas nominalisticamente nas múltiplas designações de que a pessoa é objeto."

Portanto, que é o homem? A despeito da interrogação filosófica sobre o homem no correr dos séculos, considerando o paradigma heideggeriano, é na dimensionalidade do *Dasein* que a dignidade da pessoa humana e a sua personalidade se desvelarão, uma vez que neste espaço o homem não é um ente, senão o aí-do-ser. É um novo paradigma de fundamentação do direito, já que pautado na dimensionalidade ontológica da pessoa humana.

Hoje em dia, o dizer o Direito nos chega por meio de um pensamento jurídico alienante e silente, pautado em um positivismo legalista.

Angustiante por natureza, a busca desenfreada pela segurança jurídica sufoca cada vez mais o pensar original. Um sistema jurídico axiologicamente neutro, a-temporal, a-histórico já representa um perigo a ser evitado e uma ameaça a ser controlada pelos juristas. Caso contrário, imperar-se-á por toda a parte uma atitude de subserviência ao texto legal, representando, assim, a inautenticidade do Direito, isto é, a reificação do direito. Isso representa uma prestação jurisdicional restrita às atividades lógicas, científicas, cuja visão objetivista dos entes está em distonia com o mais digno de ser pensado, qual seja: o pensar o ser e a verdade da faticidade do ser-aí.

Dessa maneira o estatuto legitimador do Direito não será mais de cunho objetivista. Uma espécie de antropologia da faticidade abre-se como único lugar para a problematização do homem e da filosofia.[39] E por que não dizer do Direito? É, pois, um novo plano para se dizer o Direito em que se dão ente e ser , no nível do ente privilegiado. É a filosofia de Hedeigger ancorada nos teoremas da diferença ontológica e círculo hermenêutico. É neste nível que o Direito passa a receber seu estatuto legitimador.

Caberá, pois a jurisdição constitucional enfrentar as questões acerca da natureza da dignidade da pessoa humana a partir das especificidades dos casos concretos decidendos (concretude judicial), a partir de uma (re)fundamentação do pensamento jurídico.[40]

A dignidade da pessoa humana deve ser reconhecida pelo Direito, não como questão de validade da norma jurídica, senão como sentido do ser, como algo preexistente e anterior a todo fenômeno jurídico. É uma espécie de *a priori* do conhecimento na ontologia como hermenêutica da faticidade, como analítica existencial. É, pois, o Dasein como ser-no-mundo, como pressuposto de qualquer teoria do conhecimento ou fenômeno jurídico. A

39 STEIN, Ernildo. *Nas Proximidades da Antropologia*: Ensaios e Conferências Filosóficas. Ijuí: Unijuí, 2003, p.16.

40 Neste contexto, existem doutrinadores que negam a possibilidade de os juízes ingressarem na esfera do conteúdo ético da dignidade, já que tal tarefa deve ser efetuada a partir de um debate público que se processará na esfera parlamentar.

dignidade humana encontra-se na ordem daquilo que não é demonstrável, mas que existe como pré-condição.[41]

Em Ser e Tempo, Heidegger chama a atenção, logo no início, para a importância da compreensão pré-ontológica do ser. O filósofo afirma que "esse ente que cada um de nós somos e que, entre outras, possui em seu ser a possibilidade de questionar, nós o designamos com o termo pre-sença. A colocação explícita e transparente da questão sobre o sentido do ser requer uma explicação prévia e adequada de um ente (pre-sença) no tocante ao ser ser."[42]

Heidegger afirma, em entrevista ao *Der Spiegel*, que Dasein (pre-sença, ser-aí) "não é sinônimo nem de homem, nem de ser humano, nem de humanidade, embora conserve uma relação estrutural. Evoca o processo de constituição ontológica de homem, ser humano e humanidade. É na pre-sença que o homem constrói o seu modo de ser, a sua existência, a sua história, etc."[43]

Dessa maneira a compreensão da dignidade da pessoa humana não é uma compreensão empírica de algo enquanto algo, e sim condição de possibilidade desta última.

É necessário, pois, que o elemento nuclear da noção de dignidade da pessoa humana seja reconduzido a uma matriz heideggeriana, cujo ser-no-mundo é constituição necessária e fundamental do *Dasein*. É um existencial.

O esquecimento da Verdade do Ser em favor da avalanche do ente, não pensado em sua essência, é o sentido da "decadência", mencionada em *Ser e Tempo*. Da mesma forma, o esquecimento da tutela da dignidade humana em favor da ideia minimalista do homem-objeto, é o sentido da "decadência" do Direito.

A metafísica pensa o homem a partir da animalitas. Ela não o pensa na direção de sua humanitas.[44] É dessa maneira que Heidegger remete o ser humano para o lugar da compreensão do ser. Em *Sobre o Humanismo*, o filósofo afirma que "só se pode dizer ec-sistência da Essência do homem, isto é, do modo humano de "ser", pois somente o homem, até onde alcança a nossa experiência, foi introduzido no destino da ec-sistência."[45]

Heidegger chama a ec-sistência do homem, o estar na clareira do Ser. "Esse modo de ser só é próprio do homem. Assim entendida, a ec-sistência não é apenas o fundamento de possibilidade da razão, *ratio*. É também onde a Essência do homem con-serva a proveniência de sua determinação."[46]

41 BARRETTO, Vicente de Paulo; MOTA, Mauricio. *Por que estudar Filosofia do Direito?* Aplicações da Filosofia do Direito nas Decisões Judiciais. Brasília: ENFAM, 2011, p. 193.

42 HEIDEGGER, Martin. *Ser e Tempo*. Parte I. Tradução de Márcia Sá Cavalcante Schuback. 12.ed. Petrópolis: Vozes, 2002, p.33.

43 Revista Tempo Brasileiro, n.50, julho/set. 1977. In HEIDEGGER, Martin. *Ser e Tempo*. Parte I. Tradução de Márcia Sá Cavalcante Schuback. 12.ed. Petrópolis: Vozes, 2002, p.309

44 HEIDEGGER, op.cit., 1995, p.40.

45 Ibid., p.41

46 Ibid.

Assim, o que o homem é repousa em sua ec-sistência. A ec-sistência em Heiddeger não se identifica com o conceito tradicional de existentia. Ele afirma que "Kant apresenta a existentia como sendo realidade, no sentido de objetividade da experiência. Hegel determina a existentia, como a ideia da subjetividade absoluta, que se sabe a si mesma. Nietzsche concebe a existentia, como o eterno retorno do mesmo."[47]

Dessa maneira, na esteira da concepção heideggero-gadameriana, a dignidade da pessoa humana deve ser pensada no âmbito da "compreensão do Ser", isto é, a partir da analítica existencial do "ser-no-mundo". Na concretude judicial, a partir das circunstâncias do caso concreto decidendo, sempre que o indivíduo for considerado como objeto cognoscível (como ente – direito coisificado), a sua dignidade será atingida de forma inequívoca.

É neste sentido que doutrina e jurisprudência possuem papel relevante nessa mudança de postura. A noção de dignidade da pessoa humana vai se conformando, a partir do momento em que o Direito é desvelado a partir da ec-sistência. Pois é ec-sistindo que o homem pode pensar a Verdade do Ser. A ec-sistência do homem é uma ec-sistência Histórica.[48] O que se percebe é a necessidade de contextualização histórico-cultural da dignidade da pessoa humana.

Os princípios que permeiam a dignidade da pessoa humana estão fincados no rol dos direitos da personalidade, bem como ancorados no conjunto de direitos fundamentais, de tal sorte que, caso ocorra (des)respeito pela vida, pela integridade psicofísica, pela moral, ou imagem do ser humano, ou suas condições mínimas de existência sejam violadas estar-se-á diante da violação da dignidade da pessoa humana.

O Ser não pode ser pensado partir do ente, tal qual a metafísica do "esquecimento do ser". A Verdade do Ser, como a própria clareira, permanece oculta à metafísica. Heidegger afirma que "o Ser se clareia para o homem no projeto ec-stático. Todavia, esse projeto não cria o Ser. Ademais, o projeto é Essencialmente um projeto lançado. O que lança no projeto não é o homem, mas o próprio Ser. Esse destina o homem na ec-sistência do Da-sein, como sua Essência."[49]

Heidegger procura "destruir" a metafísica ocidental, ancorada em concepções objetificantes, para introduzir uma relação entre ser humano e coisas que precede qualquer relação. É no viés ontológico que a compreensão do ser como *Dasein* supera os paradigmas objetificantes.

Neste contexto Heidegger afirma que "ora, o que uma coisa é, em seu ser, não se esgota em sua ob-jetividade e principalmente quando a ob-jetividade possui o caráter de valor. Toda valorização, mesmo quando valoriza positivamente, é uma subjetivação. Pois ela não deixa o ente ser, mas deixa

47 Ibid. p.43-44

48 Ibid., p.59.

49 Ibid., p.61.

apenas que o ente valha, como objeto de sua atividade (*Tun*). O esforço extravagante, de se provar a objetividade dos valores, não sabe o que faz. Dizer-se que "Deus" é o "valor supremo", é uma degradação da Essência de Deus. Pensar em termos de valor é aqui – como alhures – a maior blasfêmia, que jamais se possa pensar com relação a teor do art. 1º da Declaração Universal da ONU o Ser. Pensar contra os valores não significa, por conseguinte, tocar os tambores da desvalorização (*Wertlosigkeit*) e da nulidade (*Nichtigkeit*) do ente, mas significa: propor ao pensamento, contra a subjetividade do ente, como simples objeto, a clareira da Verdade do Ser."[50]

Dessa forma, o pensamento jurídico objetificante somente será superado a partir da (re)fundamentação do Direito. O fundamento se dá a partir do ser-no-mundo. Mundo é a clareira do Ser, a qual o homem se ex-põe por sua Essência lançada.[51] Heidegger explica que o homem nunca é homem como um "sujeito" se referindo a objetos, de sorte que sua Essência esteja na relação sujeito-objeto. Ao contrário, o homem é, em sua Essência, primeiro ec-sistente na abertura do Ser.[52]

Na esfera jurídica, ao se pensar o Direito, deve-se pensar a questão da Verdade do Ser, ou seja, pensar a *humanitas do homo humanus*. É no pensamento da ec-sistência do Direito que se deixa de lado a obliteração e arbitrariedade do julgador. A concretização da dignidade da pessoa humana nesta perspectiva caminha na direção da Essência do homem, isto é, na direção da Verdade do Ser (o homem mais do que o *animal rationale*). É, pois, o humanismo do Direito que pensa a humanidade do homem na proximidade do Ser.

Daí que o substrato material da dignidade da pessoa humana somente será desvelado se o operador do direito caminhar inicialmente em direção ao seu fundamento mais originário, qual seja: *Dasein*, ser-no-mundo, ser-aí, pre-sença. É a partir deste *locus hermenêutico* que se irradiam os preceitos e regras que orientará o homem, experimentado a partir da ec-sistência do Ser, historicamente situado.

Somente na ec-sistência do homem na Verdade do Ser é que o Direito poderá ser (des)velado de forma legítima constituindo o lugar originário de sua dignidade e personalidade.

A dignidade da pessoa humana é, pois, um sendo. Melhor dizendo: uma con-juntura, sempre de acordo com o destino Histórico do homem que mora na Verdade do Ser. Logo, a contextualização histórico-cultural da dignidade da pessoa humana é necessária e relativa.

Daí a necessidade de correlação entre *direito* e *pessoa*. Bruno Amaro Lacerda já alerta que "as Constituições, todavia, não dizem *o que é* a dignidade humana, apenas garantem-na em seu texto como princípio fundamental. É

50 Ibid., p.78.
51 Ibid. p.79.
52 Ibid.

preciso, então, preencher a norma *de sentido*: devemos compreender *o que é o homem e por qual razão ele possui uma dignidade que deve ser socialmente protegida*."[53]

Perez Luño ensina que "os direitos humanos surgem como um conjunto de faculdades e instituições que, em cada momento histórico, concretizam as exigências de dignidade, liberdade e igualdade humanas, as quais devem ser reconhecidas positivamente pelos ordenamentos jurídicos, nos planos nacional e internacional."[54]

Aqui vale lembrar o teor do art. 1º da Declaração Universal da ONU (1948), que diz: "todos os seres humanos nascem livres e iguais em dignidade e direitos. Dotados de razão e consciência, devem agir uns para com os outros em espírito e fraternidade."

Para José Alfredo de Oliveira Baracho "a pessoa é um *prius* para o direito, isto é, uma categoria ontológica e moral, não meramente histórica ou jurídica."[55] De acordo com o constitucionalista a "pessoa é todo indivíduo humano, homem ou mulher, por sua própria natureza e dignidade, à qual o direito se limita a reconhecer esta condição."[56]

Já a autora portuguesa Cristina Queiroz ensina que é fundamental a elucidação do conceito jurídico-constitucional de *dignidade*. Vejamos: "Este conceito de "dignidade" sofreu igualmente uma evolução. Não se refere ao indivíduo desenraizado da abstracção contratualista setecentista ("teorias do contrato social"), mas o ser, na sua dupla dimensão de "cidadão" e "pessoa", inserido em determinada comunidade, e na sua relação "vertical" com o Estado e outros entes públicos, e "horizontal" com outros cidadãos. A ideia de "indivíduo" não corresponde hoje ao valor (individualista) da independência, mas ao valor (humanista) da autonomia onde se inclui, por definição, a relação com os outros, isto é a sociablilidade. O conceito de "pessoa jurídica" não constitui hoje somente a partir da "bipolaridade" Estado/indivíduo, antes aponta para um sistema "multipolar" no qual as grandes instituições sociais desempenham um papel cada vez mais relevante."[57]

No mesmo sentido, o Ministro Ricardo Lewandowski na Ação Direta De Inconstitucionalidade 3.510-0, diz que "a dignidade humana, não só constitui o cerne dos direitos fundamentais, como configura, igualmente, um dos pilares da própria República, conforme consigna, de modo solene, o art. 1º, III, da vigente Carta Magna. Daí cuidar-se de um valor que transcende a pes-

53 LACERDA, Bruno Amaro. *A Dignidade Humana Em Giovanni Pico Della Mirandola. In:* Revista *Legis Augustus* (Revista Jurídica) Vol. 3, n. 1, p. 16-23, setembro 2010.

54 PEREZ LUÑO, Antonio Enrique. *Derechos humanos, Estado de derecho e Constitución*. 4.ed. Madrid: Tecnos, 1991, p.48.

55 BARACHO, José Alfredo de Oliveira. *Direito Processual Constitucional*. Belo Horizonte: Fórum, 2006, p. 106.

56 Ibid.

57 QUEIROZ, Cristina. *Direitos Fundamentais Sociais*. Coimbra: Coimbra, 2006, p. 19-20.

soa compreendida como ente individual, consubstanciando verdadeiro parâmetro ético de observância obrigatória em todas as interações sociais. [...] Cumpre ressaltar, porém, que a dignidade da pessoa humana, na qualidade de "núcleo essencial" da Carta de 1988, ou seja, enquanto valor que ostenta a maior hierarquia em nosso ordenamento jurídico, do ponto de vista axiológico, não se resume apenas a um imperativo de natureza ética ou moral, mas configura um enunciado dotado de plena eficácia jurídica, achando-se, ademais, refletido em diversas normas de caráter positivo, formal e materialmente constitucionais.

Esse enunciado, com efeito, não apenas empresta significado a diferentes dispositivos da Carta Magna, sobretudo àqueles que tratam dos direitos fundamentais em sentido estrito, como também encontra menção expressa em vários outros artigos disseminados em seu texto. Por exemplo, quando estabelece: no art. 170, que a ordem econômica "tem por fim assegurar a todos existência digna"; ou no art. 226, § 6°, que o planejamento familiar funda-se "nos princípios da dignidade humana e da paternidade responsável"; ou, ainda, no art. 227, caput, que a criança e o adolescente têm, com absoluta prioridade, dentre outros, o direito "à dignidade" e "ao respeito"."[58]

A expressão *dignidade humana* já era encontrada na Constituição Alemã de *Weimar* de 1919 (modelo de Constituição de Estado social de Direito). Ao tratar da vida econômica, disciplinou no artigo 151 que "*A ordem econômica deve corresponder aos princípios da justiça tendo por objetivo garantir a todos uma existência conforme a dignidade humana. Só nestes limites fica assegurada a liberdade econômica do indivíduo*". O que se buscava na época era uma "vida digna" para os trabalhadores, isto é, caberia ao Estado estabelecer e assegurar a todos os cidadãos um programa de vida digna e promocional da dignidade humana.

Da mesma forma, a Constituição da Finlândia de 1919 já afirmava que cabia a lei proteger a vida, a *dignidade*, a liberdade pessoal e a propriedade dos cidadãos.

José Afonso da Silva ensina que "a dignidade da pessoa humana não é uma criação constitucional, pois ela é um desses conceitos *a priori*, um dado preexistente a toda a experiência especulativa, tal como a própria pessoa humana. A constituição, reconhecendo a sua existência e a sua eminência, transformou-a num valor supremo da ordem jurídica."[59]

Após a segunda guerra mundial, com a *Declaração Universal dos Direitos do Homem* em 1948, vários países adotaram o princípio da *dignidade da pessoa humana* em suas constituições. Podemos citar: A Alemanha (art. 1°, inciso I), a Espanha (preâmbulo e art. 10.1), a Grécia (art.2°, inc. I), a Irlanda

58 Disponível em: <http://www.stf.jus.br/arquivo/cms/noticiaNoticiaStf/anexo/adi3510RL.pdf>. Acesso em: 26 jun 2014.

59 SILVA, José Afonso da. *A Dignidade da Pessoa Humana como Valor Supremo da Democracia.* Revista de Direito Administrativo, n. 212, 1998, p.91.

(preâmbulo) e Portugal (art. 1º). A Constituição da Itália (art. 3º – "dignidade social"), a Constituição da Bélgica (art. 23 – "aos belgas e estrangeiros que se encontram em território belga, o direito de levar uma vida de acordo com a dignidade humana"), a Constituição da República Federativa do Brasil (art. 1º, inciso III), Paraguai (preâmbulo), Cuba (art. 8º), Venezuela (preâmbulo), Peru (art. 4º), Bolívia (art. 6, inciso II), Chile (art. 1), Guatemala (art. 4). Constituição da Rússia aprovada em 1993 (art. 12-1), dentre outras.[60]

A Constituição da Irlanda de 1937, por exemplo, apresenta em seu preâmbulo: "[...] E tratando de fomentar o bem comum, com a devida observancia das virtudes de Prudência, Justiça e Caridade, de tal modo que se garanta a *dignidade e a liberdade do indivíduo*, se atinja o autentico ordem social, se restaure a unidade de nosso país e se estabeleça a concordia com as demais Nações."

Já no segundo pós-guerra é possível destacar a Constituição italiana, de 1947, que afirma em seu artigo 3º: "Tutti i cittadini hanno pari dignità sociale e sono eguali davanti alla legge, senza distinzione di sesso, di razza, di lingua, di religione, di opinioni politiche, di condizioni personali e social. [...][61]

É possível perceber então que a questão da dignidade da pessoa humana surge com maior vigor após o segundo pós-guerra, resultado de uma consciência humanitária, sobretudo a partir da *Declaração Universal dos Direitos do Homem*.

Dessa maneira, a dignidade humana ganha status de princípio universal das sociedades democráticas, sendo reproduzida em diversos textos internacionais de proteção aos direitos humanos.

A *dignidade da pessoa humana*, hoje, é o epicentro do ordenamento jurídico e imprescindível seu entrelaçamento com o estudo dos direitos fundamentais e do direito constitucional de forma geral no contexto do Estado Democrático e Social de Direito instituído pela Constituição Federal de 1988.

É, pois, um conceito em eterno processo de construção e desenvolvimento – histórico-culturalmente situado no mundo da vida que vai se concretizando (aqui o papel do hermeneuta e exegeta é fundamental) a partir da práxis constitucional.

Em relação à dignidade da pessoa humana, Jürgen Habermas ensina que "é o sismógrafo que indica o que é constitutivo de uma ordem jurídica democrática [...] o portal através do qual o conteúdo igualitário e universalista da moral é importado para o direito."[62]

---

60 SARLET, Ingo Wolfgang. *Dignidade da pessoa humana e os direitos fundamentais na constituição Federal de 1988*. Porto Alegre, RS: Livraria do Advogado, 2001, p. 63-65.

61 Constituição Italiana de 1947 – Artigo 3 – Todos os cidadãos terão a mesma dignidade social e serão iguais ante a lei, sem distinção de sexo, raça, língua, religião, opiniões políticas nem circunstâncias pessoas e sociais.

62 HABERMAS, Jürgen. *Um Ensaio sobre a Constituição da Europa*. Tradução de Mirian Toldy; Teresa Toldy. Lisboa: Edições 70, 2012, p.37.

Em Portugal, a Constituição da República Portuguesa de 1976, aponta no seu artigo 1º que "Portugal é uma República soberana baseada na dignidade da pessoa humana e na vontade popular e empenhada na construção de uma sociedade livre, justa e solidária." Dessa maneira, é possível afirmar que a pessoa humana antecede a organização política do Estado, bem como as relações jurídico-sociais têm como primazia a própria pessoa. É neste diapasão que CANOTILHO afirma que a elevação da dignidade da pessoa humana é a trave mestra de sustentação e legitimação da República e da respectiva compreensão da organização do poder político.[63]

Neste sentido, o Tribunal Constitucional Português, por meio do Conselheiro Bravo Serra, no Acordão n. 105/90[64], já decidiu acerca da *dignidade da pessoa humana* que "não se nega, decerto, que a «dignidade da pessoa humana» seja um valor axial e nuclear da Constituição portuguesa vigente, e, a esse título, haja de inspirar e fundamentar todo o ordenamento jurídico. Não se trata efectivamente — na afirmação que desse valor se faz logo no artigo 1.º da Constituição — de uma mera proclamação retórica, de uma simples «fórmula declamatória», despida de qualquer significado jurídico-normativo; trata-se, sim, de reconhecer esse valor — o valor eminente do homem enquanto «pessoa», como ser autónomo, livre e (socialmente) responsável, na sua «unidade existencial de sentido» — como um verdadeiro princípio regulativo primário da ordem jurídica, fundamento e pressuposto de «validade» das respectivas normas». E, por isso, se dele não são dedutíveis «directamente», por via de regra, «soluções jurídicas concretas», sempre as soluções que naquelas (nas «normas» jurídicas) venham a ser vasadas hão-de conformar-se com um tal princípio, e hão-de poder ser controladas à luz das respectivas exigências (sobre o que fica dito, v., embora não exactamente no mesmo contexto, Vieira de Andrade, Os Direitos Fundamentais na Constituição Portuguesa de 1976, Coimbra, 1983, pp. 106 e segs. e, especialmente, pp. 130 e segs.). Quer tudo isto dizer — em suma — que o princípio da «dignidade da pessoa humana» é também seguramente, só por si, padrão ou critério possível para a emissão de um juízo de constitucionalidade sobre normas jurídicas.

Simplesmente, não pode também deixar de reconhecer-se que a ideia de «dignidade da pessoa humana», no seu conteúdo concreto — nas exigências ou corolários em que se desmultiplica —, não é algo de puramente apriorístico (cfr. Gomes Canotilho e Vital Moreira, Constituição da República Portuguesa Anotada, 1º vol., 2ª ed., Coimbra, 1984, p. 70, anotação IV) e ou a-histórico, mas algo que justamente se vai fazendo (e que vai progredindo) na

63 CANOTILHO, Joaquim José Gomes. *Direito Constitucional e Teoria da Constituição*. 7.ed. Coimbra: Almedina, 2010, p.235-236.

64 Disponível em: <http://www.tribunalconstitucional.pt/tc/acordaos/19900105.html.> Acesso em: 07 fev. 2014.

história, assumindo, assim, uma dimensão eminentemente «cultural». Para dizer ainda com Vieira de Andrade: «o valor da dignidade da pessoa humana [...] corresponde a uma potencialidade característica do ser humano, que se vai actualizando nas ordens jurídicas concretas» (ob. cit., p. 113). Ora, este ponto reveste-se da máxima importância, quanto à possibilidade de emitir um juízo de inconstitucionalidade sobre determinada solução legal, com base tão-só em que ela viola esse valor, ideia ou princípio.

É que, se o conteúdo da ideia de dignidade da pessoa humana é algo que necessariamente tem de concretizar-se histórico-culturalmente, já se vê que no Estado moderno — e para além das projecções dessa ideia que encontrem logo tradução ao nível constitucional em princípios específicos da lei fundamental (maxime, os relativos ao reconhecimento e consagração dos direitos fundamentais) — há de caber primacialmente ao legislador essa concretização: especialmente vocacionado, no quadro dos diferentes órgãos de soberania, para a «criação» e a «dinamização» da ordem jurídica, e democraticamente legitimado para tanto, é ao legislador que fica, por isso, confiada, em primeira linha, a tarefa ou o encargo de, em cada momento histórico, «ler», traduzir e verter no correspondente ordenamento aquilo que nesse momento são as decorrências, implicações ou exigências dos princípios «abertos» da Constituição (tal como, justamente, o princípio da «dignidade da pessoa humana»). E daí que — indo agora ao ponto — no controlo jurisdicional da constitucionalidade das soluções jurídico-normativas a que o legislador tenha, desse modo, chegado (no controlo, afinal, do modo como o legislador preencheu o espaço que a Constituição lhe deixou, precisamente a ele, para preencher) haja de operar-se com uma particular cautela e contenção. Decerto, assim, que só onde ocorrer uma real e inequívoca incompatibilidade de tais soluções com o princípio regulativo constitucional que esteja em causa — real e inequívoca, não segundo o critério subjectivo do juiz, mas segundo um critério objectivo, como o será, p. ex. (e para usar aqui uma fórmula doutrinária expressiva), o de «todos os que pensam recta e justamente» —, só então, quando for indiscutível que o legislador, afinal, não «concretizou», e antes «subverteu», a matriz axiológica constitucional por onde devia orientar-se, será lícito aos tribunais (e ao Tribunal Constitucional em particular) concluir pela inconstitucionalidade das mesmas soluções.

E, se estas considerações são em geral pertinentes, mais o serão ainda quando na comunidade jurídica tenham curso perspectivas diferenciadas e pontos de vista díspares e não coincidentes sobre as decorrências ou implicações que dum princípio «aberto» da Constituição devem retirar-se para determinado domínio ou para a solução de determinado problema jurídico. Nessa situação sobretudo — em que haja de reconhecer-se e admitir-se como legítimo, na comunidade jurídica, um «pluralismo» mundividencial ou de concepções — sem dúvida cumprirá ao legislador (ao legislador democrático) optar e decidir.

Ora, crê-se que quanto vem de expor-se é já suficiente para dever arredar-se a pretendida inconstitucionalidade da norma do artigo 1.785°, n° 2, primeira parte, do Código Civil, por violação do princípio constitucional da «dignidade da pessoa humana».”

Para Luis Roberto Barroso, a dignidade da pessoa humana representa “um espaço de integridade moral a ser assegurado a todas as pessoas por sua só existência no mundo.”[65]

Na Alemanha, por meio do artigo 1° da Lei Fundamental, a *dignidade da pessoa humana* se coloca como o valor central do Direito Constitucional, derivando, pois, o exercício de todos os demais direitos fundamentais básicos. Dessa forma, na Alemanha, a dignidade humana é considerada o “mais fundamental de todos os direitos do homem”, não podendo ser violada sob quaisquer circunstâncias.

Neste sentido, Karl Larenz ensina que “[...] Haverá que dizer, sem vacilar, que à vida humana e, do mesmo modo, à dignidade humana, corresponde um escalão superior ao de outros bens, em especial os bens materiais. O Tribunal Constitucional Federal dá claramente uma prevalência valorativa, mesmo frente a outros direitos fundamentais, aos direitos de liberdade de opinião e de liberdade de informação, por causa do seu <significado, pura e simplesmente constitutivo> para a convivência democrática [...].”[66]

Os direitos fundamentais carregam em si um patrimônio histórico-constitucional que devem desvelar um passado, presente e futuro, resultado de uma espiral hermenêutica onde o intérprete deve restar situado. Melhor dizendo: é um projetar-se em que passado e futuro se entrelaçam a partir de uma interpretação dos direitos fundamentais, tendo como epicentro o *princípio da dignidade da pessoa humana*.[67]

---

65 BARROSO, Luís Roberto. *Curso de Direito Constitucional Contemporâneo*. Os conceitos fundamentais e a construção do novo modelo. São Paulo: Saraiva, 2009, p. 252. “[...] A dignidade relaciona-se tanto com a liberdade e valores do espírito quanto com as condições materiais de subsistência. O desrespeito a esse princípio terá sido um dos estigmas do século que se encerrou e a luta por sua afirmação, um símbolo do novo tempo. Ele representa a superação da intolerância, da discriminação, da exclusão social, da violência, da incapacidade de aceitar o outro, o diferente, na plenitude de sua liberdade de ser, pensar e criar [...].”

66 LARENZ, Karl. *Metodologia da Ciência do Direito*. Lisboa: Fundação Calouste Gulbenkian, 1997, p.586.

67 SARMENTO, Daniel. *A Ponderação de Interesses na Constituição Federal. Rio de Janeiro*: Lumen Juris, 2002, p. 59-60: “[...] Nessa linha, o princípio da dignidade da pessoa humana representa o epicentro axiológico da ordem constitucional, irradiando efeitos sobre todo o ordenamento jurídico e balizando não apenas os atos estatais, mas também toda a miríade de relações privadas que se desenvolvem no seio da sociedade civil e do mercado. A despeito do caráter compromissório da Constituição, pode ser dito que o princípio em questão é o que confere unidade de sentido e valor ao sistema constitucional, que repousa na ideia de respeito irrestrito ao ser humano – razão última do Direito e do Estado [...].”

Neste contexto, as normas constitucionais principiológicas ganham força na construção do direito, já que este necessita de uma exegese constitucional adequada aos dias atuais, ou seja, uma construção aberta de forma a abarcar os novos paradigmas de uma sociedade pluralista e democrática. A sociedade atual é marcada por diversas diferenças, ideologias e projetos de vida que traduzem em si um relativismo social. A jurisprudência constitucional historicamente concreta deve refletir, pois, a abertura constitucional necessariamente adequada.

Ainda em relação à dignidade da pessoa humana, Luís Roberto Barroso aponta três observações relevantes. Vejamos: "A primeira: a dignidade da pessoa humana é parte do conteúdo dos direitos materialmente fundamentais, mas não se confunde com qualquer deles. Nem tampouco é a dignidade um direito fundamental em si, ponderável com os demais. Justamente ao contrário, ela é o parâmetro da ponderação, em caso de concorrência entre direitos fundamentais. Em segundo lugar, embora seja qualificada como um valor ou princípio fundamental, a dignidade da pessoa humana não tem caráter absoluto. É certo que ela deverá ter precedência na maior parte das situações em que entre em rota de colisão com outros princípios, mas, em determinados contextos, aspectos especialmente relevantes da dignidade poderão ser sacrificados em prol de outros valores individuais ou sociais, como na pena de prisão, na expulsão do estrangeiro ou na proibição de certas formas de expressão. Uma última anotação: a dignidade da pessoa humana, conforme assinalado acima, se aplica tanto nas relações entre indivíduo e Estado como nas relações privadas."[68]

Importante destacar, também, as lições de Jorge Miranda ao afirmar que "a Constituição confere uma unidade de sentido, de valor e de concordância prática ao sistema dos direitos fundamentais. E ela repousa na dignidade da pessoa humana, ou seja, na concepção que faz a pessoa fundamento e fim da sociedade e do Estado."[69]

No mesmo sentido, Flávia Piovesan ensina que "seja no âmbito internacional, seja no âmbito interno (à luz do Direito Constitucional ocidental), a dignidade da pessoa humana é o princípio que unifica e centraliza todo o sistema normativo, assumindo especial prioridade. A dignidade humana simboliza, desse modo, verdadeiro superprincípio constitucional, a norma maior a orientar o constitucionalismo contemporâneo, nas esferas local e global, dotando-lhe de especial racionalidade, unidade e sentido."[70]

---

68 BARROSO, Luis Roberto. *A Dignidade da Pessoa Humana no Direito Constitucional Contemporâneo*: Natureza Jurídica, Conteúdos Mínimos e Critérios de Aplicação. Disponível em: <http://www.luisrobertobarroso.com.br/wp-content/uploads/2010/12/Dignidade_texto-base_11dez2010.pdf>. Acesso em: 10 fev. 2014.

69 MIRANDA, Jorge. Manual de Direito Constitucional. v.4. Coimbra: Coimbra Editores, 1988, p.166.

70 PIOVESAN, Flávia. *Direitos Humanos e o Direito Constitucional Internacional*. 13.ed. São Pau-

Na mesma linha, Ana Paula de Barcellos sustenta que "as normas-princípios sobre a dignidade pessoa humana são, por todas as razões, as de maior grau de fundamentalidade na ordem jurídica como um todo. A elas devem corresponder as modalidades de eficácia jurídica mais consistentes."[71]

Ives Gandra Martins Filho, em artigo, publicado no Jornal Correio Braziliense, intitulado "O que significa dignidade da pessoa humana?", merecendo transcrição, ensina que:[72]

"Muito se tem usado a expressão 'dignidade da pessoa humana' para defender direitos humanos fundamentais, mas sem se chegar ao âmago do conceito e seus corolários ineludíveis. Daí a invocação da expressão em contextos diametralmente opostos, para justificar seja o direito à vida do nascituro, seja o direito ao aborto. Diante de tal paradoxo, *mister* se faz trazer alguns elementos de reflexão sobre realidades e sofismas na fixação de um conceito de 'dignidade da pessoa humana' que sirva de base sólida à defesa dos direitos essenciais do ser humano, sob pena de deixá-los sem qualquer amparo efetivo e, por conseguinte, sem garantia de respeito."

A dignidade é essencialmente um atributo da pessoa humana: pelo simples fato de 'ser' humano, a pessoa merece todo o respeito, independentemente de sua origem, raça, sexo, idade, estado civil ou condição social e econômica. Nesse sentido, o conceito de dignidade da pessoa humana não pode ser relativizado: a pessoa humana, enquanto tal, não perde sua dignidade quer por suas deficiências físicas, quer mesmo por seus desvios morais. Deve-se, nesse último caso, distinguir entre o crime e a pessoa do criminoso. O crime deve ser punido, mas a pessoa do criminoso deve ser tratada com respeito, até no cumprimento da pena a que estiver sujeito. Se o próprio criminoso deve ser tratado com respeito, quanto mais a vida inocente.

Com efeito, a ideia de dignidade da pessoa humana está na base do reconhecimento dos direitos humanos fundamentais. Só é sujeito de direitos a pessoa humana. Os direitos humanos fundamentais são o 'mínimo existencial' para que possa se desenvolver e se realizar. Há, ademais, uma hierarquia natural entre os direitos humanos, de modo que uns são mais existenciais do que outros. E sua lista vai crescendo, à medida que a Humanidade vai tomando consciência das implicações do conceito de dignidade da vida humana. Por isso, Tomás de Aquino, ao tratar da questão da imutabilidade do Direito Natural, reconhecia ser ele mutável, mas apenas por adição, mediante o reconhecimento de novos direitos fundamentais. Nesse diapasão seguiram as sucessivas declarações dos Direitos Humanos Fundamentais (francesa de 1789 e da ONU de 1948), desenvolvendo-se a ideia de diferentes 'gerações'

lo: Saraiva, 2012, p.87.

71 BARCELLOS, Ana Paula de. *A eficácia jurídica dos princípios constitucionais*: o princípio da dignidade da pessoa humana. Rio de Janeiro: Renovar, 2002, p. 202-203.

72 MARTINS FILHO, Ives Gandra. *O que significa dignidade da pessoa humana?* Jornal Correio Braziliense, de 08-09-08, p. 27.

de direitos fundamentais: os de 1ª geração, como a vida, a liberdade, a igualdade e a propriedade; os de 2ª geração, como a saúde, a educação e o trabalho; e os de 3ª geração, como a paz, a segurança e o resguardo do meio ambiente.

Ora, só se torna direito humano fundamental a garantia de um meio ambiente saudável, quando se toma consciência de que o descuido da Natureza pode comprometer a existência do homem sobre o planeta. Assim, os direitos humanos de 3a geração dependem necessária e inexoravelmente dos direitos de 1a geração. Daí que, sendo o direito à vida o mais básico e fundamental dos direitos humanos, não pode ser relativizado, em prol de outros valores e direitos. Sem vida não há qualquer outro direito a ser resguardado.

Assim, a defesa do aborto, em nome da dignidade da pessoa humana, ao fundamento de que uma vida só é digna de ser vivida se for em 'condições ótimas de temperatura e pressão' é dos maiores sofismas que já surgiram, desde os tempos de Sócrates, quando Cálicles tentava demonstrar, com sua retórica, que o natural era a prevalência do mais forte sobre o mais fraco. Não é diferente com aqueles que defendem o sacrifício de vidas inocentes, em nome quer da cura de doenças graves, quer do bem-estar psicológico da mulher.

Uma coisa é o sacrifício voluntário do titular do direito à vida, para salvar outra vida. Outra coisa bem diferente é a imposição do sacrifício por parte do mais forte em relação ao mais fraco, que não tem nem sequer como se defender, dependendo que outros o façam por ele, por puro altruísmo (consola saber que 83% da população brasileira, em recente pesquisa jornalística, é contrária ao aborto de anencéfalos). Sempre pareceu um gesto de extrema covardia suprimir a vida nascente e indefesa, e mais ainda quando se procura revestir tal gesto de uma áurea de nobreza, em nome da dignidade. Seria o caso de perguntar àqueles que serão suprimidos se realmente não quereriam viver, nas condições que sejam. Do contrário, o que se está criando é a sociedade dos perfeitos, dos mais fortes e aptos, pura eugenia.

Desde a autorização para a instrumentalização de fetos humanos com vistas a pesquisas científicas (verdadeiras cobaias humanas, canibalizadas), passando pela discussão quanto ao aborto do anencéfalo (cujo índice de ocorrências subirá astronomicamente no caso de liberação, atestando-se anencefalia para toda criança indesejada), até se chegar ao aborto puro e simples, o caminho que vai sendo trilhado no desrespeito ao direito humano mais fundamental, sob o rótulo de se lutar por uma vida digna, faz com que as discussões judiciais sobre os demais direitos humanos passem a ser mera perfumaria em Cortes herodianas que já condenaram as mais indefesas das criaturas humanas. Daí a necessidade de se resgatar o conceito de dignidade da pessoa humana, limpando-o de matizações que acabam por reduzir a pessoa, de sujeito em mero objeto de direito alheio.

Vale lembrar, também, a importância do fenômeno denominado de *constitucionalização do direito*. Ricardo Guastini entende tal fenômeno como "*un proceso de transformación de un ordenamiento, al término del cual, el ordenamiento en custtión resulta totalmente 'impregnado' por las normas constitucionales. Un ordenamineto jurídico constitucionalizado se caracteriza por una Constitución extremadamente invasora, entrometida, capz de condicionar tanto la legislación como la jurisprudencia y el estilo doctrinal, la acción de los actores políticos así como las relaciones sociales.*"[73]

No Brasil, a importância do Direito Civil-constitucional despontou com um artigo de Maria Celina Bodin de Moraes, publicado em 1991, e que se intitulava precisamente 'A caminho de um Direito Civil constitucional'.[74] Outro texto paradigmático é o artigo "Premissas metodológicas para a constitucionalização do Direito Civil", de Gustavo Tepedino.[75]

Com o advento do Código Civil Brasileiro de 2002 ganham destaque às cláusulas gerais e os direitos da personalidade. As cláusulas gerais devem ser interpretadas em harmonia com os princípios fundantes da Constituição da República, já que o intérprete jurídico deve colorir a exegese civilística com os matizes axiológicos da principiologia constitucional. Nesse momento, os valores civilísticos de índole liberal devem ser mitigados pelos valores coletivos de solidariedade e justiça social.

Antes do advento do novo Código Civil de 2002, Francisco Amaral já alertava sobre as tendências do Direito Civil contemporâneo, a saber:[76]

> I) Interpenetração crescente do Direito Civil com o constitucional e a consequente superação da clássica dicotomia direito público-direito privado.
> II) Personalização do Direito Civil, no sentido da crescente importância da vida e da dignidade da pessoa humana, elevadas à categoria de direitos e de princípio fundamental da Constituição. É o personalismo ético da época contemporânea.
> III) Desagregação do Direito Civil, face ao surgimento de ramos jurídicos autônomos, que se formam devido a complexidade das relações jurídicas. Por exemplo, direito imobiliário, direito bancário, direito previdenciário, etc.

---

73 GUASTINI, Ricardo. *Estudios de teoria constitucional*. UNAM/Fontamara, México, 2003, p.153.

74 Maria Celina Bodin de Moraes, 'A caminho de um Direito Civil constitucional' in Revista *Direito, Estado e Sociedade*, nº 1, 2. ed., jul.-dez. 1991, Departamento de Ciências Jurídicas da PUC-Rio, p. 59-73 apud NEGREIROS, Teresa. *Teoria do Contrato* – novos paradigmas. Rio de Janeiro. Renovar. 2002. p. 63

75 TEPEDINO, Gustavo. *Temas de Direito Civil*. Rio de Janeiro. Renovar. 1999. p.1-22.

76 AMARAL, Francisco. *Direito Civil* – Introdução. 3. ed. Rio de Janeiro: Renovar, 2000, p.151-153.

> IV) Reservas à Codificação. O Código Civil deixa de ser o "estatuto orgânico da vida privada", em virtude da necessidade da releitura do Código Civil à luz dos princípios constitucionais.
> V) Surgimento dos microssistemas jurídicos. É a chamada "Era dos Estatutos", que surgem para disciplinar temas específicos.

É, pois, uma nova essência contida na exegese das relações jurídicas interprivadas. Referimo-nos à chamada *alteridade* ou *alteritas*. É um agir pensando no *outro*, isto é, o "*eu*" reclama um agir pressupondo o "*outro*"; o *ego*, o *alter*. Não podemos pensar o "eu", sem nesse pensar ir já envolto o "outro". Esta alteridade é, pois, da essência do Direito Civil-constitucional. Desde Tomás de Aquino (1225 - 1274) até os recentes estudos do Existencialismo, a alteridade esteve e está presente. O *eu* e o *outro* são como os dois polos da relação jurídica, sempre *plural*, nunca *singular*. Ora é aqui que justamente se nos impõe a ideia de superação do individualismo de índole liberal, já que as relações jurídicas se aproximam mais à ideia de *colaboração*, *convivência*, *mundo vivido*, *solidariedade* e *justiça social*. É, pois, a essência da alteridade que se desvela ao mundo jurídico.

Estes elementos não podem ser pensados como grandezas estáticas, abstratas, formais. É uma ideia de relação jurídica interprivada que se equivale a uma coexistência, ou um existir lado-a-lado que se impõe em sua dinamicidade do mundo vivido. São grandezas dinâmicas de um movimento próprio a que podemos chamar de "ontológico".

Na esteira da filosofia de Heidegger, Sartre, Jaspers, a personalidade humana deve ganhar *status* de valor jurídico de cunho existencialista, já que esta não pode ficar aprisionada no rol de direitos subjetivos típicos adotados pelo Código Civil. Daí a importância do entrelaçamento principiológico entre o *Direito Civil* e os *direitos humanos-direitos fundamentais*.

É não menos que (re)visitar os institutos jurídicos do Direito Civil a partir de uma hermenêutica plural individualizadora cunhada por uma essencial unidade socializadora, a partir da qual a relação jurídica de direito privado é vista como *uns* e *muitos*, como *eu* e *outro*, como uma relação jurídica irremediavelmente lastreada pelos princípios fundamentais de proteção da dignidade da pessoa humana (art. 1º, III, CRFB/88), solidariedade social (art. 3º, I, CRFB/88), valor social da livre iniciativa (art. 1º, IV, CRFB/88) e igualdade substancial (art. 3º, III, CRFB/88). É, pois, uma essência-relacional de cariz civil-constitucional.

Ora, dentro deste diapasão, torna-se necessário o abandonamento do papel puramente *descritivo* das normas jurídicas, em especial, das normas constitucionais, com vistas a ser uma força normativa constitutiva do homem historicamente situado.

Daí a necessidade de uma reflexão crítica do direito constitucional, tendo como ponto de partida a questão do sentido do homem e sua consequente mutabilidade social, isto é, a partir desta compreensão do direito, esperam-se respostas concretas historicamente adequadas, a partir das novas questões que surgem na sociedade hodierna.

Aqui, mais uma vez, estamos à frente das seguintes questões: *o que é o direito? Qual o seu sentido? Como ele deve ser interpretado e aplicado? É possível dizer o Direito dissociado de sua historicidade do mundo da vida?*

Importante destacar as lições de Gustavo Zagrebelsky ao afirmar que a *"historia constitucional es cambio, es contingencia política, es acumulación de experiencia del pasado en el presente, es realidad social, es relación entre pasado y futuro, es movimiento de sujetos a priori indefinibles, es imprevisibilidad de problemas y espontaneidad de soluciones."*[77]

Como visto acima, o conteúdo da dignidade da pessoa humana se relaciona estreitamente com o *núcleo dos direitos fundamentais*. Devemos reconhecer, ainda, que o princípio da dignidade da pessoa humana está, também, intrinsecamente correlacionado com o denominado "mínimo existencial", isto é, um conjunto de condições mínimas básicas para a existência da pessoa. Aqui, mais uma vez, vale destacar as lições de Ricardo Lobo Torrres ao dizer: "[...] Não é qualquer direito mínimo que se transforma em mínimo existencial. Exige-se que seja um direito a situações existenciais dignas. [...] Sem o mínimo necessário à existência cessa a possibilidade de sobrevivência do homem e desaparecem as condições iniciais da liberdade. A dignidade humana e as condições materiais da existência não podem retroceder aquém de um mínimo, do qual nem os prisioneiros, os doentes mentais e os indigentes podem ser privados [...]."[78]

Barroso, da mesma forma, ensina que "[...] Dignidade da pessoa humana expressa um conjunto de valores civilizatórios incorporados ao patrimônio da humanidade. O conteúdo jurídico do princípio vem associado aos direitos fundamentais, envolvendo aspecto dos direitos individuais, políticos e sociais. Seu núcleo material elementar é composto do mínimo existencial, locução que identifica o conjunto de bens e utilidades básicas para a subsistência física e indispensável ao desfrute da própria liberdade. Aquém daquele patamar, ainda quando haja sobrevivência, não há dignidade. O elenco de prestações que compõem o mínimo existencial comporta variação conforme a visão subjetiva de quem o elabore, mas parece haver razoável consenso de que inclui: renda mínima, saúde básica e educação fundamental. Há, ainda,

---

77 ZAGREBELSKY. Gustavo. *Historia y Constitución*. Madrid: Trotta, 2005, p.36.
78 TORRES, Ricardo Lobo. *O direito ao mínimo existencial*. Rio de Janeiro: Renovar, 2009, p. 36.

um elemento instrumental, que é o acesso à justiça, indispensável para a exigibilidade e efetivação dos direitos [...]"[79]

Em apresentação de discurso na ONU, em 23 de junho de 2014, o Ministro Luis Roberto Barroso afirmou que "o núcleo essencial dos direitos humanos equivale a uma reserva mínima de justiça (Alexy) a ser respeitada ou promovida pela sociedade e pelo Estado. Chega-se aqui ao conceito de mínimo existencial, que inclui o acesso a algumas prestações essenciais – como educação básica e serviços de saúde –, assim como a satisfação de algumas necessidades elementares, como alimentação, água, vestuário e abrigo. Este conjunto mínimo de direitos sociais é exigível judicialmente e não deve ficar na dependência do processo político majoritário."[80]

Aqui vale lembrar, ainda, as lições de Humberto D´Ávila acerca dos postulados. Para o autor estes consubstanciam verdadeiras *metanormas*, isto é, normas que estabelecem a maneira pela qual outras normas devem ser aplicadas. Ora, neste sentido, seria possível afirmar que a *dignidade da pessoa humana* é *postulado normativo*, isto é, uma *metanorma*, conferindo, pois, significância aos *direitos fundamentais*.[81]

79 BARROSO, Luís Roberto. *Fundamentos teóricos e filosóficos do novo Direito Constitucional brasileiro*. Revista de Direito da Procuradoria-Geral do Estado do Rio de Janeiro. Rio de Janeiro, volume 54, 2001, p. 72.

80 Disponível em: <http://www.migalhas.com.br/Quentes/17,MI203146,101048-Ministro+Barroso+Desenvolvimento+sustentavel+deve+incorporar+a>. Acesso em: 24 jun 2014.

81 ÁVILA, Humberto. *Teoria dos Princípios*: da definição à aplicação dos princípios jurídicos. 5ª ed. São Paulo: Malheiros, 2006, p. 121-166.

Capítulo 4

PRINCÍPIOS DO DIREITO DAS FAMÍLIAS

> *Os novos princípios do código civil são o da socialidade, que limita o exercício dos direitos subjetivos, o da eticidade, que privilegia os critérios ético-jurídicos em detrimento dos tradicionais lógico-formais, no processo de construção ou concreção jurídica, e o da operabilidade, um princípio metodológico da realização do direito, que recomenda tenha-se em vista mais o ser humano in concreto, situado, do que o sujeito in abstrato, próprio do direito liberal da modernidade (século XIV e XX).*
> *(Francisco Amaral)*[1]

4.1 Introdução

Além do princípio da *dignidade da pessoa humana* (artigo 1°, inciso III, da CR) estudado de forma geral no capítulo anterior, é necessário observar uma série de princípios constitucionais e infraconstitucionais relacionados ao próprio direito das famílias. O princípio da dignidade da pessoa humana como epicentro do ordenamento jurídico adorna o direito das famílias com suas cores. A título de exemplo, é possível citarmos a questão do abandono afetivo e a consequente lesão à dignidade humana que dá azo a uma ação de responsabilidade civil.[2] A Declaração Universal dos Direitos da Criança, de

---

1 AMARAL, Francisco. *Direito civil*: Introdução. In: Prefácio à 5ª edição.

2 DANOS MORAIS. ABANDONO AFETIVO. DEVER DE CUIDADO.
O abandono afetivo decorrente da omissão do genitor no dever de cuidar da prole constitui elemento suficiente para caracterizar dano moral compensável. Isso porque o *non facere* que atinge um bem juridicamente tutelado, no caso, o necessário dever de cuidado (dever de criação, educação e companhia), importa em vulneração da imposição legal, gerando a possibilidade de pleitear compensação por danos morais por abandono afetivo. Consignou-se que não há restrições legais à aplicação das regras relativas à responsabilidade civil e ao consequente dever de indenizar no Direito de Família e que o cuidado como valor jurídico objetivo está incorporado no ordenamento pátrio não com essa expressão, mas com locuções e termos que manifestam suas diversas concepções, como se vê no art. 227 da CF. O descumprimento comprovado da imposição legal de cuidar da prole acarreta o reconheci-

1959, e a Convenção sobre os Direitos da Criança, de 1989, reconhecem ser a criança titular do *direito ao amor*. Ainda que o pai/mãe não nutra nenhum sentimento de amor perante o filho, aquele é devedor de afeto e cuidado (é o princípio da paternidade responsável e o dever de assistência que falam mais alto). Da mesma forma, a ampliação da impenhorabilidade do bem de família da pessoa solteira e solitária (artigo 1º, da Lei 8.009/90), por meio de decisão judicial, cujo escopo não se limitou ao resguardo da família, senão a proteção de um direito fundamental da pessoa humana, qual seja: o direito à moradia.[3]

4.2 Solidariedade Familiar

O princípio da solidariedade social está previsto no artigo 3º, inciso I, da Constituição da República e tem a finalidade de construir uma sociedade livre, justa e solidária. Esta solidariedade se estende ao ambiente familiar, já que o casal deve cuidar um do outro e de sua prole. É um cuidar-se recíproco com ternura e carinho entre os membros da família. Um exemplo bastante

---

mento da ocorrência de ilicitude civil sob a forma de omissão. É que, tanto pela concepção quanto pela adoção, os pais assumem obrigações jurídicas em relação à sua prole que ultrapassam aquelas chamadas *necessarium vitae*. É consabido que, além do básico para a sua manutenção (alimento, abrigo e saúde), o ser humano precisa de outros elementos imateriais, igualmente necessários para a formação adequada (educação, lazer, regras de conduta etc.). O cuidado, vislumbrado em suas diversas manifestações psicológicas, é um fator indispensável à criação e à formação de um adulto que tenha integridade física e psicológica, capaz de conviver em sociedade, respeitando seus limites, buscando seus direitos, exercendo plenamente sua cidadania. A Min. Relatora salientou que, na hipótese, não se discute o amar – que é uma faculdade – mas sim a imposição biológica e constitucional de cuidar, que é dever jurídico, corolário da liberdade das pessoas de gerar ou adotar filhos. Ressaltou que os sentimentos de mágoa e tristeza causados pela negligência paterna e o tratamento como filha de segunda classe, que a recorrida levará *ad perpetuam*, é perfeitamente apreensível e exsurgem das omissões do pai (recorrente) no exercício de seu dever de cuidado em relação à filha e também de suas ações que privilegiaram parte de sua prole em detrimento dela, caracterizando o dano *in re ipsa* e traduzindo-se, assim, em causa eficiente à compensação. Com essas e outras considerações, a Turma, ao prosseguir o julgamento, por maioria, deu parcial provimento ao recurso apenas para reduzir o valor da compensação por danos morais de R$ 415 mil para R$ 200 mil, corrigido desde a data do julgamento realizado pelo tribunal de origem. REsp 1.159.242-SP, Rel. Min. Nancy Andrighi, julgado em 24/4/2012.

3 PROCESSUAL – EXECUÇÃO – IMPENHORABILIDADE – IMÓVEL – RESIDÊNCIA – DEVEDOR SOLTEIRO E SOLITÁRIO – LEI 8.009/90.

- A interpretação teleológica do Art. 1º, da Lei 8.009/90, revela que a norma não se limita ao resguardo da família. Seu escopo definitivo é a proteção de um direito fundamental da pessoa humana: o direito à moradia. Se assim ocorre, não faz sentido proteger quem vive em grupo e abandonar o indivíduo que sofre o mais doloroso dos sentimentos: a solidão.

- É impenhorável, por efeito do preceito contido no Art. 1º da Lei 8.009/90, o imóvel em que reside, sozinho, o devedor celibatário.

(EREsp 182.223/SP, Rel. Ministro SÁLVIO DE FIGUEIREDO TEIXEIRA, Rel. p/ Acórdão Ministro HUMBERTO GOMES DE BARROS, CORTE ESPECIAL, julgado em 06/02/2002, DJ 07/04/2003, p. 209).

expressivo é o dever jurídico e moral de prestar alimentos, conforme a regra estabelecida no artigo 1.694 do ordenamento jurídico civilístico. Da mesma forma o direito subjetivo de visitação (que não é absoluto) está ancorado na solidariedade familiar. Mais do que isso, é uma questão de humanidade que, em regra geral, trará benefícios ao próprio desenvolvimento da criança. Os pais e avós possuem um direito de visitar seus descendentes.

4.3 Afetividade e Amor

O afeto e o amor são responsáveis pelo amálgama familiar. No mundo atual, são estes os elementos constituidores dos modelos familiares. Ainda que não tipificado quer na Constituição da República, quer no Código Civil, é forçoso reconhecer o princípio do afeto e do amor nos relacionamentos familiares. É o ponto nodal nas relações intersubjetivas familiares. É, pois, um pressuposto aplicado ao âmbito familiar. Carinho, amor e afeto dão o tom nos relacionamentos na pós-modernidade. O afeto é, pois, um princípio implícito constitucional atrelado ao direito de família e desvelado da própria essência da dignidade da pessoa humana.

A concretude na aplicação do *princípio da afetividade* pode ser constata no reconhecimento da paternidade socioafetiva. A prevalência da paternidade socioafetiva em detrimento da paternidade biológica é relevante sob os pontos de vista econômico, jurídico e social.[4] Esta questão, inclusive, já foi julgada pelo Supremo Tribunal Federal, em sede de repercussão geral, tema 622, que diz "a paternidade socioafetiva, declarada ou não em registro público, não impede o reconhecimento do vínculo de filiação concomitante baseado na origem biológica, com os efeitos jurídicos próprios. (RE 898060)."

Vale destacar que JOÃO BAPTISTA VILLELA, em 1979, publicou um artigo científico denominado *Desbiologização da Paternidade*, na Separata da Revista da Faculdade de Direito da Universidade Federal de Minas Gerais. No resumo do artigo, o jurista ensina que "a paternidade em si mesma não é um fato da natureza, mas um fato cultural. Embora a coabitação sexual, de que possa resultar gravidez, seja fonte de responsabilidade civil, a paternidade, enquanto tal, só nasce de uma decisão espontânea. Tanto no registro histórico, como no tendencial, a paternidade reside antes no serviço e no amor que na procriação. As transformações mais recentes por que passou a família, deixando de ser unidade de caráter econômico, social e religioso para

4 Recurso extraordinário com agravo. Direito Civil. Ação de anulação de assento de nascimento. Investigação de paternidade. Imprescritibilidade. Retificação de registro. Paternidade biológica. Paternidade socioafetiva. Controvérsia gravitante em torno da prevalência da paternidade socioafetiva em detrimento da paternidade biológica. Art. 226, caput, da constituição federal. Plenário virtual. Repercussão geral reconhecida. (ARE 692186 RG, Relator(a): Min. LUIZ FUX, julgado em 29/11/2012, PROCESSO ELETRÔNICO DJe-034 DIVULG 20-02-2013 PUBLIC 21-02-2013)

se afirmar fundamentalmente como grupo de afetividade e companheirismo, imprimiram considerável reforço ao esvaziamento biológico da paternidade. Na adoção, pelo seu caráter afetivo, tem-se a prefigura da paternidade do futuro, que radica essencialmente a ideia de liberdade."[5]

Da mesma forma, GUILHERME CALMON NOGUEIRA DA GAMA explica que "a natureza jurídica da paternidade, da maternidade e da filiação nos dias atuais não decorre exclusivamente de informações biológicas ou genéticas, havendo exemplos claros, no Direito Comparado, em que se dá relevo a sentimentos nobres, como o amor, o desejo de construir uma relação afetuosa, carinhosa, reunindo as pessoas num grupo de companheirismo, lugar de afetividade para o fim de estabelecer relações de parentesco. A disciplina jurídica das relações de parentesco entre pai e filhos não atende, exclusivamente, quer valores biológicos, quer juízos sociológicos; é uma moldura a ser preenchida, não com meros conceitos jurídicos ou abstrações, mas com vida, na qual as pessoas espelham sentimentos."[6]

Ora, o homem não se move apenas pela Razão, mas também pela emoção e afetividade. Essa é, pois, uma das críticas que se faz ao paradigma da modernidade, especialmente, no que diz respeito à teoria do conhecimento. Esse dualismo sujeito-objeto; natureza-cultura, característico da modernidade, exclui qualquer outra forma de apreensão da complexidade do real.

Na pós-modernidade contata-se que o homem é um ser humano complexo e não poder ser analisado a partir do entrelaçamento entre o sujeito cognoscente e o objeto cognoscível. Ao enfrentarmos questões como afeto, amor, carinho, solidariedade, boa-fé, cuidado, verdade, probidade, dentre outras, não é possível apenas utilizarmos o conhecimento obtido mediante experimentação racional. É necessário utilizarmos a intuição e a sensibilidade. É um pensamento jurídico complexo, pois exige do julgador conhecimentos meta jurídicos para decidir o caso concreto decidindo com justiça. É, pois, necessário compreender e enfrentar as circunstâncias do caso concreto, especialmente, aqueles relacionados ao direito de família. É buscar no caso concreto a plenitude de seu significado, buscando a relação entre o homem e o mundo vivido. O fenômeno jurídico deve ser analisado a partir da coexistência com os demais institutos jurídicos. Isto significa dizer que o afeto não obstante a sua inexistência expressa no ordenamento jurídico, deve ser considerado um princípio constitucional na esfera familiar. É uma espécie de árvore escondida no bosque que não a vemos, uma árvore importante coexistindo com as demais que dá o real sentido do próprio bosque como bosque.

5 VILLELA, João Baptista. *Desbiologização da Paternidade*. In: Separata da Revista da Faculdade de Direito da Universidade Federal de Minas Gerais, n.21. Belo Horizonte: UFMG, 1979, p.401.

6 GAMA, Guilherme Calmon Nogueira da. *Princípios constitucionais de Direito de Família*: guarda compartilhada à luz da Lei nº 11.698/08. São Paulo: Atlas, 2010, p. 98.

Como dizia Heidegger, é a "coisalidade da coisa".

Por fim, ainda em relação ao afeto, Paulo Luiz Netto Lôbo ensina que "a realização pessoal da afetividade e da dignidade humana, no ambiente de convivência e solidariedade, é a função básica da família de nossa época. Suas antigas funções econômica, política religiosa e procracional feneceram, desapareceram, ou desempenham papel secundário. Até mesmo a função procracional, com a secularização crescente do direito de família e a primazia atribuída ao afeto, deixou de ser sua finalidade precípua."[7]

É na complexidade do mundo da vida é que se confirma à impossibilidade de ter certeza de tudo, de formular leis e de conceber uma ordem jurídica absoluta que contemple todas as situações complexas da pós-modernidade. É neste turbilhão de paradoxos, aporias, conflitos e antinomias que entra em cena o julgador sensato ao considerar o afeto como elemento concretizador dos relacionamentos familiares.

Verifica-se, pois, a necessidade de ultrapassamento do homem abstrato em direção ao homem na sua concretude. A teoria jurídica precisa ser revisitada com o intuito de destacarmos a dignidade da pessoa humana, a solidariedade, a igualdade material, o afeto, dentre outros princípios importantes no direito das famílias. O homem inserido no seio ambiente social deve ser considerado a partir de todas as suas especificidades.

GISELDA MARIA FERNANDES NOVAES HIRONAKA, no texto denominado "Sobre Peixes e Afetos: Um devaneio acerca da ética no direito de família", palestra proferida no V Congresso Brasileiro do Instituto Brasileiro de Direito de Família – IBDFAM, em 27 de outubro de 2006, diz que o afeto é "o denominador comum das relações familiares, em qualquer tempo do desenvolvimento delas, em tempo de paz ou em tempo de conflito, e também que ele seja o paradigma da dimensão ética no direito de família. Dito de outro modo: se a maior parte dos conflitos de família tem, como pano de fundo, as divergências relacionadas à aceitação do outro tal como ele é e deseja mesmo ser, como é possível a alguém (o advogado familiarista) atuar na esfera tão íntima de tais conflitos sem considerar tais idiossincrasias, sem observar que estas relações em conflito têm a marca diferenciada do afeto em sua base, característica completamente distinta das marcas que matizam outras relações humanas, consequentes no mundo jurídico? [...] O afeto, reafirme-se, está na base de constituição da relação familiar, seja ela uma relação de conjugalidade, seja de parentalidade. O afeto está também, certamente, na origem e na causa dos descaminhos desses relacionamentos. Bem por isso, o afeto deve permanecer presente, no trato dos conflitos, dos desenlaces, dos desamores, justamente porque ele perpassa e transpassa a serenidade e o conflito, os laços e os desenlaces; perpassa e transpassa, também, o amor e os desamores.

7 LÔBO, Paulo Luiz Netto. A repersonalização das relações de família. *Revista Brasileira de Direito de Família*. Porto Alegre: Síntese, IBDFAM, v. 6, n. 24, p. 155, jun./jul. 2004.

Porque o afeto tem um quê de respeito ancestral, tem um quê de pacificador temporal, tem um quê de dignidade essencial. Este é o afeto de que se fala. O afeto-ternura; o afeto-dignidade. Positivo ou negativo... O imorredouro afeto. O afeto está na construção, mas deve estar também na ruptura relacional, resguardando as pessoas para além daquela dose certamente incontrolável de sofrimento que não se pode impedir."[8]

Na Constituição da República, de acordo com Paulo Lôbo, o princípio da afetividade se desvela nos seguintes dispositivos:[9]

a) todos os filhos são iguais, independentemente de sua origem (art. 227, § 6º);
b) a adoção, como escolha afetiva, alçou-se integralmente ao plano da igualdade de direitos (art. 227, §§ 5º e 6º);
c) a comunidade formada por qualquer dos pais e seus descendentes, incluindo-se os adotivos, e a união estável têm a mesma dignidade de família constitucionalmente protegida (art. 226, §§ 3º e 4º);
d) o casal é livre para extinguir o casamento ou a união estável, sempre que a afetividade desapareça (art. 226, §§ 3º e 6º).

Ainda em relação ao *amor*, GABRIEL CHALITA afirma que: "é, sem sombra de dúvida, uma das palavras mais fascinantes em todos os idiomas, tanto na cultura ocidental quanto na cultura oriental. Até porque, independentemente da língua escolhida, os significados desse termo trazem em seu bojo um caráter vigoroso e múltiplo. O amor é um conceito diverso, repleto de contrastes, antíteses, paradoxos e peculiaridades que o tornam tão singular quanto complexo. Por isso defini-lo é muito mais do que uma simples demonstração de conhecimento linguístico, é antes de tudo uma empreitada desafiadora."[10]

Mais uma vez as lições de JOÃO BATISTA VILLELA são fundamentais: "não se pode teorizar sobre a família na sociedade contemporânea sem ter em conta as profundas transformações por que passou a instituição, a ponto de só guardar remota identidade com seus antecedentes históricos. A substituição, de um lado, da *grande família*, que compreendia a própria linha dos escravos, pela *família nuclear*, centrada na tríade *pai-mãe-filho*, operada nos séculos XIX e XX, mas sobretudo o aprofundamento afetivo no interior

8 HIRONAKA, Giselda Maria Fernandes Novaes. Sobre Peixes e Afetos: Um devaneio acerca da ética no direito de família. Disponível em: < http://www.ibdfam.org.br/_img/congressos/anais/18.pdf>. Acesso em: 15 nov. 2016.

9 Lôbo, Paulo Luiz Netto. *Entidades Familiares Constitucionalizadas*: Para Além do *Numerus Clausus*. Disponível em: <http://www.ibdfam.org.br/_img/congressos/anais/193.pdf>. Acesso em: 15 nov. 2016.

10 CHALITA, Gabriel. *Pedagogia do amor: a contribuição das histórias universais para a formação de valores das novas gerações*. São Paulo: Gente, 2003, p.19-20.

do grupo deram-lhe um novo rosto. De unidade proposta a fins econômicos, políticos, culturais e religiosos, a família passou a grupo de companheirismo e lugar de afetividade."[11]

Por fim, Rolf Madaleno diz que "o afeto é a mola propulsora dos laços familiares e das relações interpessoais movidas pelo sentimento e pelo amor, para ao fim e ao cabo dar sentido e dignidade à existência humana. A afetividade deve estar presente nos vínculos de filiação e de parentesco, variando tão-somente na sua intensidade e nas especificidades do caso concreto. Necessariamente os vínculos consanguíneos não se sobrepõem aos liames afetivos, podendo até ser afirmada a prevalência desses sobre aqueles."[12]

4.4 Boa-fé, Função Social e Probidade

É uma mudança de valores éticos, uma nova dimensionalidade ética que perpassa e adorna com novas cores as relações interprivadas, inclusive, aquelas provenientes do direito das famílias. Assim, as relações familiares também devem ser conformadas e temperadas pelos princípios da boa-fé, probidade, transparência, eticidade, etc.

De acordo com FRANCISCO AMARAL "as cláusulas gerais, por sua vez, como disposições normativas abertas, preceitos jurídicos vazios ou incompletos, podem compreender, por sua generalidade e abstração, grande número de casos, permitindo ao intérprete criar, com mais liberdade, as normas jurídicas adequadas aos casos concretos que enfrentem. Cláusulas gerais no novo Código Civil são as que dizem respeito à boa-fé, aos bons costumes, à ordem pública, à correção, à diligência do bom pai de família, ao abuso de direito, aos usos do comércio, à equidade. Princípios e cláusulas gerais fazem com que o Código Civil de 2002 se apresente como um sistema aberto, no sentido de uma ordem axiológica ou teleológica de princípios jurídicos gerais, o que lhe permite superar o formalismo do sistema de 1916 e promover significativa mudança no modelo metodológico de interpretação jurídica, uma verdadeira "principialização" do modelo interpretativo."[13]

Já a *função social da família* deve ser entendida como princípio que, informado pelos princípios constitucionais da dignidade da pessoa humana (art. 1o, III), da afetividade, da igualdade substancial (art. 3o, III) e da solidariedade social (art. 3o, I) impõe ao casal (e todos que compõe o núcleo fami-

11 VILLELA, João Baptista. *Liberdade e Família*. Belo Horizonte: Revista da Faculdade de Direito da Universidade Federal de Minas Gerais, n.2, maio 1980, p.11.

12 MADALENO, Rolf. *Curso de Direito de Família*. Rio de Janeiro: Forense, 2008, p.66

13 AMARAL, Francisco. O Código Civil Brasileiro e o Problema Metodológico de sua Realização. Do Paradigma da Aplicação ao Paradigma Judicativo-Decisório. Revista do Direito Privado da UEL – Volume 1 – Número 1 . Disponível em: < http://www.uel.br/revistas/direitoprivado/artigos/Codcivileoproblemadesuarealiza%C3%A7%C3%A3oFranciscoAmaral.pdf>. Acesso em: 05 out. 2016.

liar) o dever de perseguir, ao lado de seus interesses individuais, os interesses metaindividuais e comuns, relevantes ao grupo familiar no que diz respeito ao próprio desenvolvimento e proteção dos direitos da personalidade de cada um de seus membros. Daí é possível afirmar que a função social da família busca, precipuamente, a formação e a socialização dos seus membros na comunidade, bem como a proteção, segurança e dignificação de seus membros no seio familiar. Neste último caso, o dever de prestar alimentos pode ser considerado como um dos efeitos do princípio da função social da família, assim como as regras inerentes a guarda de filhos, direitos sucessórios, etc. A afetividade também está relacionada a função social da família, basta dizer, que em momentos de aflição e obstáculos é no seio familiar que você encontrará o maior e melhor abrigo. Neste caso, a função social da família vai além do afeto: na família encontramos assistência espiritual, psicológica, moral e material e de socialização de seus membros desde a tenra idade. Não podemos esquecer, ainda, que no berço familiar guardamos a nossa história e memória, seja ela fotográfica, auditivo ou sensitiva. Quem não lembra do cheiro e do sabor do bolo feito pela avó ou a lembrança de uma canção de dormir entoada por sua mãe. O álbum de figurinhas colecionadas junto com o genitor ou as primeiras pedaladas na bicicleta.

A *função social da família* é tão importante que a Constituição a considera a "base da sociedade".[14] A família é, pois, o *locus* privilegiado e instrumento de realização das potencialidades de seus membros, tutelando, especialmente, os membros vulneráveis, tais como as crianças, adolescente e idosos.

Neste sentido, "a transição da família como unidade econômica para uma compreensão igualitária, tendente a promover o desenvolvimento da personalidade de seus membros, reafirma uma nova feição, agora fundada no afeto. Seu novo balizamento evidencia um espaço privilegiado para que os seres humanos se complementem e se completem. Abandona-se, assim, uma visão institucionalizada, pela qual a família era, apenas, uma célula social fundamental, para que seja compreendida como *núcleo privilegiado para o desenvolvimento da personalidade humana*. [...] Outrossim, deixando a família de ser compreendida como núcleo econômico e reprodutivo (entidade de produção), avança-se para uma compreensão sócio-afetiva (como expressão de uma unidade de afeto e entre-ajuda), e surgem, naturalmente, novas representações sociais, novos arranjos familiares. Abandona-se o casamento como ponto referencial necessário, para buscar a proteção e o desenvolvimento da personalidade do homem. É a busca da dignidade humana, sobrepujando valores meramente patrimoniais."[15]

---

14 CRFB/88 – Art. 226 – A família, base da sociedade, tem especial proteção do Estado. [...] § 5º – Os direitos e deveres referentes à sociedade conjugal são exercidos igualmente pelo homem e pela mulher.

15 FARIAS, Cristiano Chaves de; ROSENVALD, Nelson. *Direito das Famílias*. Rio de Janeiro: 2008, p. 5.

Da mesma forma, as lições de GUILHERME CALMON NOGUEIRA DA GAMA, Professor Associado de Direito Civil da UERJ, publicadas na obra em homenagem aos *80 anos da Faculdade de Direito da UERJ*, pode-se conceituar a família "como uma formação social, lugar-comunidade tendente ao desenvolvimento de seus participantes em suas personalidades, de modo a exprimir uma função instrumental para a melhor realização de seus interesses afetivos e existenciais. De acordo com tal raciocínio, há a valorização da família enquanto instrumento de atendimento dos legítimos interesses de seus componentes e, não como uma instituição detentora de interesses próprios e distintos daqueles de seus membros. Esta noção de família se mostra democrática, identificando-se com uma pluralidade de formas familiares merecedoras de proteção jurídica, e não apenas aquela fundada no casamento, como no modelo tradicional de núcleo familiar."[16]

"A liberdade, a igualdade, a fraternidade, a solidariedade, a segurança, o trabalho, a saúde, a educação e, enfim, a própria felicidade humana e tantos outros valores que são objeto de direitos humanos fundamentais e operacionais, todos eles se ligam ao direito à família e se realizam mais efetivamente no lar. No entanto, o lar sem o afeto desmorona. Por isso, o direito ao afeto constitui o primeiro dos direitos humanos operacionais da família, seguido pelo direito ao lar, cuja essência é o afeto. O lar sem o afeto é uma mentira de lar. Mas, assegurado pelo afeto, o lar é o recinto basilar da família, que a congrega. Para ele a família converge. Nele a família convive. Daí, que nos seus vários aspectos – o físico, o social, o econômico e o psíquico – o direito ao lar se associa aos demais direitos humanos operacionais da família, os quais se escalonam em diversos graus de fundamentalidade."[17]

4.5 Igualdade entre os Filhos

O *princípio da igualdade entre os filhos* está previsto na Constituição da República no artigo 227, §6° que diz: "os filhos, havidos ou não da relação do casamento, ou por adoção, terão os mesmos direitos e qualificações, proibidas quaisquer designações discriminatórias relativas à filiação." No mesmo sentido o artigo 1.596 do Código Civil brasileiro informa que "os filhos, havidos ou não da relação de casamento, ou por adoção, terão os mesmos direitos e qualificações, proibidas quaisquer designações discriminatórias relativas à filiação."

16 GAMA, Guilherme Calmon Nogueira da. *Direito Civil Constitucional e relações de família*. In: MORAES, Carlos Eduardo Guerra de; RIBEIRO, Ricardo Lodi (Coord.); MONTEIRO FILHO, Carlos Edison ddo Rêgo; GUEDES, Gisela Sampaio da Cruz; MEIRELES, Rose Melo Vencelau. Coleção Direito UERJ 80 anos, Direito Civil. Vol. 2. Rio de Janeiro: Freitas Bastos, 2015, p. 406.

17 BARROS, Sérgio Resende de. *Direitos humanos e Direito de Família*. Disponível em: <http://www.srbarros.com.br/pt/direitos-humanos-e-direito-de-familia.cont>. Acesso em: 10 out. 2012.

Dessa maneira, a Constituição da República previu o tratamento igualitário entre os filhos de qualquer origem, protegendo, pois, a família ainda que não constituída pelo casamento.

Isto significa dizer que não há falar-se em filhos incestuosos e adulterinos (conforme redação do artigo 358 do Código Civil brasileiro de 1916).[18] A expressões filho espúrio ou filho bastardo devem ser excluídas do vocabulário jurídico. A igualdade entre os filhos deve ser *absoluta* e *plena*. Filho é filho, ainda que proveniente de filiação socioafetiva. Não deve haver qualquer tipo de diferenciação no tratamento dos filhos de origem biológica, adotiva ou socioafetiva. O amor e o afeto, na esfera familiar, sustentam as colunas da isonomia constitucional.

Neste sentido, Guilherme Calmon Nogueira da Gama ensina que "a natureza jurídica da paternidade, da maternidade e da filiação nos dias atuais não decorre exclusivamente de informações biológicas ou genéticas, havendo exemplos claros, no Direito Comparado, em que se dá relevo a sentimentos nobres, como o amor, o desejo de construir uma relação afetuosa, carinhosa, reunindo as pessoas num grupo de companheirismo, lugar de afetividade para o fim de estabelecer relações de parentesco. A disciplina jurídica das relações de parentesco entre pai e filhos não atende, exclusivamente, quer valores biológicos, quer juízos sociológicos; é uma moldura a ser preenchida, não com meros conceitos jurídicos ou abstrações, mas com vida, na qual as pessoas espelham sentimentos."[19]

4.6 Igualdade entre Cônjuges e Companheiros

O princípio da igualdade entre os cônjuges e companheiros está expresso no § 5º do artigo 226 da Constituição da República ao afirmar que "os direitos e deveres referentes à sociedade conjugal são exercidos igualmente pelo homem e pela mulher." Da mesma forma, o artigo 1.511 do Código Civil brasileiro dispõe que "O casamento estabelece comunhão plena de vida, com base na igualdade de direitos e deveres dos cônjuges."

A Declaração Universal dos Direitos Humanos (Assembleia Geral das Nações Unidas em 10 de dezembro de 1948), no artigo XVI, nº 1, diz que "homens e mulheres de maior idade, sem qualquer restrição de raça, nacionalidade ou religião, têm o direito de contrair matrimônio e fundar uma família. Gozam de iguais direitos em relação ao casamento, sua duração e sua dissolução. [...]."

Não obstante a norma jurídica expressar a isonomia entre os cônjuges e companheiros, o mundo vivido ainda é permeado de desigualdades entre o

18 CC-1916 – Art. 358. Os filhos incestuosos e os adulterinos não podem ser reconhecidos. (Revogado pela Lei nº 7.841, de 1989).

19 GAMA, Guilherme Calmon Nogueira da. *Princípios constitucionais de Direito de Família*: guarda compartilhada à luz da Lei nº 11.698/08. São Paulo: Atlas, 2010, p. 98.

homem e a mulher, especialmente, se vivenciada uma desigualdade econômica no ambiente familiar. A dominação econômica ainda é superior a afetiva. Em muitos lares o varão ainda é visto como único provedor e a mulher como "dona de casa". Mais do que uma mudança normativa é necessária uma mudança de postura.

Todavia, segundo o censo de 2010 do IBGE, na comparação entre 2000 e 2010, houve um crescimento de famílias tendo a mulher como responsável (de 22,2% para 37,3%), fato que ocorre, principalmente, pela emancipação e ingresso da mulher no mercado de trabalho.[20]

4.7 Reserva Familiar (Princípio da não intervenção ou da liberdade)

O artigo 1.513 do Código Civil brasileiro de 2002 determina que "é defeso a qualquer pessoa, de direito público ou privado, interferir na comunhão de vida instituída pela família." É, pois, o princípio da reserva familiar também chamado de princípio da não intervenção ou da liberdade familiar.[21] É um *locus* de não intervenção quer pelo Estado, quer por outros particulares. É uma espécie de autonomia privada no seio familiar. É a liberdade de construção da nossa própria família: liberdade de namorar, de noivar ou não, de casar, de juntar, de ter filhos, de planejar a família (artigo 1.565, §2º, CCB), ou seja, liberdade de guiarmos a nossa vida de acordo com as nossas próprias escolhas de amor e de afeto.

Da mesma maneira, a liberdade de aquisição e administração do patrimônio familiar (artigos 1.642 e 1.643 do Código Civil), a livre escolha do regime de bens (artigo 1.639 do Código Civil), a livre definição do modelo educacional, cultural e religioso, etc.

A ampliação da autonomia privada familiar representa uma maximização da vontade das partes e uma minimização da intervenção estatal. Melhor dizendo: é a intervenção mínima do Estado nas questões familiares. O artigo 1.513 do Código Civil brasileiro representa, pois, uma *cláusula geral de intervenção mínima do Estado no campo familiar*. A autonomia da vontade na esfera familiar ganha cada vez mais espaço. Aqui é possível citar como exemplos a permissão do divórcio independente de prazo e causa, a possibilidade de mudança de regime de bens do casamento pela vontade das partes,[22] dentre outros.

---

20 Disponível em: <http://vestibular.uol.com.br/resumo-das-disciplinas/atualidades/familia-sociedade-coloca-conceito-do-fenomeno-em-disputa.htm>. Acesso em: 07 jan. 2017.

21 De acordo com Fachin e Ruzyk, o Código Civil instituiu o paradigma da Reserva Familiar. Daí "torna-se defeso a qualquer pessoa, de direito público ou privado, interferir na comunhão de vida instituída pela família. Com isso, edifica-se aí um espaço de não intervenção, imune ao Estado e aos particulares." FACHIN, Luiz Edson; RUZYK, Carlos Eduardo Pianovski. *Código Civil comentado*, XV, São Paulo: Atlas, 2003, p. 22-38.

22 Código Civil, artigo 1639, § 2º - É admissível alteração do regime de bens, mediante autorização judicial em pedido motivado de ambos os cônjuges, apurada a procedência das razões invocadas e ressalvados os direitos de terceiros.

Esta é a tendência da mínima intervenção estatal nas relações familiares. Nesse sentido, vale lembrar o PLS nº 69/2016,[23] do senador Antônio Carlos Valadares (PSB-SE), prevendo a alteração do regime de bens do casamento por meio de requerimento assinado conjuntamente pelos cônjuges e dirigido ao tabelião de notas que, atendidos os requisitos legais, lavrará a escritura pública independentemente da motivação do pedido. A proposta exige que os requerentes sejam assistidos por advogado.

Por fim, vale lembrar que a Declaração Americana dos Direitos e Deveres do Homem, aprovada em Bogotá, no dia 2 de maio de 1948, em seu artigo 5°, garante que "toda pessoa tem direito à proteção da lei contra ataques abusivos a sua honra, a sua reputação e a sua vida particular e familiar".

A Declaração Universal dos Direitos Humanos, aprovada em Nova Iorque, no dia 10 de dezembro de 1948, pela ONU, no seu artigo 12, também, reconhece tais direitos: "Ninguém será sujeito a interferências na sua vida privada, na sua família, no seu lar ou na sua correspondência, nem a ataques à sua honra e reputação. Toda pessoa tem direito à proteção da lei contra tais interferências ou ataques".

A Constituição da República Federativa do Brasil de 1988 assegura, explicitamente, no seu inciso X, do artigo 5°, que são invioláveis a honra, a intimidade, a vida privada, e a imagem das pessoas, sendo assegurado o direito a indenização pelo dano material ou moral decorrente de sua violação.

4.8 Pluralismo Familiar

O princípio do pluralismo das entidades familiares é um desvelamento da liberdade familiar. O pluralismo familiar é, pois, a existência e o reconhecimento pelo Estado de várias possibilidades de arranjos e modelos de núcleos familiares.

4.9 Proteção Integral e Melhor Interesse da Criança

A origem do princípio do *melhor interesse da criança* teve origem no instituto inglês do *parens patriae* como prerrogativa do Rei em proteger aqueles que não poderiam fazê-lo em causa própria. Da mesma forma, a jurisprudência norte-americana em 1813, no caso *Commonwealth v. Addicks*, em que a Corte da Pensilvânia priorizou o interesse de uma criança em detrimento dos interesses de seus pais. A guarda da criança foi concedida à mãe adultera, uma vez que representava o melhor interesse da criança.

---

23 Ementa: Insere o art. 1.639-A na Lei nº 10.406, de 10 de janeiro de 2002 (Código Civil), revoga o § 2º do art. 1.639 do Código Civil e o art. 735 da Lei nº 13.146, de 6 de julho de 2015 (Código de Processo Civil) e modifica o título da Seção IV do Capítulo XV do Código de Processo Civil, para dispor sobre a alteração do regime de bens no casamento por meio de escritura pública perante o tabelião de notas.
Explicação da Ementa:
Altera o Código Civil e o Código de Processo Civil para permitir a alteração do regime de bens do casamento, mediante escritura pública, ressalvados os direitos de terceiros.

Ademais, é necessário destacar a *Convenção sobre os Direitos da Criança*. É um documento internacional que possui lastro nos direitos humanos e sustentam os princípios basilares da proteção integral e do melhor ou superior interesse da criança (ONU, Convenção sobre os Direitos da Criança, Preâmbulo e art. 3º).[24] [25]

---

24 Convenção sobre os Direitos da Criança. Preâmbulo

Os Estados Partes da presente Convenção,

Considerado que, de acordo com os princípios proclamados na Carta das Nações Unidas, a liberdade, a justiça e a paz no mundo se fundamentam no reconhecimento da dignidade inerente e dos direitos iguais e inalienáveis de todos os membros da família humana;

Tendo em conta que os povos das Nações Unidas reafirmaram na carta sua fé nos direitos fundamentais do homem e na dignidade e no valor da pessoa humana e que decidiram promover o progresso social e a elevação do nível de vida com mais liberdade;

Reconhecendo que as Nações Unidas proclamaram e acordaram na Declaração Universal dos Direitos Humanos e nos Pactos Internacionais de Direitos Humanos que toda pessoa possui todos os direitos e liberdades neles enunciados, sem distinção de qualquer natureza, seja de raça, cor, sexo, idioma, crença, opinião política ou de outra índole, origem nacional ou social, posição econômica, nascimento ou qualquer outra condição;

Recordando que na Declaração Universal dos Direitos Humanos as Nações Unidas proclamaram que a infância tem direito a cuidados e assistência especiais;

Convencidos de que a família, como grupo fundamental da sociedade e ambiente natural para o crescimento e bem-estar de todos os seus membros, e em particular das crianças, deve receber a proteção e assistência necessárias a fim de poder assumir plenamente suas responsabilidades dentro da comunidade;

Reconhecendo que a criança, para o pleno e harmonioso desenvolvimento de sua personalidade, deve crescer no seio da família, em um ambiente de felicidade, amor e compreensão;

Considerando que a criança deve estar plenamente preparada para uma vida independente na sociedade e deve ser educada de acordo com os ideais proclamados na Cartas das Nações Unidas, especialmente com espírito de paz, dignidade, tolerância, liberdade, igualdade e solidariedade;

Tendo em conta que a necessidade de proporcionar à criança uma proteção especial foi enunciada na Declaração de Genebra de 1924 sobre os Direitos da Criança e na Declaração dos Direitos da Criança adotada pela Assembleia Geral em 20 de novembro de 1959, e reconhecida na Declaração Universal dos Direitos Humanos, no Pacto Internacional de Direitos Civis e Políticos (em particular nos Artigos 23 e 24), no Pacto Internacional de Direitos Econômicos, Sociais e Culturais (em particular no Artigo 10) e nos estatutos e instrumentos pertinentes das Agências Especializadas e das organizações internacionais que se interessam pelo bem-estar da criança;

Tendo em conta que, conforme assinalado na Declaração dos Direitos da Criança, "a criança, em virtude de sua falta de maturidade física e mental, necessita proteção e cuidados especiais, inclusive a devida proteção legal, tanto antes quanto após seu nascimento";

Lembrado o estabelecido na Declaração sobre os Princípios Sociais e Jurídicos Relativos à Proteção e ao Bem-Estar das Crianças, especialmente com Referência à Adoção e à Colocação em Lares de Adoção, nos Planos Nacional e Internacional; as Regras Mínimas das Nações Unidas para a Administração da Justiça Juvenil (Regras de Pequim); e a Declaração sobre a Proteção da Mulher e da Criança em Situações de Emergência ou de Conflito Armado;

Reconhecendo que em todos os países do mundo existem crianças vivendo sob condições excepcionalmente difíceis e que essas crianças necessitam consideração especial;

Tomando em devida conta a importância das tradições e dos valores culturais de cada povo para a proteção e o desenvolvimento harmonioso da criança;

Reconhecendo a importância da cooperação internacional para a melhoria das condições de vida das crianças em todos os países, especialmente nos países em desenvolvimento;

25 Convenção sobre os Direitos da Criança. Artigo 3

Vale lembrar as *Regras de Beijing* (Resolução 40.33 da Assembleia Geral da ONU de 29 de novembro de 1985), que estabeleceram normas mínimas para a administração da Justiça da Infância e da Juventude.

No mesmo diapasão, o *caput* do artigo 227 da Constituição da República determina que "é dever da família, da sociedade e do Estado assegurar à criança, ao adolescente e ao jovem, com absoluta prioridade, o direito à vida, à saúde, à alimentação, à educação, ao lazer, à profissionalização, à cultura, à dignidade, ao respeito, à liberdade e à convivência familiar e comunitária, além de colocá-los a salvo de toda forma de negligência, discriminação, exploração, violência, crueldade e opressão.

Já o artigo 229 da Constituição da República dispõe que "os pais têm o dever de assistir, criar e educar os filhos menores, e os filhos maiores têm o dever de ajudar e amparar os pais na velhice, carência ou enfermidade."

Dessa maneira, é possível perceber que a Constituição da República reconhece a criança e o adolescente como sujeitos de direitos e merecedores de ampla proteção por parte da família, da sociedade e do Estado, com absoluta prioridade e de acordo com o princípio do melhor interesse da criança. O Estado possui o dever jurídico de assegurar por meio de lei e por outros meios os direitos fundamentais inerentes a criança e ao adolescente.

Por fim, vale lembrar que o artigo 227 da Constituição da República foi regulamento pela Lei nº 8.069/90 (Estatuto da Criança e do Adolescente). O artigo 3º desta lei diz que "a criança e o adolescente gozam de todos os direitos fundamentais inerentes à pessoa humana, sem prejuízo da proteção integral de que trata esta Lei, assegurando-se-lhes, por lei ou por outros meios, todas as oportunidades e facilidades, a fim de lhes facultar o desenvolvimento físico, mental, moral, espiritual e social, em condições de liberdade e de dignidade." E o parágrafo único do artigo 3º do Estatuto da Criança e Adolescente aforma que "os direitos enunciados nesta Lei aplicam-se a todas as crianças e adolescentes, sem discriminação de nascimento, situação familiar, idade, sexo, raça, etnia ou cor, religião ou crença, deficiência, condição pessoal de desenvolvimento e aprendizagem, condição econômica, ambiente social, região e local de moradia ou outra condição que diferencie as pessoas, as famílias ou a comunidade em que vivem."

---

1. Todas as ações relativas às crianças, levadas a efeito por instituições públicas ou privadas de bem estar social, tribunais, autoridades administrativas ou órgãos legislativos, devem considerar, primordialmente, o interesse maior da criança.
2. Os Estados Partes se comprometem a assegurar à criança a proteção e o cuidado que sejam necessários para seu bem-estar, levando em consideração os direitos e deveres de seus pais, tutores ou outras pessoas responsáveis por ela perante a lei e, com essa finalidade, tomarão todas as medidas legislativas e administrativas adequadas.
3. Os Estados Partes se certificarão de que as instituições, os serviços e os estabelecimentos encarregados do cuidado ou da proteção das crianças cumpram com os padrões estabelecidos pelas autoridades competentes, especialmente no que diz respeito à segurança e à saúde das crianças, ao número e à competência de seu pessoal e à existência de supervisão adequada.

Capítulo 5
CONCEPÇÃO DAS ENTIDADES FAMILIARES

"O que faz uma família é, sobretudo, o amor – não a mera afeição entre os indivíduos, mas o verdadeiro amor familiar, que estabelece relações de afeto, assistência e suporte recíprocos entre os integrantes do grupo. O que faz uma família é a comunhão, a existência de um projeto coletivo, permanente e duradouro de vida em comum. O que faz uma família é a identidade, a certeza de seus integrantes quanto à existência de um vínculo inquebrantável que os une e que os identifica uns perante os outros e cada um deles perante a sociedade. Presentes esses três requisitos, tem-se uma família, incidindo, com isso, a respectiva proteção constitucional"
(ADPF 132 e ADI 4.277, voto do Ministro Luiz Fux, p. 13-14.)

5.1 A Concepção de Família na Constituição

De acordo com o artigo 226 da Constituição da República a família pode ser constituída pelo *casamento* (artigo 226, §§ 1º e 2º), pela *união estável entre o homem e a mulher* como entidade familiar, devendo a lei facilitar sua conversão em casamento (artigo 226, § 3º) e pela *entidade familiar monoparental* formada por qualquer dos pais e seus descendentes (artigo 226, § 4º).

5.2 Outros Modelos Familiares

Ocorre que a família é um fenômeno social em mutação que se altera de acordo com os padrões, modelos e influências culturais de cada sociedade, variando no tempo e na história.

Como dito alhures, o amor e o afeto permeiam o conceito de família. Isto significa dizer que não existe um único conceito de família, senão um conceito aberto, em construção na sociedade, sofrendo influências religiosas, econômicas e socioculturais. A família é, pois, um lugar privilegiado onde a pessoa desenvolve a sua personalidade, por meio de laços afetivos. A família não pode ser vista somente como uma instituição sociocultural, senão por meio de um *caráter instrumental*, ou seja, é o caminho e o lugar em que a pessoa busca a sua felicidade (concepção eudeminista). Melhor dizendo: a família é o lugar de realização da afetividade humana. Dessa forma, na contemporaneidade, é possível perceber novos arranjos familiares permeados pelo afeto, dignidade, solidariedade e eticidade. Vejamos:

a) *Família matrimonial*, aquela decorrente do casamento (artigo 226, §§ 1º e 2º).
b) *Família informal*, decorrente da união estável entre um homem e uma mulher (artigo 226, § 3º).
c) *Família monoparental*, aquela formada por qualquer dos pais e seus descendentes (artigo 226, § 4º).
d) *Família anaparental*, não possuindo vínculo de ascendência ou descendência. De acordo com Sérgio Resende de Barros, "ainda excluído, deve ser incluído na proteção jurídica um tipo de família cada vez mais frequente nos meios sociais brasileiros, sobretudo nos grandes centros urbanos. São as famílias que não mais contam os pais, as quais por isso eu chamo famílias anaparentais, designação bastante apropriada, pois "ana" é prefixo de origem grega indicativo de "falta", "privação", como em "anarquia", termo que significa falta de governo."[1] Podemos citar como exemplo, duas amigas idosas que vivem juntas compartilhando, inclusive, suas aposentadorias.[2]

---

1 BARROS, Sérgio Resende de. Direitos Humanos e Direito de Família. Disponível em: <http://www.srbarros.com.br/pt/direitos-humanos-e-direito-de-familia.cont>. Acesso em: 10 out 2012.

2 Adoção Póstuma. Família Anaparental. Para as adoções *post mortem*, vigem, como comprovação da inequívoca vontade do de cujus em adotar, as mesmas regras que comprovam a filiação socioafetiva, quais sejam o tratamento do menor como se filho fosse e o conhecimento público dessa condição. Ademais, o § 6º do art. 42 do ECA (incluído pela Lei n. 12.010/2009) abriga a possibilidade de adoção póstuma na hipótese de óbito do adotante

e) *Família pluriparental*, aquela constituída pela convivência entre irmãos, bem como as comunhões afetivas estáveis existentes entre parentes colaterais.
f) *Família eudemonista*, baseada no afeto, com a finalidade de buscar a felicidade do homem.
g) *Família ou União Homoafetiva*, decorrente da união de pessoas do mesmo sexo.
h) *Família paralela, plúrima ou simultânea*; decorrente de uma união estável em paralelo com um casamento ou duas uniões estáveis em paralelo.
i) *"Família unipessoal"*, aquela composta por apenas uma pessoa; apesar do uso da expressão "família unipessoal" é necessário esclarecer que inexiste família monolítica, ou seja, família de uma só pessoa. O termo família é plural, não se concebendo que uma pessoa sozinha possa ser família de si mesmo. O que se pode entender é que as pessoas que moram sozinhas tenham a mesma proteção

no curso do respectivo procedimento, com a constatação de que ele manifestou, em vida, de forma inequívoca, seu desejo de adotar. In casu, segundo as instâncias ordinárias, verificou-se a ocorrência de inequívoca manifestação de vontade de adotar, por força de laço socioafetivo preexistente entre adotante e adotando, construído desde quando o infante (portador de necessidade especial) tinha quatro anos de idade. Consignou-se, ademais, que, na chamada família anaparental – sem a presença de um ascendente –, quando constatados os vínculos subjetivos que remetem à família, merece o reconhecimento e igual status daqueles grupos familiares descritos no art. 42, § 2º, do ECA. Esses elementos subjetivos são extraídos da existência de laços afetivos – de quaisquer gêneros –, da congruência de interesses, do compartilhamento de ideias e ideais, da solidariedade psicológica, social e financeira e de outros fatores que, somados, demonstram o animus de viver como família e dão condições para se associar ao grupo assim construído a estabilidade reclamada pelo texto da lei. Dessa forma, os fins colimados pela norma são a existência de núcleo familiar estável e a consequente rede de proteção social que pode gerar para o adotando. Nesse tocante, o que informa e define um núcleo familiar estável são os elementos subjetivos, que podem ou não existir, independentemente do estado civil das partes. Sob esse prisma, ressaltou-se que o conceito de núcleo familiar estável não pode ficar restrito às fórmulas clássicas de família, mas pode – e deve – ser ampliado para abarcar a noção plena apreendida nas suas bases sociológicas. Na espécie, embora os adotantes fossem dois irmãos de sexos opostos, o fim expressamente assentado pelo texto legal – colocação do adotando em família estável – foi plenamente cumprido, pois os irmãos, que viveram sob o mesmo teto até o óbito de um deles, agiam como família que eram, tanto entre si como para o infante, e naquele grupo familiar o adotando se deparou com relações de afeto, construiu – nos limites de suas possibilidades – seus valores sociais, teve amparo nas horas de necessidade físicas e emocionais, encontrando naqueles que o adotaram a referência necessária para crescer, desenvolver-se e inserir-se no grupo social de que hoje faz parte. Dessarte, enfatizou-se que, se a lei tem como linha motivadora o princípio do melhor interesse do adotando, nada mais justo que a sua interpretação também se revista desse viés. REsp 1.217.415-RS, Rel. Min. Nancy Andrighi, julgado em 19/6/2012.

estatal que as entidades familiares.[3]

j) *Família* ou União *poliamorosa ou poliafetiva*, aquela na qual três ou mais pessoas relacionam-se de maneira simultânea.[4] [5]

---

3 O STJ já conferiu a família unipessoal à proteção do bem de família (Súmula 364: *O conceito de impenhorabilidade de bem de família abrange também o imóvel pertencente a pessoas solteiras, separadas e viúvas*).

4 Em 1º de abril de 2016, o funcionário público Leandro Jonattan da Silva Sampaio, de 33 anos, se uniu oficialmente a duas mulheres, no 15º Ofício de Notas, na Barra da Tijuca, na Zona Oeste do Rio de Janeiro. Trata-se da primeira união estável poliafetiva entre um homem e duas mulheres registrada no estado.

A tabeliã Fernanda de Freitas Leitão, do 15º Ofício de Notas, é a responsável pelo registro de duas escrituras desse tipo. A primeira, uma união entre três mulheres, em outubro de 2015, e a de Leandro, Thaís e Yasmin.

"A repercussão foi imensa, jornais, TVs e mídias impressas realizaram matérias e divulgaram amplamente o assunto na internet. No âmbito pessoal, tivemos o apoio praticamente de todos os nossos amigos. Quanto aos parentes, tiveram certa resistência no início, mas agora começam a aceitar melhor. As piadinhas dos amigos são inevitáveis. Embora o assunto seja sério, não podemos descartar o bom humor do povo brasileiro e entender que mesmo dessa forma peculiar e extrovertida, o principal objetivo está sendo alcançado, que é o estímulo ao debate com relação a esse tema", conta Leandro.

Tamanha repercussão gerou manifestação por parte da Corregedoria Geral da Justiça do Tribunal de Justiça do Estado do Rio de Janeiro (CGJ/RJ) que, no dia 8 de abril, emitiu nota de esclarecimento sobre Escritura Declaratória de União Poliafetiva.

A nota diz que a escritura "não tem o condão de criar direitos, uma vez que a união poliafetiva não é reconhecida no ordenamento jurídico", que "os efeitos de uma escritura declaratória de união poliafetiva não são equiparados aos efeitos do registro de casamento ou da escritura de união estável". E ainda que "os demais cartórios com atribuição notarial no estado não estão obrigados à confecção de escrituras semelhantes, uma vez que a união poliafetiva não é respaldada por lei". Disponível em: < http://www.ibdfam.org.br/noticias/5970/Uni%C3%A3o+poliafetiva%3A+escritura+%C3%A9+necess%C3%A1ria%3F>. Acesso em: 07 jan. 2017.

5 "Segundo o advogado Marcos Alves da Silva, membro do Instituto Brasileiro de Direito de Família (IBDFAM), nenhum notário ou tabelião, no Brasil, poderia se recusar a fazer Escritura Pública de Contrato de União Estável entre mais de duas pessoas".

A razão é simples, afirma o advogado. A existência de contrato estabelecido entre os companheiros não é requisito para configuração de união estável. "O contrato constitui mera faculdade estabelecida pela lei, para que, por meio dele, os companheiros possam definir os efeitos patrimoniais da união entre eles estabelecida, conforme dispõe o artigo 1.725 do Código Civil.

Ele explica que o contrato pode ser celebrado por escritura pública ou por instrumento particular e que ambos têm o mesmo valor jurídico. "A escritura pública tem apenas a vantagem da certeza, da autenticidade, isto é, da fé pública", afirma. "Não é o contrato que constitui a união estável", ressalta.

O advogado garante que qualquer pessoa pode comparecer a um cartório e solicitar que uma declaração sua seja reduzida a termo, por Escritura Pública. "O notário não pode negar-se a prestar esse serviço", diz. No entanto, explica Marcos Alves, os efeitos jurídicos dessa declaração irão depender do entendimento do Poder Judiciário quando for provocado.

Reconhecimento

k) *Família estilo "friends"*, sem sexo livre ou drogas, amigos dividem o mesmo lar.[6]

l) *Família mosaico, reconstituída* ou *recomposta*, é aquela formada por uma pessoa com filhos e se une a outra pessoa que possui filhos e juntos concebem novos filhos. É aquela conhecida como "os meus, os seus, os nossos".

De acordo com os dados do Censo de 2010 do IBGE, "a sociedade brasi-

---

"O problema é não ver, não reconhecer, isto é, negar o *status* jurídico de família a esse tipo de união", afirma o advogado Marcos Alves.

Para ele, não existem razões para se negar o reconhecimento jurídico a uma família ou conjugalidade. "Presentes os requisitos da afetividade, publicidade, continuidade, durabilidade e a intenção de constituição de família, não importa a estrutura que tome a família", diz.

A forma como uma família vai se constituir não é questão que diz respeito ao Estado, afirma Marcos Alves. O Estado só tem legitimidade para interferir no âmbito da família para assegurar a liberdade e o respeito àqueles que integram o núcleo familiar, especialmente os que se encontram em situação de vulnerabilidade, como as crianças e os idosos. "Fora dessas circunstâncias, deve prevalecer o que dispõe o próprio Código Civil – que é retrógrado em muitos aspectos, mas, neste ponto, é de grande valor: 'É defeso a qualquer pessoa, de direito público ou privado, interferir na comunhão de vida instituída pela família' (CC, art. 1.513)".

Neste sentido, segundo ele, a doutrina e a jurisprudência têm apontado na direção da "maximização" da liberdade. "Se no campo das titularidades, das relações contratuais ou das relações de consumo a intervenção reguladora do Estado se faz cada vez mais presente e necessária, nas situações subjetivas existenciais tem prevalecido o entendimento da expansão da liberdade e da autodeterminação das pessoas", destaca.

O advogado acredita que há, no Judiciário brasileiro, resistência ao reconhecimento de famílias estranhas ao protótipo estabelecido pelo casamento. "Note-se que a própria concepção jurídica da família formada da união estável constitui um arremedo de casamento", diz. Isso porque "o casamento ainda persiste no imaginário e no senso comum dos juristas como o grande e único protótipo de família". Para ele, quanto mais o arranjo familiar se distanciar do modelo, maior dificuldade encontrará para ser abarcado e reconhecido como família merecedora de tutela jurídica.

No entanto, ele reconhece os avanços do Judiciário com as questões de família. "Se estivéssemos a depender exclusivamente do Legislativo, até hoje as uniões homoafetivas não teriam sido reconhecidas como entidade familiar; muito menos chegaríamos ao casamento entre pessoas do mesmo sexo, como atualmente ocorre".

O advogado destaca a necessidade de uma construção "autóctone" de união estável, desapegada do modelo do casamento. "É uma pena que a legislação, a doutrina e a jurisprudência não tenham ainda atentado para essa necessidade premente. O Direito tem o seu próprio tempo. Sopesar, agir com prudência, com parcimônia, é próprio dos Tribunais. A doutrina, isto é, a construção teórica do Direito, porém, deve lançar luzes sobre os novos caminhos a serem percorridos. Deve ser vanguardista sem, contudo, ingressar na exaltação da novidade pela mera novidade. Repito: a nova racionalidade instaurada pela Constituição Federal de 1988 em relação à compreensão da família ainda está a produzir reverberações. O novo paradigma abre enorme leque de possibilidades para responder às demandas contemporâneas", reflete." Disponível em: < http://ibdfam.org.br/noticias/5961/Rio+de+Janeiro+registra+mais+uma+uni%C3%A3o+poliafetiva>. Acesso em: 07 jan. 2017.

6 Disponível em: <http://revistaepoca.globo.com/Revista/Epoca/0,,EDR61952-6014,00.html> Acesso em: 07 jan 2017.

leira está se organizando de forma muito parecida com a europeia e a americana. Basta ver como aumentou o número de pessoas que vivem sozinhas, os registros civis de casamentos homoafetivos, os divórcios, as mulheres chefes de família, além da queda intensa na fecundidade, fenômeno observado em todas as regiões brasileiras, independentemente de raça ou nível econômico. É o novo retrato do País."[7] Vejamos as figuras abaixo.[8]

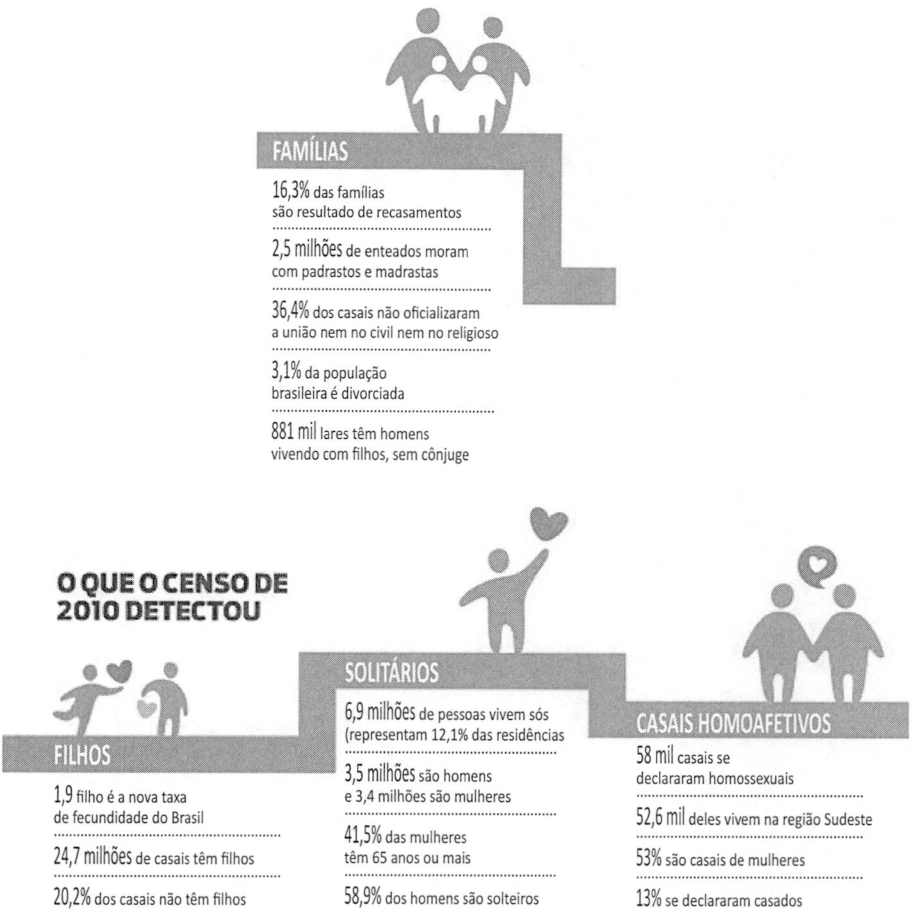

Verifica-se, pois, que novas combinações familiares passaram a se constituir, tais como casais homoafetivos e famílias unipessoais. O nosso desafio é, pois, reconhecer a legitimidade destes novos arranjos familiares plurais. No século XXI a ideia de família ultrapassa as fronteiras do casamento, da

7 MENEZES, Tamara. *O Retrato da Nova Família*. Disponível em: <http://istoe.com.br/247220_O+RETRATO+DA+NOVA+FAMILIA/> Acesso em: 07 jan. 2017.

8 Ibid.

heterossexualidade e da procriação. É uma ruptura necessária com vistas ao reconhecimento das diferenças e diversidade dos novos modelos de vida.

Quadro Síntese do Direito de Família.[9]

Família no Código Civil de 1916	Família na CRFB/88 e no Código Civil de 2002
Matrimonializada	Pluralizada
Patriarcal	Democrática
Hierarquizada	Igualitária substancialmente
Heteroparental	Hetero ou homoparental
Biológica	Biológica ou socioafetiva
Unidade de produção e reprodução	Unidade socioafetiva
Caráter institucional	Caráter instrumental

Em síntese, no Brasil, é possível apresentar a evolução do direito de família em três fases, a saber:

a) Direito de família religioso (1500-1889)
b) Direito de família laico (1889-1988)
c) Direito de família democrático, instrumental, afetivo, igualitário e solidário (a partir da Constituição da República de 1988).

9 FARIAS, Cristiano Chaves de; ROSENVALD, Nelson. *Direito das Famílias*. Rio de Janeiro: 2008, p. 11.

Capítulo 6

CASAMENTO

6.1 Conceito

O *casamento* é a união entre duas pessoas, a partir do afeto, com o propósito de constituição de uma família. É, pois, um ato jurídico solene, público e complexo, reconhecido e regulamentado pelo Estado, estabelecendo comunhão plena de vida, com base na igualdade de direitos e deveres dos cônjuges.

O artigo 1.514 do Código Civil dispõe que "o casamento se realiza no momento em que o homem e a mulher manifestam, perante o juiz, a sua vontade de estabelecer vínculo conjugal, e o juiz os declara casados."

Não obstante o direito substantivo deixar claro que o casamento é um vínculo jurídico entre o homem e a mulher, a doutrina e jurisprudência pátria já reconhecessem o casamento de pessoas do mesmo sexo. [1] Aqui, vale

---

1 CASAMENTO. PESSOAS. IGUALDADE. SEXO. *In casu*, duas mulheres alegavam que mantinham relacionamento estável há três anos e requereram habilitação para o casamento junto a dois cartórios de registro civil, mas o pedido foi negado pelos respectivos titulares. Posteriormente ajuizaram pleito de habilitação para o casamento perante a vara de registros públicos e de ações especiais sob o argumento de que não haveria, no ordenamento jurídico pátrio, óbice para o casamento de pessoas do mesmo sexo. Foi-lhes negado o pedido nas instâncias ordinárias. O Min. Relator aduziu que, nos dias de hoje, diferentemente das constituições pretéritas, a concepção constitucional do casamento deve ser plural, porque plurais são as famílias; ademais, não é o casamento o destinatário final da proteção do Estado, mas apenas o intermediário de um propósito maior, qual seja, a proteção da pessoa humana em sua dignidade. Assim sendo, as famílias formadas por pessoas homoafetivas não são menos dignas de proteção do Estado se comparadas com aquelas apoiadas na tradição e formadas por casais heteroafetivos. O que se deve levar em consideração é como aquele arranjo familiar deve ser levado em conta e, evidentemente, o vínculo que mais segurança jurídica confere às famílias é o casamento civil. Assim, se é o casamento civil a forma pela qual o Estado melhor protege a família e se são múltiplos os arranjos familiares reconhecidos pela CF/1988, não será negada essa via a nenhuma família que por ela optar, independentemente de orientação sexual dos nubentes, uma vez que as famílias constituídas por pares homoafetivos possuem os mesmos núcleos axiológicos daquelas constituídas por casais heteroafetivos, quais sejam, a dignidade das pessoas e o afeto. Por consequência, o mesmo raciocínio utilizado tanto pelo STJ quanto pelo STF para conceder aos pares homoafetivos os direitos decorrentes da união estável deve ser utilizado para lhes proporcionar a via do casamento civil, ademais porque a CF determina a facilitação da conversão da união estável em casamento (art. 226, § 3º). Logo, ao prosseguir o julgamento, a Turma, por maioria,

lembrar o Enunciado 601 da VII Jornada de Direito Civil do Conselho da Justiça Federal, em 2015, que diz: "é existente e válido o casamento de pessoas do mesmo sexo."

6.2 Natureza Jurídica do Casamento

Na antiguidade, o casamento possui um viés político-social, isto porque os clãs ou tribos espelhavam o casamento como forma de convivência harmônica entre si, formando uma comunidade política comandada pelo patriarca.

Na Babilônia, na Grécia e no Egito, o casamento era considerado um contrato entre as famílias do cônjuge varão e da mulher. Ocorria um pagamento de uma quantia para formar o vínculo denominada de promessa de matrimônio.

O Estado romano muito contribui para a formação dos conceitos clássicos do casamento, tais como o *Digesto* (período clássico atribuído a Modestino) e as *Institutas*. Aquele se referia a união do homem com a mulher por toda a vida, unido o divino ao humano; esta destaca a união do casamento como uma comunhão indivisível por toda a vida. O matrimônio romano é, pois, um *fato social*.

Com a Igreja Católica, o casamento é adornado por questões religiosas. O casamento é visto como um ato sacramental. Jesus enfatizou a indissolubilidade do matrimônio. Defendeu o ideal de Deus conforme instituído no jardim do Éden. Isto pode ser indicado pelo contexto em que se encontra o relato de Mateus 19:1-12.

O casamento está positivado no Código Canônico da seguinte forma: "Cân. 1055, § 1. O pacto matrimonial, pelo qual o homem e a mulher constituem entre si o consórcio íntimo de toda a vida, ordenado por sua índole natural ao bem dos cônjuges e à procriação e educação da prole, entre os baptizados foi elevado por Cristo Nosso Senhor à dignidade de sacramento."

Já o cânone 1.057 e §2º do Código Canônico diz que "Cân. 1057 — Origina o matrimónio o consentimento entre pessoas hábeis por direito, legitimamente manifestado, o qual não pode ser suprido por nenhum poder humano.

§ 2. O consentimento matrimonial é o acto da vontade pelo qual o homem e a mulher, por pacto irrevogável, se entregam e recebem mutuamente, a fim de constituírem o matrimónio."

Verifica-se, pois, que o casamento estaria consumado somente após o ato copular e o divórcio configurar-se-ia um pecado.

---

deu provimento ao recurso para afastar o óbice relativo à igualdade de sexos e determinou o prosseguimento do processo de habilitação do casamento, salvo se, por outro motivo, as recorrentes estiverem impedidas de contrair matrimônio. REsp 1.183.378-RS, Rel. Min. Luis Felipe Salomão, julgamento em 25/10/2011.

Com o advento do Estado laico, o casamento ganha contornos normativos, perdendo cada vez mais sua força religiosa. No Brasil, o Decreto n. 181, de 24 de janeiro de 1890 conferiu efeitos jurídicos ao casamento e a Constituição Federal de 1891 tornou obrigatório o matrimônio civil.

Neste sentido, qual seria a natureza jurídica do casamento? A natureza jurídica do casamento é controvertida. As três principais correntes são:

a) Natureza *contratual*, o casamento seria um contrato especial com regras próprias.
b) Natureza *institucional*, aqui o casamento é considerado uma instituição social.
c) Natureza *mista* ou *eclética*, o casamento seria um contrato especial quanto à sua formação e uma instituição quanto ao seu conteúdo.

Maria Berenice Dias ensina que "muitos consideram o casamento um contrato *sui generis*, isto é, um contrato diferente, com características especiais, ao qual não se aplicam as disposições legais dos negócios patrimoniais. Daí afirmar-se que o casamento-ato é uma instituição. De qualquer modo, é descabido tentar identificar o casamento com institutos que tenham por finalidade exclusivamente questões de ordem obrigacional. Os pressupostos dos contratos de direito privado não são suficientes para explicar a sua natureza. O casamento é um negócio jurídico bilateral que não está afeito à teoria dos atos jurídicos. É regido pelo direito de família. Assim, talvez a ideia de negócio de direito de família seja a expressão que melhor sirva para diferenciar o casamento dos demais negócios de direito privado. Ainda que o casamento não faça surgir apenas direitos e obrigações de caráter patrimonial ou econômico, não se pode negar que decorre de um acordo de vontade. É uma convenção individual, devido ao seu caráter de consenso espontâneo e aos pressupostos exigidos para que as pessoas o possa contrair. Inquestionavelmente, é o envolvimento afetivo que gera o desejo de constituir uma família: lugar idealizado onde é possível integrar sentimentos, esperanças e valores, permitindo, a cada um, se sentir a caminho da realização de seu projeto pessoal de felicidade"[2]

Talvez a melhor corrente seja aquela que trata a natureza jurídica do casamento como um contrato especial quanto à sua formação e uma instituição quanto ao seu conteúdo. É a corrente mista ou eclética. Ademais como justificar a aplicação do princípio da boa-fé objetiva no casamento? E quanto a responsabilidade civil pela quebra da promessa de casamento futuro? Neste caso, estaríamos diante de uma responsabilidade civil pré-negocial relacionada ao casamento.

---

2 DIAS, Maria Berenice. *Manual de Direito das Famílias*. Porto Alegre: Livraria do Advogado, 2005, p.145.

6.3 Gratuidade do Casamento

A gratuidade do casamento civil está assegurada pelo artigo 226, § 1°, da Constituição da República. De qualquer forma, o Código Civil brasileiro de 2002, em seu artigo 1.512 tratou do assunto: Art. 1.512. O casamento é civil e gratuita a sua celebração. (Sem correspondência ao CCB de 1916). Parágrafo único. A habilitação para o casamento, o registro e a primeira certidão serão isentos de selos, emolumentos e custas, para as pessoas cuja pobreza for declarada, sob as penas da lei. (Sem correspondência ao CCB de 1916).

6.4 Casamento religioso com efeito civil

A Constituição da República de 1988, em seu artigo 226, § 2°, proclamou ter o casamento religioso efeito civil nos termos da lei. Neste sentido, o artigo 1.515 do Código Civil estabelece que "o casamento religioso, que atender às exigências da lei para a validade do casamento civil, equipara-se a este, desde que registrado no registro próprio, produzindo efeitos a partir da data de sua celebração."[3]

O registro do casamento religioso submete-se aos mesmos requisitos exigidos para o casamento civil. (CC, artigo 1.516).

O registro civil do casamento religioso deverá ser promovido dentro de

---

3 Jurisprudências:

• REGISTRO CIVIL. SUPRIMENTO JUDICIAL DE CASAMENTO CIVIL. CASAMENTO RELIGIOSO REALIZADO EM 1893. POSSIBILIDADE. BISNETA QUE VISA A OBTENÇÃO DE CIDADANIA ITALIANA. 1. Diante do disposto no art. 226, § 2°, da Constituição Federal e no art. 1.515 do Código Civil, é atribuído ao casamento religioso o efeito civil, desde que atendidas as exigências da lei para validade do casamento civil. 2. É de ser reconhecida a possibilidade de suprimento do registro civil de casamento dos bisavós quando demonstrada a vontade das partes à época, em 1893, e resta inequívoca a formação de uma família com prole, não se podendo perder de vista que o casamento civil no Brasil somente foi instituído através do Decreto n° 181, de 1890. Recurso desprovido. (Apelação Cível N° 70038722575, Sétima Câmara Cível, Tribunal de Justiça do RS, Relator: Sérgio Fernando de Vasconcellos Chaves, Julgado em 23/03/2011).

• APELAÇÃO CÍVEL. REGISTRO CIVIL DAS PESSOAS NATURAIS. SUPRIMENTO JUDICIAL DE CASAMENTO CIVIL. CASAMENTO RELIGIOSO REALIZADO EM 1906. REQUISITO PARA A OBTENÇÃO DE CIDADANIA ITALIANA PELA NETA. COMPROVADA A COMUNHÃO DE VIDA E A FORMAÇÃO DE PROLE. POSSIBILIDADE. A Constituição Federal de 1988, em seu artigo 226, §2°, confere ao casamento religioso efeito civil, nos termos da lei. Também o Código Civil Brasileiro, em seu artigo 1515 atribui ao casamento religioso, atendidas as exigências da lei para validade do casamento civil, a equiparação a este, conquanto seja registrado no registro próprio, produzindo efeitos a partir da data de sua celebração. Na espécie, comprovada a existência da cerimônia religiosa e a formação de prole, não há como deixar de reconhecer a vontade das partes de contraírem matrimônio. Demonstrado o interesse da autora em suprir judicialmente o registro civil de casamento de seus avós, para fins de obtenção de cidadania italiana e não demonstrado qualquer prejuízo a terceiros, já que falecidos os nubentes há vários anos, imperioso acolher a pretensão da autora. Recurso provido. (Apelação Cível N° 70027429802, Sétima Câmara Cível, Tribunal de Justiça do RS, Relator: Ricardo Raupp Ruschel, Julgado em 27/05/2009).

noventa dias de sua realização, mediante comunicação do celebrante ao ofício competente, ou por iniciativa de qualquer interessado, desde que haja sido homologada previamente a habilitação regulada pelo Código Civil. Após o referido prazo, o registro dependerá de nova habilitação. (CC, artigo 1.516, § 1º).

O casamento religioso, celebrado sem as formalidades exigidas pelo Código Civil, terá efeitos civis se, a requerimento do casal, for registrado, a qualquer tempo, no registro civil, mediante prévia habilitação perante a autoridade competente e observado o prazo do art. 1.532. (CC, artigo 1.516, § 2º).

Será nulo o registro civil do casamento religioso se, antes dele, qualquer dos consorciados houver contraído com outrem casamento civil. (CC, artigo 1.516, § 3º).[4]

6.5 Capacidade para o Casamento

Inicialmente, é necessário destacar que a *capacidade para o casamento* não se confunde com os *impedimentos matrimoniais*. Se faltar a capacidade para o casamento, a pessoa não pode casar com ninguém; já os impedimentos matrimoniais proíbem o casamento de certas pessoas em situações específicas. Melhor dizendo: os impedimentos são causas que obstaculizam a realização do casamento. O impedimento não se confunde com incapacidade, já que o impedimento está relacionado com a falta de legitimação. O elenco dos

---

4 LRP – Do Registro do Casamento Religioso para Efeitos Civis. Arts. 71 a 75

- LRP – Art. 71. Os nubentes habilitados para o casamento poderão pedir ao oficial que lhes forneça a respectiva certidão, para se casarem perante autoridade ou ministro religioso, nela mencionando o prazo legal de validade da habilitação.
- LRP – Art. 72. O termo ou assento do casamento religioso, subscrito pela autoridade ou ministro que o celebrar, pelos nubentes e por duas testemunhas, conterá os requisitos do artigo 71, exceto o 5°.
- LRP – Art. 73. No prazo de trinta dias a contar da realização, o celebrante ou qualquer interessado poderá, apresentando o assento ou termo do casamento religioso, requerer-lhe o registro ao oficial do cartório que expediu a certidão. § 1º O assento ou termo conterá a data da celebração, o lugar, o culto religioso, o nome do celebrante, sua qualidade, o cartório que expediu a habilitação, sua data, os nomes, profissões, residências, nacionalidades das testemunhas que o assinarem e os nomes dos contraentes. § 2º Anotada a entrada do requerimento o oficial fará o registro no prazo de 24 (vinte e quatro) horas. § 3º A autoridade ou ministro celebrante arquivará a certidão de habilitação que lhe foi apresentada, devendo, nela, anotar a data da celebração do casamento.
- LRP – Art. 74. O casamento religioso, celebrado sem a prévia habilitação, perante o oficial de registro público, poderá ser registrado desde que apresentados pelos nubentes, com o requerimento de registro, a prova do ato religioso e os documentos exigidos pelo Código Civil, suprindo eles eventual falta de requisitos nos termos da celebração. Parágrafo único. Processada a habilitação com a publicação dos editais e certificada a inexistência de impedimentos, o oficial fará o registro do casamento religioso, de acordo com a prova do ato e os dados constantes do processo, observado o disposto no artigo 70.
- LRP – Art. 75. O registro produzirá efeitos jurídicos a contar da celebração do casamento.

impedimentos é *numerus clausus*, ou seja, existem apenas aqueles definidos em lei.

O artigo 1.517 do Código Civil diz que "o homem e a mulher com dezesseis anos podem casar, exigindo-se autorização de ambos os pais, ou de seus representantes legais, enquanto não atingida a maioridade civil."[5] [6] Esta regra se alinha com a redação do artigo 3° do Código Civil em que somente são considerados absolutamente incapazes os menores de 16 anos.

Aqui vale um alerta: o casamento regulado pela Constituição da República, no artigo 226, § 5° e artigos 1.514 e 1.517 do Código Civil, brasileiro é um vínculo que une *um homem e uma mulher*, em relação monogâmica mútua e plena comunhão de vida (artigo 1.511 do CC). Ocorre que com o julgamento da ADPF 132 e da ADI 4.277, em maio de 2011, o Supremo Tribunal Federal reconheceu a união homoafetiva como entidade familiar, com a mesma proteção da união estável do artigo 1.723 do Código Civil brasileiro.[7] Ora, neste

---

5 CC – Artigo 1.517, Parágrafo único. Se houver divergência entre os pais, aplica-se o disposto no parágrafo único do art. 1.631.

6 Conselho da Justiça Federal – V Jornada de Direito Civil

- CJF – Enunciado 512 – Art. 1.517. O art. 1.517 do Código Civil, que exige autorização dos pais ou responsáveis para casamento, enquanto não atingida a maioridade civil, não se aplica ao emancipado.

7 "Os ministros do Supremo Tribunal Federal (STF), ao julgarem a Ação Direta de Inconstitucionalidade (ADI) 4277 e a Arguição de Descumprimento de Preceito Fundamental (ADPF) 132, reconheceram a união estável para casais do mesmo sexo. As ações foram ajuizadas na Corte, respectivamente, pela Procuradoria-Geral da República e pelo governador do Rio de Janeiro, Sérgio Cabral.

[...] O ministro Ayres Britto, votou no sentido de dar interpretação conforme a Constituição Federal para excluir qualquer significado do artigo 1.723 do Código Civil que impeça o reconhecimento da união entre pessoas do mesmo sexo como entidade familiar.

O ministro Ayres Britto argumentou que o artigo 3°, inciso IV, da CF veda qualquer discriminação em virtude de sexo, raça, cor e que, nesse sentido, ninguém pode ser diminuído ou discriminado em função de sua preferência sexual. "O sexo das pessoas, salvo disposição contrária, não se presta para desigualação jurídica", observou o ministro, para concluir que qualquer depreciação da união estável homoafetiva colide, portanto, com o inciso IV do artigo 3° da CF.

Os ministros Luiz Fux, Ricardo Lewandowski, Joaquim Barbosa, Gilmar Mendes, Marco Aurélio, Celso de Mello e Cezar Peluso, bem como as ministras Cármen Lúcia Antunes Rocha e Ellen Gracie, acompanharam o entendimento do ministro Ayres Britto, pela procedência das ações e com efeito vinculante, no sentido de dar interpretação conforme a Constituição Federal para excluir qualquer significado do artigo 1.723 do Código Civil que impeça o reconhecimento da união entre pessoas do mesmo sexo como entidade familiar.

Na sessão de quarta-feira, antes do relator, falaram os autores das duas ações – o procurador-geral da República e o governador do Estado do Rio de Janeiro, por meio de seu representante –, o advogado-geral da União e advogados de diversas entidades, admitidas como amici curiae (amigos da Corte).

Ações

A ADI 4277 foi protocolada na Corte inicialmente como ADPF 178. A ação buscou a declara-

sentido, os casais homoafetivos buscaram converter a união homoafetiva em casamento, de acordo com a norma do artigo 1.726 do diploma civilístico. O Ministro Luis Felipe Salomão, no Recurso Especial nº 1.183.378-RS, decidiu que "os arts. 1.514, 1.521, 1.523, 1.535 e 1.565, todos do Código Civil de 2002, não vedam expressamente o casamento entre pessoas do mesmo sexo, e não há como se enxergar uma vedação implícita ao casamento homoafetivo sem afronta a caros princípios constitucionais, como o da igualdade, o da não discriminação, o da dignidade da pessoa humana e os do pluralismo e livre planejamento familiar."[8]

ção de reconhecimento da união entre pessoas do mesmo sexo como entidade familiar. Pediu, também, que os mesmos direitos e deveres dos companheiros nas uniões estáveis fossem estendidos aos companheiros nas uniões entre pessoas do mesmo sexo.

Já na Arguição de Descumprimento de Preceito Fundamental (ADPF) 132, o governo do Estado do Rio de Janeiro (RJ) alegou que o não reconhecimento da união homoafetiva contraria preceitos fundamentais como igualdade, liberdade (da qual decorre a autonomia da vontade) e o princípio da dignidade da pessoa humana, todos da Constituição Federal. Com esse argumento, pediu que o STF aplicasse o regime jurídico das uniões estáveis, previsto no artigo 1.723 do Código Civil, às uniões homoafetivas de funcionários públicos civis do Rio de Janeiro." Disponível em: < http://www.stf.jus.br/portal/cms/verNoticiaDetalhe.asp?idConteudo=178931> Acesso em: 07 jan. 2017.

8 EMENTA - DIREITO DE FAMÍLIA. CASAMENTO CIVIL ENTRE PESSOAS DO MESMO SEXO (HOMOAFETIVO). INTERPRETAÇAO DOS ARTS. 1.514, 1.521, 1.523, 1.535 e 1.565 DO CÓDIGO CIVIL DE 2002.INEXISTÊNCIA DE VEDAÇAO EXPRESSA A QUE SE HABILITEM PARA O CASAMENTO PESSOAS DO MESMO SEXO. VEDAÇAO IMPLÍCITA CONSTITUCIONALMENTE INACEITÁVEL. ORIENTAÇAO PRINCIPIOLÓGICA CONFERIDA PELO STF NO JULGAMENTO DA ADPF N. 132/RJ E DA ADI N. 4.277/DF.

1. Embora criado pela Constituição Federal como guardião do direito infraconstitucional, no estado atual em que se encontra a evolução do direito privado, vigorante a fase histórica da *constitucionalização do Direito Civil* , não é possível ao STJ analisar as celeumas que lhe aportam "de costas" para a Constituição Federal, sob pena de ser entregue ao jurisdicionado um direito desatualizado e sem lastro na Lei Maior. Vale dizer, o Superior Tribunal de Justiça, cumprindo sua missão de uniformizar o direito infraconstitucional, não pode conferir à lei uma interpretação que não seja constitucionalmente aceita.

2. O Supremo Tribunal Federal, no julgamento conjunto da ADPF n. 132/RJ e da ADI n. 4.277/DF, conferiu ao art. 1.723 do Código Civil de 2002 interpretação conforme à Constituição para dele excluir todo significado que impeça o reconhecimento da união contínua, pública e duradoura entre pessoas do mesmo sexo como *entidade familiar* , entendida esta como sinônimo perfeito de *família* .

3. Inaugura-se com a Constituição Federal de 1988 uma nova fase do direito de família e, consequentemente, do casamento, baseada na adoção de um explícito *poliformismo familiar* em que *arranjos multifacetados* são igualmente aptos a constituir esse núcleo doméstico chamado "família", recebendo todos eles a "especial proteção do Estado". Assim, é bem de ver que, em 1988, não houve uma recepção constitucional do conceito histórico de casamento, sempre considerado como via única para a constituição de família e, por vezes, um ambiente de subversão dos ora consagrados princípios da igualdade e da dignidade da pessoa humana. Agora, a concepção constitucional do casamento - diferentemente do que ocorria com os diplomas superados - deve ser necessariamente plural, porque plurais também são as famílias e, ademais, não é ele, o casamento, o destinatário final da proteção do Estado, mas apenas o intermediário de um propósito maior, que é a proteção da pessoa humana em sua inalienável dignidade.

Assim, o casamento poderá ser realizado por pessoas hetero ou homossexuais com 16 anos (idade núbil), exigindo-se autorização de ambos os pais, ou de seus representantes legais, enquanto não atingida a maioridade civil aos 18 anos.

Conforme o artigo 1.518 do Código Civil, até a celebração do casamento podem os pais ou tutores revogar a autorização.[9]

---

4. O *pluralismo familiar* engendrado pela Constituição - explicitamente reconhecido em precedentes tanto desta Corte quanto do STF – impede se pretenda afirmar que as famílias formadas por pares homoafetivos sejam menos dignas de proteção do Estado, se comparadas com aquelas apoiadas natradição e formadas por casais heteroafetivos.
5. O que importa agora, sob a égide da Carta de 1988, é que essas famílias multiformes recebam efetivamente a "especial proteção do Estado", e é tão somente em razão desse desígnio de especialproteção que a lei deve facilitar a conversão da união estável em casamento, ciente o constituinte que,*pelo casamento, o Estado melhor protege esse núcleo doméstico chamado família* .
6. Com efeito, se é verdade que o casamento civil é a forma pela qual o Estado melhor protege a família, e sendo múltiplos os "arranjos" familiares reconhecidos pela Carta Magna, não há de ser negada essa via a nenhuma família que por ela optar, independentemente de orientação sexual dos partícipes, uma vez que as famílias constituídas por pares homoafetivos possuem os mesmos núcleos axiológicos daquelas constituídas por casais heteroafetivos, quais sejam, a dignidade das pessoas de seus membros e o afeto.
7. A igualdade e o tratamento isonômico supõem o direito a ser diferente, o direito à auto-afirmação e a um projeto de vida independente de tradições e ortodoxias. *Em uma palavra: o direito à igualdade somente se realiza com plenitude se é garantido o direito à diferença* . Conclusão diversa também não se mostra consentânea com um ordenamento constitucional que prevê o princípio do livre planejamento familiar (7º do art. 226). E é importante ressaltar, nesse ponto, que o planejamento familiar se faz presente tão logo haja a decisão de duas pessoas em se unir, com escopo de constituir família, e desde esse momento a Constituição lhes franqueia ampla liberdade de escolha pela forma em que se dará a união.
8. Os arts. 1.514, 1.521, 1.523, 1.535 e 1.565, todos do Código Civil de 2002, não vedam expressamente o casamento entre pessoas do mesmo sexo, e não há como se enxergar uma vedação implícita ao casamento homoafetivo sem afronta a caros princípios constitucionais, como o da igualdade, o da nãodiscriminação, o da dignidade da pessoa humana e os do pluralismo e livre planejamento familiar.
9. Não obstante a omissão legislativa sobre o tema, a maioria, mediante seus representantes eleitos, não poderia mesmo "democraticamente" decretar a perda de direitos civis da minoria pela qual eventualmente nutre alguma aversão. Nesse cenário, em regra é o Poder Judiciário – e não o Legislativo – que exerce um papel contramajoritário e protetivo de especialíssima importância, exatamente por não ser compromissado com as maiorias votantes, mas apenas com a lei e com a Constituição, sempre em vista a proteção dos direitos humanos fundamentais, sejam eles das minorias, sejam das maiorias. Dessa forma, ao contrário do que pensam os críticos, a democracia se fortalece, porquanto esta se reafirma como forma de governo, não das maiorias ocasionais, mas de todos.
10. Enquanto o Congresso Nacional, no caso brasileiro, não assume, explicitamente, sua coparticipação nesse processo constitucional de defesa e proteção dos socialmente vulneráveis, não pode o Poder Judiciário demitir-se desse mister, sob pena de aceitação tácita de um Estado que somente é "democrático" formalmente, sem que tal predicativo resista a uma mínima investigação acerca da universalização dos direitos civis.
11. Recurso especial provido.

9 Redação anterior: Até à celebração do casamento podem os pais, tutores ou curadores revogar a autorização. (Correspondente ao art. 187 do CCB de 1916).

A denegação do consentimento, quando injusta, pode ser suprida pelo juiz (artigo 1.519 do CC). Neste caso, o regime de bens no casamento é obrigatório.[10] É uma proteção legal desnecessária haja vista que após o casamento, ambos podem promover a alteração judicial do regime de bens de forma consensual, de acordo com o artigo 1.639, § 2º do Código Civil.

Já o artigo 1.520 do Código Civil dispõe que "excepcionalmente, será permitido o casamento de quem ainda não alcançou a idade núbil (art. 1.517), para evitar imposição ou cumprimento de pena criminal ou em caso de gravidez."[11]

Outra questão interessante é a regra estabelecida no artigo 1.641, inciso II do Código Civil que estabelece o regime obrigatório da separação de bens para os casamentos de *pessoas com mais de 70 anos*. É, pois, uma norma inconstitucional. Nesse sentido, Rogério Tabet de Almeida ensina que "a dignidade da pessoa humana é compreendida como um imperativo ético-existencial que antecede o próprio ordenamento jurídico: um conceito apriorístico, um dado que, preexistindo a qualquer experiência, tal qual a ideia de *pessoa* humana, paira sobre o Direito e o informa.

Exatamente por isso, constata-se a sua elevação, nas décadas finais do século XX, à condição de super princípio, isto é, de vetor fundamental do constitucionalismo contemporâneo, inaugurando um novo momento do conteúdo do Direito, que, despatrimonializando-se e repersonalizando-se, atribuiu à dignidade da pessoa humana o seu valor supremo.

Esta realidade abriu espaço para a promoção de valores existenciais e espirituais da *pessoa*, consubstanciada na compreensão do conceito de personalidade, no reconhecimento dos direitos de personalidade e no livre desenvolvimento da personalidade nas dimensões física e psíquica. *Pari passu* à consideração da personalidade do indivíduo como um valor, a sua capacidade foi sendo considerada paulatinamente como o reconhecimento desse valor no âmbito jurídico. Portanto, a dignidade da pessoa humana, como repisado

---

10 CC 2002 – Art. 1.641. É obrigatório o regime da separação de bens no casamento: [...] III – de todos os que dependerem, para casar, de suprimento judicial.

11 Código Penal – Artigo 217-A Ter conjunção carnal ou praticar outro ato libidinoso com menor de 14 (catorze) anos: (Incluído pela Lei nº 12.015, de 2009)

Pena – reclusão, de 8 (oito) a 15 (quinze) anos. (Incluído pela Lei nº 12.015, de 2009)

§ 1o Incorre na mesma pena quem pratica as ações descritas no caput com alguém que, por enfermidade ou deficiência mental, não tem o necessário discernimento para a prática do ato, ou que, por qualquer outra causa, não pode oferecer resistência. (Incluído pela Lei nº 12.015, de 2009)

§ 2o (VETADO) (Incluído pela Lei nº 12.015, de 2009)

§ 3o Se da conduta resulta lesão corporal de natureza grave: (Incluído pela Lei nº 12.015, de 2009)

Pena – reclusão, de 10 (dez) a 20 (vinte) anos. (Incluído pela Lei nº 12.015, de 2009)

§ 4o Se da conduta resulta morte: (Incluído pela Lei nº 12.015, de 2009)

Pena – reclusão, de 12 (doze) a 30 (trinta) anos.(Incluído pela Lei nº 12.015, de 2009)

ao longo deste estudo, passou a designar não apenas o ser da *pessoa*, mas a sua própria humanidade.

Tem-se, hoje, que o princípio da dignidade da pessoa humana é pressuposto do regime jurídico das sociedades democráticas, pois opera tanto como princípio axiológico fundamental quanto como limite ao próprio poder estatal. A sua observância é, pois, um desafio que se coloca no âmbito civilista.

Daí porque a necessidade de examinar o inciso II do artigo 1.641 à luz desse princípio maior.

Procedendo ao exame do dispositivo em questão desde esse ponto de vista, chega-se à conclusão de que se trata de regra arbitrária, discriminatória e preconceituosa, além de profundamente intervencionista, em que pesem os argumentos que tentam justificá-la no âmbito protetivo do idoso ou da manutenção da paz familiar. Viu-se no estudo que esses argumentos, por sua inconsistência, não se sustentam, tendo em vista que qualquer indivíduo adulto apto, categoria na qual se inserem indivíduos idosos com idade superior a 70 anos, pode, perfeitamente, não apenas conduzir o destino de sua vida afetiva como também optar pelo regime de bens patrimoniais no casamento da forma que melhor lhe aprouver.

Mais do que isso, tem-se a convicção da inconstitucionalidade do referido inciso na medida em que, notoriamente, viola o princípio da dignidade da pessoa humana e que, nessa direção, viola tantos outros princípios constitucionalmente garantidos, entre eles o da liberdade, o da autonomia e autodeterminação da *pessoa*, da igualdade e isonomia, além de obstaculizar o exercício de direitos existenciais, pressuposto para se viver de forma digna, quais sejam, o direito de personalidade e o direito ao livre desenvolvimento da personalidade.

Ou seja, o inciso II do artigo 1.641 do Código Civil brasileiro, surpreendentemente, vai na contramão de conquistas históricas do ser humano e do cidadão brasileiro cristalizadas nas Constituições dos Estados democráticos, a exemplo da Constituição da República Federativa do Brasil. E isso ficou evidenciado na pesquisa não apenas pela visão majoritária da doutrina atual como também pela tendência jurisprudencial que ora se apresenta."[12]

Esta limitação se aplica também aos companheiros na constância da união estável. Assim decidiu o Ministro Sidnei Beneti, da Terceira Turma do STJ, no REsp. n. 1.369.860/ PR, julgado em 19 de agosto de 2014, caso um dos conviventes já contar com mais de sessenta anos (Lei nº 12.344/2010).

Ora, não há falar-se em proteção ao patrimônio das pessoas com mais de 70 anos de idade, uma vez que o viés é puramente econômico e não exis-

12 ALMEIDA, Rogério Tabet de. *A Restrição Legal no Regime de Bens aos Maiores de Setenta Anos*: Um Estudo à luz do Princípio da Dignidade da Pessoa Humana. Dissertação de Mestrado do Programa em Mestrado em Hermenêutica e Direitos Fundamentais da Universidade Presidente Antônio Carlos – UNIPAC. Juiz de Fora, 2013, p.92-93.

tencial. Ademais, a realização de casamento ou união estável por motivos meramente econômicos podem envolver as pessoas em qualquer idade. Ora, caso a pessoa não possa mais manifestar sua vontade de forma livre, deve, pois, se for o caso, ser interditada.

6.6 Impedimentos Matrimoniais

Como dito alhures, os impedimentos são causas que obstaculizam a realização do casamento. O impedimento não se confunde com incapacidade, já que o impedimento está relacionado com a falta de legitimação. O elenco dos impedimentos é *numerus clausus*, ou seja, existem apenas aqueles definidos em lei.

Os impedimentos podem ser agrupados em três categorias, a saber:

a) impedimentos resultantes de parentescos (CC 2002 - Art. 1.521, I a V);
b) impedimento resultante de casamento anterior (CC 2002 - Art. 1.521, VI); e
c) impedimento resultante de crime (CC 2002 - Art. 1.521, VII).

6.6.1 Impedimentos resultantes de parentesco

Os impedimentos resultantes de parentesco podem ser subdivididos em:

i) impedimentos de consanguinidade (artigo 1.521, incisos I e IV);
ii) impedimento de afinidade (artigo 1.521, inciso II);
iii) os impedimentos de adoção (artigo 1.521, incisos III e V);
iv) impedimento decorrente de vínculo matrimonial (artigo 1.521, inciso VI), e
v) o impedimento resultante de crime (artigo 1.521, inciso VI).

Vejamos cada uma das hipóteses:

a) Não podem casar os ascendentes com os descentes (pais e filhas, avôs e netas, netos e bisnetas), seja o parentesco natural ou civil (artigo 1.521, inciso I, do CC).[13] Esta vedação possui um caráter

---

13 Parentesco natural ou consanguíneo. É aquele em que as pessoas estão vinculadas pelo mesmo tronco ancestral, ou seja, são parentes pelo sangue.
Parentesco natural simples. É aquele que deriva de apenas um genitor.
Parentesco natural dúplice. É o parentesco que deriva de ambos os genitores.
Grau. Corresponde à distância de uma geração a outra.
Grau de Parentesco. De acordo com Fachin é "a unidade de medida utilizada para mensurar a proximidade do vínculo de parentesco (seja natural, afim ou civil) entre as pessoas,

moral, visando impedir o incesto, bem como para evitar a eugenia (impedimento de consanguinidade). É possível o casamento entre colaterais de 3° grau, desde que apresentados previamente dois exames médicos para apuração de possíveis condições disgenéticas (Decreto-Lei n. 3.200, de 19 de abril de 1941).

b) Não podem casar os afins em linha reta (impedimento de afinidade), de acordo com o artigo 1.521, inciso II do Código Civil. Esta regra jurídica possui um fundamento moral. O impedimento ocorre na afinidade em linha reta, ou seja, sogro e nora, genro e sogra, padrasto e enteada, madrasta e enteado. Vale destacar que os cunhados podem ser casar, se ocorrer a extinção do casamento, uma vez que os cunhados são parentes por afins colaterais (não estão na linha reta ascendente ou descendente).[14] De acordo com o artigo 1.595, §2° do Código Civil, na linha reta, a afinidade não se extingue com a dissolução do casamento ou da união estável. Isto quer dizer que o impedimento matrimonial permanece mesmo após o encerramento do vínculo conjugal. Daí a famosa expressão que "sogra é para a vida inteira".

c) Não podem casar o adotante com quem foi cônjuge do adotado e o adotado com quem o foi do adotante (artigo 1.521, inciso III, CC) e o adotado com o filho do adotante (artigo 1.521, inciso V, CC). Estes são impedimentos de adoção. Ora o filho adotivo é comparado ao filho biológico. A vedação, neste caso, possui fundamentação ética, uma vez que as restrições de origem eugênica não são aplicadas.

d) Não podem casar os irmãos, unilaterais ou bilaterais,[15] e demais colaterais até o terceiro grau inclusive (impedimento de consanguinidade, de acordo com o artigo 1.521, inciso IV do Código Civil);[16]

---

e corresponde à distância de uma geração à outra." FACHIN, Luiz Edson. *Comentários ao novo Código Civil*. Volume XVIII. Rio de Janeiro: Forense, 2004, p. 31.

Parentesco civil. É a relação de parentesco cujo vínculo é atribuído pela lei, Como exemplo: a relação de adotante e adotado.

Parentesco socioafetivo. É o parentesco que decorre de uma relação socioafetiva, isto é, a relação familiar está fundada no valor jurídico do afeto. É um vínculo parental ligado pelo afeto. Por exemplo: a relação de uma pessoa com os filhos de sua mulher com outro homem.

14 CC 2002 – Art. 1.595. Cada cônjuge ou companheiro é aliado aos parentes do outro pelo vínculo da afinidade. § 1° O parentesco por afinidade limita-se aos ascendentes, aos descendentes e aos irmãos do cônjuge ou companheiro. § 2° Na linha reta, a afinidade não se extingue com a dissolução do casamento ou da união estável.

15 Irmãos bilaterais ou germanos. São os filhos do mesmo pai e mesma mãe.
Irmãos unilaterais. São aqueles que são filhos do mesmo pai (irmãos consanguíneos) ou da mesma mãe (irmãos uterinos), isto é, descendem de apenas uma linha.

16 Casamento Avuncular. Consoante à regra estabelecida no artigo 1.521, inciso IV, do CC,

ROLF MADALENO ensina que "o impedimento de casamento na linha colateral até o segundo grau é absoluto, e alcança os irmãos bilaterais, quando têm o mesmo pai e a mesma mãe, ou unilaterais, quando descendem de um mesmo pai ou de uma mesma mãe. A cultura social, com forte influência do cristianismo, reputa a união entre irmãos como imoral, incestuosa e contrária à natureza, afrontando a pureza que deve reinar nas famílias. Essa proibição também é de ordem genética, mas encontrou um lenitivo, entre tios e sobrinhos, ao permitir o Decreto-Lei n. 3.200, de 19 de abril de 1941, o casamento entre os colaterais de terceiro grau, uma vez comprovada que a sua relação não será nociva para a prole por eles porventura gerada.

De acordo com o artigo 2° do Decreto-Lei n. 3.200/1941, os parentes colaterais de terceiro grau, desejando casar entre si, deverão requerer no processo de habilitação de seu matrimônio a designação de dois médicos que examinem os pretendentes ao casamento, atestando-lhes ou não a sanidade, que, se fazendo presente, afasta o impedimento."[17]

São parentes em linha colateral ou transversal, até o quarto grau, as pessoas provenientes de um só tronco, sem descenderem uma da outra. Exemplificando: os irmãos são colaterais em segundo grau; os tios e sobrinhos são colaterais em terceiro grau; os primos e tios-avós e sobrinhos-netos são colaterais de quarto grau. Dessa forma, os primos podem se casar livremente uma vez que são colaterais do 4° grau.

e) Não podem casar as pessoas casadas. É um impedimento decorrente de vínculo matrimonial (artigo 1.521, inciso VI do CC).[18] As

---

é proibido o casamento entre tio e sobrinha. De acordo com José Carlos Teixeira Giorgis, "chama-se casamento avuncular o que se celebra entre tio e sobrinha, que são colaterais de terceiro grau; tem base na antropologia, sendo comum entre algumas tribos, como os tupis e os guaranis; em seu nicho original a palavra diz com a autoridade do tio materno em relação ao sobrinho, mas ganhou uso corrente. A questão é temperada pelo DL n° 3.200/41 que permite essa união desde que peritos nomeados pelo juiz atestem a sanidade dos nubentes e afirmem não existir impedimento para a realização da boda, sob o ponto de vista de futura linhagem; é recorrente que tais normas foram recepcionadas pelo diploma em vigor." GIORGIS, José Carlos Teixeira. O Casamento Avuncular. Disponível em: <http://www.recivil.com.br/preciviladm/modulos/artigos>. Acesso em: 25 jan. 2016.

17 MADALENO, Rolf. *Direito de Família,* 7. ed. São Paulo: Forense, 11/2016. VitalBook file.

18 CC 2002 – Art. 1.571. A sociedade conjugal termina: I – pela morte de um dos cônjuges; II – pela nulidade ou anulação do casamento; III – pela separação judicial; IV – pelo divórcio. § 1° O casamento válido só se dissolve pela morte de um dos cônjuges ou pelo divórcio, aplicando-se a presunção estabelecida neste Código quanto ao ausente. § 2° Dissolvido o casamento pelo divórcio direto ou por conversão, o cônjuge poderá manter o nome de casado; salvo, no segundo caso, dispondo em contrário a sentença de separação judicial.

• CP – Bigamia. Art. 235 – Contrair alguém, sendo casado, novo casamento: Pena – re-

relações não eventuais entre o homem e a mulher, impedidos de casar, constituem concubinato (artigo 1.727 do CC). O nosso Código Civil adota o princípio da monogamia. O artigo 235 do Código Penal trata do crime de bigamia. A relação conjugal somente poderá ser dissolvida pelo divórcio, pela morte ou pela nulidade ou anulação do casamento.

f) Não podem casar o cônjuge sobrevivente com o condenado por homicídio ou tentativa de homicídio contra o seu consorte o impedimento resultante de crime (artigo 1.521, inciso VI do CC). Aqui a fundamentação é moral. A regra vale para o crime doloso e não para o crime culposo. Interessante notar, como bem observa ROLF MADALENO que "a lei não estabeleceu nenhum impedimento ao casamento da pessoa que mata o seu próprio cônjuge para casar com um terceiro com quem mantinha relação de adultério, porque ela apenas impede o casamento de eventual cúmplice de crime de homicídio doloso, mas não impede o matrimônio com o cúmplice de adultério, mas que não foi cúmplice do homicídio."[19]

6.7 Causas Suspensivas do Casamento

As causas suspensivas estão previstas no artigo 1.523 do Código Civil brasileiro. As causas suspensivas não provocam a nulidade do casamento, apenas são capazes de suspender a realização do mesmo. A suspensão deve ocorrer até que se verifique a existência da causa suspensiva. No caso de existência de uma causa suspensiva, o casamento poderá ocorrer, todavia, o regime de bens imposto será o da separação de bens,[20] caso contrário, os nubentes poderão escolher livremente o regime de bens.

A finalidade precípua deste dispositivo legal é a proteção da prole existente em relacionamento anterior, bem como as pessoas postas sob tutela ou curatela, da possível confusão patrimonial, até o momento da efetiva prestação de contas.

Vejamos as causas suspensivas, isto é, não devem casar, de acordo com a regra estabelecida no artigo 1.523 do Código Civil:

---

clusão, de dois a seis anos. § 1º – Aquele que, não sendo casado, contrai casamento com pessoa casada, conhecendo essa circunstância, é punido com reclusão ou detenção, de um a três anos. § 2º – Anulado por qualquer motivo o primeiro casamento, ou o outro por motivo que não a bigamia, considera-se inexistente o crime.

19 MADALENO, Rolf. *Direito de Família*, 7.ed. São Paulo: Forense, 11/2016. VitalBook file.

20 CC 2002 – Art. 1.641. É obrigatório o regime da separação de bens no casamento: I – das pessoas que o contraírem com inobservância das causas suspensivas da celebração do casamento; II – da pessoa maior de sessenta anos; III – de todos os que dependerem, para casar, de suprimento judicial.

a) o viúvo ou a viúva que tiver filho do cônjuge falecido, enquanto não fizer inventário dos bens do casal e der partilha aos herdeiros (artigo 1.523, inciso I). Caso ocorra a violação deste preceito normativo, a celebração do segundo casamento será, como dito acima, obrigatoriamente, sob o regime da separação de bens (artigo 1.641, inciso I, CC) e a imposição de hipoteca legal de seus imóveis, em favor dos filhos (artigo 1.489, inciso II, do CC)[21];
b) a viúva, ou a mulher cujo casamento se desfez por ser nulo ou ter sido anulado, até dez meses depois do começo da viuvez, ou da dissolução da sociedade conjugal (artigo 1.523, inciso II); Aqui a finalidade é evitar a mistura de sangue (*turbatio* ou *confusio sanguinis*). Melhor dizendo: o que se quer evitar é uma confusão sobre a paternidade do filho.[22] O artigo 1.597, incisos I e II, presume concebidos na constância do casamento os nascidos pelo menos 180 dias depois de estabelecida a convivência conjugal e até 300 dias após a dissolução da sociedade conjugal. É uma presunção *pater is est*, ou seja, é uma presunção relativa (*juris tantum*), uma vez que admite a prova em contrário. Dessa forma, se a mulher descumprir o referido prazo de 10 meses e nascendo um filho antes de atingir este prazo, presumir-se-á concebido no casamento anterior. Ocorre que com o advento do exame de DNA está causa suspensiva tende ao desuso.
c) o divorciado, enquanto não houver sido homologada ou decidida a partilha dos bens do casal (artigo 1.523, inciso III); Aqui também se evita confusões quanto ao patrimônio. Esta regra jurídica está em distonia com o artigo 1.581 do CC, uma vez que o divórcio pode ser concedido sem que haja prévia partilha de bens. Ademais, não podemos esquecer que o divórcio pode ocorrer de forma extrajudicial, por escritura pública (artigo 733 do CPC).[23] Na verdade o que

21 CC – Art. 1.489. A lei confere hipoteca: [...] II – aos filhos, sobre os imóveis do pai ou da mãe que passar a outras núpcias, antes de fazer o inventário do casal anterior;

22 CC – Art. 1.597. Presumem-se concebidos na constância do casamento os filhos:
I – nascidos cento e oitenta dias, pelo menos, depois de estabelecida a convivência conjugal;
II – nascidos nos trezentos dias subsequentes à dissolução da sociedade conjugal, por morte, separação judicial, nulidade e anulação do casamento;
III – havidos por fecundação artificial homóloga, mesmo que falecido o marido;
IV – havidos, a qualquer tempo, quando se tratar de embriões excedentários, decorrentes de concepção artificial homóloga;
V – havidos por inseminação artificial heteróloga, desde que tenha prévia autorização do marido.

23 CPC – Art. 733. O divórcio consensual, a separação consensual e a extinção consensual de união estável, não havendo nascituro ou filhos incapazes e observados os requisitos legais, poderão ser realizados por escritura pública, da qual constarão as disposições de que trata o art. 731.

não pode ocorrer é o prejuízo patrimonial em relação ao vínculo matrimonial anterior.

d) o tutor ou o curador e os seus descendentes, ascendentes, irmãos, cunhados ou sobrinhos, com a pessoa tutelada ou curatelada, enquanto não cessar a tutela ou curatela, e não estiverem saldadas as respectivas contas (artigo 1.523, inciso IV). Aqui, a fundamentação normativa é moral, uma vez que os representantes legais possuem expressiva influência sobre o pupilo ou curatelado. A norma exige não só cessação da tutela ou curatela, mas também a respectiva prestação de contas.

O parágrafo único do artigo 1.523 do CC diz que é permitido aos nubentes solicitar ao juiz que não lhes sejam aplicadas as causas suspensivas previstas nos incisos I, III e IV do referido artigo, provando-se a inexistência de prejuízo, respectivamente, para o herdeiro, para o ex-cônjuge e para a pessoa tutelada ou curatelada; no caso do inciso II, a nubente deverá provar nascimento de filho, ou inexistência de gravidez, na fluência do prazo.

6.7.1 Oposição – Legitimidade ativa

As causas suspensivas da celebração do casamento podem ser arguidas pelos parentes em linha reta de um dos nubentes, sejam consanguíneos ou afins, e pelos colaterais em segundo grau, sejam também consanguíneos ou afins (artigo 1.524, CC).

Vale destacar, ainda, que de acordo com o Enunciado 330 do CJF, da IV Jornada de Direito Civil, "as causas suspensivas da celebração do casamento poderão ser arguidas inclusive pelos parentes em linha reta de um dos nubentes e pelos colaterais em segundo grau, por vinculo decorrente de parentesco civil."

Ademais, desaparecendo o motivo que impôs a causa suspensiva, é possível a promoção de uma ação de alteração de regime de bens, proposta por ambos os cônjuges, de acordo com artigo 1.639, § 2º do Código Civil brasileiro. Aqui vale lembrar o Enunciado nº 262 da III Jornada de Direito Civil que diz: "A obrigatoriedade da separação de bens, nas hipóteses previstas nos incisos I e III do artigo 1.641 do Código Civil, não impede a alteração do regime, desde que superada a causa que o impôs."

---

§ 1º A escritura não depende de homologação judicial e constitui título hábil para qualquer ato de registro, bem como para levantamento de importância depositada em instituições financeiras.

§ 2º O tabelião somente lavrará a escritura se os interessados estiverem assistidos por advogado ou por defensor público, cuja qualificação e assinatura constarão do ato notarial.

6.8 Processo de Habilitação do Casamento

De acordo com o artigo 1.525 do Código Civil, o requerimento de habilitação para o casamento será firmado por ambos os nubentes, de próprio punho, ou, a seu pedido, por procurador, e deve ser instruído com os seguintes documentos:

I – certidão de nascimento ou documento equivalente;

II – autorização por escrito das pessoas sob cuja dependência legal estiverem, ou ato judicial que a supra;

III – declaração de duas testemunhas maiores, parentes ou não, que atestem conhecê-los e afirmem não existir impedimento que os iniba de casar;

IV – declaração do estado civil, do domicílio e da residência atual dos contraentes e de seus pais, se forem conhecidos;

V – certidão de óbito do cônjuge falecido, de sentença declaratória de nulidade ou de anulação de casamento, transitada em julgado, ou do registro da sentença de divórcio.[24]

A habilitação será feita pessoalmente perante o oficial do Registro Civil, com a audiência do Ministério Público (artigo 1.526 do CC).[25]

Caso haja impugnação do oficial, do Ministério Público ou de terceiro, a habilitação será submetida ao juiz (Parágrafo único do artigo 1.526 do CC).

Assim estando em ordem a documentação, o oficial extrairá o edital, que se afixará durante quinze dias nas circunscrições do Registro Civil de ambos os nubentes, e, obrigatoriamente, se publicará na imprensa local, se houver (artigo 1.527 do CC).

A autoridade competente, havendo urgência, poderá dispensar a publicação (Parágrafo único do artigo 1.527 do CC). A dispensa dos proclamas deverá ocorrer de acordo com o artigo 69 da Lei de Registro Públicos (LRP – Lei 6.015/73) que diz: "Para a dispensa de *proclamas*, nos casos previstos em lei, os contraentes, em petição dirigida ao Juiz, deduzirão os motivos de urgência do casamento, provando-a, desde logo, com documentos ou indicando outras provas para demonstração do alegado."

---

24 O Código Civil admite a presunção de morte do ausente para efeitos de dissolução do casamento (CC, art. 1.571, § 1º).

25 LRP – Da Habilitação para o Casamento. Art. 67. Na habilitação para o casamento, os interessados, apresentando os documentos exigidos pela lei civil, requererão ao oficial do registro do distrito de residência de um dos nubentes, que lhes expeça certidão de que se acham habilitados para se casarem. § 1º Autuada a petição com os documentos, o oficial mandará afixar proclamas de casamento em lugar ostensivo de seu cartório e fará publicá-los na imprensa local, se houver. Em seguida, abrirá vista dos autos ao órgão do Ministério Público, para manifestar-se sobre o pedido e requerer o que for necessário à sua regularidade, podendo exigir a apresentação de atestado de residência, firmado por autoridade policial, ou qualquer outro elemento de convicção admitido em direito.

Ademais, o Enunciado n.513, aprovado na V Jornada de Direito Civil, do CJF, afirma que "o juiz não pode dispensar, mesmo fundamentadamente, a publicação do edital de proclamas do casamento, mas sim o decurso do prazo."

É dever do oficial do registro esclarecer os nubentes a respeito dos fatos que podem ocasionar a invalidade do casamento, bem como sobre os diversos regimes de bens (artigo 1.528 do CC).

Tanto os impedimentos quanto as causas suspensivas serão opostos em declaração escrita e assinada, instruída com as provas do fato alegado, ou com a indicação do lugar onde possam ser obtidas (artigo 1.529 do CC).

O oficial do registro dará aos nubentes ou a seus representantes nota da oposição, indicando os fundamentos, as provas e o nome de quem a ofereceu (artigo 1.530 do CC).

Podem os nubentes requerer prazo razoável para fazer prova contrária aos fatos alegados, e promover as ações civis e criminais contra o oponente de má-fé (Parágrafo único do artigo 1.530 do CC).

A Lei 6.015/73, no artigo 67, § 5° dispõe que "se houver apresentação de impedimento, o oficial dará ciência do fato aos nubentes, para que indiquem em três (3) dias prova que pretendam produzir, e remeterá os autos a juízo; produzidas as provas pelo oponente e pelos nubentes, no prazo de dez (10) dias, com ciência do Ministério Público, e ouvidos os interessados e o órgão do Ministério Público em cinco (5) dias, decidirá o Juiz em igual prazo."

Então, cumpridas as formalidades dos artigos 1.526 e 1.527 do Código Civil e verificada a inexistência de fato obstativo, o oficial do registro extrairá o certificado de habilitação (artigo 1.531 do CC).

De acordo com a redação do artigo 1.532, a eficácia da habilitação será de noventa dias, a contar da data em que foi extraído o certificado.

6.9 Celebração do Casamento

De acordo com o artigo 1.533 do Código Civil, o casamento deverá ser celebrado, no dia, hora e lugar previamente designados pela autoridade que houver de presidir o ato, mediante petição dos contraentes, que se mostrem habilitados com a certidão de habilitação para o casamento (art. 1.531).

Vale lembrar que subsiste o casamento celebrado por aquele que, sem possuir a competência exigida na lei, exercer publicamente as funções de juiz de casamentos e, nessa qualidade, tiver registrado o ato no Registro Civil (artigo 1.554).

A solenidade deve ser realizada na sede do cartório, com toda publicidade, a portas abertas, presentes pelo menos duas testemunhas, parentes ou não dos contraentes, ou, querendo as partes e consentindo a autoridade celebrante, noutro edifício público ou particular (artigo 1.534, CC).

Quando o casamento for em edifício particular, ficará este de portas abertas durante o ato (artigo 1.534, § 1º, CC). Neste caso, serão quatro as testemunhas e se algum dos contraentes não souber ou não puder escrever (artigo 1.534, § 2º, CC).

Presentes os contraentes, em pessoa ou por procurador especial, juntamente com as testemunhas e o oficial do registro, o presidente do ato, ouvida aos nubentes a afirmação de que pretendem casar por livre e espontânea vontade, declarará efetuado o casamento, nestes termos:

> "De acordo com a vontade que ambos acabais de afirmar perante mim, de vos receberdes por marido e mulher, eu, em nome da lei, vos declaro casados." (Artigo 1.535, CC).[26]

Do casamento, logo depois de celebrado, lavrar-se-á o assento no livro de registro. No assento, assinado pelo presidente do ato, pelos cônjuges, as testemunhas, e o oficial do registro, serão exarados (artigo 1.536, CC):

I – os prenomes, sobrenomes, datas de nascimento, profissão, domicílio e residência atual dos cônjuges;

II – os prenomes, sobrenomes, datas de nascimento ou de morte, domicílio e residência atual dos pais;

III – o prenome e sobrenome do cônjuge precedente e a data da dissolução do casamento anterior;

IV – a data da publicação dos proclamas e da celebração do casamento;

V – a relação dos documentos apresentados ao oficial do registro;

VI – o prenome, sobrenome, profissão, domicílio e residência atual das testemunhas;

VII – o regime do casamento, com a declaração da data e do cartório em cujas notas foi lavrada a escritura antenupcial, quando o regime não for o da comunhão parcial, ou o obrigatoriamente estabelecido.

O instrumento da autorização para casar transcrever-se-á integralmente na escritura antenupcial (artigo 1.537, CC).

6.9.1 Suspensão da celebração do casamento

De acordo com o artigo 1.538 do Código Civil, a celebração do casamento será imediatamente suspensa se algum dos contraentes:

I – recusar a solene afirmação da sua vontade;

II – declarar que esta não é livre e espontânea;

III – manifestar-se arrependido.

---

26 CC – Art. 1.514. O casamento se realiza no momento em que o homem e a mulher manifestam, perante o juiz, a sua vontade de estabelecer vínculo conjugal, e o juiz os declara casados.

O nubente que, por algum dos fatos mencionados acima, der causa à suspensão do ato, não será admitido a retratar-se no mesmo dia (Parágrafo único do artigo 1.538 do CC).

6.9.2 Casamento em caso de Moléstia Grave

No caso de moléstia grave de um dos nubentes, o presidente do ato irá celebrá-lo onde se encontrar o impedido, sendo urgente, ainda que à noite, perante duas testemunhas que saibam ler e escrever (artigo 1.539 do CC).[27]

A falta ou impedimento da autoridade competente para presidir o casamento suprir-se-á por qualquer dos seus substitutos legais, e a do oficial do Registro Civil por outro *ad hoc*, nomeado pelo presidente do ato (artigo 1.539, § 1º, do CC).

O termo avulso, lavrado pelo oficial *ad hoc*, será registrado no respectivo registro dentro em cinco dias, perante duas testemunhas, ficando arquivado (artigo 1.539, § 2º, do CC).

6.9.3 Casamento Nuncupativo ou casamento *in extremis vitae momentis* ou *in articulo mortis*

O artigo 1.540 trata do casamento nuncupativo, ou seja, "quando algum dos contraentes estiver em iminente risco de vida, não obtendo a presença da autoridade à qual incumba presidir o ato, nem a de seu substituto, poderá o casamento ser celebrado na presença de seis testemunhas, que com os nubentes não tenham parentesco em linha reta, ou, na colateral, até segundo grau."[28]

---

27 • APELAÇÃO CIVIL. PEDIDO DE AUTORIZAÇÃO DE REGISTRO DE CASAMENTO. MOLÉSTIA GRAVE DE UM DOS NUBENTES. ART. 1.539, CCB. A urgência do ato dispensa os atos preparatórios da habilitação e proclamas. RECURSO PROVIDO. (Apelação Cível Nº 70013292107, Sétima Câmara Cível, Tribunal de Justiça do RS, Relator: Ricardo Raupp Ruschel, Julgado em 11.01.2006).

• PREVIDÊNCIA PÚBLICA. AÇÃO CAUTELAR. PEDIDO DE CELEBRAÇÃO DE CASAMENTO INDEPENDENTEMENTE DE PROCLAMAS, DADA MOLÉSTIA GRAVE DA NUBENTE. PEDIDO DE INCLUSÃO DA AUTORA NO ROL DE DEPENDENTES DO NUBENTE. LIMINAR SATISFATIVA. O deferimento de liminar satisfativa, que permitiu aos autores contraírem matrimônio independentemente da observância dos prazos formais de publicação dos proclamas, e que determinou a inclusão imediata da nubente acometida de moléstia grave como dependente do outro nubente, retira, na prática, consistência ao objeto do agravo, uma vez que já se consumou a circunstância cuja viabilidade era discutia no mérito da resignação interposta. Caso em que é despiciendo o exame do Colegiado acerca de situação que já se esgotou, de caráter eminentemente prático, que não pode ser revertida qualquer que seja o provimento jurídico exarado quando do julgamento do recurso pela Câmara. Agravo prejudicado. (Agravo de Instrumento nº 70004748638, Primeira Câmara Especial Cível, Tribunal de Justiça do RS. Relator: Antônio Corrêa Palmeiro da Fontoura, Julgado em 25.08.2003).

28 LRP – Do Casamento em Iminente Risco de Vida. Art. 76. Ocorrendo iminente risco de

De acordo com o Desembargador JOSE CARLOS MALDONADO DE CARVALHO, da 1ª Câmara Cível do TJRJ, "o casamento nuncupativo, ou in extremis vitae momentis, é aquele que se realiza quando um dos contraentes se acha em iminente perigo de vida, não havendo tempo para que sejam cumpridas as formalidades preliminares exigidas para celebração do casamento, dispensando, inclusive, a presença do celebrante e a do oficial do registro civil. É modalidade do casamento realizado em regime de urgência e terá lugar não só em casos de doença em fase terminal, mas também em situações como catástrofes, acidentes, crimes contra a vida e outras hipóteses em que um dos nubentes esteja agonizante e pretenda casar-se antes de falecer."

Em relação a validade do casamento nuncupativo, a Ministra do STJ Nancy Andrigui já decidiu que "Ação de decretação de nulidade de casamento nuncupativo ajuizada em novembro de 2008. Agravo no recurso especial distribuído em 22/03/2012. Decisão determinando a reautuação do agravo em recurso especial, publicada em 12/06/2012.

2. Recurso especial que discute a validade de casamento nuncupativo realizado entre tio e sobrinha com o falecimento daquele, horas após o enlace.

3. A inquestionável manifestação da vontade do nubente enfermo, no momento do casamento, fato corroborado pelas 6 testemunhas exigidas por lei, ainda que não realizada de viva voz, supre a exigência legal quanto ao ponto.

4. A discussão relativa à a nulidade preconizada pelo art. 1.548 do CC-02, que se reporta aos impedimentos, na espécie, consignados no art. 1.521, IV, do CC-02 (casamento entre colaterais, até o terceiro grau, inclusive) fenece por falta de escopo, tendo em vista que o quase imediato óbito de um dos nubentes não permitiu o concúbito pós-casamento, não havendo que se falar, por conseguinte, em riscos eugênicos, realidade que, na espécie, afasta a impositividade da norma, porquanto lhe retira seu lastro teleológico.

5. Não existem objetivos pré-constituídos para o casamento, que descumpridos, imporiam sua nulidade, mormente naqueles realizados com evidente possibilidade de óbito de um dos nubentes – casamento nuncupativo -, pois esses se afastam tanto do usual que, salvaguardada as situações constantes dos arts. 166 e 167 do CC-02, que tratam das nulidades do negócio jurídico, devem, independentemente do fim perseguido pelos nubentes, serem ratificados judicialmente.

6. E no amplo espectro que se forma com essa assertiva, nada impede que o casamento nuncupativo realizado tenha como motivação central, ou

---

vida de algum dos contraentes, e não sendo possível a presença da autoridade competente para presidir o ato, o casamento poderá realizar-se na presença de seis testemunhas, que comparecerão, dentro de 5 (cinco) dias, perante a autoridade judiciária mais próxima, a fim de que sejam reduzidas a termo suas declarações.

única, a consolidação de meros efeitos sucessórios em favor de um dos nubentes – pois essa circunstância não macula o ato com um dos vícios citados nos arts. 166 e 167 do CC-02: incapacidade;

ilicitude do motivo e do objeto; malferimento da forma, fraude ou simulação.

Recurso ao qual se nega provimento. (REsp 1330023/RN, Rel. Ministra NANCY ANDRIGHI, TERCEIRA TURMA, julgado em 05/11/2013, DJe 29/11/2013)."

Vale destacar que, de acordo com o artigo 1.541 do Código Civil, realizado o casamento, devem as testemunhas comparecer perante a autoridade judicial mais próxima, dentro em dez dias, pedindo que lhes tome por termo a declaração de:

I – que foram convocadas por parte do enfermo;

II – que este parecia em perigo de vida, mas em seu juízo;

III – que, em sua presença, declararam os contraentes, livre e espontaneamente, receber-se por marido e mulher.

Autuado o pedido e tomadas as declarações, o juiz procederá às diligências necessárias para verificar se os contraentes podiam ter-se habilitado, na forma ordinária, ouvidos os interessados que o requererem, dentro em quinze dias (artigo 1.541, § 1º, do CC).

Verificada a idoneidade dos cônjuges para o casamento, assim o decidirá a autoridade competente, com recurso voluntário às partes (artigo 1.541, § 2º, do CC).

Se da decisão não se tiver recorrido, ou se ela passar em julgado, apesar dos recursos interpostos, o juiz mandará registrá-la no livro do Registro dos Casamentos (artigo 1.541, § 3º, do CC).

O assento assim lavrado retrotrairá os efeitos do casamento, quanto ao estado dos cônjuges, à data da celebração (artigo 1.541, § 4º, do CC).

As formalidades serão dispensadas se o enfermo convalescer e puder ratificar o casamento na presença da autoridade competente e do oficial do registro (artigo 1.541, § 5º, do CC).

6.9.4 Casamento por Procuração

O *casamento por procuração* ocorre quando um dos contraentes (noivo ou noiva) é representado na cerimônia por um procurador nomeado com poderes especiais em instrumento público. O artigo 1.542 diz que "o casamento pode celebrar-se mediante procuração, por instrumento público, com poderes especiais.

O Código Civil Brasileiro, no artigo 653, conceitua o *mandato* da seguinte forma: "Opera-se o mandato quando alguém recebe de outrem poderes para, em seu nome, praticar atos ou administrar interesses. A procuração é o instrumento do mandato."[29]

Daí que o mandato é o contrato pelo qual alguém (mandante) outorga a outra pessoa (mandatário) poderes para emitir vontade em seu nome ou para administrar os seus bens. Portanto, o mandato é uma espécie de *representação*.[30]

A revogação do mandato não necessita chegar ao conhecimento do mandatário; mas, celebrado o casamento sem que o mandatário ou o outro contraente tivessem ciência da revogação, responderá o mandante por perdas e danos (artigo 1.542, § 1º, do CC).

O nubente que não estiver em iminente risco de vida poderá fazer-se representar no casamento nuncupativo (artigo 1.542, § 2º, do CC).

A eficácia do mandato não ultrapassará noventa dias (artigo 1.542, § 3º, do CC).

Só por instrumento público se poderá revogar o mandato (artigo 1.542, § 4º, do CC).

6.9.5 Casamento celebrado no estrangeiro

O casamento de brasileiro, celebrado no estrangeiro, perante as respectivas autoridades ou os cônsules brasileiros, deverá ser registrado em cento e oitenta dias, a contar da volta de um ou de ambos os cônjuges ao Brasil, no cartório do respectivo domicílio, ou, em sua falta, no 1º Ofício da Capital do Estado em que passarem a residir (artigo 1.544, do CC).[31]

---

29 Correspondente ao art. 1.288 do CCB/1916.

30 O contrato de mandato é *personalíssimo*, já que deve ser lastreado na confiança (contrato fiduciário). O contrato de mandato é normalmente gratuito, salvo nos casos em que uma das partes seja advogado, corretor, despachante, etc. Neste caso, presume-se contrato oneroso.

O mandato gratuito é um contrato unilateral, já que as obrigações nascem apenas para o mandatário. Entretanto, se as partes contraentes ajustarem uma remuneração ao mandatário, o contrato será bilateral oneroso, porque, neste caso, o mandante assumirá a obrigação de pagar ao mandatário a referida remuneração pactuada.

É um contrato consensual, já que se aperfeiçoa com o simples acordo entre as partes.

Em regra, é um contrato de trato sucessivo e informal (pode ser outorgado por instrumento particular).

31 LRP – Art. 32. Os assentos de nascimento, óbito e de casamento de brasileiros em país estrangeiro serão considerados autênticos, nos termos da lei do lugar em que forem feitos, legalizadas as certidões pelos cônsules ou quando por estes tomados, nos termos do regulamento consular.

§ 1º Os assentos de que trata este artigo serão, porém, transladados nos cartórios de 1º Ofício do domicílio do registrado ou no 1º Ofício do Distrito Federal, em falta de domicílio conhecido, quando tiverem de produzir efeito no País, ou, antes, por meio de segunda via que os cônsules serão obrigados a remeter por intermédio do Ministério das Relações Exteriores.

§ 2° O filho de brasileiro ou brasileira, nascido no estrangeiro, e cujos pais não estejam

Vale lembrar que de acordo com o artigo 18 da Lei de Introdução às Normas do Direito Brasileiro (LINDB), "tratando-se de brasileiros, são competentes as autoridades consulares brasileiras para lhes celebrar o casamento e os mais atos de Registro Civil e de tabelionato, inclusive o registro de nascimento e de óbito dos filhos de brasileiro ou brasileira nascido no país da sede do Consulado.

6.9.6 Prova do Casamento

A certidão do registro é a prova do casamento (artigo 1.543, CC). Justificada a falta ou perda do registro civil, é admissível qualquer outra espécie de prova (artigo 1.543, parágrafo único, CC). Neste caso serão admitidas outras provas, tais como depoimento de testemunhas, fotografias, documentos, etc.

Outrossim, com o intuito de proteção da prole, o artigo 1.545 diz que "o casamento de pessoas que, na posse do estado de casadas, não possam manifestar vontade, ou tenham falecido, não se pode contestar em prejuízo da prole comum, salvo mediante certidão do Registro Civil que prove que já era casada alguma delas, quando contraiu o casamento impugnado."

Por outro lado, a ação judicial que visa à proclamação da existência do casamento é declaratória. O artigo 1.546 do Código Civil determina que "quando a prova da celebração legal do casamento resultar de processo judicial, o registro da sentença no livro do Registro Civil produzirá, tanto no que toca aos cônjuges como no que respeita aos filhos, todos os efeitos civis desde a data do casamento.

Na dúvida entre as provas favoráveis e contrárias, julgar-se-á pelo casamento, se os cônjuges, cujo casamento se impugna, viverem ou tiverem vivido na posse do estado de casados (artigo 1.547, CC).

6.10 Invalidade do Casamento

O casamento poderá ser considerado *inexistente* ou *inválido*. Este existe como fato impotente para produzir efeitos jurídicos, enquanto aquele nem

---

ali a serviço do Brasil, desde que registrado em consulado brasileiro ou não registrado, venha a residir no território nacional antes de atingir a maioridade, poderá requerer, no juízo de seu domicílio, se registre, no livro "E" do 1° Ofício do Registro Civil, o termo de nascimento.

§ 3° Do termo e das respectivas certidões do nascimento registrado na forma do parágrafo antecedente constará que só valerão como prova de nacionalidade brasileira, até quatro (4) anos depois de atingida a maioridade.

§ 4° Dentro do prazo de quatro anos, depois de atingida a maioridade pelo interessado referido no § 2° deverá ele manifestar a sua opção pela nacionalidade brasileira perante o juízo federal. Deferido o pedido, proceder-se-á ao registro no livro "E" do Cartório do 1° Ofício do domicílio do optante.

§ 5° Não se verificando a hipótese prevista no parágrafo anterior, o oficial cancelará, de ofício, o registro provisório efetuado na forma do § 2°.

existe como fato. O casamento será considerado inválido se for tido como nulo ou anulável.

A anulabilidade representa um grau menor de eficácia, porque o defeito do ato jurídico não o afeta tão profundamente, como a falta de um requisito essencial. Assim, o ato jurídico existe e tem aptidão de produzir efeitos, todavia a lei confere a uma das partes a faculdade de requerer sua ANULAÇÃO, eliminando, retroativamente, todos os seus efeitos. Ao contrário da NULIDADE, a ANULABILIDADE não opera de pleno direito; reclama, portanto, sentença em ação promovida pela parte interessada usando a desconstituição do ato defeituoso.

Vejamos, abaixo, cada uma das situações.

6.10.1 Casamento Inexistente

Preliminarmente, o ato jurídico deve conter seus elementos essenciais para que exista e para que o ordenamento jurídico reconheça nesta vontade, os efeitos jurídicos desejados pelo agente.

A partir de então, o negócio jurídico deve satisfazer os requisitos impostos pelo ordenamento jurídico para que tenha validade. E por fim, deve-se analisar a concretude e a produção de efeitos do ato jurídico.

O resultado buscado pelo agente é, pois, o seguinte conjunto: a) os elementos essenciais do negócio jurídico para que ele exista; b) os requisitos jurídicos de validade; c) os fatores de eficácia.

Assim, para que o casamento seja considerado inexistente, é necessário que ocorra ausência de um ou mais elementos de sua formação, *e.g.*, a falta de anuência dos nubentes é caso de inexistência do casamento. Da mesma forma, se o casamento for celebrado por meio de procuração sem poderes especiais ou por instrumento particular.

6.10.2 Casamento Nulo

A validade do ato jurídico requer, conforme a regra estabelecida no artigo 104 do nosso Código Civil: I – agente capaz; II – objeto lícito, possível, determinado ou determinável; III – forma prescrita ou não defesa em lei.

Se o negócio jurídico for inválido ele não será capaz de produzir seus efeitos. O sistema de invalidade do Código Civil é composto pelos seguintes vícios invalidandes: a) nulidade (CC, art. 166), e b) anulabilidade (CC, art. 171).

O artigo 1.548 do Código Civil trata da hipótese de nulidade do casamento ao afirmar que "é nulo o casamento contraído: [...] por infringência de impedimento."[32] Vale lembrar que a hipótese prevista no inciso I foi revogada

32 CC 2002 – Dos Impedimentos. Art. 1.521. Não podem casar: I – os ascendentes com os descendentes, seja o parentesco natural ou civil; II – os afins em linha reta; III – o adotante

pelo artigo 114 da Lei 13.146/2015 (Estatuto da Pessoa com Deficiência).[33]

A ação ordinária de nulidade do casamento poderá ser proposta por qualquer interessado, ou pelo Ministério Público. É o que diz o artigo 1.549 do CC: "Art. 1.549. A decretação de nulidade de casamento, pelos motivos previstos no artigo antecedente, pode ser promovida mediante ação direta, por qualquer interessado, ou pelo Ministério Público." É, pois, uma ação declaratória de nulidade absoluta de casamento. Esta ação é imprescritível e deverá ser proposta, de acordo com o artigo 53, inciso I, do Código de Processo Civil, no seguinte foro:

"É competente o foro:

I – para a ação de divórcio, separação, anulação de casamento e reconhecimento ou dissolução de união estável:

a) de domicílio do guardião de filho incapaz;
b) do último domicílio do casal, caso não haja filho incapaz;
c) de domicílio do réu, se nenhuma das partes residir no antigo domicílio do casal; [...]."

Vale lembrar que os efeitos da nulidade do casamento retroagem à data da celebração das núpcias judicialmente declaradas inválidas (efeito *ex tunc*), sem prejuízo para terceiros de boa-fé. É o que determina o artigo 1.563 do Código Civil: "A sentença que decretar a nulidade do casamento retroagirá à data da sua celebração, sem prejudicar a aquisição de direitos, a título oneroso, por terceiros de boa-fé, nem a resultante de sentença transitada em julgado."

6.10.3 Casamento Anulável

O casamento será anulável nas hipóteses do artigo 1.550 do Código Civil. É um rol taxativo. Dessa forma, é anulável o casamento:

I – de quem não completou a idade mínima para casar; Como visto alhures, a idade núbil é de 16 anos. Isto significa dizer que o casamento de menores de 16 anos é anulável (e não nulo – ainda que sejam pessoas absolutamente incapazes, não podendo exercer os atos da vida civil).

A anulação do casamento dos menores de dezesseis anos será requerida: I – pelo próprio cônjuge menor; II – por seus representantes legais; III – por seus ascendentes (artigo 1.552, CC).

---

com quem foi cônjuge do adotado e o adotado com quem o foi do adotante; IV – os irmãos, unilaterais ou bilaterais, e demais colaterais, até o terceiro grau inclusive; V – o adotado com o filho do adotante; VI – as pessoas casadas; VII – o cônjuge sobrevivente com o condenado por homicídio ou tentativa de homicídio contra o seu consorte.

33 Redação anterior: pelo enfermo mental sem o necessário discernimento para os atos da vida civil; (Sem correspondente ao CCB de 1916)

De acordo com o artigo 1.560, § 1º, do Código Civil, o prazo para ser intentada a ação de anulação do casamento, a contar da data da celebração, é de cento e oitenta dias. O direito de anular o casamento dos menores de dezesseis anos, será contado o prazo para o menor do dia em que perfez essa idade; e da data do casamento, para seus representantes legais ou ascendentes.

II – do menor em idade núbil, quando não autorizado por seu representante legal; Aqui é o caso de maiores de 16 anos e menores de 18 anos, sem a autorização dos seus representantes legais. Se o casamento for realizado nesta hipótese, os pais, tutores ou curadores poderão ingressar com uma ação de anulação do matrimônio. Esta ação deverá ser proposta em cento e oitenta dias, por iniciativa do incapaz, ao deixar de sê-lo, de seus representantes legais ou de seus herdeiros necessários (artigo 1.555, CC). O prazo será contado do dia em que cessou a incapacidade, no primeiro caso; a partir do casamento, no segundo; e, no terceiro, da morte do incapaz (artigo 1.555, § 1º, CC).

Não se anulará o casamento quando à sua celebração houverem assistido os representantes legais do incapaz, ou tiverem, por qualquer modo, manifestado sua aprovação. (artigo 1.555, § 2º, CC).

Vale lembrar que se o casamento for anulado por ausência de idade núbil e do suprimento dos pais, ou do juiz, a emancipação dos menores consorciados também será anulada, de acordo com o art. 5º, parágrafo único, inciso II, do Código Civil. Ora, a causa da emancipação foi o casamento, se este foi anulado, aquela não subsiste.

III – por vício da vontade, nos termos dos arts. 1.556 a 1.558; Não é qualquer vício de vontade que poderá dar azo a anulação do casamento, mas somente se ocorrer *erro essencial quanto à pessoa do cônjuge* (artigo 1.556, CC) ou a *coação* na manifestação de vontade de um dos nubentes.

De acordo com o artigo 1.557 do CC, é considerado erro essencial sobre a pessoa do outro cônjuge:[34]

34 ANULAÇÃO DE CASAMENTO – Erro essencial quanto à pessoa do outro cônjuge não verificado – Inexistência de elementos que revelem qualquer conduta desabonadora do requerido, em momento anterior à celebração matrimonial – Ausência, ademais, de qualquer indicativo de que a requerente tenha tomado conhecimento de circunstâncias que pudessem inviabilizar a manutenção da vida conjugai – Hipótese em que a autora jamais se viu em situação de perigo ou em risco de comprometimento de sua integridade física ou moral – Existência de notícia de que as partes sempre protagonizaram uma relação de mútuo companheirismo – Aplicação do art. 1557, do Código Civil de que não se cogita – Apesar de a requerente ter sido abandonada, tal fato desafiaria, em tese, eventual demanda de separação judicial, nunca de anulação – Ausência de descoberta de algum atributo repulsivo que inviabilizasse a vida conjugai – Ação improcedente – Inversão dos ônus da sucumbência – Recurso provido. Relator(a): Luiz Antonio de Godoy. Comarca: Santo André. Órgão julgador: 1ª Câmara de Direito Privado. Data do julgamento: 06/05/2008.

a) o que diz respeito à sua identidade, sua honra e boa fama, sendo esse erro tal que o seu conhecimento ulterior torne insuportável a vida em comum ao cônjuge enganado;[35]
b) a ignorância de crime, anterior ao casamento, que, por sua natureza, torne insuportável a vida conjugal;
c) a ignorância, anterior ao casamento, de defeito físico irremediável que não caracterize deficiência ou de moléstia grave e transmissível (lepra, AIDS, Sifilis, etc), por contágio ou por herança, capaz de pôr em risco a saúde do outro cônjuge ou de sua descendência;[36] (Redação dada pela Lei nº 13.146, de 2015).[37]

Já de o acordo Art. 1.558 do CC, é anulável o casamento em virtude de *coação* (coação moral ou *vis compulsiva*), quando o consentimento de um ou de ambos os cônjuges houver sido captado mediante fundado temor de mal considerável e iminente para a vida, a saúde e a honra, sua ou de seus familiares.

A coação em matéria de casamento difere da coação como vício de vontade tratada nos artigos 151 e 171 do CCB.

São requisitos da coação para o casamento: a) a coação deve estar fundada em temor; b) a coação deve gerar mal considerável; c) o mal deve ser iminente; d) o bem jurídico atingido deve ser a vida, a saúde e a honra; e) o

35 AGRAVO REGIMENTAL NO AGRAVO EM RECURSO ESPECIAL. ANULAÇÃO DE CASAMENTO. ERRO ESSENCIAL QUANTO À PESSOA. DEPENDÊNCIA QUÍMICA DO CÔNJUGE. AUSÊNCIA DE PROVA DO ESTADO PATOLÓGICO DO RÉU. FUNDAMENTO DO ACÓRDÃO RECORRIDO NÃO ATACADO. COABITAÇÃO POSTERIOR. PRAZO DA CONVIVÊNCIA. REEXAME DE PROVAS. IMPOSSIBILIDADE.
1. Um dos fundamentos utilizados pelo Tribunal de origem para manter a improcedência do pedido de anulação do casamento foi a ausência de provas acerca da condição de dependente químico do réu. Tal fundamento, todavia, não foi atacado pela agravante, circunstância que atrai o óbice de Súmula 283 do STF, segundo a qual: "É inadmissível o recurso extraordinário, quando a decisão recorrida assenta em mais de um fundamento suficiente e o recurso não abrange todos eles." 2. O acórdão não contém elementos que permitam aferir quanto tempo durou a coabitação dos cônjuges. Nesse contexto, a inversão do decidido pelo Tribunal de origem, tal como postulada nas razões do apelo especial, demandaria nova análise do acervo fático-probatório dos autos, o que é vedado pela Súmula 7 do STJ, que dispõe: "A pretensão de simples reexame de prova não enseja recurso especial." 3. Agravo regimental não provido.
(AgRg no AREsp 104.323/SP, Rel. Ministro RAUL ARAÚJO, QUARTA TURMA, julgado em 04/12/2012, DJe 01/02/2013)

36 Redação anterior: III – a ignorância, anterior ao casamento, de defeito físico irremediável, ou de moléstia grave e transmissível, pelo contágio ou herança, capaz de pôr em risco a saúde do outro cônjuge ou de sua descendência; (Correspondente ao art. 219, III do CCB de 1916).

37 REVOGADO pela Lei 13.146/2015: Redação anterior: IV – a ignorância, anterior ao casamento, de doença mental grave que, por sua natureza, torne insuportável a vida em comum ao cônjuge enganado. (Sem correspondente ao CCB de 1916).

mal seja ao próprio nubente ou a seus familiares; f) insuportabilidade.

Nestes casos, quem poderá demandar a anulação do casamento? O artigo 1.559 diz que "somente o cônjuge que incidiu em erro, ou sofreu coação, pode demandar a anulação do casamento; mas a coabitação, havendo ciência do vício, valida o ato, ressalvadas as hipóteses dos incisos III e IV do art. 1.557."[38] Daí que esta ação anulatória é, pois, personalíssima, uma vez que somente poderá ser proposta pelo cônjuge que sofreu a coação.

O prazo para ser intentada a ação de anulação do casamento, a contar da data da celebração, é de *quatro anos*, se houver coação (artigo 1.560, inciso IV, CC).

Vale lembrar que a incapacidade para manter relações sexuais (*impotência coeundi*) e a incapacidade para procriar (*impotência generandi*) não são causas para a anulação do matrimônio. Nestes casos, o divórcio seria a solução. MARIA BERENICE DIAS alerta que não há falar-se "em anulação do casamento sob o fundamento de que a negativa de contatos sexuais frustra a expectativa do noivo. [...] Aliás, reconhecer eventual direito ao sexo pode chancelar a violência sexual entre os cônjuges."[39]

IV – do incapaz de consentir ou manifestar, de modo inequívoco, o consentimento; Aqui se encontram os ébrios habituais (alcoólatras) e os viciados em tóxicos, consoante o artigo 4º, inciso II, do nosso Código Civil. O prazo (decadencial) para promover a ação anulatória do casamento é de 180 dias, contados da realização do casamento.[40] De acordo com o artigo 1.560, § 1º, "extingue-se, em cento e oitenta dias, o direito de anular o casamento dos menores de dezesseis anos, contado o prazo para o menor do dia em que perfez essa idade; e da data do casamento, para seus representantes legais ou ascendentes."

E quanto aos pródigos? O pródigo é aquele indivíduo que dissipa o seu patrimônio. A prodigalidade, no Brasil, já estava prevista nas Ordenações Filipinas, "[...] pessoa que, como pródigo, desordenadamente gasta e destrói sua fazenda", Livro IV, Título 103, § 6.

O Código Civil de 1916 tratava da figura da prodigalidade no artigo 6° e o Código Civil de 2002 manteve o instituto no rol dos relativamente incapazes, conforme o artigo 4°, inciso IV.

38 CC – Art. 1.557. Considera-se erro essencial sobre a pessoa do outro cônjuge: [...] III – a ignorância, anterior ao casamento, de defeito físico irremediável que não caracterize deficiência ou de moléstia grave e transmissível, por contágio ou por herança, capaz de pôr em risco a saúde do outro cônjuge ou de sua descendência; (Redação dada pela Lei nº 13.146, de 2015); IV – REVOGADO pela Lei 13.146/2015.

39 DIAS, Maria Berenice. *Manual de Direito das Famílias*. 11. Ed. São Paulo: Revista dos Tribunais, 2016, p.195.

40 CC – Art. 1.560. O prazo para ser intentada a ação de anulação do casamento, a contar da data da celebração, é de: I – cento e oitenta dias, no caso do inciso IV do art. 1.550;

O *pródigo* é, pois, uma pessoa perdulária, já que dissipa imoderadamente o seu patrimônio, ou seja, é um gastador contumaz. O pródigo é aquele que pode exercer todos os atos da vida civil, salvo aqueles relacionados ao seu patrimônio. De acordo com a regra do artigo 1.782 do Código Civil, "a interdição do pródigo só o privará de, sem curador, emprestar, transigir, dar quitação, alienar, hipotecar, demandar ou ser demandado, e praticar, em geral, os atos que não sejam de mera administração".

A prodigalidade não se presume, deve ser demonstrada por meio de perícia e declarada pelo juiz em sentença. Na decisão, o magistrado deve considerar a contumácia, a habitualidade dos gastos, sempre em atendimento aos princípios da proporcionalidade e da razoabilidade. A prodigalidade resta configurada por gastos excessivos, alienações a preço vil, doações reiteradas que importem em prejuízo patrimonial.

Os pródigos estão sujeitos a curatela conforme a regra do artigo 1.767, inciso V, do Código Civil.

A interdição do pródigo é relativa, daí que ele pode se casar. O regime de bens será, de acordo com o artigo 1.640, caput, do Código Civil, o da comunhão parcial. Este poderá, inclusive, realizar um pacto antenupcial, optando pelo regime da separação de bens. Em outra opção de regime de bens ele deverá ser assistido, uma vez que o ato jurídico possui natureza contratual e está relacionado a administração de patrimônio (artigo 1.782).

V – realizado pelo mandatário, sem que ele ou o outro contraente soubesse da revogação do mandato, e não sobrevindo coabitação entre os cônjuges; Aqui é o caso do casamento realizado por procuração. O casamento é realizado, normalmente, pelo mandatário, sem que este ou o outro nubente tivessem conhecimento da revogação do instrumento do mandato e, obviamente, não tenha sobrevindo a coabitação entre os cônjuges. De acordo com o artigo 1.560, § 2º, o prazo para anulação do casamento é de cento e oitenta dias, a partir da data em que o mandante tiver conhecimento da celebração. Frise-se que a anulação do casamento cabe apenas ao mandante.

De acordo com o artigo 1.550, § 1°, "equipara-se à revogação a invalidade do mandato judicialmente decretada."

VI – por incompetência da autoridade celebrante. O casamento é anulável e o prazo para ser intentada a ação de anulação do casamento, a contar da data da celebração, é de 2 anos (artigo 1.560, inciso II). Ora, ainda que o casamento seja realizado por autoridade celebrante incompetente, os noivos (de boa-fé) estão na posse de estado de casados, iniciando, pois, a princípio, uma vida em comum, caracterizando, assim, uma união estável.

6.11 Casamento de Pessoa com Deficiência Mental ou Intelectual em Idade Núbia

No dia 06/07/2015 foi sancionada a Lei 13.146/2015 que instituiu o *Estatuto da Pessoa com Deficiência*, entrando em vigor 180 dias após a sua publicação. Esta norma jurídica altera substancialmente a *teoria das incapacidades*, com reflexos profundos em vários institutos do Direito de Família.

O artigo 3º do Código Civil foi revogado, permanecendo em vigor apenas o seu *caput* que diz: "são absolutamente incapazes de exercer pessoalmente os atos da vida civil os menores de 16 (dezesseis) anos."

Dessa maneira, em regra, todas as pessoas com deficiências apontadas nos incisos do artigo 3º revogado passam a ser *plenamente capazes para os atos da vida civil*. Neste caso, o legislador visa a *inclusão social* destas pessoas, com vistas a *proteger a sua dignidade*. O artigo 6 da Lei 13.146/2015 afirma que "a deficiência não afeta a plena capacidade civil da pessoa, inclusive para: I – casar-se e constituir união estável; II – exercer direitos sexuais e reprodutivos; III – exercer o direito de decidir sobre o número de filhos e de ter acesso a informações adequadas sobre reprodução e planejamento familiar; IV – conservar sua fertilidade, sendo vedada a esterilização compulsória; V – exercer o direito à família e à convivência familiar e comunitária; e VI – exercer o direito à guarda, à tutela, à curatela e à adoção, como adotante ou adotando, em igualdade de oportunidades com as demais pessoas."

A capacidade jurídica hoje é considerada no rol dos direitos humanos. Vale lembrar que o artigo 12 da *Convenção sobre os Direitos das Pessoas com Deficiência,* aprovada em 13 de dezembro de 2006, em sessão solene da ONU,[41] diz que

> "Reconhecimento igual perante a lei.
> 1.Os Estados Partes reafirmam que as pessoas com deficiência têm o direito de ser reconhecidas em qualquer lugar como pessoas perante a lei.
> 2.Os Estados Partes reconhecerão que as pessoas com deficiência gozam de capacidade legal em igualdade de condições com as demais pessoas em todos os aspectos da vida.
> 3.Os Estados Partes tomarão medidas apropriadas para prover o acesso de pessoas com deficiência ao apoio que necessitarem no exercício de sua capacidade legal.
> 4.Os Estados Partes assegurarão que todas as medidas relativas ao exercício da capacidade legal incluam salvaguardas apropria-

41 Decreto n.6949/2009 – Promulga a Convenção Internacional sobre os Direitos das Pessoas com Deficiência e seu Protocolo Facultativo, assinados em Nova York, em 30 de março de 2007.

> das e efetivas para prevenir abusos, em conformidade com o direito internacional dos direitos humanos. Essas salvaguardas assegurarão que as medidas relativas ao exercício da capacidade legal respeitem os direitos, a vontade e as preferências da pessoa, sejam isentas de conflito de interesses e de influência indevida, sejam proporcionais e apropriadas às circunstâncias da pessoa, se apliquem pelo período mais curto possível e sejam submetidas à revisão regular por uma autoridade ou órgão judiciário competente, independente e imparcial. As salvaguardas serão proporcionais ao grau em que tais medidas afetarem os direitos e interesses da pessoa.
> 5.Os Estados Partes, sujeitos ao disposto neste Artigo, tomarão todas as medidas apropriadas e efetivas para assegurar às pessoas com deficiência o igual direito de possuir ou herdar bens, de controlar as próprias finanças e de ter igual acesso a empréstimos bancários, hipotecas e outras formas de crédito financeiro, e assegurarão que as pessoas com deficiência não sejam arbitrariamente destituídas de seus bens."

A *Convenção sobre os Direitos das Pessoas com Deficiência* da ONU foi inserida no sistema jurídico brasileiro pelo Decreto nº. 6.949, de 25.08.2009, que a promulgou. Na medida em que a aprovação da Convenção obedeceu ao rito estipulado pela Emenda Constitucional nº. 45/04, sua incorporação em nosso ordenamento se deu com status constitucional.

A Lei 13.146/2015 está em sintonia com o *reconhecimento dos direitos das pessoas com deficiência*, visando a sua *igualdade* e *inclusão social*.[42] O direito das pessoas com deficiência a tomar decisões sobre a sua vida e desfrutar sua capacidade jurídica, em condições de igualdade com os outros é uma das questões de *direitos humanos* mais importante na Europa.

O que se quer é uma postura de reconhecimento, visando a eliminação de barreiras que impedem as pessoas com deficiências de tomar o controle de suas vidas e se tornarem cidadãos ativos contribuindo propositivamente para a sociedade. É, pois, uma abordagem baseada nos direitos humanos para a deficiência. Melhor dizendo: as políticas que visam apenas cuidado,

42 Lei 13.146/15 – Institui a Lei Brasileira de Inclusão da Pessoa com Deficiência (Estatuto da Pessoa com Deficiência) – Esta Lei tem como base a Convenção sobre os Direitos das Pessoas com Deficiência e seu Protocolo Facultativo, ratificados pelo Congresso Nacional por meio do Decreto Legislativo no 186, de 9 de julho de 2008, em conformidade com o procedimento previsto no § 3o do art. 5o da Constituição da República Federativa do Brasil, em vigor para o Brasil, no plano jurídico externo, desde 31 de agosto de 2008, e promulgados pelo Decreto no 6.949, de 25 de agosto de 2009, data de início de sua vigência no plano interno.

reabilitação médica e benefícios deve ser revista com vistas a inclusão social.

Na verdade, a Lei 13.146/2015 fornece uma mudança de paradigma nas políticas destinadas a pessoas com deficiência com vistas a igualdade e o processo de inclusão social. A maioria dos sistemas jurídicos apresenta noção obsoleta da capacidade jurídica. Dessa maneira, o artigo 3º do nosso Código Civil foi aprimorado à luz das normas de direitos humanos, e com especial referência ao artigo 12 da Convenção acima citado. É, pois, uma mudança que visa corrigir os defeitos que privavam as pessoas com deficiência sobre os seus direitos, especialmente, no direito de família, como o casamento, a interdição e a curatela.

Lamentavelmente, as pessoas com deficiência ainda sofrem discrinações e preconceitos na sociedade. Basta lembrar que a maioria das escolas não possuem preparo docente e infraestrutura para acolher as crianças com deficiência. As oportuniodades de negócios e empregos são raras, uma vez que a discriminação se desvela em cores vivas e os locais de trabalho são, em regra, inacessíveis.

Nesse sentido, vale destacar os comentários de Gustavo Caramelo, Sebastián Picasso e Marisa Herrera em relação as mudanças ocorridas no Código Civil Argentino:

> "El Alto Comisionado de Derechos Humanos de Naciones Unidas ha afirmado que la capacidad jurídica excede la posibilidad de tomar decisiones por sí o por un tercero; **guarda relación con el ser persona. De allí que las restricciones a la capacidad deben valorarse con sumo cuidado y de modo excepcional, por constituir una restricción a un derecho humano**. Una limitación total de la capacidad jurídica por la sola existencia de una discapacidad intelectual o psicosocial viola los principios de la Convención de Naciones Unidas.
>
> Así también lo ha entendido el Tribunal Europeo de Derechos Humanos en caso Shtukaturov c. Rusia. Consideró que la incapacitación de una persona constituye uma injerencia en la vida privada que debe calificarse de "muy grave", pues la incapacitación total supone la dependencia de un tutor en todos los ámbitos de su vida y se aplica por un periodo indefinido sin que pueda ser impugnada. Afirma asimismo el Tribunal que "la existencia de un trastorno mental, aunque sea grave, no puede ser la única razón para justificar la incapacitación total", debiendo contemplarse una "respuesta a medida" a fin de no limitar el

derecho a la vida privada "más de lo estrictamente necesario" (grifo nosso).[43]

O reconhecimento da capacidade de uma pessoa para tomar suas próprias decisões é essencial para que esta pessoa possa decidir sobre a sua vida e participar efetivamente da sociedade em que vive.

Assim, a capacidade jurídica vai além da tomada de uma decisão, ou seja, faz parte da própria essência da pessoa e sua dignidade. As decisões que tomamos em nossa vida representam o nosso próprio caminho, desvelando o nosso próprio ser.

Dessa maneira, é preciso mudar a visão da capacidade civil, com o proósito de colocarmos a pessoa no epicentro do ordenamento jurídico, de forma coerente e harmônica com os direitos humanos, as liberdades fundamentais e a dignidade de todas as pessoas com deficiência.

No mesmo sentido, caminhou, também, o Novo Código Civil Argentino: Artículo 23. – *Capacidad de ejercicio. Toda persona humana puede ejercer por sí misma sus derechos, excepto las limitaciones expressamente previstas en este Código y en una sentencia judicial.*[44]

ROSE MELO VENCELAU MEIRELES destaca que "a principal contribuição do Estatuto do Deficiente constitui a desidentificação do deficiente com o incapaz. Trata-se do uso da lei na sua função promocional, com vistas a não discriminação. Contudo, nos casos em que houver falta de discernimento faz-se não só possível como imperiosa a curatela. Note-se que a curatela se limita aos atos patrimoniais e negociais, entendidos esses como negociais patrimoniais. O Estatuto do Deficiente, assim, foi ao encontro da teoria que

43 CARAMELO, Gustavo. *Código Civil y Comercial de la Nación comentado* / Gustavo Caramelo ; Sebastián Picasso ; Marisa Herrera. – 1a ed. – Ciudad Autónoma de Buenos. Aires : Infojus, 2015, p.59-60.

44 "El CCyC introduce en forma expresa el principio de capacidad de ejercicio de la persona. Como veremos a continuación, dicho principio conecta con la concepción actual de la capacidad como un derecho humano de la persona, lo que profundiza las exigencias al momento de admitir su eventual restricción. Establece en qué casos dichas restricciones pueden resultar admisibles. La referencia a

las "limitaciones expresamente previstas" en el CCyC aluden a la situación de ninos, ninas y adolescentes que no presenten las condiciones de edad y madurez suficiente que más adelante se introducen; en cuanto a las personas mayores de edad, pueden sufrir

restricciones a su capacidad jurídica como consecuencia de una sentencia dictada luego de transitar un proceso judicial, que también debe satisfacer los recaudos exigidos como reglas generales en el CCyC." CARAMELO, Gustavo. *Código Civil y Comercial de la Nación comentado* / Gustavo Caramelo ; Sebastián Picasso ; Marisa Herrera. – 1a ed. – Ciudad Autónoma de Buenos. Aires : Infojus, 2015, p.57.

propugna pela necessária tutela qualitativa das situações existenciais."[45]

A nova redação do artigo 3º do Código Civil, diz que são *absolutamente incapazes* apenas os menores de dezesseis anos, excluindo as pessoas "com enfermidade ou deficiência mental" e qualificando como relativamente incapazes os que, por causa transitória, não puderem exprimir sua vontade (na redação originária, eram absolutamente incapazes). É o que diz o artigo 84 do *Estatudo da Pessoa com Deficiência* ao afirmar que "*a pessoa com deficiência tem assegurado o direito ao exercício de sua capacidade legal em igualdade de condições com as demais pessoas.*"

Todavia, em caráter excepcional, a pessoa com deficiência mental ou intelectual poderá ser submetida a curatela, no seu legítimo interesse. Essa curatela está delineada no artigo 84, §1º do *Estatuto da Pessoa com Deficiência:* "Quando necessário, a pessoa com deficiência será submetida à curatela, conforme a lei."

A definição de curatela de pessoa com deficiência constitui *medida protetiva extraordinária*, proporcional às necessidades e às circunstâncias de cada caso, e durará o menor tempo possível (artigo 84, § 3º da Lei 13.146/2015).

Os curadores são obrigados a prestar, anualmente, contas de sua administração ao juiz, apresentando o balanço do respectivo ano (artigo 84, § 4º da Lei 13.146/2015).

Importante destacar que a curatela afetará tão somente os atos relacionados aos direitos de natureza patrimonial e negocial. A definição da curatela não alcança o direito ao próprio corpo, à sexualidade, ao matrimônio, à privacidade, à educação, à saúde, ao trabalho e ao voto.

Por ser medida extraordinária, a sentença judicial de curatela deve conter as razões e motivações de sua definição, preservados os interesses do curatelado.

No caso de pessoa em situação de institucionalização, ao nomear curador, o juiz deve dar preferência a pessoa que tenha vínculo de natureza familiar, afetiva ou comunitária com o curatelado.

Para emissão de documentos oficiais, não será exigida a situação de curatela da pessoa com deficiência (artigo 86 da Lei 13.146/2015).

Em casos de relevância e urgência e a fim de proteger os interesses da pessoa com deficiência em situação de curatela, será lícito ao juiz, ouvido o Ministério Público, de oficio ou a requerimento do interessado, nomear,

---

45 MEIRELES, Rose Melo Vencelau. *A Necessária Distinção entre Negócios Jurídicos Patrimoniais e Existenciais*: o Exemplo da Capacidade Civil. In: MORAES, Carlos Eduardo Guerra de; RIBEIRO, Ricardo Lodi (Coord.); MONTEIRO FILHO, Carlos Edison ddo Rêgo; GUEDES, Gisela Sampaio da Cruz; MEIRELES, Rose Melo Vencelau. Coleção Direito UERJ 80 anos, Direito Civil. Vol. 2. Rio de Janeiro: Freitas Bastos, 2015, p. 178.

desde logo, curador provisório, o qual estará sujeito, no que couber, às disposições do Código de Processo Civil. (artigo 87 da Lei 13.146/2015).

O CPC trata nos artigos 747 a 758 da interdição.[46] Nota-se que o CPC

46 CPC – Da Interdição – Art. 747. A interdição pode ser promovida: I – pelo cônjuge ou companheiro; II – pelos parentes ou tutores; III – pelo representante da entidade em que se encontra abrigado o interditando; IV – pelo Ministério Público. Parágrafo único. A legitimidade deverá ser comprovada por documentação que acompanhe a petição inicial.
Art. 748. O Ministério Público só promoverá interdição em caso de doença mental grave: I – se as pessoas designadas nos incisos I, II e III do art. 747 não existirem ou não promoverem a interdição; II – se, existindo, forem incapazes as pessoas mencionadas nos incisos I e II do art. 747.
Art. 749. Incumbe ao autor, na petição inicial, especificar os fatos que demonstram a incapacidade do interditando para administrar seus bens e, se for o caso, para praticar atos da vida civil, bem como o momento em que a incapacidade se revelou.
Parágrafo único. Justificada a urgência, o juiz pode nomear curador provisório ao interditando para a prática de determinados atos.
Art. 750. O requerente deverá juntar laudo médico para fazer prova de suas alegações ou informar a impossibilidade de fazê-lo.
Art. 751. O interditando será citado para, em dia designado, comparecer perante o juiz, que o entrevistará minuciosamente acerca de sua vida, negócios, bens, vontades, preferências e laços familiares e afetivos e sobre o que mais lhe parecer necessário para convencimento quanto à sua capacidade para praticar atos da vida civil, devendo ser reduzidas a termo as perguntas e respostas.
§ 1º Não podendo o interditando deslocar-se, o juiz o ouvirá no local onde estiver.
§ 2º A entrevista poderá ser acompanhada por especialista.
§ 3º Durante a entrevista, é assegurado o emprego de recursos tecnológicos capazes de permitir ou de auxiliar o interditando a expressar suas vontades e preferências e a responder às perguntas formuladas.
§ 4º A critério do juiz, poderá ser requisitada a oitiva de parentes e de pessoas próximas.
Art. 752. Dentro do prazo de 15 (quinze) dias contado da entrevista, o interditando poderá impugnar o pedido.
§ 1º O Ministério Público intervirá como fiscal da ordem jurídica.
§ 2º O interditando poderá constituir advogado, e, caso não o faça, deverá ser nomeado curador especial.
§ 3º Caso o interditando não constitua advogado, o seu cônjuge, companheiro ou qualquer parente sucessível poderá intervir como assistente.
Art. 753. Decorrido o prazo previsto no art. 752, o juiz determinará a produção de prova pericial para avaliação da capacidade do interditando para praticar atos da vida civil.
§ 1º A perícia pode ser realizada por equipe composta por expertos com formação multidisciplinar.
§ 2º O laudo pericial indicará especificadamente, se for o caso, os atos para os quais haverá necessidade de curatela.
Art. 754. Apresentado o laudo, produzidas as demais provas e ouvidos os interessados, o juiz proferirá sentença.
Art. 755. Na sentença que decretar a interdição, o juiz: I – nomeará curador, que poderá ser o requerente da interdição, e fixará os limites da curatela, segundo o estado e o desenvolvimento mental do interdito; II – considerará as características pessoais do interdito, observando suas potencialidades, habilidades, vontades e preferências.
§ 1º A curatela deve ser atribuída a quem melhor possa atender aos interesses do curatelado.

desconsiderou a *Convenção sobre os Direitos das Pessoas com Deficiência* (CDPD) – com força de emenda constitucional -, e o *Estatuto da Pessoa com Deficiência* (EPD), já que alude a "interdição", "interditando" e "incapaz", gerando, pois, estigma desnecessário às pessoas com deficiência mental ou intelectual.

O instituto jurídico da *interdição*, como medida de proibição do exercício de direitos, não se mostra adequado com a tendência atual de dignificação da pessoa com deficiência, quer por meio de sua inclusão, quer por meio da valoração da sua manifestação de vontade. Em *caráter excepcional*, como dito alhures, utiliza-se a *curatela*, com vistas à proteção da pessoa e à prática de determinados atos, que devem se restringir aos patrimoniais e negociais.

É possível afirmar que a *Convenção sobre os Direitos das Pessoas com Deficiência* (CDPD) e o *Estatuto da Pessoa com Deficiência* (EPD) trouxeram um importante avanço legal, determinando, expressamente, a supressão da deficiência como critério para a incapacidade absoluta. É, pois, a transposição da *dignidade-vulnerabilidade* em direção a *dignidade-igualdade* ou *dignidade--inclusão*.

Destarte, todas as pessoas com deficiência se tornaram, regra geral, plenamente capazes para os atos da vida civil, visando precipuamente a sua plena inclusão social, em prol de sua dignidade. Neste diapasão, como dito

§ 2º Havendo, ao tempo da interdição, pessoa incapaz sob a guarda e a responsabilidade do interdito, o juiz atribuirá a curatela a quem melhor puder atender aos interesses do interdito e do incapaz.

§ 3º A sentença de interdição será inscrita no registro de pessoas naturais e imediatamente publicada na rede mundial de computadores, no sítio do tribunal a que estiver vinculado o juízo e na plataforma de editais do Conselho Nacional de Justiça, onde permanecerá por 6 (seis) meses, na imprensa local, 1 (uma) vez, e no órgão oficial, por 3 (três) vezes, com intervalo de 10 (dez) dias, constando do edital os nomes do interdito e do curador, a causa da interdição, os limites da curatela e, não sendo total a interdição, os atos que o interdito poderá praticar autonomamente.

Art. 756. Levantar-se-á a curatela quando cessar a causa que a determinou.

§ 1º O pedido de levantamento da curatela poderá ser feito pelo interdito, pelo curador ou pelo Ministério Público e será apensado aos autos da interdição.

§ 2º O juiz nomeará perito ou equipe multidisciplinar para proceder ao exame do interdito e designará audiência de instrução e julgamento após a apresentação do laudo.

§ 3º Acolhido o pedido, o juiz decretará o levantamento da interdição e determinará a publicação da sentença, após o trânsito em julgado, na forma do art. 755, § 3o, ou, não sendo possível, na imprensa local e no órgão oficial, por 3 (três) vezes, com intervalo de 10 (dez) dias, seguindo-se a averbação no registro de pessoas naturais.

§ 4º A interdição poderá ser levantada parcialmente quando demonstrada a capacidade do interdito para praticar alguns atos da vida civil.

Art. 757. A autoridade do curador estende-se à pessoa e aos bens do incapaz que se encontrar sob a guarda e a responsabilidade do curatelado ao tempo da interdição, salvo se o juiz considerar outra solução como mais conveniente aos interesses do incapaz.

Art. 758. O curador deverá buscar tratamento e apoio apropriados à conquista da autonomia pelo interdito.

alhures, frise-se, o artigo 6º da Lei 13.146/2015 (Lei Brasileira de Inclusão da Pessoa com Deficiência – Estatuto da Pessoa com Deficiência) determina que "a deficiência não afeta a plena capacidade civil da pessoa, inclusive para:

I – **casar-se e constituir união estável**; (grifo nosso)

II – exercer direitos sexuais e reprodutivos;

III – exercer o direito de decidir sobre o número de filhos e de ter acesso a informações adequadas sobre reprodução e planejamento familiar;

IV – conservar sua fertilidade, sendo vedada a esterilização compulsória;

V – exercer o direito à família e à convivência familiar e comunitária; e

VI – exercer o direito à guarda, à tutela, à curatela e à adoção, como adotante ou adotando, em igualdade de oportunidades com as demais pessoas."

A *nova teoria da incapacidade* fortaleceu o instituto jurídico da capacidade, quer por meio do suporte para as decisões, por meio da *tomada de decisão apoiada*, quer pela assistência aos negócios jurídicos, como no caso da curatela.[47]

---

47 CPC – Art. 759. O tutor ou o curador será intimado a prestar compromisso no prazo de 5 (cinco) dias contado da:

I – nomeação feita em conformidade com a lei;

II – intimação do despacho que mandar cumprir o testamento ou o instrumento público que o houver instituído.

§ 1º O tutor ou o curador prestará o compromisso por termo em livro rubricado pelo juiz.

§ 2º Prestado o compromisso, o tutor ou o curador assume a administração dos bens do tutelado ou do interditado.

Art. 760. O tutor ou o curador poderá eximir-se do encargo apresentando escusa ao juiz no prazo de 5 (cinco) dias contado:

I – antes de aceitar o encargo, da intimação para prestar compromisso;

II – depois de entrar em exercício, do dia em que sobrevier o motivo da escusa.

§ 1º Não sendo requerida a escusa no prazo estabelecido neste artigo, considerar-se-á renunciado o direito de alegá-la.

§ 2º O juiz decidirá de plano o pedido de escusa, e, não o admitindo, exercerá o nomeado a tutela ou a curatela enquanto não for dispensado por sentença transitada em julgado.

Art. 761. Incumbe ao Ministério Público ou a quem tenha legítimo interesse requerer, nos casos previstos em lei, a remoção do tutor ou do curador.

Parágrafo único. O tutor ou o curador será citado para contestar a arguição no prazo de 5 (cinco) dias, findo o qual observar-se-á o procedimento comum.

Art. 762. Em caso de extrema gravidade, o juiz poderá suspender o tutor ou o curador do exercício de suas funções, nomeando substituto interino.

Art. 763. Cessando as funções do tutor ou do curador pelo decurso do prazo em que era obrigado a servir, ser-lhe-á lícito requerer a exoneração do encargo.

§ 1º Caso o tutor ou o curador não requeira a exoneração do encargo dentro dos 10 (dez) dias seguintes à expiração do termo, entender-se-á reconduzido, salvo se o juiz o dispensar.

§ 2º Cessada a tutela ou a curatela, é indispensável a prestação de contas pelo tutor ou pelo curador, na forma da lei civil.

A *Tomada de Decisão Apoiada*, de acordo com o artigo 1783-A do Código Civil brasileiro: "A tomada de decisão apoiada é o processo pelo qual a pessoa com deficiência elege pelo menos 2 (duas) pessoas idôneas, com as quais mantenha vínculos e que gozem de sua confiança, para prestar-lhe apoio na tomada de decisão sobre atos da vida civil, fornecendo-lhes os elementos e informações necessários para que possa exercer sua capacidade."[48]

De acordo com as conclusões de JOYCEANE BEZERRA DE MENEZES a *tomada de decisão apoiada*[49] constitui um "acordo por meio do qual a pessoa interessada e, somente ela, apresenta ao juiz os termos e duração do apoio

48 CCB – Art. 1.783-A. A tomada de decisão apoiada é o processo pelo qual a pessoa com deficiência elege pelo menos 2 (duas) pessoas idôneas, com as quais mantenha vínculos e que gozem de sua confiança, para prestar-lhe apoio na tomada de decisão sobre atos da vida civil, fornecendo-lhes os elementos e informações necessários para que possa exercer sua capacidade.

§ 1º Para formular pedido de tomada de decisão apoiada, a pessoa com deficiência e os apoiadores devem apresentar termo em que constem os limites do apoio a ser oferecido e os compromissos dos apoiadores, inclusive o prazo de vigência do acordo e o respeito à vontade, aos direitos e aos interesses da pessoa que devem apoiar.

§ 2º O pedido de tomada de decisão apoiada será requerido pela pessoa a ser apoiada, com indicação expressa das pessoas aptas a prestarem o apoio previsto no caput deste artigo.

§ 3º Antes de se pronunciar sobre o pedido de tomada de decisão apoiada, o juiz, assistido por equipe multidisciplinar, após oitiva do Ministério Público, ouvirá pessoalmente o requerente e as pessoas que lhe prestarão apoio.

§ 4º A decisão tomada por pessoa apoiada terá validade e efeitos sobre terceiros, sem restrições, desde que esteja inserida nos limites do apoio acordado.

§ 5º Terceiro com quem a pessoa apoiada mantenha relação negocial pode solicitar que os apoiadores contra-assinem o contrato ou acordo, especificando, por escrito, sua função em relação ao apoiado.

§ 6º Em caso de negócio jurídico que possa trazer risco ou prejuízo relevante, havendo divergência de opiniões entre a pessoa apoiada e um dos apoiadores, deverá o juiz, ouvido o Ministério Público, decidir sobre a questão.

§ 7º Se o apoiador agir com negligência, exercer pressão indevida ou não adimplir as obrigações assumidas, poderá a pessoa apoiada ou qualquer pessoa apresentar denúncia ao Ministério Público ou ao juiz

§ 8º Se procedente a denúncia, o juiz destituirá o apoiador e nomeará, ouvida a pessoa apoiada e se for de seu interesse, outra pessoa para prestação de apoio.

§ 9º A pessoa apoiada pode, a qualquer tempo, solicitar o término de acordo firmado em processo de tomada de decisão apoiada.

§ 10. O apoiador pode solicitar ao juiz a exclusão de sua participação do processo de tomada de decisão apoiada, sendo seu desligamento condicionado à manifestação do juiz sobre a matéria.

§ 11. Aplicam-se à tomada de decisão apoiada, no que couber, as disposições referentes à prestação de contas na curatela.

49 MENEZES, Joyceane Bezerra de. Tomada de Decisão Apoiada: Instrumento de Apoio ao Exercício da Capacidade Civil da Pessoa com Deficiência instituído pela Lei Brasileira de Inclusão (Lei N. 13.146/2015). In: *Revista Brasileira de Direito Civil*. Vol.–Jul/Set 2016, p.31-57. Disponível em: < https://www.ibdcivil.org.br/rbdc.php?ip=123&titulo=VOLUME%209%20|%20Jul-Set%202016&category_id=147&arquivo=data/revista/volume9/rbdcivil_vol_9_completo-(final).pdf>. Acesso em: 31 out. 2016.

que requer, indicando duas ou mais pessoas idôneas com as quais mantenha vínculo e relação de confiança para que sejam suas apoiadoras.

O objeto do apoio pode ser matéria de natureza patrimonial ou existencial.

O apoio pode se manifestar por variadas formas, seja favorecendo a informação, a comunicação, a compreensão dos fatos etc., conforme demandar a necessidade do requerente.

O pedido dever ser dirigido ao juiz da vara de família ou àquele que exerça competência nesta área.

Não há transferência de poderes do apoiado para o apoiador.

Não há necessidade de registro da sentença que homologa o acordo de apoio.

Os negócios celebrados pela pessoa apoiada, ainda que sem a presença do apoiador, serão plenamente válidos, haja vista que preservam a capacidade civil íntegra.

Os apoiadores têm deveres em relação à pessoa apoiada, respondendo civilmente pelos prejuízos que causarem-na por negligencia, imprudência ou imperícia.

A qualquer tempo o apoiado pode pedir a extinção da medida.

Os apoiadores podem requer sua liberação do encargo ao juiz, ocasião em que devem prestar contas à semelhança do que se impõe ao curador.

Não há fungibilidade entre os pedidos de decisão apoiada e curatela, muito embora seja deferido ao juiz o poder de adaptação dos procedimentos para melhor atender ao direito material da parte requerente, nos limites da lei."

Dessa maneira, o artigo 1.550, § 2º, do nosso Código Civil determina que "a pessoa com deficiência mental ou intelectual em idade núbia poderá contrair matrimônio, expressando sua vontade diretamente ou por meio de seu responsável ou curador. (Incluído pela Lei 13.146/2015 – Estatuto da Pessoa com Deficiência).

6.12 Casamento Putativo

O *casamento putativo* está previsto no artigo 1.561 do Código Civil. A norma jurídica determina que "embora anulável ou mesmo nulo, se contraído de boa-fé por ambos os cônjuges, o casamento, em relação a estes como aos filhos, produz todos os efeitos até o dia da sentença anulatória."

Se um dos cônjuges estava de boa-fé ao celebrar o casamento, os seus efeitos civis só a ele e aos filhos aproveitarão (artigo 1.561, § 1°, CC).[50] Quan-

50 Casamento putativo. Boa-fé. Direito a alimentos. Reclamação da mulher.

do o casamento for anulado por culpa de um dos cônjuges, este incorrerá na obrigação de cumprir as promessas que lhe fez no contrato antenupcial (CC, artigo 1.564, inciso II).[51] Aqui, o casamento produzirá efeitos para o cônjuge de boa-fé e não produzirá efeitos para o cônjuge de má-fé.

Se ambos os cônjuges estavam de má-fé ao celebrar o casamento, os seus efeitos civis só aos filhos aproveitarão (artigo 1.561, § 2º, CC).

Dessa forma, o casamento putativo produzirá todos os efeitos inerentes ao casamento válido, até o momento que seja decretada a sua nulidade ou anulabilidade. No mesmo sentido, o pacto antenupcial produzirá seus jurídicos e legais efeitos até a data da sentença anulatória do casamento (aí incluído a obrigação alimentar). Caso um dos cônjuges venha a falecer antes da sentença anulatória, o outro terá direito à herança, caso o regime de bens permita (CC, art. 1.829). O cônjuge sobrevivente também deverá receber a sua meação dependendo do regime de comunicação patrimonial adotado entre os cônjuges.

Vale ainda, apresentar questão interessante apontada por ROLF MADALENO: "Por fim, calha trazer para exame outra implicação proveniente da putatividade, a saber, se declarado nulo o primeiro casamento, e existente um segundo consórcio, concomitante, se a nulidade judicial do primeiro valida o matrimônio posterior. Como os efeitos da nulidade são retroativos, afigura-se viável validar as segundas núpcias, porque, quem casou pela segunda vez, sem dissolver o primeiro casamento, com o decreto de sua nulidade voltou ao estado civil de solteiro e, portanto, poderia casar, eis que seu segundo casamento se tornou, em realidade, o seu primeiro matrimônio. E, se um dos cônjuges estava de boa-fé e desconhecia o impedimento que levou à nulidade do matrimônio, em nada se altera o argumento ora exposto, porque sempre a nulidade do casamento opera desde a celebração das núpcias, apenas que o consorte de boa-fé tem assegurados os efeitos do casamento enquanto este não foi judicialmente declarado nulo. Claro que nada disto diz respeito à pro-

---

1. Ao cônjuge de boa-fé aproveitam os efeitos civis do casamento, embora anulável ou mesmo nulo (Cód. Civil, art. 221, parágrafo único).
2. A mulher que reclama alimentos a eles tem direito, mas até à data da sentença (Cód. Civil, art. 221, parte final). Anulado ou declarado nulo o casamento, desaparece a condição de cônjuges.
3. Direito a alimentos "até ao dia da sentença anulatória".
4. Recurso especial conhecido pelas alíneas a e c e provido.

(REsp 69.108/PR, Rel. Ministro NILSON NAVES, TERCEIRA TURMA, julgado em 16/12/1999, DJ 27/03/2000, p. 92)

51 CC – Art. 1.564. Quando o casamento for anulado por culpa de um dos cônjuges, este incorrerá:

I – na perda de todas as vantagens havidas do cônjuge inocente;

II – na obrigação de cumprir as promessas que lhe fez no contrato antenupcial.

le eventualmente gerada em um matrimônio nulo, pois seguirá sendo prole do casamento."[52]

6.13 Separação de corpos

O artigo 1.562 do Código Civil possibilita o pedido de separação de corpos antes de ser movida a ação de nulidade do casamento, a de anulação, a de separação judicial,[53] a de divórcio e a de dissolução de união estável, a ser concedida pelo magistrado com a maior brevidade possível.

Dessa forma, a medida judicial de separação de corpos visa a retirada de um dos cônjuges do lar conjugal (no momento do pedido de divórcio, de dissolução de união estável ou até mesmo em casos de agressão), por meio de autorização judicial.

De acordo com o artigo 189, inciso II, do CPC, "os atos processuais são públicos, todavia tramitam em segredo de justiça os processos: [...] II – que versem sobre casamento, separação de corpos, divórcio, separação, união estável, filiação, alimentos e guarda de crianças e adolescentes;"

Vale destacar que o pedido de separação de corpos não desfaz o casamento,[54] uma vez que os cônjuges se mantêm no *estado de casados*, cessando,

---

52 MADALENO, Rolf. *Direito de Família,* 7.ed. São Paulo: Forense, 11/2016. VitalBook file.

53 Com a Emenda Constitucional n.66, a ação de separação judicial foi revogada tacitamente.

54 RECURSO ORDINÁRIO EM HABEAS CORPUS. TENTATIVA DE ESTELIONATO (ARTIGO 171, COMBINADO COM O ARTIGO 14, INCISO II, AMBOS DO CÓDIGO PENAL). CRIME PRATICADO POR UM DOS CÔNJUGES CONTRA O OUTRO. SEPARAÇÃO DE CORPOS. EXTINÇÃO DO VÍNCULO MATRIMONIAL. INOCORRÊNCIA. INCIDÊNCIA DA ESCUSA ABSOLUTÓRIA PREVISTA NO ARTIGO 181, INCISO I, DO CÓDIGO PENAL. IMUNIDADE NÃO REVOGADA PELA LEI MARIA DA PENHA. DERROGAÇÃO QUE IMPLICARIA VIOLAÇÃO AO PRINCÍPIO DA IGUALDADE. PREVISÃO EXPRESSA DE MEDIDAS CAUTELARES PARA A PROTEÇÃO DO PATRIMÔNIO DA MULHER EM SITUAÇÃO DE VIOLÊNCIA DOMÉSTICA E FAMILIAR. INVIABILIDADE DE SE ADOTAR ANALOGIA EM PREJUÍZO DO RÉU. PROVIMENTO DO RECLAMO.

1. O artigo 181, inciso I, do Código Penal estabelece imunidade penal absoluta ao cônjuge que pratica crime patrimonial na constância do casamento.

2. De acordo com o artigo 1.571 do Código Civil, a sociedade conjugal termina pela morte de um dos cônjuges, pela nulidade ou anulação do casamento, pela separação judicial e pelo divórcio, motivo pelo qual a separação de corpos, assim como a separação de fato, que não têm condão de extinguir o vínculo matrimonial, não são capazes de afastar a imunidade prevista no inciso I do artigo 181 do Estatuto Repressivo.

3. O advento da Lei 11.340/2006 não é capaz de alterar tal entendimento, pois embora tenha previsto a violência patrimonial como uma das que pode ser cometida no âmbito doméstico e familiar contra a mulher, não revogou quer expressa, quer tacitamente, o artigo 181 do Código Penal.

4. A se admitir que a Lei Maria da Penha derrogou a referida imunidade, se estaria diante de flagrante hipótese de violação ao princípio da isonomia, já que os crimes patrimoniais praticados pelo marido contra a mulher no âmbito doméstico e familiar poderiam ser processados e julgados, ao passo que a mulher que venha cometer o mesmo tipo de delito contra o marido estaria isenta de pena.

pois, os deveres de coabitação e fidelidade. Este pedido de separação de corpos poderá ser formulado na própria ação de divórcio, como *tutela antecipada* de acordo com o artigo 303 do Código de Processo Civil, *verbis*: "Nos casos em que a urgência for contemporânea à propositura da ação, a petição inicial pode limitar-se ao requerimento da tutela antecipada e à indicação do pedido de tutela final, com a exposição da lide, do direito que se busca realizar e do perigo de dano ou do risco ao resultado útil do processo."

Nada impede que a ação de divórcio seja cumulada[55] com pedido de separação de corpos e afastamento do cônjuge do lar conjugal, guarda provisória dos filhos menores e pedido de alimentos. Dependendo do caso concreto decidendo, o magistrado poderá afastar do lar conjugal até mesmo o cônjuge proprietário do imóvel em virtude da hipossuficiência do outro cônjuge ou no caso de violência doméstica. Neste caso, é possível manter no imóvel o cônjuge não proprietário do lar, a título de tutela provisória. Obviamente, após encerrado o processo judicial, a propriedade deve ser retomada para habitação do parceiro afastado (proprietário do imóvel).

Por fim, vale destacar a separação de corpos inserida na *Lei Maria da Penha* (Lei 11.340/2006).[56] É uma lei que visa a proteção integral à mulher vítima

---

5. Não há falar em ineficácia ou inutilidade da Lei 11.340/2006 ante a persistência da imunidade prevista no artigo 181, inciso I, do Código Penal quando se tratar de violência praticada contra a mulher no âmbito doméstico e familiar, uma vez que na própria legislação vigente existe a previsão de medidas cautelares específicas para a proteção do patrimônio da ofendida.

6. No direito penal não se admite a analogia em prejuízo do réu, razão pela qual a separação de corpos ou mesmo a separação de fato, que não extinguem a sociedade conjugal, não podem ser equiparadas à separação judicial ou o divórcio, que põe fim ao vínculo matrimonial, para fins de afastamento da imunidade disposta no inciso I do artigo 181 do Estatuto Repressivo.

7. Recurso provido para determinar o trancamento da ação penal apenas com relação ao recorrente.

(RHC 42.918/RS, Rel. Ministro JORGE MUSSI, QUINTA TURMA, julgado em 05/08/2014, DJe 14/08/2014).

55 CPC – Art. 327. É lícita a cumulação, em um único processo, contra o mesmo réu, de vários pedidos, ainda que entre eles não haja conexão.

§ 1º São requisitos de admissibilidade da cumulação que:

I – os pedidos sejam compatíveis entre si;

II – seja competente para conhecer deles o mesmo juízo;

III – seja adequado para todos os pedidos o tipo de procedimento.

§ 2º Quando, para cada pedido, corresponder tipo diverso de procedimento, será admitida a cumulação se o autor empregar o procedimento comum, sem prejuízo do emprego das técnicas processuais diferenciadas previstas nos procedimentos especiais a que se sujeitam um ou mais pedidos cumulados, que não forem incompatíveis com as disposições sobre o procedimento comum.

56 Cria mecanismos para coibir a violência doméstica e familiar contra a mulher, nos termos do § 8º do art. 226 da Constituição Federal, da Convenção sobre a Eliminação de Todas as Formas de Discriminação contra as Mulheres e da Convenção Interamericana para Prevenir, Punir e Erradicar a Violência contra a Mulher; dispõe sobre a criação dos Juizados

de violência doméstica. Na seção que trata das medidas protetivas de urgência que obrigam o agressor, o artigo 22, inciso II, dispõe que "constatada a prática de violência doméstica e familiar contra a mulher, nos termos desta Lei, o juiz poderá aplicar, de imediato, ao agressor, em conjunto ou separadamente, as seguintes medidas protetivas de urgência, entre outras: [...] II – afastamento do lar, domicílio ou local de convivência com a ofendida;".[57] [58] [59]

---

de Violência Doméstica e Familiar contra a Mulher; altera o Código de Processo Penal, o Código Penal e a Lei de Execução Penal; e dá outras providências.

57 Lei Maria da Penha – Seção II – Das Medidas Protetivas de Urgência que Obrigam o Agressor

Art. 22. Constatada a prática de violência doméstica e familiar contra a mulher, nos termos desta Lei, o juiz poderá aplicar, de imediato, ao agressor, em conjunto ou separadamente, as seguintes medidas protetivas de urgência, entre outras:

I – suspensão da posse ou restrição do porte de armas, com comunicação ao órgão competente, nos termos da Lei no 10.826, de 22 de dezembro de 2003;

II – afastamento do lar, domicílio ou local de convivência com a ofendida;

III – proibição de determinadas condutas, entre as quais:

a) aproximação da ofendida, de seus familiares e das testemunhas, fixando o limite mínimo de distância entre estes e o agressor;

b) contato com a ofendida, seus familiares e testemunhas por qualquer meio de comunicação;

c) freqüentação de determinados lugares a fim de preservar a integridade física e psicológica da ofendida;

IV – restrição ou suspensão de visitas aos dependentes menores, ouvida a equipe de atendimento multidisciplinar ou serviço similar;

V – prestação de alimentos provisionais ou provisórios.

§ 1º As medidas referidas neste artigo não impedem a aplicação de outras previstas na legislação em vigor, sempre que a segurança da ofendida ou as circunstâncias o exigirem, devendo a providência ser comunicada ao Ministério Público.

§ 2º Na hipótese de aplicação do inciso I, encontrando-se o agressor nas condições mencionadas no caput e incisos do art. 6o da Lei no 10.826, de 22 de dezembro de 2003, o juiz comunicará ao respectivo órgão, corporação ou instituição as medidas protetivas de urgência concedidas e determinará a restrição do porte de armas, ficando o superior imediato do agressor responsável pelo cumprimento da determinação judicial, sob pena de incorrer nos crimes de prevaricação ou de desobediência, conforme o caso.

§ 3º Para garantir a efetividade das medidas protetivas de urgência, poderá o juiz requisitar, a qualquer momento, auxílio da força policial.

§ 4º Aplica-se às hipóteses previstas neste artigo, no que couber, o disposto no caput e nos §§ 5o e 6º do art. 461 da Lei no 5.869, de 11 de janeiro de 1973 (Código de Processo Civil).

58 ECA – Art. 130. Verificada a hipótese de maus-tratos, opressão ou abuso sexual impostos pelos pais ou responsável, a autoridade judiciária poderá determinar, como medida cautelar, o afastamento do agressor da moradia comum.

Parágrafo único. Da medida cautelar constará, ainda, a fixação provisória dos alimentos de que necessitem a criança ou o adolescente dependentes do agressor. (Incluído pela Lei nº 12.415, de 2011).

59 Lei Maria da Penha – Art. 12. Em todos os casos de violência doméstica e familiar contra a mulher, feito o registro da ocorrência, deverá a autoridade policial adotar, de imediato, os seguintes procedimentos, sem prejuízo daqueles previstos no Código de Processo Penal:

6.14 Efeitos e Deveres do Casamento

Pelo casamento, homem e mulher assumem mutuamente a condição de consortes, companheiros e responsáveis pelos encargos da família (artigo 1.565, CC).

6.14.1 Planejamento Familiar

Como dito alhures, o *planejamento familiar* é de livre decisão do casal, competindo ao Estado propiciar recursos educacionais e financeiros para o exercício desse direito, vedado qualquer tipo de coerção por parte de instituições privadas ou públicas (artigo 1.565, § 2º, CC). É, pois, a aplicação do princípio da não intervenção, conforme artigo 1.513 do Código Civil.

De acordo com o Enunciado n.99 da I Jornada de Direito Civil, o art. 1.565, § 2º, do Código Civil não é norma destinada apenas às pessoas casadas, mas também aos casais que vivem em companheirismo, nos termos do art. 226, *caput*, §§ 3º e 7º, da Constituição Federal de 1988, e não revogou o disposto na Lei nº 9.263/96.

6.14.2 Sobrenome do outro cônjuge

Qualquer dos nubentes, querendo, poderá acrescer ao seu o sobrenome do outro. (artigo 1.565, § 2º, CC).

O *direito ao nome,* nele compreendido o nome e o sobrenome, está resguardado pelos artigos 16 a 19 do nosso Código Civil.[60]

A regra geral é a imutabilidade do nome, entretanto, existem exceções nos casos de homonímia e nomes que exponham ao ridículo a pessoa.[61] Não

---

[...] III – remeter, no prazo de 48 (quarenta e oito) horas, expediente apartado ao juiz com o pedido da ofendida, para a concessão de medidas protetivas de urgência;

60 Direito ao Nome – Apelantes requerem que lhes seja reconhecido o direito de colocar em sua filha o nome que escolheram, o qual não consta da lista regulada pela lei nacional. Alegam violação do artigo 8° da Convenção Europeia de Direitos Humanos. Foi reconhecida a aplicabilidade do referido dispositivo, mas não a sua violação pelo Governo Francês. (Guillot v. France, Corte Europeia de Direitos Humanos). MELLO, Celso D.de Albuquerque e TORRES, Ricardo Lobo. *Arquivos de direitos humanos.* Volume 1. Rio de Janeiro: Renovar. 1999. p. 247

61 LRP -Art. 56. O interessado, no primeiro ano após ter atingido a maioridade civil, poderá, pessoalmente ou por procurador bastante, alterar o nome, desde que não prejudique os apelidos de família, averbando-se a alteração que será publicada pela imprensa.

LRP -Art. 57 – Qualquer alteração posterior de nome, somente por exceção e motivadamente, após audiência do Ministério Público, será permitida por sentença do juiz a que estiver sujeito o registro, arquivando-se o mandato e publicando-se a alteração pela imprensa. § 1° Poderá, também, ser averbado, nos mesmos termos, o nome abreviado, usado como firma comercial registrada ou em qualquer atividade profissional. § 2° A mulher solteira, desquitada ou viúva, que viva com homem solteiro, desquitado

pode o nome expor a pessoa ao ridículo na sociedade, pois o nome é um *elemento de identificação social.*

O artigo 16 do nosso Código Civil determina que "toda pessoa tem direito ao nome, nele compreendidos o prenome e o sobrenome".[88]

Verifica-se, pois, que o nome faz parte dos direitos da personalidade da pessoa, promovendo não só a identificação desta pessoa no seio social, mas sobretudo a sua individualização em sua própria esfera íntima.

Já o sobrenome identifica a pessoa em relação a sua identidade familiar. O nome da família carrega a origem de nossos antepassados. O nome e sobrenome se destacam nos primeiros anos de vida. O bebê reconhece desde logo o seu nome e a partir do processo de alfabetização, o aluno apreende a escrever, preliminarmente, o seu nome e sobrenome. A escrita do nome é uma conquista inicial do educando no mundo das letras, ou seja, o conjunto de letras que representa o seu nome proporciona ao aluno a percepção de si próprio no ambiente escolar e social. O nome e sobrenome desvela sua identidade, filiação e história. O nome e sobrenome representa para o educando a sua própria existência (é a sua identidade pessoal como pessoa no mundo).

Neste sentido, VITOR ALMEIDA ensina que a tutela do nome deve ser balizada pelo direito à identidade pessoal, de modo que o nome possa espelhar o projeto de vida escolhido por cada pessoa. Vejamos: "O direito à identidade pessoal, em sua integralidade, deve condicionar e balizar o direito ao nome, eis que mais abrangente que este. [...] Desse modo, por mais que atue como elemento externo de identificação da pessoa, o nome deve refletir as próprias escolhas direcionadas ao projeto de vida pessoal, não podendo servir como um fator de discriminação e exclusão sociais, na medida em que aquele nome registral não mais condiz com a identidade expressa pela pessoa, estigmatizando-a e prejudicando sua própria afirmação enquanto ser na sociedade. Portanto, a verdade registral do nome da pessoa humana só encontra relevância e cumpre sua função se corresponder à sua verdade pessoal."[62]

A identificação do nome e familiar é tão importante que considerando a formação de novas famílias no mundo da vida, o enteado ou a enteada, havendo motivo ponderável, poderá requerer ao juiz competente que, no registro de nascimento, seja averbado o nome de família de seu padrasto ou de sua madrasta, desde que haja expressa concordância destes, sem prejuízo de seus apelidos de família. (LRP, artigo 57, §8º).

62 ALMEIDA, Vitor. A proteção do nome da pessoa humana entre a exigência registral e a identidade pessoal: a superação do princípio da imutabilidade do prenome no direito brasileiro. In *Revista trimestral de Direito Civil – RTDC*. Vol. 52, outubro a dezembro de 2012. Rio de Janeiro: Ed. Padma, 2000. p. 215-216.

Além desta hipótese de parentalidade socioafetiva, a alteração do nome poderá ocorrer nas seguintes situações:

a) Adoção, já que a sentença judicial que será inscrita no registro civil, conferirá ao adotado o nome do adotante e, a pedido de qualquer deles, poderá determinar a modificação do prenome (ECA, art. 47, § 5º);

b) União estável;[63]

c) Casamento;[64]

d) Para substituição por apelidos públicos notórios;[65] [66] [67]

---

63 Art. 57 da LRP: A alteração posterior de nome, somente por exceção e motivadamente, após audiência do Ministério Público, será permitida por sentença do juiz a que estiver sujeito o registro, arquivando-se o mandado e publicando-se a alteração pela imprensa, ressalvada a hipótese do art. 110 desta Lei. (...) § 2º – A mulher solteira, desquitada ou viúva, que viva com homem solteiro, desquitado ou viúvo, excepcionalmente e havendo motivo ponderável, poderá requerer ao juiz competente que, no registro de nascimento, seja averbado o patronímico de seu companheiro, sem prejuízo dos apelidos próprios, de família, desde que haja impedimento legal para o casamento, decorrente do estado civil de qualquer das partes ou de ambas. § 3º – O juiz competente somente processará o pedido, se tiver expressa concordância do companheiro, e se da vida em comum houverem decorrido, no mínimo, 5 (cinco) anos ou existirem filhos da união.

64 Artigo 1.565 do CC/2002: Pelo casamento, homem e mulher assumem mutuamente a condição de consortes, companheiros e responsáveis pelos encargos da família. § 1º – Qualquer dos nubentes, querendo, poderá acrescer ao seu o sobrenome do outro

65 Art. 58 da LRP: O prenome será definitivo, admitindo-se, todavia, a sua substituição por apelidos públicos notórios. Parágrafo único. A substituição do prenome será ainda admitida em razão de fundada coação ou ameaça decorrente da colaboração com a apuração de crime, por determinação, em sentença, de juiz competente, ouvido o Ministério Público.

66 Vejamos a seguinte decisão: "Como se depreende dos autos, o Apelante pretende a retificação aditiva de seu apelido ao seu nome, para que altere de Sebastião Pereira Soares para Sebastião Capu Pereira Soares.

Como cediço na matéria sub judice a regra é a imutabilidade do prenome (art. 58 da Lei nº 9.708/98), com o que se busca assegurar a perfeita identificação da pessoa, propiciando segurança e a estabilidade nas relações sociais.

Até porque, o nome da pessoa apresenta interesse público, na medida em que se constitui em um dos fundamentais direitos pertinentes à personalidade. Ele não se põe, no entanto, fundamental apenas na esfera de interesses individuais da pessoa, mas também em esferas de interesse público, no sentido de permitir, a qualquer momento, a perfeita e induvidosa identificação do indivíduo.

Efetivamente, o nome transcende à pessoa, representando, antes de tudo, um interesse público, pelo que, somente em situações excepcionalíssimas, tais como erro gráfico, exposição ao ridículo e/ou proteção a testemunhas, admitem-se alterações.

Daí o interesse social e público em que ele, no decorrer da existência da pessoa, não experimente significativas alterações, capazes de dificultar uma perfeita identificação ou tumultuar os registros importantes de sua vida.

No caso em comento, a meu ver, a inserção do apelido "Capu" no prenome do requerente trará maior notoriedade, posto que preservados estão o primeiro nome (Sebastião) como os sobrenomes (Pereira Soares). Ademais, na medida em que se refere a apelido público e notório que será incorporado à sua personalidade, o fim do nome que é a distinção entre

e) Por opção, quando atingida a maioridade, devendo ser exercida no prazo de um ano;[68]

f) Pelo estrangeiro, quando do processo de naturalização;[69]

---

as pessoas está amplamente resguardada.
Destaco que o nome é direito de qualquer cidadão e o acompanha em todos os atos da sua vida civil, não me parece justo que não haja a inclusão do apelido, sobremodo quando não se vislumbra na alteração qualquer prejuízo a terceiros.
Certo que a regra é da imutabilidade do prenome, entretanto, a lei também deve servir de instrumento para manter a paz social e harmonizar a vida das pessoas, solucionando seus conflitos, razão pela qual não se justifica um rigorismo exacerbado.
Diante do exposto, DOU PROVIMENTO ao apelo, a fim de incluir o apelido ao prenome do Apelante, para que passe a constar SEBASTIÃO CAPU PEREIRA SOARES.
É como voto. ACÓRDÃO. Vistos, relatados e discutidos os autos em epígrafe, a SEGUNDA CÂMARA CÍVEL do Tribunal de Justiça do Estado de Mato Grosso, sob a Presidência do DES. A. BITAR FILHO, por meio da Câmara Julgadora, composta pela DESA. MARIA HELENA GARGAGLIONE PÓVOAS (Relatora), DES. A. BITAR FILHO (Revisor) e DES. DONATO FORTUNATO OJEDA (Vogal), proferiu a seguinte decisão: RECURSO PROVIDO, À UNANIMIDADE E EM CONSONÂNCIA COM O PARECER ORAL DO MINISTÉRIO PÚBLICO. Cuiabá, 29 de abril de 2009." Disponível em: < http://www.anoreg.org.br/index.php?option=com_content&view=article&id=13353:imported_13324&catid=55&Itemid=125>. Acesso em: 01 nov. 2016.

67 APELAÇÃO CÍVEL. AÇÃO DE RETIFICAÇÃO DE REGISTRO CIVIL. PRETENSÃO DE INCLUSÃO DA EXPRESSÃO PAPAI NOEL. INADMISSIBILIDADE. ADMISSIBILIDADE SOMENTE NA HIPÓTESE DE ERRO GRÁFICO OU DE EXPOSIÇÃO A RIDÍCULO. Como exceção à regra, permite-se a retificação do nome civil, por exemplo, na hipótese de evidente erro gráfico, quando se pretende adotar apelido público notório ou quando se pretende acrescer ou excluir sobrenome de genitores e/ou padrastos. Em sede de ação de retificação de registro civil, o pedido de inserção da expressão "Papai Noel" no nome do requerente é improcedente, na medida em que não se refere ao apelido público e notório que possa ser incorporado à sua personalidade para o fim de distingui-lo das outras pessoas, mas de apelido, no sentido pejorativo, pelo qual ficou conhecido em algumas comunidades em virtude de suas atividades filantrópicas promovidas às vésperas dos festivos natalinos e de sua semelhança física com o personagem fictício que se tornou símbolo cristão de domínio público. Ainda que prove realizar tais ações filantrópicas assumindo o famoso personagem imaginário, a hipotética admissão da inusitada retificação do nome, longe de resultar em justiça, ordem e correção, tornaria o requerente suscetível à exposição ao ridículo na esfera de suas relações civis, além de inverter a lógica jurídica que deve orientar as questões atinentes ao registro civil, de inegável interesse público. (TJMG – 1ª CÂMARA CÍVEL – Apelação Cível 1.0024.05.880241-4/001 – Rel. Des. Armando Freire – Julgamento: 13/02/2007- Publicação: 02/03/2007)

68 Art. 56 da LRP: O interessado, no primeiro ano após ter atingido a maioridade civil, poderá, pessoalmente ou por procurador bastante, alterar o nome, desde que não prejudique os apelidos de família, averbando-se a alteração que será publicada pela imprensa.

69 Art. 115 da Lei 6.815/80: O estrangeiro que pretender a naturalização deverá requerê-la ao Ministro da Justiça, declarando: nome por extenso, naturalidade, nacionalidade, filiação, sexo, estado civil, dia, mês e ano de nascimento, profissão, lugares onde haja residido anteriormente no Brasil e no exterior, se satisfaz o requisito a que alude o artigo 112, item VII e se deseja ou não traduzir ou adaptar o seu nome à língua portuguesa.

g) Para a proteção a vítimas ou testemunhas de crime.[70] [71]

Como dito acima, após o casamento, qualquer um dos nubentes poderá acrescer ao seu o sobrenome do outro.[72] Isto se aplica ao homem ou a mulher. É possível, também, que continuem utilizando o nome de solteiro.

Vale lembrar, ainda, que "pode ser deferido pedido formulado por filho que, no primeiro ano após atingir a maioridade, pretende excluir completa-

70 Art. 58 da LRP: O prenome será definitivo, admitindo-se, todavia, a sua substituição por apelidos públicos notórios. Parágrafo único. A substituição do prenome será ainda admitida em razão de fundada coação ou ameaça decorrente da colaboração com a apuração de crime, por determinação, em sentença, de juiz competente, ouvido o Ministério Público.

71 A Lei 9.807/99, que instituiu o Programa Federal de Assistência a Vítimas e a Testemunhas Ameaçadas, prevê a substituição do prenome, e até do nome por colaborar com a apuração de um crime. A mudança pode ser determinada em sentença judicial, ouvido o Ministério Público. A alteração poderá estender-se ao cônjuge, companheiro, filho, pai ou dependente que tenha convivência habitual com a vítima ou testemunha. A lei determina ainda que, cessada a coação ou ameaça que deu causa à alteração, a pessoa protegida pode solicitar ao juiz que volte a adotar seu nome original, conforme sua certidão de nascimento.

72 Direito Civil. RETIFICAÇÃO DO SOBRENOME DOS FILHOS EM RAZÃO DE DIVÓRCIO. É admissível a averbação, no registro de nascimento do filho, da alteração do sobrenome de um dos genitores que, em decorrência do divórcio, optou por utilizar novamente o nome de solteiro, contanto que ausentes quaisquer prejuízos a terceiros. O art. 57 da Lei 6.015/1973 - Lei de Registros Públicos - admite a alteração do nome civil, excepcionalmente e de forma motivada, com a devida apreciação judicial, sem descurar da ausência de prejuízo a terceiros. Dessa forma, é justificável e plausível a modificação do sobrenome constante da certidão de nascimento, situação que prima pela contemporaneidade da vida, dinâmica por natureza (e não do momento da lavratura do registro). A função do sobrenome é identificar o núcleo familiar da pessoa e deve retratar a verdade real, fim do registro público, que objetiva espelhar, da melhor forma, a linhagem individual. Assim, é direito subjetivo da pessoa retificar seu sobrenome no registro de nascimento de seus filhos após divórcio. Ademais, a averbação do sobrenome no registro de nascimento do filho em decorrência do casamento (art. 3°, parágrafo único, da Lei 8.560/1992) atrai, à luz do princípio da simetria, a aplicação da mesma norma à hipótese inversa, qual seja, em decorrência do divórcio, um dos genitores deixa de utilizar o nome de casado. Além disso, não se coaduna à razoabilidade exigir que um dos genitores e seus filhos portem diariamente consigo cópia da certidão de casamento dos pais com a respectiva averbação para fins de identificação, em prejuízo do exercício do poder familiar. Além do mais, não seria coerente impor a alguém utilizar-se de outro documento público para provar a filiação constante de sua certidão de nascimento. Por isso, havendo alteração superveniente que venha a obstaculizar a própria identificação do indivíduo no meio social, resta indubitável a possibilidade de posterior retificação do registro civil. Por fim, registre-se que não se verifica impedimento legal para modificação do sobrenome dos filhos quando há alteração do nome de um dos genitores por ocasião do divórcio, conforme se verifica na legislação de regência: art. 54 da Lei 6.015/1973, arts. 20 e 27 do ECA, art. 1.565 do CC e art. 3°, parágrafo único, da Lei 8.560/1992. Precedentes citados: REsp 1.072.402- MG, Quarta Turma, DJe 1°/2/2013; e REsp 1.041.751-DF, Terceira Turma, DJe 3/9/2009. REsp 1.279.952-MG, Rel. Min. Ricardo Villas Bôas Cueva, julgado em 3/2/2015, DJe 12/2/2015.

mente de seu nome civil os sobrenomes de seu pai, que o abandonou em tenra idade. Nos termos da legislação vigente (arts. 56 e 57 da Lei 6.015/1973 – Lei de Registros Públicos), o nome civil pode ser alterado no primeiro ano, após atingida a maioridade, desde que não prejudique os apelidos de família, ou, ultrapassado esse prazo, por justo motivo, mediante apreciação judicial e após ouvido o Ministério Público. A propósito, deve-se salientar a tendência do STJ à superação da rigidez do registro de nascimento, com a adoção de interpretação mais condizente com o respeito à dignidade da pessoa humana, fundamento basilar de um estado democrático. Em outras palavras, o STJ tem adotado posicionamento mais flexível acerca da imutabilidade ou definitividade do nome civil, especialmente quanto à possibilidade de alteração por justo motivo (hipótese prevista no art. 57), que deve ser aferido caso a caso. Com efeito, o princípio da imutabilidade do nome não é absoluto no sistema jurídico brasileiro. Além disso, a referida flexibilização se justifica "pelo próprio papel que o nome desempenha na formação e consolidação da personalidade de uma pessoa" (REsp 1.412.260-SP, Terceira Turma, DJe 22/5/2014). Desse modo, o direito da pessoa de portar um nome que não lhe remeta às angústias decorrentes do abandono paterno e, especialmente, corresponda à sua realidade familiar, sobrepõe-se ao interesse público de imutabilidade do nome, já excepcionado pela própria Lei de Registros Públicos. Sendo assim, nos moldes preconizados pelo STJ, considerando que o nome é elemento da personalidade, identificador e individualizador da pessoa na sociedade e no âmbito familiar, conclui-se que o abandono pelo genitor caracteriza o justo motivo de o interessado requerer a alteração de seu nome civil, com a respectiva exclusão completa dos sobrenomes paternos. Precedentes citados: REsp 66.643-SP, Quarta Turma, DJ 21/10/1997; e REsp 401.138- MG, Terceira Turma, DJ 26/6/2003. REsp 1.304.718-SP, Rel. Min. Paulo de Tarso Sanseverino, julgado em 18/12/2014, DJe 5/2/2015."

6.14.3 Deveres de ambos os cônjuges

De acordo com o artigo 1.566 do Código Civil são deveres de ambos os cônjuges:

a) *Fidelidade recíproca* (artigo 1.566, I). Não obstante os novos modelos familiares, a fidelidade no casamento ainda é vista como um dever. A fidelidade é mais que um dever, senão um respeito ao outro no dia a dia conjugal. É a expressão do caráter individual na constância do casamento. Não obstante o desaparecimento do crime de adultério, este ainda subsiste como infração civil, eis que pode caracterizar a insuportabilidade da vida em comum. Afidelidade conjugal ainda simboliza o princípio da monogamia na esfera tradicional familiar. A fidelidade recíproca é, pois, uma obrigação moral e jurídica de ambos os cônjuges. É uma espécie de obrigação de não fazer. A infidelidade não se reduz apenas a infidelidade carnal, mas vai além. Além daquela, a infidelidade percorre os caminhos da infidelidade da mente, do coração e da infidelidade virtual e digital. Esta última infidelidade é, pois, a troca de intimidade entre o cônjuge traidor e seu amante em programas de internet. Ainda que se afirme a impossibilidade de discussão da culpa para a dissolução do casamento, em alguns casos, a infidelidade conjugal pelo cônjuge ou companheiro pode dar azo a uma ação de responsabilidade civil por danos não patrimoniais em face do cônjuge traidor. Esta demanda pode, inclusive, ser cumulada com a ação de divórcio. [73] Por fim, o dever de fidelidade ainda é fortemente acolhido no ordenamento jurídico e jurisprudência pátria. Isto porque as relações não eventuais entre o homem e a mulher, impedidos de casar, constituem *concubinato* (artigo 1.727, CC).[74] Ademais, as famílias

---

73 "A 28ª câmara de Direito Privado do TJ/SP manteve decisão que condenou uma mulher a indenizar seu ex-marido por danos morais. Exame de DNA demonstrou que o autor do processo não é pai biológico de uma mulher que criou como se fosse sua filha. O valor da indenização foi fixado em R$ 39 mil.

Consta nos autos que a ré e o autor tiveram a filha em 1982. Em 2014 foi realizado teste de DNA, que revelou não ser ele o pai biológico, ao contrário do que dizia sua ex-esposa.

De acordo com o relator do processo, desembargador Ênio Santarelli Zuliani, a infidelidade não é a causa do dever de indenizar, e sim o engano ou o constrangimento de ser considerado o pai de filha de outrem, "motivo de deboche de quem sabe e esconde a trama de alcova e de comentários desairosos da sociedade".

"O pior é, ainda que desenvolvidas relações afetuosas entre o autor e a filha da ré, descobrir que não existe paternidade biológica, um aspecto frustrante para os caminhos da hereditariedade e da biografia familiar."

O julgamento teve votação unânime. Processo 1008099-64.2014.8.26.0223. Disponível em: <http://www.migalhas.com.br/Quentes/17,MI251789,81042-Mulher+indenizara+exmarido+por+esconder+verdadeira+paternidade+de> Acesso em: 14 jan. 2017.

74 DIREITO DE FAMÍLIA. RECONHECIMENTO DE UNIÕES ESTÁVEIS SIMULTÂNEAS. IMPOSSIBILIDADE. EXCLUSIVIDADE DE RELACIONAMENTO SÓLIDO. CONDIÇÃO DE EXISTÊNCIA JURÍDICA DA UNIÃO ESTÁVEL. EXEGESE DO § 1º DO ART. 1.723 DO CÓDIGO CIVIL DE 2002. 1. Para a existência jurídica da união estável, extrai-se, da exegese do § 1º do art. 1.723 do Código Civil de 2002, fine, o requisito da exclusividade de relacionamento sólido. Isso porque, nem mesmo a existência de casamento válido se apresenta como impedimento suficiente ao reconhecimento da união estável, desde que haja separação de fato, circunstância que erige a existência de outra relação afetiva factual ao degrau de óbice proeminente à nova união estável. 2. Com efeito, a pedra de toque para o aperfeiçoamento da união estável não está na inexistência de vínculo matrimonial, mas, a toda evidência, na inexistência de relacionamento de fato duradouro, concorrentemente

paralelas expressam a violação do dever jurídico de fidelidade, em regra, não são reconhecidas pela jurisprudência como geradoras de efeitos jurídicos.[75] Todavia é preciso reconhecer que as relações conjugais simultâneas são uma realidade fática. É, pois, preciso analisar o caso concreto decidendo de forma a verificar as suas especificidades com o intuito de não cometermos injustiças.[76] [77] [78]

àquele que se pretende proteção jurídica, daí porque se mostra inviável o reconhecimento de uniões estáveis simultâneas. 3. Havendo sentença transitada em julgado a reconhecer a união estável entre o falecido e sua companheira em determinado período, descabe o reconhecimento de outra união estável, simultânea àquela, com pessoa diversa. 4. Recurso especial provido. (STJ, Resp nº 912926 / RS, Rel Min. Luis Felipe Salomão, 4ª turma, pub. 07/06/2011).

75 APELAÇÃO CÍVEL. UNIÃO ESTÁVEL PARALELA AO CASAMENTO. IMPOSSIBILIDADE. PRECEDENTES DO STJ E STF. 1. Os elementos dos autos informam que houve vida dupla pelo falecido, que se relacionava com a autora, mas preservava íntegro, no plano jurídico e fático, seu matrimônio até o dia do óbito. Tratou-se, pois, de uma relação adulterina típica, que se amolda ao conceito de concubinato (art. 1.727 do CCB), e não de união estável. 2. Nosso ordenamento jurídico, no âmbito do direito de família, é calcado no princípio da monogamia. Tanto é assim que, um segundo casamento, contraído por quem já seja casado, será inquestionavelmente nulo e, se não são admitidos como válidos dois casamentos simultâneos, não há coerência na admissão de uma união de fato (união estável) simultânea ao casamento – sob pena de se atribuir mais direitos a essa união de fato do que ao próprio casamento, pois um segundo casamento não produziria efeitos, enquanto aquela relação fática, sim. 3. Ademais, há regra proibitiva expressa em nosso ordenamento jurídico, qual seja o § 1º do art. 1.723 do CCB, ao dispor que "a união estável não se constituirá se ocorrerem os impedimentos do art. 1.521", somente excepcionando essa circunstância diante da comprovada separação de fato do casal matrimonial, o que não se verifica no caso em exame. NEGARAM PROVIMENTO. UNÂNIME. (Apelação Cível Nº 70064783335, Oitava Câmara Cível, Tribunal de Justiça do RS, Relator: Luiz Felipe Brasil Santos, Julgado em... 06/08/2015).

76 APELAÇÃO. UNIÃO ESTÁVEL PARALELA AO CASAMENTO DE PAPEL. ARTIGO 1.727 DO CÓDIGO CIVIL DE 2002. EFEITOS. Interpretação do Código Civil de 2002 com eticidade, socialidade e operabilidade, como ensina Miguel Reale. Reconhecimento de efeitos a união estável paralela ao casamento de papel, como medida que visa evitar o enriquecimento ilícito. DERAM PARCIAL PROVIMENTO. (TJRS, Apelação Cível nº 70014248603, Rel. Des. Rui Portanova, j. 27/04/2006).

77 APELAÇÃO. UNIÃO ESTÁVEL CONCOMITANTE AO CASAMENTO. POSSIBILIDADE. DIVISÃO DE BEM. "TRIAÇÃO". VIÁVEL O RECONHECIMENTO DE UNIÃO ESTÁVEL PARALELA AO CASAMENTO. PRECEDENTES JURISPRUDENCIAIS Caso em que a prova dos autos é robusta em demonstrar que a apelante manteve união estável com o falecido, mesmo antes dele se separar de fato da esposa. Necessidade de dividir o único bem adquirido no período em que o casamento foi concomitante à união estável em três partes. "Triação". Precedentes jurisprudenciais. DERAM PROVIMENTO, POR MAIORIA. (TJRS, Apelação Cível nº 70024804015, Rel. Des. Rui Porta Nova, j 13/08/2009)

78 APELAÇÃO CÍVEL. AÇÃO DECLARATÓRIA DE UNIÃO ESTÁVEL PARALELA AO CASAMENTO. SITUAÇÃO EXCEPCIONAL QUE AUTORIZA O RECONHECIMENTO. SENTENÇA QUE MERECE MANTIDA. AGRAVO RETIDO DESPROVIDO. PEDIDO DA AUTORA PARA SER NOMEADA COMO ADMINISTRADORA DOS BENS DO ESPÓLIO. DESCA-

b) *Vida em comum, no domicílio conjugal* (artigo 1.566, II). É o antigo dever de coabitação. Atualmente, é muito comum a existência e o reconhecimento da coabitação fracionada, em que cada cônjuge passa a maior parte do tempo em lares distintos. O domicílio do casal será escolhido por ambos os cônjuges, mas um e outro podem ausentar-se do domicílio conjugal para atender a encargos públicos, ao exercício de sua profissão, ou a interesses particulares relevantes (artigo 1.569, CC).

c) *Mútua assistência* (artigo 1.566, III); Este é um dever ético e jurídico de assistência econômica, afetiva e moral. É, pois, um dever de alteridade, um cuidado com o outro parceiro conjugal. Vale destacar que "os cônjuges são obrigados a concorrer, na proporção de seus bens e dos rendimentos do trabalho, para o sustento da família e a educação dos filhos, qualquer que seja o regime patrimonial (artigo 1.568, CC). Vale destacar, ainda, que "se qualquer dos cônjuges estiver em lugar remoto ou não sabido, encarcerado por mais de cento e oitenta dias, interditado judicialmente ou privado, episodicamente, de consciência, em virtude de enfermidade ou de acidente, o outro exercerá com exclusividade a direção da família, cabendo-lhe a administração dos bens (artigo 1.570,CC)".

d) *sustento, guarda e educação dos filhos* (artigo 1.566, inciso IV); Este é um dos principais deveres dos cônjuges. É dever da família, da comunidade, da sociedade em geral e do poder público assegurar, com absoluta prioridade, a efetivação dos direitos referentes à vida, à saúde, à alimentação, à educação, ao esporte, ao lazer, à profissionalização, à cultura, à dignidade, ao respeito, à liberdade e à convivência familiar e comunitária (artigo 4º do ECA). Já o artigo 1.567 do Código Civil diz que A direção da sociedade conjugal será exercida, em colaboração, pelo marido e pela mulher, sempre no interesse do casal e dos filhos. Havendo divergência, qualquer dos cônjuges poderá recorrer ao juiz, que decidirá tendo em consideração aqueles interesses (artigo 1.567, parágrafo único do CC).

BIMENTO NO CASO CONCRETO. O PEDIDO DA AUTORA ENVOLVE QUESTÕES QUE DEVEM SER LEVANTADAS, DISCUTIDAS E DECIDIDAS NOS AUTOS DO INVENTÁRIO DOS BENS DEIXADOS PELO FALECIDO. Demonstrado que, mesmo não estando separado de fato da esposa, o falecido viveu por mais de cinqüenta anos em união afetiva com a autora, resta configurada a união estável paralela ao matrimônio, com todos os requisitos legais pertinentes. Agravo retido e Recurso de apelação desprovidos. (TJRS, Apelação Cível nº 70028251171, Rel Des. Ricardo Raupp Ruschel, j. 14/10/2009).

e) *respeito e consideração mútuos* (artigo 1.566, inciso V). O respeito e consideração mútuos são deveres conjugais. A promessa de amar e respeitar-se mutuamente é manifestada na própria cerimônia do casamento e deve ser conduzida por toda a vida. Como dito alhures, o casamento estabelece a plena comunhão de vida, conforme norma jurídica do artigo 1.511 do CC.

Capítulo 7

CASAMENTO – REGIME DE BENS ENTRE OS CÔNJUGES E PACTO ANTENUPCIAL

A família dos novos tempos pode ser formada pelo casamento, pela união estável, pela comunidade formada por qualquer dos pais e o filho, denominada família nuclear, pós-nuclear, unilinear, monoparental, eudemonista ou traduzir formações originadas tão-somente por vínculos socioafetivos. O atual momento histórico é o de democratização dos modelos familiares.
(Thelma Araújo Esteves Fraga)[1]

7.1 Considerações Iniciais

O *casamento* é a união entre duas pessoas, a partir do afeto, com o propósito de constituição de uma família. É, pois, um ato jurídico solene, público e complexo, reconhecido e regulamentado pelo Estado, estabelecendo comunhão plena de vida, com base na igualdade de direitos e deveres dos cônjuges. Em regra, é possível que os cônjuges escolham livremente o regime de bens para o casamento (hetero ou homossexual). O nosso Código Civil apresenta regras a respeito do direito patrimonial relacionado ao casamento (artigos 1.639 a 1.652), regras sobre o pacto antenupcial (artigos 1.653 a 1.657) e regras especiais quanto aos regimes previstos em nossa codificação civilística, a saber: a) *comunhão parcial* (artigos 1.658 a 1.666), *comunhão universal* (artigos 1.667 a 1.671), *participação final nos aquestos* (artigos 1.672 a 1.686) e *separação de bens* (artigos 1.687 e 1.688).

O regime matrimonial de bens são as regras jurídicas atinentes aos interesses econômicos e patrimoniais escolhido pelo cônjuges durante a constância da relação matrimonial.

---

1 FRAGA, Thelma Araújo Esteves. *A guarda e o direito à visitação sob o prisma do afeto*. Niterói: Impetus, 2005, p. 107.

7.2 Princípios

Os principais princípios que regem o conjunto de regras jurídicas acerca do regime de bens entre os cônjuges são:

a) *Princípio da livre estipulação ou livre iniciativa quanto a escolha do regime de bens*. De acordo com o artigo 1.639, *caput*, do CC, é lícito aos nubentes, antes de celebrado o casamento, estipular, quanto aos seus bens, o que lhes aprouver. Isto significa dizer que as partes podem escolher livremente o regime de bens que estão tipificados no Código Civil, conforme informado acima, ou escolher um regime de bens misto, atípico ou que perfaça uma combinação dos regimes de bens legais existentes no ordenamento jurídico. É claro que o regime misto escolhido pelos nubentes não pode ferir nenhum comando de ordem pública.
b) *Princípio da Indivisibilidade do regime de bens,* ou seja, o regime de bens escolhido deve ser idêntico para os cônjuges; vale lembrar que o regime de bens entre os cônjuges começa a vigorar desde a data do casamento (artigo 1.639, § 1°, CC).
c) *Princípio da Variedade de regimes de bens*. Como visto acima, o nosso ordenamento jurídico consagra quatro regimes matrimoniais de bens.
d) *Princípio da Mutabilidade Relativa do Regime de bens*; é admissível alteração do regime de bens, mediante autorização judicial em pedido motivado de ambos os cônjuges, apurada a procedência das razões invocadas e ressalvados os direitos de terceiros (artigo 1.639, § 2°, CC).

7.3 Alteração de Regime de Bens

Vale registrar que o Código Civil impõe alguns requisitos e condições para que seja possível a mutabilidade do regime de bens. GUILHERME CALMON NOGUEIRA DA GAMA alerta que "a circunstância de haver motivação se justifica na regra do § 2° do art. 1.639 do Código, em razão de possíveis prejuízos que a mudança do regime pode causar não apenas a terceiros, mas também aos filhos comuns, exclusivos, bem como a um dos cônjuges. Desse modo, não há como ser reconhecida qualquer inconstitucionalidade no dispositivo legal, que foi redigido consoante as preocupações que Orlando Gomes teve ainda na década de 60."[2] [3]

---

2 GAMA, Guilherme Calmon Nogueira da. *Direito Civil*: Família. São Paulo Atlas, 2008, p.178.

3 "O procedimento é obrigatoriamente judicial, encaixando-se nas hipóteses de procedimento de jurisdição voluntária, com incidência das regras contidas nos arts. 1.103 a 1.111 do

Dessa maneira, "o Código Civil de 2002 alterou o ordenamento jurídico brasileiro, modificando o sistema em relação ao princípio da imutabilidade absoluta de regime de bens permitindo a sua alteração justificada ou motivada e desde que demonstrado em procedimento de jurisdição voluntária a procedência da pretensão que deve ser manifestada por ambos os cônjuges, observados os direitos de terceiros. 2. Presente o interesse processual, apto a possibilitar a pretendida alteração de regime conjugal já que a paz conjugal precisa e deve ser preservada. [...] (REsp 1446330/SP, Rel. Ministro MOURA RIBEIRO, TERCEIRA TURMA, julgado em 17/03/2015, DJe 27/03/2015)."

Para o advogado ROLF MADALENO, diretor nacional do IBDFAM, o entendimento está correto. Ele defende este posicionamento desde 2002. "Tinha a preocupação de que não se constituísse em um mecanismo legal para fraudar a meação de cônjuge ou convivente, embora o dispositivo trate apenas da mudança judicial do regime existente no casamento e não na união estável, mas a preocupação é a mesma. Escrevi que o regime poderia ser alterado judicialmente, e resumidamente acrescentei que se a alteração significava aumentar o patrimônio do meeiro, então a mudança seria retroativa à data do casamento. Por exemplo: se o regime era de separação de bens e seria mudado para comunhão parcial, então seria retroativo ao início do casamento. Em contraponto, dizia que se a mudança do regime fosse para retirar bens, por exemplo, se o regime fosse de comunhão universal para trocar pelo regime da separação convencional de bens, então seria da decisão judicial para a frente, sem retrooperar à data do casamento, e deveriam ser partilhados os bens que já haviam se comunicado até a data da mudança judicial do regime. E este me parece ser o espírito aplicado ao tema pelo STJ".[4]

O artigo 734 do Código de Processo Civil trata do procedimento especial quanto a alteração do regime de bens do casamento. Por enquanto a alteração do regime de bens depende de uma ação judicial. Isto porque como dito alhures, a tendência é a mínima intervenção estatal nas relações familiares. Nesse sentido, vale lembrar o PLS 69/2016,[5] do senador Antônio Carlos Vala-

---

Código de Processo Civil. Na petição inicial, os cônjuges devem descrever os bens de que são titulares ou possuidores, comuns e particulares, devendo ser citados todos os interessados (art. 1.105 do CPC). Em havendo credores, não há dúvida de seus interesses no requerimento de alteração do regime, o que impõe seu chamamento para integrar o procedimento." Ibid.

4 Disponível em: < http://www.ibdfam.org.br/noticias>. Acesso em: 25 jan. 2017.

5 Ementa: Insere o art. 1.639-A na Lei nº 10.406, de 10 de janeiro de 2002 (Código Civil), revoga o § 2º do art. 1.639 do Código Civil e o art. 735 da Lei nº 13.146, de 6 de julho de 2015 (Código de Processo Civil) e modifica o título da Seção IV do Capítulo XV do Código de Processo Civil, para dispor sobre a alteração do regime de bens no casamento por meio de escritura pública perante o tabelião de notas.
Explicação da Ementa:
Altera o Código Civil e o Código de Processo Civil para permitir a alteração do regime de

dares (PSB-SE), prevendo a alteração do regime de bens do casamento sendo realizada por meio de requerimento, assinado conjuntamente pelos cônjuges, dirigido ao tabelião de notas, que, atendidos os requisitos legais, lavrará a escritura pública independentemente da motivação do pedido. A proposta exige que os requerentes sejam assistidos por advogado. Atualmente, a ação deve ser proposta por ambos os cônjuges, formando um litisconsórcio necessário. A competência é da vara de família e o procedimento de jurisdição voluntária. Vejamos a norma do artigo 734 do CPC: "A alteração do regime de bens do casamento, observados os requisitos legais, poderá ser requerida, motivadamente, em petição assinada por ambos os cônjuges, na qual serão expostas as razões que justificam a alteração, ressalvados os direitos de terceiros." Ora, está claro que os consortes, representados pelo advogado, devem justificar o motivo da troca do regime de bens.

Ao receber a petição inicial, o juiz determinará a intimação do Ministério Público e a publicação de edital que divulgue a pretendida alteração de bens, somente podendo decidir depois de decorrido o prazo de 30 (trinta) dias da publicação do edital (artigo 734, § 1º, CPC).

Os cônjuges, na petição inicial ou em petição avulsa, podem propor ao juiz meio alternativo de divulgação da alteração do regime de bens, a fim de resguardar direitos de terceiros (artigo 734, § 2º, CPC).

Após o trânsito em julgado da sentença, serão expedidos *mandados de averbação aos cartórios de registro civil e de imóveis* e, caso qualquer dos cônjuges seja empresário, ao Registro Público de Empresas Mercantis e Atividades Afins. (artigo 734, § 3º , CPC).

O termo inicial da alteração do regime de bens, de acordo com o STJ é a data do transito em julgado da sentença, isto é, atribui eficácia *ex nunc* à alteração do regime de bens.[6] Em relação a *terceiros*, a alteração do regime de

---

bens do casamento, mediante escritura pública, ressalvados os direitos de terceiros.

6 RECURSO ESPECIAL. CIVIL E PROCESSUAL CIVIL. DIREITO DE FAMÍLIA. DISSOLUÇÃO DO CASAMENTO. ALTERAÇÃO DO REGIME DE BENS. TERMO INICIAL DOS SEUS EFEITOS. EX NUNC. ALIMENTOS. RAZOABILIDADE. BINÔMIO NECESSIDADE E POSSIBILIDADE. CONCLUSÕES ALCANÇADAS PELA CORTE DE ORIGEM. IMPOSSIBILIDADE DE REVISÃO NA VIA ELEITA. SÚMULA 7/STJ.

1 – Separação judicial de casal que, após período de união estável, casou-se, em 1997, pelo regime da separação de bens, procedendo a sua alteração para o regime da comunhão parcial em 2007 e separando-se definitivamente em 2008.

2 – Controvérsia em torno do termo inicial dos efeitos da alteração do regime de bens do casamento ("ex nunc" ou "ex tunc") e do valor dos alimentos.

3 – Reconhecimento da eficácia "ex nunc" da alteração do regime de bens, tendo por termo inicial a data do trânsito em julgado da decisão judicial que o modificou. Interpretação do art. 1639, § 2°, do CC/2002.

4 – Razoabilidade do valor fixado a título de alimentos, atendendo aos critérios legais (necessidade da alimentanda e possibilidade do alimentante). Impossibilidade de revisão em sede de recurso especial. Vedação da Súmula 07/STJ.

bens somente pode sofrer efeitos após a averbação da mudança no livro de casamento e do registro imobiliário.

A alteração do regime de bens prevista no § 2º do art. 1.639 do Código Civil também é permitida nos casamentos realizados na vigência da legislação anterior. Este é o teor do Enunciado 260 (Arts. 1.639, § 2º, e 2.039) da III Jornada de Direito Civil do Conselho da Justiça Federal.[7]

Neste sentido, a decisão do Ministro Luis Felipe Salomão, no Recurso Especial n. 1.119.462-MG. Vejamos: "DIREITO CIVIL. POSSIBILIDADE DE ALTERAÇÃO DO REGIME DE BENS EM CASAMENTO CELEBRADO NA VIGÊNCIA DO CC/1916. Na hipótese de casamento celebrado na vigência do CC/1916, é possível, com fundamento no art. 1.639, § 2º, do CC/2002, a alteração do regime da comunhão parcial para o regime da separação convencional de bens sob a justificativa de que há divergência entre os cônjuges quanto à constituição, por um deles e por terceiro, de sociedade limitada, o que implicaria risco ao patrimônio do casal, ainda que não haja prova da existência de patrimônio comum entre os cônjuges e desde que sejam ressalvados os direitos de terceiros, inclusive dos entes públicos. Muito embora não houvesse previsão legal para a alteração do regime de bens na vigência do CC/1916, e também a despeito do que preceitua o art. 2.039 do CC/2002, a

---

5 – Precedentes jurisprudenciais do STJ.

6 – RECURSO ESPECIAL PARCIALMENTE PROVIDO.
(REsp 1300036/MT, Rel. Ministro PAULO DE TARSO SANSEVERINO, TERCEIRA TURMA, julgado em 13/05/2014, DJe 20/05/2014).

7 DIREITO DE FAMÍLIA. CASAMENTO CELEBRADO NA VIGÊNCIA DO CÓDIGO CIVIL DE 1916. REGIME DE BENS. ALTERAÇÃO. NECESSIDADE DE MOTIVAÇÃO. JUSTIFICATIVA DO PEDIDO. ENUNCIADO Nº 113 (CJF). PREJUÍZO COMPROVADO. SÚMULA Nº 7/STJ. 1. À luz da melhor interpretação do art. 1.639, § 2º, do CC/2002, são exigíveis justificativas plausíveis e provas concretas de que a alteração do regime de bens eleito para reger o matrimônio não prejudicará nenhum dos cônjuges, nem terceiros interessados. 2. Incidência do enunciado nº 113 na I Jornada de Direito Civil do Conselho da Justiça Federal: "É admissível a alteração do regime de bens entre os cônjuges, quando então o pedido, devidamente motivado e assinado por ambos os cônjuges, será objeto de autorização judicial, com a ressalva dos direitos de terceiros, inclusive dos entes públicos, após perquirição de inexistência de dívida de qualquer natureza, exigida ampla publicidade". 3. No caso em exame, a alteração patrimonial foi pleiteada consensualmente por ambos os cônjuges ora recorrentes com base na justificativa genérica de independência financeira e patrimonial do casal, demonstrando a ausência de violação de direitos de terceiros. 4. As instâncias ordinárias, todavia, negaram a alteração do regime patrimonial por reputarem que a mera vontade de preservação e individualização dos patrimônios dos cônjuges não configura justo motivo, requisito legal indispensável. 5. Ademais, o Tribunal de origem, visando a proteção de um dos cônjuges, assentou que a modificação "equivaleria à doação do patrimônio a um dos interessados, exclusivamente, mascarando desta forma, uma divisão que poderia prejudicar, sim, e inclusive, a eventual prole". 6. Rever tais conclusões demandaria o reexame de matéria fático-probatória, o que é inviável em sede de recurso especial, nos termos da Súmula nº 7/STJ. 7. Recurso especial não provido. (REsp 1427639/SP, Rel. Ministro RICARDO VILLAS BÔAS CUEVA, TERCEIRA TURMA, julgado em 10/03/2015, DJe 16/03/2015).

jurisprudência tem se mantido uniforme no sentido de ser possível a alteração do regime de bens, mesmo nos matrimônios contraídos ainda sob a égide do diploma revogado. Nesse contexto, admitida a possibilidade de aplicação do art. 1.639, § 2º, do CC/2002 aos matrimônios celebrados na vigência do CC/1916, é importante que se interprete a sua parte final — referente ao "pedido motivado de ambos os cônjuges" e à "procedência das razões invocadas" para a modificação do regime de bens do casamento — sob a perspectiva de que o direito de família deve ocupar, no ordenamento jurídico, papel coerente com as possibilidades e limites estruturados pela própria CF, defensora de bens como a intimidade e a vida privada. Nessa linha de raciocínio, o casamento há de ser visto como uma manifestação de liberdade dos consortes na escolha do modo pelo qual será conduzida a vida em comum, liberdade que se harmoniza com o fato de que a intimidade e a vida privada são invioláveis e exercidas, na generalidade das vezes, no interior de espaço privado também erguido pelo ordenamento jurídico à condição de "asilo inviolável". Sendo assim, deve-se observar uma principiologia de "intervenção mínima", não podendo a legislação infraconstitucional avançar em espaços tidos pela própria CF como invioláveis. Deve-se disciplinar, portanto, tão somente o necessário e o suficiente para a realização não de uma vontade estatal, mas dos próprios integrantes da família. Desse modo, a melhor interpretação que se deve conferir ao art. 1.639, § 2º, do CC/2002 é a que não exige dos cônjuges justificativas exageradas ou provas concretas do prejuízo na manutenção do regime de bens originário, sob pena de esquadrinhar indevidamente a própria intimidade e a vida privada dos consortes. Nesse sentido, a constituição de uma sociedade por um dos cônjuges poderá impactar o patrimônio comum do casal. Assim, existindo divergência conjugal quanto à condução da vida financeira da família, haveria justificativa, em tese, plausível à alteração do regime de bens. Isso porque se mostra razoável que um dos cônjuges prefira que os patrimônios estejam bem delimitados, para que somente o do cônjuge empreendedor possa vir a sofrer as consequências por eventual fracasso no empreendimento. No ponto, aliás, pouco importa se não há prova da existência de patrimônio comum, porquanto se protegem, com a alteração do regime, os bens atuais e os bens futuros do cônjuge. Ademais, não se pode presumir propósito fraudulento nesse tipo de pedido, já que o ordenamento jurídico prevê mecanismos de contenção, como a própria submissão do presente pedido ao Judiciário e a possibilidade de desconsideração da personalidade jurídica. Contudo, é importante destacar que a medida não pode deixar de ressalvar os "direitos de terceiros, inclusive dos entes públicos, após perquirição de inexistência de dívida de qualquer natureza, exigida ampla publicidade", nos termos do Enunciado n. 113 da I Jornada de Direito Civil CJF. REsp 1.119.462-MG, Rel. Min. Luis Felipe Salomão, julgado em 26/2/2013."

É importante destacar que o nosso Código Civil exige a obrigatoriedade do regime da separação de bens, nas hipóteses previstas nos incisos I e III do artigo 1.641, *verbis*: "Art. 1.641. É obrigatório o regime da separação de bens no casamento: I – das pessoas que o contraírem com inobservância das causas suspensivas da celebração do casamento; [...] III – de todos os que dependerem, para casar, de suprimento judicial." Ocorre que nada impede a alteração deste regime, desde que superada a causa que o impôs (Enunciado 262, da III Jornada de Direito Civil, do Conselho da Justiça Federal). Os efeitos da alteração do regime de bens são *ex nunc*, ou seja, os efeitos jurídicos começam a partir do trânsito em julgado da decisão.[8]

7.4 Regime Legal de Bens do Casamento

Não havendo convenção estipulada entre os nubentes, ou sendo ela nula ou ineficaz, vigorará, quanto aos bens entre os cônjuges, o regime da comunhão parcial (artigo 1.640, caput, CC). É, pois, o regime legal adotado pelo ordenamento jurídico civilístico desde a Lei do Divórcio (Lei 6.515/77). Anteriormente a esta lei, o regime legal de bens era o da comunhão universal de bens.

O parágrafo único do artigo 1.640 do CC diz que "poderão os nubentes, no processo de habilitação, optar por qualquer dos regimes que este código regula. Quanto à forma, reduzir-se-á a termo a opção pela comunhão parcial,

---

8 RECURSO ESPECIAL. CIVIL E PROCESSUAL CIVIL. DIREITO DE FAMÍLIA. DISSOLUÇÃO DO CASAMENTO. ALTERAÇÃO DO REGIME DE BENS. TERMO INICIAL DOS SEUS EFEITOS. EX NUNC. ALIMENTOS. RAZOABILIDADE. BINÔMIO NECESSIDADE E POSSIBILIDADE. CONCLUSÕES ALCANÇADAS PELA CORTE DE ORIGEM. IMPOSSIBILIDADE DE REVISÃO NA VIA ELEITA. SÚMULA 7/STJ.

1 – Separação judicial de casal que, após período de união estável, casou-se, em 1997, pelo regime da separação de bens, procedendo a sua alteração para o regime da comunhão parcial em 2007 e separando-se definitivamente em 2008.

2 – Controvérsia em torno do termo inicial dos efeitos da alteração do regime de bens do casamento ("ex nunc" ou "ex tunc") e do valor dos alimentos.

3 – Reconhecimento da eficácia "ex nunc" da alteração do regime de bens, tendo por termo inicial a data do trânsito em julgado da decisão judicial que o modificou. Interpretação do art. 1639, § 2°, do CC/2002.

4 – Razoabilidade do valor fixado a título de alimentos, atendendo aos critérios legais (necessidade da alimentanda e possibilidade do alimentante). Impossibilidade de revisão em sede de recurso especial. Vedação da Súmula 07/STJ.

5 – Precedentes jurisprudenciais do STJ.

6 – RECURSO ESPECIAL PARCIALMENTE PROVIDO.

(REsp 1300036/MT, Rel. Ministro PAULO DE TARSO SANSEVERINO, TERCEIRA TURMA, julgado em 13/05/2014, DJe 20/05/2014)

fazendo-se o pacto antenupcial por escritura pública, nas demais escolhas."[9]

7.5 Obrigatoriedade do Regime da Separação de Bens do Casamento

De acordo com o artigo 1.641 do CC, é obrigatório o regime da separação de bens no casamento. Aqui, a norma jurídica objetiva proteger o patrimônio de determinadas pessoas. Vejamos:[10]

I – das pessoas que o contraírem com inobservância das causas suspensivas da celebração do casamento;

II – da pessoa maior de 70 (setenta) anos; (Redação dada pela Lei nº 12.344, de 2010)

III – de todos os que dependerem, para casar, de suprimento judicial. Neste caso, a lei protege os menores de 16 anos, eis que precisam de suprimento judicial para o casamento.

Como dito alhures, a regra estabelecida no artigo 1.641, inciso II do Código Civil que estabelece o regime obrigatório da separação de bens para os casamentos de *pessoas com mais de 70 anos* é tida por norma inconstitucional. Nesse sentido, Rogério Tabet de Almeida ensina que "a dignidade da pessoa humana é compreendida como um imperativo ético-existencial que antecede o próprio ordenamento jurídico: um conceito apriorístico, um dado que, preexistindo a qualquer experiência, tal qual a ideia de *pessoa* humana, paira sobre o Direito e o informa.

Exatamente por isso, constata-se a sua elevação, nas décadas finais do século XX, à condição de super princípio, isto é, de vetor fundamental do constitucionalismo contemporâneo, inaugurando um novo momento do conteúdo do Direito, que, despatrimonializando-se e repersonalizando-se, atribuiu à dignidade da pessoa humana o seu valor supremo.

Esta realidade abriu espaço para a promoção de valores existenciais e espirituais da *pessoa*, consubstanciada na compreensão do conceito de personalidade, no reconhecimento dos direitos de personalidade e no livre de-

9 Conselho da Justiça Federal – VII Jornada de Direito Civil. CJF – Enunciado – 609 – O regime de bens no casamento somente interfere na concorrência sucessória do cônjuge com descendentes do falecido. Parte da legislação: art. 1.640, parágrafo único, do Código Civil (Do Regime de Bens entre os Cônjuges); art. 1.829 do Código Civil (Da Ordem da Vocação Hereditária).

10 Conselho da Justiça Federal – III Jornada de Direito Civil. CJF – Enunciado – 261 – Art. 1.641: A obrigatoriedade do regime da separação de bens não se aplica a pessoa maior de sessenta anos, quando o casamento for precedido de união estável iniciada antes dessa idade.
CJF – Enunciado – 262 – Arts. 1.641 e 1.639: A obrigatoriedade da separação de bens, nas hipóteses previstas nos incs. I e III do art. 1.641 do Código Civil, não impede a alteração do regime, desde que superada a causa que o impôs.

senvolvimento da personalidade nas dimensões física e psíquica. *Pari passu* à consideração da personalidade do indivíduo como um valor, a sua capacidade foi sendo considerada paulatinamente como o reconhecimento desse valor no âmbito jurídico. Portanto, a dignidade da pessoa humana, como repisado ao longo deste estudo, passou a designar não apenas o ser da *pessoa*, mas a sua própria humanidade.

Tem-se, hoje, que o princípio da dignidade da pessoa humana é pressuposto do regime jurídico das sociedades democráticas, pois opera tanto como princípio axiológico fundamental quanto como limite ao próprio poder estatal. A sua observância é, pois, um desafio que se coloca no âmbito civilista.

Daí porque a necessidade de examinar o inciso II do artigo 1.641 à luz desse princípio maior.

Procedendo ao exame do dispositivo em questão desde esse ponto de vista, chega-se à conclusão de que se trata de regra arbitrária, discriminatória e preconceituosa, além de profundamente intervencionista, em que pesem os argumentos que tentam justificá-la no âmbito protetivo do idoso ou da manutenção da paz familiar. Viu-se no estudo que esses argumentos, por sua inconsistência, não se sustentam, tendo em vista que qualquer indivíduo adulto apto, categoria na qual se inserem indivíduos idosos com idade superior a 70 anos, pode, perfeitamente, não apenas conduzir o destino de sua vida afetiva como também optar pelo regime de bens patrimoniais no casamento da forma que melhor lhe aprouver.

Mais do que isso, tem-se a convicção da inconstitucionalidade do referido inciso na medida em que, notoriamente, viola o princípio da dignidade da pessoa humana e que, nessa direção, viola tantos outros princípios constitucionalmente garantidos, entre eles o da liberdade, o da autonomia e autodeterminação da *pessoa*, da igualdade e isonomia, além de obstaculizar o exercício de direitos existenciais, pressuposto para se viver de forma digna, quais sejam, o direito de personalidade e o direito ao livre desenvolvimento da personalidade.

Ou seja, o inciso II do artigo 1.641 do Código Civil brasileiro, surpreendentemente, vai na contramão de conquistas históricas do ser humano e do cidadão brasileiro cristalizadas nas Constituições dos Estados democráticos, a exemplo da Constituição da República Federativa do Brasil. E isso ficou evidenciado na pesquisa não apenas pela visão majoritária da doutrina atual como também pela tendência jurisprudencial que ora se apresenta."[11]

Esta limitação se aplica também aos companheiros na constância da união estável. Assim decidiu o Ministro Sidnei Beneti, da Terceira Turma do

11 ALMEIDA, Rogério Tabet de. *A Restrição Legal no Regime de Bens aos Maiores de Setenta Anos*: Um Estudo à luz do Princípio da Dignidade da Pessoa Humana. Dissertação de Mestrado do Programa em Mestrado em Hermenêutica e Direitos Fundamentais da Universidade Presidente Antônio Carlos – UNIPAC. Juiz de Fora, 2013, p.92-93.

STJ, no REsp. n. 1.369.860/ PR, julgado em 19 de agosto de 2014, caso um dos conviventes já contar com mais de sessenta anos (Lei n. 12.344/2010).

Ora, não há falar-se em proteção ao patrimônio das pessoas com mais de 70 anos de idade, uma vez que o viés é puramente econômico e não existencial. Ademais, a realização de casamento ou união estável por motivos meramente econômicos podem envolver as pessoas em qualquer idade. Ora, caso a pessoa não possa mais manifestar sua vontade de forma livre, deve, pois, se for o caso, ser interditada.

ROLF MADALENO atenta que "toda essa restrição imposta pelo artigo 1.641 do Código Civil à autonomia privada no ato de casar não tem nenhuma ingerência com relação à união estável, cujo instituto não foi afetado por este capricho da lei, bastando qualquer um dos nubentes potencialmente atingidos pela disposição legal punitiva do artigo 1.523 do Código Civil imigrar para a relação de companheirismo e assim ficam blindados da *interdição* legal."[12]

Por fim, vale destacar o Enunciado 261 da III Jornada de Direito Civil com o seguinte teor: "A obrigatoriedade do regime da separação de bens não se aplica a pessoa maior de sessenta anos, quando o casamento for precedido de união estável iniciada antes dessa idade."[13]

7.6 Aplicabilidade da Súmula 377 do STF

A Súmula 377 do STF diz que "no regime de separação legal de bens, comunicam-se os adquiridos na constância do casamento."[14] A primeira questão que surge é sobre a aplicabilidade ou não da Súmula 377 do STF na atualidade. Uma primeira corrente entende que a súmula está cancelada, uma vez que o Código Civil de 2002 não reproduziu o artigo 259 do Código Civil de 1916.[15] Uma segunda corrente (majoritária) entende que a Súmula não está cancelada, em razão da vedação do enriquecimento sem causa, de acordo com os artigos 884 a 886 do Código Civil de 2002. Melhor dizendo: adotado o regime da separação legal de bens pelos nubentes, como ficam aqueles bens

---

12 MADALENO, Rolf. *Direito de Família*, 7.ed. São Paulo: Forense, 11/2016. VitalBook file.

13 "[...]7. O reconhecimento da existência de união estável anterior ao casamento é suficiente para afastar a norma, contida no CC/16, que ordenava a adoção do regime da separação obrigatória de bens nos casamentos em que o noivo contasse com mais de sessenta, ou a noiva com mais de cinquenta anos de idade, à época da celebração. As idades, nessa situação, são consideradas reportando-se ao início da união estável, não ao casamento. [...]." (REsp 918.643/RS, Rel. Ministro MASSAMI UYEDA, Rel. p/ Acórdão Ministra NANCY ANDRIGHI, TERCEIRA TURMA, julgado em 26/04/2011, DJe 13/05/2011).

14 Na sessão plenária em que a súmula foi editada, as referências legislativas primordiais foram os arts. 258 e 259 do CC/16.

15 Com a não reprodução do art.259 do CC/16, o atual Código Civil, na parte em que rege o regime de separação de bens, optou pela não comunicação dos aquestos, tanto na separação convencional quanto na obrigatória.

que forem adquiridos durante a convivência familiar? Neste caso, adota-se o regime da comunhão parcial, visando impedir o enriquecimento sem causa de um dos nubentes em relação ao outro. É necessário, pois, resolver uma outra questão: saber se o esforço comum deve ser presumido ou não, ou seja, deve se presumir que os aquestos se comunicam, dispensando a prova do esforço comum? O STJ entende que deve ser exigir a prova do esforço comum. Vejamos: "No regime de separação obrigatória, apenas se comunicam os bens adquiridos na constância do casamento pelo esforço comum, sob pena de se desvirtuar a opção legislativa, imposta por motivo de ordem pública."[16]

ROLF MADALENO ensina que "está sedimentado que um dos evidentes propósitos do Supremo Tribunal Federal ao editar a Súmula n.377, a par da questão pontual do art.259 do Código Civil de 1916, também foi o de evitar o enriquecimento ilícito nos casamentos de imposição do regime da separação de bens, porque o patrimônio adquirido na constância do casamento pelo esforço comum terminava em mãos de só um dos cônjuges, de hábito o varão, sob cuja titularidade restava inscrito o acervo construído durante toda a história do matrimônio."[17]

Seria possível o afastamento da Súmula 377 do STF pela vontade das partes? Em tese, sim. Isto seria possível através da celebração de um pacto antenupcial (esfera da autonomia privada) em que os nubentes ampliariam os efeitos do regime da separação obrigatória, ocasionando uma separação absoluta dos bens.

---

16 RECURSO ESPECIAL. CIVIL E PROCESSUAL CIVIL. DIREITO DE FAMÍLIA.
AÇÃO DE RECONHECIMENTO E DISSOLUÇÃO DE UNIÃO ESTÁVEL. PARTILHA DE BENS.
COMPANHEIRO SEXAGENÁRIO. ART. 1.641, II, DO CÓDIGO CIVIL (REDAÇÃO ANTERIOR À LEI Nº 12.344/2010). REGIME DE BENS. SEPARAÇÃO LEGAL.
NECESSIDADE DE PROVA DO ESFORÇO COMUM. COMPROVAÇÃO. BENFEITORIA E CONSTRUÇÃO INCLUÍDAS NA PARTILHA. SÚMULA Nº 7/STJ.
1. É obrigatório o regime de separação legal de bens na união estável quando um dos companheiros, no início da relação, conta com mais de sessenta anos, à luz da redação originária do art. 1.641, II, do Código Civil, a fim de realizar a isonomia no sistema, evitando-se prestigiar a união estável no lugar do casamento.
2. No regime de separação obrigatória, apenas se comunicam os bens adquiridos na constância do casamento pelo esforço comum, sob pena de se desvirtuar a opção legislativa, imposta por motivo de ordem pública.
3. Rever as conclusões das instâncias ordinárias no sentido de que devidamente comprovado o esforço da autora na construção e realização de benfeitorias no terreno de propriedade exclusiva do recorrente, impondo-se a partilha, demandaria o reexame de matéria fático-probatória, o que é inviável em sede de recurso especial, nos termos da Súmula nº 7 do Superior Tribunal de Justiça.
4. Recurso especial não provido.
(REsp 1403419/MG, Rel. Ministro RICARDO VILLAS BÔAS CUEVA, TERCEIRA TURMA, julgado em 11/11/2014, DJe 14/11/2014).

17 MADALENO, Rolf. *Curso de Direito de Família*. 4. ed. Rio de Janeiro. Forense, 2011. p.73.

7.7 Administração dos Bens

De acordo com o artigo 1.642 do Código Civil, "qualquer que seja o regime de bens, tanto o marido quanto a mulher podem livremente:

a) praticar todos os atos de disposição e de administração necessários ao desempenho de sua profissão, com as limitações estabelecida no inciso I do art. 1.647[18] (artigo 1.642, I, CC);
b) administrar os bens próprios (artigo 1.642, II, CC);
c) desobrigar ou reivindicar os imóveis que tenham sido gravados ou alienados sem o seu consentimento ou sem suprimento judicial (artigo 1.642, III, CC); Trata-se, pois, da necessidade de outorga uxória (no caso da esposa) ou da outorga marital (no caso do marido).
d) demandar a rescisão dos contratos de fiança e doação, ou a invalidação do aval,[19] realizados pelo outro cônjuge com infração do disposto nos incisos III e IV do art. 1.647[20] (artigo 1.642, IV, CC); Da mesma forma que o item anterior, trata-se, pois, da necessidade de outorga uxória (no caso da esposa) ou da outorga marital (no caso do marido). A questão que se coloca é: este dispositivo legal se aplica a união estável? Em linhas gerais, a norma jurídica está restrita ao casamento, não se aplicando a união estável.[21]

---

18 CC – Art. 1.647. Ressalvado o disposto no art. 1.648, nenhum dos cônjuges pode, sem autorização do outro, exceto no regime da separação absoluta: I – alienar ou gravar de ônus real os bens imóveis;

19 Aqui, vale mencionar o Enunciado n.114 do CJF que diz: "o aval não pode ser anulado por falta de vênia conjugal, de modo que o inciso III do artigo 1.647 apenas caracteriza a inoponibilidade do título ao cônjuge que não assentiu." É, pois, um enunciado contrário a norma jurídica do artigo 1.649 do CC.

20 CC – Art. 1.647. Ressalvado o disposto no art. 1.648, nenhum dos cônjuges pode, sem autorização do outro, exceto no regime da separação absoluta:
I – alienar ou gravar de ônus real os bens imóveis;
II – pleitear, como autor ou réu, acerca desses bens ou direitos;
III – prestar fiança ou aval;
IV – fazer doação, não sendo remuneratória, de bens comuns, ou dos que possam integrar futura meação.
Parágrafo único. São válidas as doações nupciais feitas aos filhos quando casarem ou estabelecerem economia separada.

21 DIREITO CIVIL-CONSTITUCIONAL. DIREITO DE FAMÍLIA. CONTRATO DE LOCAÇÃO. FIANÇA. FIADORA QUE CONVIVIA EM UNIÃO ESTÁVEL. INEXISTÊNCIA DE OUTORGA UXÓRIA. DISPENSA. VALIDADE DA GARANTIA. INAPLICABILIDADE DA SÚMULA N. 332/STJ.
1. Mostra-se de extrema relevância para a construção de uma jurisprudência consistente acerca da disciplina do casamento e da união estável saber, diante das naturais diferenças entre os dois institutos, quais os limites e possibilidades de tratamento jurídico diferenciado entre eles.
2. Toda e qualquer diferença entre casamento e união estável deve ser analisada a partir da dupla concepção do que seja casamento – por um lado, ato jurídico solene do qual decorre

e) reivindicar os bens comuns, móveis ou imóveis, doados ou transferidos pelo outro cônjuge ao concubino, desde que provado que os bens não foram adquiridos pelo esforço comum destes, se o casal estiver separado de fato por mais de cinco anos (artigo 1.642, V, CC);
f) praticar todos os atos que não lhes forem vedados expressamente (artigo 1.642, VI, CC).

Da mesma forma, podem os cônjuges, independentemente de autorização um do outro (artigo 1.643):

a) comprar, ainda a crédito, as coisas necessárias à economia doméstica (artigo 1.643, I, CC);
b) obter, por empréstimo, as quantias que a aquisição dessas coisas possa exigir (artigo 1.643, II, CC).

Vale lembrar que as dívidas contraídas para a finalidade acima (economia doméstica), obrigam solidariamente os cônjuges (solidariedade passiva), de acordo com a regra jurídica do artigo 1.644 do Código Civil.

As ações fundadas nos incisos III, IV e V do art. 1.642 competem ao cônjuge prejudicado e a seus herdeiros (artigo 1.645, CC).

Já no caso dos incisos III e IV do art. 1.642, o terceiro, prejudicado com a sentença favorável ao autor, terá direito regressivo contra o cônjuge, que realizou o negócio jurídico, ou seus herdeiros (artigo 1.646, CC).

Nenhum dos cônjuges pode, sem autorização do outro, exceto no regime da separação absoluta (artigo 1.647, CC):

---

uma relação jurídica com efeitos tipificados pelo ordenamento jurídico, e, por outro, uma entidade familiar, dentre várias outras protegidas pela Constituição.

3. Assim, o casamento, tido por entidade familiar, não se difere em nenhum aspecto da união estável - também uma entidade familiar -, porquanto não há famílias timbradas como de "segunda classe" pela Constituição Federal de 1988, diferentemente do que ocorria nos diplomas constitucionais e legais superados. Apenas quando se analisa o casamento como ato jurídico formal e solene é que as diferenças entre este e a união estável se fazem visíveis, e somente em razão dessas diferenças entre casamento - ato jurídico - e união estável é que o tratamento legal ou jurisprudencial diferenciado se justifica.

4. A exigência de outorga uxória a determinados negócios jurídicos transita exatamente por este aspecto em que o tratamento diferenciado entre casamento e união estável é justificável. É por intermédio do ato jurídico cartorário e solene do casamento que se presume a publicidade do estado civil dos contratantes, de modo que, em sendo eles conviventes em união estável, hão de ser dispensadas as vênias conjugais para a concessão de fiança.

5. Desse modo, não é nula nem anulável a fiança prestada por fiador convivente em união estável sem a outorga uxória do outro companheiro. Não incidência da Súmula n. 332/ STJ à união estável.

6. Recurso especial provido.

(REsp 1299866/DF, Rel. Ministro LUIS FELIPE SALOMÃO, QUARTA TURMA, julgado em 25/02/2014, DJe 21/03/2014)

a) alienar ou gravar de ônus real os bens imóveis (artigo 1.647, I);
b) pleitear, como autor ou réu, acerca desses bens ou direitos (artigo 1.647, II);
c) prestar fiança ou aval (artigo 1.647, III);
d) fazer doação, não sendo remuneratória, de bens comuns, ou dos que possam integrar futura meação (artigo 1.647, IV).

São válidas as doações nupciais feitas aos filhos quando casarem ou estabelecerem economia separada (parágrafo único do artigo 1.647, CC).

Caberá ao magistrado, nos casos acima, suprir a outorga conjugal, quando um dos cônjuges a denegue sem motivo justo, ou lhe seja impossível concedê-la (artigo 1.648, CC).

A falta de autorização, não suprida pelo juiz, quando necessária para os atos elencados no artigo 1.647 do CC (mencionados acima), tornará *anulável o ato praticado*, podendo o outro cônjuge pleitear-lhe a anulação, até dois anos (prazo decadencial) depois de terminada a sociedade conjugal (conforme a regra do artigo 1.649, CC). A decretação de invalidade dos atos praticados sem outorga, sem consentimento, ou sem suprimento do juiz, só poderá ser demandada pelo cônjuge a quem cabia concedê-la, ou por seus herdeiros (artigo 1.650, CC). No caso do herdeiro, o prazo acima será contado da morte do sucedido.

Já no caso de aprovação do ato pelo cônjuge, desde que feita por instrumento público, ou particular, autenticado, não será possível a realização da anulação do ato jurídico (artigo 1.649, parágrafo único, do CC), até mesmo porque é vedado o comportamento contraditório. A vedação do comportamento contraditório encontra-se consubstanciada na máxima *venire contra factum proprium non potest*. O fundamento da vedação de comportamento contraditório é a tutela jurídica da confiança que deve permear as partes contratantes, de forma a não violar as legítimas expectativas despertadas no parceiro. Essa confiança é fruto cláusula geral de boa-fé objetiva (*dever geral de lealdade e confiança recíproca entre as partes*).

Ainda em relação à administração dos bens no casamento, "quando um dos cônjuges não puder exercer a administração dos bens que lhe incumbe, segundo o regime de bens, caberá ao outro: I – gerir os bens comuns e os do consorte; II – alienar os bens móveis comuns; III – alienar os imóveis comuns e os móveis ou imóveis do consorte, mediante autorização judicial (artigo 1.651, CC).

Já o cônjuge, que estiver na posse dos bens particulares do outro, será para com este e seus herdeiros responsável: I – como usufrutuário, se o rendimento for comum; II – como procurador, se tiver mandato expresso ou tácito para os administrar; III – como depositário, se não for usufrutuário, nem administrador (artigo 1.652, CC).

7.8 Pacto Antenupcial ou Pré-nupcial

7.8.1 Conceito e características

Os artigos 1.653 a 1.657 tratam do pacto antenupcial. É um negócio jurídico familiar, de cunho patrimonial, personalíssimo, firmado por escritura pública no Cartório de Notas entre os nubentes que tem a finalidade de alinhar, antes do casamento, o regime de bens a ser adotado entre ambos que não seja o regime da comunhão parcial de bens. Melhor dizendo: é o contrato firmado entre os nubentes com o firme propósito de estabelecer o regime de bens que vigorará entre ambos, após o casamento.

É nulo o pacto antenupcial se não for feito por escritura pública, e ineficaz se não lhe seguir o casamento (artigo 1.653, CC).

Se o *pacto antenupcial* for realizado por menor, a sua validade (e não a sua eficácia) fica condicionada à aprovação de seu representante legal, salvo as hipóteses de regime obrigatório de separação de bens (artigo 1.654, CC). Todavia, para a realização do casamento continua necessária a concordância de ambos os genitores ou representantes legais, conforme artigo 1.517 do CC. Esta manifestação de vontade difere daquela.

De acordo com o princípio da autonomia da vontade é licito aos nubentes estipulares quanto ao regime de bens e direitos patrimoniais o que desejarem, desde que o pacto antenupcial ou suas cláusulas não contrariem normas cogentes. É o que diz a regra estipulada no artigo 1.655 ao dizer que "é nula a convenção ou cláusula dela que contravenha disposição absoluta de lei." É o caso, por exemplo, de cláusula que estabeleça a exclusão do cônjuge sobrevivente ao direito sucessório, afastando, pois, as regras da sucessão legítima.[22] Da mesma forma a cláusula será nula se expressar que a fiança poderá ser prestada independentemente da concordância do outro consorte.

---

22 RECURSO ESPECIAL - SUCESSÃO - CÔNJUGE SUPÉRSTITE - CONCORRÊNCIA COM ASCENDENTE, INDEPENDENTE O REGIME DE BENS ADOTADO NO CASAMENTO - PACTO ANTENUPCIAL - EXCLUSÃO DO SOBREVIVENTE NA SUCESSÃO DO DE CUJUS - NULIDADE DA CLÁUSULA - RECURSO IMPROVIDO.

1 - O Código Civil de 2.002 trouxe importante inovação, erigindo o cônjuge como concorrente dos descendentes e dos ascendentes na sucessão legítima. Com isso, passou-se a privilegiar as pessoas que, apesar de não terem qualquer grau de parentesco, são o eixo central da família.

2- Em nenhum momento o legislador condicionou a concorrência entre ascendentes e cônjuge supérstite ao regime de bens adotado no casamento.

3 - Com a dissolução da sociedade conjugal operada pela morte de um dos cônjuges, o sobrevivente terá direito, além do seu quinhão na herança do de cujus, conforme o caso, à sua meação, agora sim regulado pelo regime de bens adotado no casamento.

4 - O artigo 1.655 do Código Civil impõe a nulidade da convenção ou cláusula do pacto antenupcial que contravenha disposição absoluta de lei.

5 - Recurso improvido.

(REsp 954.567/PE, Rel. Ministro MASSAMI UYEDA, TERCEIRA TURMA, julgado em 10/05/2011, DJe 18/05/2011).

7.8.2 Pacto Antenupcial e o regime de participação final nos aquestos

De acordo com o artigo 1.656 do Código Civil, o pacto antenupcial que adotar o regime de participação final nos aquestos, os nubentes poderão convencionar a livre disposição dos bens imóveis, desde que particulares. No regime de participação final nos aquestos, cada cônjuge possui patrimônio próprio e lhe cabe, à época da dissolução da sociedade conjugal, direito à metade dos bens adquiridos pelo casal, a título oneroso, na constância do casamento (artigo 1.672). Integram o patrimônio próprio os bens que cada cônjuge possuía ao casar e os por ele adquiridos, a qualquer título, na constância do casamento (artigo 1.673).

Este é um regime misto, já que durante a constância do casamento aplicam-se as regras da separação total e, após a sua dissolução, as da comunhão parcial. Neste caso, é necessário a feitura do pacto antenupcial. Carlos Roberto Gonçalves ensina que o regime de participação final de aquestos é um regime híbrido ou misto, já que, durante o casamento, seriam aplicáveis as regras do regime de separação de bens e após a sua dissolução, aquelas regras jurídicas da comunhão parcial.[23]

7.8.3 Efeito *erga omnes*

Consoante o artigo 1.657, as convenções antenupciais não terão efeito perante terceiros senão depois de registradas, em livro especial, pelo oficial do Registro de Imóveis do domicílio dos cônjuges.

7.9 Regime de Bens

Como dito acima, em regra, é possível que os cônjuges escolham livremente o regime de bens para o casamento (hetero ou homossexual). O nosso Código Civil apresenta regras especiais quanto aos regimes previstos em nossa codificação civilística, a saber: a) *comunhão parcial* (artigos 1.658 a 1.666), *comunhão universal* (artigos 1.667 a 1.671), *participação final nos aquestos* (artigos 1.672 a 1.686) e *separação de bens* (artigos 1.687 e 1.688).

O regime matrimonial de bens são as regras jurídicas atinentes aos interesses econômicos e patrimoniais escolhido pelo cônjuges durante a constância da relação matrimonial. Vejamos, pois, cada um dos modelos de regime de bens.

7.9.1 Regime da Comunhão Parcial

Este regime prevalecerá se os consortes não firmarem o pacto antenupcial. É conhecido como *regime legal*. No regime de comunhão parcial, comuni-

23 GONÇALVES, Carlos Roberto. *Direito Civil Brasileiro*. v. VI. São Paulo: Saraiva, 2005, p.429.

cam-se os bens que sobrevierem ao casal durante o casamento, salvo os bens incomunicáveis (artigo 1.658, CC).

7.9.1.1 Bens Incomunicáveis ou Particulares

Os *bens incomunicáveis* estão elencados no artigo 1.659, excluindo, portanto, da comunhão dos consortes. São eles:

a) *os bens que cada cônjuge possuir ao casar, e os que lhe sobrevierem, na constância do casamento, por doação*[24] *ou sucessão, e os sub-rogados em seu lugar* (artigo 1.659, I); Aqui são os chamados *bens particulares*[25] que cada um dos nubentes possuía antes do casamento. Da

24 DIREITO CIVIL. INCOMUNICABILIDADE DE BEM RECEBIDO A TÍTULO DE DOAÇÃO NO REGIME DA COMUNHÃO PARCIAL DE BENS. No regime de comunhão parcial de bens, não integra a meação o valor recebido por doação na constância do casamento — ainda que inexistente cláusula de incomunicabilidade — e utilizado para a quitação de imóvel adquirido sem a contribuição do cônjuge não donatário. De início, cumpre observar que, na relação conjugal em que há opção pelo regime de comunhão parcial, os cônjuges reconhecem que o fruto do esforço comum deve ser compartilhado pelo casal, não o patrimônio anterior, nem tampouco aquele que não advenha - direta ou indiretamente - do labor do casal. Ademais, sob o citado regime, a doação realizada a um dos cônjuges somente será comunicável quando o doador expressamente se manifestar nesse sentido e, no silêncio, presume-se feita apenas à donatária. Por fim, não há que aplicar norma atinente ao regime de comunhão universal, qual seja, a necessidade de cláusula de incomunicabilidade para excluir bens doados, quando há expressa regulação da matéria em relação ao regime da comunhão parcial de bens (arts. 1.659, I, 1.660, III, e 1.661 do CC). REsp 1.318.599-SP, Rel. Min. Nancy Andrighi, julgado em 23/4/2013.

25 O cônjuge sobrevivente casado sob o regime de comunhão parcial de bens concorrerá com os descendentes do cônjuge falecido apenas quanto aos bens particulares eventualmente constantes do acervo hereditário. O art. 1.829, I, do CC estabelece que o cônjuge sobrevivente concorre com os descendentes do falecido, salvo se casado: i) no regime da comunhão universal; ou ii) no da separação obrigatória de bens (art. 1.641, e não art. 1.640, parágrafo único); ou, ainda, iii) no regime da comunhão parcial, quando o autor da herança não houver deixado bens particulares. Com isso, o cônjuge supérstite é herdeiro necessário, concorrendo com os descendentes do morto, desde que casado com o falecido no regime: i) da separação convencional (ou consensual), em qualquer circunstância do acervo hereditário (ou seja, existindo ou não bens particulares do falecido); ou ii) da comunhão parcial, apenas quando tenha o de cujus deixado bens particulares, pois, quanto aos bens comuns, já tem o cônjuge sobrevivente o direito à meação, de modo que se faz necessário assegurar a condição de herdeiro ao cônjuge supérstite apenas quanto aos bens particulares. Dessa forma, se o falecido não deixou bens particulares, não há razão para o cônjuge sobrevivente ser herdeiro, pois já tem a meação sobre o total dos bens em comum do casal deixados pelo inventariado, cabendo a outra metade somente aos descendentes deste, estabelecendo-se uma situação de igualdade entre essas categorias de herdeiros, como é justo. Por outro lado, se o falecido deixou bens particulares e não se adotar o entendimento ora esposado, seus descendentes ficariam com a metade do acervo de bens comuns e com o total dos bens particulares, em clara desvantagem para o cônjuge sobrevivente. Para evitar essa situação, a lei estabelece a participação do cônjuge supérstite, agora na qualidade de herdeiro, em concorrência com os descendentes do morto, quanto

mesma forma, não se comunicam os bens recebidos por doação ou sucessão e os sub-rogados (sub-rogação real) em seu lugar.

b) *os bens adquiridos com valores exclusivamente pertencentes a um dos cônjuges em sub-rogação dos bens particulares* (artigo 1.659, II); Esta é uma situação bastante comum. O cônjuge, na constância do casamento, vende um bem incomunicável e adquire outro em seu lugar. É a denominada sub-rogação dos bens particulares. Vale lembrar que se o bem adquirido (sub-rogado) tiver um valor a maior do que o bem particular alienado, a diferença (a maior) terá comunicação com o outro consorte. Por exemplo, Camilo é casado em regime da comunhão parcial de bens com Juliana. Ocorre que antes da celebração do casamento, ele já possuía um apartamento. Ele vende o imóvel e recebe R$ 300 mil reais. A seguir adquire outro imóvel no valor de R$ 400 mil reais. Nesse caso, haverá sub-rogação em R$ 300 mil reais e a diferença a maior no valor de R$ 100 mil reais terá comunicação com Juliana. Não podemos esquecer que na aquisição do novo imóvel, deve restar claro e expresso na escritura de compra e venda do imóvel sub-rogado que parte do preço deste imóvel foi proveniente da sub-rogação do bem particular de Cami-

---

aos bens particulares. Assim, impõe uma situação de igualdade entre os interessados na partilha, pois o cônjuge sobrevivente permanece meeiro em relação aos bens comuns e tem participação na divisão dos bens particulares, como herdeiro necessário, concorrendo com os descendentes. A preocupação do legislador de colocar o cônjuge sobrevivente na condição de herdeiro necessário, em concorrência com os descendentes do falecido, assenta-se na ideia de garantir ao cônjuge supérstite condições mínimas para sua sobrevivência, quando não possuir obrigatória ou presumida meação com o falecido (como ocorre no regime da separação convencional) ou quando a meação puder ser até inferior ao acervo de bens particulares do morto, ficando o cônjuge sobrevivente (mesmo casado em regime de comunhão parcial) em desvantagem frente aos descendentes. Noutro giro, não se mostra acertado o entendimento de que deveria prevalecer para fins sucessórios a vontade dos cônjuges, no que tange ao patrimônio, externada na ocasião do casamento com a adoção de regime de bens que exclua da comunhão os bens particulares de cada um. Com efeito, o regime de bens tal qual disciplinado no Livro de Família do Código Civil, instituto que disciplina o patrimônio dos nubentes, não rege o direito sucessório, embora tenha repercussão neste. Ora, a sociedade conjugal se extingue com o falecimento de um dos cônjuges (art. 1.571, I, do CC), incidindo, a partir de então, regras próprias que regulam a transmissão do patrimônio do de cujus, no âmbito do Direito das Sucessões, que possui livro próprio e específico no Código Civil. Assim, o regime de bens adotado na ocasião do casamento é considerado e tem influência no Direito das Sucessões, mas não prevalece tal qual enquanto em curso o matrimônio, não sendo extensivo a situações que possuem regulação legislativa própria, como no direito sucessório (REsp 1.472.945-RJ, Terceira Turma, DJe de 19/11/2014). Por fim, ressalte-se que essa linha exegética é a mesma chancelada no Enunciado 270 do Conselho da Justiça Federal, aprovado na III Jornada de Direito Civil. Precedente citado: REsp 974.241-DF, Quarta Turma, DJe 5/10/2011. REsp 1.368.123-SP, Rel. Min. Sidnei Beneti, Rel. para acórdão Min. Raul Araújo, julgado em 22/4/2015, DJe 8/6/2015.

lo.[26] ROLF MADALENO alerta que "esta cautela deve ser tomada inclusive para servir de prova contra terceiros, por exemplo, em uma situação bastante plausível de o cônjuge se resguardar contra credores de seu esposo e subtrair seu imóvel de eventual execução, isto quando o débito não conta com o aval ou a fiança da esposa e nem se trate de uma aquisição simulada para, exatamente contornar proibição legal ou fraudar direitos de terceiro, especialmente quando a lei presume existir simulação em contrato oneroso feito com ascendentes, descendentes, irmãos, cônjuge ou companheiro, que são vistos como interpostas pessoas (CC, art. 1.802, parágrafo único)."[27]

Aqui, vale destacar, ainda a seguinte decisão: "RECURSO ESPECIAL. DIREITO DE FAMÍLIA. DIVÓRCIO. PARTILHA DE BENS. REGIME

26 AGRAVO INTERNO NO AGRAVO EM RECURSO ESPECIAL. INVENTÁRIO. MEAÇÃO. VIOLAÇÃO AO ART. 364 DO CPC/1973. AUSÊNCIA DE PREQUESTIONAMENTO. MÁ VALORAÇÃO DA PROVA. INEXISTÊNCIA. CASAMENTO REALIZADO SOB O REGIME DA COMUNHÃO PARCIAL DE BENS. SUB-ROGAÇÃO. AUSÊNCIA DE COMPROVAÇÃO. REVISÃO. MATÉRIA FÁTICO-PROBATÓRIA. SÚMULA 7/STJ. AGRAVO NÃO PROVIDO.
1. Fica inviabilizado o conhecimento de tema trazido na petição de recurso especial, mas não debatido e decidido no acórdão recorrido, tampouco suscitado em embargos de declaração, porquanto ausente o indispensável prequestionamento. Aplicação, por analogia, das Súmulas 282 e 356 do STF.
2. No que diz respeito à má valoração da prova, a orientação jurisprudencial deste Sodalício estabelece que "vigora, no direito processual pátrio, o sistema de persuasão racional, adotado pelo Código de Processo Civil nos arts. 130 e 131, não cabendo compelir o magistrado a acolher com primazia determinada prova, em detrimento de outras pretendidas pelas partes, se pela análise das provas em comunhão estiver convencido da verdade dos fatos" (AgRg no REsp 1.251.743/SP, Rel. Ministro LUIS FELIPE SALOMÃO, QUARTA TURMA, julgado em 16/09/2014, DJe de 22/9/2014).
3. A Corte de origem, ao dirimir a controvérsia, mediante o exame dos elementos informativos da demanda, entendeu pela configuração da condição de meeira da ora agravada, não tendo, ainda, ficado demonstrado que o patrimônio adquirido na constância do casamento seria decorrente da sub-rogação de bens particulares do de cujus.
Desse modo, infirmar as conclusões do julgado, como ora postulado, para excluir da meação os bens deixados pelo de cujus, demandaria o revolvimento do suporte fático-probatório da demanda, o que encontra óbice no enunciado da Súmula 7 do Superior Tribunal de Justiça.
4. Na hipótese, a irresignação das ora agravantes não trata de apenas conferir diversa qualificação jurídica aos fatos delimitados na origem e nova valoração dos critérios jurídicos concernentes à utilização da prova, mas, ao revés, de realização de novo juízo valorativo que substitua o realizado pelo Tribunal a quo para o fim de formar nova convicção sobre os fatos a partir do reexame de provas, circunstância, todavia, vedada nesta instância extraordinária. Incidência da Súmula 7 do Superior Tribunal de Justiça.
5. Agravo interno a que se nega provimento.
(AgInt no AREsp 904.524/GO, Rel. Ministro RAUL ARAÚJO, QUARTA TURMA, julgado em 04/08/2016, DJe 12/08/2016)

27 MADALENO, Rolf. *Direito de Família,* 7.ed. São Paulo: Forense, 11/2016. VitalBook file.

DE COMUNHÃO PARCIAL. AQUISIÇÃO DE PATRIMÔNIO DURANTE O CASAMENTO. PAGAMENTO PARCIALMENTE REALIZADO COM SUB-ROGAÇÃO DE BENS PARTICULARES DE UM DOS CÔNJUGES. PARTILHA PROPORCIONAL.
1. No regime de comunhão parcial, a aquisição de bem durante o matrimônio por um dos cônjuges, mediante pagamento cuja origem tenha sido a venda de bens exclusivos, em princípio conduz à exclusão desse bem da comunhão, seja porque tem por título uma causa preexistente ao casamento (art. 272, CC/16), seja porque se configurou a sub-rogação de bem particular (art. 269, inciso II).
2. Porém, "para que a sub-rogação possa produzir esse efeito, deve o bem ser adquirido com valores exclusivamente pertencentes ao dono do bem substituído. Se com valores dele concorrerem valores da comunhão ou do outro cônjuge, estabelecer-se-á um condomínio" (SANTOS, J. M. de Carvalho. Código Civil Brasileiro interpretado. vol. V. 14 ed. Rio de Janeiro: Freitas Bastos, 1988, p. 89).
3. Havendo aquisição de bens durante o casamento pagos parcialmente mediante sub-rogação de patrimônio particular de um dos cônjuges, somente o quinhão proporcional à sub-rogação será excluído da partilha – e destinado exclusivamente a um dos cônjuges -, devendo a diferença ser dividida à razão de 50% para cada um dos consortes.
4. Recurso especial de G. O. S. A. não provido e recurso especial de R. F. V. A. parcialmente conhecido e, na extensão, parcialmente provido.
(REsp 963.983/RN, Rel. Ministro LUIS FELIPE SALOMÃO, QUARTA TURMA, julgado em 12/06/2012, DJe 16/08/2012)."

c) *as obrigações anteriores ao casamento* (artigo 1.659, III); A dívidas contraídas anteriormente ao casamento não se comunicam.
d) *as obrigações provenientes de atos ilícitos, salvo reversão em proveito do casal* (artigo 1.659, IV); A responsabilidade pelo ato ilícito é pessoal, não se comunicando ao outro cônjuge. Ocorre que somente haverá comunicação se no cometimento do ato ilícito houver reversão em proveito do casal. MADALENO destaca, por exemplo, "o marido pratica um crime de estelionato e com os recursos do ilícito penal adquire bem familiar ou paga uma cirurgia da esposa."[28] [29] Ademais, pouco

28 Ibid.
29 "Da Possibilidade de Bloqueio de Bens Imóveis em Nome do Casal A parte embargante alega ser casada com Carlos Dahlen da Rosa, sendo que este consta como denunciado na ação penal que apura as fraudes licitatórias cometidas em torno do Detran/RS – UFSM e

suas fundações de apoio. Anexou cópia da certidão de casamento à fl. 14, onde consta o regime de comunhão parcial de bens. Sustenta que possui a meação dos bens imóveis, e que as restrições judiciais estariam ofendendo o princípio da intranscendência da pena. Não assiste razão à embargante, pois se a mesma continua casada com seu esposo, então todos os bens imóveis e móveis que também estiverem em seu nome (conjuntamente com o de seu esposo) devem ser objeto de garantia para eventual ressarcimento de dano ilícito. Enquanto permanecem casados, os bens imóveis em nome de ambos, pertencem também a Carlos Dahlem da Rosa como um todo, sem qualquer divisão em detrimento do regime de comunhão de bens. Então, como a embargante estava casada com Carlos Dahlem da Rosa na data em que foram efetivadas as medidas restritivas sobre os bens, conclui-se que ambos estavam na administração dos mesmos bens e, assim, plenamente legal as restrições efetivadas sobre os bens de propriedade do casal. Conforme o Código Civil, é possível concluir que não há disposição impeditiva a respeito de constrição judicial sobre bens em nome do casal, de acordo com os seguintes artigos que tratam sobre a comunhão parcial de bens: (com grifos)
Art. 1.663. A administração do patrimônio comum compete a qualquer dos cônjuges.
§ 1° As dívidas contraídas no exercício da administração obrigam os bens comuns e particulares do cônjuge que os administra, e os do outro na razão do proveito que houver auferido.
(...)
Art. 1.664. Os bens da comunhão respondem pelas obrigações contraídas pelo marido ou pela mulher para atender aos encargos da família, às despesas de administração e às decorrentes de imposição legal.
Dessa forma, como os bens imóveis destinam-se a assegurar eventual restituição a danos cometidos ao Erário, decorrentes de atos ilícitos praticados por um dos cônjuges (Carlos Dahlem da Rosa), conclui-se pela legalidade das medidas restritivas, pois tais atos ilícitos dizem respeito a locupletamento ilícito, o que pode ter beneficiado o patrimônio de ambos os cônjuges.
Então, não merecem acolhimento as alegações tecidas pela embargante no tocante à liberação da sua meação quanto aos imóveis que foram restritos judicialmente, pois plenamente legais as medidas restritivas que incidiram sob os imóveis de propriedade do casal." (grifos no original)
Sobre o tema, assim restou consignado pela sentenciante: 2.1 – A embargante na condição de esposa de Carlos Dahlen da Rosa a) Da meação e do pedido alternativo Alega, a embargante, que todos os bens bloqueados foram adquiridos na constância da sociedade conjugal, de forma que sua meação deve ser resguardada da alienação judicial. Do contrário, haveria afronta ao princípio constitucional da intranscendência ou incontagiabilidade da pena. Requer, então, seja assegurado seu direito à meação. Alternativamente, postula a salvaguarda seu patrimônio, com a reserva da metade do produto de eventual alienação judicial.
Acerca do regime de comunhão parcial de bens, dispõe o art. 1.658 do Código Civil:
Art. 1.658. No regime de comunhão parcial, comunicam-se os bens que sobrevierem ao casal, na constância do casamento, com as exceções dos artigos seguintes. Assim sendo, certamente o regime de bens em comento não produz o efeito pretendido pela embargante, mas justamente o seu contrário: os bens de ambos os integrantes da união conjugal, se adquiridos na constância do casamento, são considerados em conjunto, cada um é proprietário do todo. E, dessa forma, em havendo responsabilidade patrimonial de um dos cônjuges, por conta da prática de ilícito penal, não há impedimento à que medidas constritivas recaiam sobre a totalidade dos bens imóveis do casal.
Deve ser ressaltado, por outro lado, que a medida assecuratória penal apenas visa a impedir que os bens sejam alienados, ou que os investigados voluntariamente desviem seus

importa se o ilícito tenha ocorrido antes ou após o casamento. É importante destacar, mais uma vez, que se ambos os cônjuges tiraram proveito do ato ilícito, o quantum indenizatório recairá sobre os bens comuns dos consortes. Não obstante a Súmula 251 do STJ, *verbis*: "A meação só responde pelo ato ilícito quando o credor, na execução fiscal, provar que o enriquecimento dele resultante aproveitou ao casal," o inciso IV ora em análise permite a comunicabilidade das obrigações provenientes de ato ilícito, no caso de reversão em benefício dos nubentes.

e) *os bens de uso pessoal, os livros e instrumentos de profissão* (artigo 1.659, V); Aqui estão incluídos coleções raras de livros, computadores, celulares, relógios, os instrumentos de um dentista, de um médico, de um enfermeiro, de um músico, dentre outros exemplos.

f) *os proventos do trabalho pessoal de cada cônjuge* (artigo 1.659, VI); O salário é, pois, um *bem particular*. Este inciso representa verdadeiro desequilíbrio das relações econômicas-financeiras dos cônjuges. Ora, como a maioria das pessoas vive em razão e por conta de seus salários, teríamos a seguinte situação: aquele cônjuge que prefere economizar os seus proventos (fruto do seu trabalho pessoal) ao invés de adquirir bens conjugais seria beneficiado, eis que sua economia salarial seria considerada um bem particular, logo, incomunicável. Esta conduta desestimularia, inclusive, a aquisição de bens conjugais consubstanciando um maior lastro conjugal.[30]

---

bens, não se afetando o montante do patrimônio matrimonial, até porque a constrição cautelar é provisória. E, sendo assim, sequer cabe falar-se em não observância da meação: a constrição atingiu todo o patrimônio, na medida em que o investigado poderá vir a ser responsabilizado, mas certamente como medida de cunho cautelar, não tendo havido retirada do patrimônio do casal a propriedade dos bens.

Ainda que se adotasse o entendimento de que devesse ser resguardada a meação da cônjuge, a alegação deve ser aventada no momento da execução decorrente de eventual sentença condenatória (com alienação de bens). Portanto, improcede também o pedido alternativo de resguardo da meação. [...]"RECURSO ESPECIAL Nº 1.265.118 – RS (2011/0168471-1). RELATOR : MINISTRO SEBASTIÃO REIS JÚNIOR.

30 AGRAVO REGIMENTAL. PROCESSO CIVIL. PARTILHA. COMUNICABILIDADE DOS SALDOS BANCÁRIOS ADVINDOS DE VERBA TRABALHISTA E APOSENTADORIA. INTERPRETAÇÃO DOS ARTS. 1.658 E 1.659, VI, DO CC E ART. 5° DA LEI N. 9.278/1996.

1. No regime de comunhão parcial ou universal de bens, o direito ao recebimento dos proventos não se comunica ao fim do casamento, mas, ao serem tais verbas percebidas por um dos cônjuges na constância do matrimônio, transmudam-se em bem comum, mesmo que não tenham sido utilizadas na aquisição de qualquer bem móvel ou imóvel (arts. 1.658 e 1.659, VI, do Código Civil).

2. O mesmo raciocínio é aplicado à situação em que o fato gerador dos proventos e a sua reclamação judicial ocorrem durante a vigência do vínculo conjugal, independentemente do momento em que efetivamente percebidos, tornando-se, assim, suscetíveis de parti-

Ora, a melhor hermenêutica deste dispositivo é no sentido de evitar que na dissolução da sociedade conjugal, um dos cônjuges tivesse direito permanente à metade dos proventos do outro cônjuge. Dessa maneira, o *direito aos proventos* deve ser tido como incomunicável, mas não o valor recebido em si durante a constância da sociedade conjugal.

De acordo com a Rel. Ministra NANCY ANDRIGHI, da TERCEIRA TURMA do STJ, no julgamento do REsp 1024169/RS, em 13/04/2010, "a interpretação harmônica dos arts. 1.659, inc. VI, e 1.660, inc. V, do CC/02, permite concluir que, os valores obtidos por qualquer um dos cônjuges, a título de retribuição pelo trabalho que desenvolvem, integram o patrimônio do casal tão logo percebidos. Isto é, tratando-se de percepção de salário, este ingressa mensalmente no patrimônio comum, prestigiando-se, dessa forma, o esforço comum."[31]

---

lha. Tal entendimento decorre da ideia de frutos percipiendos, vale dizer, aqueles que deveriam ter sido colhidos, mas não o foram. Precedentes.

3. Na hipótese, os saldos bancários originam-se de economias advindas de salários e aposentadoria do falecido, sendo imprescindível que o montante apurado seja partilhado com a companheira no tocante ao período de vigência do vínculo conjugal.

4. Agravo regimental não provido.

(AgRg no REsp 1143642/SP, Rel. Ministro LUIS FELIPE SALOMÃO, QUARTA TURMA, julgado em 26/05/2015, DJe 03/06/2015)

31 Direito civil. Família. Recurso especial. Divórcio direto. Embargos de declaração. Multa prevista no art. 538, parágrafo único, do CPC, afastada. Partilha de bens. Crédito resultante de execução. Ausência de interesse recursal. Eventuais créditos decorrentes de indenização por danos materiais e morais proposta por um dos cônjuges em face de terceiro. Incomunicabilidade. Créditos trabalhistas.
Comunicabilidade. Fixação dos alimentos. Razoabilidade na fixação.
Comprovação da necessidade de quem os pleiteia e da possibilidade de quem os presta.
- A multa imposta à recorrente em face da interposição de embargos de declaração deve ser afastada, porquanto neste aspecto destoou o acórdão impugnado do quanto vem decidindo esta Corte, que possibilita, para fins de prequestionamento, o manejo dos embargos declaratórios, que, em tais hipóteses, não apresentam intuito protelatório.
- Quanto à partilha do crédito resultante da execução, da qual consta registro de penhora sobre imóvel em favor do recorrido, carece a recorrente de interesse recursal, porquanto ficou decidido que fará ela jus à meação da importância dali advinda, destacando-se que os fatos e provas do processo são tomados, na via especial, conforme delineados no acórdão impugnado, de modo que a discussão acerca da ocorrência ou não de adjudicação do imóvel, tal como deduzida pela recorrente, nesta via não pode ser tratada, quando do acórdão consta expressamente que "ausente prova de que o bem tenha sido adjudicado pela parte credora".
- No que concerne aos créditos decorrentes de ação de reparação civil movida pelo ex-cônjuge em face de terceiro, considerando que não há, no acórdão impugnado, qualquer elucidação a respeito do que teria gerado a pretensão reparatória fazendo apenas alusão a "eventuais valores provenientes de ações de dano moral e patrimonial" (fl.. 389), deve ser mantida a incomunicabilidade de possíveis valores advindos do julgamento da referida

ação, porque, conforme declarado no acórdão recorrido, os prováveis danos sofridos unicamente pelo ex-cônjuge revestem-se de caráter "personalíssimo".
- Segue mantido, portanto, o acórdão impugnado, quanto à incomunicabilidade de créditos oriundos de ação de reparação civil ajuizada pelo recorrido, porque expressamente declarado pelo TJ/RS que se cuida de dano de "cunho personalíssimo" (fl.. 389).
- Ressalve-se, apenas como esclarecimento "a latere", eventual condenação de pagamento de lucros cessantes e de danos que hipoteticamente teriam o condão de atingir o patrimônio comum, circunstâncias em que haveria resultado de acréscimo patrimonial ao casal ou mera reposição do patrimônio existente à época do dano.
- O ser humano vive da retribuição pecuniária que aufere com o seu trabalho. Não é diferente quando ele contrai matrimônio, hipótese em que marido e mulher retiram de seus proventos o necessário para seu sustento, contribuindo, proporcionalmente, para a manutenção da entidade familiar.
- Se é do labor de cada cônjuge, casado sob o regime da comunhão parcial de bens, que invariavelmente advêm os recursos necessários à aquisição e conservação do patrimônio comum, ainda que em determinados momentos, na constância do casamento, apenas um dos consortes desenvolva atividade remunerada, a colaboração e o esforço comum são presumidos, servindo, o regime matrimonial de bens, de lastro para a manutenção da família.
- Em consideração à disparidade de proventos entre marido e mulher, comum a muitas famílias, ou, ainda, frente à opção do casal no sentido de que um deles permaneça em casa cuidando dos filhos, muito embora seja facultado a cada cônjuge guardar, como particulares, os proventos do seu trabalho pessoal, na forma do art. 1.659, inc. VI, do CC/02, deve-se entender que, uma vez recebida a contraprestação do labor de cada um, ela se comunica.
- Amplia-se, dessa forma, o conceito de participação na economia familiar, para que não sejam cometidas distorções que favoreçam, em frontal desproporção, aquele cônjuge que mantém em aplicação financeira sua remuneração, em detrimento daquele que se vê obrigado a satisfazer as necessidades inerentes ao casamento, tais como aquelas decorrentes da manutenção da habitação comum, da educação dos filhos ou da conservação dos bens.
- Desse modo, se um dos consortes suporta carga maior de contas, enquanto o outro apenas trata de acumular suas reservas pessoais, advindas da remuneração a que faz jus pelo seu trabalho, deve haver um equilíbrio para que, no momento da dissolução da sociedade conjugal, não sejam consagradas e referendadas pelo Poder Judiciário as distorções surgidas e perpetradas ao longo da união conjugal.
- A tônica sob a qual se erige o regime matrimonial da comunhão parcial de bens, de que entram no patrimônio do casal os acréscimos advindos da vida em comum, por constituírem frutos da estreita colaboração que se estabelece entre marido e mulher, encontra sua essência definida no art. 1.660, incs. IV e V, do CC/02.
- A interpretação harmônica dos arts. 1.659, inc. VI, e 1.660, inc.
V, do CC/02, permite concluir que, os valores obtidos por qualquer um dos cônjuges, a título de retribuição pelo trabalho que desenvolvem, integram o patrimônio do casal tão logo percebidos.
Isto é, tratando-se de percepção de salário, este ingressa mensalmente no patrimônio comum, prestigiando-se, dessa forma, o esforço comum.
- "É difícil precisar o momento exato em que os valores deixam de ser proventos do trabalho e passam a ser bens comuns, volatizados para atender às necessidades do lar conjugal." – Por tudo isso, o entendimento que melhor se coaduna com a essência do regime da comunhão parcial de bens, no que se refere aos direitos trabalhistas perseguidos por um dos cônjuges em ação judicial, é aquele que estabelece sua comunicabilidade, desde

Diante da importância da questão, existe projeto de lei (276/2007) com objetivo de retirar do Código Civil o inciso VI, do artigo 1.659.

g) *as pensões, meios-soldos* (metade do soldo paga a militar reformado), *montepios* (pensão paga pelo Estado aos herdeiros de funcionário falecido) *e outras rendas semelhantes* (artigo 1.659, VII).[32] Em

---

o momento em que pleiteados. Assim o é porque o "fato gerador" de tais créditos ocorre no momento em que se dá o desrespeito, pelo empregador, aos direitos do empregado, fazendo surgir uma pretensão resistida.

- Sob esse contexto, se os acréscimos laborais tivessem sido pagos à época em que nascidos os respectivos direitos, não haveria dúvida acerca da sua comunicação entre os cônjuges, não se justificando tratamento desigual apenas por uma questão temporal imposta pelos trâmites legais a que está sujeito um processo perante o Poder Judiciário.

- Para que o ganho salarial insira-se no monte-partível é necessário, portanto, que o cônjuge tenha exercido determinada atividade laborativa e adquirido direito de retribuição pelo trabalho desenvolvido, na constância do casamento. Se um dos cônjuges efetivamente a exerceu e, pleiteando os direitos dela decorrentes, não lhe foram reconhecidas as vantagens daí advindas, tendo que buscar a via judicial, a sentença que as reconhece é declaratória, fazendo retroagir, seus efeitos, à época em que proposta a ação. O direito, por conseguinte, já lhe pertencia, ou seja, já havia ingressado na esfera de seu patrimônio, e, portanto, integrado os bens comuns do casal.

- Consequentemente, ao cônjuge que durante a constância do casamento arcou com o ônus da defasagem salarial de seu consorte, o que presumivelmente demandou-lhe maior colaboração no sustento da família, não se pode negar o direito à partilha das verbas trabalhistas nascidas e pleiteadas na constância do casamento, ainda que percebidas após a ruptura da vida conjugal.

- No que se refere aos alimentos arbitrados em favor da recorrente, ao analisar a prova e definir como ocorreram os fatos, que se tornam imutáveis nesta sede especial, constou do acórdão a conclusão, pautada no binômio necessidades da alimentanda e possibilidades do alimentante, bem como esquadrinhando residual capacidade para o trabalho da recorrente, que o percentual de 25% sobre os proventos auferidos pelo recorrido junto ao INSS coaduna-se com a realidade social vivenciada pelas partes, de modo que não merece reparo, nesse aspecto, o julgado.

Recurso especial parcialmente provido.

(REsp 1024169/RS, Rel. Ministra NANCY ANDRIGHI, TERCEIRA TURMA, julgado em 13/04/2010, DJe 28/04/2010).

32 "A Quarta Turma do Superior Tribunal de Justiça (STJ) decidiu que o direito ao recebimento de proventos como o salário, a aposentadoria e honorários não se comunica no fim do casamento. No entanto, quando essas verbas são recebidas durante o matrimônio, as mesmas se tornam bem comum, seja em dinheiro ou os bens adquiridos com ele.

Para a defensora pública Cláudia Tannuri, membro do Instituto Brasileiro de Direito de Família (IBDFAM), a decisão é muito positiva e deve-se dar uma interpretação sistemática e razoável ao disposto no artigo 1659, parágrafos 6 e 7 do Código Civil, que prevêem a incomunicabilidade de tais valores, de modo a reconhecer que os proventos adquiridos durante o casamento, mesmo que só por um dos cônjuges, são frutos do esforço comum do casal, e, dessa forma, devem ser partilhados por ocasião da dissolução conjugal. "O casamento gera comunhão de vida e de propósitos entre as pessoas, razão pela qual tanto os bens adquiridos como os valores eventualmente auferidos devem ser divididos entre o casal. Ademais, deve-se reconhecer a contribuição não somente financeira como também moral e afetiva que o outro cônjuge proporcionou àquele que adquiriu os proventos", diz. Este entendimento também deve ser aplicado à situação em que o fato gerador

relação ao FGTS é importante destacar a decisão do Recurso Especial 1.399.199/RS. Vejamos: RECURSO ESPECIAL. CASAMENTO. REGIME DE COMUNHÃO PARCIAL DE BENS. DOAÇÃO FEITA A UM DOS CÔNJUGES. INCOMUNICABILIDADE. FGTS. NATUREZA JURÍDICA. PROVENTOS DO TRABALHO. VALORES RECEBIDOS NA CONSTÂNCIA DO CASAMENTO. COMPOSIÇÃO DA MEAÇÃO. SAQUE DIFERIDO. RESERVA EM CONTA VINCULADA ESPECÍFICA.

1. No regime de comunhão parcial, o bem adquirido pela mulher com o produto auferido mediante a alienação do patrimônio herdado de seu pai não se inclui na comunhão. Precedentes.

---

dos proventos e a sua busca na Justiça ocorrem durante a vigência do casamento, independentemente da data em que for feito o pagamento. Por esse motivo, a indenização trabalhista correspondente a direitos adquiridos durante o casamento, integra o acervo patrimonial partilhável.

Uma decisão anterior aponta que a interpretação harmônica dos artigos 1.659, inciso 6°, e 1.660, inciso 5°, do Código Civil de 2002 permitem concluir que os valores obtidos por qualquer um dos cônjuges a título de retribuição pelo trabalho integram o patrimônio comum tão logo sejam recebidos. Ou seja, tratando-se de salário, esse ingressa mensalmente no patrimônio do casal, prestigiando-se dessa forma o esforço comum dos cônjuges.

Dados da indenização – A decisão recente ocorreu em um julgamento de recurso de ex-esposa que pleiteou a divisão de indenização trabalhista recebida pelo ex-marido após a dissolução conjugal. No primeiro momento em que se discutiu o caso, a Turma determinou o retorno do processo ao Tribunal de Justiça de São Paulo (TJSP) para que fossem coletadas informações a respeito do período em que a indenização teve origem e foi reclamada em ação trabalhista. O TJSP julgou os embargos de declaração no caso, que acabaram rejeitados. O fundamento desta primeira decisão se baseou no fato de que não havia omissão a ser sanada, uma vez que seria irrelevante saber a época da reclamação e do recebimento da indenização, pois a verba permaneceria incomunicável na partilha.

Em julgamento de recurso especial contra essa decisão, o relator do caso e ministro Luis Felipe Salomão, reafirmou a importância da identificação do período de surgimento e reclamação da indenização em ação trabalhista para a solução do litígio. Como o STJ não conseguiu constatar os detalhes do fato no recurso especial, a Quarta Turma deu provimento a outro recurso para determinar novamente o retorno do processo ao TJSP. Com a superação da questão da comunicabilidade da indenização trabalhista, a corte paulista deverá verificar o período em que foi exercida a atividade que motivou a ação trabalhista.

Segundo Cláudia Tannuri, por ocasião do divórcio, as regras de partilha dos bens variam de acordo com o regime de bens adotado no casamento. O regime legal, que é o da comunhão parcial, prevê como regra geral a comunicabilidade de todos os bens adquiridos onerosamente durante o casamento, excluindo os bens adquiridos por doação ou sucessão e aqueles que já eram do cônjuge antes do casamento. "Já na comunhão universal, há em regra a comunicabilidade de todos os bens, adquiridos antes e durante o casamento. No regime da separação convencional ou obrigatória, que é aquela imposta por lei, por exemplo, aos maiores de setenta anos, não há comunicabilidade de bens, possuindo cada cônjuge seu patrimônio particular", completa." Disponível em: < http://www.ibdfam.org.br/noticias/5452/C%C3%B4njuge+deve+dividir+indeniza%C3%A7%C3%A3o+trabalhista+na+dissolu%C3%A7%C3%A3o+conjugal>. Acesso em: 16 jan. 2017.

2. O Supremo Tribunal Federal, no julgamento do ARE 709.212/DF, debateu a natureza jurídica do FGTS, oportunidade em que afirmou se tratar de "direito dos trabalhadores brasileiros (não só dos empregados, portanto), consubstanciado na criação de um pecúlio permanente, que pode ser sacado pelos seus titulares em diversas circunstâncias legalmente definidas (cf. art. 20 da Lei 8.036/1995)". (ARE 709212, Relator (a): Min. GILMAR MENDES, Tribunal Pleno, julgado em 13/11/2014, DJe-032 DIVULG 18-02-2015 PUBLIC 19-02-2015)
3. No âmbito do Superior Tribunal de Justiça, a Egrégia Terceira Turma enfrentou a questão, estabelecendo que o FGTS é "direito social dos trabalhadores urbanos e rurais", constituindo, pois, fruto civil do trabalho. (REsp 848.660/RS, Rel. Ministro PAULO DE TARSO SANSEVERINO, TERCEIRA TURMA, DJe 13/05/2011)
4. O entendimento atual do Superior Tribunal de Justiça é o de que os proventos do trabalho recebidos, por um ou outro cônjuge, na vigência do casamento, compõem o patrimônio comum do casal, a ser partilhado na separação, tendo em vista a formação de sociedade de fato, configurada pelo esforço comum dos cônjuges, independentemente de ser financeira a contribuição de um dos consortes e do outro não.
5. Assim, deve ser reconhecido o direito à meação dos valores do FGTS auferidos durante a constância do casamento, ainda que o saque daqueles valores não seja realizado imediatamente à separação do casal.
6. A fim de viabilizar a realização daquele direito reconhecido, nos casos em que ocorrer, a CEF deverá ser comunicada para que providencie a reserva do montante referente à meação, para que num momento futuro, quando da realização de qualquer das hipóteses legais de saque, seja possível a retirada do numerário.
7. No caso sob exame, entretanto, no tocante aos valores sacados do FGTS, que compuseram o pagamento do imóvel, estes se referem a depósitos anteriores ao casamento, matéria sobre a qual não controvertem as partes.
8. Recurso especial a que se nega provimento.
(REsp 1.399.199/RS, Rel. Ministra MARIA ISABEL GALLOTTI, Rel. p/ Acórdão Ministro LUIS FELIPE SALOMÃO, SEGUNDA SEÇÃO, julgado em 09/03/2016, DJe 22/04/2016)."[33]

33 Diante do divórcio de cônjuges que viviam sob o regime da comunhão parcial de bens, não deve ser reconhecido o direito à meação dos valores que foram depositados em conta vinculada ao FGTS em datas anteriores à constância do casamento e que tenham sido

utilizados para aquisição de imóvel pelo casal durante a vigência da relação conjugal. Diverso é o entendimento em relação aos valores depositados em conta vinculada ao FGTS na constância do casamento sob o regime da comunhão parcial, os quais, ainda que não sejam sacados imediatamente à separação do casal, integram o patrimônio comum do casal, devendo a CEF ser comunicada para que providencie a reserva do montante referente à meação, a fim de que, num momento futuro, quando da realização de qualquer das hipóteses legais de saque, seja possível a retirada do numerário pelo ex-cônjuge. Preliminarmente, frise-se que a cada doutrina pesquisada no campo do Direito do Trabalho, um conceito e uma natureza diferentes são atribuídos ao Fundo, não sendo raro alguns estudiosos que o analisam a partir de suas diversas facetas: a do empregador, quando, então sua natureza seria de obrigação; a do empregado, para quem o direito à contribuição seria um salário; e a da sociedade, cujo caráter seria de fundo social. Nesse contexto, entende-se o FGTS como o "conjunto de valores canalizados compulsoriamente para as instituições de Segurança Social, através de contribuições pagas pelas Empresas, pelo Estado, ou por ambos e que tem como destino final o patrimônio do empregado, que o recebe sem dar qualquer participação especial de sua parte, seja em trabalho, seja em dinheiro". No que diz respeito à jurisprudência, o Tribunal Pleno do STF (ARE 709.212-DF, DJe 19/2/2015, com repercussão geral reconhecida), ao debater a natureza jurídica do FGTS, afirmou que, desde que o art. 7º, III, da CF expressamente arrolou o FGTS como um direito dos trabalhadores urbanos e rurais, "tornaram-se desarrazoadas as teses anteriormente sustentadas, segundo as quais o FGTS teria natureza híbrida, tributária, previdenciária, de salário diferido, de indenização, etc.", tratando-se, "em verdade, de direito dos trabalhadores brasileiros (não só dos empregados, portanto), consubstanciado na criação de um 'pecúlio permanente', que pode ser sacado pelos seus titulares em diversas circunstâncias legalmente definidas (cf. art. 20 da Lei 8.036/1990)". Nesse mesmo julgado, ratificando entendimento doutrinário, afirmou-se, quanto à natureza do FGTS, que "não se trata mais, como em sua gênese, de uma alternativa à estabilidade (para essa finalidade, foi criado o seguro-desemprego), mas de um direito autônomo". A Terceira Turma do STJ, por sua vez, já sustentou que "o FGTS integra o patrimônio jurídico do empregado desde o 1º mês em que é recolhido pelo empregador, ficando apenas o momento do saque condicionado ao que determina a lei" (REsp 758.548-MG, DJ 13/11/2006) e, em outro julgado, estabeleceu que esse mesmo Fundo, que é "direito social dos trabalhadores urbanos e rurais", constitui "fruto civil do trabalho" (REsp 848.660-RS, DJe 13/5/2011). No tocante à doutrina civilista, parte dela considera os valores recebidos a título de FGTS como ganhos do trabalho e pondera que, "no rastro do inciso VI do artigo 1.659 e do inciso V do artigo 1.668 do Código Civil, estão igualmente outras rubricas provenientes de verbas rescisórias trabalhistas, como o FGTS (Fundo de Garantia por Tempo de Serviço), pois como se referem à pessoa do trabalhador devem ser tratadas como valores do provento do trabalho de cada cônjuge". Aduz-se, ainda, o "entendimento de que as verbas decorrentes do FGTS se incluem na rubrica proventos". Nesse contexto, deve-se concluir que o depósito do FGTS representa "reserva personalíssima, derivada da relação de emprego, compreendida na expressão legal 'proventos do trabalho pessoal de cada cônjuge' (CC, art. 1559, VI)". De fato, pela regulamentação realizada pelo aludido art. 1.659, VI, do CC/2002 – segundo o qual "Excluem-se da comunhão: [...] "os proventos do trabalho pessoal de cada cônjuge" -, os proventos de cada um dos cônjuges não se comunicam no regime da comunhão parcial de bens. No entanto, apesar da determinação expressa do CC no sentido da incomunicabilidade, realçou-se, no julgamento do referido REsp 848.660-RS, que "o entendimento atual do Superior Tribunal de Justiça, reconhece que não se deve excluir da comunhão os proventos do trabalho recebidos ou pleiteados na constância do casamento, sob pena de se desvirtuar a própria natureza do regime", visto que a "comunhão parcial de bens, como é cediço, funda-se na noção de construção de patrimônio comum

Outrossim, os *fundos de previdência privada*, (ainda que para alguns com natureza jurídica de pecúlio), devem ser comunicar entre os cônjuges no regime da comunhão parcial de bens, se formados na constância do casamento. Melhor seria classificar os fundos de previdência privada como uma espécie de aplicação financeira, como outra qualquer. Até mesmo porque pode ser resgatado a

---

durante a vigência do casamento, com separação, grosso modo, apenas dos bensadquiridos ou originados anteriormente". Ademais, entendimento doutrinário salienta que "Não há como excluir da universalidade dos bens comuns os proventos do trabalho pessoal de cada cônjuge (CC, art. 1.659, VI) [...] sob pena de aniquilar-se o regime patrimonial, tanto no casamento como na união estável, porquanto nesta também vigora o regime da comunhão parcial (CC, art. 1.725)", destacando-se ser "Flagrantemente injusto que o cônjuge que trabalha por contraprestação pecuniária, mas não converte suas economias em patrimônio, seja privilegiado e suas reservas consideradas crédito pessoal e incomunicável". Ante o exposto, tem-se que o dispositivo legal que prevê a incomunicabilidade dos proventos (isto é, o art. 1.659, VI, do CC/2002) aceita apenas uma interpretação, qual seja, o reconhecimento da incomunicabilidade daquela rubrica apenas quando percebidos os valores em momento anterior ou posterior ao casamento. Portanto, os proventos recebidos na constância do casamento (e o que deles advier) reforçam o patrimônio comum, devendo ser divididos em eventual partilha de bens. Nessa linha de ideias, o marco temporal a ser observado deve ser a vigência da relação conjugal. Ou seja, os proventos recebidos, por um ou outro cônjuge, na vigência do casamento compõem o patrimônio comum do casal, a ser partilhado na separação, tendo em vista a formação de sociedade de fato, configurada pelo esforço comum dos cônjuges, independentemente de ser financeira a contribuição de um dos consortes e do outro. Dessa forma, deve-se considerar o momento em que o titular adquiriu o direito à recepção dos proventos: se adquiridos durante o casamento, comunicam-se as verbas recebidas; se adquiridos anteriormente ao matrimônio ou após o desfazimento do vínculo, os valores pertencerão ao patrimônio particular de quem tem o direito a seu recebimento. Aliás, foi esse o raciocínio desenvolvido no julgamento do REsp 421.801-RS (Quarta Turma, DJ 15/12/2003): "Não me parece de maior relevo o fato de o pagamento da indenização e das diferenças salariais ter acontecido depois da separação, uma vez que o período aquisitivo de tais direitos transcorreu durante a vigência do matrimônio, constituindo-se crédito que integrava o patrimônio do casal quando da separação. Portanto, deveria integrar a partilha". Na mesma linha, a Terceira Turma do STJ afirmou que, "No regime de comunhão universal de bens, admite-se a comunicação das verbas trabalhistas nascidas e pleiteadas na constância do matrimônio e percebidos após a ruptura da vida conjugal" (REsp 355.581-PR, DJ 23/6/2003). No mais, as verbas oriundas do trabalho referentes ao FGTS têm como fato gerador a contratação desse trabalho, regido pela legislação trabalhista. O crédito advindo da realização do fato gerador se efetiva mês a mês, juntamente com o pagamento dos salários, devendo os depósitos serem feitos pelo empregador até o dia 7 de cada mês em contas abertas na CEF vinculadas ao contrato de trabalho, conforme dispõe o art. 15 da Lei n. 8.036/1990. Assim, deve ser reconhecido o direito à meação dos valores do FGTS auferidos durante a constância do casamento, ainda que o saque daqueles valores não seja realizado imediatamente à separação do casal. A fim de viabilizar a realização daquele direito reconhecido, nos casos em que ocorrer, a CEF deverá ser comunicada para que providencie a reserva do montante referente à meação, para que, num momento futuro, quando da realização de qualquer das hipóteses legais de saque, seja possível a retirada do numerário. REsp 1.399.199-RS, Rel. Min. Maria Isabel Gallotti, Rel. para acórdão Min. Luis Felipe Salomão, julgado em 9/3/2016, DJe 22/4/2016.

qualquer momento antes da aposentadoria.
Vale lembrar que são incomunicáveis os bens cuja aquisição tiver por título uma causa anterior ao casamento (artigo 1.661, CC).

7.9.1.2 Administração e disposição de bens particulares

A administração e a disposição dos bens constitutivos do patrimônio particular competem ao cônjuge proprietário, salvo convenção diversa em pacto antenupcial (artigo 1.665, CC). Esta regra deve ser compatibilizada com o artigo 1.647 do Código Civil.[34] No caso de alienação de bens imóveis particulares continua sendo necessária a outorga conjugal, se a alienação ocorrer na constância do casamento, pelo regime da comunhão parcial de bens. Na IV Jornada de Direito Civil foi aprovado o Enunciado nº 340 que diz: "no regime da comunhão parcial de bens é sempre indispensável a autorização do cônjuge, ou seu suprimento judicial, para atos de disposição sobre bens imóveis", sob pena de anulabilidade do ato jurídico. FLÁVIO TARTUCE lembra que, "muitas vezes, são introduzidas benfeitorias nesses bens particulares que, como visto, são comunicáveis na vigência da comunhão parcial (art. 1.660, IV, do CC). Desse modo, a alienação de um imóvel nessas condições sem a outorga pode gerar o enriquecimento sem causa de um cônjuge em relação ao outro, o que é vedado pelo art. 884 do CC/2002."[35]

E as dívidas, contraídas por qualquer dos cônjuges na administração de seus bens particulares e em benefício destes, não obrigam os bens comuns (artigo 1.666, CC).

7.9.1.3 Bens comunicáveis ou comuns

Já o artigo 1.660 apresenta as hipóteses de *comunicabilidade dos bens*. Pois bem, entram na comunhão:

a) *os bens adquiridos na constância do casamento por título oneroso, ainda que só em nome de um dos cônjuges* (artigo 1.660, I); Esta é a essência do regime da comunhão parcial de bens, ou seja, a comu-

34 Art. 1.647. Ressalvado o disposto no art. 1.648, nenhum dos cônjuges pode, sem autorização do outro, exceto no regime da separação absoluta:
I – alienar ou gravar de ônus real os bens imóveis;
II – pleitear, como autor ou réu, acerca desses bens ou direitos;
III – prestar fiança ou aval;
IV – fazer doação, não sendo remuneratória, de bens comuns, ou dos que possam integrar futura meação.
Parágrafo único. São válidas as doações nupciais feitas aos filhos quando casarem ou estabelecerem economia separada.

35 TARTUCE, Flávio. *Direito Civil*: Direito de Família. Vol. 5. 11. ed. Rio de Janeiro: Forense, 2016, p.175-176.

nicabilidade dos bens, por título oneroso, na constância do casamento. Assim, se um dos cônjuges receber uma doação, *e.g.*, um imóvel, este bem não entrará na comunhão, eis que não foi adquirido a título oneroso, senão gratuito.

b) *os bens adquiridos por fato eventual, com ou sem o concurso de trabalho ou despesa anterior* (artigo 1.660, II); É o caso, por exemplo, de loterias, bingos, apostas, recompensas, sorteios, dentre outros.

c) *os bens adquiridos por doação, herança ou legado, em favor de ambos os cônjuges* (artigo 1.660, III);

d) *as benfeitorias em bens particulares de cada cônjuge* (artigo 1.660, IV); Presume-se, portanto, que as despesas relacionadas as benfeitorias (necessárias, úteis e voluptuárias) realizadas em bens particulares de um dos cônjuges são fruto de recursos do casal.[36]

e) *os frutos dos bens comuns, ou dos particulares de cada cônjuge, percebidos na constância do casamento, ou pendentes ao tempo de cessar a comunhão* (artigo 1.660, V). Os frutos, produtos e rendimentos são bens acessórios. O artigo 95 do Código Civil dispõe que "apesar de ainda não separados do bem principal, os frutos e produtos podem ser objeto de negócio jurídico". Não obstante, a omissão quanto aos rendimentos, estes continuam sendo bens acessórios.

Os *frutos* são as utilidades que a coisa principal gera, de forma normal e periódica, sem desfalcar a sua substância. São, pois, características dos frutos: a) a periodicidade de sua produção; b) preservação da substância da coisa frutífera.

Os *frutos* quanto à origem podem ser classificados como: *frutos naturais*, *frutos industriais* e *frutos civis*. Os *frutos naturais* são aqueles provenientes da natureza (vegetais e animais, *e. g.*, a cria de um animal); os *frutos industriais* são aqueles gerados

36 Benfeitoria é toda obra ou despesa feita na coisa principal para conservá-la, melhorá-la ou embelezá-la. As benfeitorias são bens acessórios que podem ser classificadas em necessárias, úteis e voluptuárias. As benfeitorias necessárias são aquelas que evitam a deterioração da coisa (é o caso da troca de um telhado no imóvel), as benfeitorias úteis têm por finalidade aumentar o valor da coisa (p. ex., a construção de mais um banheiro no imóvel) e as benfeitorias voluptuárias são aquelas destinadas ao simples deleite de quem as realiza (p. ex., a construção de uma piscina).
O artigo 96 do nosso Código Civil trata a questão das benfeitorias da seguinte forma:
"Art. 96. As benfeitorias podem ser voluptuárias, úteis ou necessárias.
§ 1° São voluptuárias as de mero deleite ou recreio, que não aumentam o uso habitual do bem, ainda que o tornem mais agradável ou sejam de elevado valor.
§ 2° São úteis as que aumentam ou facilitam o uso do bem.
§ 3° São necessárias as que têm por fim conservar o bem ou evitar que se deteriore".
A referida classificação das benfeitorias em três espécies – voluptuárias, úteis e necessárias – tem fundamental importância em outras áreas do Direito, em especial quando se trata dos efeitos da posse, do direito de retenção, do contrato de locação, dentre outros.

pela participação humana, por meio do trabalho das pessoas, tais como a fabricação de calçados. Estes são considerados bens acessórios (frutos industriais) em relação à fábrica de calçados; e os *frutos civis* são aqueles que decorrem da lei, como exemplo, os juros (frutos civis que o capital é capaz de gerar, sem perder a sua substância), aluguéis (contraprestação pela utilização da coisa principal, sem perder a sua substância), dividendos (parcela do lucro de uma sociedade anônima atribuída a cada ação, sem perder a sua substância), etc.

Os *rendimentos* são os frutos civis. Estas são expressões sinônimas. Daí que quando se afirmar que uma pessoa vive de "rendimentos", significa dizer que esta pessoa sobrevive com os rendimentos dos aluguéis, juros, dividendos, que representam os frutos civis. Logo, os rendimentos são bens acessórios.

Os *frutos* quanto ao estado podem ser classificados como: frutos pendentes; frutos percebidos ou colhidos; frutos percipiendos e frutos consumidos.

Os *frutos pendentes* são aqueles já gerados e ainda não colhidos, por exemplo, os cajus que estão no cajuzeiro. O parágrafo único do artigo 1.214 do nosso Código Civil determina que "os frutos pendentes ao tempo em que cessar a boa-fé devem ser restituídos, depois de deduzidas as despesas da produção e custeio; devem ser também restituídos os frutos colhidos com antecipação".

Os *frutos percebidos ou colhidos* são aqueles que já foram gerados e já estão colhidos, por exemplo, os cajus já colhidos de determinada plantação. Estes frutos podem ser subdivididos em *estantes* e *consumidos*. Aquele é o fruto já colhido e armazenado ou acondicionado para a venda e este já foi colhido e consumido (destruído ou alienado).

E os *frutos percipiendos* são aqueles que se encontram ligados à coisa e já deveriam ter sido colhidos.

Por sua vez, os *produtos* são tudo aquilo que pode ser retirado do bem principal, diminuindo sua substância, tais como o petróleo, as pedras, o sal, etc. Os *produtos* se distinguem dos *frutos*, já que estes são gerados pela coisa sem que ocorra desfalque em sua substância, enquanto que aqueles são retirados da coisa principal, de forma a causar uma redução na substância da coisa.

A regra do artigo 1.660, inciso V, se aplica, pois, aos frutos naturais e civis, ao afirmar que os frutos produzidos por bens comuns ou particulares integram a comunhão, tanto os percebidos na constância do casamento ou pendentes ao término da comunhão.

Por fim, vale lembrar que de acordo com a regra jurídica do artigo 1.662, do Código Civil, "no regime da comunhão parcial, presumem-se adquiridos na constância do casamento os bens móveis, quando não se provar que o foram em data anterior." É uma presunção relativa (*iuris tantum*), pois admite a prova em contrário.

7.9.1.4 Administração do patrimônio comum

A administração do patrimônio comum compete a qualquer dos cônjuges (artigo 1.663, CC), de acordo com a conveniência dos cônjuges.[37] As dívidas contraídas no exercício da administração obrigam os bens comuns e particulares do cônjuge que os administra, e os do outro na razão do proveito

---

37 RECURSO ESPECIAL. DIREITO DE FAMÍLIA. ALIMENTOS. PEDIDO DE EXONERAÇÃO. PENDÊNCIA DE PARTILHA OBSTADA PELO RECORRIDO.
PRINCÍPIOS DA PROPORCIONALIDADE E DA DIGNIDADE DA PESSOA HUMANA. PATRIMÔNIO COMUM DO CASAL SOB A EXCLUSIVA POSSE E ADMINISTRAÇÃO DO ALIMENTANTE.
PECULIARIDADE APTA A ENSEJAR O RESTABELECIMENTO DA OBRIGAÇÃO ALIMENTAR ENQUANTO A SITUAÇÃO PERDURAR. PERICULUM IN MORA INVERSO.
1. A obrigação alimentícia deve ser mantida enquanto pendente a partilha do patrimônio comum do ex-casal manifestamente procrastinada pelo ex-cônjuge recalcitrante, que se encontra na exclusiva posse e administração dos bens e não coopera para que a controvérsia seja dirimida judicialmente.
2. A prestação alimentícia deve ser proporcional às necessidades da beneficiária e aos recursos do alimentante (art. 1.694, § 1º, do Código Civil), configurando direito fundamental de grau máximo para o alimentário, por lhe garantir a existência digna, de modo que a presença de periculum in mora inverso justifica a medida que afasta a tutela antecipada.
3. O perigo da demora deve ser avaliado de forma igualitária para ambas as partes.
4. O casamento estabelece uma plena comunhão, cujo consectário não é apenas o entrelaçamento de vidas, mas também de patrimônios, que deve ser entendido com base na igualdade de direitos e deveres dos cônjuges (art. 1.511 do Código Civil), com o fim da vida em comum pela ausência do ânimo socioafetivo, real motivação da comunicação patrimonial, há a cessação do regime de bens.
5. A administração do patrimônio comum da família compete a ambos os cônjuges (arts. 1.663 e 1.720 do CC), presumindo a lei ter sido adquirido pelo esforço comum do casal, sendo certo que o administrador dos bens em estado de mancomunhão tem a obrigação de prestar contas ao outro cônjuge alijado do direito de propriedade.
6. Atenta contra a igualdade constitucional conferir indistintamente, na constância do casamento, a qualquer dos consortes a administração exclusiva dos bens comuns, motivo pelo qual, após a ruptura do estado condominial pelo fim da convivência, impõe-se a realização imediata da partilha, que, uma vez obstada, justifica o restabelecimento da obrigação alimentar transitória enquanto perdurar a situação excepcional.
7. Recurso especial conhecido e provido.
(REsp 1287579/RN, Rel. Ministro RICARDO VILLAS BÔAS CUEVA, TERCEIRA TURMA, julgado em 11/06/2013, DJe 02/08/2013.

que houver auferido (artigo 1.663, § 1º, CC).[38] Assim, os bens comuns só irão responder conjuntamente pelas dívidas contraídas em real benefício da família, assim como os bens particulares daquele cônjuge que administrar os bens.

Já o § 2º do artigo 1.663 diz que "a anuência de ambos os cônjuges é necessária para os atos, a título gratuito, que impliquem cessão do uso ou gozo dos bens comuns." Isto significa dizer que existe a necessidade da recíproca anuência dos cônjuges para que se formalize o negócio jurídico, a título gratuito, de cessão do uso ou gozo dos bens comuns. Ora, nestes casos é necessária a anuência de ambos os cônjuges, eis que não existe nenhum benefício para o casal com a realização do ato jurídico. É o caso, por exemplo, do contrato de comodato que somente será válido com a anuência de ambos os consortes.

O § 3º do artigo 1.663 diz que "em caso de malversação dos bens, o juiz poderá atribuir a administração a apenas um dos cônjuges."

Os bens da comunhão respondem pelas obrigações contraídas pelo marido ou pela mulher para atender aos encargos da família, às despesas de administração e às decorrentes de imposição legal (artigo 1.664, CC).

7.9.2 Regime da Comunhão Universal

7.9.2.1 Características

O regime de comunhão universal importa a comunicação de todos os bens presentes e futuros dos cônjuges e suas dívidas passivas (artigo 1.667, CC), com exceção dos bens incomunicáveis. Neste regime, existe a predominância de bens comuns anteriores, presentes ou posteriores à celebração do casamento.

---

38 APELAÇÃO CÍVEL - DIVÓRCIO - PARTILHA DE BENS - DÍVIDAS CONTRAÍDAS DURANTE O CASAMENTO - INEXISTÊNCIA DE COMPROVAÇÃO – DAÇÃO EM PAGAMENTO – BENS MÓVEIS – PROVA DA TRADIÇÃO – AUSÊNCIA – RECURSO DESPROVIDO. – São excluídas da partilha, no regime da comunhão parcial de bens, as obrigações anteriores ao casamento; aquelas provenientes de atos ilícitos, salvo se revertidas em proveito do casal; e as dívidas contraídas por qualquer dos cônjuges na administração de seus bens particulares e em benefício destes. – As dívidas adquiridas pelo casal ou por qualquer um deles na administração dos bens comuns e em benefício destes devem ser partilhadas no momento do divórcio, desde que devidamente comprovadas. – Ausente a comprovação da existência da dívida e de sua origem, descabe qualquer pretensão de sua partilha em decorrência do divórcio do casal. – A transferência de propriedade de bens móveis, inclusive na hipótese de dação em pagamento, prova-se pela tradição. Assim, inexistindo demonstração da tradição e estando os veículos automotores em nome do casal junto ao registro dos órgãos de trânsito (CRLV), correta a sentença que determinou a sua partilha. – Recurso desprovido. TJ-MG – Apelação Cível AC 10024112185293001 MG (TJ-MG).

7.9.2.2 Bens excluídos do regime da comunhão universal

De acordo com o artigo 1.668 do nosso Código Civil são excluídos da comunhão:

a) *os bens doados ou herdados com a cláusula de incomunicabilidade e os sub-rogados em seu lugar* (artigo 1.668, I); A cláusula de incomunicabilidade impede a comunicação do bem ao outro cônjuge. Da mesma forma, se o bem gravado com cláusula de incomunicabilidade for alienado e outro vier a ser sub-rogado em seu lugar. Vale lembrar que a cláusula de incomunicabilidade não impede a alienação do bem.

b) *os bens gravados de fideicomisso e o direito do herdeiro fideicomissário, antes de realizada a condição suspensiva* (artigo 1.668, II); A substituição fideicomissária é aquela em que o testador nomeia desde logo um favorecido (herdeiro ou legatário) e após a morte deste ou depois de certo tempo ocorre a transmissão para outra pessoa. No caso, existe uma nomeação sucessiva com os seguintes personagens: a) o *fideicomitente* (testador); b) *fiduciário* (é aquela pessoa que sucede em primeiro lugar); e, c) *fideicomissário* (é o último destinatário da herança ou legado).

   São espécies de fideicomisso: a) vitalício (a substituição ocorre com a morte do fiduciário); b) a termo (a substituição ocorre a partir de determinado momento fixado pelo testador); c) condicional (é aquela que depende de uma condição resolutiva).

   São requisitos da substituição fideicomissária: a) dupla vocação, ou seja, deve haver duas disposições testamentárias a respeito do mesmo bem em favor de duas pessoas diferentes, a saber: o fiduciário e o fideicomissário; b) eventualidade da vocação do fideicomissário, já que este é proprietário sob condição resolutiva; c) sucessividade subjetiva, uma vez que o fideicomissário substituirá o fiduciário; d) capacidade testamentária das partes envolvidas; e) obrigação do fiduciário de conservar a coisa fideicometida, visando restituí-la ao fideicomissário em bom estado de conservação (é uma relação de confiança).[39]

   Dessa maneira, os bens recebidos pelo fiduciário não se comunicam com o seu cônjuge. Já os direitos do fideicomissário se comunicam com o seu consorte apenas com a aquisição do domínio, isto é, antes de realizada a condição suspensiva, este possui apenas uma expectativa de direito.

39 Fidúcia é confiança, segurança.

c) *as dívidas anteriores ao casamento, salvo se provierem de despesas com seus aprestos, ou reverterem em proveito comum* (artigo 1.668, III); As obrigações assumidas antes do casamento integram o patrimônio particular do cônjuge, exceto se provenientes de despesas com os aprestos do casamento, tais como enxoval, mobiliário, festas de casamento, dentre outras. Da mesma forma, se comunicam as dívidas que tragam proveito ao casal, por exemplo, um pagamento parcelado de uma viagem de lua de mel, assumidas antes do casamento ou a aquisição parcelada de um automóvel para o casal.

d) *as doações antenupciais feitas por um dos cônjuges ao outro com a cláusula de incomunicabilidade* (artigo 1.668, IV); Aqui é o caso do noivo que doa algo a sua futura esposa inserindo nesta doação uma cláusula de incomunicabilidade. Após o casamento, o objeto doado é bem particular do donatário, não se comunicando com o outro consorte. É a denominada doação *propter núpcias*, isto, decorrente do casamento.

e) *Os bens referidos nos incisos V a VII do art. 1.659.* Estes bens são aqueles excluídos do patrimônio comum no regime da comunhão parcial de bens. Não se comunicam, portanto, "IV – as obrigações provenientes de atos ilícitos, salvo reversão em proveito do casal; V – os bens de uso pessoal, os livros e instrumentos de profissão; VI – os proventos do trabalho pessoal de cada cônjuge; VII – as pensões, meios-soldos, montepios e outras rendas semelhantes."

A incomunicabilidade dos bens acima mencionados não se estende aos frutos, quando se percebam ou vençam durante o casamento (artigo 1.669, CC).

7.9.2.3 Administração dos bens no regime da comunhão universal

Quanto à administração dos bens no regime da comunhão universal, deve se aplicar as mesmas regras da administração dos bens no regime da comunhão parcial de bens (artigo 1.670, CC).

7.9.2.4 Dissolução da comunhão

No caso de extinção da comunhão com a morte de um dos cônjuges, com o divórcio ou nulidade ou anulabilidade do casamento e efetuada a divisão do ativo e do passivo, cessará a responsabilidade de cada um dos cônjuges para com os credores do outro (artigo 1.671, CC).

7.9.3 Regime da participação final dos aquestos

O regime da *participação final dos aquestos* é um regime novo que não existia no anterior Código Civil de 1916. Na realidade, este regime de bens acabou substituindo o regime dotal. Ele está previsto no artigo 1.672 e seguintes do Código Civil de 2002. No regime de participação final nos aquestos, cada cônjuge possui patrimônio próprio e lhe cabe, à época da dissolução da sociedade conjugal, direito à metade dos bens adquiridos pelo casal, a título oneroso, na constância do casamento. É, pois, um regime misto, já que durante a constância do casamento aplicam-se as regras da separação total e, após a sua dissolução, as da comunhão parcial. Neste caso, é necessário a feitura do pacto antenupcial. Carlos Roberto Gonçalves ensina que o regime de participação final de aquestos é um regime híbrido ou misto, já que, durante o casamento, seriam aplicáveis as regras do regime de separação de bens e após a sua dissolução, aquelas regras jurídicas da comunhão parcial.[40]

De acordo com as lições de PAULO LÔBO, "aquestos, etimologicamente, significa bens adquiridos; no direito de família, bens adquiridos na constância do matrimônio. Para fins do regime, os aquestos não são apenas os que restarem no momento da dissolução da sociedade conjugal. Sua apuração, de natureza contábil, levará em conta todos os bens adquiridos durante o tempo em que durou o casamento ou os respectivos valores, se tiverem sido alienados. Se houver saldo em favor de um dos cônjuges, este será credor do outro do respectivo montante. Aquestos são apenas os bens adquiridos pelo casal a título oneroso, excluindo-se os que forem recebidos por liberalidade (doação ou sucessão hereditária) de terceiro. [...] A apuração dos bens comuns, e das respectivas meações, no momento da extinção da sociedade conjugal, interessa não apenas aos cônjuges, mas aos herdeiros de cada qual e aos terceiros interessados, como os credores."[41]

Qual é o modo de cálculo? "Não integram os aquestos e são excluídos do cálculo da partilha os bens anteriores ao casamento, os adquiridos por doação ou sucessão, as dívidas relativas a esses bens. [...] Para efeito da partilha e do cálculo, deve ser considerada a data da cessação da convivência entre os cônjuges, e não a da decisão judicial do divórcio ou da separação judicial."[42]

GUILHERME CALMON NOGUEIRA DA GAMA considera que o regime de participação final nos aquestos se fundamenta "não apenas no princípio de igualdade entre os cônjuges, mas também no princípio da solidariedade que deve ser considerado nas relações conjugais, eis que, ao término da sociedade conjugal, haverá autêntico ajuste de contas de modo a propiciar a um dos cônjuges sua participação nos ganhos líquidos obtidos pelo outro, inde-

40 GONÇALVES, Carlos Roberto. *Direito Civil Brasileiro*. v. VI. São Paulo: Saraiva, 2005, p. 429.
41 LÔBO, Paulo. *Direito Civil*: Famílias. São Paulo: Saraiva, 2008, p. 332-333.
42 Ibid., p. 334-335.

pendentemente das atividades e das tarefas – sob o ponto de vista econômico – desempenhadas por cada um durante a constância do casamento."[43]

Na obra de Caio Mário da Silva Pereira, atualizada por Tânia da Silva Pereira, a característica fundamental do regime de participação final nos aquestos "consiste em que, na constância do casamento, os cônjuges vivem sob o império da separação de bens, cada um deles com o seu patrimônio separado. Ocorrendo a dissolução da sociedade conjugal (pela morte de um dos cônjuges, pela separação judicial ou pelo divórcio), reconstitui-se contabilmente uma comunhão de aquestos. Nesta reconstituição nominal (não *in natura*), levanta-se o acréscimo patrimonial de cada um dos cônjuges no período de vigência do casamento. Efetua-se uma espécie de balanço, e aquele que se houver enriquecido menos terá direito à metade do saldo encontrado.

O novo regime se configura como um misto de comunhão e de separação. A comunhão de bens não se verifica na constância do casamento, mas terá efeito meramente contábil diferido para o momento da dissolução."[44]

De acordo com as lições de ROLF MADALENO, "cuida-se, em realidade, de um regime de separação de bens, no qual cada consorte tem a livre e independente administração do seu patrimônio pessoal, dele podendo dispor quando for bem móvel e necessitando da outorga do cônjuge se imóvel (salvo dispensa em pacto antenupcial para os bens particulares – CC, art. 1.656). Apenas na hipótese de ocorrer a dissolução da sociedade conjugal será verificado o montante dos aquestos levantados à data de cessação da convivência (CC, art. 1.683) e entenda-se como convivência fática ou jurídica o que cessar primeiro, e cada cônjuge participará dos ganhos obtidos pelo outro a título oneroso na constância do casamento."[45]

Enquanto que no Brasil, o regime da participação final dos aquestos depende da realização do pacto antenupcial, em alguns países (Alemanha, Áustria e Suíça) este regime é adotado como regime legal de bens. Da mesma forma, os ordenamentos da França e da Espanha, também, conhecem este tipo de regime de bens.

7.9.3.1 Delimitação do patrimônio próprio e Administração dos bens

Integram o patrimônio próprio os bens que cada cônjuge possuía ao casar e os por ele adquiridos, a qualquer título, na constância do casamento (artigo 1.673, CC). Daí a importância da elaboração do pacto antenupcial, com

43 GAMA, Guilherme Calmon Nogueira da. *Direito Civil*: Família. São Paulo Atlas, 2008, p. 208.

44 PEREIRA, Caio Mário da Silva. *Instituições de Direito Civil*. v. V – Direito de Família. 20. ed. Rio de Janeiro: Forense, 2012, p.239.

45 MADALENO, Rolf. *Direito de Família*, 7.ed. São Paulo: Forense, 11/2016. VitalBook file.

o propósito de identificar o referido regime de bens, bem como identificar de forma clara os bens particulares de cada um dos nubentes.

Os *bens móveis* presumem-se adquiridos durante o casamento (artigo 1.674, parágrafo único, do CC). É, pois, uma presunção relativa (*iuris tantum*), já que admite a prova em contrário. Os bens móveis em relação a terceiros, presumem-se do domínio do cônjuge devedor, salvo se o bem for de uso pessoal do outro (artigo 1.680, CC).

Os *bens imóveis* são de propriedade do cônjuge cujo nome constar no registro (artigo 1.681, CC), mas, para serem alienados, torna-se necessária a anuência do consorte. Impugnada a titularidade, caberá ao cônjuge proprietário provar a aquisição regular dos bens (artigo 1.681, parágrafo único, CC).

A administração desses bens é *exclusiva* de cada cônjuge, que os poderá livremente alienar, se forem móveis (artigo 1.673, parágrafo único, do CC). Melhor dizendo, o marido administra os seus bens e a sua esposa, os dela. A regra é clara: a administração é exclusiva de cada cônjuge. Assim, se garante a igualdade e a independência dos cônjuges na constância da sociedade conjugal. Dessa forma, cabe a cada um dos cônjuges administrar, com exclusividade, os bens indicados no artigo 1.674, incisos I e II, aí incluídos o patrimônio amealhado durante a constância do casamento. Aqui, frise-se, mais uma vez que a administração é diferente em relação aos bens móveis e imóveis. Os *bens móveis* podem ser administrados e alienados livremente (artigo 1.673, parágrafo único, CC); já os *bens imóveis*, de forma contrária, o nosso ordenamento jurídico civilístico veda aos cônjuges a sua alienação ou gravação de ônus reais (artigo 1.647, inciso I, CC), salvo se os nubentes tiverem ajustado no pacto antenupcial a livre disposição dos bens imóveis particulares, consoante o artigo 1.656.

7.9.3.2 Bens incomunicáveis

De acordo com o artigo 1.674 do Código Civil, sobrevindo a dissolução da sociedade conjugal,[46] apurar-se-á o montante dos aquestos, excluindo-se da soma dos patrimônios próprios:

> I – os bens anteriores ao casamento e os que em seu lugar se sub-rogaram;

46 CC 2002 – Art. 1.571. A sociedade conjugal termina: I – pela morte de um dos cônjuges; II – pela nulidade ou anulação do casamento; III – pela separação judicial; IV – pelo divórcio. § 1º O casamento válido só se dissolve pela morte de um dos cônjuges ou pelo divórcio, aplicando-se a presunção estabelecida neste Código quanto ao ausente. § 2º Dissolvido o casamento pelo divórcio direto ou por conversão, o cônjuge poderá manter o nome de casado; salvo, no segundo caso, dispondo em contrário a sentença de separação judicial.

II – os que sobrevieram a cada cônjuge por sucessão ou liberalidade;
III – as dívidas relativas a esses bens.

Como dito acima, os *bens móveis* presumem-se adquiridos durante o casamento (artigo 1.674, parágrafo único, do CC). É, pois, uma presunção relativa (*iuris tantum*), já que admite a prova em contrário.

No caso de bens adquiridos pelo trabalho conjunto, terá cada um dos cônjuges uma quota igual no condomínio ou no crédito por aquele modo estabelecido (artigo 1.679, CC).

7.9.3.3 Dívida dos cônjuges

As dívidas posteriores ao casamento, contraídas por um dos cônjuges, somente este responderá, salvo prova de terem revertido, parcial ou totalmente, em benefício do outro (artigo 1.677, CC). Aqui, ROLF MADALENO ensina que esta regra "funciona como princípio de direito e a sua gênese remonta ao Estatuto da Mulher Casada (Lei n. 4.121/1962), revertendo o ônus da prova àquele que contraiu a dívida, no sentido de demonstrar de modo cabal e inconteste haver o débito resultado em benefício total ou parcial dos cônjuges ou da família, sabido só serem presumidas comuns as dívidas constantes do artigo 1.643 do Código Civil, e somente elas obrigam solidariamente os consortes (CC, art. 1.644). Tem esta disposição o propósito de evitar a insidiosa fraude à meação do cônjuge, pela via artificial de estabelecimento de pseudodívidas, criadas ficticiamente para comprometer a meação do consorte."[47]

Se um dos cônjuges solveu uma dívida do outro com bens do seu patrimônio, o valor do pagamento deve ser atualizado e imputado, na data da dissolução, à meação do outro cônjuge (artigo 1.678, CC).

O artigo 1.686 do CC trata das dívidas excedentes à meação: "As dívidas de um dos cônjuges, quando superiores à sua meação, não obrigam ao outro, ou a seus herdeiros (artigo 1.686, CC)." Ora, desta maneira, evita-se, pois, que os atos de constrição judicial invadam a meação do cônjuge não devedor. Assim, se as dívidas do cônjuge devedor forem superiores à sua meação, os credores do cônjuge devedor não poderão invadir, com os atos de constrição judicial, a meação do outro cônjuge (não devedor), até mesmo porque a regra jurídica do artigo 1.682 desvela a impenhorabilidade do direito à meação. Ademais, caso o cônjuge devedor faleça, os herdeiros serão solidários até o valor correspondente à meação do *de cujus*, ou seja, as obrigações estão sujeitas às forças da herança, de acordo com o artigo 1.792 do Código Civil brasileiro.

47 MADALENO, Rolf. *Direito de Família*, 7.ed. São Paulo: Forense, 11/2016. VitalBook file.

7.9.3.4 Apuração do montante dos Aquestos

De acordo com o artigo 1.674 do Código Civil, sobrevindo a dissolução da sociedade conjugal, apurar-se-á o montante dos aquestos, excluindo-se da soma dos patrimônios próprios: (a) os bens anteriores ao casamento e os que em seu lugar se sub-rogaram; (b) os que sobrevieram a cada cônjuge por sucessão ou liberalidade; e (c) as dívidas relativas a esses bens.

Ao determinar-se o montante dos aquestos, computar-se-á o valor das doações feitas por um dos cônjuges, sem a necessária autorização do outro; nesse caso, o bem poderá ser reivindicado pelo cônjuge prejudicado ou por seus herdeiros, ou declarado no monte partilhável, por valor equivalente ao da época da dissolução (artigo 1.675, CC).

Em caso de alienação de bens adquiridos na constância do vínculo conjugal, em detrimento da meação, o cônjuge lesado ou seus herdeiros poderão exercer o direito de preferência sobre estes, reivindicando-os, ou requerer a inclusão do valor no monte a ser partilhado, conforme a regra do artigo 1.676, do CC.

O *direito à meação* dos bens adquiridos na constância da sociedade conjugal, a título oneroso, surge, pois, com a dissolução da sociedade conjugal. O direito à meação não é renunciável, cessível ou penhorável na vigência do regime matrimonial (artigo 1.682, CC).

A apuração dos aquestos, no caso de dissolução do regime de bens por separação judicial ou por divórcio, verificar-se-á na data em que cessou a convivência (artigo 1.683, CC). Já na dissolução da sociedade conjugal por morte, verificar-se-á a meação do cônjuge sobrevivente, deferindo-se a herança aos seus herdeiros (artigo 1.685, CC).

No regime da participação final dos aquestos, MARIA BERENICE DIAS ensina que "quando da separação, cada cônjuge ficará: (a) com a totalidade de seus bens particulares adquiridos antes do casamento; (b) com a metade dos bens comuns, adquiridos em condomínio, por ambos, durante a união; (c) com os bens próprios adquiridos durante no enlace; e (d) e fará jus à metade da diferença dos bens que o outro adquiriu no próprio nome, na constância do vínculo conjugal. [...] O direito não é sobre o acervo do outro, mas sobre o eventual saldo após a compensação dos acréscimos patrimoniais de cada um. [...] Para apurar os valores líquidos, imperiosa a realização de um balanço contábil e financeiro."[48]

Por ocasião da partilha, é preciso lembrar a necessidade de excluir os bens incomunicáveis (conforme artigo 1.674, CC), além das dívidas dos bens

48 DIAS, Maria Berenice. *Manual de Direito das Famílias*. 11.ed. São Paulo: Revista dos Tribunais, 2016, p.321-322.

próprios, o valor dos bens doados sem anuência do consorte e as alienações realizadas em detrimento da meação, consoante o artigo 1.675.

Dessa forma, como se calcula o *montante dos aquestos*? PAULO LÔBO cita um exemplo elaborado por José Lamartine Corrêa de Oliveira e Francisco José Ferreira Muniz. Vejamos:

a) Patrimônio final do marido:... 1.700
Menos bens excluídos: 1.000
Ganho ou aquestos: 700
b) Patrimônio final da mulher 800
Menos bens excluídos:... 500
Ganho ou aquestos: 300
c) Crédito de participação devido pelo marido
à mulher: .... (700 – 300) ÷ 2 = 200

Assim, "o crédito de ganho da mulher contra o marido é de 350 (metade de 700). O crédito de ganho do marido contra a mulher é de 150 (metade de 300). Esses créditos são compensados e obtém-se o crédito de participação devido pelo marido à mulher: 350 – 150 = 200. Realizado o crédito de participação em favor da mulher, o marido conserva como ganhos ou aquestos: 700 – 200 = 500. E a mulher terá 300 + 200 = 500. O resultado a que se chega é de igualdade."[49]

Afirma LÔBO que "no montante dos aquestos devem ser computados os valores equivalentes aos bens que foram adquiridos por qualquer dos cônjuges na constância do casamento, por título oneroso, e alienados antes da dissolução da sociedade conjugal, inclusive mediante doação não autorizada. Os bens não mais existem, mas devem ser substituídos por seus valores, para apuração da meação de cada cônjuge. Trata-se de operação contábil."[50]

De acordo com GUILHERME CALMON NOGUEIRA DA GAMA, dois são os aspectos centrais do regime de participação final nos aquestos. Vejamos: "(a) durante a constância do casamento, o regime se assemelha bastante ao regime de separação de bens, eis que há apenas duas massas autônomas de bens; (b) com o término do casamento, há a apuração dos aquestos relativamente aos dois patrimônios individuais, e a diferença apurada deverá ser base do cálculo da metade, que deverá ser revertida em favor do cônjuge que obteve aquestos em menor quantidade."[51]

49 LÔBO, Paulo. Direito Civil: Famílias. São Paulo: Saraiva, 2008, p. 336-337.
50 Ibid.
51 GAMA, Guilherme Calmon Nogueira da. *Direito Civil*: Família. São Paulo Atlas, 2008, p. 208.

Outrossim, se não for possível nem conveniente a divisão de todos os bens em natureza, calcular-se-á o valor de alguns ou de todos para reposição em dinheiro ao cônjuge não-proprietário (Artigo 1.684, CC). Neste sentido, por exemplo, Rogério e casado em regime da participação final dos aquestos com Luciana. Na dissolução do vínculo conjugal, o patrimônio final de Rogério é de R$ 10.000 e o de Luciana é de R$ 5.000. Dessa forma, Rogério deverá fazer a reposição em dinheiro à Luciana no valor de R$ 2.500. Vejamos:

Rogério (10.000 / 2 = 5.000)
Luciana (5.000 / 2 = 2.500)
Reposição em dinheiro 2.500 (5.000 – 2.500 = 2.500)

Não se podendo realizar a reposição em dinheiro, serão avaliados e, mediante autorização judicial, alienados tantos bens quantos bastarem (Artigo 1.684, parágrafo único, CC).

7.9.4 Regime da Separação de Bens

O regime da *separação de bens* pode ser convencionado através de pacto antenupcial (aqui os nubentes fazem a opção pela incomunicabilidade total de bens) ou ser obrigatório (ou legal) nas hipóteses do artigo 1.641 do Código Civil.[52]

De acordo com o artigo 1.687, do CC, "estipulada a separação de bens, estes permanecerão sob a administração exclusiva de cada um dos cônjuges, que os poderá livremente alienar ou gravar de ônus real." Neste regime de bens não haverá a comunicação de qualquer bem, antes ou posteriormente a celebração do casamento, cabendo a cada um dos nubentes, com exclusividade, o domínio, a posse e a administração de seus bens, consoante o artigo 1.647, do CC. Aqui não há falar-se em partilha.

Ambos os cônjuges são obrigados a contribuir para as despesas do casal na proporção dos rendimentos de seu trabalho e de seus bens, salvo estipulação em contrário no pacto antenupcial (artigo 1.688, CC).

Vale mencionar, ainda, que a escolha deste regime não afasta a obrigação de prestar alimentos.

52 CC – Art. 1.641. É obrigatório o regime da separação de bens no casamento:
I – das pessoas que o contraírem com inobservância das causas suspensivas da celebração do casamento;
II – da pessoa maior de 70 (setenta) anos; (Redação dada pela Lei nº 12.344, de 2010)
III – de todos os que dependerem, para casar, de suprimento judicial.

7.9.5 Quadro Sinóptico

Regime de Bens	
Comunhão Parcial de Bens (regime legal)	Artigos 1.658 a 1.666
Comunhão Universal de Bens	Artigos 1.667 a 1.671
Participação Final dos Aquestos	Artigos 1.672 a 1.686
Separação de Bens - Legal / Obrigatória - Convencional	 Artigo 1.641 Artigos 1.687 e 1.688

Capítulo 8

DISSOLUÇÃO DA SOCIEDADE CONJUGAL

8.1 Considerações Iniciais

A dissolução da sociedade conjugal pode ocorrer com a morte, divórcio, anulação ou nulidade do casamento. A *separação judicial* (consensual e litigiosa) põe fim ao a sociedade conjugal sem o atingimento do vínculo matrimonial. Ocorre que a Emenda Constitucional n. 66 (Emenda do Divórcio) alterou o artigo 226, §6º da Constituição da República. A redação original informava que "o casamento civil pode ser dissolvido pelo divórcio, após prévia separação judicial por mais de um ano nos casos expressos em lei, ou comprovada separação de fato por mais de dois anos." Já a nova redação do referido dispositivo constitucional, em vigor desde 13/07/2010, afirma somente que "o casamento civil pode ser dissolvido pelo divórcio." Com isso, uma dúvida se desvela, qual seja: *a separação judicial ou extrajudicial foram extintas do ordenamento jurídico civilístico*? Ademais, o novo Código de Processo Civil (lei 13.105/2015) apresenta em seu bojo normas processuais referente a separação consensual, *e.g*, a norma jurídica do artigo 733.[1]

O Direito de Família deve ser compreendido através de uma perspectiva social, cultural e histórica de sua comunidade, mais pragmático e menos voltado aos padrões de uma racionalidade abstrata onde verifica-se maior relevo ao silogismo analítico. Neste diapasão, no Direito de Família, a figura do intérprete é de fundamental importância, eis que o raciocínio jurídico apoiado apenas numa operação lógica-dedutiva, muitas vezes não espelham o pluralismo as mudanças sociais.

A reflexão jusfilosófica perpassa pelas mudanças axiológicas inseridas na Constituição da República. É, pois, necessário, a partir de uma dogmática pós-positivista, reconhecer a força normativa da Constituição e de seus princípios jurídicos. Isto significa dizer que a Constituição da República é

---

1 CPC – Art. 733. O divórcio consensual, a separação consensual e a extinção consensual de união estável, não havendo nascituro ou filhos incapazes e observados os requisitos legais, poderão ser realizados por escritura pública, da qual constarão as disposições de que trata o art. 731.

o centro normativo do Direito, não apenas pela sua supremacia em relação aos demais diplomas legais, mas sobretudo porque instrumentada pela força normativa de seus princípios. Dessa forma, toda e qualquer legislação infraconstitucional deve ser (re)lida à luz dos princípios constitucionais. Isto sem contar com o *princípio da interpretação conforme a Constituição* que orienta que a norma infraconstitucional possui sua força vigorante nas estruturas da Constituição da República.

Nesta linha de pensamento, *data máxima vênia*, a separação judicial (consensual e litigiosa) não sobreviveu após a Emenda Constitucional n.66. Melhor dizendo: no que concerne a separação judicial, toda e qualquer legislação infraconstitucional foi derrogada tacitamente pela *Emenda do Divórcio*.[2]

No mesmo sentido, ISABELE SOARES DE CASTRO afirma que "a Emenda Constitucional veio ao encontro dos anseios da sociedade, poupando o cidadão comum de submeter-se num momento frágil a dois processos judiciais e, ainda, de expor a sua intimidade e sua vida privada, quando não há necessidade. De fato, obrigar os casais que já não se amam a cumprirem o lapso temporal à época exigido para se requerer o divórcio é algo pasmoso. Portanto, não há sentido algum estabelecer requisitos prévios sem os quais não é possível a dissolução do vínculo matrimonial, fazendo sustentar uma relação que não mais subsiste."[3]

Nesta linha de pensamento, RODRIGO DA CUNHA PEREIRA diz que "o CPC/2015, embora tenha feitos bons avanços no Direito de Família, perdeu boas oportunidades para retificar e acertar o passo com a realidade procedimental dessa área. A execução de alimentos, por exemplo, continua sendo um verdadeiro calvário e beneficiando a parte economicamente mais forte em razão da sua morosidade. No entanto, o mais grave erro foi ter tentado ressuscitar o inútil instituto da separação judicial. Na prática, não conseguiu,

---

2 Vale lembrar a justificativa que acompanhou a PEC 33/2007, que originou a Emenda do Divórcio, *in verbis*: "Não mais se justifica a sobrevivência da separação judicial, em que se converteu o antigo desquite. Criou-se, desde 1977, com o advento da legislação do divórcio, uma duplicidade artificial entre dissolução da sociedade conjugal e dissolução do casamento, como solução de compromisso entre divorcistas e antidivorcistas, o que não mais se sustenta. Impõe-se a unificação no divórcio de todas as hipóteses de separação dos cônjuges, sejam litigiosas ou consensuais. A submissão a dois processos judiciais (separação judicial e divórcio por conversão) resulta em acréscimos de despesas para o casal, além de prolongar sofrimentos evitáveis. Por outro lado, essa providência salutar, de acordo com valores da sociedade brasileira atual, evitará que a intimidade e a vida privada dos cônjuges e de suas famílias sejam reveladas e trazidas ao espaço público dos tribunais, com todo o caudal de constrangimentos que provocam, contribuindo para o agravamento de suas crises e dificultando o entendimento necessário para a melhor solução dos problemas decorrentes da separação."

3 CASTRO, Isabele Soares de. Da Emenda Constitucional n. 66/2010 e a polêmica quanto à permanência do instituto da separação judicial no ordenamento jurídico brasileiro. In: *Revista Interdisciplinar da Faculdade de Direito de Valença*. Disponível em: < http://faa.edu.br/revistas/fdv-2012>. Acesso em: 20 jan. 2017.

pois ele é natimorto. Inconstitucional. Além de dezenas de julgados dos tribunais estaduais, o STJ já havia se posicionado firmemente pela inadequação do instituto da separação judicial (...) "com a recente EC 66 de 2010, a qual em boa hora aboliu a figura da separação judicial" (Resp 912.926. rel. min. Luis Felipe Salomão, pub. 7/6/2011) e "com o fim do instituto da separação judicial impõe-se reconhecer a perda da importância da identificação do culpado pelo fim da relação afetiva" (STJ, EDcl no Recurso Especial 922.462 – SP, rel ministro Ricardo Villas Bôas Cueva, 3ª Turma, pub. 14/4/2014) [...] *A mudança constitucional teve por finalidade a extinção definitiva da separação judicial, que se tornara anacrônica, como substituta do desquite ou do anterior divórcio canônico, pois apenas compreensível no modelo de indissolubilidade do matrimônio* (LOBO, Paulo in Revista IBDFAM V. 13, P. 25-35. ___ 2016).[...]"[4] Neste caso, como ficariam as pessoas que estavam separadas juridicamente no momento da Emenda do Divórcio? Ora, estas poderiam ingressar diretamente com a ação de divórcio, eis que não haveria necessidade de aguardar o prazo de um ano, de acordo com a legislação, à época, do divórcio indireto.

Por outro lado, existe o argumento de que a separação judicial não constitui mais requisito para o divórcio, não se podendo afirmar que tenha sido revogado o instituto da separação judicial. Em tese, no interesse das partes, a separação judicial subsiste.[5] Na V Jornada de Direito Civil, em 2011, foram aprovados enunciados no sentido de manutenção da separação judicial no ordenamento jurídico civilístico.[6] Pode ser que os nubentes queiram separar-

---

4 PEREIRA, Rodrigo da Cunha. *O CPC/2015 e a tentativa de ressuscitar a separação judicial.* Disponível em: <http://www.conjur.com.br/2016-jul-17/processo-familiar-cpc2015-tentativa-tentar-ressuscitar-separacao-judicial>. Acesso em: 17 jan. 2017.

5 "Ementa: DIVÓRCIO DIRETO. VIABILIDADE DO PEDIDO. NÃO OBRIGATORIEDADE DO REQUISITO TEMPORAL PARA EXTINGUIR A SOCIEDADE CONJUGAL. 1. A Emenda Constitucional nº 66 limitou-se a admitir a possibilidade de concessão do divórcio direto para dissolver o casamento, afastando a exigência, no plano constitucional, da prévia separação judicial e do requisito temporal da prévia separação fática. 2. Essa disposição constitucional não retirou do ordenamento jurídico a legislação infraconstitucional, que continua regulando tanto a dissolução do casamento como da sociedade conjugal e estabelecendo limites e condições, permanecendo em vigor as disposições legais que regulam a separação judicial, como sendo a única modalidade legal de extinção da sociedade conjugal, que não afeta o vínculo matrimonial. 3. Com ressalva do entendimento pessoal de que somente com a modificação da legislação infraconstitucional é que a exigência relativa aos prazos legais poderia ser afastada, estou acompanhando o entendimento jurisprudencial dominante neste Tribunal de Justiça e admitindo abrandar a questão relativa aos prazos legais. Recurso provido." (Apelação Cível Nº 70044794840, Sétima Câmara Cível, Tribunal de Justiça do RS, Desembargador Relator Sérgio Fernando de Vasconcellos Chaves, Julgamento de 27/09/2011, DJRS de 03/10/2011).

6 Enunciado 514 – Art. 1.571: A Emenda Constitucional n. 66/2010 não extinguiu o instituto da separação judicial e extrajudicial.
Enunciado 515 – Art. 1.574, *caput*: Pela interpretação teleológica da Emenda Constitucional n.66/2010, não há prazo mínimo de casamento para a separação consensual.
Enunciado – 516 Art. 1.574, parágrafo único: Na separação judicial por mútuo consenti-

-se judicialmente ao invés de divorciar-se, pois os efeitos produzidos nos dois casos são diferentes. De toda sorte, ainda que a separação judicial sobreviva, ela, certamente, será fulminada pelo desuso (isto é, não terá eficácia social). Vale lembrar que existia um projeto de lei (PL 7.661/2010) do Deputado Sérgio Barradas Carneiro com a finalidade de revogação dos dispositivos que tratam da separação judicial no Código Civil. O projeto foi retirado pelo autor.[7]

Como dito alhures, BAUMAN destaca que os padrões de dependência e interação estão debilitados e vulneráveis, a mercê da liquefação da modernidade. O autor diz que "Eles são agora maleáveis a um ponto que as gerações não experimentaram e nem poderiam imaginar; mas, como todos os fluidos, eles não mantêm a forma por muito tempo"[8]

Nos dias atuais, as pessoas possuem menor tolerância ao conflito amoroso, menos paciência para entender o outro e mais imediatismo. Daí que os relacionamentos apresentam, em linhas gerais, menor durabilidade, uma vez que os atores envolvidos estão sempre na busca frenética de sua felicidade. A

---

mento, o juiz só poderá intervir no limite da preservação do interesse dos incapazes ou de um dos cônjuges, permitida a cindibilidade dos pedidos com a concordância das partes, aplicando-se esse entendimento também ao divórcio.

Enunciado 517 – Art. 1.580: A Emenda Constitucional n. 66/2010 extinguiu os prazos previstos no art. 1.580 do Código Civil, mantido o divórcio por conversão.

7 Vale lembrar que existia um projeto de lei (PL 7.661/2010) do Deputado Sérgio Barradas Carneiro que tinha a finalidade de propor a revogação dos dispositivos que tratam da separação judicial no Código Civil. Ocorre que foi retirada de tramitação o referido projeto de lei pelo autor. "Revoga dispositivos do Código Civil, que dispõem sobre a separação judicial. O CONGRESSO NACIONAL decreta: Art. 1°. Esta Lei revoga dispositivos do Código Civil que tratam sobre a separação judicial. Art. 2° Consideram-se revogadas as expressões "separação judicial" contidas nas demais normas do Código Civil, notadamente quando associadas ao divórcio. Art. 3°. Revogam-se os arts. 1.571, 1.572, 1.573, 1.574, 1.575, 1576, 1.578, 1.580, 1.702 e 1.704 da Lei 10.406, de 10 de janeiro de 2002. Art. 4° Esta lei entra em vigor na data de sua publicação. JUSTIFICATIVA O presente Projeto de Lei visa adequar o ordenamento jurídico na área do Direito de Família a uma nova Ordem Constitucional vigente em todo território nacional. Entendemos que com a promulgação e vigência da Emenda Constitucional 66/10, dando nova redação ao § 6° do art. 226 da CF, suprimindo do texto constitucional a expressão "separação judicial", esse instituto foi extinto no País. A Emenda Constitucional 66/10, por se tratar de norma constitucional de eficácia plena, ensina a ilustre autora Maria Helena Diniz: "...são plenamente eficazes...,desde sua entrada em vigor, para disciplinarem as relações jurídicas ou o processo de sua efetivação, por conterem todos os elementos imprescindíveis para que haja a possibilidade de produção imediata dos efeitos previstos, já que, apesar de suscetíveis de emenda, não requerem normação subconstitucional subseqüente. Podem ser imediatamente aplicáveis". Portanto, qualquer dispositivo legal não alinhado sob essa nova égide, automaticamente passa a ser não recepcionado pela Constituição Federal, tornando-se inconstitucional. Por esse motivo, se faz necessário a revogação desses dispositivos legais, com efeito *ex tunc*, do Código Civil Pátrio, colocando-o em perfeito alinhamento com nossa Carta Política. Diante do exposto, solicitamos apoio dos nobres Pares para aprovação do presente projeto de lei. Sala de Sessões, 14 de julho de 2010. Disponível em: <http://www.camara.gov.br/proposicoesWeb/fichadetramitacao?idProposicao=483750>. Acesso em: 17 jan. 2017.

8 BAUMAN, Op.Cit., 2001, p.14.

denominada "modernidade líquida", cunhada por Bauman, produz uma condição humana em que o sujeito pode escolher à vontade seus próprios modelos de felicidade e um modo de vida mais adequado ao seu estilo. É, pois, um mundo sem limites e sem instituições capazes de criar as normas e regras que possam acompanhar a mutação social. O sujeito possui um mundo aberto de possibilidades de escolha. Tanto é verdade que podemos constatar o aumento do número de divórcios no Brasil, bem como a redução da duração média dos casamentos.[9]

8.2 Dissolução da Sociedade Conjugal

De acordo com o artigo 1.571 do Código Civil brasileiro, a sociedade conjugal termina pela morte de um dos cônjuges; pela nulidade ou anulação do casamento (com o trânsito em julgado da decisão judicial); pela separação judicial[10] (até a Emenda Constitucional n.66 – Emenda do Divórcio) e pelo di-

---

9 O Brasil registrou 341,1 mil divórcios em 2014, ante 130,5 mil registros em 2004. É um salto de 161,4% em dez anos. O dado está presente na pesquisa Estatísticas do Registro Civil 2014, divulgada nesta segunda-feira (30) pelo Instituto Brasileiro de Geografia e Estatística (IBGE).
A Lei do Divórcio chegou ao País em 26 dezembro de 1977. Poucos anos depois, em 1984, foram contabilizados 30,8 mil divórcios. Em 1994, foram registradas 94,1 mil casos, representando um acréscimo de 205,1% em relação a 1984. Em 2004, com 130,5 mil casos, o aumento foi de 38,7%. Na comparação entre 1984 e 2104, no entanto, o crescimento é de 1.007%.
Na avaliação do IBGE, a elevação sucessiva, ao longo dos anos, do número de divórcios concedidos revela "uma gradual mudança de comportamento da sociedade brasileira, que passou a aceitá-lo com maior naturalidade e a acessar os serviços de Justiça de modo a formalizar as dissoluções dos casamentos".
Nas últimas três décadas (de 1984 a 2014), o número de divórcios cresceu de 30,8 mil para 341,1 mil, com a taxa geral de divórcios passando de 0,44 por mil habitantes na faixa das pessoas com 20 anos ou mais de idade, em 1984, para 2,41 por mil habitantes em 2014. A maior incidência de divórcios em 2014 deu-se no Distrito Federal (3,74 por grupo de mil) e a menor no Amapá (1,02).
Duração média dos casamentos
A idade média do homem ao se divorciar, passou de 44 para 43 anos, entre 1984 e 2014, enquanto a das mulheres era de 40, nos dois casos. Para os homens, a menor idade média, em 2014, foi observada no Acre: 41 anos. Entre as mulheres, a menor idade média, de 38 anos, foi verificada nos Estados de Rondônia e do Acre.
No período entre 1984 e 2014, constatou-se redução na duração dos casamentos, de 19 para 15 anos (tempo médio transcorrido entre a data do casamento e da sentença de divórcio ou da escritura de divórcio). Em 2014, os casamentos duravam mais tempo, em média, nas regiões Nordeste e Sul (16 anos em ambas). Entre os Estados, destacou-se o Piauí, com 18 anos. Disponível em: < http://www.brasil.gov.br/cidadania-e-justica/2015/11/em-10-anos-taxa-de-divorcios-cresce-mais-de-160-no-pais> Acesso em: 17 jan. 2017.

10 CC – Art. 1.572. Qualquer dos cônjuges poderá propor a ação de separação judicial, imputando ao outro qualquer ato que importe grave violação dos deveres do casamento e torne insuportável a vida em comum.
§ 1º A separação judicial pode também ser pedida se um dos cônjuges provar ruptura da

vórcio, sendo aplicada a presunção da morte para efeitos de dissolução do casamento no caso de ausência (CC, art. 1.571, § 1°).[11] A *dissolução da sociedade conjugal* não se confundia com o término do *vínculo matrimonial*. A separação judicial não extinguia o vínculo do casamento, eis que os consortes estavam autorizados à separação de corpos. Neste momento se rompia a convivência

---

vida em comum há mais de um ano e a impossibilidade de sua reconstituição.

§ 2º O cônjuge pode ainda pedir a separação judicial quando o outro estiver acometido de doença mental grave, manifestada após o casamento, que torne impossível a continuação da vida em comum, desde que, após uma duração de dois anos, a enfermidade tenha sido reconhecida de cura improvável.

§ 3º No caso do parágrafo 2º, reverterão ao cônjuge enfermo, que não houver pedido a separação judicial, os remanescentes dos bens que levou para o casamento, e se o regime dos bens adotado o permitir, a meação dos adquiridos na constância da sociedade conjugal.

Art. 1.573. Podem caracterizar a impossibilidade da comunhão de vida a ocorrência de algum dos seguintes motivos: I – adultério; II – tentativa de morte; III – sevícia ou injúria grave; IV – abandono voluntário do lar conjugal, durante um ano contínuo; V – condenação por crime infamante; VI – conduta desonrosa.

Parágrafo único. O juiz poderá considerar outros fatos que tornem evidente a impossibilidade da vida em comum.

Art. 1.574. Dar-se-á a separação judicial por mútuo consentimento dos cônjuges se forem casados por mais de um ano e o manifestarem perante o juiz, sendo por ele devidamente homologada a convenção.

Parágrafo único. O juiz pode recusar a homologação e não decretar a separação judicial se apurar que a convenção não preserva suficientemente os interesses dos filhos ou de um dos cônjuges.

Art. 1.575. A sentença de separação judicial importa a separação de corpos e a partilha de bens.

Parágrafo único. A partilha de bens poderá ser feita mediante proposta dos cônjuges e homologada pelo juiz ou por este decidida.

Art. 1.576. A separação judicial põe termo aos deveres de coabitação e fidelidade recíproca e ao regime de bens.

Parágrafo único. O procedimento judicial da separação caberá somente aos cônjuges, e, no caso de incapacidade, serão representados pelo curador, pelo ascendente ou pelo irmão.

Art. 1.577. Seja qual for a causa da separação judicial e o modo como esta se faça, é lícito aos cônjuges restabelecer, a todo tempo, a sociedade conjugal, por ato regular em juízo.

Parágrafo único. A reconciliação em nada prejudicará o direito de terceiros, adquirido antes e durante o estado de separado, seja qual for o regime de bens.

Art. 1.578. O cônjuge declarado culpado na ação de separação judicial perde o direito de usar o sobrenome do outro, desde que expressamente requerido pelo cônjuge inocente e se a alteração não acarretar: I – evidente prejuízo para a sua identificação; II – manifesta distinção entre o seu nome de família e o dos filhos havidos da união dissolvida; III – dano grave reconhecido na decisão judicial.

§ 1º O cônjuge inocente na ação de separação judicial poderá renunciar, a qualquer momento, ao direito de usar o sobrenome do outro.

§ 2º Nos demais casos caberá a opção pela conservação do nome de casado.

11 O instituto da *ausência* encontra-se tipificado em nosso Código Civil, na Parte Geral, Livro I - Das pessoas, Título I - Das Pessoas Naturais, Capítulo – Da Ausência, Seções I a III, nos artigos 22 a 39. A ausência comporta 3 momentos distintos: a curadoria dos bens do ausente (arts. 22 a 25), a sucessão provisória (arts. 26 a 36) e a sucessão definitiva (arts. 37 a 39).

e os deveres de coabitação e fidelidade, bem como a comunicação patrimonial nos regimes de comunhão de bens. Um novo casamento somente poderia ocorrer após o divórcio ou o falecimento do cônjuge separado.[12]

No mundo da vida, a *separação de fato* (estes podem constituir união estável – artigo 1.723, §1°, CC; só não podem casar) e a *separação de corpos* (artigo 1.562, CC) continuam pondo fim a sociedade conjugal. O rompimento da vida em comum leva à cessação do regime de bens, sendo este o momento de verificação dos bens que comporão a partilha. Vale lembrar, também, que não corre a prescrição entre os cônjuges, na constância da sociedade conjugal (artigo 197, inciso I, CC) e a doação do cônjuge adúltero ao seu cúmplice pode ser anulada pelo outro cônjuge, ou por seus herdeiros necessários, até dois anos depois de dissolvida a sociedade conjugal (artigo 550, CC). Em tese, considerando a extinção da separação judicial, a separação de corpos é uma das vias para os cônjuges findarem o regime de bens e os deveres conjugais, ainda que não façam a opção de dissolução do casamento, permanecendo, pois, com o estado de casado.

8.3 Divórcio

A partir da emenda constitucional n.66/2010, o divórcio pode ser requerido a qualquer tempo.[13] O divórcio não só termina com a sociedade conjugal (artigo 1.571, inciso IV, CC), bem como dissolve o próprio matrimônio (artigo 1.571, §1°, CC).[14] Vale lembrar que antes da Emenda do Divórcio exis-

---

12 A *morte real* é causa de extinção da personalidade natural, conforme artigo 6°, 1a parte, do Código Civil. A morte da pessoa é provada pelo atestado de óbito, de acordo com o *caput* do artigo 77 da Lei de Registro Público (LRP) que diz "nenhum sepultamento será feito sem certidão, do oficial de registro do lugar do falecimento, extraída após a lavratura do assento de óbito, em vista do atestado de médico, se houver no lugar, ou em caso contrário, de duas pessoas qualificadas que tiverem presenciado ou verificado a morte".
No caso de *óbito de criança* de menos de um ano, caberá ao oficial de registro do lugar de falecimento verificar se houve registro de nascimento, que, em caso de falta, será previamente feito (LRP, art. 77, § 1°).
A *cremação de cadáver* somente será feita daquele que houver manifestado a vontade de ser incinerado ou no interesse da saúde pública e se o atestado de óbito houver sido firmado por 2 (dois) médicos ou por 1 (um) médico legista e, no caso de morte violenta, depois de autorizada pela autoridade judiciária (LRP, art. 77, § 2°).

13 Antes da Emenda Constitucional n.66/2010 aplicavam-se os prazos do artigo 1.580 do CC:
– Art. 1.580. Decorrido um ano do trânsito em julgado da sentença que houver decretado a separação judicial, ou da decisão concessiva da medida cautelar de separação de corpos, qualquer das partes poderá requerer sua conversão em divórcio.
§ 1º A conversão em divórcio da separação judicial dos cônjuges será decretada por sentença, da qual não constará referência à causa que a determinou.
§ 2º O divórcio poderá ser requerido, por um ou por ambos os cônjuges, no caso de comprovada separação de fato por mais de dois anos.

14 CC – Artigo 1.571, § 1º O casamento válido só se dissolve pela morte de um dos cônjuges ou pelo divórcio, aplicando-se a presunção estabelecida neste Código quanto ao ausente.

tiam duas espécies de divórcio, a saber: (a) divórcio indireto ou por conversão e (b) divórcio direto. Aquele era precedido por uma separação judicial ou extrajudicial; este era consequência de uma separação de fato do casal por mais de dois anos. O divórcio pode ocorrer por *mútuo consentimento* ou se caracterizar pela sua litigiosidade (divórcio *litigioso*). O divórcio ainda pode ser requerido de forma judicial (artigo 731, do CPC) e extrajudicial (artigo 733, do CPC).

8.3.1 Divórcio consensual, amigável ou por mútuo consentimento

De acordo com o artigo 731 do CPC, a homologação do divórcio poderá ser requerida em petição assinada por ambos os cônjuges, da qual constarão: I – as disposições relativas à descrição e à partilha dos bens comuns; II – as disposições relativas à pensão alimentícia entre os cônjuges; III – o acordo relativo à guarda dos filhos incapazes e ao regime de visitas (atualmente até a guarda de cachorros e outros animais são pactuadas no divórcio);[15] e IV – o valor da contribuição para criar e educar os filhos. A petição deverá ser instruída ainda com a certidão de casamento, a certidão de nascimento dos filhos (se houver), o pacto antenupcial (se houver, dependendo do regime de bens adotado entre os cônjuges) e a relação de bens patrimoniais (se possível, já desenhada a pretensão da respectiva partilha). Na ação de divórcio consensual, não há causa de pedir, inexiste necessidade de os autores declinarem o fundamento do pedido, cuidando-se de simples exercício de um *direito potestativo*.[16] Se neste momento não houver acordo sobre a partilha, a divisão de

15 Vale lembrar que divorciado o casal de jornalistas Fátima Bernardes e William Bonner decidiu que a guarda dos cachorros (o golden retriever Gulliver e o maltês Chantily) ficaria com a apresentadora. Disponível em: < http://vejasp.abril.com.br/blog/pop/fatima-bernardes-e-william-bonner-partilham-bens-e-acertam-detalhes-de-separacao-na-justica/>. Acesso em: 17 jan. 2017.

16 DIREITO PROCESSUAL CIVIL. DESNECESSIDADE DE AUDIÊNCIA DE CONCILIAÇÃO OU RATIFICAÇÃO NA AÇÃO DE DIVÓRCIO DIRETO CONSENSUAL.
Na ação de divórcio direto consensual, é possível a imediata homologação do divórcio, sendo dispensável a realização de audiência de conciliação ou ratificação (art. 1.122 do CPC), quando o magistrado tiver condições de aferir a firme disposição dos cônjuges em se divorciarem, bem como de atestar que as demais formalidades foram atendidas. Com a edição da EC 66/2010, a nova redação do art. 226, § 6º, da CF – que dispõe que o casamento civil pode ser dissolvido pelo divórcio - eliminou os prazos à concessão do divórcio e afastou a necessidade de arguição de culpa, presente na separação, não mais adentrando nas causas do fim da união, deixando de expor desnecessária e vexatoriamente a intimidade do casal, persistindo essa questão apenas na esfera patrimonial quando da quantificação dos alimentos. Criou-se, dessa forma, nova figura totalmente dissociada do divórcio anterior. Assim, os arts. 40, § 2º, da Lei 6.515/1977 (Lei do divórcio) e 1.122, §§ 1º e 2º, do CPC, ao exigirem uma audiência a fim de se conceder o divórcio direto consensual, passaram a ter redação conflitante com o novo entendimento, segundo o qual não mais existem as

bens pode ser concretizada depois do divórcio, consoante os artigos 1.581 do Código Civil[17] combinado com o artigo 731, parágrafo único do CPC. Da mesma forma, a petição deve conter as questões relacionadas a obrigação alimentar (os alimentos são irrenunciáveis – artigo 1.707, CC; mas é possível dispensar a obrigação alimentar no momento do divórcio), bem como a respeito do nome, eis que uma das partes pode desejar retornar com o nome de solteiro.

Caso existam filhos incapazes é necessário a participação do Ministério Público, conforme os artigos 178, II e 698 do CPC.[18] Vale mencionar que se não estiverem preservados os direitos dos filho ou até mesmo de um dos cônjuges, o magistrado poderá não homologar a partilha de bens. No caso de aparecimento de novos bens, é possível a realização da sobrepartilha. Após o trânsito em julgado da sentença, o divórcio estará decretado e o juiz determina a expedição do mandado de averbação. A partir daí será necessário averbar o divórcio no Cartório de Registro Civil, de acordo com o artigo 10, inciso

---

condições pré-existentes ao divórcio: de averiguação dos motivos e do transcurso de tempo. Isso porque, consoante a nova redação, odivórcio passou a ser efetivamente direto. A novel figura passa ser voltada para o futuro. Passa a ter vez no Direito de Família a figura da intervenção mínima do Estado, como deve ser. Vale relembrar que, na ação de divórcio consensual direto, não há causa de pedir, inexiste necessidade de os autores declinarem o fundamento do pedido, cuidando-se de simples exercício de um direito potestativo. Portanto, em que pese a determinação constante no art. 1.122 do CPC, não mais subsiste o referido artigo no caso em que o magistrado tiver condições de aferir a firme disposição dos cônjuges em se divorciarem, bem como de atestar que as demais formalidades foram atendidas. Com efeito, o art. 1.122 do CPC cuida obrigatoriamente da audiência em caso de separação e posterior divórcio. Assim, não havendo mais a separação, mas o divórcio consensual direto e, principalmente, em razão de não mais haver que se apurarem as causas da separação para fins de divórcio, não cabe a audiência de conciliação ou ratificação, por se tornar letra morta. Nessa perspectiva, a audiência de conciliação ou ratificação teria apenas cunho eminentemente formal, sem nada a produzir. De fato, não se desconhece que a Lei do Divórcio ainda permanece em vigor, discorrendo acerca de procedimentos da separação judicial e do divórcio (arts. 34 a 37, 40, §2°, e 47 e 48), a qual remete ao CPC (arts. 1.120 a 1.124). Entretanto, a interpretação de todos esses dispositivos infraconstitucionais deverá observar a nova ordem constitucional e a ela se adequar, seja por meio de declaração de inconstitucionalidade parcial sem redução de texto, seja como da interpretação conforme a constituição ou, como no caso em comento, pela interpretação sistemática dos artigos. REsp 1.483.841-RS, Rel. Min. Moura Ribeiro, julgado em 17/3/2015, DJe 27/3/2015.

17 CC – Art. 1.581. O divórcio pode ser concedido sem que haja prévia partilha de bens.

18 CPC – Art. 178. O Ministério Público será intimado para, no prazo de 30 (trinta) dias, intervir como fiscal da ordem jurídica nas hipóteses previstas em lei ou na Constituição Federal e nos processos que envolvam: [...] II – interesse de incapaz;
Art. 698. Nas ações de família, o Ministério Público somente intervirá quando houver interesse de incapaz e deverá ser ouvido previamente à homologação de acordo.

I do Código Civil[19] e artigo 29, §1º, alínea a, da Lei de Registros Públicos.[20] [21] Dessa forma, com o trânsito em julgado da decisão judicial, os cônjuges passam a ser divorciados, ou seja, a sentença judicial da ação de divórcio possui natureza constitutiva negativa. No caso da existência de imóveis, a sentença judicial precisa ser averbada no registro imobiliário, de acordo com o artigo 167, inciso II, n.14, da Lei de Registros Públicos (lei 6.015/73).[22] Se um dos cônjuges for empresário, a sentença judicial também deverá ser averbada no Registro Público de Empresas Mercantins, de acordo com o artigo 980 do Código Civil, *verbis*: "A sentença que decretar ou homologar a separação judicial do empresário e o ato de reconciliação não podem ser opostos a terceiros, antes de arquivados e averbados no Registro Público de Empresas Mercantis."

8.3.2 Divórcio contencioso

O *divórcio contencioso* deve obedecer o rito das ações de família, de acordo com os artigos 693 a 699 do Código de Processo Civil.[23] Se houver a exis-

---

19 CC – Art. 10. Far-se-á averbação em registro público: I – das sentenças que decretarem a nulidade ou anulação do casamento, o divórcio, a separação judicial e o restabelecimento da sociedade conjugal;

20 LRP – Art. 29. Serão registrados no registro civil de pessoas naturais: [...] § 1º Serão averbados: a) as sentenças que decidirem a nulidade ou anulação do casamento, o desquite e o restabelecimento da sociedade conjugal; b) as sentenças que julgarem ilegítimos os filhos concebidos na constância do casamento e as que declararem a filiação legítima; c) os casamentos de que resultar a legitimação de filhos havidos ou concebidos anteriormente; d) os atos judiciais ou extrajudiciais de reconhecimento de filhos ilegítimos; e) as escrituras de adoção e os atos que a dissolverem; f) as alterações ou abreviaturas de nomes.

21 LRP – Art. 100. No livro de casamento, será feita averbação da sentença de nulidade e anulação de casamento, bem como do desquite, declarando-se a data em que o Juiz a proferiu, a sua conclusão, os nomes das partes e o trânsito em julgado. § 1º Antes de averbadas, as sentenças não produzirão efeito contra terceiros.
LRP – Art. 107. O óbito deverá ser anotado, com as remissões recíprocas, nos assentos de casamento e nascimento, e o casamento no deste. § 1º A emancipação, a interdição e a ausência serão anotadas pela mesma forma, nos assentos de nascimento e casamento, bem como a mudança do nome da mulher, em virtude de casamento, ou sua dissolução, anulação ou desquite. § 2° A dissolução e a anulação do casamento e o restabelecimento da sociedade conjugal serão, também, anotadas nos assentos de nascimento dos cônjuges.

22 LRP – Art. 167 – No Registro de Imóveis, além da matrícula, serão feitos. (Renumerado do art. 168 com nova redação pela Lei nº 6.216, de 1975). [...] II – a averbação: (Redação dada pela Lei nº 6.216, de 1975). [...] 14) das sentenças de separação judicial, de divórcio e de nulidade ou anulação de casamento, quando nas respectivas partilhas existirem imóveis ou direitos reais sujeitos a registro. (Incluído pela Lei nº 6.850, de 1980).

23 CPC – Art. 693. As normas deste Capítulo aplicam-se aos processos contenciosos de divórcio, separação, reconhecimento e extinção de união estável, guarda, visitação e filiação. Parágrafo único. A ação de alimentos e a que versar sobre interesse de criança ou de adolescente observarão o procedimento previsto em legislação específica, aplicando-se, no que couber, as disposições deste Capítulo.
Art. 694. Nas ações de família, todos os esforços serão empreendidos para a solução consensual da controvérsia, devendo o juiz dispor do auxílio de profissionais de outras áreas

tência de nascituro ou filhos incapazes é necessário a definição do regime de convivência e os alimentos.[24]

---

de conhecimento para a mediação e conciliação.
Parágrafo único. A requerimento das partes, o juiz pode determinar a suspensão do processo enquanto os litigantes se submetem a mediação extrajudicial ou a atendimento multidisciplinar.
Art. 695. Recebida a petição inicial e, se for o caso, tomadas as providências referentes à tutela provisória, o juiz ordenará a citação do réu para comparecer à audiência de mediação e conciliação, observado o disposto no art. 694.
§ 1º O mandado de citação conterá apenas os dados necessários à audiência e deverá estar desacompanhado de cópia da petição inicial, assegurado ao réu o direito de examinar seu conteúdo a qualquer tempo.
§ 2º A citação ocorrerá com antecedência mínima de 15 (quinze) dias da data designada para a audiência.
§ 3º A citação será feita na pessoa do réu.
§ 4º Na audiência, as partes deverão estar acompanhadas de seus advogados ou de defensores públicos.
Art. 696. A audiência de mediação e conciliação poderá dividir-se em tantas sessões quantas sejam necessárias para viabilizar a solução consensual, sem prejuízo de providências jurisdicionais para evitar o perecimento do direito.
Art. 697. Não realizado o acordo, passarão a incidir, a partir de então, as normas do procedimento comum, observado o art. 335.
Art. 698. Nas ações de família, o Ministério Público somente intervirá quando houver interesse de incapaz e deverá ser ouvido previamente à homologação de acordo.
Art. 699. Quando o processo envolver discussão sobre fato relacionado a abuso ou a alienação parental, o juiz, ao tomar o depoimento do incapaz, deverá estar acompanhado por especialista.

24 Lei 11.804/08 – Disciplina o direito a alimentos gravídicos e a forma como ele será exercido e dá outras providências .
Art. 1º Esta Lei disciplina o direito de alimentos da mulher gestante e a forma como será exercido.
Art. 2º Os alimentos de que trata esta Lei compreenderão os valores suficientes para cobrir as despesas adicionais do período de gravidez e que sejam dela decorrentes, da concepção ao parto, inclusive as referentes a alimentação especial, assistência médica e psicológica, exames complementares, internações, parto, medicamentos e demais prescrições preventivas e terapêuticas indispensáveis, a juízo do médico, além de outras que o juiz considere pertinentes.
Parágrafo único. Os alimentos de que trata este artigo referem-se à parte das despesas que deverá ser custeada pelo futuro pai, considerando-se a contribuição que também deverá ser dada pela mulher grávida, na proporção dos recursos de ambos.
Art. 3º (VETADO)
Art. 4º (VETADO)
Art. 5º (VETADO)
Art. 6º Convencido da existência de indícios da paternidade, o juiz fixará alimentos gravídicos que perdurarão até o nascimento da criança, sopesando as necessidades da parte autora e as possibilidades da parte ré.
Parágrafo único. Após o nascimento com vida, os alimentos gravídicos ficam convertidos em pensão alimentícia em favor do menor até que uma das partes solicite a sua revisão.
Art. 7º O réu será citado para apresentar resposta em 5 (cinco) dias.
Art. 8º (VETADO)
Art. 9º (VETADO)

O foro será o do domicílio do guardião do filho incapaz, do último domicílio do casal ou do domicílio do réu, de acordo com o artigo 53 do CPC. Após a decretação do divórcio, é expedido o mandado de averbação depois da citação do réu e do decurso do prazo da contestação. Na contestação é possível discutir questões de direito de convivência, alimentos, partilha de bens, etc. O divórcio é um *direito potestativo* de qualquer dos cônjuges, cabendo ao magistrado decretá-lo liminarmente,[25] com a consequente citação do outro cônjuge para comparecer a audiência de mediação e conciliação (artigo 695, CPC).[26] De acordo com o Enunciado n.18 do IBDFAM (Instituto Brasileiro de Direito de Família), "nas ações de divórcio e de dissolução da união estável, a regra deve ser o julgamento parcial do mérito (art. 356 do Novo CPC), para que seja decretado o fim da conjugalidade, seguindo a demanda com a discussão de outros temas." O mandado de citação não deve ser acompanhado da cópia inicial, conforme o disposto no artigo 695, §1° do CPC.[27] O réu deve ser citado pessoalmente (artigo 695, §3° do CPC).[28] Se este estiver em lugar incerto e não sabido, o mesmo deverá ser citado por edital. Se o demandado não contestar ou não comparecer a referida audiência, se decretado a sua revelia.

É importante destacar, ainda, que a ação de divórcio pode ser cumulada com pedido de alimentos (na prática, esta é a regra) de forma que na petição inicial esteja claro o pedido de alimentos.

Art. 10° (VETADO)

Art. 11. Aplicam-se supletivamente nos processos regulados por esta Lei as disposições das Leis nos 5.478, de 25 de julho de 1968, e 5.869, de 11 de janeiro de 1973- Código de Processo Civil.

Art. 12. Esta Lei entra em vigor na data de sua publicação.

Brasília, 5 de novembro de 2008; 187º da Independência e 120º da República

25 CPC – Art. 356. O juiz decidirá parcialmente o mérito quando um ou mais dos pedidos formulados ou parcela deles:

I – mostrar-se incontroverso;

II – estiver em condições de imediato julgamento, nos termos do art. 355.

§ 1º A decisão que julgar parcialmente o mérito poderá reconhecer a existência de obrigação líquida ou ilíquida.

§ 2º A parte poderá liquidar ou executar, desde logo, a obrigação reconhecida na decisão que julgar parcialmente o mérito, independentemente de caução, ainda que haja recurso contra essa interposto.

§ 3º Na hipótese do § 2º, se houver trânsito em julgado da decisão, a execução será definitiva.

§ 4º A liquidação e o cumprimento da decisão que julgar parcialmente o mérito poderão ser processados em autos suplementares, a requerimento da parte ou a critério do juiz.

§ 5º A decisão proferida com base neste artigo é impugnável por agravo de instrumento.

26 CPC – Art. 695. Recebida a petição inicial e, se for o caso, tomadas as providências referentes à tutela provisória, o juiz ordenará a citação do réu para comparecer à audiência de mediação e conciliação, observado o disposto no art. 694.

27 CPC – Artigo 695, § 1º O mandado de citação conterá apenas os dados necessários à audiência e deverá estar desacompanhado de cópia da petição inicial, assegurado ao réu o direito de examinar seu conteúdo a qualquer tempo.

28 CPC – Artigo 695, § 3º A citação será feita na pessoa do réu.

No caso da existência de violência doméstica contra a mulher, a competência será a Vara Especializada da Violência Doméstica ou familiar contra a mulher.[29]

---

29 DIREITO PROCESSUAL CIVIL. COMPETÊNCIA PARA PROCESSAR E JULGAR AÇÃO DE DIVÓRCIO ADVINDA DE VIOLÊNCIA SUPORTADA POR MULHER NO ÂMBITO FAMILIAR E DOMÉSTICO.
A extinção de medida protetiva de urgência diante da homologação de acordo entre as partes não afasta a competência da Vara Especializada de Violência Doméstica ou Familiar contra a Mulher para julgar ação de divórcio fundada na mesma situação de agressividade vivenciada pela vítima e que fora distribuída por dependência à medida extinta. De fato, o art. 14 da Lei 11.340/2006 (Lei Maria Da Penha) preconiza a competência híbrida e cumulativa (criminal e civil) das Varas Especializadas da Violência Doméstica e Familiar contra a Mulher para o julgamento e execução das causas advindas do constrangimento físico ou moral suportado pela mulher no âmbito doméstico e familiar. Nesse sentido, afirma o art. 14 que os "Juizados de Violência Doméstica e Familiar contra a Mulher, órgãos da Justiça Ordinária com competência cível e criminal, poderão ser criados pela União, no Distrito Federal e nos Territórios, e pelos Estados, para o processo, o julgamento e a execução das causas decorrentes da prática de violência doméstica e familiar contra a mulher". Constata-se, a partir da literalidade do artigo acima transcrito, que o legislador, ao estabelecer a competência cível da Vara Especializada de Violência Doméstica contra a Mulher, não especificou quais seriam as ações que deveriam ali tramitar. De modo bem abrangente, preconizou a competência desse "Juizado" para as ações de natureza civil que tenham por causa de pedir, necessariamente, a prática de violência doméstica e familiar contra a mulher. No âmbito da doutrina, controverte-se sobre a abrangência da competência civil da Vara Especializada, se ficaria restrita às medidas protetivas (e, naturalmente, à execução de seus julgados), devidamente explicitadas na Lei 11.340/2006 (especificamente as previstas nos arts. 22, II, IV e V; 23, III e IV; e 24, que assumem natureza civil), ou se, além das mencionadas providências judiciais de urgência, o Juizado de Violência Doméstica e Familiar contra a Mulher também conheceria das ações principais inseridas no espectro do Direito de Família (separação judicial, divórcio, reconhecimento e dissolução de união estável, alimentos, guarda dos filhos, etc.). Para a vertente restritiva, em que se propugna a competência cível da Vara Especializada apenas para o julgamento das medidas protetivas de urgência previstas na Lei Maria da Penha, não teria sido o propósito do legislador "superdimensionar" a competência desses Juizados em relação às ações de índole familiar, devendo-se, pois, observar, necessariamente, as regras de organização judiciária local. De modo diverso, cita-se corrente doutrinária que, em atenção à estrita disposição legal, reconhece a competência cível da Vara Especializada da Violência Doméstica e Familiar contra a Mulher para todas as ações de cunho civil que ostente como causa de pedir a prática de violência doméstica e familiar contra a mulher, conferindo-se ao magistrado melhores subsídios para julgar a questão e, por conseguinte, à mulher, vítima de violência doméstica, maior proteção. Contrapostos os argumentos que subsidiam os posicionamentos acima destacados, tem-se que a melhor exegese, para a correta definição da competência cível dos Juizados da Violência Doméstica e Familiar contra a Mulher, está no equilíbrio de tais entendimentos, para melhor atendimento aos propósitos da Lei 11.340/2006. De plano, há que se reconhecer, na esteira do que já decidiu o STF (ADC 19, Tribunal Pleno, DJe 29/4/2014), que a Lei Maria da Penha, ao facultar a criação de Juizados de Violência Doméstica e Familiar, com competência cumulativa para as ações cíveis e criminais advindas da prática de violência doméstica e familiar contra a mulher, "ante a necessidade de conferir tratamento uniforme, especializado e célere, em todo território nacional, às causas sobre a matéria", de modo algum imiscuiu-se na competência do Estados para disciplinar as respectivas normas de organização judiciária, mas, ao contrário, cuidou de tema

8.3.3 Divórcio extrajudicial

De acordo com o artigo 733 do Código de Processo Civil é possível que o divórcio consensual, não havendo nascituro ou filhos incapazes, seja realizado por escritura pública perante o tabelião. Aqui vale mencionar o Enunciado n.571 do CJF que diz: "Se comprovada a resolução prévia e judicial de todas as questões referentes aos filhos menores ou incapazes, o tabelião de notas poderá lavrar escrituras públicas de dissolução conjugal."

A escritura não depende de homologação judicial e constitui título hábil para qualquer ato de registro, bem como para levantamento de importância depositada em instituições financeiras (artigo 733, §1°, do CPC).

O tabelião somente lavrará a escritura se os interessados estiverem assistidos por advogado ou por defensor público, cuja qualificação e assinatura constarão do ato notarial (artigo 733, §2°, do CPC).[30]

Para a lavratura da escritura pública de divórcio consensual, deverão ser apresentados: a) certidão de casamento; b) documento de identidade oficial e CPF/MF; c) pacto antenupcial, se houver; d) certidão de nascimento ou outro documento de identidade oficial dos filhos absolutamente capazes, se

---

de caráter eminentemente nacional. Portanto, a competência dos Juizados da Violência Doméstica e Familiar contra a Mulher – cuja criação restou facultada aos Estados – foi devidamente definida pela Lei 11.340/2006, devendo, por conseguinte, a Lei de Organização Judiciária dos Estados, caso venha a instituí-los, a ela se amoldar. Além do mais, a amplitude da competência conferida pela Lei 11.340/2006 à Vara Especializada tem por propósito justamente permitir ao mesmo magistrado o conhecimento da situação de violência doméstica e familiar contra a mulher, permitindo-lhe bem sopesar as repercussões jurídicas nas diversas ações civis e criminais advindas direta e indiretamente desse fato. Trata-se de providência que a um só tempo facilita o acesso da mulher, vítima de violência familiar e doméstica, ao Poder Judiciário e lhe confere real proteção. Assim, para o estabelecimento da competência da Vara Especializada da Violência Doméstica ou Familiar contra a Mulher nas ações de natureza civil (notadamente, as relacionadas ao Direito de Família), imprescindível que a correlata ação decorra (tenha por fundamento) da prática de violência doméstica ou familiar contra a mulher, não se limitando, por conseguinte, apenas às medidas protetivas de urgência previstas nos arts. 22, II, IV e V; 23, III e IV; e 24 (que assumem natureza civil). Além disso, para a fixação dessa competência da Vara Especializada da Violência Doméstica ou Familiar contra a Mulher, tem-se que, no momento do ajuizamento da ação de natureza cível, deve ser atual a situação de violência doméstica e familiar a que a demandante se encontre submetida, a ensejar, potencialmente, a adoção das medidas protetivas expressamente previstas na Lei 11.340/2006, sob pena de banalizar a competência das Varas Especializadas. Nesse contexto, a competência para conhecer e julgar determinada ação resta instaurada por ocasião de seu ajuizamento, afigurando-se irrelevante, para a fixação da competência, o fato de haver a extinção do processo referente à medida protetiva por meio da homologação de acordo entre as partes. REsp 1.496.030-MT, Rel. Min. Marco Aurélio Bellizze, julgado em 6/10/2015, DJe 19/10/2015.

30 Resolução n.35/2007 do CNJ – Art. 9° É vedada ao tabelião a indicação de advogado às partes, que deverão comparecer para o ato notarial acompanhadas de profissional de sua confiança. Se as partes não dispuserem de condições econômicas para contratar advogado, o tabelião deverá recomendar-lhes a Defensoria Pública, onde houver, ou, na sua falta, a Seccional da Ordem dos Advogados do Brasil.

houver; e) certidão de propriedade de bens imóveis e direitos a eles relativos; e f) documentos necessários à comprovação da titularidade dos bens móveis e direitos, se houver (artigo 33, da Resolução n.35/2007 do CNJ).

As partes devem, ainda, declarar ao tabelião, na mesma ocasião, que o cônjuge virago não se encontra em estado gravídico, ou ao menos, que não tenha conhecimento sobre esta condição (artigo 34, parágrafo único da Resolução n.35/2007 do CNJ, incluído pelo Resolução n.220, de 26/04/2016, do CNJ)

Da escritura, deve constar declaração das partes de que estão cientes das consequências do divórcio, firmes no propósito de pôr fim ao vínculo matrimonial, sem hesitação, com recusa de reconciliação (artigo 35, da Resolução n.35/2007 do CNJ). Melhor dizendo: a manifestação de vontade é irretratável, podendo ser anulada em casos de incapacidade ou existência de vícios de vontade resultante de erro, dolo, coação, estado de perigo, lesão e fraude contra credores (artigo 171, CC), podendo ser anulada, através de ação anulatória, em prazo decadencial de 4 anos, de acordo com o artigo 178.

Vale dizer que o comparecimento pessoal das partes é dispensável à lavratura de escritura pública de divórcio consensual, sendo admissível aos divorciandos se fazer representar por mandatário constituído, desde que por instrumento público com poderes especiais, descrição das cláusulas essenciais e prazo de validade de trinta dias (artigo 36, da Resolução n.35/2007 do CNJ).

Havendo alteração do nome de algum cônjuge, o Oficial de Registro Civil que averbar o ato no assento de casamento também anotará a alteração no respectivo assento de nascimento, se de sua unidade, ou, se de outra, comunicará ao Oficial competente para a necessária anotação (artigo 41, da Resolução n.35/2007 do CNJ).

As partes devem estabelecer, também, se for o caso, a *obrigação alimentar* constituindo título executivo extrajudicial, de acordo com o artigo 784, inciso III, do CPC.[31] [32] Frise-se que é possível a prisão por falta de pagamento

---

31 CPC – Art. 784. São títulos executivos extrajudiciais: [...] II – a escritura pública ou outro documento público assinado pelo devedor;

32 CPC – DA EXECUÇÃO DE ALIMENTOS

Art. 911. Na execução fundada em título executivo extrajudicial que contenha obrigação alimentar, o juiz mandará citar o executado para, em 3 (três) dias, efetuar o pagamento das parcelas anteriores ao início da execução e das que se vencerem no seu curso, provar que o fez ou justificar a impossibilidade de fazê-lo.

Parágrafo único. Aplicam-se, no que couber, os §§ 2o a 7o do art. 528.

Art. 912. Quando o executado for funcionário público, militar, diretor ou gerente de empresa, bem como empregado sujeito à legislação do trabalho, o exequente poderá requerer o desconto em folha de pagamento de pessoal da importância da prestação alimentícia.

§ 1º Ao despachar a inicial, o juiz oficiará à autoridade, à empresa ou ao empregador, determinando, sob pena de crime de desobediência, o desconto a partir da primeira remuneração posterior do executado, a contar do protocolo do ofício.

dos alimentos fixados extrajudicialmente.

O traslado da escritura pública será apresentado ao Oficial de Registro Civil do respectivo assento de casamento, para a averbação necessária, independente de autorização judicial e de audiência do Ministério Público (artigo 40, da Resolução n.35/2007 do CNJ).

8.3.3.1 Partilha de Bens e Impostos

Havendo bens a serem partilhados na escritura, distinguir-se-á o que é do patrimônio individual de cada cônjuge, se houver, do que é do patrimônio comum do casal, conforme o regime de bens, constando isso do corpo da escritura (artigo 37, da Resolução n.35/2007 do CNJ). Não podemos esquecer que a partilha de bens pode ser realizada em momento posterior de acordo com o parágrafo único do artigo 731 do Código de Processo Civil.[33] No mesmo diapasão, o artigo 1.581 do CC afirma que "o divórcio pode ser concedido sem que haja prévia partilha de bens."

Na partilha em que houver transmissão de propriedade do patrimônio individual de um cônjuge ao outro, ou a partilha desigual do patrimônio comum, deverá ser comprovado o recolhimento do tributo devido sobre a fração transferida (artigo 38, da Resolução n.35/2007 do CNJ). MARIA BERENICE DIAS lembra que "levada a efeito a divisão igualitária do acervo patrimonial, não incide imposto algum, pois a cada um caberá bem de sua propriedade. Quando há desequilíbrio na partilha, ficando um dos cônjuges com mais bens do que o outro, tal configura uma doação, incidindo o ITCD – Imposto de Transmissão *Causa Mortis* e Doações, que é chamado de imposto de reposição."[34] Nesse sentido a Súmula 116 do STF que afirma: "em desquite ou inventário, é legítima a cobrança do chamado imposto de reposição, quando houver desigualdade nos valores partilhados." O imposto é de competência estadual incidente sobre a transmissão *causa mortis* ou doação de quaisquer bens e direitos, previsto, por sua vez, no art. 155, I, da Constituição da República.[35]

---

§ 2º O ofício conterá os nomes e o número de inscrição no Cadastro de Pessoas Físicas do exequente e do executado, a importância a ser descontada mensalmente, a conta na qual deve ser feito o depósito e, se for o caso, o tempo de sua duração.

Art. 913. Não requerida a execução nos termos deste Capítulo, observar-se-á o disposto no art. 824 e seguintes, com a ressalva de que, recaindo a penhora em dinheiro, a concessão de efeito suspensivo aos embargos à execução não obsta a que o exequente levante mensalmente a importância da prestação.

33 CPC – Artigo 731, Parágrafo único. Se os cônjuges não acordarem sobre a partilha dos bens, far-se-á esta depois de homologado o divórcio, na forma estabelecida nos arts. 647 a 658.

34 DIAS, Maria Berenice. *Manual de Direito das Famílias*. 11.ed. São Paulo: Revista dos Tribunais, 2016, p.235.

35 CRFB/88 – Art. 155. Compete aos Estados e ao Distrito Federal instituir impostos sobre:

Assim, na *desigualdade da partilha* (aqui ocorrerá transmissão de direitos), não se pode confundir o Imposto sobre a transmissão de bens imóveis e de direitos a eles relativos (ITBI) com o Imposto sobre a transmissão causa mortis e doação, de quaisquer bens ou direitos (ITCD ou ITCMD). Aquele está previsto no texto constitucional no artigo 156, inciso II[36] e sua competência é municipal sobre a *transmissão onerosa* de bens imóveis, por ato *inter vivos*, ou direitos reais a eles relativos; já o ITCMD é de competência estadual que incide sobre a transmissão *causa mortis* ou doação de quaisquer bens e direitos, previsto no artigo 155, inciso I, da CRFB/88. É possível perceber que ambos os tributos possuem o mesmo fato gerador, qual seja: a transmissão de bens. Eles são diferenciados pela forma da transferência, se onerosa ou não.

Dessa maneira, é necessário observar na desigualdade da partilha se a transmissão de direitos será onerosa ou a título gratuito. Se ocorreu alguma forma de compensação onerosa, deve, pois, incidir o ITBI sobre o excesso da meação. Por outro lado, se o excesso da meação foi transferido de forma gratuita (doação – mera liberalidade) deve incidir o ITCMD ou ITCD. A Ministra ELIANA CALMON, da Segunda Turma do STJ, em 20/06/2006, no EDcl nos EDcl no REsp 723.587/RJ, assim decidiu: "Na hipótese de um dos cônjuges abrir mão da sua meação em favor do outro, o direito tributário considera tal fato como doação, incidindo, portanto, apenas o ITCD (art. 155, I, CF)."[37]

Outrossim, na hipótese de ocorrência de contraprestação quando do recebimento do valor que supera a meação, o tributo a incidir será o ITBI a ser pago ao Município, onde está localizado o imóvel de maior valor.

I – transmissão causa mortis e doação, de quaisquer bens ou direitos;

36 CRFB/88 – Art. 156. Compete aos Municípios instituir impostos sobre: [...] II – transmissão "inter vivos", a qualquer título, por ato oneroso, de bens imóveis, por natureza ou acessão física, e de direitos reais sobre imóveis, exceto os de garantia, bem como cessão de direitos a sua aquisição;

37 PROCESSO CIVIL – EMBARGOS DE DECLARAÇÃO – PARTILHA DE BENS – INCIDÊNCIA TRIBUTÁRIA – OMISSÃO E CONTRADIÇÃO CORRIGIDAS.
1. Na hipótese de um dos cônjuges abrir mão da sua meação em favor do outro, o direito tributário considera tal fato como doação, incidindo, portanto, apenas o ITCD (art. 155, I, CF).
2. O STJ é Tribunal que julga as teses jurídicas abstraídas e não fatos, tendo sido corretamente aplicada a Súmula 7 desta Corte.
3. Questão relativa ao estorno do ITBI pago indevidamente que não pode ser apreciada no presente agravo de instrumento, considerando que não se estabeleceu o contraditório em relação ao Município do Rio de Janeiro, devendo ser resolvida pelo juiz da causa, nos autos principais, ressalvando-se ainda a utilização de ação autônoma para fins de repetição do indébito.
4. Embargos de declaração acolhidos, sem efeitos modificativos.
(EDcl nos EDcl no REsp 723.587/RJ, Rel. Ministra ELIANA CALMON, SEGUNDA TURMA, julgado em 20/06/2006, DJ 29/06/2006, p. 178).

8.3.3.2 Negativa no lavramento da escritura

O tabelião poderá se negar a lavrar a escritura de divórcio se houver fundados indícios de prejuízo a um dos cônjuges ou em caso de dúvidas sobre a declaração de vontade, fundamentando a recusa por escrito (artigo 46, da Resolução n.35/2007 do CNJ). A negativa do notário representa, em sede administrativa, a denominada *cláusula de dureza*, conforme artigo 1.574, parágrafo único, do Código Civil quando tratava da separação.[38]

8.4 A discussão da culpa no divórcio

Em regra, não há mais que se discutir a culpa nas ações de divórcio (o afeto é a base do direito de família), ou seja, não há mais como se questionar sobre a aferição de culpa pelo fim do casamento. A fase punitiva pelo fim do casamento está superada. No passado, o cônjuge culpado pelo fim do relacionamento sofria reflexos negativos em relação ao nome de casado (à época, somente adotado pela mulher), alimentos e guarda dos filhos do casal (o consorte culpado perdia a guarda de seus filhos ao inocente, mesmo em melhores condições de criar a prole do que o outro). A primazia era a manutenção do casamento a qualquer custo, quer pelo seu caráter sagrado, seja pela manutenção da família. A *Emenda do Divórcio* extirpou definitivamente a discussão da culpa na dissolução matrimonial. Até mesmo para a fixação dos alimentos não se discute mais a posição do culpado, uma vez que a fixação de alimentos dever ser norteada pelo trinômio "necessidade-possibilidade-proporcionalidade". Dessa forma não se discute mais o motivo da (in)existência do amor na esfera matrimonial. O Desembargador José Carlos Teixeira Giorgis, no TJRS, decidiu que "A vitimização de um dos cônjuges não produz qualquer sequela prática, seja quanto à guarda dos filhos, partilha de bens ou alimentos, apenas objetivando a satisfação pessoal, mesmo porque difícil definir o verdadeiro responsável pela deterioração da arquitetura matrimonial, não sendo razoável que o Estado invada a privacidade do casal para apontar aquele que, muitas vezes, nem é o autor da fragilidade do afeto."[39]

A atribuição de culpa pelo fim do casamento, também, não atinge o direito ao nome, uma vez que este representa um direito da personalidade, cabendo aos cônjuges optar por mantê-lo ou não.

---

38 CC – Art. 1.574. Dar-se-á a separação judicial por mútuo consentimento dos cônjuges se forem casados por mais de um ano e o manifestarem perante o juiz, sendo por ele devidamente homologada a convenção.
Parágrafo único. O juiz pode recusar a homologação e não decretar a separação judicial se apurar que a convenção não preserva suficientemente os interesses dos filhos ou de um dos cônjuges.

39 BRASIL. Tribunal de Justiça do Rio Grande do Sul. Apelação nº 70005834916. Relator: Desembargador José Carlos Teixeira Giorgis. Disponível em: Acesso em: 17 jan. 2017.

Quanto à guarda dos filhos do casal, prevalece o melhor interesse das crianças ou dos adolescentes, consoante as normas jurídicas do Estatuto da Criança e Adolescente (ECA – Lei 8.069/90), levando em consideração o afeto.

Todavia não podemos esquecer que o elemento culpa, no direito de família, ainda deve influir na decisão judicial, especialmente, nas questões que envolvam a *reponsabilidade civil* no âmbito familiar. Dessa forma, se a ação de divórcio contiver pedido, por exemplo, de dano moral, o divórcio deve ser decretado preliminarmente, e os demais pedidos devem ser apurados no continuar do processo.[40] Neste sentido o Enunciado 602 publicado na VII Jornada de Direito Civil que diz: "Transitada em julgado a decisão concessiva do divórcio, a expedição do mandado de averbação independe do julgamento da ação originária em que persista a discussão dos aspectos decorrentes da dissolução do casamento." Vejamos a justificativa deste enunciado: "A culpa como requisito intrínseco a decretação da separação/divórcio foi praticamente extirpada do ordenamento jurídico brasileiro. Assim, com o advento da Emenda Constitucional n. 66 de 2010 e a extinção da separação judicial, a vontade (interesse de agir) de se divorciar é elemento suficiente para a concessão do divórcio. Portanto, a imediata expedição do mandado de averbação do divórcio não mais depende do trânsito em julgado da ação que discute demais elementos oriundos do matrimônio, como "culpa", alimentos, partilha de bens e guarda de eventual filho." No mesmo diapasão, o Enunciado 18 do IBDFAM: "Nas ações de divórcio e de dissolução da união estável, a regra deve ser o julgamento parcial do mérito (art. 356 do Novo CPC), para que seja decretado o fim da conjugalidade, seguindo a demanda com a discussão de outros temas."

Frise-se, mais uma vez, que a discussão da culpa atribuída pelo fim do casamento perdeu sua importância, uma vez que não se investigam mais as causas e motivações pelo término do matrimônio. Não obstante, um ato da-

---

40 CPC – Do Julgamento Antecipado Parcial do Mérito

Art. 356. O juiz decidirá parcialmente o mérito quando um ou mais dos pedidos formulados ou parcela deles:

I – mostrar-se incontroverso;

II – estiver em condições de imediato julgamento, nos termos do art. 355.

§ 1º A decisão que julgar parcialmente o mérito poderá reconhecer a existência de obrigação líquida ou ilíquida.

§ 2º A parte poderá liquidar ou executar, desde logo, a obrigação reconhecida na decisão que julgar parcialmente o mérito, independentemente de caução, ainda que haja recurso contra essa interposto.

§ 3º Na hipótese do § 2º, se houver trânsito em julgado da decisão, a execução será definitiva.

§ 4º A liquidação e o cumprimento da decisão que julgar parcialmente o mérito poderão ser processados em autos suplementares, a requerimento da parte ou a critério do juiz.

§ 5º A decisão proferida com base neste artigo é impugnável por agravo de instrumento.

noso praticado por um consorte contra o outro (durante o casamento) é passível de indenização, à luz da responsabilidade civil aquiliana. Vejamos, por exemplo, o Recurso Especial 922.462/SP, de relatoria do Ministro RICARDO VILLAS BÔAS CUEVA, da Terceira Turma do STJ, julgado em 04/04/2013: "O dever de fidelidade recíproca dos cônjuges é atributo básico do casamento e não se estende ao cúmplice de traição a quem não pode ser imputado o fracasso da sociedade conjugal por falta de previsão legal. O cônjuge que deliberadamente omite a verdadeira paternidade biológica do filho gerado na constância do casamento viola o dever de boa-fé, ferindo a dignidade do companheiro (honra subjetiva) induzido a erro acerca de relevantíssimo aspecto da vida que é o exercício da paternidade, verdadeiro projeto de vida. A família é o centro de preservação da pessoa e base mestra da sociedade (art. 226 CF/88) devendo-se preservar no seu âmago a intimidade, a reputação e a autoestima dos seus membros."[41]

Ademais, a ofensa aos deveres decorrentes do casamento agridem a personalidade dos agentes ligados ao núcleo familiar, gerando fissuras na dignidade dessas pessoas.[42]

---

41 RECURSO ESPECIAL. DIREITO CIVIL E PROCESSUAL. DANOS MATERIAIS E MORAIS. ALIMENTOS. IRREPETIBILIDADE. DESCUMPRIMENTO DO DEVER DE FIDELIDADE. OMISSÃO SOBRE A VERDADEIRA PATERNIDADE BIOLÓGICA DE FILHO NASCIDO NA CONSTÂNCIA DO CASAMENTO. DOR MORAL CONFIGURADA.
REDUÇÃO DO VALOR INDENIZATÓRIO.
1. Os alimentos pagos a menor para prover as condições de sua subsistência são irrepetíveis.
2. O elo de afetividade determinante para a assunção voluntária da paternidade presumidamente legítima pelo nascimento de criança na constância do casamento não invalida a relação construída com o pai socioafetivo ao longo do período de convivência.
3. O dever de fidelidade recíproca dos cônjuges é atributo básico do casamento e não se estende ao cúmplice de traição a quem não pode ser imputado o fracasso da sociedade conjugal por falta de previsão legal.
4. O cônjuge que deliberadamente omite a verdadeira paternidade biológica do filho gerado na constância do casamento viola o dever de boa-fé, ferindo a dignidade do companheiro (honra subjetiva) induzido a erro acerca de relevantíssimo aspecto da vida que é o exercício da paternidade, verdadeiro projeto de vida.
5. A família é o centro de preservação da pessoa e base mestra da sociedade (art. 226 CF/88) devendo-se preservar no seu âmago a intimidade, a reputação e a autoestima dos seus membros.
6. Impõe-se a redução do valor fixado a título de danos morais por representar solução coerente com o sistema.
7. Recurso especial do autor desprovido; recurso especial da primeira corré parcialmente provido e do segundo corréu provido para julgar improcedente o pedido de sua condenação, arcando o autor, neste caso, com as despesas processuais e honorários advocatícios.
(REsp 922.462/SP, Rel. Ministro RICARDO VILLAS BÔAS CUEVA, TERCEIRA TURMA, julgado em 04/04/2013, DJe 13/05/2013).

42 DIREITO, C. A. M.; CAVALIERI FILHO, S. Comentários ao novo código civil. Revista IOB de Direito de Família, n° 54, vol. XIII. Rio de Janeiro: Forense, 2004. jun-jul/09, p. 101.

Capítulo 9

UNIÃO ESTÁVEL E UNIÃO HOMOAFETIVA

Logo, se o Estado tem como principal meta a promoção de uma vida digna a todos os indivíduos, e se, para isso, depende da participação da família na formação de seus membros, é lógico concluir que existe um dever estatal de proteger não apenas as famílias constituídas pelo casamento, mas qualquer entidade familiar que seja apta a contribuir para o desenvolvimento de seus integrantes, pelo amor, pelo afeto e pela vontade de viver junto. Não por outro motivo, a Carta de 1988 expandiu a concepção jurídica de família, reconhecendo expressamente a união estável e a família monoparental como entidades familiares que merecem igual proteção do Estado (Luís Roberto Barroso).[1]

9.1 Considerações Iniciais

A *união estável* é considerada uma entidade familiar no direito civil brasileiro. De acordo com RODRIGO DA CUNHA PEREIRA, entidade familiar é um conceito mais amplo de família. "A partir do momento em que a família deixou de ser o núcleo econômico e de reprodução para ser muito mais o espaço do amor, do afeto e do companheirismo, surgiram novas e várias representações sociais para ela – dentre os quais destaca-se a união estável."[2]

A Constituição da República reconhece no artigo 226, §3º a união estável ao afirmar que "para efeito da proteção do Estado, é reconhecida a união estável entre o homem e a mulher como entidade familiar, devendo a lei fa-

1 Voto do Ministro Luís Roberto Barroso no RECURSO EXTRAORDINÁRIO 878.694 MINAS GERAIS. Voto completo no anexo desta obra.

2 PEREIRA, Rodrigo da Cunha. *Comentários ao Novo Código Civil*. Vol. XX. Rio de Janeiro: Forense, 2007, p. 5-6.

cilitar sua conversão em casamento," não havendo, pois, nenhuma hierarquia entre este e aquela.[3] Em 1994, a Lei 8.971/94 regulamentou o direito dos companheiros a alimentos e à sucessão.[4] Posteriormente, a Lei 9.278/96

---

3 "O Juízo afastou a aplicação do artigo 1.790, inciso III, do Código Civil de 2002, por vislumbrar ofensa aos princípios constitucionais da dignidade da pessoa humana e da igualdade, ante a óptica de o artigo 226, § 3°, da Carta da República prever tratamento paritário entre o casamento e a união estável.
Reconheceu à companheira do falecido o direito à totalidade da herança, o real de habitação, e a legitimidade para receber a indenização do seguro de vida." REPERCUSSÃO GERAL NO RECURSO EXTRAORDINÁRIO 878.694 MINAS GERAIS. O Pedido de vista do ministro Dias Toffoli suspendeu o julgamento, pelo Supremo Tribunal Federal (STF), do Recurso Extraordinário (RE) 878694 em que se discute a legitimidade do tratamento diferenciado dado a cônjuge e a companheiro, pelo artigo 1.790 do Código Civil, para fins de sucessão. Até o momento, sete ministros votaram pela inconstitucionalidade da norma, por entenderem que a Constituição Federal garante a equiparação entre os regimes da união estável e do casamento no tocante ao regime sucessório.
Decisão: Após o voto do Ministro Roberto Barroso (Relator), que dava provimento ao recurso, nos termos do seu voto, no que foi acompanhado pelos Ministros Edson Fachin, Teori Zavascki, Rosa Weber, Luiz Fux, Celso de Mello e Cármen Lúcia, pediu vista dos autos o Ministro Dias Toffoli. Ausentes, justificadamente, o Ministro Gilmar Mendes, e, nesta assentada, o Ministro Ricardo Lewandowski (Presidente). Falaram, pelos amici curiae Instituto Brasileiro de Direito de Família – IBDFAM e pelo Instituto dos Advogados Brasileiros, a Dra. Ana Luiza Maia Nevares, e, pelo amicus curiae Associação de Direito de Família e das Sucessões – ADFAS, a Dra. Regina Beatriz Tavares da Silva. Presidência da Ministra Cármen Lúcia (Vice-Presidente). Plenário, 31.08.2016.
O recurso, que começou a ser julgado na sessão desta quarta-feira (31), teve repercussão geral reconhecida pela Corte em abril de 2015. Em 05/12/2016 os autos foram devolvidos e está aguardando o julgamento da Corte. Disponível em:
<http://www.stf.jus.br/portal/cms/verNoticiaDetalhe.asp?idConteudo=324282>. Acesso em: 17 jan. 2017.

4 Lei 8.971/94 – Art. 1° A companheira comprovada de um homem solteiro, separado judicialmente, divorciado ou viúvo, que com ele viva há mais de cinco anos, ou dele tenha prole, poderá valer-se do disposto na Lei n° 5.478, de 25 de julho de 1968, enquanto não constituir nova união e desde que prove a necessidade.
Parágrafo único. Igual direito e nas mesmas condições é reconhecido ao companheiro de mulher solteira, separada judicialmente, divorciada ou viúva.
Art. 2° As pessoas referidas no artigo anterior participarão da sucessão do(a) companheiro(a) nas seguintes condições:
I – o(a) companhei ro(a) sobrevivente terá direito enquanto não constituir nova união, ao usufruto de quarta parte dos bens do de cujos, se houver filhos ou comuns;
II – o(a) companheiro(a) sobrevivente terá direito, enquanto não constituir nova união, ao usufruto da metade dos bens do de cujos, se não houver filhos, embora sobrevivam ascendentes;
III – na falta de descendentes e de ascendentes, o(a) companheiro(a) sobrevivente terá direito à totalidade da herança.
Art. 3° Quando os bens deixados pelo(a) autor(a) da herança resultarem de atividade em que haja colaboração do(a) companheiro, terá o sobrevivente direito à metade dos bens.
Art. 4° Esta lei entra em vigor na data de sua publicação.
Art. 5° Revogam-se as disposições em contrário.

regulamentou o §3º do artigo 226 da Constituição da República.[5] O Código Civil trata da *união estável* nos artigos 1.723 a 1.727.

9.2 Conceito

O artigo 1.723 do Código Civil brasileiro diz que "e reconhecida como entidade familiar a união estável entre o homem e a mulher, configurada na convivência pública, contínua e duradoura e estabelecida com o objetivo de constituição de família." Daí é possível perceber as características da união estável: a) convivência pública; b) continua e c) duradoura, com animus de constituir família (*animus familiae*). A regra jurídica não exige, pois, um prazo mínimo para a constituição da união estável, nem mesmo a necessidade de coabitação.[6]

---

5 Lei 9.278/96 – Art. 1º É reconhecida como entidade familiar a convivência duradoura, pública e contínua, de um homem e uma mulher, estabelecida com objetivo de constituição de família.
Art. 2° São direitos e deveres iguais dos conviventes:
I – respeito e consideração mútuos;
II – assistência moral e material recíproca;
III – guarda, sustento e educação dos filhos comuns.
Art. 3° (VETADO)
Art. 4° (VETADO)
Art. 5° Os bens móveis e imóveis adquiridos por um ou por ambos os conviventes, na constância da união estável e a título oneroso, são considerados fruto do trabalho e da colaboração comum, passando a pertencer a ambos, em condomínio e em partes iguais, salvo estipulação contrária em contrato escrito.
§ 1° Cessa a presunção do caput deste artigo se a aquisição patrimonial ocorrer com o produto de bens adquiridos anteriormente ao início da união.
§ 2° A administração do patrimônio comum dos conviventes compete a ambos, salvo estipulação contrária em contrato escrito.
Art. 6° (VETADO)
Art. 7° Dissolvida a união estável por rescisão, a assistência material prevista nesta Lei será prestada por um dos conviventes ao que dela necessitar, a título de alimentos.
Parágrafo único. Dissolvida a união estável por morte de um dos conviventes, o sobrevivente terá direito real de habitação, enquanto viver ou não constituir nova união ou casamento, relativamente ao imóvel destinado à residência da família.
Art. 8° Os conviventes poderão, de comum acordo e a qualquer tempo, requerer a conversão da união estável em casamento, por requerimento ao Oficial do Registro Civil da Circunscrição de seu domicílio.
Art. 9° Toda a matéria relativa à união estável é de competência do juízo da Vara de Família, assegurado o segredo de justiça.
Art. 10. Esta Lei entra em vigor na data de sua publicação.
Art. 11. Revogam-se as disposições em contrário.

6 APELAÇÃO CÍVEL. DIREITO DE FAMÍLIA. AÇÃO DE RECONHECIMENTO DE UNIÃO ESTÁVEL. COABITAÇÃO NO MESMO TETO. DESNECESSIDADE. O art. 1º da Lei nº 9.278/96 não enumera a coabitação como elemento indispensável à caracterização da união estável. Ainda que seja dado relevante para se determinar a intenção de construir uma família, não se trata de requisito essencial, devendo a análise centrar-se na conjunção de fatores presente em cada hipótese. Para o reconhecimento da união estável, a lei exige prova acerca da vida

Assim, "a lei não exige tempo mínimo nem convivência sob o mesmo teto, mas não dispensa outros requisitos para identificação da união estável como entidade ou núcleo familiar, quais sejam: convivência duradoura e pública, ou seja, com notoriedade e continuidade, apoio mútuo, ou assistência mútua, intuito de constituir família, com os deveres de guarda, sustento e de educação dos filhos comuns, se houver, bem como os deveres de lealdade e respeito."[7]

---

em comum pública, duradoura e contínua, não sendo imprescindível a demonstração de que o casal residia no mesmo teto, bastando a affectio familiar, como demonstrada nos autos. Precedentes do STJ e TJ/RJ. Reforma da sentença. Provimento do recurso. (TJ-RJ - APELAÇÃO APL 00407401420088190002 RIO DE JANEIRO NITEROI 2 VARA DE FAMILIA).

7 RECURSO ESPECIAL - NOMEM IURIS - DEMANDA - PRINCÍPIO ROMANO DA MIHI FACTUM DADO TIBI JUS - APLICAÇÃO - UNIÃO ESTÁVEL - ENTIDADE FAMILIAR - RECONHECIMENTO DO ORDENAMENTO JURÍDICO - REQUISITOS - CONVIVÊNCIA PÚBLICA, CONTÍNUA E DURADOURA - OBJETIVO DE CONSTITUIR FAMÍLIA - DEVERES - ASSISTÊNCIA, GUARDA, SUSTENTO, EDUCAÇÃO DOS FILHOS, LEALDADE E RESPEITO - ARTIGO 1.597, DO CÓDIGO CIVIL - PRESUNÇÃO DE CONCEPÇÃO DOS FILHOS NA CONSTÂNCIA DO CASAMENTO - APLICAÇÃO AO INSTITUTO DA UNIÃO ESTÁVEL - NECESSIDADE - ESFERA DE PROTEÇÃO - PAI COMPANHEIRO - FALECIMENTO - 239 (DUZENTOS E TRINTA E NOVE DIAS) APÓS O NASCIMENTO DE SUA FILHA - PATERNIDADE - DECLARAÇÃO - NECESSIDADE - RECURSO ESPECIAL PROVIDO.

I – Desimporta o nomem iuris dado à demanda pois, na realidade, aplica-se-à o adágio romano da mihi factum dado tibi jus.

II – O ordenamento jurídico pátrio reconhece, como entidade familiar, a união estável entre pessoas (ut ADPF N. 132/RJ, Rel.

Min. Ayres Brito, DJe de 14/10/2011), configurada na convivência pública, contínua e duradoura estabelecida com o objetivo de constituição de família (artigo 1723, do Código Civil), com atenção aos deveres de lealdade, respeito, assistência, de guarda, sustento e educação de filhos (artigo 1724, do Código Civil), de modo a permitir aplicação, às relações patrimoniais, no que couber, das regras pertinentes ao regime de comunhão parcial de bens (artigo 1725, do Código Civil).

III – A lei não exige tempo mínimo nem convivência sob o mesmo teto, mas não dispensa outros requisitos para identificação da união estável como entidade ou núcleo familiar, quais sejam: convivência duradoura e pública, ou seja, com notoriedade e continuidade, apoio mútuo, ou assistência mútua, intuito de constituir família, com os deveres de guarda, sustento e de educação dos filhos comuns, se houver, bem como os deveres de lealdade e respeito.

IV – Assim, se nosso ordenamento jurídico, notadamente o próprio texto constitucional (art. 226, §3º), admite a união estável e reconhece nela a existência de entidade familiar, nada mais razoável de se conferir interpretação sistemática ao art. 1.597, II, do Código Civil, para que passe a contemplar, também, a presunção de concepção dos filhos na constância de união estável.

V – Na espécie, o companheiro da mãe da menor faleceu 239 (duzentos e trinta e nove) dias antes ao seu nascimento. Portanto, dentro da esfera de proteção conferida pelo inciso II do art. 1.597, do Código Civil, que presume concebidos na constância do casamento os filhos nascidos nos trezentos dias subsequentes, entre outras hipóteses, em razão de sua morte.

VI – Dessa forma, em homenagem ao texto constitucional (art. 226, §3º) e ao Código Civil (art. 1.723), que conferiram ao instituto da união estável a natureza de entidade familiar, aplica-se as disposições contidas no artigo 1.597, do Código Civil, ao regime de união es-

Os namorados que coabitam podem ser considerados companheiros em união estável ou seria um namoro qualificado? "O fato de namorados projetarem constituir família no futuro não caracteriza união estável, ainda que haja coabitação. Isso porque essas circunstâncias não bastam à verificação da *affectio maritalis.* O propósito de constituir família, alçado pela lei de regência como requisito essencial à constituição da união estável - a distinguir, inclusive, esta entidade familiar do denominado "namoro qualificado" -, não consubstancia mera proclamação, para o futuro, da intenção de constituir uma família. É mais abrangente. Deve se afigurar presente durante toda a convivência, a partir do efetivo compartilhamento de vidas, com irrestrito apoio moral e material entre os companheiros. É dizer: a família deve, de fato, estar constituída. Tampouco a coabitação, por si, evidencia a constituição de uma união estável (ainda que possa vir a constituir, no mais das vezes, um relevante indício). A coabitação entre namorados, a propósito, afigura-se absolutamente usual nos tempos atuais, impondo-se ao Direito, longe das críticas e dos estigmas, adequar-se à realidade social. Por oportuno, convém ressaltar que existe precedente do STJ no qual, a despeito da coabitação entre os namorados, por contingências da vida, inclusive com o consequente fortalecimento da relação, reconheceu-se inexistente a união estável, justamente em virtude da não configuração do *animus maritalis.*"[8] [9]

---

tável.
VII – Recurso especial provido.
(REsp 1194059/SP, Rel. Ministro MASSAMI UYEDA, TERCEIRA TURMA, julgado em 06/11/2012, DJe 14/11/2012.

8 REsp 1.257.819-SP, Terceira Turma, DJe 15/12/2011). REsp 1.454.643-RJ, Rel. Min. Marco Aurélio Bellizze, julgado em 3/3/2015, DJe 10/3/2015.

9 CIVIL. PROCESSUAL CIVIL. RECURSO ESPECIAL. UNIÃO ESTÁVEL. RECONHECIMENTO. DEMONSTRAÇÃO. AUSÊNCIA.
1. A configuração da união estável é ditada pela confluência dos parâmetros expressamente declinados, hoje, no art. 1.723 do CC-02, que tem elementos objetivos descritos na norma: convivência pública, sua continuidade e razoável duração, e um elemento subjetivo: o desejo de constituição de família.
2. A congruência de todos os fatores objetivos descritos na norma, não levam, necessariamente, à conclusão sobre a existência de união estável, mas tão somente informam a existência de um relacionamento entre as partes.
3. O desejo de constituir uma família, por seu turno, é essencial para a caracterização da união estável pois distingue um relacionamento, dando-lhe a marca da união estável, ante outros tantos que, embora públicos, duradouros e não raras vezes com prole, não têm o escopo de serem família, porque assim não quiseram seus atores principais.
4. A demanda declaratória de união estável não pode prescindir de um diligente perscrutar sobre o "querer constituir família", desejo anímico, que deve ser nutrido por ambos os conviventes, e a falta dessa conclusão impede o reconhecimento da união estável.
Recurso provido.
(REsp 1263015/RN, Rel. Ministra NANCY ANDRIGHI, TERCEIRA TURMA, julgado em 19/06/2012, DJe 26/06/2012).

9.3 Impedimentos e causas suspensivas

Os impedimentos matrimoniais devem ser aplicados a união estável, não se aplicando a incidência do inciso VI do artigo 1.521, do Código Civil[10] no caso de a pessoa casada se achar separada de fato ou judicialmente (artigo 1.723, § 1º, CC).[11] Se considerarmos que a separação judicial não possui eficácia social, é possível afirmar que a pessoa separada de fato pode constitui união estável.

Já o §2º do artigo 1.723 afirma que "as causas suspensivas do art. 1.523 não impedirão a caracterização da união estável."[12]

---

10 CC – Art. 1.521. Não podem casar:
I – os ascendentes com os descendentes, seja o parentesco natural ou civil;
II – os afins em linha reta;
III – o adotante com quem foi cônjuge do adotado e o adotado com quem o foi do adotante;
IV – os irmãos, unilaterais ou bilaterais, e demais colaterais, até o terceiro grau inclusive;
V – o adotado com o filho do adotante;
VI – as pessoas casadas;
VII – o cônjuge sobrevivente com o condenado por homicídio ou tentativa de homicídio contra o seu consorte.

11 ADMINISTRATIVO. PROCESSUAL CIVIL. AÇÃO DE RECONHECIMENTO DE CONCUBINATO. EXTENSÃO DA RES JUDICATA À ADMISSÃO DE UNIÃO ESTÁVEL. IMPOSSIBILIDADE. LIMITES OBJETIVOS DA COISA JULGADA. PEDIDO E CAUSA DE PEDIR. SERVIDOR PÚBLICO ESTADUAL FALECIDO. PENSÃO POR MORTE. RATEIO ENTRE VIÚVA E CONCUBINA. IMPOSSIBILIDADE. PRECEDENTES.
1. A coisa julgada contida no dispositivo da decisão judicial transitada em julgado está delimitada pelo pedido e pela causa de pedir apresentadas na petição inicial do processo de conhecimento.
2. Conquanto somente o dispositivo da sentença seja abarcado pela coisa julgada material, é certo que os efeitos da res judicata apenas se abatem sobre as matérias cujos contornos fáticos e jurídicos tenham sido efetivamente examinados e decididos pelo Poder Judiciário de forma definitiva.
3. Na peça vestibular da ação de reconhecimento de concubinato não foi veiculado qualquer pedido no sentido de que restasse declarada a existência de união estável; e também não consta do decisum transitado em julgado nenhum consideração, apreciação de prova ou desenvolvimento de tese jurídica que tivesse por objetivo alicerçar conclusão nesse sentido.
4. No caso de pensão por morte, é possível o rateio igualitário do benefício entre a ex-esposa e a companheira de servidor falecido.
5. O reconhecimento da união estável pressupõe a inexistência de impedimentos para o casamento.
6. A vigência de matrimônio não é empecilho para a caracterização da união estável, desde que esteja evidenciada a separação de fato entre os ex-cônjuges, o que não é a hipótese dos autos.
7. O concubinato não pode ser erigido ao mesmo patamar jurídico da união estável, sendo certo que o reconhecimento dessa última é condição imprescindível à garantia dos direitos previstos na Constituição Federal e na legislação pátria aos companheiros, inclusive para fins previdenciários.
8. Recurso ordinário em mandado de segurança conhecido e provido.
(RMS 30.414/PB, Rel. Ministra LAURITA VAZ, QUINTA TURMA, julgado em 17/04/2012, DJe 24/04/2012)

12 CC – CAPÍTULO IV – Das causas suspensivas

9.4 Direitos e Deveres

De acordo com o artigo 1.724 do Código Civil, as relações pessoais entre os companheiros obedecerão aos deveres de lealdade, respeito e assistência, e de guarda, sustento e educação dos filhos.

Qualquer um dos companheiros poderá utilizar o sobrenome do outro (Lei de Registros Públicos – Lei 6.015/73, artigo 57, §2º).[13] Neste diapasão, "é possível a alteração de assento registral de nascimento para a inclusão do patronímico do companheiro na constância de uma união estável, em aplicação analógica do art. 1.565, § 1º, do CC, desde que seja feita prova documental da relação por instrumento público e nela haja anuência do companheiro cujo nome será adotado. O art. 57, § 2º, da Lei n. 6.015/1973 outorgava, nas situações de concubinato, tão somente à mulher a possibilidade de averbação do patronímico do companheiro sem prejuízo dos apelidos próprios – entenda-se, sem a supressão de seu próprio sobrenome -, desde que houvesse impedimento legal para o casamento, não havendo específica regulação quanto à adoção de sobrenome pelo companheiro (união estável). A imprestabilidade desse dispositivo legal para balizar os pedidos de adoção de sobrenome dentro de uma união estável, situação completamente distinta daquela para a qual foi destinada a referida norma, reclama a aplicação analógica das disposições específicas do Código Civil relativas à adoção de sobrenome dentro do casamento, porquanto se mostra claro o elemento de identidade entre os

---

Art. 1.523. Não devem casar:

I – o viúvo ou a viúva que tiver filho do cônjuge falecido, enquanto não fizer inventário dos bens do casal e der partilha aos herdeiros;

II – a viúva, ou a mulher cujo casamento se desfez por ser nulo ou ter sido anulado, até dez meses depois do começo da viuvez, ou da dissolução da sociedade conjugal;

III – o divorciado, enquanto não houver sido homologada ou decidida a partilha dos bens do casal;

IV – o tutor ou o curador e os seus descendentes, ascendentes, irmãos, cunhados ou sobrinhos, com a pessoa tutelada ou curatelada, enquanto não cessar a tutela ou curatela, e não estiverem saldadas as respectivas contas.

Parágrafo único. É permitido aos nubentes solicitar ao juiz que não lhes sejam aplicadas as causas suspensivas previstas nos incisos I, III e IV deste artigo, provando-se a inexistência de prejuízo, respectivamente, para o herdeiro, para o ex-cônjuge e para a pessoa tutelada ou curatelada; no caso do inciso II, a nubente deverá provar nascimento de filho, ou inexistência de gravidez, na fluência do prazo.

Art. 1.524. As causas suspensivas da celebração do casamento podem ser argüidas pelos parentes em linha reta de um dos nubentes, sejam consangüíneos ou afins, e pelos colaterais em segundo grau, sejam também consangüíneos ou afins.

13 LRP – § 2º A mulher solteira, desquitada ou viúva, que viva com homem solteiro, desquitado ou viúvo, excepcionalmente e havendo motivo ponderável, poderá requerer ao juiz competente que, no registro de nascimento, seja averbado o patronímico de seu companheiro, sem prejuízo dos apelidos próprios, de família, desde que haja impedimento legal para o casamento, decorrente do estado civil de qualquer das partes ou de ambas. (Incluído pela Lei nº 6.216, de 1975).

institutos e a parelha *ratio legis* relativa à união estável com aquela que orientou o legislador na fixação dentro do casamento da possibilidade de acréscimo do sobrenome de um dos cônjuges ao do outro. REsp 1.206.656-GO, Rel. Min. Nancy Andrighi, julgado em 16/10/2012."

9.5 Relações Patrimoniais

Na união estável, salvo contrato escrito entre os companheiros, aplica-se às relações patrimoniais, no que couber, o regime da comunhão parcial de bens (artigo 1.725, CC). Dessa maneira, se estabelece o regime de comunhão parcial de bens para as relações patrimoniais entre companheiros, de forma que o companheiro tem direito tanto à metade dos bens adquiridos na constância da união estável que se comunicam no regime de comunhão parcial quanto à metade dos bens adquiridos a título oneroso, ainda que só em nome de um deles. É chamada *mancomunhão* (propriedade em mão comum). Isto significa dizer que na constância da união estável, se um convivente adquire um bem em nome próprio, este bem transforma-se em propriedade comum dos companheiros. Na I Jornada de Direito Civil, o Conselho da Justiça Federal publicou o enunciado n. 115 dispondo que "há presunção de comunhão de aquestos na constância da união extramatrimonial mantida entre os companheiros, sendo desnecessária a prova do esforço comum para se verificar a comunhão dos bens."

"A necessidade de autorização de ambos os companheiros para a validade da alienação de bens imóveis adquiridos no curso da união estável é consectário do regime da comunhão parcial de bens, estendido à união estável pelo art. 1.725 do CCB, além do reconhecimento da existência de condomínio natural entre os conviventes sobre os bens adquiridos na constância da união, na forma do art. 5º da Lei 9.278/96."[14]

14 RECURSO ESPECIAL. DIREITO PATRIMONIAL DE FAMÍLIA. UNIÃO ESTÁVEL. ALIENAÇÃO DE BEM IMÓVEL ADQUIRIDO NA CONSTÂNCIA DA UNIÃO. NECESSIDADE DE CONSENTIMENTO DO COMPANHEIRO. EFEITOS SOBRE O NEGÓCIO CELEBRADO COM TERCEIRO DE BOA-FÉ.

1. A necessidade de autorização de ambos os companheiros para a validade da alienação de bens imóveis adquiridos no curso da união estável é consectário do regime da comunhão parcial de bens, estendido à união estável pelo art. 1.725 do CCB, além do reconhecimento da existência de condomínio natural entre os conviventes sobre os bens adquiridos na constância da união, na forma do art. 5º da Lei 9.278/96, Precedente.

2. Reconhecimento da incidência da regra do art. 1.647, I, do CCB sobre as uniões estáveis, adequando-se, todavia, os efeitos do seu desrespeito às nuanças próprias da ausência de exigências formais para a constituição dessa entidade familiar.

3. Necessidade de preservação dos efeitos, em nome da segurança jurídica, dos atos jurídicos praticados de boa-fé, que é presumida em nosso sistema jurídico.

4. A invalidação da alienação de imóvel comum, realizada sem o consentimento do companheiro, dependerá da publicidade conferida a união estável mediante a averbação de contrato de convivência ou da decisão declaratória da existência união estável no Ofício do Registro de Imóveis em que cadastrados os bens comuns, ou pela demonstração de má-fé

Ora, no momento em que um dos conviventes adquire um bem imóvel, não existe, pois, nenhuma obrigatoriedade de que o bem seja registrado em nome de ambos os companheiros. Dessa forma, o terceiro adquirente do imóvel, de boa-fé, não pode ser prejudicado, eis que o imóvel está escriturado no RGI em nome de apenas um deles.

Da mesma forma, a nossa legislação não exige para a prática da fiança ou aval do consentimento do outro convivente. Não é nula, nem anulável, a fiança prestada por fiador convivente em união estável sem a outorga uxória do outro companheiro.[15] [16]

---

do adquirente.
5. Hipótese dos autos em que não há qualquer registro no álbum imobiliário em que inscrito o imóvel objeto de alienação em relação a co-propriedade ou mesmo à existência de união estável, devendo-se preservar os interesses do adquirente de boa-fé, conforme reconhecido pelas instâncias de origem.
6. RECURSO ESPECIAL A QUE SE NEGA PROVIMENTO.
(REsp 1424275/MT, Rel. Ministro PAULO DE TARSO SANSEVERINO, TERCEIRA TURMA, julgado em 04/12/2014, DJe 16/12/2014)

15 DIREITO CIVIL-CONSTITUCIONAL. DIREITO DE FAMÍLIA. CONTRATO DE LOCAÇÃO. FIANÇA. FIADORA QUE CONVIVIA EM UNIÃO ESTÁVEL. INEXISTÊNCIA DE OUTORGA UXÓRIA. DISPENSA. VALIDADE DA GARANTIA. INAPLICABILIDADE DA SÚMULA N. 332/STJ.
1. Mostra-se de extrema relevância para a construção de uma jurisprudência consistente acerca da disciplina do casamento e da união estável saber, diante das naturais diferenças entre os dois institutos, quais os limites e possibilidades de tratamento jurídico diferenciado entre eles.
2. Toda e qualquer diferença entre casamento e união estável deve ser analisada a partir da dupla concepção do que seja casamento – por um lado, ato jurídico solene do qual decorre uma relação jurídica com efeitos tipificados pelo ordenamento jurídico, e, por outro, uma entidade familiar, dentre várias outras protegidas pela Constituição.
3. Assim, o casamento, tido por entidade familiar, não se difere em nenhum aspecto da união estável – também uma entidade familiar -, porquanto não há famílias timbradas como de "segunda classe" pela Constituição Federal de 1988, diferentemente do que ocorria nos diplomas constitucionais e legais superados. Apenas quando se analisa o casamento como ato jurídico formal e solene é que as diferenças entre este e a união estável se fazem visíveis, e somente em razão dessas diferenças entre casamento – ato jurídico – e união estável é que o tratamento legal ou jurisprudencial diferenciado se justifica.
4. A exigência de outorga uxória a determinados negócios jurídicos transita exatamente por este aspecto em que o tratamento diferenciado entre casamento e união estável é justificável. É por intermédio do ato jurídico cartorário e solene do casamento que se presume a publicidade do estado civil dos contratantes, de modo que, em sendo eles conviventes em união estável, hão de ser dispensadas as vênias conjugais para a concessão de fiança.
5. Desse modo, não é nula nem anulável a fiança prestada por fiador convivente em união estável sem a outorga uxória do outro companheiro. Não incidência da Súmula n. 332/STJ à união estável.
6. Recurso especial provido. (REsp 1299866/DF, Rel. Ministro LUIS FELIPE SALOMÃO, QUARTA TURMA, julgado em 25/02/2014, DJe 21/03/2014).

16 AGRAVO INTERNO NO AGRAVO EM RECURSO ESPECIAL. FIANÇA. UNIÃO ESTÁVEL. OUTORGA UXÓRIA. INEXISTÊNCIA. DISPENSA. VALIDADE DA GARANTIA. SÚMULA Nº 332/STJ. INAPLICABILIDADE. BEM INDIVISÍVEL. PENHORA.

9.6 Contrato de Convivência

É possível, a qualquer momento, que os companheiros façam um contrato de convivência de forma a estipular um regime de bens diverso da comunhão parcial de bens (artigo 1.725, CC). É um contrato firmado entre os conviventes para que possam estipular as suas relações pessoais e convivências.

O Provimento 37/2014, de 07/07/2014, do Conselho Nacional de Justiça – CNJ dispõe sobre o *registro de união estável*, no Livro "E", por Oficial de Registro Civil das Pessoas Naturais.

É facultativo o registro da união estável prevista nos artigos 1.723 a 1.727 do Código Civil, mantida entre o homem e a mulher, ou entre duas pessoas do mesmo sexo.[17]

O registro da sentença declaratória de reconhecimento e dissolução, ou extinção, bem como da escritura pública de contrato e distrato envolvendo união estável, será feito no Livro "E", pelo Oficial do Registro Civil das Pessoas Naturais da Sede, ou, onde houver, no 1º Subdistrito da Comarca em que os companheiros têm ou tiveram seu último domicílio, devendo constar: a) a data do registro; b) o prenome e o sobrenome, a data de nascimento, a profissão, a indicação da numeração da Cédula de Identidade, o domicílio e residência de cada companheiro, e o CPF se houver; c) prenomes e sobrenomes dos pais; d) a indicação das datas e dos Ofícios de Registro Civil das Pessoas Naturais em que foram registrados os nascimentos das partes, os seus casamentos ou uniões estáveis anteriores, assim como os óbitos de seus anteriores cônjuges ou companheiros, quando houver, ou os respectivos divórcios ou separações judiciais ou extrajudiciais se foram anteriormente casados; e) data do trânsito em julgado da sentença ou do acórdão, número do processo, Juízo e nome do Juiz que a proferiu ou do Desembargador que o relatou, quando o caso; f) data da escritura pública, mencionando-se no último caso, o livro, a página e o Tabelionato onde foi lavrado o ato; g) regime de bens dos companheiros, ou consignação de que não especificado na respectiva escritura pública ou sentença declaratória.[18]

Não é exigível o prévio registro da união estável para que seja registra-

POSSIBILIDADE. MEAÇÃO DO CÔNJUGE.
1. Não é nula, nem anulável, a fiança prestada por fiador convivente em união estável sem a outorga uxória do outro companheiro. Não incidência da Súmula nº 332/STJ. Precedentes.
2. É possível que os bens indivisíveis sejam levados à hasta pública por inteiro, reservando-se ao cônjuge meeiro do executado a metade do preço obtido. Precedentes.
3. Agravo interno não provido. (AgInt no AREsp 841.104/DF, Rel. Ministro RICARDO VILLAS BÔAS CUEVA, TERCEIRA TURMA, julgado em 16/06/2016, DJe 27/06/2016).

17 Provimento 37/2014, de 07/07/2014, do Conselho Nacional de Justiça – CNJ, art.1º.

18 Provimento 37/2014, de 07/07/2014, do Conselho Nacional de Justiça – CNJ, art.2º.

da a sua dissolução, devendo, nessa hipótese, constar do registro somente a data da escritura pública de dissolução.[19]

Por fim, vale destacar que o *contrato de convivência* pode ser feito através de um contrato particular, desde que seja dada a publicidade do documento através do registro no Cartório de Títulos e Documentos, consoante o artigo 127, inciso VII, da Lei de Registros Públicos (Lei 6.015/73).

9.6.1 Efeitos do contrato de convivência

De acordo com o Ministro MOURA RIBEIRO, do STJ, "não é lícito aos conviventes atribuírem efeitos retroativos ao contrato de união estável, a fim de eleger o regime de bens aplicável ao período de convivência anterior à sua assinatura. Inicialmente, registre-se, acerca dos efeitos do contrato de união estável, que doutrinadores renomados sustentam que, na união estável, é possível a alteração, a qualquer tempo, das disposições de caráter patrimonial, inclusive com efeitos retroativos, mediante singelo acordo despido de caráter patrimonial, sob o argumento de que deve prevalecer o princípio da autonomia da vontade. Não obstante essa vertente doutrinária, o art. 1.725 do CC não comporta o referido alcance. Com efeito, o mencionado dispositivo legal autoriza que os conviventes formalizem suas relações patrimoniais e pessoais por meio de contrato e que somente na ausência dele aplicar-se-á, no que couber, o regime de comunhão parcial. Em síntese: enquanto não houver a formalização da união estável, vigora o regime da comunhão parcial, no que couber. O contrato de convivência, no entanto, não pode conceder mais benefícios à união estável do que ao casamento, pois o legislador constitucional, apesar de reconhecer os dois institutos como entidade familiar e lhes conferir proteção, não os colocou no mesmo patamar, pois expressamente dispôs que a lei facilitará a conversão daquele neste (§ 3º do art. 226 da CF). Portanto, como o regime de bens entre os cônjuges começa a vigorar desde a data do casamento (§ 1º do art. 1.639 do CC) e a modificação dele somente é permitida mediante autorização judicial requerida por ambos os consortes, apurada a procedência das razões invocadas e ressalvado o direito de terceiros (§ 3º do art. 1.639 do CC), não se vislumbra como o contrato de convivência poderia reconhecer uma situação que o legislador, para o casamento, enuncia a necessidade da intervenção do Judiciário. Até porque, admitir o contrário seria conferir, sem dúvida, mais benefícios à união estável do que ao matrimônio civil, bem como teria o potencial de causar prejuízo a direito de terceiros que porventura tivessem contratado com os conviventes. REsp 1.383.624-MG, Rel. Min. Moura Ribeiro, julgado em 2/6/2015, DJe 12/6/2015."

---

19 Provimento 37/2014, de 07/07/2014, do Conselho Nacional de Justiça – CNJ, art.7º.

Dessa forma, o regime de bens entre os companheiros começa a vigorar na data da assinatura do contrato, assim como o regime de bens entre os cônjuges começa a produzir efeitos na data do casamento (§ 1º do art. 1.639 do CC).

9.7 Conversão em Casamento

De acordo com o artigo 226, §3º da Constituição da República, a lei deve facilitar a *conversão da união estável em casamento*. O nosso Código Civil, no artigo 1.726, afirma que "a união estável poderá converter-se em casamento, mediante pedido dos companheiros ao juiz e assento no Registro Civil."[20] A referida conversão poderá ser realizada se não houver nenhum impedimento para o casamento.[21] Os companheiros devem requerer ao magistrado a con-

20 A companheira sobrevivente faz jus ao direito real de habitação (art. 1.831 do CC) sobre o imóvel no qual convivia com o companheiro falecido, ainda que tenha adquirido outro imóvel residencial com o dinheiro recebido do seguro de vida do *de cujus*. De fato, o art. 1.831 do CC reconhece ao cônjuge sobrevivente, qualquer que seja o regime de bens, sem prejuízo da participação que lhe caiba na herança, o direito real de habitação relativamente ao imóvel destinado à residência da família, desde que seja o único daquela natureza a inventariar, silenciando quanto à extensão desse direito ao companheiro sobrevivente. No entanto, a regra contida no art. 226, § 3º, da CF, que reconhece a união estável entre o homem e a mulher como entidade familiar, devendo a lei facilitar sua conversão em casamento, é norma de inclusão, sendo contrária ao seu espírito a tentativa de lhe extrair efeitos discriminatórios entre cônjuge e companheiro. Assim sendo, o direto real de habitação contido no art. 1.831 do CC deve ser aplicado também ao companheiro sobrevivente (REsp 821.660-DF, Terceira Turma, DJe 17/6/2011). Além do mais, o fato de a companheira ter adquirido outro imóvel residencial com o dinheiro recebido pelo seguro de vida do *de cujus* não resulta exclusão do direito real de habitação referente ao imóvel em que residia com seu companheiro, ao tempo da abertura da sucessão, uma vez que, segundo o art. 794 do CC, no seguro de vida, para o caso de morte, o capital estipulado não está sujeitos às dívidas do segurado, nem se considera herança para todos os efeitos de direito. Dessa forma, se o dinheiro do seguro não se insere no patrimônio do *de cujus*, não há falar em restrição ao direito real de habitação, porquanto o imóvel adquirido pela companheira sobrevivente não faz parte dos bens a inventariar. REsp 1.249.227-SC, Rel. Min. Luis Felipe Salomão, julgado em 17/12/2013.

21 A Turma negou provimento ao REsp em que se buscava o reconhecimento de união estável. Anote-se que as instâncias ordinárias afirmaram que o companheiro, à época do relacionamento, estava acometido de insanidade mental. Argumentou-se que, se o enfermo mental não tem o necessário discernimento para os atos da vida civil (art. 1.548, I, do CC/2002), também não poderia contrair núpcias sob pena de nulidade e, pela mesma razão, não poderia conviver em união estável - a qual, nessa hipótese, inclusive, jamais poderia ser convertida em casamento. Por outro lado, observa o Min. Relator que a adoção de entendimento diverso contrariaria a própria CF, cujo art. 226, § 3º, é expresso em determinar que o próprio Estado protege a união estável como entidade familiar e facilita sua conversão em casamento. Isso porque a tutela ao núcleo familiar não é um fim em si mesma, mas seria instrumento de salvaguarda dos membros que compõem o núcleo familiar. Observa que, nesse raciocínio, o CC/2002, no art. 1.723, reconheceu como entidade familiar a união estável entre homem e mulher civilmente capazes, configurada na convivência pública, contínua, duradoura e constitutiva de família. Todavia, explica que

versão da sua união estável em casamento e não mais ao oficial do Registro Civil, como previa o artigo 8° da Lei n. 9.278/1996.

O Enunciado 526 do Conselho da Justiça Federal, na V Jornada de Direito Civil, diz que "é possível a conversão de união estável entre pessoas do mesmo sexo em casamento, observados os requisitos exigidos para a respectiva habilitação."

Ora, a conversão somente será possível se não existir óbice para o casamento. Logo, se um dos conviventes for separado de fato, não será possível a conversão desta união estável em casamento. Cada Tribunal de Justiça possui uma forma de operacionalizar a conversão de união estável em casamento, consoante seus atos normativos. Melhor seria se o CNJ adota-se uma padronização para conversão de união estável em casamento no Brasil.

9.8 Usufruto e direito real de habitação

O *usufruto* é um direito real sobre coisa alheia através do qual o usufrutuário poderá usar e fruir o bem (móvel ou imóvel) pertencente ao nu-proprietário por um período de tempo determinado.

Do próprio nome do instituto jurídico já se deduz o seu significado: *usufruto* (direito de uso e fruição), ou seja, o usufruto concede ao titular do direito retirar de uma coisa as suas utilidades econômicas, podendo então usá-la ou fruí-la. O titular do direito de usufruto está interessado nas utilidades econômicas da coisa.

Diz o artigo 1.390 do nosso Código Civil que "o usufruto pode recair em um ou mais bens, móveis ou imóveis, em um patrimônio inteiro, ou parte deste, abrangendo-lhe, no todo ou em parte, os frutos e utilidades".[22]

Vale destacar que o usufruto possui natureza personalíssima, já que ele é constituído em função da pessoa do usufrutuário. O usufruto é constituído para favorecer o usufrutuário, com vistas a beneficiá-lo. Daí que o usufruto não se transmite aos herdeiros e extingue-se com a morte do usufrutuário.

---

não basta a presença desses requisitos para caracterização da união estável, porquanto a própria lei estabelece, de igual modo, os requisitos negativos (§ 1° do citado artigo) que, no caso, impedem a formação de união estável. Assevera que a lei civil exige como requisito de validade, tanto dos negócios jurídicos quanto dos atos jurídicos, naquilo que couber, a capacidade civil (arts. 104 e 166 c/c 185, todos do CC/2002). Assim, quer se considere a união estável um negócio jurídico ou um ato jurídico, a higidez mental, no entender do Min. Relator, é requisito essencial ao seu reconhecimento. Destaca que essa convivência também produz efeitos patrimoniais (art. 1.725 do CC/2002), consequentemente não seria só pela impossibilidade de constatar o intuito de constituir família, mas também sob a perspectiva das obrigações que naturalmente emergem da convivência em união estável. Por isso, entende que o incapaz, sem o necessário discernimento para os atos da vida civil, não pode conviver sob o vínculo de união estável. Precedentes citados: REsp 1.157.273-RN, DJe 7/6/2010, e REsp 186.013-SP, DJ 8/3/2004. REsp 1.201.462-MG, Rel. Min. Massami Uyeda, julgado em 14/4/2011.

22 Correspondente ao art. 714 do Código Civil de 1916.

Se ocorrer a morte do nu-proprietário, não ocasionará repercussão no direito do usufrutuário. Dessa maneira, o usufruto se manterá até a morte do usufrutuário, se for vitalício, ou até o advento do termo, se for temporário. Melhor dizendo: os herdeiros do nu-proprietário são obrigados a respeitar o usufruto.

Já a *habitação* é um direito real, temporário, de ocupar gratuitamente casa alheia, com o firme propósito de constituir a sua morada e de sua família. O objeto do direito real de habitação recai sobre um bem imóvel que possa servir de morada ao titular desse direito (habitador).

O direito real de habitação difere, pois, do usufruto e do uso, já que o habitador não poderá alugar o imóvel, nem mesmo emprestá-lo. O único direito é o de morar no imóvel.[23]

Uma outra diferença é que o usufruto e o uso podem recair sobre bens móveis, sobre bens imateriais, sobre títulos de crédito, enquanto o direito real de habitação só incide sobre imóveis, por razões óbvias. Ademais, o direito real de habitação não incide sobre qualquer imóvel, mas somente sobre imóveis residenciais. Não haverá, pois, direito real de habitação sobre uma fábrica, galpão, depósito, etc., uma vez que o objetivo do referido instituto jurídico é permitir ao titular do direito (habitador) que resida com a sua família.

É o que diz o artigo 1.414, *verbis*: "quando o uso consistir no direito de habitar gratuitamente casa alheia, o titular deste direito não a pode alugar, nem emprestar, mas simplesmente ocupá-la com sua família".[24]

Conforme artigo 167 da Lei de Registros Públicos, "no Registro de Imóveis, além da matrícula, serão feitos. I – o registro: [...] 7) do usufruto e do uso sobre imóveis e da habitação, quando não resultarem do direito de família;"

O direito real de habitação é um direito temporário, personalíssimo, indivisível, intransmissível e exercido de forma gratuita.

Determina o artigo 1.415 do CCB que "se o direito real de habitação for conferido a mais de uma pessoa, qualquer delas que sozinha habite a casa não terá de pagar aluguel à outra, ou às outras, mas não as pode inibir de exercerem, querendo, o direito, que também lhes compete, de habitá-la".[25]

Assim, aquele que habita o imóvel não está obrigado a pagar aluguel à outra pessoa, ou às outras, todavia, não poderá impedir o direito real de habitação simultâneo.

---

23 Direito real de habitação. Ação possessória. Artigos 718, 748, 1.611, § 2º, e 1.572 do Código Civil de 1916. 1. O titular do direito real de habitação tem legitimidade ativa para utilizar a defesa possessória, pouco relevando que dirigida contra quem é compossuidor por força do art. 1.572 do Código Civil de 1916. Fosse diferente, seria inútil a garantia assegurada ao cônjuge sobrevivente de exercer o direito real de habitação. 2. Recurso especial conhecido e provido (Resp 616.027/SC, Rel. Ministro CARLOS ALBERTO MENEZES DIREITO, TERCEIRA TURMA, julgado em 14.6.2004, DJ 20.9.2004, p. 293).

24 Correspondente ao art. 746 do CCB/1916.

25 Correspondente ao art. 747 do CCB/1916.

São aplicáveis à habitação, no que não for contrário à sua natureza, as disposições relativas ao usufruto (CCB, art. 1.416).[26]

Vale destacar, ainda, que de acordo com o artigo 1.831 do nosso Código Civil brasileiro, "ao cônjuge sobrevivente, qualquer que seja o regime de bens, será assegurado, sem prejuízo da participação que lhe caiba na herança, o *direito real de habitação* relativamente ao imóvel destinado à residência da família, desde que seja o único daquela natureza a inventariar".

Verifica-se, portanto, que o nosso Código Civil não estendeu o direito real de habitação sobre o imóvel destinado à residência da família ao sobrevivente da união estável. Todavia, o artigo 2.045 do Código Civil não revogou expressamente a Lei n. 9.278/1996, cujo parágrafo único do artigo 7° confere à união estável o direito real de habitação.[27] [28]

---

26 Correspondente ao art. 748 do CCB/1916.

27 E de acordo com o artigo 2°, § 1°, da Lei de Introdução às Normas de Direito Brasileiro (Lei n. 12.376/2010), a lei posterior só revoga a anterior quando expressamente o declare; quando com ela seja incompatível; ou quando regule inteiramente a matéria.

28 Vejamos interessante matéria do STJ sobre o tema: "Direito real de habitação assegura moradia vitalícia ao cônjuge ou companheiro sobrevivente

Há dois direitos garantidos pela legislação brasileira que se tornam colidentes em algumas situações: o direito de propriedade sobre fração de imóvel e o direito real de habitação. Isso porque, de um lado, filhos querem ter garantido o direito à herança após a morte do ascendente e, de outro, o cônjuge (ou companheiro) sobrevivente, que residia na propriedade do casal, deseja preservar o usufruto sobre o imóvel.

A ministra Nancy Andrighi, da 3ª turma do STJ, entende que "é necessário ponderar sobre a prevalência de um dos dois institutos, ou, ainda, buscar uma interpretação sistemática que não acabe por esvaziar totalmente um deles, em detrimento do outro".

De acordo com o ministro Paulo de Tarso Sanseverino, também da 3ª turma, o cônjuge sobrevivente tem direito real de habitação sobre o imóvel em que residia o casal, "desde que seja o único dessa natureza e que integre o patrimônio comum ou o particular de cada cônjuge no momento da abertura da sucessão".

Ele considera que a norma prevista no art. 1.831 do CC visa assegurar ao cônjuge sobrevivente (independentemente do regime de bens adotado no casamento) o direito de moradia, ainda que outros herdeiros passem a ter a propriedade sobre o imóvel de residência do casal, em razão da transmissão hereditária (REsp 1.273.222).

Propriedade e usufruto

Segundo o ministro Luis Felipe Salomão, da 4ª turma do STJ, o proprietário tem o poder de usar, gozar e dispor da coisa, "bem como de reavê-la do poder de quem a detenha ou possua injustamente". Já o usufrutuário, segundo ele, tem o direito de usar e de receber os frutos.

Ele mencionou que, assim como o usufruto, o direito real de habitação limita o direito de propriedade. É um "direito de fruição reduzido que consiste no poder de ocupação gratuita de casa alheia".

Evolução

O CC representou uma evolução quanto ao tema. O CC/16, com a redação que lhe foi dada pelo Estatuto da Mulher Casada (lei 4.121/62), garantia o direito real de habitação sobre o imóvel destinado à residência da família apenas ao cônjuge sobrevivente casado em regime de comunhão universal de bens (parágrafo 2º do art. 1.611).

Segundo o ministro Sidnei Beneti, da 3ª turma do STJ, a restrição contida no código antigo era alvo de severas críticas, "por criar situações de injustiça social", principalmente a partir de 1977, quando o regime legal de bens do casamento deixou de ser o da comunhão universal para ser o da comunhão parcial.

"Possivelmente em razão dessas críticas, o legislador de 2002 houve por bem abandonar a posição mais restritiva, conferindo o direito real de habitação ao cônjuge supérstite casado sob qualquer regime de bens", afirmou o ministro.

Direito equivalente

Sidnei Beneti lembrou que, antes do CC, a lei 9.278/96 conferiu direito equivalente às pessoas ligadas pela união estável. De acordo com o parágrafo único do art. 7º, "dissolvida a união estável por morte de um dos conviventes, o sobrevivente terá direito real de habitação, enquanto viver ou não constituir nova união ou casamento, relativamente ao imóvel destinado à residência da família".

A partir daí, até o início da vigência do CC, a interpretação literal das leis então vigentes poderia levar à conclusão de que o companheiro sobrevivente estava em situação mais vantajosa que a do cônjuge sobrevivente (casado em regime que não fosse o da comunhão universal de bens). Contudo, para o ministro Beneti, "é de se rechaçar a adoção dessa interpretação literal da norma".

"O casamento, a partir do que se extrai inclusive da CF, conserva posição juridicamente mais forte que a da união estável. Não se pode, portanto, emprestar às normas destacadas uma interpretação dissonante dessa orientação constitucional", declarou.

Equiparação

Em junho de 2011, a 3ª turma equiparou a situação do cônjuge sobrevivente, casado sob o regime de separação obrigatória de bens (cujo cônjuge faleceu durante a vigência do CC/16), à do companheiro, quanto ao direito real de habitação.

O casal era dono de um apartamento em área nobre de Brasília. Com o falecimento da mulher, em 1981, transferiu-se às quatro filhas do casal a meação que ela tinha sobre o imóvel. Em 1989, o homem casou-se novamente, tendo sido adotado o regime de separação obrigatória de bens. Ele faleceu dez anos depois, ocasião em que as filhas do primeiro casamento herdaram a outra metade do imóvel.

As filhas moveram ação de reintegração de posse contra a viúva para tirá-la do imóvel. O juízo de primeiro grau indeferiu o pedido com base no art. 1.831 do CC. O TJ/DF manteve a sentença.

Analogia

No STJ, os principais argumentos utilizados pelas herdeiras foram a data de abertura da sucessão (durante a vigência do CC/16) e o regime de bens do casamento (separação obrigatória). Os ministros aplicaram, por analogia, o art. 7º da lei 9.278/76, dando à viúva o direito de continuar habitando o imóvel da família.

"Uma interpretação que melhor ampara os valores espelhados na Constituição Federal é aquela segundo a qual o art. 7º da lei 9.278/76 teria derrogado o parágrafo 2º do artigo 1.611 do CC/16, de modo a neutralizar o posicionamento restritivo contido na expressão 'casados sob o regime da comunhão universal de bens", disse o ministro Sidnei Beneti, relator (REsp 821.660).

Quarta parte

Caso semelhante foi analisado pela 4ª turma em abril de 2012. Contrariando o entendimento adotado pela 3ª turma, os ministros consideraram que, nas sucessões abertas durante a vigência do CC/16, a viúva que fora casada no regime de separação de bens tem direito ao usufruto apenas da quarta parte dos bens deixados, se houver filhos (art. 1.611, parágrafo 1º, do CC/16).

A única herdeira de um homem que faleceu na cidade de Goiânia, em 1999, ajuizou ação contra a mulher com quem ele era casado pela segunda vez, sob o regime de separação de bens. Reconhecendo que a viúva tinha direito ao usufruto da quarta parte do imóvel onde residia com o esposo, a filha do falecido pediu o pagamento de aluguéis relativos aos outros três quartos do imóvel.

Aluguéis

O juízo de primeiro grau condenou a viúva ao pagamento de aluguéis pela ocupação de três quartos do imóvel, somente até 10 de janeiro de 2003, data da entrada em vigor do CC atual, sob o fundamento de que a nova lei conferiu a ela o direito real de habitação, em vez do usufruto parcial. A sentença foi mantida pelo tribunal de justiça.

A filha recorreu ao STJ. Sustentou que não é possível aplicar duas regras sucessórias distintas à mesma situação jurídica. O relator do recurso especial, ministro Luis Felipe Salomão, não concordou com as instâncias ordinárias quanto ao pagamento dos aluguéis somente até o início da vigência do novo código.

Segundo ele, o direito real de habitação conferido pelo CC à viúva, qualquer que seja o regime de bens do casamento, não alcança as sucessões abertas na vigência da legislação revogada. "Com o escopo de não atingir a propriedade e os demais direitos reais eventualmente aperfeiçoados com a sucessão aberta ainda na vigência do código de 16, previu o art. 2.041 do código atual sua aplicação ex nunc [não retroage]", ensinou Salomão.

O ministro explicou que, se não fosse assim, a retroatividade do CC atingiria direito adquirido da herdeira, "mutilando parcela do próprio direito de propriedade de quem o tinha em sua amplitude". Diante disso, a Turma deu provimento ao recurso especial (REsp 1.204.347).

União estável

O direito real de habitação assegurado ao companheiro sobrevivente pelo artigo 7° da lei 9.278/96 incide sobre o imóvel em que residia o casal em união estável, ainda que haja mais de um imóvel a inventariar. Esse entendimento foi adotado pela 3ª turma em junho de 2012.

No caso analisado pela turma, o TJ/PR deu provimento ao recurso dos filhos de um homem que faleceu em 2005 contra sentença que reconheceu o direito real de habitação à companheira dele.

Para o TJ, o direito real de habitação tem por finalidade impedir que os demais herdeiros deixem o cônjuge sobrevivente sem moradia e desamparado. Contudo, havia outros imóveis residenciais a serem partilhados no inventário, inclusive um localizado em Colombo, adquirido em nome da companheira na vigência da união estável.

Última residência

No STJ, a companheira sustentou que mesmo havendo outros bens, o direito real de habitação deveria recair necessariamente sobre o imóvel que foi a última residência do casal. "Do fato de haver outros bens residenciais ainda não partilhados, não resulta exclusão do direito de habitação, quer relativamente ao cônjuge, quer ao convivente em união estável", afirmou Sidnei Beneti, relator do recurso especial.

O ministro citou doutrina do pesquisador José Luiz Gavião, para quem "a limitação ao único imóvel a inventariar é resquício do código anterior, em que o direito real de habitação era conferido exclusivamente ao casado pela comunhão universal".

Gavião explica que, "casado por esse regime, o viúvo tem meação sobre todos os bens. Havendo mais de um imóvel, é praticamente certo que ficará com um deles, em pagamento de sua meação, o que lhe assegura uma moradia. Nessa hipótese, não tem necessidade do direito real de habitação" (Código Civil Comentado, 2003).

A turma deu provimento ao recurso especial da companheira para reconhecer o direito real de habitação em relação ao imóvel em que residia o casal quando do óbito.

Segunda família

Em abril de 2013, o STJ reconheceu o direito real de habitação sobre imóvel à segunda família de um falecido que tinha filhas do primeiro casamento. A relatora do caso, ministra Nancy Andrighi, adotou entendimento diverso, mas ficou vencida. Em seu voto, ela deu

Assim, o Código Civil de 2002 não revogou as disposições constantes da Lei n.º 9.278/96, subsistindo a norma que confere o direito real de habitação ao companheiro sobrevivente diante da omissão do Código Civil em disciplinar tal matéria em relação aos conviventes em união estável, consoante o princípio da especialidade.[29] [30]

---

provimento ao recurso especial das filhas do primeiro casamento e determinou a alienação judicial do bem.

A maioria seguiu a posição do ministro Sidnei Beneti, que proferiu o voto vencedor. Ele verificou no processo que todo o patrimônio do falecido já havia sido transferido à primeira esposa e às filhas após a separação do casal. Além disso, enfatizou que o imóvel objeto do conflito era uma "modesta casa situada no interior".

Para Beneti, de acordo com a jurisprudência do STJ, o direito real de habitação sobre o imóvel que servia de residência do casal deve ser conferido ao cônjuge/companheiro sobrevivente, "não apenas quando houver descendentes comuns, mas também quando concorrerem filhos exclusivos do de cujos".

Ele citou vários precedentes da Corte, entre os quais, "a exigência de alienação do bem para extinção do condomínio, feita pelas filhas e também condôminas, fica paralisada diante do direito real de habitação titulado ao pai".

"A distinção entre casos de direito de habitação relativos a 'famílias com verticalidade homogênea' não está na lei, que, se o desejasse, teria distinguido, o que não fez, de modo que realmente pretendeu o texto legal amparar o cônjuge supérstite que reside no imóvel do casal", destacou Beneti (REsp 1.134.387). Disponível em: <http://www.migalhas.com.br/Quentes/17,MI182472,51045-Materia+especial+do+STJ+aborda+o+direito+real+de+habitacao>. Acesso em 19 jan 2017.

29 AGRAVO REGIMENTAL NO RECURSO ESPECIAL. AÇÃO REIVINDICATÓRIA. VIOLAÇÃO AO ART. 535 DO CPC. INEXISTÊNCIA. JULGAMENTO "EXTRA PETITA". NÃO OCORRÊNCIA. DIREITO REAL DE HABITAÇÃO. COMPANHEIRO. POSSIBILIDADE. DIREITO REAL DE HABITAÇÃO NÃO RECONHECIDO NO CASO CONCRETO.

1. Inexistência de ofensa ao art. 535 do CPC, quando o acórdão recorrido, ainda que de forma sucinta, aprecia com clareza as questões essenciais ao julgamento da lide.
2. Inexiste julgamento "extra petita" quando o órgão julgador não violou os limites objetivos da pretensão, tampouco concedeu providência jurisdicional diversa do pedido formulado na inicial.
3. O Código Civil de 2002 não revogou as disposições constantes da Lei n.º 9.278/96, subsistindo a norma que confere o direito real de habitação ao companheiro sobrevivente diante da omissão do Código Civil em disciplinar tal matéria em relação aos conviventes em união estável, consoante o princípio da especialidade.
4. Peculiaridade do caso, pois a companheira falecida já não era mais proprietária exclusiva do imóvel residencial em razão da anterior partilha do bem.
5. Correta a decisão concessiva da reintegração de posse em favor das co-proprietárias.
6. Precedentes específicos do STJ.
7. Não apresentação pela parte agravante de argumentos novos capazes de infirmar os fundamentos que alicerçaram a decisão agravada.
8. AGRAVO REGIMENTAL DESPROVIDO.

(AgRg no REsp 1436350/RS, Rel. Ministro PAULO DE TARSO SANSEVERINO, TERCEIRA TURMA, julgado em 12/04/2016, DJe 19/04/2016).

30 "[...] o entendimento predominante nesta Corte Especial é no sentido de que o artigo 1831 do CC também se aplica aos companheiros, ressaltando-se, no caso específico dos autos, que existe apenas um único imóvel a inventariar e, como valor protegido por lei, assegura-se proteção à dignidade da pessoa humana, atendendo-se, ainda, ao

É possível a arguição do direito real de habitação para fins exclusivamente possessórios, independentemente de seu reconhecimento anterior em ação própria declaratória de união estável. Vejamos a decisão do Ministro Luis Felipe Salomão, no REsp 1.203.144-RS, julgado em 27/5/2014: "Ainda que o companheiro supérstite não tenha buscado em ação própria o reconhecimento da união estável antes do falecimento, é admissível que invoque o direito real de habitação em ação possessória, a fim de ser mantido na posse do imóvel em que residia com o falecido. O direito real de habitação é ex vi legis decorrente do direito sucessório e, ao contrário do direito instituído *inter vivos*, não necessita ser registrado no Cartório de Registro de Imóveis. É de se ver, portanto, que há direito sucessório exercitável desde a abertura da sucessão, sendo que, a partir desse momento, terá o cônjuge/companheiro sobrevivente instrumentos processuais para garantir o exercício do direito de habitação, inclusive, por meio dos interditos possessórios. Assim sendo, é plenamente possível a arguição desse direito para fins exclusivamente possessórios, até porque, entender de forma diversa, seria negar proteção justamente à pessoa para o qual o instituto foi desenvolvido e em momento pelo qual ele é o mais efetivo. Vale ressaltar que a constituição do direito real de habitação do cônjuge/companheiro supérstite emana exclusivamente da lei, "sendo certo que seu reconhecimento de forma alguma repercute na definição de propriedade dos bens partilhados. Em se tratando de direito *ex vi lege*, seu reconhecimento não precisa necessariamente dar-se por ocasião da partilha dos bens deixados pelo *de cujus*" (REsp 1.125.901/RS, Quarta Turma, DJe 6/9/2013). Adequada, portanto, a sentença que apenas vem a declarar a união estável na motivação do decisório, de forma incidental, sem repercussão na parte dispositiva e, por conseguinte, sem alcançar a coisa julgada (CPC, art. 469), mantendo aberta eventual discussão no tocante ao reconhecimento da união estável e seus efeitos decorrentes. Ante o exposto, não há falar em falta de interesse de agir, nem de questão prejudicial, pois, como visto, a sentença que reconheça o direito do companheiro em ação possessória não depende do julgamento de outro processo. Além do mais, uma vez que

---

direito fundamental à moradia (artigo 6º da CF/88), também aliado ao fato de que se trata de pessoa idosa, a quem o ordenamento jurídico confere especial atenção e, por fim, a consideração da circunstância de que agravante viveu quase trinta anos no imóvel com o de cujus".

"O direito real à habitação limita os direitos de propriedade, devendo suportar tal limitação os herdeiros do de cujus, dentre eles a recorrente, não perquirindo a lei, em momento algum, para fins de fixação do benefício, quanto à natureza de tal propriedade, se exclusiva ou compartilhada, além de que o companheiro beneficiado pela habitação somente perderá seu direito pela morte, tratando-se de direito real de habitação incondicionado, assim como ocorre em favor do cônjuge sobrevivente". (AgRg no REsp 1436350/RS, Rel. Ministro PAULO DE TARSO SANSEVERINO, TERCEIRA TURMA, julgado em 12/04/2016, DJe 19/04/2016).

o direito real está sendo conferido exatamente àquela pessoa que residia no imóvel, que realmente exercia poder de fato sobre a coisa, a proteção possessória do companheiro sobrevivente está sendo outorgada à luz do fato jurídico posse. Nesse contexto, vale ressaltar o disposto no art. 1.210, § 2°, do CC, segundo o qual "não obsta à manutenção ou reintegração na posse a alegação de propriedade, ou de outro direito sobre a coisa", e o Enunciado 79 das Jornadas de Direito Civil, que dispõe que "a *exceptio proprietatis*, como defesa oponível às ações possessórias típicas, foi abolida pelo Código Civil de 2002, que estabeleceu a absoluta separação entre os juízos possessório e petitório".

9.9 Concubinato

9.9.1 Conceito e características

Em sentido etimológico, *concubinatus*, do verbo *concumbere* ou *concubare* (derivado do grego), significava, então, mancebia, abarregamento, amasiamento. Consoante o artigo 1.727 do Código Civil, as relações não eventuais entre o homem e a mulher, impedidos de casar, constituem *concubinato*. Inicialmente é preciso fazer a distinção entre os conceitos de *união estável* e *concubinato*. A palavra *concubinato* que antigamente significava união estável, hoje, é tida apenas como uma *relação adulterina*. O concubinato é visto como uma união impura (concubinato impuro) que representa uma relação constante, duradoura, não eventual em que as partes possuem um impedimento para o casamento. Melhor dizendo: ambos podem ser casados ou pelo menos um deles se mantém casado, consubstanciando, pois uma relação adulterina. O concubinato impuro não é uma entidade familiar, é, pois, uma sociedade de fato. De acordo com a Súmula 380 do STF: "Comprovada a existência de sociedade de fato entre os concubinos, é cabível a sua dissolução judicial, com a partilha do patrimônio adquirido pelo esforço comum."

9.9.2 Alimentos no concubinato

Em regra, não há falar-se em direito a alimentos no concubinato impuro. Ocorre que é necessário analisar as especificidades do caso concreto decidindo. Vejamos a decisão do Ministro JOÃO OTÁVIO DE NORONHA, do STJ, na 3ª Turma, no REsp 1185337/RS, julgado em 17/03/2015: "De regra, o reconhecimento da existência e dissolução de concubinato impuro, ainda que de longa duração, não gera o dever de prestar alimentos a concubina, pois a família é um bem a ser preservado a qualquer custo. Nada obstante, dada a peculiaridade do caso e em face da incidência dos princípios da dignidade e solidariedade humanas, há de se manter a obrigação de prestação de alimentos a concubina idosa que os recebeu por mais de quatro décadas, sob pena de causar-lhe desamparo, mormente quando o longo decurso do tempo afasta qualquer riso de desestruturação familiar para o prestador de alimentos. O acórdão recorrido, com base na existência de circunstâncias peculiaríssimas – ser a alimentanda septuagenária e ter, na sua juventude, desistido de sua atividade profissional para dedicar-se ao alimentante; haver prova inconteste da dependência econômica; ter o alimentante, ao longo dos quarenta anos em que perdurou o relacionamento amoroso, provido espontaneamente o sustento da alimentanda -, determinou que o recorrente voltasse a prover o sustento da recorrida. Ao assim decidir, amparou-se em interpretação que evitou solução absurda e manifestamente injusta do caso submetido à deliberação jurisprudencial."[31]

9.9.3 União Estável e a previdência Social

A união estável é reconhecida como entidade familiar em relação aos benefícios previdenciários (Lei n. 8.213/1991, regulada pelo Decreto n. 357/1991). Dessa forma, o companheiro ou companheira podem figurar com dependentes do segurado. A Súmula n. 159 do TFR, inclusive, prevê a divisão

---

31 RECURSO ESPECIAL. CONCUBINATO DE LONGA DURAÇÃO. CONDENAÇÃO A ALIMENTOS. NEGATIVA DE VIGÊNCIA DE LEI FEDERAL. CASO PECULIARÍSSIMO. PRESERVAÇÃO DA FAMÍLIA X DIGNIDADE E SOLIDARIEDADE HUMANAS. SUSTENTO DA ALIMENTANDA PELO ALIMENTANTE POR QUATRO DÉCADAS. DECISÃO.
MANUTENÇÃO DE SITUAÇÃO FÁTICA PREEXISTENTE. INEXISTÊNCIA DE RISCO PARA A FAMÍLIA EM RAZÃO DO DECURSO DO TEMPO. COMPROVADO RISCO DE DEIXAR DESASSISTIDA PESSOA IDOSA. INCIDÊNCIA DOS PRINCÍPIOS DA DIGNIDADE E SOLIDARIEDADE HUMANAS. DISSÍDIO JURISPRUDENCIAL.
INEXISTÊNCIA DE SIMILITUDE FÁTICO-JURÍDICA.
1. De regra, o reconhecimento da existência e dissolução de concubinato impuro, ainda que de longa duração, não gera o dever de prestar alimentos a concubina, pois a família é um bem a ser preservado a qualquer custo.
2. Nada obstante, dada a peculiaridade do caso e em face da incidência dos princípios da dignidade e solidariedade humanas, há de se manter a obrigação de prestação de alimentos a concubina idosa que os recebeu por mais de quatro décadas, sob pena de causar-lhe desamparo, mormente quando o longo decurso do tempo afasta qualquer riso de desestruturação familiar para o prestador de alimentos.
3. O acórdão recorrido, com base na existência de circunstâncias peculiaríssimas – ser a alimentanda septuagenária e ter, na sua juventude, desistido de sua atividade profissional para dedicar-se ao alimentante; haver prova inconteste da dependência econômica; ter o alimentante, ao longo dos quarenta anos em que perdurou o relacionamento amoroso, provido espontaneamente o sustento da alimentanda -, determinou que o recorrente voltasse a prover o sustento da recorrida. Ao assim decidir, amparou-se em interpretação que evitou solução absurda e manifestamente injusta do caso submetido à deliberação jurisprudencial.
4. Não se conhece da divergência jurisprudencial quando os julgados dissidentes tratam de situações fáticas diversas.
5. Recurso especial conhecido em parte e desprovido.
(REsp 1185337/RS, Rel. Ministro JOÃO OTÁVIO DE NORONHA, TERCEIRA TURMA, julgado em 17/03/2015, DJe 31/03/2015)

da pensão previdenciária entre a esposa e a companheira.[32] [33]

32 "1ª Turma: Concessão de pensão por morte não exige reconhecimento judicial de união estável
A Primeira Turma do Supremo Tribunal Federal decidiu, nesta terça-feira (3), que é possível o reconhecimento de união estável de pessoa casada que esteja comprovadamente separada judicialmente ou de fato, para fins de concessão de pensão por morte, sem necessidade de decisão judicial neste sentido. A decisão se deu no Mandado de Segurança (MS) 33008, no qual a Turma restabeleceu a pensão, em concorrência com a viúva, à companheira de um servidor da Universidade Federal do Estado do Rio de Janeiro (Unirio) que, embora formalmente casado, vivia em união estável há mais de nove anos.
O relator do MS, ministro Luís Roberto Barroso, já havia concedido, em agosto de 2014, liminar suspendendo acórdão do Tribunal de Contas da União (TCU) que considerou ilegal a concessão do benefício devido à ausência de decisão judicial reconhecendo a união estável e a separação de fato. Na sessão desta terça-feira (3), o ministro apresentou voto quanto ao mérito da ação e reiterou os fundamentos apresentados naquela decisão. "O artigo 1.723 do Código Civil prevê que a união estável configura-se pela 'convivência pública, contínua e duradoura e estabelecida com o objetivo de constituição de família'", assinalou. "Trata-se, portanto, de situação de fato que prescinde de reconhecimento judicial para produzir efeitos, tanto que eventual ação terá conteúdo meramente declaratório. Basta, assim, que seja comprovada, no caso concreto, a convivência qualificada".
Barroso observou que, de acordo com o parágrafo 1º do mesmo dispositivo, não há impedimento ao reconhecimento da união estável se "a pessoa casada se achar separada de fato ou judicialmente". "A separação de fato, por definição, também é situação que não depende de reconhecimento judicial para a sua configuração, tanto que a lei utiliza tal expressão em oposição à separação judicial", explicou. "Assim, nem mesmo a vigência formal do casamento justifica a exigência feita pelo TCU, pois a própria legislação de regência autoriza o reconhecimento da união estável quando o companheiro está separado de fato do cônjuge".
O caso
Depois da morte do servidor, em 2002, houve um processo administrativo conduzido pela Unirio, no qual a companheira fez a prova tanto da separação de fato quanto da união estável. A decisão administrativa que determinou o pagamento da pensão a ela e à viúva não foi impugnada. Em 2014, porém, o TCU julgou ilegal a concessão de pensão em favor da companheira porque a união estável não foi reconhecida judicialmente.
Ao conceder a ordem, o ministro Roberto Barroso destacou que, se a prova produzida no processo administrativo é idônea, o que não é questionado, não há como não reconhecer a união estável, e o entendimento do TCU "equivale a tratar a companheira como concubina, apenas pela ausência da separação judicial". Segundo ele, embora uma decisão judicial pudesse conferir maior segurança jurídica, "não se deve obrigar alguém a ir ao Judiciário desnecessariamente", sem amparo legal. "O companheiro já enfrenta uma série de obstáculos inerentes à informalidade de sua situação, pois deve produzir prova da união estável a cada vez e perante todas as pessoas e instâncias em face das quais pretenda usufruir dos direitos legalmente previstos", afirmou.
O relator esclareceu ainda que a situação é diferente daquela tratada no Recurso Extraordinário (RE) 397762, no qual a Primeira Turma, em 2008, negou a uma concubina o direito ao rateio à pensão. No caso, tratava-se de uma relação paralela ao casamento. A decisão foi unânime." Disponível em: <http://www.stf.jus.br/portal/cms/verNoticiaDetalhe.asp?idConteudo=315798>. Acesso em 20 jan. 2017.

33 Ementa: DIREITO CIVIL E ADMINISTRATIVO. MANDADO DE SEGURANÇA. REGISTRO DE PENSÃO POR MORTE PELO TCU. RATEIO ENTRE COMPANHEIRA E VIÚVA DE SERVIDOR PÚBLICO. EXIGÊNCIA DE RECONHECIMENTO JUDICIAL DE UNIÃO

O artigo 16 da Lei 8.213/91, diz que "são beneficiários do Regime Geral de Previdência Social, na condição de dependentes do segurado: I – o cônjuge, a companheira, o companheiro e o filho não emancipado, de qualquer condição, menor de 21 (vinte e um) anos ou inválido ou que tenha deficiência intelectual ou mental ou deficiência grave; (Redação dada pela Lei nº 13.146, de 2015) II – os pais; III – o irmão não emancipado, de qualquer condição, menor de 21 (vinte e um) anos ou inválido ou que tenha deficiência intelectual ou mental ou deficiência grave; (Redação dada pela Lei nº 13.146, de 2015) [...] § 3º Considera-se companheira ou companheiro a pessoa que, sem ser casada, mantém união estável com o segurado ou com a segurada, de acordo com o § 3º do art. 226 da Constituição Federal.

Já na esfera militar, a Súmula n. 253 do STF diz que a companheira tem direito a concorrer com outros dependentes, com os quais fraciona a pensão, dependendo do número destes dependentes.

9.9.4 Pensão por morte de servidor público, na existência de concubinato impuro de longa duração

Existe a possibilidade de concubinato de longa duração gerar efeitos previdenciários (Repercussão geral, tema n.526, do STF). Vejamos, abaixo, o *leadind case*: "REPERCUSSÃO GERAL NO RECURSO EXTRAORDINÁRIO 669.465 ESPÍRITO SANTO Cuida-se de recurso extraordinário interposto pelo INSTITUTO NACIONAL DE SEGURO SOCIAL - INSS, com fulcro no art. 102, III, "a", da Constituição Federal de 1988, em face de v. acórdão prolatado Turma Recursal dos Juizados Especiais Federais do Estado do Espirito Santo, assim ementado: "PREVIDENCIÁRIO – PENSÃO POR MORTE – CONCUBINATO IMPURO DE LONGA DURAÇÃO – DEPENDÊNCIA ECONÔMICA PRESUMIDA – FILHO EM COMUM – SENTENÇA MANTIDA – RECURSO CONHECIDO E IMPROVIDO." Em suas razões recursais, o recorrente aponta violação ao artigo 226, § 3º, da Constituição Federal, sustentando, em síntese, que "não sendo possível reconhecer a união estável entre o falecido e a autora, diante da circunstância de o primeiro ter permanecido casado, vivendo com esposa até a morte, deve-se menos ainda atribuir efeitos previdenciários ao concubinato impuro. Nessa linha de raciocínio, a

ESTÁVEL E SEPARAÇÃO DE FATO. 1. É possível o reconhecimento de união estável de pessoa casada que esteja separada judicialmente ou de fato (CC, art. 1.723, § 1º). 2. O reconhecimento da referida união estável pode se dar administrativamente, não se exigindo necessariamente decisão judicial para configurar a situação de separação de fato. 3. No caso concreto, embora comprovada administrativamente a separação de fato e a união estável, houve negativa de registro de pensão por morte, fundada unicamente na necessidade de separação judicial. 4. Segurança concedida. (MS 33008, Relator(a): Min. ROBERTO BARROSO, Primeira Turma, julgado em 03/05/2016, PROCESSO ELETRÔNICO DJe-196 DIVULG 13-09-2016 PUBLIC 14-09-2016).

união estável apenas ampara aqueles conviventes que se encontram livres de qualquer impedimento que torne inviável possível casamento" (fl. 147). Não há, in casu, necessidade de reexame de provas, porquanto já estabelecido nas vias ordinárias que "o falecido viveu por mais de 20 anos com a autora, em união pública e notória, apesar de ser casado". A vexata quaestio consiste em averiguar, à luz do art. 226, § 3°, da Carta Magna ("Para efeito da proteção do Estado, é reconhecida a união estável entre o homem e a mulher como entidade familiar, devendo a lei facilitar sua conversão em casamento"), se é possível reconhecer direitos previdenciários à pessoa que, durante longo período e com aparência familiar, manteve união com pessoa casada. A matéria não é novidade nesta Corte, tendo sido apreciada algumas vezes nos órgãos fracionários, sem que se possa, contudo, afirmar que se estabeleceu jurisprudência. Colho, à guisa de exemplo, os seguintes acórdãos: Agravo regimental em recurso extraordinário. 2. Militar. Pensão. Rateio entre ex-cônjuge e companheira. Possibilidade. 3. Incidência da Súmula 279. 4. Agravo regimental a que se nega provimento. (decisão unânime no RE 575122 AgR, Relator(a): Min. GILMAR MENDES, Segunda Turma, julgado em 14/12/2010, DJe-025 DIVULG 07-02-2011 PUBLIC 08-02-2011 EMENT VOL- 02459-02 PP-00388) COMPANHEIRA E CONCUBINA – DISTINÇÃO. Sendo o Direito uma verdadeira ciência, impossível é confundir institutos, expressões e vocábulos, sob pena de prevalecer a babel. UNIÃO ESTÁVEL – PROTEÇÃO DO ESTADO. A proteção do Estado à união estável alcança apenas as situações legítimas e nestas não está incluído o concubinato. PENSÃO – SERVIDOR PÚBLICO – MULHER – CONCUBINA – DIREITO. A titularidade da pensão decorrente do falecimento de servidor público pressupõe vínculo agasalhado pelo ordenamento jurídico, mostrando-se impróprio o implemento de divisão a beneficiar, em detrimento da família, a concubina. (decisão não unânime no RE 590779, Relator(a): Min. MARCO AURÉLIO, Primeira Turma, julgado em 10/02/2009, DJe-059 DIVULG 26-03-2009 PUBLIC 27-03-2009 EMENT VOL- 02354-05 PP-01058 RTJ VOL-00210-02 PP-00934 RB v. 21, n. 546, 2009, p. 21-23 LEXSTF v. 31, n. 363, 2009, p. 292-301 RJTJRS v. 46, n. 279, 2011, p. 33-38) Considero que a matéria possui Repercussão Geral, apta a atingir inúmeros casos que exsurgem na realidade social, envolvendo a extensão normativa do art. 201, V, e 226, § 3°, da CRFB. Ex positis, submeto o tema à apreciação dos demais Ministros da Corte."

9.9.5 Concubinato impuro estando uma das partes de boa fé

Aqui, estamos diante de uma união estável putativa.[34] O artigo 1.561 do

34 De acordo com o IBDFAM, "O juiz Carlos Ferreira Antunes, da 2ª Vara de Família da Comarca de Niterói (RJ), reconheceu união estável putativa, ou seja, uma família paralela sem que a companheira soubesse da existência da esposa. A companheira ajuizou ação

nosso Código Civil resguarda o casamento putativo em relação ao cônjuge de boa-fé, aproveitando aos filhos e o parceiro de boa-fé, os efeitos civis do casamento. Aqui, o parceiro de boa-fé desconhecia o impedimento do outro ao estabelecer a união estável isto, é, não sabia que o seu parceiro era civilmen-

---

cautelar de arrolamento de bens e ação declaratória de reconhecimento e dissolução de união estável com partilha de bens em face do companheiro, que morreu no decorrer do processo, e, portanto, substituindo o polo processual pelo espólio do companheiro, em que configuravam como herdeiras a filha e a esposa do réu.

O requerido ofereceu contestação na qual sustentou que nunca houve a alegada união estável e que era casado pelo regime da comunhão universal de bens com a esposa. Segundo o advogado Afonso Feitosa, que atua na Justiça para a companheira, são várias as peculiaridades envolvendo o caso. De acordo com ele, foram 17 anos de relação com o objetivo de constituição da família. Feitosa esclarece que eles se conheceram no local de trabalho e na ação foram juntados cerca de setenta documentos, dentre eles: contratos de locação firmados pelo réu que se declarava solteiro, inclusive em procurações firmadas em cartório; viagens comprovadas; passeios em locais de lazer da repartição na qual trabalhavam; depósitos em dinheiro durante o mês, que atingiam entre 8 mil a 10 mil reais; aniversários festejados pelo ex-casal e filhos da autora, com provas fotográficas; fotos do inicio até o fim da relação; declarações de amor do réu para a autora, com especificação de datas, principalmente quando completados dez anos, onde era fixado o início e o aniversário de dez anos, com assinatura; convivência com os filhos da autora, como o pai socioafetivo, já que compareceu às escolas dos enteados com a autora. Para Feitosa, a prova testemunhal produzida pela autora foi contundente, já a do réu foi frágil. De acordo com o advogado, somente na contestação do réu é que este, para descaracterizar a união estável, se declarou casado, e afiançou que a autora era uma mera namorada, amante. "Neste momento, em réplica foi acrescido à união estável o termo putativa".

Na decisão, o juiz julgou procedente o pedido cautelar, já que foram demonstrados os requisitos para a sua concessão, "quais sejam a fumaça de bom direito e o perigo na demora da prestação jurisdicional". O juiz declarou arrolados 50% de todas as contas e investimentos bancários e do automóvel descritos na cópia da declaração de ajuste anual do falecido, bem como dos bens que vierem a ser declarados nos autos do processo de inventário que tramita na 11ª Vara de Órfãos e Sucessões da Comarca da Capital do Rio de Janeiro.

Na avaliação do advogado, a decisão é importante porque a mulher, quando iludida pela boa-fé, tem os seus direitos preservados. "O companheiro oral e documentalmente se apresentou como solteiro e somente ao contestar a ação se disse casado, estava querendo se aproveitar da própria torpeza. A bigamia é crime, no entanto quando a companheira desconhece que o companheiro é casado, tal ilícito não alcança a companheira na relação simultânea para ele retirar seus direitos patrimoniais. O alcance é doutrinário e firma jurisprudência sobre a matéria e preserva nesta hipótese o direito da mulher", disse. Para ele, a decisão é um avanço porque "a união estável que se cingia às hipóteses, de união more uxorio com homem solteiro, separado judicialmente, divorciado, separado de fato, tem um novo componente que é ser casado e que tal estado seja escondido ou negado à companheira, daí a união estável putativa.

O advogado esclarece que os efeitos da união estável putativa são o conhecimento como companheira, direito à 50% do patrimônio adquirido a título oneroso durante a relação more uxorio. "O regime de bens vigente entre companheiros, quando não houver contrato escrito em contrário, é o regime de separação parcial de bens, e no caso do companheiro ter falecido, coparticipam com a viúva (esposa do companheiro), de benefício ou pensão previdenciária deixada pelo obituado, ex-companheiro", disse." Disponível em: <http://www.ibdfam.org.br/noticias/6023> Acesso em: 19 jan. 2017.

te casado. Vejamos, o exemplo apresentado por JEAN CARLOS CARDOSO PIERRI e ISABELE SOARES DE CASTRO:[35]

"Imagine João, casado com Maria com quem tem 2 filhos, residente em Chuí – RS, extremo sul do Brasil, caminhoneiro destes que cruzam o país de norte a sul, e que por vezes passa 2 a 3 meses sem ir em casa. Numa dessas andanças pelo país, conhece Vanessa, residente no Oiapoque – AP, extremo norte, com quem estabelece namoro e pouco tempo depois já estão de casa montada e morando juntos. Os anos passam, nascem filhos, imóvel próprio comprado, algum patrimônio amealhado, conta bancária conjunta, e todos que conhecem o casal naquela localidade os têm como "marido e mulher", sem que Vanessa ou Maria desconfiem da vida dúplice que João mantém.

Tempos depois João morre, e ao deflagrar processo administrativo junto ao INSS visando o recebimento de sua pensão previdenciária, Vanessa descobre que Maria estava habilitada junto à autarquia como dependente do mesmo na qualidade de esposa, recebendo sobredita pensão, descobrindo-se então que o mesmo era casado e mantinha vida conjugal ostensiva e pública com ambas, com a esposa Maria e com a companheira Vanessa.

[...] Em casos tais, deve ser reconhecida a putatividade desta união, sob pena de se punir injustamente quem não pode ser punido, principalmente em virtude de estar revestido de boa-fé. Lembrando a regra geral de direito que todo aquele que dela está revestido deve ter seus direitos preservados, e em contrapartida, aquele que está de má fé deve sofrer as sanções como resposta à desobediência as comandos legais."

Nesse sentido, nas uniões estáveis putativas, ocorre uma violação dos deveres decorrentes da boa-fé objetiva a partir do momento em que um de seus membros decide vivenciar uma nova união com terceira pessoa, e esta desconhece que a primeira união ainda sobrevive concomitantemente com a sua relação. Esta relação é chamada de putativa justamente por ser aparente, por guardar similitude com a união legitimada pelo afeto e pela confiança.

Vejamos, abaixo, algumas decisões judiciais do TJRS:

a) APELAÇÃO CÍVEL. UNIÃO ESTÁVEL PUTATIVA. PARTILHA DE BENS. MAJORAÇÃO DE ALIMENTOS. APELAÇÃO AUTORA Reconhecimento da união A confissão da apelante de que ficou sabendo somente "no processo" que o apelado estava em processo de separação com a esposa do Tocantins, as idas e vindas do réu, a

35 PIERRI, Jean Carlos Cardoso; CASTRO, Isabele Soares de. *O Reconhecimento dos Efeitos Positivos da Putatividade na União Estável, em Obediência aos Princípios da Isonomia e da Dignidade da Pessoa Humana.* In: PEREIRA, Antônio Celso Alves; MELLO, Cleyson de Moraes. Hermenêutica, Direitos Fundamentais e Dignidade da Pessoa Humana: Primeiras Linhas. Juiz de Fora, Editar, 2011, p. 79-80.

distância entre os estados da federação e o processo de separação do casamento; corroboram a tese de que a apelante não sabia que o réu era casado, vivendo uma "união estável putativa", a qual, em analogia ao "casamento putativo", deve receber as consequencias jurídicas similares às da união estável. Precedentes jurisprudenciais. Partilha de bens. Não vindo prova da propriedade imobiliária adquirida no curso da união, viável a partilha somente dos direitos decorrentes de contrato particular de compra e venda de imóvel. Parcialmente provido o recurso no ponto. Alimentos à filha do casal O valor dos alimentos em dois salários mínimos é adequado, pois não se sabe exatamente qual é a possibilidade econômica do alimentante, bem como se trata de valor razoável, em face das necessidades normais de uma menina de 10 anos. Desprovido no ponto. APELAÇÃO RÉU – Alimentos Considerando que o Apelante pagou à Alimentanda o valor equivalente a 02 (dois) salários mínimos desde que foram fixados provisoriamente nos autos, e os sinais da sua riqueza apontam ter condições de suportar tal importância, não há razão para reduzir o valor arbitrado na... sentença. Logo, deve ser confirmada a sentença relativamente à pensão alimentícia de 02 salários mínimos. DERAM PARCIAL PROVIMENTO À APELAÇÃO DA AUTORA E NEGARAM PROVIMENTO À APELAÇÃO DO RÉU. (Apelação Cível Nº 70060165057, Oitava Câmara Cível, Tribunal de Justiça do RS, Relator: Rui Portanova, Julgado em 30/10/2014).

b) APELAÇÃO CÍVEL. UNIÃO ESTÁVEL. CASAMENTO. SEPARAÇÃO FÁTICA. BOA FÉ. UNIÃO ESTÁVEL PUTATIVA. 1. A apelada alegou ter vivido em união estável com o falecido por cerca de 19 anos, residindo com ela sob o mesmo teto em São Gabriel, e com ele teve duas filhas. De outro lado, as apelantes sustentam que ele se manteve casado até o óbito, mantendo residência com a esposa em Passo Fundo. 2. Não ficou cabalmente demonstrado que, não obstante a vida profissional, social e familiar que o de cujus tinha em São Gabriel, ele tivesse mantido hígido e sem qualquer ruptura fática seu casamento. A prova por vezes se mostra dúbia e insuficiente, corroborando uma e outra das teses alegadas. 3. E, ainda que assim não fosse, diversamente do que sustentam as apelantes, o caso admite o reconhecimento da união estável putativa, autorizando que, excepcionalmente, à semelhança do casamento putativo, se admita a produção de efeitos à relação fática, pois a autora foi tomar conhecimento da condição de casado do falecido quando a segundo filha já contava 09 anos de idade, evidenciando sua boa-fé. NEGARAM PROVIMENTO. UNÂNIME. (Apelação Cível Nº 70060286556, Oitava Câmara Cível, Tribunal de Justiça do RS, Relator: Luiz Felipe Brasil Santos, Julgado em 25/09/2014).

c) UNIÃO ESTÁVEL. SITUAÇÃO PUTATIVA. AFFECTIO MARITALIS. NOTORIEDADE E PUBLICIDADE DO RELACIONAMENTO. BOA-FÉ DA COMPANHEIRA. PROVA DOCUMENTAL E TESTEMUNHAL. PARTILHA DE BENS. PROVA. ALIMENTOS. FILHA MENOR. ADEQUAÇÃO DO QUANTUM. REDUÇÃO. DESCABIMENTO. 1. Tendo o relacionamento entretido entre os litigantes assemelhado-se a um casamento de fato, com coabitação, clara comunhão de vida e de interesses, resta induvidosa a affectio maritalis. 2. Comprovada a notoriedade e a publicidade do relacionamento amoroso havido entre a autora e o réu, mas que ele mantinha união estável concomitante com outra mulher em outra cidade, é cabível o reconhecimento de união estável putativa, quando fica demonstrado que ela não sabia do relacionamento paralelo do varão com a outra mulher. 3. Comprovada a união estável, devem ser partilhados de forma igualitária todos os bens adquiridos a título oneroso com a autora na constância da vida em comum, pouco importando qual tenha sido a colaboração prestada individualmente pelos conviventes. Inteligência do art. 1.725 do CCB. 4. Inviável a partilha da Camioneta S10, por não haver nos autos elementos suficientes acerca da sua existência e propriedade. 5. Salvo prova em contrário, presume-se que os móveis que guarneciam a residência que mantinha com a autora tenham sido adquiridos na constância da união estável. Inteligência do art. 1662 do CCB. 6. Os alimentos devem ser fixados de forma a atender as necessidades da filha, mas dentro da capacidade econômica do genitor e sem sobrecarregá-lo em demasia. 7. O encargo de prover o sustento da prole comum é de ambos os genitores, devendo cada um concorrer na medida da própria disponibilidade. 8. Tratando-se de alimentos destinados para o sustento de uma única filha, justifica-se a manutenção do valor fixado, pois está dentro da razoabilidade e adequado ao binômio legal, bem como ao critério de fixação usual na jurisdição de família. 9. Se o réu alegou que não pode pagar os alimentos, cabia a ele demonstrar a sua impossibilidade e comprovar a sua real capacidade econômica. Conclusão nº 37 do CETJRS. Recurso parcialmente provido. (Apelação Cível Nº 70059170282, Sétima Câmara Cível, Tribunal de Justiça do RS, Relator: Sérgio Fernando de Vasconcellos Chaves, Julgado em 07/05/2014).

d) APELAÇÃO CÍVEL. FAMÍLIA. RELACIONAMENTO PARALELO AO CASAMENTO. UNIÃO ESTÁVEL PUTATIVA. RECONHECIMENTO. EXISTÊNCIA DE PROVAS DE QUE O RELACIONAMENTO TEVE COMO OBJETIVO A CONSTITUIÇÃO DE FAMÍLIA. ART. 1.723 DO CÓDIGO CIVIL. INEXISTÊNCIA DE BENS A PARTILHAR. FIXAÇÃO DE ALIMENTOS EM FAVOR DA CONVIVENTE. DESCABIMENTO, NO CASO. PREQUESTIONAMENTO. 1. As provas colhidas na instrução processual revelam que as partes mantiveram união estável putativa, no período de setembro de 1998 a setembro de 2010. Reforma da sentença, no ponto. 2. No entanto, inexistem bens passíveis de partilha. 3. Tratando-se de pessoa saudável e que exerce atividade remunerada própria, não faz jus a ex-convivente a alimentos. 4. O magistrado não está obrigado a se manifestar sobre todos os dispositivos legais invocados pelas partes, necessitando, apenas, indicar o suporte jurídico no qual embasa seu juízo de valor, entendendo ter dado à matéria a correta interpretação jurídica. APELAÇÃO PARCIALMENTE PROVIDA. (Apelação Cível Nº 70049106578, Oitava Câmara Cível, Tribunal de Justiça do RS, Relator: Ricardo Moreira Lins Pastl, Julgado em 13/09/2012).

9.9.6 Quadro Sinóptico do Concubinato

Concubinato			
	Concubinato Puro ou leal	**Concubinato Impuro estando uma das partes de boa-fé**	**Concubinato Impuro, adulterino ou desleal (art. 1.727, CC)**
Natureza Jurídica	**União estável** envolvendo pessoas solteiras, viúvas, divorciadas ou separadas de fato	**União estável putativa**. O artigo 1.561 resguarda o casamento putativo em relação ao cônjuge de boa-fé, aproveitando aos filhos e o parceiro de boa-fé, os efeitos civis do casamento. Aqui, o parceiro de boa-fé desconhecia o impedimento do outro ao estabelecer a união estável isto, é, não sabia que o seu parceiro era civilmente casado.	Não é uma entidade familiar, é, pois, uma **sociedade de fato**. De acordo com a Súmula 380 do STF: "Comprovada a existência de sociedade de fato entre os concubinos, é cabível a sua dissolução judicial, com a partilha do patrimônio adquirido pelo esforço comum.

9.10 Efeitos Sucessórios

O artigo Art. 1.790 do Código Civil diz que "a companheira ou o companheiro participará da sucessão do outro, quanto aos bens adquiridos onerosamente na vigência da união estável, nas condições seguintes: I – se concorrer com filhos comuns, terá direito a uma quota equivalente à que por lei for atribuída ao filho; II – se concorrer com descendentes só do autor da herança, tocar-lhe-á a metade do que couber a cada um daqueles; III – se concorrer com outros parentes sucessíveis, terá direito a um terço da herança; IV – não havendo parentes sucessíveis, terá direito à totalidade da herança.

Ocorre que o artigo 1.790, inciso III, do Código Civil de 2002, representa uma ofensa aos princípios constitucionais da dignidade da pessoa humana e da igualdade, ante a óptica de o artigo 226, § 3º, da Carta da República prever tratamento paritário entre o casamento e a união estável. Importa destacar que existe um caráter constitucional acerca da validade do artigo 1.790 do Código Civil, que prevê ao companheiro direitos sucessórios distintos daqueles outorgados ao cônjuge pelo artigo 1.829 do mesmo diploma civilístico. Daí que a repercussão geral no REPERCUSSÃO GERAL NO RECURSO EXTRAORDINÁRIO 878.694 MINAS GERAIS foi reconhecida. O Pedido de vista do ministro Dias Toffoli suspendeu o julgamento, pelo Supremo Tribunal Federal (STF), do Recurso Extraordinário (RE) 878694.[36]

9.11 Ação de reconhecimento e dissolução de união estável

A competência para a demanda envolvendo a união estável é a vara de família e a ação tramita em segredo de justiça (artigo 189, II do CPC). A ação de reconhecimento e dissolução de união estável segue as regras processuais das ações de direito de família, previstas nos artigos 693 a 699 do Código de Processo Civil.[37]

---

36 Decisão: Após o voto do Ministro Roberto Barroso (Relator), que dava provimento ao recurso, nos termos do seu voto, no que foi acompanhado pelos Ministros Edson Fachin, Teori Zavascki, Rosa Weber, Luiz Fux, Celso de Mello e Cármen Lúcia, pediu vista dos autos o Ministro Dias Toffoli. Ausentes, justificadamente, o Ministro Gilmar Mendes, e, nesta assentada, o Ministro Ricardo Lewandowski (Presidente). Falaram, pelos amici curiae Instituto Brasileiro de Direito de Família – IBDFAM e pelo Instituto dos Advogados Brasileiros, a Dra. Ana Luiza Maia Nevares, e, pelo amicus curiae Associação de Direito de Família e das Sucessões – ADFAS, a Dra. Regina Beatriz Tavares da Silva. Presidência da Ministra Cármen Lúcia (Vice-Presidente). Plenário, 31.08.2016.
O recurso, que começou a ser julgado na sessão desta quarta-feira (31), teve repercussão geral reconhecida pela Corte em abril de 2015. Em 05/12/2016 os autos foram devolvidos e está aguardando o julgamento da Corte. Disponível em:
<http://www.stf.jus.br/portal/cms/verNoticiaDetalhe.asp?idConteudo=324282>. Acesso em: 17 jan. 2017.

37 CPC – DAS AÇÕES DE FAMÍLIA
Art. 693. As normas deste Capítulo aplicam-se aos processos contenciosos de divórcio, separação, reconhecimento e extinção de união estável, guarda, visitação e filiação.

A ação de reconhecimento de união estável, de natureza constitutiva, visa a reconhecer que a relação dos conviventes existiu, fixando o seu termo inicial e final. Já na ação de dissolução da união estável (faticamente, a união estável já está dissolvida), os conviventes querem o reconhecimento da convivência, bem como a declaração do seu período, objetivando os efeitos patrimoniais advindos desta relação (partilha de bens, alimentos, direitos sucessórios, etc).

O foro será o do domicílio do guardião do filho incapaz, do último domicílio do casal ou do domicílio do réu, de acordo com o artigo 53 do CPC.

Existe uma equiparação quanto aos procedimentos entre o casamento e a união estável (artigo 693, CPC). Cabe ao magistrado decretá-lo liminarmente,[38] com a consequente citação do outro cônjuge para comparecer à au-

---

Parágrafo único. A ação de alimentos e a que versar sobre interesse de criança ou de adolescente observarão o procedimento previsto em legislação específica, aplicando-se, no que couber, as disposições deste Capítulo.
Art. 694. Nas ações de família, todos os esforços serão empreendidos para a solução consensual da controvérsia, devendo o juiz dispor do auxílio de profissionais de outras áreas de conhecimento para a mediação e conciliação.
Parágrafo único. A requerimento das partes, o juiz pode determinar a suspensão do processo enquanto os litigantes se submetem a mediação extrajudicial ou a atendimento multidisciplinar.
Art. 695. Recebida a petição inicial e, se for o caso, tomadas as providências referentes à tutela provisória, o juiz ordenará a citação do réu para comparecer à audiência de mediação e conciliação, observado o disposto no art. 694.
§ 1º O mandado de citação conterá apenas os dados necessários à audiência e deverá estar desacompanhado de cópia da petição inicial, assegurado ao réu o direito de examinar seu conteúdo a qualquer tempo.
§ 2º A citação ocorrerá com antecedência mínima de 15 (quinze) dias da data designada para a audiência.
§ 3º A citação será feita na pessoa do réu.
§ 4º Na audiência, as partes deverão estar acompanhadas de seus advogados ou de defensores públicos.
Art. 696. A audiência de mediação e conciliação poderá dividir-se em tantas sessões quantas sejam necessárias para viabilizar a solução consensual, sem prejuízo de providências jurisdicionais para evitar o perecimento do direito.
Art. 697. Não realizado o acordo, passarão a incidir, a partir de então, as normas do procedimento comum, observado o art. 335.
Art. 698. Nas ações de família, o Ministério Público somente intervirá quando houver interesse de incapaz e deverá ser ouvido previamente à homologação de acordo.
Art. 699. Quando o processo envolver discussão sobre fato relacionado a abuso ou a alienação parental, o juiz, ao tomar o depoimento do incapaz, deverá estar acompanhado por especialista.

38 CPC – Art. 356. O juiz decidirá parcialmente o mérito quando um ou mais dos pedidos formulados ou parcela deles:
I – mostrar-se incontroverso;
II – estiver em condições de imediato julgamento, nos termos do art. 355.
§ 1º A decisão que julgar parcialmente o mérito poderá reconhecer a existência de obrigação líquida ou ilíquida.

diência de mediação e conciliação (artigo 695, CPC).[39] De acordo com o Enunciado n.18 do IBDFAM (Instituto Brasileiro de Direito de Família), "nas ações de divórcio e de dissolução da união estável, a regra deve ser o julgamento parcial do mérito (art. 356 do Novo CPC), para que seja decretado o fim da conjugalidade, seguindo a demanda com a discussão de outros temas." O mandado de citação não deve ser acompanhado da cópia inicial, conforme o disposto no artigo 695, §1° do CPC.[40] O réu deve ser citado pessoalmente (artigo 695, §3° do CPC).[41] Se este estiver em lugar incerto e não sabido, o mesmo deverá ser citado por edital. Se o demandado não contestar ou não comparecer a referida audiência, se decretado a sua revelia.

Quanto a *dissolução consensual da união estável*, de acordo com o artigo 731, do CPC, a exordial deve ser assinada por ambos os conviventes, constando: I – as disposições relativas à descrição e à partilha dos bens comuns; II – as disposições relativas à pensão alimentícia entre os cônjuges; III – o acordo relativo à guarda dos filhos incapazes e ao regime de visitas; e IV – o valor da contribuição para criar e educar os filhos.

Se os cônjuges não acordarem sobre a partilha dos bens, far-se-á esta depois de homologada a extinção consensual da união estável.

De acordo com o artigo 732 do CPC, as disposições relativas ao processo de homologação judicial de divórcio ou de separação consensuais aplicam-se, no que couber, ao processo de homologação da extinção consensual de união estável.

Não havendo nascituro ou filhos incapazes a extinção consensual da união estável poderá ser realizada escritura pública Esta não depende de homologação judicial e constitui título hábil para qualquer ato de registro, bem como para levantamento de importância depositada em instituições financeiras.

O tabelião somente lavrará a escritura se os interessados estiverem assistidos por advogado ou por defensor público, cuja qualificação e assinatura constarão do ato notarial.

---

§ 2º A parte poderá liquidar ou executar, desde logo, a obrigação reconhecida na decisão que julgar parcialmente o mérito, independentemente de caução, ainda que haja recurso contra essa interposto.

§ 3º Na hipótese do § 2º, se houver trânsito em julgado da decisão, a execução será definitiva.

§ 4º A liquidação e o cumprimento da decisão que julgar parcialmente o mérito poderão ser processados em autos suplementares, a requerimento da parte ou a critério do juiz.

§ 5º A decisão proferida com base neste artigo é impugnável por agravo de instrumento.

39 CPC – Art. 695. Recebida a petição inicial e, se for o caso, tomadas as providências referentes à tutela provisória, o juiz ordenará a citação do réu para comparecer à audiência de mediação e conciliação, observado o disposto no art. 694.

40 CPC – Artigo 695, § 1º O mandado de citação conterá apenas os dados necessários à audiência e deverá estar desacompanhado de cópia da petição inicial, assegurado ao réu o direito de examinar seu conteúdo a qualquer tempo.

41 CPC – Artigo 695, § 3º A citação será feita na pessoa do réu.

9.12 A União estável homoafetiva

A *união homoafetiva* não é mais uma sociedade de fato, mas sim uma entidade familiar. Em 2011, o STF reconheceu as uniões homoafetivas como entidades familiares. A partir das ADI 4277[42] e ADPF 132,[43] a união estável

---

42 1. ARGUIÇÃO DE DESCUMPRIMENTO DE PRECEITO FUNDAMENTAL (ADPF). PERDA PARCIAL DE OBJETO. RECEBIMENTO, NA PARTE REMANESCENTE, COMO AÇÃO DIRETA DE INCONSTITUCIONALIDADE. UNIÃO HOMOAFETIVA E SEU RECONHECIMENTO COMO INSTITUTO JURÍDICO. CONVERGÊNCIA DE OBJETOS ENTRE AÇÕES DE NATUREZA ABSTRATA. JULGAMENTO CONJUNTO. Encampação dos fundamentos da ADPF nº 132-RJ pela ADI nº 4.277-DF, com a finalidade de conferir "interpretação conforme à Constituição" ao art. 1.723 do Código Civil. Atendimento das condições da ação. 2. PROIBIÇÃO DE DISCRIMINAÇÃO DAS PESSOAS EM RAZÃO DO SEXO, SEJA NO PLANO DA DICOTOMIA HOMEM/MULHER (GÊNERO), SEJA NO PLANO DA ORIENTAÇÃO SEXUAL DE CADA QUAL DELES. A PROIBIÇÃO DO PRECONCEITO COMO CAPÍTULO DO CONSTITUCIONALISMO FRATERNAL. HOMENAGEM AO PLURALISMO COMO VALOR SÓCIO-POLÍTICO-CULTURAL. LIBERDADE PARA DISPOR DA PRÓPRIA SEXUALIDADE, INSERIDA NA CATEGORIA DOS DIREITOS FUNDAMENTAIS DO INDIVÍDUO, EXPRESSÃO QUE É DA AUTONOMIA DE VONTADE. DIREITO À INTIMIDADE E À VIDA PRIVADA. CLÁUSULA PÉTREA. O sexo das pessoas, salvo disposição constitucional expressa ou implícita em sentido contrário, não se presta como fator de desigualação jurídica. Proibição de preconceito, à luz do inciso IV do art. 3º da Constituição Federal, por colidir frontalmente com o objetivo constitucional de "promover o bem de todos". Silêncio normativo da Carta Magna a respeito do concreto uso do sexo dos indivíduos como saque da kelseniana "norma geral negativa", segundo a qual "o que não estiver juridicamente proibido, ou obrigado, está juridicamente permitido". Reconhecimento do direito à preferência sexual como direta emanação do princípio da "dignidade da pessoa humana": direito a auto-estima no mais elevado ponto da consciência do indivíduo. Direito à busca da felicidade. Salto normativo da proibição do preconceito para a proclamação do direito à liberdade sexual. O concreto uso da sexualidade faz parte da autonomia da vontade das pessoas naturais. Empírico uso da sexualidade nos planos da intimidade e da privacidade constitucionalmente tuteladas. Autonomia da vontade. Cláusula pétrea. 3. TRATAMENTO CONSTITUCIONAL DA INSTITUIÇÃO DA FAMÍLIA. RECONHECIMENTO DE QUE A CONSTITUIÇÃO FEDERAL NÃO EMPRESTA AO SUBSTANTIVO "FAMÍLIA" NENHUM SIGNIFICADO ORTODOXO OU DA PRÓPRIA TÉCNICA JURÍDICA. A FAMÍLIA COMO CATEGORIA SÓCIO-CULTURAL E PRINCÍPIO ESPIRITUAL. DIREITO SUBJETIVO DE CONSTITUIR FAMÍLIA. INTERPRETAÇÃO NÃO-REDUCIONISTA. O caput do art. 226 confere à família, base da sociedade, especial proteção do Estado. Ênfase constitucional à instituição da família. Família em seu coloquial ou proverbial significado de núcleo doméstico, pouco importando se formal ou informalmente constituída, ou se integrada por casais heteroafetivos ou por pares homoafetivos. A Constituição de 1988, ao utilizar-se da expressão "família", não limita sua formação a casais heteroafetivos nem a formalidade cartorária, celebração civil ou liturgia religiosa. Família como instituição privada que, voluntariamente constituída entre pessoas adultas, mantém com o Estado e a sociedade civil uma necessária relação tricotômica. Núcleo familiar que é o principal lócus institucional de concreção dos direitos fundamentais que a própria Constituição designa por "intimidade e vida privada" (inciso X do art. 5º). Isonomia entre casais heteroafetivos e pares homoafetivos que somente ganha plenitude de sentido se desembocar no igual direito subjetivo à formação de uma autonomizada família. Família como figura central ou continente, de que tudo o mais é conteúdo. Imperiosidade da interpretação não-reducionista do conceito de família como instituição que também se forma por vias distintas

nada mais é do que a convivência pública, notória e duradoura entre duas pessoas, do mesmo sexo ou não, voltadas para a constituição da família, vivendo como se casados fossem, sendo estes, pois, seus elementos caracteri-

---

do casamento civil. Avanço da Constituição Federal de 1988 no plano dos costumes. Caminhada na direção do pluralismo como categoria sócio-político-cultural. Competência do Supremo Tribunal Federal para manter, interpretativamente, o Texto Magno na posse do seu fundamental atributo da coerência, o que passa pela eliminação de preconceito quanto à orientação sexual das pessoas. 4. UNIÃO ESTÁVEL. NORMAÇÃO CONSTITUCIONAL REFERIDA A HOMEM E MULHER, MAS APENAS PARA ESPECIAL PROTEÇÃO DESTA ÚLTIMA. FOCADO PROPÓSITO CONSTITUCIONAL DE ESTABELECER RELAÇÕES JURÍDICAS HORIZONTAIS OU SEM HIERARQUIA ENTRE AS DUAS TIPOLOGIAS DO GÊNERO HUMANO. IDENTIDADE CONSTITUCIONAL DOS CONCEITOS DE "ENTIDADE FAMILIAR" E "FAMÍLIA". A referência constitucional à dualidade básica homem/mulher, no §3º do seu art. 226, deve-se ao centrado intuito de não se perder a menor oportunidade para favorecer relações jurídicas horizontais ou sem hierarquia no âmbito das sociedades domésticas. Reforço normativo a um mais eficiente combate à renitência patriarcal dos costumes brasileiros. Impossibilidade de uso da letra da Constituição para ressuscitar o art. 175 da Carta de 1967/1969. Não há como fazer rolar a cabeça do art. 226 no patíbulo do seu parágrafo terceiro. Dispositivo que, ao utilizar da terminologia "entidade familiar", não pretendeu diferenciá-la da "família". Inexistência de hierarquia ou diferença de qualidade jurídica entre as duas formas de constituição de um novo e autonomizado núcleo doméstico. Emprego do fraseado "entidade familiar" como sinônimo perfeito de família. A Constituição não interdita a formação de família por pessoas do mesmo sexo. Consagração do juízo de que não se proíbe nada a ninguém senão em face de um direito ou de proteção de um legítimo interesse de outrem, ou de toda a sociedade, o que não se dá na hipótese sub judice. Inexistência do direito dos indivíduos heteroafetivos à sua não-equiparação jurídica com os indivíduos homoafetivos. Aplicabilidade do §2º do art. 5º da Constituição Federal, a evidenciar que outros direitos e garantias, não expressamente listados na Constituição, emergem "do regime e dos princípios por ela adotados", verbis: "Os direitos e garantias expressos nesta Constituição não excluem outros decorrentes do regime e dos princípios por ela adotados, ou dos tratados internacionais em que a República Federativa do Brasil seja parte". 5. DIVERGÊNCIAS LATERAIS QUANTO À FUNDAMENTAÇÃO DO ACÓRDÃO. Anotação de que os Ministros Ricardo Lewandowski, Gilmar Mendes e Cezar Peluso convergiram no particular entendimento da impossibilidade de ortodoxo enquadramento da união homoafetiva nas espécies de família constitucionalmente estabelecidas. Sem embargo, reconheceram a união entre parceiros do mesmo sexo como uma nova forma de entidade familiar. Matéria aberta à conformação legislativa, sem prejuízo do reconhecimento da imediata auto-aplicabilidade da Constituição. 6. INTERPRETAÇÃO DO ART. 1.723 DO CÓDIGO CIVIL EM CONFORMIDADE COM A CONSTITUIÇÃO FEDERAL (TÉCNICA DA "INTERPRETAÇÃO CONFORME"). RECONHECIMENTO DA UNIÃO HOMOAFETIVA COMO FAMÍLIA. PROCEDÊNCIA DAS AÇÕES. Ante a possibilidade de interpretação em sentido preconceituoso ou discriminatório do art. 1.723 do Código Civil, não resolúvel à luz dele próprio, faz-se necessária a utilização da técnica de "interpretação conforme à Constituição". Isso para excluir do dispositivo em causa qualquer significado que impeça o reconhecimento da união contínua, pública e duradoura entre pessoas do mesmo sexo como família. Reconhecimento que é de ser feito segundo as mesmas regras e com as mesmas consequências da união estável heteroafetiva. (ADI 4277, Relator(a): Min. AYRES BRITTO, Tribunal Pleno, julgado em 05/05/2011, DJe-198 DIVULG 13-10-2011 PUBLIC 14-10-2011 EMENT VOL-02607-03 PP-00341 RTJ VOL-00219-01 PP-00212).

zadores. O princípio norteador das decisões acima mencionados foi o res-

43 Ementa: 1. ARGUIÇÃO DE DESCUMPRIMENTO DE PRECEITO FUNDAMENTAL (ADPF). PERDA PARCIAL DE OBJETO. RECEBIMENTO, NA PARTE REMANESCENTE, COMO AÇÃO DIRETA DE INCONSTITUCIONALIDADE. UNIÃO HOMOAFETIVA E SEU RECONHECIMENTO COMO INSTITUTO JURÍDICO. CONVERGÊNCIA DE OBJETOS ENTRE AÇÕES DE NATUREZA ABSTRATA. JULGAMENTO CONJUNTO. Encampação dos fundamentos da ADPF nº 132-RJ pela ADI nº 4.277-DF, com a finalidade de conferir "interpretação conforme à Constituição" ao art. 1.723 do Código Civil. Atendimento das condições da ação. 2. PROIBIÇÃO DE DISCRIMINAÇÃO DAS PESSOAS EM RAZÃO DO SEXO, SEJA NO PLANO DA DICOTOMIA HOMEM/MULHER (GÊNERO), SEJA NO PLANO DA ORIENTAÇÃO SEXUAL DE CADA QUAL DELES. A PROIBIÇÃO DO PRECONCEITO COMO CAPÍTULO DO CONSTITUCIONALISMO FRATERNAL. HOMENAGEM AO PLURALISMO COMO VALOR SÓCIO-POLÍTICO-CULTURAL. LIBERDADE PARA DISPOR DA PRÓPRIA SEXUALIDADE, INSERIDA NA CATEGORIA DOS DIREITOS FUNDAMENTAIS DO INDIVÍDUO, EXPRESSÃO QUE É DA AUTONOMIA DE VONTADE. DIREITO À INTIMIDADE E À VIDA PRIVADA. CLÁUSULA PÉTREA. O sexo das pessoas, salvo disposição constitucional expressa ou implícita em sentido contrário, não se presta como fator de desigualação jurídica. Proibição de preconceito, à luz do inciso IV do art. 3º da Constituição Federal, por colidir frontalmente com o objetivo constitucional de "promover o bem de todos". Silêncio normativo da Carta Magna a respeito do concreto uso do sexo dos indivíduos como saque da kelseniana "norma geral negativa", segundo a qual "o que não estiver juridicamente proibido, ou obrigado, está juridicamente permitido". Reconhecimento do direito à preferência sexual como direta emanação do princípio da "dignidade da pessoa humana": direito a auto-estima no mais elevado ponto da consciência do indivíduo. Direito à busca da felicidade. Salto normativo da proibição do preconceito para a proclamação do direito à liberdade sexual. O concreto uso da sexualidade faz parte da autonomia da vontade das pessoas naturais. Empírico uso da sexualidade nos planos da intimidade e da privacidade constitucionalmente tuteladas. Autonomia da vontade. Cláusula pétrea. 3. TRATAMENTO CONSTITUCIONAL DA INSTITUIÇÃO DA FAMÍLIA. RECONHECIMENTO DE QUE A CONSTITUIÇÃO FEDERAL NÃO EMPRESTA AO SUBSTANTIVO "FAMÍLIA" NENHUM SIGNIFICADO ORTODOXO OU DA PRÓPRIA TÉCNICA JURÍDICA. A FAMÍLIA COMO CATEGORIA SÓCIO-CULTURAL E PRINCÍPIO ESPIRITUAL. DIREITO SUBJETIVO DE CONSTITUIR FAMÍLIA. INTERPRETAÇÃO NÃO-REDUCIONISTA. O caput do art. 226 confere à família, base da sociedade, especial proteção do Estado. Ênfase constitucional à instituição da família. Família em seu coloquial ou proverbial significado de núcleo doméstico, pouco importando se formal ou informalmente constituída, ou se integrada por casais heteroafetivos ou por pares homoafetivos. A Constituição de 1988, ao utilizar-se da expressão "família", não limita sua formação a casais heteroafetivos nem a formalidade cartorária, celebração civil ou liturgia religiosa. Família como instituição privada que, voluntariamente constituída entre pessoas adultas, mantém com o Estado e a sociedade civil uma necessária relação tricotômica. Núcleo familiar que é o principal lócus institucional de concreção dos direitos fundamentais que a própria Constituição designa por "intimidade e vida privada" (inciso X do art. 5º). Isonomia entre casais heteroafetivos e pares homoafetivos que somente ganha plenitude de sentido se desembocar no igual direito subjetivo à formação de uma autonomizada família. Família como figura central ou continente, de que tudo o mais é conteúdo. Imperiosidade da interpretação não-reducionista do conceito de família como instituição que também se forma por vias distintas do casamento civil. Avanço da Constituição Federal de 1988 no plano dos costumes. Caminhada na direção do pluralismo como categoria sócio-político-cultural. Competência do Supremo Tribunal Federal para manter, interpretativamente, o Texto Magno na posse do seu fundamental atributo da coerência, o que passa pela eliminação de preconceito quanto

peito à diferença e à proibição de discriminação em razão da etnia, religião ou escolha/opção sexual.

à orientação sexual das pessoas. 4. UNIÃO ESTÁVEL. NORMAÇÃO CONSTITUCIONAL REFERIDA A HOMEM E MULHER, MAS APENAS PARA ESPECIAL PROTEÇÃO DESTA ÚLTIMA. FOCADO PROPÓSITO CONSTITUCIONAL DE ESTABELECER RELAÇÕES JURÍDICAS HORIZONTAIS OU SEM HIERARQUIA ENTRE AS DUAS TIPOLOGIAS DO GÊNERO HUMANO. IDENTIDADE CONSTITUCIONAL DOS CONCEITOS DE "ENTIDADE FAMILIAR" E "FAMÍLIA". A referência constitucional à dualidade básica homem/mulher, no §3º do seu art. 226, deve-se ao centrado intuito de não se perder a menor oportunidade para favorecer relações jurídicas horizontais ou sem hierarquia no âmbito das sociedades domésticas. Reforço normativo a um mais eficiente combate à renitência patriarcal dos costumes brasileiros. Impossibilidade de uso da letra da Constituição para ressuscitar o art. 175 da Carta de 1967/1969. Não há como fazer rolar a cabeça do art. 226 no patíbulo do seu parágrafo terceiro. Dispositivo que, ao utilizar da terminologia "entidade familiar", não pretendeu diferenciá-la da "família". Inexistência de hierarquia ou diferença de qualidade jurídica entre as duas formas de constituição de um novo e autonomizado núcleo doméstico. Emprego do fraseado "entidade familiar" como sinônimo perfeito de família. A Constituição não interdita a formação de família por pessoas do mesmo sexo. Consagração do juízo de que não se proíbe nada a ninguém senão em face de um direito ou de proteção de um legítimo interesse de outrem, ou de toda a sociedade, o que não se dá na hipótese sub judice. Inexistência do direito dos indivíduos heteroafetivos à sua não-equiparação jurídica com os indivíduos homoafetivos. Aplicabilidade do §2º do art. 5º da Constituição Federal, a evidenciar que outros direitos e garantias, não expressamente listados na Constituição, emergem "do regime e dos princípios por ela adotados", verbis: "Os direitos e garantias expressos nesta Constituição não excluem outros decorrentes do regime e dos princípios por ela adotados, ou dos tratados internacionais em que a República Federativa do Brasil seja parte". 5. DIVERGÊNCIAS LATERAIS QUANTO À FUNDAMENTAÇÃO DO ACÓRDÃO. Anotação de que os Ministros Ricardo Lewandowski, Gilmar Mendes e Cezar Peluso convergiram no particular entendimento da impossibilidade de ortodoxo enquadramento da união homoafetiva nas espécies de família constitucionalmente estabelecidas. Sem embargo, reconheceram a união entre parceiros do mesmo sexo como uma nova forma de entidade familiar. Matéria aberta à conformação legislativa, sem prejuízo do reconhecimento da imediata auto-aplicabilidade da Constituição. 6. INTERPRETAÇÃO DO ART. 1.723 DO CÓDIGO CIVIL EM CONFORMIDADE COM A CONSTITUIÇÃO FEDERAL (TÉCNICA DA "INTERPRETAÇÃO CONFORME"). RECONHECIMENTO DA UNIÃO HOMOAFETIVA COMO FAMÍLIA. PROCEDÊNCIA DAS AÇÕES. Ante a possibilidade de interpretação em sentido preconceituoso ou discriminatório do art. 1.723 do Código Civil, não resolúvel à luz dele próprio, faz-se necessária a utilização da técnica de "interpretação conforme à Constituição". Isso para excluir do dispositivo em causa qualquer significado que impeça o reconhecimento da união contínua, pública e duradoura entre pessoas do mesmo sexo como família. Reconhecimento que é de ser feito segundo as mesmas regras e com as mesmas consequências da união estável heteroafetiva. (ADPF 132, Relator(a): Min. AYRES BRITTO, Tribunal Pleno, julgado em 05/05/2011, DJe-198 DIVULG 13-10-2011 PUBLIC 14-10-2011 EMENT VOL-02607-01 PP-00001).

44 DIREITO DE FAMÍLIA. CASAMENTO CIVIL ENTRE PESSOAS DO MESMO SEXO (HOMOAFETIVO). INTERPRETAÇÃO DOS ARTS. 1.514, 1.521, 1.523, 1.535 e 1.565 DO CÓDIGO CIVIL DE 2002. INEXISTÊNCIA DE VEDAÇÃO EXPRESSA A QUE SE HABILITEM PARA O CASAMENTO PESSOAS DO MESMO SEXO. VEDAÇÃO IMPLÍCITA CONSTITUCIONALMENTE INACEITÁVEL. ORIENTAÇÃO PRINCIPIOLÓGICA CONFERIDA PELO STF NO JULGAMENTO DA ADPF N. 132/RJ E DA ADI N. 4.277/DF.

1. Embora criado pela Constituição Federal como guardião do direito infraconstitucio-

nal, no estado atual em que se encontra a evolução do direito privado, vigorante a fase histórica da constitucionalização do direito civil, não é possível ao STJ analisar as celeumas que lhe aportam "de costas" para a Constituição Federal, sob pena de ser entregue ao jurisdicionado um direito desatualizado e sem lastro na Lei Maior. Vale dizer, o Superior Tribunal de Justiça, cumprindo sua missão de uniformizar o direito infraconstitucional, não pode conferir à lei uma interpretação que não seja constitucionalmente aceita.
2. O Supremo Tribunal Federal, no julgamento conjunto da ADPF n.
132/RJ e da ADI n. 4.277/DF, conferiu ao art. 1.723 do Código Civil de 2002 interpretação conforme à Constituição para dele excluir todo significado que impeça o reconhecimento da união contínua, pública e duradoura entre pessoas do mesmo sexo como entidade familiar, entendida esta como sinônimo perfeito de família.
3. Inaugura-se com a Constituição Federal de 1988 uma nova fase do direito de família e, consequentemente, do casamento, baseada na adoção de um explícito poliformismo familiar em que arranjos multifacetados são igualmente aptos a constituir esse núcleo doméstico chamado "família", recebendo todos eles a "especial proteção do Estado". Assim, é bem de ver que, em 1988, não houve uma recepção constitucional do conceito histórico de casamento, sempre considerado como via única para a constituição de família e, por vezes, um ambiente de subversão dos ora consagrados princípios da igualdade e da dignidade da pessoa humana. Agora, a concepção constitucional do casamento – diferentemente do que ocorria com os diplomas superados – deve ser necessariamente plural, porque plurais também são as famílias e, ademais, não é ele, o casamento, o destinatário final da proteção do Estado, mas apenas o intermediário de um propósito maior, que é a proteção da pessoa humana em sua inalienável dignidade.
4. O pluralismo familiar engendrado pela Constituição – explicitamente reconhecido em precedentes tanto desta Corte quanto do STF – impede se pretenda afirmar que as famílias formadas por pares homoafetivos sejam menos dignas de proteção do Estado, se comparadas com aquelas apoiadas na tradição e formadas por casais heteroafetivos.
5. O que importa agora, sob a égide da Carta de 1988, é que essas famílias multiformes recebam efetivamente a "especial proteção do Estado", e é tão somente em razão desse desígnio de especial proteção que a lei deve facilitar a conversão da união estável em casamento, ciente o constituinte que, pelo casamento, o Estado melhor protege esse núcleo doméstico chamado família.
6. Com efeito, se é verdade que o casamento civil é a forma pela qual o Estado melhor protege a família, e sendo múltiplos os "arranjos" familiares reconhecidos pela Carta Magna, não há de ser negada essa via a nenhuma família que por ela optar, independentemente de orientação sexual dos partícipes, uma vez que as famílias constituídas por pares homoafetivos possuem os mesmos núcleos axiológicos daquelas constituídas por casais heteroafetivos, quais sejam, a dignidade das pessoas de seus membros e o afeto.
7. A igualdade e o tratamento isonômico supõem o direito a ser diferente, o direito à auto-afirmação e a um projeto de vida independente de tradições e ortodoxias. Em uma palavra: o direito à igualdade somente se realiza com plenitude se é garantido o direito à diferença. Conclusão diversa também não se mostra consentânea com um ordenamento constitucional que prevê o princípio do livre planejamento familiar (§ 7º do art. 226). E é importante ressaltar, nesse ponto, que o planejamento familiar se faz presente tão logo haja a decisão de duas pessoas em se unir, com escopo de constituir família, e desde esse momento a Constituição lhes franqueia ampla liberdade de escolha pela forma em que se dará a união.
8. Os arts. 1.514, 1.521, 1.523, 1.535 e 1.565, todos do Código Civil de 2002, não vedam expressamente o casamento entre pessoas do mesmo sexo, e não há como se enxergar uma vedação implícita ao casamento homoafetivo sem afronta a caros princípios constitucionais, como o da igualdade, o da não discriminação, o da dignidade da pessoa humana

A partir de então, tornou-se possível a conversão da união homoafetiva em casamento, bem como a sua habilitação direta para o casamento.[44]

Em 2012, o STF reconheceu a existência de repercussão geral sobre a existência de uniões homoafetivas. (ARE 656298 RG, Relator(a): Min. AYRES BRITTO, julgado em 08/03/2012, ACÓRDÃO ELETRÔNICO DJe-084 DIVULG 30-04-2012 PUBLIC 02-05-2012 RT v. 101, n. 922, 2012, p. 742-746). O tema 529 de repercussão geral diz: " Possibilidade de reconhecimento jurídico de união estável e de relação homoafetiva concomitantes, com o consequente rateio de pensão por morte." Leadind case ARE 656298, de relatoria do Ministro Teori Zavascki.[45]

---

e os do pluralismo e livre planejamento familiar.

9. Não obstante a omissão legislativa sobre o tema, a maioria, mediante seus representantes eleitos, não poderia mesmo "democraticamente" decretar a perda de direitos civis da minoria pela qual eventualmente nutre alguma aversão. Nesse cenário, em regra é o Poder Judiciário – e não o Legislativo – que exerce um papel contramajoritário e protetivo de especialíssima importância, exatamente por não ser compromissado com as maiorias votantes, mas apenas com a lei e com a Constituição, sempre em vista a proteção dos direitos humanos fundamentais, sejam eles das minorias, sejam das maiorias. Dessa forma, ao contrário do que pensam os críticos, a democracia se fortalece, porquanto esta se reafirma como forma de governo, não das maiorias ocasionais, mas de todos.

10. Enquanto o Congresso Nacional, no caso brasileiro, não assume, explicitamente, sua coparticipação nesse processo constitucional de defesa e proteção dos socialmente vulneráveis, não pode o Poder Judiciário demitir-se desse mister, sob pena de aceitação tácita de um Estado que somente é "democrático" formalmente, sem que tal predicativo resista a uma mínima investigação acerca da universalização dos direitos civis.

11. Recurso especial provido.

(REsp 1183378/RS, Rel. Ministro LUIS FELIPE SALOMÃO, QUARTA TURMA, julgado em 25/10/2011, DJe 01/02/2012).

45 Eis a síntese do que discutido no Recurso Extraordinário com Agravo nº 656.298/SE, da relatoria do Ministro Ayres Britto, inserido no sistema eletrônico da repercussão geral às 20 horas e 27 minutos do dia 17 de fevereiro de 2012. A Primeira Câmara Cível do Tribunal de Justiça do Estado de Sergipe proveu a Apelação Cível n º 5802/2010 para assentar a improcedência do pedido de reconhecimento de relação homoafetiva formulado pelo recorrente, afastando o direito ao recebimento de metade do valor da pensão por morte devida à recorrida. Consignou que, embora o falecido tenha mantido união duradoura com o recorrente, haveria uma declaração judicial de união estável entre o falecido e a recorrida, com a qual, inclusive, possuía um filho. Concluiu pela impossibilidade de admitir-se a existência de duas uniões estáveis em período coincidente para fins de concessão de benefícios previdenciários, porquanto tal situação seria similar à bigamia, vedada pelo ordenamento jurídico pátrio. No extraordinário protocolado com alegada base na alínea "a" do permissivo constitucional, o recorrente argui transgressão aos artigos 1º, inciso III, 3º, inciso IV, e 5º, inciso I, da Carta Federal. Afirma ter-se, na decisão impugnada, violado os princípios da dignidade da pessoa humana e da igualdade, na medida em que o recorrente e o falecido haviam mantido relacionamento de forma pública, contínua e duradoura até a data da morte, configurando tal vínculo uma sociedade de fato. Por esse motivo, teria jus ao rateio da pensão por morte devida à companheira. Sustenta que a circunstância de a mencionada união ser entre pessoas do mesmo sexo não poderia obstaculizar a concessão do benefício pleiteado, sob pena de ficar caracterizada a discriminação àqueles que vivem relacionamento homoafetivo. Sob o ângulo da repercussão geral, anota a importância social do

Vale destacar que o Conselho Nacional de Justiça – CNJ editou a Resolução Nº 175 de 14/05/2013 dispondo sobre a habilitação, celebração de casamento civil, ou de conversão de união estável em casamento, entre pessoas de mesmo sexo. O artigo 1º desta Resolução diz que "é vedada às autoridades competentes a recusa de habilitação, celebração de casamento civil ou de conversão de união estável em casamento entre pessoas de mesmo sexo."

---

tema, por referir-se a situação cada vez mais comum em todo o país, qual seja, a existência de uniões estáveis entre pessoas do mesmo sexo, ou não, em período coincidente, e os efeitos previdenciários originados desses casos. A recorrida, nas contrarrazões, diz da falta de prequestionamento e da inexistência de repercussão geral da matéria. No tocante ao mérito, assevera o acerto do acórdão impugnado, ante a inocorrência de ofensa aos princípios da dignidade da pessoa humana e da isonomia. O extraordinário não foi admitido na origem. O recorrente interpôs agravo, reiterando os argumentos constantes do extraordinário. A recorrida protocolou contraminuta, nos mesmos termos das contrarrazões. Eis o pronunciamento do relator, Ministro Ayres Britto: Cuida-se de agravo contra decisão obstativa de recurso extraordinário, este interposto com base na alínea a do inciso III do art. 102 da Constituição Republicana, contra acórdão do Tribunal de Justiça do Estado de Sergipe. Acórdão assim ementado (fls. 132): APELAÇÃO CÍVEL – CONSTITUCIONAL, CIVIL E PREVIDENCIÁRIO – PENSÃO POR MORTE – RELAÇÃO HOMOAFETIVA – POSSIBILIDADE DE RECONHECIMENTO COM STATUS DE UNIÃO ESTÁVEL, INCLUSIVE PARA FINS DE RECEBIMENTO DE BENEFÍCIO PREVIDENCIÁRIO – INEXISTÊNCIA DE VEDAÇÃO NOS ARTIGOS 226, § 3º DA CF E 1723 DO CC – AUSÊNCIA DE PREVISÃO LEGAL – O JULGADOR NÃO PODE ESQUIVAR-SE DA PRESTAÇÃO JURISDICIONAL – AUTORIZADO, NESTE CASO, O EMPREGO DOS MÉTODOS INTEGRATIVOS DA LEI, INCLUSIVE DA ANALOGIA – INTELIGÊNCIA DO ART. 4º DA LICC – APLICAÇÃO DOS PRINCÍPIOS DA DIGNIDADE DA PESSOA HUMANA, DA IGUALDADE E DA NÃO-DISCRIMINAÇÃO ENTRE OS SEXOS – HIPÓTESE DIVERSA IMPEDE O RECONHECIMENTO DA RELAÇÃO HOMOAFETIVA COMO REQUERIDO PELO APELADO – EXISTÊNCIA DE DECLARAÇÃO JUDICIAL DE UNIÃO ESTÁVEL HAVIDA ENTRE O DE CUJUS E A PRIMEIRA APELANTE EM PERÍODO CONCOMITANTE – CONCUBINATO DESLEAL – INADMISSIBILIDADE PELO ORDENAMENTO JURÍDICO PÁTRIO, CUJO SISTEMA NÃO ADMITE A COEXISTÊNCIA DE DUAS ENTIDADES FAMILIARES, COM CARACTERÍSTICAS DE PUBLICIDADE, CONTINUIDADE E DURABILIDADE VISANDO A CONSTITUIÇÃO DE FAMÍLIA – ANALOGIA COM A BIGAMIA – PRECEDENTES DO STJ E DO TRIBUNAL DE MINAS GERAIS – SENTENÇA REFORMADA – RECURSO CONHECIDO E PROVIDO – VOTAÇÃO UNÂNIME. 2. Pois bem, a parte recorrente sustenta, preliminarmente, a presença da repercussão geral da questão constitucional discutida. Quanto ao mérito, afirma que a decisão impugnada violou o inciso III do art. 1º, o inciso IV do art. 3º e o inciso I do art. 5º da Magna Carta de 1988. Alega ofensa aos princípios da dignidade da pessoa humana e da igualdade. 3. Tenho que as questões constitucionais discutidas no caso (possibilidade de reconhecimento jurídico de união estável homoafetiva e possibilidade de reconhecimento jurídico de uniões estáveis concomitantes) se encaixam positivamente no âmbito de incidência do § 1º do art. 543-A do Código de Processo Civil. Dispositivo cuja dicção é a seguinte: §1º Para efeito da repercussão geral, será considerada a existência, ou não, de questões relevantes do ponto de vista econômico, político, social ou jurídico, que ultrapassem os interesses subjetivos da causa. Com estas considerações, manifesto-me pela presença do requisito da repercussão geral e submeto a matéria ao conhecimento dos demais ministros desta Suprema Corte (art. 323 do RI). Brasília, 17 de fevereiro de 2012. Ministro AYRES BRITTO Relator.

9.12.1 Adoção de crianças por casais homoafetivos

Outra questão importante gira em torno da possibilidade de adoção de crianças por casais homoafetivos. Como dito alhures, na contemporaneidade inexiste um modelo dominante de família. A heterogeneidade, pluralidade e flexibilidade são marcas que ostentam as diversas formas de modelos familiares.

De acordo com o artigo 43 do ECA, a adoção será deferida quando apresentar reais vantagens para o adotando e fundar-se em motivos legítimos.

Nas uniões homoafetivas o casal não possui capacidade procriativa (no sentido biológico), mas isto não significa que não possam criar seus filhos. Ora, os homossexuais podem ser bons pais/mães da mesma forma como os hetessexuais. A parentalidade por casais homoafetivos pode ocorrer de várias formas: (a) existência de filhos havidos por um dos parceiros em relação heterossexual anterior; (b) uso de novas tecnologias reprodutivas, possibilitando o nascimento de filhos biológicos (por exemplo, o uso de banco de espermas ou barriga de aluguel); (c) adoção pelos meios legais ou de maneira informal (as vezes a adoção legal pelo parceiro homoafetivo é buscada individualmente); e (d) com a co-parentalidade socioafetiva.

A primeira adoção no Brasil realizada por um casal homoafetivo ocorreu em 2005. Foi a adoção da pequena Theodora Carvalho da Gama, de 11 anos, que mora em Catanduva (SP).[46]

---

46 "Primeira criança adotada legalmente por um casal homossexual masculino no Brasil, a criança tem neste segundo domingo de agosto uma data especial, em que se comemora o fato de ser uma das poucas meninas criadas por dois pais no Brasil.

Mais do que Theodora, quem comemora muito este dia é o casal Dorival Pereira de Carvalho Júnior e Vasco Pedro da Gama Filho. Eles, que estão juntos há mais de 20 anos, brigaram até o fim na Justiça para conseguir a guarda legal da menina. "Esperamos bastante para conseguir a adoção, para que tudo desse certo. Então o Dia dos Pais é uma data muito bonita e importante para nós, representa a realização de um sonho", afirma Vasco.

A adoção de Theodora foi no final de 2005. Na época a menina tinha 4 anos. Ela não tem o sobrenome da mãe na certidão, mas de dois pais. Quanto a decisão do Supremo, o casal diz que é fantástico e que a mentalidade do brasileiro está mudando. Disse ainda que uma nova família surgiu. "Ficamos quase seis anos na luta para adotar. O juiz não autorizou na primeira vez. Depois entramos com o pedido novamente e embasado na área psicossocial o juiz foi favorável. Agora aproveitamos o Dia dos Pais para nós divertir e curtir a nossa família", diz Vasco.

Para não ter ciúmes no Dia dos Pais, na escola Theodora sempre faz dois presentes, um para cada pai. No Dia das Mães quem ganha atenção e carinho são as tias do casal. "Até na escola ela já aprende que no Dia dos Pais ela tem de fazer duas lembranças. Se ela der presente para um pai só, sai briga", brinca Vasco.

Passado toda a "guerra" para conseguir a adoção, o casal afirma que o resto foi fácil. Mesmo sendo pais de primeira viagem, eles afirmam que não tiveram dificuldade para cuidar da menina. "Não tivemos problemas, mas sempre tinha aquele medo de saber se estamos fazendo a coisa certa na hora de educar ou cuidar dela. Mas nós dois tivemos uma boa educação e nossas famílias também ajudam na hora de cuidar", explica Vasco, que é cabeleireiro.

"Duas mulheres da Califórnia (EUA), em 1986, formaram o primeiro casal gay a adotar legalmente uma criança, o que já é possível hoje em 14 dos 50 estados norte-americanos. Na Europa, muitos países — em diferentes graus — seguiram o exemplo da pioneira Dinamarca, que em 1999 permitiu a homossexuais ligados por união civil a adotar o filho do companheiro ou companheira. Dez anos depois, o país aprova o direito de um casal gay adotar em conjunto uma criança. A lista inclui Alemanha, Holanda, Suécia, Inglaterra e Espanha.

Na África do Sul, a Suprema Corte legalizou a adoção por casais homossexuais em 2002, único país do continente a adotar a medida. Em Israel, em 2008, uma decisão do procurador-geral de Israel facilitou a adoção para casais do mesmo sexo. O Uruguai foi o primeiro país latino-americano a legalizar a adoção por casais homossexuais, em 2009."[47]

Em 2009, o *Conselho Nacional de Justiça* mudou o padrão da certidão de nascimento do tradicional "pai e mãe" para o termo "filiação", abrindo caminho para o registro de crianças por casais do mesmo sexo e garantindo à criança todos os direitos sucessórios e patrimoniais, inclusive em caso de separação ou morte de um deles.

Em 2010, o Ministro Luis Felipe Salomão, no Recurso Especial n.889. 852-RS, decidiu que "Cuida-se da possibilidade de pessoa que mantém união homoafetiva adotar duas crianças (irmãos biológicos) já perfilhadas por sua companheira. É certo que o art. 1º da Lei n. 12.010/2009 e o art. 43 do ECA deixam claro que todas as crianças e adolescentes têm a garantia do direito à convivência familiar e que a adoção fundada em motivos legítimos pode ser deferida somente quando presentes reais vantagens a eles. Anote-se, então, ser imprescindível, na adoção, a prevalência dos interesses dos menores so-

---

Theodora surgiu na vida deles em uma visita a uma instituição de crianças carentes do município. "Eu me apaixonei por ela ali. Eu bati uma foto dela escondido e cheguei em casa falando para o Júnior que tinha uma menina que era a nossa cara", conta.

Na escola, o preconceito passa longe de Theodora. Na verdade, os amigos até ficam com inveja dela por ter dois pais. "Eu tenho orgulho deles. Acho bacana ter uma família diferente. Gosto muito de beijar, abraçar e andar de bicicleta com eles. Eu e o Vasco fazemos a maior festa. Os meus amigos falam que também queriam ter dois pais ", diz a menina.

Em Catanduva, o casal também não sofreu com o preconceito por tentar adotar uma criança. Na verdade, eles tiveram apoio da maioria dos moradores. "A cidade abraçou a causa. Todas as idades, de todos os sexos, adolescentes, senhoras. Todos nos cumprimentaram pela ação", diz.

Depois de brigar na justiça por tanto tempo e enfrentar o preconceito por parte da sociedade, o maior presente do Dia dos Pais, para Vasco e Dorival, é a pequena Theodora." Disponível em: < http://g1.globo.com/sao-paulo/sao-jose-do-rio-preto-aracatuba/noticia/2012/08/primeiro-casal-homossexual-adotar-crianca-no-pais-fala-sobre-dia-dos-pais.html>. Acesso em: 21 jan. 2017.

47 Disponível em: http://www.senado.gov.br/noticias/Jornal/emdiscussao/adocao/relatos-reais-sobre-adocao/-a-adocao-feita-por-homossexuais-batalhas-e-vitorias-legais.aspx. Acesso em: 21 jan. 2017.

bre quaisquer outros, até porque se discute o próprio direito de filiação, com consequências que se estendem por toda a vida. Decorre daí que, também no campo da adoção na união homoafetiva, a qual, como realidade fenomênica, o Judiciário não pode desprezar, há que se verificar qual a melhor solução a privilegiar a proteção aos direitos da criança. Frise-se inexistir aqui expressa previsão legal a permitir também a inclusão, como adotante, do nome da companheira de igual sexo nos registros de nascimento das crianças, o que já é aceito em vários países, tais como a Inglaterra, País de Gales, Países Baixos, e em algumas províncias da Espanha, lacuna que não se mostra como óbice à proteção proporcionada pelo Estado aos direitos dos infantes. Contudo, estudos científicos de respeitadas instituições (a Academia Americana de Pediatria e as universidades de Virgínia e Valência) apontam não haver qualquer inconveniente na adoção por companheiros em união homoafetiva, pois o que realmente importa é a qualidade do vínculo e do afeto presente no meio familiar que ligam as crianças a seus cuidadores. Na específica hipótese, há consistente relatório social lavrado por assistente social favorável à adoção e conclusivo da estabilidade da família, pois é incontroverso existirem fortes vínculos afetivos entre a requerente e as crianças. Assim, impõe-se deferir a adoção lastreada nos estudos científicos que afastam a possibilidade de prejuízo de qualquer natureza às crianças, visto que criadas com amor, quanto mais se verificado cuidar de situação fática consolidada, de dupla maternidade desde os nascimentos, e se ambas as companheiras são responsáveis pela criação e educação dos menores, a elas competindo, solidariamente, a responsabilidade. Mediante o deferimento da adoção, ficam consolidados os direitos relativos a alimentos, sucessão, convívio com a requerente em caso de separação ou falecimento da companheira e a inclusão dos menores em convênios de saúde, no ensino básico e superior, em razão da qualificação da requerente, professora universitária. Frise-se, por último, que, segundo estatística do CNJ, ao consultar-se o Cadastro Nacional de Adoção, poucos são os casos de perfiliação de dois irmãos biológicos, pois há preferência por adotar apenas uma criança. Assim, por qualquer ângulo que se analise a questão, chega-se à conclusão de que, na hipótese, a adoção proporciona mais do que vantagens aos menores (art. 43 do ECA) e seu indeferimento resultaria verdadeiro prejuízo a eles. REsp 889.852-RS, Rel. Min. Luis Felipe Salomão, julgado em 27/4/2010."

Não há dúvidas que deve prevalecer o princípio do melhor interesse da criança. A criança precisa de um lar e de afeto. Dessa maneira, o artigo 1.622 do Código Civil que dizia que "ninguém pode ser adotado por duas pessoas, salvo se forem marido e mulher, ou se viverem em união estável" foi revogado pela lei n. 12.010, de 2009.

As funções e os papéis a serem exercidos pelo casal homoafetivo e seus filhos, a despeito da nova relação de parentalidade, serão marcados pela solidariedade e afeto, bem como disputas e conflitos, de acordo com toda e qualquer relação familiar.

Não se pode imaginar que arranjos familiares compostos por casais homoafetivos possam causar desordem à família ou sua própria desconfiguração. Em linhas gerais, a sociedade ainda é preconceituosa em relação à conjugalidade ou possibilidade de carinho e afeto entre pessoas do mesmo sexo. É um sentimento de desconforto que deve ser enfrentado. A educação e adoção de crianças por lésbicas, gays, bissexuais, travestis ou transexuais é vista unicamente em termos pornográficos e um risco irremediável para a criança neste novo contexto de parentalidade. Dessa maneira, a família de matriz heterossexual não pode ser vista como único modelo natural de referência de afeto e socialização.

9.12.2 A doção de sangue por homossexuais

O preconceito aos casais homoafetivos não se restringe aos atos de adoção de crianças, conforme visto no item anterior. Eles enfrentam ainda um movimento de enfrentamento ao preconceito e à discriminação. Estes sofrem profunda discriminação também, pasmem, no ato de doar sangue para salvar vidas. No Brasil, a restrição está expressa na portaria 158/2016, do Ministério da Saúde, e na Resolução 43/2014, da Anvisa, as quais incluem na lista de 12 meses sem poder doar tanto os "homens que tiveram relações sexuais com outros homens", como as "parceiras sexuais" desses. O artigo 64, inciso IV, da Portaria 158/2016 diz que "Considerar-se-á inapto temporário por 12 (doze) meses o candidato que tenha sido exposto a qualquer uma das situações abaixo: [...]IV – homens que tiveram relações sexuais com outros homens e/ou as parceiras sexuais destes [...].

"A OMS corrobora com as regras em vigor no Brasil e nos EUA. Segundo documento em que a entidade trata de doadores de sangue, estudos internacionais apontam que "diminuir a restrição por um período mínimo de 12 meses a homens que mantiveram relações sexuais com outros homens poderia levar a um aumento de 60% no número de doadores com o vírus HIV".

O dado levado em consideração é o de uma pesquisa realizada em 2003 no Reino Unido, que também aponta que esse mesmo risco subiria 500% caso não houvesse qualquer restrição. Já publicação da Organização Pan-Americana de Saúde, braço da OMS, deixa claro que "pessoas que se engajam em comportamentos sexuais de risco devem ser recusadas como doadores por 12 meses após a última ocorrência".

Segundo informações do Ministério da Saúde, na maior parte dos países da Europa, homens que tiveram relações sexuais com outros homens são considerados "inaptos permanentes para doar sangue".[48]

No Canadá, o prazo considerado como chamada janela imunológica – período em que o vírus pode ficar incubado no organismo – é de cinco anos. Além do Brasil e dos Estados Unidos, Austrália e França consideram o intervalo de restrição para doações de 12 meses.

Já de acordo com informações da ONG Grupo Dignidade, "pelo menos outros 17 países não fazem distinção ou não estabelecem critérios específicos de exclusão de gays e outros homens que fazem sexo com homens como doadores de sangue". Entre estes países estão Argentina, Chile, Colômbia, México, Peru, Espanha, Itália, Portugal e Rússia."

Por fim, vale mencionar que as regras brasileiras são questionadas no Supremo Tribunal Federal pelo Partido Socialista Brasileiro (PSB).

9.13 União estável Paralela ou Plúrima ou Múltipla

Como dito alhures, a família pós-moderna é constituída a partir de diversos modelos, tais como: a comunidade familiar composta unicamente por irmãos (família coparental), a família formada por pessoas sem laços de parentesco, mas que se voltam para um mesmo propósito (família anaparental), famílias decorrentes da recomposição de famílias desfeitas (famílias recompostas, reconstituídas, famílias-mosaico), união poliafetiva (ou poliamor), dentre outras. O *locus hermenêutico* é o afeto e a busca da felicidade de seus membros, ainda que não haja o reconhecimento expresso pelo constituinte originário e pelo legislador infraconstitucional.

A Declaração Universal dos Direitos do Homem já apregoava a importância da família, ao declarar em seu artigo 16, inciso III, que "A família é o núcleo natural e fundamental da sociedade e tem direito à proteção da sociedade e do Estado". Daí a necessidade de delimitação do termo família.

A união estável plúrima, múltipla ou paralela é a situação fática em que um pessoa mantém relações familiares, de acordo com a regra do artigo 1.723 (união estável) do Código Civil com várias pessoas ao mesmo tempo.

No STF já ficou decidido a existência de repercussão geral em relação as questões constitucionais alusivas à possibilidade de reconhecimento jurídico de união estável homoafetiva e à possibilidade de reconhecimento jurídico de uniões estáveis concomitantes. (ARE 656298 RG, Relator(a): Min. AYRES BRITTO, julgado em 08/03/2012, ACÓRDÃO ELETRÔNICO DJe-084 DIVULG 30-04-2012 PUBLIC 02-05-2012 RT v. 101, n. 922, 2012, p. 742-746). O tema 529 de repercussão geral diz: " Possibilidade de reconhecimento jurí-

48 Disponível em: <http://www.ebc.com.br/cidadania/2016/06/dia-mundial-do-doador-de-sangue-polemica-envolve-doacoes-de-homossexuais-no-brasil>. Acesso em: 21 jan. 2017.

dico de união estável e de relação homoafetiva concomitantes, com o consequente rateio de pensão por morte." Leadind case ARE 656298, de relatoria do Ministro Teori Zavascki.[49]

---

49 Eis a síntese do que discutido no Recurso Extraordinário com Agravo nº 656.298/SE, da relatoria do Ministro Ayres Britto, inserido no sistema eletrônico da repercussão geral às 20 horas e 27 minutos do dia 17 de fevereiro de 2012. A Primeira Câmara Cível do Tribunal de Justiça do Estado de Sergipe proveu a Apelação Cível n º 5802/2010 para assentar a improcedência do pedido de reconhecimento de relação homoafetiva formulado pelo recorrente, afastando o direito ao recebimento de metade do valor da pensão por morte devida à recorrida. Consignou que, embora o falecido tenha mantido união duradoura com o recorrente, haveria uma declaração judicial de união estável entre o falecido e a recorrida, com a qual, inclusive, possuía um filho. Concluiu pela impossibilidade de admitir-se a existência de duas uniões estáveis em período coincidente para fins de concessão de benefícios previdenciários, porquanto tal situação seria similar à bigamia, vedada pelo ordenamento jurídico pátrio. No extraordinário protocolado com alegada base na alínea "a" do permissivo constitucional, o recorrente argui transgressão aos artigos 1º, inciso III, 3º, inciso IV, e 5º, inciso I, da Carta Federal. Afirma ter-se, na decisão impugnada, violado os princípios da dignidade da pessoa humana e da igualdade, na medida em que o recorrente e o falecido haviam mantido relacionamento de forma pública, contínua e duradoura até a data da morte, configurando tal vínculo uma sociedade de fato. Por esse motivo, teria jus ao rateio da pensão por morte devida à companheira. Sustenta que a circunstância de a mencionada união ser entre pessoas do mesmo sexo não poderia obstaculizar a concessão do benefício pleiteado, sob pena de ficar caracterizada a discriminação àqueles que vivem relacionamento homoafetivo. Sob o ângulo da repercussão geral, anota a importância social do tema, por referir-se a situação cada vez mais comum em todo o país, qual seja, a existência de uniões estáveis entre pessoas do mesmo sexo, ou não, em período coincidente, e os efeitos previdenciários originados desses casos. A recorrida, nas contrarrazões, diz da falta de prequestionamento e da inexistência de repercussão geral da matéria. No tocante ao mérito, assevera o acerto do acórdão impugnado, ante a inocorrência de ofensa aos princípios da dignidade da pessoa humana e da isonomia. O extraordinário não foi admitido na origem. O recorrente interpôs agravo, reiterando os argumentos constantes do extraordinário. A recorrida protocolou contraminuta, nos mesmos termos das contrarrazões. Eis o pronunciamento do relator, Ministro Ayres Britto: Cuida-se de agravo contra decisão obstativa de recurso extraordinário, este interposto com base na alínea a do inciso III do art. 102 da Constituição Republicana, contra acórdão do Tribunal de Justiça do Estado de Sergipe. Acórdão assim ementado (fls. 132): APELAÇÃO CÍVEL – CONSTITUCIONAL, CIVIL E PREVIDENCIÁRIO – PENSÃO POR MORTE – RELAÇÃO HOMOAFETIVA – POSSIBILIDADE DE RECONHECIMENTO COM STATUS DE UNIÃO ESTÁVEL, INCLUSIVE PARA FINS DE RECEBIMENTO DE BENEFÍCIO PREVIDENCIÁRIO – INEXISTÊNCIA DE VEDAÇÃO NOS ARTIGOS 226, § 3º DA CF E 1723 DO CC – AUSÊNCIA DE PREVISÃO LEGAL – O JULGADOR NÃO PODE ESQUIVAR-SE DA PRESTAÇÃO JURISDICIONAL – AUTORIZADO, NESTE CASO, O EMPREGO DOS MÉTODOS INTEGRATIVOS DA LEI, INCLUSIVE DA ANALOGIA – INTELIGÊNCIA DO ART. 4º DA LICC – APLICAÇÃO DOS PRINCÍPIOS DA DIGNIDADE DA PESSOA HUMANA, DA IGUALDADE E DA NÃO-DISCRIMINAÇÃO ENTRE OS SEXOS – HIPÓTESE DIVERSA IMPEDE O RECONHECIMENTO DA RELAÇÃO HOMOAFETIVA COMO REQUERIDO PELO APELADO – EXISTÊNCIA DE DECLARAÇÃO JUDICIAL DE UNIÃO ESTÁVEL HAVIDA ENTRE O DE CUJUS E A PRIMEIRA APELANTE EM PERÍODO CONCOMITANTE – CONCUBINATO DESLEAL – INADMISSIBILIDADE PELO ORDENAMENTO JURÍDICO PÁTRIO, CUJO SISTEMA

Nesse tom, *quais as consequências da união estável paralela ou plúrima*?

Para a Ministra Nancy Andrigui, do STJ, em decisão judicial no REsp 1.157.273-RN, julgado em 18/05/2010, "uma sociedade que apresenta como elemento estrutural a monogamia não pode atenuar o dever de fidelidade, que integra o conceito de lealdade, para o fim de inserir, no âmbito do Direito de Família, relações afetivas paralelas e, por consequência, desleais, sem descurar do fato de que o núcleo familiar contemporâneo tem como escopo a realização de seus integrantes, vale dizer, a busca da felicidade. Assinalou-se que, na espécie, a relação mantida entre o falecido e a recorrida (ex-esposa), despida dos requisitos caracterizadores da união estável, poderá ser reconhecida como sociedade de fato, caso deduzido pedido em processo diverso, para que o Poder Judiciário não deite em solo infértil relacionamentos que efetivamente existem no cenário dinâmico e fluido dessa nossa atual sociedade volátil. Assentou-se, também, que ignorar os desdobramentos familiares em suas infinitas incursões, em que núcleos afetivos justapõem-se, em relações paralelas, concomitantes e simultâneas, seria o mesmo que deixar de julgar com base na ausência de lei específica. Dessa forma, na hipótese de eventual interesse na partilha de bens deixados pelo falecido, deverá a recorrida fazer prova, em processo diverso, repita-se, de eventual esforço comum. Com essas considerações, entre outras, a Turma deu provimento ao recurso, para declarar o reconhecimento da união estável mantida entre o falecido e a recorrente e determinar, por conseguinte, o pagamento da pensão por morte em favor unicamente dela, companheira do falecido."[50]

NÃO ADMITE A COEXISTÊNCIA DE DUAS ENTIDADES FAMILIARES, COM CARACTERÍSTICAS DE PUBLICIDADE, CONTINUIDADE E DURABILIDADE VISANDO A CONSTITUIÇÃO DE FAMÍLIA – ANALOGIA COM A BIGAMIA – PRECEDENTES DO STJ E DO TRIBUNAL DE MINAS GERAIS – SENTENÇA REFORMADA – RECURSO CONHECIDO E PROVIDO – VOTAÇÃO UNÂNIME. 2. Pois bem, a parte recorrente sustenta, preliminarmente, a presença da repercussão geral da questão constitucional discutida. Quanto ao mérito, afirma que a decisão impugnada violou o inciso III do art. 1°, o inciso IV do art. 3° e o inciso I do art. 5° da Magna Carta de 1988. Alega ofensa aos princípios da dignidade da pessoa humana e da igualdade. 3. Tenho que as questões constitucionais discutidas no caso (possibilidade de reconhecimento jurídico de união estável homoafetiva e possibilidade de reconhecimento jurídico de uniões estáveis concomitantes) se encaixam positivamente no âmbito de incidência do § 1° do art. 543-A do Código de Processo Civil. Dispositivo cuja dicção é a seguinte: §1° Para efeito da repercussão geral, será considerada a existência, ou não, de questões relevantes do ponto de vista econômico, político, social ou jurídico, que ultrapassem os interesses subjetivos da causa. Com estas considerações, manifesto-me pela presença do requisito da repercussão geral e submeto a matéria ao conhecimento dos demais ministros desta Suprema Corte (art. 323 do RI). Brasília, 17 de fevereiro de 2012. Ministro AYRES BRITTO Relator.

50 FAMÍLIA. UNIÕES ESTÁVEIS SIMULTÂNEAS. PENSÃO. *In casu*, o *de cujus* foi casado com a recorrida e, ao separar-se consensualmente dela, iniciou um relacionamento afetivo com

Ocorre que ao consideramos a *união estável paralela*, outras soluções podem surgir. Vejamos, por exemplo, o seguinte caso concreto hipotético em que Edmundo mantém relações amorosas com várias pessoas ao mesmo tempo:

João Edmundo reside em Juiz de Fora e vive, nesta cidade, em união estável, desde 2007, com Eduarda. Deste relacionamento nasceu um filho chamado Waldyr. (Relacionamento A)

---

a recorrente, o qual durou de 1994 até o óbito dele em 2003. Sucede que, com a decretação do divórcio em 1999, a recorrida e o falecido voltaram a se relacionar, e esse novo relacionamento também durou até sua morte. Diante disso, as duas buscaram, mediante ação judicial, o reconhecimento de união estável, consequentemente, o direito à pensão do falecido. O juiz de primeiro grau, entendendo haver elementos inconfundíveis caracterizadores de união estável existente entre o *de cujus* e as demandantes, julgou ambos os pedidos procedentes, reconhecendo as uniões estáveis simultâneas e, por conseguinte, determinou o pagamento da pensão em favor de ambas, na proporção de 50% para cada uma. Na apelação interposta pela ora recorrente, a sentença foi mantida. Assim, a questão está em saber, sob a perspectiva do Direito de Família, se há viabilidade jurídica a amparar o reconhecimento de uniões estáveis simultâneas. Nesta instância especial, ao apreciar o REsp, inicialmente se observou que a análise dos requisitos ínsitos à união estável deve centrar-se na conjunção de fatores presentes em cada hipótese, como a *affectio societatis* familiar, a participação de esforços, a posse do estado de casado, a continuidade da união, a fidelidade, entre outros. Desse modo, entendeu-se que, no caso, a despeito do reconhecimento, na dicção do acórdão recorrido, da união estável entre o falecido e sua ex-mulher em concomitância com união estável preexistente por ele mantida com a recorrente, é certo que o casamento válido entre os ex-cônjuges já fora dissolvido pelo divórcio nos termos do art. 1.571, § 1°, do CC/2002, rompendo-se, definitivamente, os laços matrimoniais outrora existentes. Destarte, a continuidade da relação sob a roupagem de união estável não se enquadra nos moldes da norma civil vigente (art. 1.724 do CC/2002), porquanto esse relacionamento encontra obstáculo intransponível no dever de lealdade a ser observado entre os companheiros. Ressaltou-se que uma sociedade que apresenta como elemento estrutural a monogamia não pode atenuar o dever de fidelidade, que integra o conceito de lealdade, para o fim de inserir, no âmbito do Direito de Família, relações afetivas paralelas e, por consequência, desleais, sem descurar do fato de que o núcleo familiar contemporâneo tem como escopo a realização de seus integrantes, vale dizer, a busca da felicidade. Assinalou-se que, na espécie, a relação mantida entre o falecido e a recorrida (ex-esposa), despida dos requisitos caracterizadores da união estável, poderá ser reconhecida como sociedade de fato, caso deduzido pedido em processo diverso, para que o Poder Judiciário não deite em solo infértil relacionamentos que efetivamente existem no cenário dinâmico e fluido dessa nossa atual sociedade volátil. Assentou-se, também, que ignorar os desdobramentos familiares em suas infinitas incursões, em que núcleos afetivos justapõem-se, em relações paralelas, concomitantes e simultâneas, seria o mesmo que deixar de julgar com base na ausência de lei específica. Dessa forma, na hipótese de eventual interesse na partilha de bens deixados pelo falecido, deverá a recorrida fazer prova, em processo diverso, repita-se, de eventual esforço comum. Com essas considerações, entre outras, a Turma deu provimento ao recurso, para declarar o reconhecimento da união estável mantida entre o falecido e a recorrente e determinar, por conseguinte, o pagamento da pensão por morte em favor unicamente dela, companheira do falecido. REsp 1.157.273-RN, Rel. Min. Nancy Andrighi, julgado em 18/5/2010.

João Edmundo é professor de ensino fundamental na cidade de Petrópolis, ministrando aulas de 2ª a 4ª feira e, vivendo em união estável, na cidade petropolitana, com Felipe, desde 2009. Felipe é divorciado e possui um filho chamado Gustavo. João Edmundo quer o reconhecimento da paternidade socioafetiva em relação a Gustavo (Relacionamento B).

Além disso, João Edmundo advoga em escritório particular no Rio de Janeiro, às 5ª e 6ª feiras, vivendo em união estável com Maria Luíza, desde 2011. Deste relacionamento, Maria Luíza está grávida de gêmeos (Relacionamento C).

Verifica-se, pois, uma existência fática de três uniões estáveis paralelas, múltiplas ou plúrimas. Daí que poderiam surgir várias soluções e efeitos jurídicos.

	Relacionamento A	Relacionamento B	Relacionamento C	Justificativa
1ª Solução	Não é união estável	Não é união estável	Não é união estável	Fere o princípio da monogamia na união estável, bem como o dever de fidelidade.
2ª Solução	Eduarda ingressa com ação de reconhecimento de união estável. Sentença transitada em julgado. União estável reconhecida	Não é união estável	Não é união estável	Não se pode reconhecer várias(os) companheiras(os). Apenas uma união estável é legitima. Felipe e Maria Luiza conheciam o estado civil de João Edmundo.
3ª Solução	Eduarda ingressa com ação de reconhecimento de união estável. Sentença transitada em julgado. União estável reconhecida	União estável putativa	União estável putativa	Não se pode reconhecer várias(os) companheiras(os). Apenas uma união estável é legitima. Felipe e Maria Luiza (ambos de boa-fé) desconheciam o estado civil de João Edmundo. Logo, estas relações amorosas serão tidas como união estável putativa.
4ª Solução	União estável	União estável homoafetiva	União estável	Todos os relacionamentos devem ser reconhecidos com entidades familiares distintas.
5ª Solução, considerando que todos passaram a viver juntos, sob o mesmo teto (ou não), a partir de 2013	União poliafetiva ou poliamor			Sociedade de afeto (núcleo familiar poliafetivo).

Quanto a quarta solução acima, é importante destacar que "o Conselho Nacional de Justiça (CNJ) sugeriu que cartórios suspendam as escrituras públicas de relacionamento entre mais de duas pessoas, as chamadas uniões poliafetivas, até a regulamentação do tema. A recomendação foi repassada às corregedorias estaduais até que o CNJ analise representação da Associação de Direito de Família e das Sucessões (ADFAS), que pediu, em liminar, a proibição do reconhecimento do poliamor."[51] [52] [53]

51 "É apenas uma sugestão aos tabelionatos, como medida de prudência, até que se discuta com profundidade tema tão complexo que extrapola os interesses das pessoas envolvidas na relação afetiva", disse a corregedora nacional, ministra Nancy Andrighi. Ela pediu às corregedorias do País informações sobre o número de escrituras firmadas para estabelecer as uniões poliafetivas a fim de conhecer o tamanho do fenômeno. Ela estuda discutir o tema em audiência pública." Disponível em: <http://brasil.estadao.com.br/noticias/geral,cnj-pede-suspensao-de-registro-de-trisal,10000052712>. Acesso em: 20 jan. 2017.

52 "Após brindar a conquista da primeira união estável poliafetiva registrada em cartório, o funcionário público Leandro Jonattan da Silva Sampaio, de 33 anos, agora quer organizar uma campanha nas redes sociais para combater o que considera um retrocesso. O Conselho Nacional de Justiça recomendou que sejam suspensas as escrituras de relacionamentos com mais de duas pessoas até que seja analisada uma representação da Associação de Direito de Família e das Sucessões. O tema deverá ser discutido em audiência pública. Após três anos de namoro, Leandro, Thais Souza de Oliveira, de 21 anos, e Yasmin Nepomuceno da Cruz, também de 21, registraram seu relacionamento em cartório. E agora temem que a conquista seja perdida. Leandro e Thaís já têm uma filha de três anos e agora querem ampliar a família: Yasmin também planeja engravidar." Disponível em: <http://extra.globo.com/noticias/rio/trisal-condena-decisao-do-cnj-de-suspender-registros-de--unioes-poliafetivas-retrocesso-19362145.html>. Acesso em: 20 jan. 2017.

53 Vejamos um exemplo do mundo da vida: Mr Catra é uma figura emblemática do funk. Ele é pai de mais de 30 filhos, tem três mulheres e emenda uma média de 50 shows por mês.

Capítulo 10

PARENTESCO

A verdadeira família é uma comunhão de afetos, antes de ser um instituto jurídico. (Heloisa Helena Barboza)[1]

10.1 Relações de Parentesco

As relações de parentesco são os vínculos que unem as pessoas de uma família, seja do mesmo tronco ancestral, por afinidade com os parentes do outro cônjuge ou convivente ou pelos laços de afetividade.[2]

De acordo com as lições de ROLF MADALENO, "o parentesco distribui-se em classes, de acordo com os diversos aspectos de vinculação e se define como sendo o vínculo existente entre as pessoas em decorrência da consanguinidade, da afinidade e da adoção, devendo ser ressaltada a igualdade na filiação alcançada pela atual CF (art. 227, § 6º), desenhando já sem tempo, um novo perfil no Direito de Família brasileiro, exatamente no encalço da tendência mundial de igualização da prole."[3]

---

1 BARBOZA, Heloisa Helena. Efeitos jurídicos do parentesco socioafetivo. In: Revista da Faculdade de Direito da UERJ-RFD, v. 2, nº 24, 2013. Disponível em: <http://www.e-publicacoes.uerj.br/index.php/rfduerj/article/viewFile/7284/6376>. Acesso em: 21 jan. 2017.

2 Conselho da Justiça Federal – I Jornada de Direito Civil – CJF – Enunciado – 103 – Art. 1.593: o Código Civil reconhece, no art. 1.593, outras espécies de parentesco civil além daquele decorrente da adoção, acolhendo, assim, a noção de que há também parentesco civil no vínculo parental proveniente quer das técnicas de reprodução assistida heteróloga relativamente ao pai (ou mãe) que não contribuiu com seu material fecundante, quer da paternidade socioafetiva, fundada na posse do estado de filho. CJF – Enunciado – 108 – Art. 1.603: no fato jurídico do nascimento, mencionado no art. 1.603, compreende-se, à luz do disposto no art. 1.593, a filiação consanguínea e também a socioafetiva.
Conselho da Justiça Federal – III Jornada de Direito Civil – CJF – Enunciado – 256 – Art. 1.593: A posse do estado de filho (parentalidade socioafetiva) constitui modalidade de parentesco civil.
Conselho da Justiça Federal – V Jornada de Direito Civil – CJF – Enunciado 519 – Art. 1.593. O reconhecimento judicial do vínculo de parentesco em virtude de socioafetividade deve ocorrer a partir da relação entre pai(s) e filho(s), com base na posse do estado de filho, para que produza efeitos pessoais e patrimoniais.

3 MADALENO, Rolf. *Alimentos e sua restituição judicial*. Revista Jurídica, Porto Alegre, nº 211, p. 5, maio 1995.

O artigo 1.593 do nosso Código Civil determina que o parentesco é natural ou civil, conforme resulte de consanguinidade ou outra origem." Frise-se, ainda, a existência do parentesco por afinidade. Dessa maneira, é possível identificar as seguintes formas de parentesco, a saber:

a) *Parentesco natural ou consanguíneo*. É aquele em que as pessoas estão vinculadas pelo mesmo tronco ancestral, ou seja, são parentes pelo sangue. Este pode ser decomposto em parentesco natural simples (aquele que deriva de apenas um genitor) ou parentesco natural dúplice (é o parentesco que deriva de ambos os genitores).

b) *Parentesco por afinidade*, aquele existente entre um cônjuge ou companheiro e os parentes do outro cônjuge ou convivente.

c) *Parentesco civil*, como a relação de parentesco cujo vínculo é atribuído pela lei, *e.g.*, a relação de adotante e adotado.

d) *Parentesco socioafetivo*, ou seja, aquele que decorre de uma relação socioafetiva, isto é, a relação familiar está fundada no valor jurídico do afeto. É um vínculo parental ligado pelo afeto. Por exemplo: a relação de uma pessoa com os filhos de sua mulher com outro homem. O afeto é hoje o amálgama que une pais e filhos, independentemente do vínculo biológico existente entre ambos. Isto quer dizer que o vínculo afetivo se sobrepõe ao vínculo sanguíneo. Neste sentido, LUIZ EDSON FACHIN afirma que "essa *verdade socioafetiva* não é menos importante que a *verdade biológica*. A realidade jurídica da filiação não é, portanto, fincada apenas nos laços biológicos, mas na realidade de afeto que une pais e filhos, e se manifesta em sua subjetividade e, exatamente, perante o grupo social e à família. Congrega, assim, duas dimensões: objetiva e subjetiva. A verdade socioafetiva da filiação se revela na posse do estado de filho, que oferece os necessários parâmetros para o reconhecimento da relação de filiação. Tal possibilidade denota assento jurídico possível em hermenêutica construtiva da nova codificação."[4] Para MARIA BERENICE DIAS, a filiação que resulta da posse do estado de filho constitui modalidade de parentesco civil de "outra origem", isto é, de origem afetiva. A autora diz que "a filiação socioafetiva corresponde à verdade aparente e decorre do direito de filiação. A necessidade de manter a estabilidade da família, que cumpre a sua função social, faz com que se atribua um papel secundário à verdade biológica."[5] De acordo com as lições de HELOISA HELENA BAR-

4 FACHIN, Luiz Edson. *Comentários ao novo Código Civil*. Volume XVIII. Rio de Janeiro: Forense, 2004, p. 29.

5 DIAS, Maria Berenice. *Manual de Direito das Famílias*. 6. ed. São Paulo: Revista dos Tribunais, 2010, p. 367.

BOZA, "As relações que surgem entre pessoas que convivem como se fossem pais e filhos se incluem nas situações de fato, fundadas no afeto, que são aptas a serem juridicamente reconhecidas. O estudo da questão deve levar em conta: a) o importante papel que o afeto tem nas relações familiares, especialmente na construção de vínculos como o do casamento, da união estável e do parentesco; b) a expansão do afeto, surgido no espaço eminentemente privado, para o espaço público, e em razão do qual as pessoas exercem funções sociais que autorizam o reconhecimento jurídico das relações assim criadas; c) a consequente permanência dos efeitos jurídicos dos vínculos gerados pelo exercício dessas funções, atendidos determinados requisitos, ainda que findo o afeto que os originou. [...] A socioafetividade, como origem do parentesco, é um critério para estabelecimento de relações familiares geradas pelo afeto, que se exteriorizam na vida social. É um fato a ser apreendido pelo direito. Seu reconhecimento por sentença é condição para sua eficácia jurídica. Para tanto, deve ser provada a existência dos elementos que a compõem: o externo (o reconhecimento social) e o interno (a afetividade). O elemento externo traduz o interno, podendo ser identificado objetivamente, mediante a aferição dos requisitos típicos das relações fundadas no afeto: *tractatio*, *reputatio* e *nominatio*. Acresça-se o cuidado dedicado ao parente socioafetivo, passível de verificação objetiva, como uma das melhores formas de expressão do afeto."[6]

10.2 Parentes em Linha Reta

O artigo 1.591 diz que "são parentes em linha reta as pessoas que estão umas para com as outras na relação de ascendentes e descendentes." Já a primeira parte do artigo 1.594 do Código Civil dispõe que "contam-se na linha reta, os graus de parentesco pelo número de gerações. Daí que o grau de parentesco corresponde à distância de uma geração a outra. De acordo com FACHIN, é "a unidade de medida utilizada para mensurar a proximidade do vínculo de parentesco (seja natural, afim ou civil) entre as pessoas, e corresponde à distância de uma geração à outra."[7] A linha reta pode ser ascendente ou descendente na medida em que contamos os nossos ascendentes ou descendentes, respectivamente. Vejamos no quadro abaixo como ficam os graus de parentesco ascendente ou descendente.

6 BARBOZA, Heloisa Helena. Efeitos jurídicos do parentesco socioafetivo. In: Revista da Faculdade de Direito da UERJ-RFD, v. 2, nº 24, 2013. Disponível em: <http://www.e-publicacoes.uerj.br/index.php/rfduerj/article/viewFile/7284/6376>. Acesso em: 21 jan. 2017.

7 FACHIN, Luiz Edson. *Comentários ao novo Código Civil*. Volume XVIII. Rio de Janeiro: Forense, 2004, p. 31.

Linha reta ascendente	Grau		Linha reta descendente	Grau	
∞		↑	**Você**		↓
Hexavô	7º grau		Filho	1º grau	
Pentavô	6º grau		Neto	2º grau	
Tetravô	5º grau		Bisneto	3º grau	
Trisavô	4º grau		Trineto	4º grau	
Bisavô	3º grau		Tetraneto	5º grau	
Avô	2º grau		Pentaneto	6º grau	
Pai	1º grau		Hexaneto	7º grau	
Você			∞		

10.3 Parentes em Linha Colateral

A *linha colateral* é o vínculo entre as pessoas que descendem de um só tronco, sem descenderem um do outro. Esta linha não está relacionada com a ascendência ou descendência, mas, pelo contrário, pelo fato de possuírem o mesmo tronco ancestral. O artigo 1.592 do nosso Código Civil diz que "são parentes em linha colateral ou transversal, até o quarto grau, as pessoas provenientes de um só tronco, sem descenderem uma da outra." O número de graus é contato de acordo com a segunda parte do artigo 1.594, "subindo de um dos parentes até ao ascendente comum, e descendo até encontrar o outro parente." Frise-se que são parentes em linha colateral até o 4º grau. Assim, não há falar-se em 1º grau na linha colateral, uma vez que a linha colateral se inicia já com o segundo grau, uma vez que a contagem de grau deve subir até o ascendente comum e descer até encontrar o outro parente. Não há, pois, parentesco colateral de primeiro grau. Vejamos:

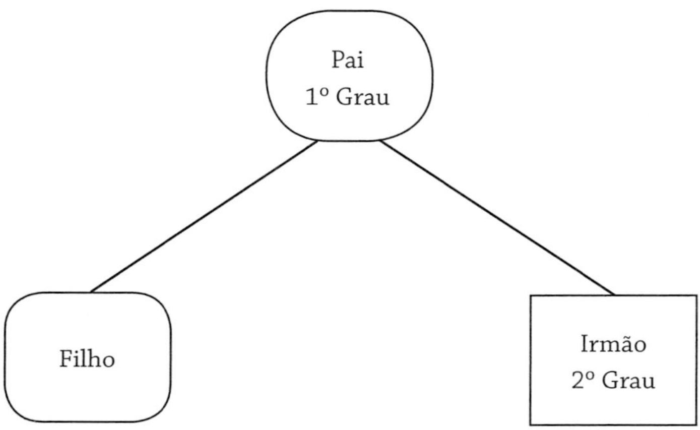

Vejamos, também, a tabela de graus de parentesco (linhas retas e colateral) elaborada pelo Tribunal Regional Eleitoral de São Paulo:[8]

Tabela de Grau de Parentesco

LINHA COLATERAL FEMININA			LINHA RETA	LINHA COLATERAL MASCULINA		
			Trisavô(ó) 4º grau			
			Bisavô(ó) 3º grau			
Tia-avó 4º grau			**Avô(ó) 2º grau**			Tio-avô 4º grau
Filha da Tia-avó 5º grau	Tia 3º grau		**Pai-mãe Sogro(a) 1º grau**		Tio 3º grau	Filho do Tio-avô 5º grau
Neto da Tia-avó 6º grau	Prima 4º grau	**Irmã Cunhado 2º grau**	**EU (candidato) cônjuge**	**Irmão Cunhada 2º grau**	Primo 4º grau	Neto do Tio-avô 6º grau
Bisneto da Tia-avó 7º grau	Filho da Prima 5º grau	Sobrinha 3º grau	**Filho(a) 1º grau**	Sobrinho 3º grau	Filho do Primo 5º grau	Bisneto do Tio-avô 7º grau
Trineto da Tia-avó 8º grau	Neto da Prima 6º grau	Neto da Irmã 4º grau	**Neto(a) 2º grau**	Neto do Irmão 4º grau	Neto do Primo 6º grau	Trineto do Tio-avô 8º grau
	Bisneto da Prima 7º grau	Bisneto da Irmã 5º grau	Bisneto(a) 3º grau	Bisneto do Irmão 5º grau	Bisneto do Primo 7º grau	
	Trineto da Prima 8º grau	Trineto da Irmã 6º grau	Trineto(a) 4º grau	Trineto do Irmão 6º grau	Trineto do Primo 8º grau	

8 Disponível em: <http://miss.tse.jus.br/eleicoes/elei2002/parentesco.htm> Acesso em: 21 jan. 2017.

Assim, para identificar o grau de parentesco entre primos, deve-se subir até o ancestral comum (no caso o avô) e descer até o primo. Percebe-se que o grau de parentesco é de 4º grau.

10.4 Parentes em Afinidade

É um laço de parentesco do ponto de vista formal, estabelecido pelo casamento/união estável, ou seja, é a relação de parentesco que circunda o cônjuge aos parentes consanguíneos do outro cônjuge (companheiro), por meio do casamento ou união estável. Nesse sentido, o artigo 1.595 do CC diz que "cada cônjuge ou companheiro é aliado aos parentes do outro pelo vínculo da afinidade."

O parentesco por afinidade limita-se aos ascendentes, aos descendentes e aos irmãos do cônjuge ou companheiro (artigo 1.595, § 1º, CC). Verifica-se, pois, que o vínculo estabelecido pode ser tanto na linha reta que não possui limites de grau (sogro, nora, genro), mantendo-se mesmo após a dissolução do casamento ou da união estável. É o que diz o artigo 1.595, § 2º: "Na linha reta, a afinidade não se extingue com a dissolução do casamento ou da união estável." Dessa maneira, permanece, pois, a afinidade entre sogro(a) e nora ou genro, padrasto/madrasta e enteado(a). Logo, inexiste ex-sogro ou ex-sogra, ex-enteado(a). Ao permanecer o vínculo de parentesco, permanece, pois, o impedimento matrimonial entre eles. Dessa maneira, nunca será possível o casamento com o sogro(a) ou enteada(o). Todavia, é possível o casamento com o irmão(a), tios, sobrinhos ou primos de seu ex-cônjuge ou ex-companheiro.

Já o parentesco por afinidade entre cunhados acaba com a dissolução do casamento ou união estável, estando estes aptos para o casamento após esse fato. A afinidade na linha colateral não passa do segundo grau e se restringe aos cunhados. Da mesma forma, a afinidade colateral existe entre os filhos de um dos cônjuges ou companheiros (padrastro/madrasta e enteado(a)).

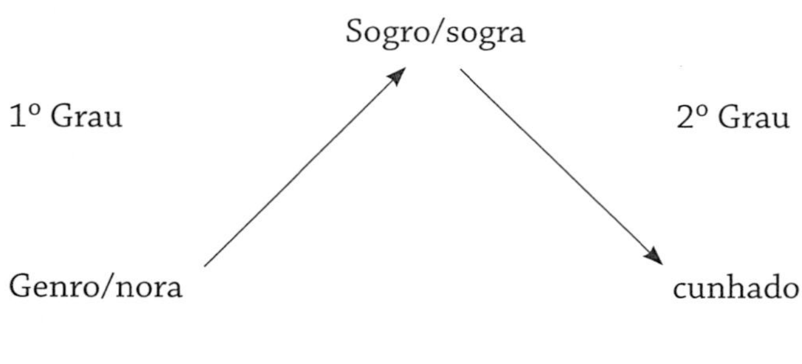

10.5 Graus de Parentesco para Fins de Nepotismo (Súmula Vinculante nº 13)

Importante destacar que no direito público, em razão da moralidade administrativa, a Súmula Vinculante n.13 inovou, em relação à afinidade, ampliando, destarte, a extensão de graus, sem distinguir quanto às linhas reta e colateral. O Verbete informa que "A nomeação de cônjuge, companheiro ou parente em linha reta, colateral ou por afinidade, até o terceiro grau, inclusive, da autoridade nomeante ou de servidor da mesma pessoa jurídica investido em cargo de direção, chefia ou assessoramento, para o exercício de cargo em comissão ou de confiança ou, ainda, de função gratificada na administração pública direta e indireta em qualquer dos Poderes da União, dos Estados, do Distrito Federal e dos Municípios, compreendido o ajuste mediante designações recíprocas, viola a Constituição Federal" (grifo nosso).

Ora, a Súmula Vinculante nº 13 ampliou, portanto, a afinidade em relação à linha colateral até o terceiro grau. Vejamos, abaixo, os graus de parentesco para fins de nepotismo.[9]

GRAUS DE PARENTESCO PARA FINS DE NEPOTISMO
(Autoridade Nomeante e Cônjuge)

FORMAS DE PARENTESCO			GRAUS DE PARENTESCO		
			1º GRAU	2º GRAU	3º GRAU
Parentes Consanguíneos	Em linha reta	Ascendentes	**PAIS** (INCLUSIVE MADASTRA E PADASTRO)	**AVÓS**	**BISAVÓS**
		Descendente	**FILHOS**	**NETOS**	**BISNETOS**
	Em linha colateral			**IRMÃOS**	**TIOS E SOBRINHOS** (E SEUS CÔNJUGES)
Parentes por Afinidade	Em linha reta	Ascendentes	**SOGROS** (INCLUSIVE MADASTRA E PADASTRO DO CÔNJUGE OU COMPANHEIRO)	**AVÓS DO CÔNJUGE OU COMPANHEIRO**	**BISAVÓS DO CÔNJUGE OU COMPANHEIRO**
		Descendente	**ENTEADOS, GENROS, NORAS** (INCLUSIVE DO CÔNJUGE OU COMPANHEIRO)	**NETOS** (EXCLUSIVOS DO CÔNJUGE OU COMPANHEIRO)	**BISNETOS** (EXCLUSIVOS DO CÔNJUGE OU COMPANHEIRO)
	Em linha colateral			**CUNHADOS** (IRMÃOS DO CÔNJUGE OU COMPANHEIRO)	**TIOS E SOBRINHOS DO CÔNJUGE OU COMPANHEIRO** (E SEUS CÔNJUGES)

Observação: o cônjuge ou companheiro, embora não seja considerado parente, encontra-se sujeito às vedações contidas na Súmula Vinculante n 13 do Supremo Tribunal Federal.

9 Disponível em: <http://www2.camara.leg.br/a-camara/estruturaadm/depes/secretariado-parlamentar/diagrama-de-parentesco>. Acesso em: 21 jan. 2017.

Capítulo 11

FILIAÇÃO

As transformações mais recentes por que passou a família, deixando de ser unidade de caráter econômico, social e religioso para se afirmar fundamentalmente como grupo de afetividade e companheirismo, imprimiram considerável reforço ao esvaziamento biológico da paternidade. (João Baptista Villela)[1]

11.1 Conceito

A *filiação* é o vínculo jurídico familiar entre ascendentes e descendentes de primeiro grau decorrente de parentesco. Em nosso Código Civil, a matéria está disciplinada nos artigos 1.596 a 1.606, além das regras relacionadas ao reconhecimento de filhos, prevista nos artigos 1.607 a 1.617.

O artigo 1.596 do Código Civil diz que "os filhos, havidos ou não da relação de casamento, ou por adoção, terão os mesmos direitos e qualificações, proibidas quaisquer designações discriminatórias relativas à filiação." Aqui valem lembrar as lições de JOÃO BAPTISTA VILLELA, em seu artigo denominado *Desbiologização da Paternidade*, fruto da conferência proferida pelo autor, em 09 de maio de 1979, na Faculdade de Direito da Universidade Federal de Minas Gerais. Neste texto, o autor destaca a figura da adoção como paternidade do futuro.

Atualmente, a origem da filiação é, pois, irrelevante. O artigo 20 do ECA diz que "os filhos, havidos ou não da relação do casamento, ou por adoção, terão os mesmos direitos e qualificações, proibidas quaisquer designações discriminatórias relativas à filiação." Ademais, como dito alhures, a nossa Constituição da República de 1988 proibiu tratamento discriminatório quanto à filiação, assegurando os mesmos direitos e qualificações aos filhos nascidos ou não do casamento e aos havidos por adoção (artigo 227,

1 VILELLA, João Baptista. Desbiologização da Paternidade. In: Revista da Faculdade de Direito da Universidade Federal de Minas Gerais. nº 21, 1979, . Disponível em: <http://www.direito.ufmg.br/revista/index.php/revista/article/view/1156/1089>. Acesso em: 21 jan. 2017.

§6º, da CR). Nesse sentido, GUILHERME CALMON NOGUEIRA DA GAMA ensina que "a igualdade no campo do Direito Parental busca identificar os mesmos direitos relativamente às pessoas dos filhos de um mesmo pai ou de uma mesma mãe, sendo totalmente irrelevante a origem da filiação, se matrimonial ou extramatrimonial, se decorrente de vínculo civil – por adoção ou outra origem não-sanguínea – ou natural – por vínculo de sangue. Uma vez existente o vínculo jurídico da parentalidade-filiação, todos os filhos do mesmo pai ou da mesma mãe têm, estritamente, os mesmos direitos reconhecidos no ordenamento jurídico brasileiro, sem possibilidade de qualquer diferenciação."[2]

É possível, inclusive, o acréscimo do sobrenome do padrasto, de acordo com a Lei 11.924/09, conhecida como "Lei Clodovil", já que de autoria do falecido deputado Clodovil Hernandes (PR-SP).

A filiação prova-se pela certidão do termo de nascimento registrada no Registro Civil (artigo 1.603, CC). Quando a maternidade constar do termo do nascimento do filho, a mãe só poderá contestá-la provando a falsidade do termo, ou das declarações nele contidas (artigo 1.608, CC).

Existem três verdades referentes ao estudo da filiação: a verdade jurídica, a biológica e a socioafetiva. A *verdade jurídica* está ancorada no sistema de presunções da codificação civilística, tais como a presunção *pater is est quem nuptia demonstrant* (o pai é aquele que as núpcias demonstram), a presunção *mater semper certa est* (a mãe é sempre certa), a presunção de paternidade atribuída daquele que teve relações sexuais com a mãe da criança na época da concepção, e a presunção *exceptio plurium concumbentium* (a mãe da criança manteve relações sexuais com homens diferentes na época da concepção, e, por causa dessa incerteza de paternidade, esta não era reconhecida). Já a *verdade biológica* tornou-se possível com os avanços científicos, especialmente com o aparecimento do exame do DNA. Por fim, a verdade socioafetiva, desvelada pelo amor e afeto no seio familiar.

De acordo com as lições de HELOISA HELENA BARBOZA, "a posse do estado de filho, interpretada de acordo com as diretrizes constitucionais, é prova bastante para fins de declaração da filiação, gerando o parentesco de "outra origem", segundo o critério da socioafetividade. À semelhança do que acontece com a declaração da paternidade segundo o critério biológico ou genético, os parentes do pai socioafetivo, assim reconhecido por sentença, tornam-se parentes do filho socioafetivo, nos limites da lei, sob pena de afronta ao princípio constitucional da igualdade entre os filhos."[3]

---

2 GAMA, Guilherme Calmon Nogueira da. *A nova filiação – o biodireito e as relações parentais*. Rio de Janeiro: Renovar, 2003, p. 435.

3 BARBOZA, Heloisa Helena. Efeitos jurídicos do parentesco socioafetivo. In: Revista da Faculdade de Direito da UERJ-RFD, v. 2, nº 24, 2013. Disponível em: <http://www.e-publicacoes.uerj.br/index.php/rfduerj/article/viewFile/7284/6376>. Acesso em: 21 jan. 2017.

Quanto à posse de estado de filho, a maior parte da doutrina sugere a presença de três elementos que caracterizam a posse de estado de filho: a) nome (*nomem*), normalmente a utilização do nome da família, b) trato (*tractatus*), como o tratamento dispensado pelo pai/mãe em relação ao filho, criando-o e educando-o como tal e, c) fama (*fama*), como a exteriorização dessa realidade pai-filho para o público em geral.

Todavia, FACHIN destaca: "não há, com efeito, definição segura da posse de estado nem enumeração exaustiva de tais elementos, e, ao certo, nem pode haver, pois parece ser da sua essência constituir uma noção flutuante, diante da heterogeneidade de fatos e circunstâncias que a cercam. [...] a tradicional trilogia que a constitui (*nomen*, *tractatus* e *fama*) se mostra, ás vezes, desnecessária, porque outros fatos podem preencher o seu conteúdo quanto à falta de algum desses elementos.[4]

11.2 Filiação Sociafetiva

A paternidade socioafetiva é fruto da relação parental de filiação pelos laços afetivos que se podem estabelecer entre pessoas que, entre si e socialmente, se apresentam e se comportam como pai (mãe) e filho(a).

"O registro espontâneo e consciente da paternidade – mesmo havendo sérias dúvidas sobre a ascendência genética – gera a paternidade socioafetiva, que não pode ser desconstituída posteriormente, em atenção à primazia do interesse do menor. A ministra relatora consignou que, no caso, apesar de lamentável a falta de convivência entre o pai e a criança, tal situação não é suficiente para rediscutir o registro realizado de forma consciente e espontânea. Ressaltou, ainda, que o reconhecimento de inexistência de vínculo genético não pode prevalecer sobre o *status* da criança (gerado pelo próprio pai registral há mais de 10 anos), em atenção à primazia do interesse do menor. Ademais, a prevalência da filiação socioafetiva em detrimento da verdade biológica, no caso, tão somente dá vigência à cláusula geral de tutela da personalidade humana que salvaguarda a filiação como elemento fundamental na formação da identidade do ser humano. Precedente citado: REsp 1.259.460-SP, DJe 29/6/12. REsp 1.244.957-SC, Rel. Min. Nancy Andrighi, julgado em 7/8/2012."

Vale lembrar que o STF já decidiu que a paternidade socioafetiva não exime de responsabilidade o pai biológico. "Por maioria de votos, os ministros negaram provimento ao Recurso Extraordinário (RE) 898060, com repercussão geral reconhecida, em que um pai biológico recorria contra acórdão que estabeleceu sua paternidade, com efeitos patrimoniais, independentemente do vínculo com o pai socioafetivo.

4 FACHIN, Luiz Edson. *Estabelecimento da filiação e paternidade presumida*. Porto Alegre: Fabris, 1992, p. 161.

O relator do RE 898060, ministro Luiz Fux, considerou que o princípio da paternidade responsável impõe que, tanto vínculos de filiação construídos pela relação afetiva entre os envolvidos, quanto aqueles originados da ascendência biológica, devem ser acolhidos pela legislação. Segundo ele, não há impedimento do reconhecimento simultâneo de ambas as formas de paternidade – socioafetiva ou biológica –, desde que este seja o interesse do filho. Para o ministro, o reconhecimento pelo ordenamento jurídico de modelos familiares diversos da concepção tradicional não autoriza decidir entre a filiação afetiva e a biológica quando o melhor interesse do descendente for o reconhecimento jurídico de ambos os vínculos. "Do contrário, estar-se-ia transformando o ser humano em mero instrumento de aplicação dos esquadros determinados pelos legisladores. É o direito que deve servir à pessoa, não o contrário", salientou o ministro em seu voto.

O relator destacou que, no Código Civil de 1916, o conceito de família era centrado no instituto do casamento com a "distinção odiosa" entre filhos legítimos, legitimados e ilegítimos, com a filiação sendo baseada na rígida presunção de paternidade do marido. Segundo ele, o paradigma não era o afeto entre familiares ou a origem biológica, mas apenas a centralidade do casamento. Porém, com a evolução no campo das relações de familiares, e a aceitação de novas formas de união, o eixo central da disciplina da filiação se deslocou do Código Civil para a Constituição Federal.

"A partir da Carta de 1988, exige-se uma inversão de finalidades no campo civilístico: o regramento legal passa a ter de se adequar às peculiaridades e às demandas dos variados relacionamentos interpessoais, em vez de impor uma moldura estática baseada no casamento entre homem e mulher", argumenta o relator.

No caso concreto, o relator negou provimento ao recurso e propôs a fixação da seguinte tese de repercussão geral: "A paternidade socioafetiva, declarada ou não em registro público, não impede o reconhecimento do vínculo de filiação concomitante baseado na origem biológica, salvo nos casos de aferição judicial do abandono afetivo voluntário e inescusável dos filhos em relação aos pais". [...]Atuando na ação na qualidade de *amicus curiae* (amigo da corte), o Instituto Brasileiro de Direito de Família (IBDFAM) sustentou que a igualdade de filiação – a distinção entre filhos legítimos e ilegítimos – deixou de existir com a Constituição de 1988. O instituto defende que as paternidades, socioafetiva e biológica, sejam reconhecidas como jurídicas em condições de igualdade material, sem hierarquia, em princípio, nos casos em que ambas apresentem vínculos socioafetivos relevantes. Considera, ainda, que o reconhecimento jurídico da parentalidade socioafetiva, consolidada na convivência familiar duradoura, não pode ser impugnada com fundamento exclusivo na origem biológica."[5] [6]

5 "Votos – O ministro Luiz Fux (relator), ao negar provimento ao recurso extraordinário, foi seguido pela maioria dos ministros: Rosa Weber, Ricardo Lewandowski, Gilmar Mendes, Marco Aurélio, Celso de Mello e a presidente da Corte, ministra Cármen Lúcia. De acordo com a ministra Rosa Weber, há possibilidade de existência de paternidade socioafetiva e paternidade biológica com a produção de efeitos jurídicos por ambas. Na mesma linha, o ministro Ricardo Lewandowski reconheceu ser possível a dupla paternidade, isto é, paternidade biológica e afetiva concomitantemente, não sendo necessária a exclusividade de uma delas.

O ministro Dias Toffoli salientou o direito ao amor, o qual está relacionado com as obrigações legais do pai biológico para com o filho, a exemplo da alimentação, educação e moradia. "Se teve o filho, tem obrigação, ainda que filho tenha sido criado por outra pessoa", observou. Ao acompanhar o relator, o ministro Gilmar Mendes afirmou que a tese sustentada pelo recorrente [pai biológico] apresenta "cinismo manifesto". "A ideia de paternidade responsável precisa ser levada em conta, sob pena de estarmos estimulando aquilo que é corrente porque estamos a julgar um recurso com repercussão geral reconhecida", avaliou.

O ministro Marco Aurélio, que também seguiu a maioria dos votos, destacou que o direito de conhecer o pai biológico é um direito natural. Para ele, a filha tem direito à alteração no registro de nascimento, com as consequências necessárias. Entre outros aspectos, o ministro Celso de Mello considerou o direito fundamental da busca da felicidade e a paternidade responsável, a fim de acolher as razões apresentadas no voto do relator. Ele observou que o objetivo da República é o de promover o bem de todos sem qualquer preconceito de origem, raça, sexo, cor, idade e quaisquer outras formas de discriminação.

A presidente da Corte, ministra Cármen Lúcia destacou que "amor não se impõe, mas cuidado sim e esse cuidado me parece ser do quadro de direitos que são assegurados, especialmente no caso de paternidade e maternidade responsáveis".

Divergências

O ministro Edson Fachin abriu a divergência e votou pelo parcial provimento do recurso, ao entender que o vínculo socioafetivo "é o que se impõe juridicamente" no caso dos autos, tendo em vista que existe vínculo socioafetivo com um pai e vínculo biológico com o genitor. Portanto, para ele, há diferença entre o ascendente genético (genitor) e o pai, ao ressaltar que a realidade do parentesco não se confunde exclusivamente com a questão biológica. "O vínculo biológico, com efeito, pode ser hábil, por si só, a determinar o parentesco jurídico, desde que na falta de uma dimensão relacional que a ele se sobreponha, e é o caso, no meu modo de ver, que estamos a examinar", disse, ao destacar a inseminação artificial heteróloga [doador é terceiro que não o marido da mãe] e a adoção como exemplos em que o vínculo biológico não prevalece, "não se sobrepondo nem coexistindo com outros critérios".

Também divergiu do relator o ministro Teori Zavascki. Para ele, a paternidade biológica não gera necessariamente a relação de paternidade do ponto de vista jurídico e com as consequências decorrentes. "No caso há uma paternidade socioafetiva que persistiu, persiste e deve ser preservada", afirmou. Ele observou ser difícil estabelecer uma regra geral e que deveriam ser consideradas situações concretas."

Disponível em: <http://www.stf.jus.br/portal/cms/verNoticiaDetalhe.asp?idConteudo=325781>. Acesso em: 21 jan. 2017.

6 AGRAVO REGIMENTAL NO RECURSO EXTRAORDINÁRIO. RECURSO CONTRA DESPACHO SEM CONTEÚDO DECISÓRIO. NÃO CABIMENTO. PRECEDENTES. AGRAVO REGIMENTAL NÃO CONHECIDO. DEFERIMENTO DE PEDIDO DE VISTA DOS AUTOS. ADMISSÃO DE INGRESSO DE ENTIDADE NO FEITO, NA QUALIDADE DE AMICUS CURIAE. Decisão: Trata-se de agravo regimental interposto por F G contra despacho de minha relatoria, cuja ementa transcrevo: "RECURSO EXTRAORDINÁRIO. DIREITO CIVIL.

A questão ganhou repercussão geral no STF (tema 622) que diz: "A paternidade socioafetiva, declarada ou não em registro público, não impede o reconhecimento do vínculo de filiação concomitante baseado na origem biológica, com os efeitos jurídicos próprios."

REPERCUSSÃO GERAL RECONHECIDA. TEMA 622. PREVALÊNCIA DA PATERNIDADE SOCIOAFETIVA EM DETRIMENTO DA PATERNIDADE BIOLÓGICA. SUBSTITUIÇÃO DE PARADIGMA. JUNTADA DE MANIFESTAÇÃO. INTIMAÇÕES. VISTA À PROCURADORIA--GERAL DA REPÚBLICA." A agravante alega, em síntese, que "ao determinar que o presente recurso fosse aceito como leading case, o STF, na prática, conheceu do recurso extraordinário, pois acabará julgando-lhe o mérito. Os requisitos intrínsecos, que não foram analisados até agora, não serão mais analisados em momento algum; o 'despacho' equivale, em tudo, a uma decisão monocrática que conheceu do recurso." Em atendimento ao despacho exarado em 15/10/2015, a Associação de Direito de Família e das Sucessões – ADFAS apresentou manifestação, na qual requereu vista dos autos, que tramitam em segredo de justiça, para que avalie o seu interesse em ingressar no feito na qualidade de *amicus curiae* (eDocs 36 e 51). O Instituto Brasileiro de Direito de Família – IBDFAM, por meio da Petição nº 60.528/2015, pleiteou a sua admissão nos autos, na qualidade de *amicus curiae* (eDoc 47). É o relatório. DECIDO. Em que pesem os argumentos expendidos no agravo, não merece ele ser conhecido. Isso porque a jurisprudência desta Corte firmou-se no sentido de que é incabível recurso contra despacho que não é provido de caráter decisório, como ocorre no caso, nos termos do artigo 504 do CPC. Com efeito, o despacho impugnado não se enquadra nas hipóteses de ato decisório ou sentencial, previstas no artigo 162, parágrafos 1º e 2º, do CPC, verbis: "Art. 162 – Os atos do juiz consistirão em sentenças, decisões interlocutórias e despachos. § 1º Sentença é o ato do juiz que implica alguma das situações previstas nos arts. 267 e 269 desta Lei. § 2º – Decisão interlocutória é o ato pelo qual o juiz, no curso do processo, resolve questão incidente." Confiram-se, a título de exemplo, alguns precedentes desta Corte: "Agravo regimental no recurso extraordinário. Recurso contra despacho sem conteúdo decisório. Cabimento. Impossibilidade. Precedentes. 1. Não cabe agravo regimental contra despacho de mero expediente, despido de conteúdo decisório, por se tratar de simples ato procedimental. 2. Agravo regimental não provido" (RE 630.492-AgR, Rel. Min. Dias Toffoli, Primeira Turma, DJe de 1/8/2013) "AGRAVO REGIMENTAL EM AGRAVO DE INSTRUMENTO. PROCESSUAL CIVIL. INDEFERIMENTO DE CONDENAÇÃO EM LITIGÂNCIA DE MÁ-FÉ. despacho DESPROVIDO DE CARÁTER DECISÓRIO. AGRAVO REGIMENTAL. NÃO CABIMENTO. ART. 317, CAPUT E ART. 504, DO CPC. AGRAVO IMPROVIDO. I A jurisprudência desta Corte firmou-se no sentido de que é incabível agravo regimental contra despacho que não é provido de caráter decisório, como ocorre no caso (art. 317, caput , do RISTF e art. 504, do CPC). Precedentes. II Agravo regimental improvido" (AI 779.969-AgR-AgR, Rel. Min. Ricardo Lewandowski, Primeira Turma, DJe de 26/11/2010) Quanto aos pedidos de ingresso nos autos na qualidade de *amicus curiae*, o Supremo Tribunal Federal tem entendido que as suas participações, no momento em que se julgará a questão constitucional cuja repercussão geral foi reconhecida, não só é possível como é desejável. Ademais, a pertinência do tema a ser julgado por este Tribunal com as atribuições institucionais do requerente legitima a sua atuação, razão pela qual ADMITO o ingresso do Instituto Brasileiro de Direito de Família – IBDFAM no feito, na qualidade de *amicus curiae*. DEFIRO, ainda, o pedido de vista dos autos formulado pela Associação de Direito de Família e das Sucessões – ADFAS (Petição nº 57.177/2015), pelo prazo de 10 (dez) dias. Por fim, NÃO CONHEÇO o agravo regimental interposto, por ser manifestamente incabível (artigo 317, *caput*, do RISTF e artigo 504 do CPC). À secretaria para as devidas providências. Publique-se. Brasília, 15 de março de 2016. Ministro Luiz Fux Relator Documento assinado digitalmente. (RE 898060 AgR, Relator(a): Min. LUIZ FUX, julgado em 15/03/2016, publicado em PROCESSO ELETRÔNICO DJe-051 DIVULG 17/03/2016 PUBLIC 18/03/2016).

11.2.1 Abandono afetivo

O abandono afetivo é um tema relacionado à responsabilidade civil familiar. Aqui, desde já, importa destacar a decisão da Ministra Nancy Andrighi, no REsp 1.159.242-SP, julgado em 24/4/2012: "O abandono afetivo decorrente da omissão do genitor no dever de cuidar da prole constitui elemento suficiente para caracterizar dano moral compensável. Isso porque o *non facere* que atinge um bem juridicamente tutelado, no caso, o necessário dever de cuidado (dever de criação, educação e companhia), importa em vulneração da imposição legal, gerando a possibilidade de pleitear compensação por danos morais por abandono afetivo. Consignou-se que não há restrições legais à aplicação das regras relativas à responsabilidade civil e ao consequente dever de indenizar no Direito de Família e que o cuidado como valor jurídico objetivo está incorporado no ordenamento pátrio não com essa expressão, mas com locuções e termos que manifestam suas diversas concepções, como se vê no art. 227 da CF. O descumprimento comprovado da imposição legal de cuidar da prole acarreta o reconhecimento da ocorrência de ilicitude civil sob a forma de omissão. É que, tanto pela concepção quanto pela adoção, os pais assumem obrigações jurídicas em relação à sua prole que ultrapassam aquelas chamadas *necessarium vitae*. É consabido que, além do básico para a sua manutenção (alimento, abrigo e saúde), o ser humano precisa de outros elementos imateriais, igualmente necessários para a formação adequada (educação, lazer, regras de conduta etc.). O cuidado, vislumbrado em suas diversas manifestações psicológicas, é um fator indispensável à criação e à formação de um adulto que tenha integridade física e psicológica, capaz de conviver em sociedade, respeitando seus limites, buscando seus direitos, exercendo plenamente sua cidadania. A ministra relatora salientou que, na hipótese, não se discute o amar – que é uma faculdade – mas sim a imposição biológica e constitucional de cuidar, que é dever jurídico, corolário da liberdade das pessoas de gerar ou adotar filhos. Ressaltou que os sentimentos de mágoa e tristeza causados pela negligência paterna e o tratamento como filha de segunda classe, que a recorrida levará *ad perpetuam*, é perfeitamente apreensível e exsurgem das omissões do pai (recorrente) no exercício de seu dever de cuidado em relação à filha e também de suas ações que privilegiaram parte de sua prole em detrimento dela, caracterizando o dano *in re ipsa* e traduzindo-se, assim, em causa eficiente à compensação. Com essas e outras considerações, a Turma, ao prosseguir o julgamento, por maioria, deu parcial provimento ao recurso apenas para reduzir o valor da compensação por danos morais de R$ 415 mil para R$ 200 mil, corrigido desde a data do julgamento realizado pelo tribunal de origem. REsp 1.159.242-SP, Rel. Min. Nancy Andrighi, julgado em 24/4/2012."

"O prazo prescricional das ações de indenização por abandono afetivo começa a fluir com a maioridade do interessado. Isso porque não corre a prescrição entre ascendentes e descendentes até a cessação dos deveres inerentes ao pátrio poder (poder familiar). No caso, os fatos narrados pelo autor ocorreram ainda na vigência do CC/1916, assim como a sua maioridade e a prescrição da pretensão de ressarcimento por abandono afetivo. Nesse contexto, mesmo tendo ocorrido o reconhecimento da paternidade na vigência do CC/2002, apesar de ser um ato de efeitos *ex tunc*, este não gera efeitos em relação a pretensões já prescritas. Precedentes citados: REsp 430.839-MG, DJ de 23/9/2002, e AgRg no Ag 1. 247.622-SP, DJe de 16/8/2010. REsp 1.298.576-RJ, Rel. Min. Luis Felipe Salomão, julgado em 21/8/2012."

11.2.2 Alimentos no vínculo socioafetivo

Já em relação aos alimentos, na hipótese de formação de vínculo socioafetivo, destaca-se a decisão do Ministro Ricardo Villas Bôas Cueva, no REsp 922.462-SP, julgado em 4/4/2013: "A esposa infiel não tem o dever de restituir ao marido traído os alimentos pagos por ele em favor de filho criado com estreitos laços de afeto pelo casal, ainda que a adúltera tenha ocultado do marido o fato de que a referida criança seria filha biológica sua e de seu "cúmplice". Isso porque, se o marido, ainda que enganado por sua esposa, cria como seu o filho biológico de outrem, tem-se por configurada verdadeira relação de paternidade socioafetiva, a qual, por si mesma, impede a repetição da verba alimentar, haja vista que, a fim de preservar o elo da afetividade, deve-se considerar secundária a verdade biológica, porquanto a CF e o próprio CC garantem a igualdade absoluta dos filhos de qualquer origem (biológica ou não biológica). Além do mais, o dever de fidelidade recíproca dos cônjuges, atributo básico do casamento, em nada se comunica com a relação paternal gerada, mostrando-se desarrazoado transferir o ônus por suposto insucesso da relação à criança alimentada. Ademais, o STJ já firmou o entendimento de que a mulher não está obrigada a restituir ao marido o valor dos alimentos pagos por ele em favor da criança que, depois se soube, era filha de outro homem (REsp 412.684-SP, Quarta Turma, DJ 25/11/2002). De mais a mais, quaisquer valores que sejam porventura apurados em favor do alimentante estarão cobertos pelo princípio da irrepetibilidade dos alimentos já pagos, justificado pelo dever de solidariedade entre os seres humanos, uma vez que, em última análise, os alimentos garantem a própria existência do alimentando. REsp 922.462-SP, Rel. Min. Ricardo Villas Bôas Cueva, julgado em 4/4/2013."

11.3 Presunção de Paternidade e Técnicas de Reprodução Humana

O artigo 1.597 trata da presunção *pater is est*, bem como dispõe sobre as técnicas de reprodução humana (fecundação artificial homóloga, inseminação homóloga, inseminação heteróloga), além dos embriões excedentários.[7] Vejamos: "presumem-se concebidos na constância do casamento os filhos:

I – *nascidos cento e oitenta dias, pelo menos, depois de estabelecida a convivência conjugal*; A presunção é relativa, eis que admite a prova em contrário, especialmente via exame de DNA.

II – *nascidos nos trezentos dias subsequentes à dissolução da sociedade conjugal, por morte, separação judicial, nulidade e anulação do casamento*; Aqui, a prova em contrário também pode ser verificada por meio do exame do DNA. A presunção também se aplica a união estável.[8] Salvo prova em contrário, de

---

7 Conselho da Justiça Federal – I Jornada de Direito Civil.
CJF – Enunciado – 104 – Art. 1.597: no âmbito das técnicas de reprodução assistida envolvendo o emprego de material fecundante de terceiros, o pressuposto fático da relação sexual é substituído pela vontade (ou eventualmente pelo risco da situação jurídica matrimonial) juridicamente qualificada, gerando presunção absoluta ou relativa de paternidade no que tange ao marido da mãe da criança concebida, dependendo da manifestação expressa (ou implícita) da vontade no curso do casamento.
CJF – Enunciado – 105 – Art. 1.597: as expressões "fecundação artificial", "concepção artificial" e "inseminação artificial" constantes, respectivamente, dos incs. III, IV e V do art. 1.597 deverão ser interpretadas como "técnica de reprodução assistida".

8 RECURSO ESPECIAL – *NOMEM IURIS* – DEMANDA – PRINCÍPIO ROMANO DA MIHI *FACTUM DADO TIBI JUS* – APLICAÇÃO – UNIÃO ESTÁVEL – ENTIDADE FAMILIAR – RECONHECIMENTO DO ORDENAMENTO JURÍDICO – REQUISITOS – CONVIVÊNCIA PÚBLICA, CONTÍNUA E DURADOURA – OBJETIVO DE CONSTITUIR FAMÍLIA – DEVERES – ASSISTÊNCIA, GUARDA, SUSTENTO, EDUCAÇÃO DOS FILHOS, LEALDADE E RESPEITO – ARTIGO 1.597, DO CÓDIGO CIVIL – PRESUNÇÃO DE CONCEPÇÃO DOS FILHOS NA CONSTÂNCIA DO CASAMENTO – APLICAÇÃO AO INSTITUTO DA UNIÃO ESTÁVEL – NECESSIDADE – ESFERA DE PROTEÇÃO – PAI COMPANHEIRO – FALECIMENTO – 239 (DUZENTOS E TRINTA E NOVE DIAS) APÓS O NASCIMENTO DE SUA FILHA – PATERNIDADE – DECLARAÇÃO – NECESSIDADE – RECURSO ESPECIAL PROVIDO.
I – Desimporta o nomem iuris dado à demanda pois, na realidade, aplica-se-à o adágio romano da mihi factum dado tibi jus.
II – O ordenamento jurídico pátrio reconhece, como entidade familiar, a união estável entre pessoas (ut ADPF N. 132/RJ, Rel. Min. Ayres Brito, DJe de 14/10/2011), configurada na convivência pública, contínua e duradoura estabelecida com o objetivo de constituição de família (artigo 1.723, do Código Civil), com atenção aos deveres de lealdade, respeito, assistência, de guarda, sustento e educação de filhos (artigo 1.724, do Código Civil), de modo a permitir aplicação, às relações patrimoniais, no que couber, das regras pertinentes ao regime de comunhão parcial de bens (artigo 1725, do Código Civil).
III – A lei não exige tempo mínimo nem convivência sob o mesmo teto, mas não dispensa outros requisitos para identificação da união estável como entidade ou núcleo familiar, quais sejam: convivência duradoura e pública, ou seja, com notoriedade e continuidade, apoio mútuo, ou assistência mútua, intuito de constituir família, com os deveres de guarda, sustento e de educação dos filhos comuns, se houver, bem como os deveres de lealdade e respeito.
IV – Assim, se nosso ordenamento jurídico, notadamente o próprio texto constitucional (art. 226, § 3º), admite a união estável e reconhece nela a existência de entidade familiar, nada mais razoável de se conferir interpretação sistemática ao art. 1.597, II, do Código Civil, para que passe a contemplar também a presunção de concepção dos filhos na constância de união estável.

acordo com o artigo 1.598 do CC, se a mulher contrair novas núpcias e lhe nascer algum filho presume a paternidade da seguinte forma:

a) o filho será do primeiro marido, se nascer dentro dos trezentos dias a contar do falecimento deste;

(b) o filho será do segundo marido se o nascimento ocorrer após esses trezentos dias da dissolução da primeira união e decorridos o prazo de cento e oitenta dias do início das novas núpcias.

11.3.1 Técnicas de reprodução humana

Da mesma forma, de acordo com os incisos III, IV e V do artigo 1.597 do Código Civil, presumem-se concebidos na constância do casamento os filhos: (a) *havidos por fecundação artificial homóloga, mesmo que falecido o marido;* (b) *havidos, a qualquer tempo, quando se tratar de embriões excedentários, decorrentes de concepção artificial homóloga*: e c) *havidos por inseminação artificial heteróloga, desde que tenha prévia autorização do marido.* Vejamos cada uma das hipótese.

11.3.1.1 Fecundação artificial homóloga

Artigo 1.597, Inciso III – *havidos por fecundação artificial homóloga, mesmo que falecido o marido;*[9] [10] Na inseminação artificial homóloga, o material

---

V – Na espécie, o companheiro da mãe da menor faleceu 239 (duzentos e trinta e nove) dias antes ao seu nascimento. Portanto, dentro da esfera de proteção conferida pelo inciso II do art. 1.597, do Código Civil, que presume concebidos na constância do casamento os filhos nascidos nos trezentos dias subsequentes, entre outras hipóteses, em razão de sua morte.

VI – Dessa forma, em homenagem ao texto constitucional (art. 226, § 3º) e ao Código Civil (art. 1.723), que conferiram ao instituto da união estável a natureza de entidade familiar, aplicam-se as disposições contidas no artigo 1.597, do Código Civil, ao regime de união estável.

VII – Recurso especial provido.

(REsp 1194059/SP, Rel. Ministro MASSAMI UYEDA, TERCEIRA TURMA, julgado em 06/11/2012, DJe 14/11/2012).

9 Conselho da Justiça Federal – I Jornada de Direito Civil

CJF – Enunciado – 106 – Art. 1.597, inc. III: para que seja presumida a paternidade do marido falecido, será obrigatório que a mulher, ao se submeter a uma das técnicas de reprodução assistida com o material genético do falecido, esteja na condição de viúva, sendo obrigatório, ainda, que haja autorização escrita do marido para que se utilize seu material genético após sua morte.

10 Conselho da Justiça Federal – III Jornada de Direito Civil

CJF – Enunciado – 257 – Art. 1.597: As expressões "fecundação artificial", "concepção artificial" e "inseminação artificial", constantes, respectivamente, dos incs. III, IV e V do art. 1.597 do Código Civil, devem ser interpretadas restritivamente, não abrangendo a utilização de óvulos doados e a gestação de substituição. Justificativa: As técnicas de reprodução assistida são basicamente de duas ordens: aquelas pelas quais a fecundação ocorre *in vivo*, ou seja, no próprio organismo feminino e aquelas pelas quais a fecundação ocorre *in vitro*, ou seja, fora do organismo feminino, mais precisamente em laboratório, após o recolhi-

genético é do próprio casal.[11] [12]Existe a necessidade de autorização do marido

---

mento dos gametas masculino e feminino. As expressões "fecundação artificial" e "concepção artificial" utilizadas nos incs. III e IV são impróprias, até porque a fecundação ou a concepção obtida por meio das técnicas de reprodução assistida é natural, com o auxílio técnico, é verdade, mas jamais artificial. Além disso, houve ainda imprecisão terminológica no inc. V quando trata da inseminação artificial heteróloga, uma vez que a inseminação artificial é apenas uma das técnicas de reprodução in vivo; para os fins do inciso em comento, melhor seria a utilização da expressão "técnica de reprodução assistida", incluídas aí todas as variantes das técnicas de reprodução *in vivo* e *in vitro*.

11 "Técnicas de Reprodução Assistida – TRA (*Assisted Reproductive Technologies*, ART): Alguns casais necessitam de procedimentos mais sofisticados, conhecidos como técnicas de reprodução assistida (ART, do inglês), que ajudam a unir o espermatozoide ao óvulo. ART representa uma esperança aos casais que não respondem aos outros tratamentos e envolve as mesmas terapias hormonais utilizadas na indução da ovulação, além de técnicas para aumentar a fertilização do óvulo pelo espermatozoide. Os procedimentos mais comuns de ART são: Gonadotrofinas e hCG, transferência embrionária para cavidade uterina, aspiração dos folículos, óvulos aspirados, obstrução tubária e FIV pré-embrião.
Criopreservação: Muitos centros de ART têm condições de preservar embriões para uso futuro. Uma vez congelados e armazenados, os embriões permanecem viáveis por longo tempo e a criopreservação permite que alguns deles sejam usados num ciclo de ART e outros sejam armazenados para uso posterior, em um ciclo sem estimulação hormonal.
DNA recombinante: DNA que foi modificado de modo que contenha genes provenientes de duas fontes diferentes. A tecnologia recombinante é frequentemente utilizada para produzir medicamentos terapêuticos altamente puros.
Embrião: Termo usado para descrever os estágios iniciais do crescimento fetal, a partir da concepção até a oitava semana de gravidez.
Fertilização: A combinação do material genético presente em espermatozoide e ovo para criar um embrião. Normalmente ocorre dentro da tuba uterina (*in vivo*), mas também pode ocorrer em uma placa de Petri (*in vitro*). (Veja também Fertilização *In Vitro*).
Fertilização *In Vitro*, FIV (*In Vitro Fertilization*, IVF): A FIV é o procedimento de ART mais amplamente utilizado e de fato resolve vários distúrbios da fertilidade, particularmente problemas de tubas uterinas e deficiências dos espermatozoides. A FIV é um processo de quatro etapas. Na primeira delas, o hormônio folículo-estimulante (FSH) é utilizado para estimular o crescimento do maior número de óvulos possível. Tal desenvolvimento múltiplo aumenta as chances de fertilização e de gravidez. Na segunda etapa, o HCG é usado para estimular a liberação dos óvulos maduros, que são coletados dos ovários, por via vaginal, utilizando-se uma agulha fina visualizada por ultrassom. Na terceira etapa, os óvulos são transferidos para uma placa no laboratório, na qual são colocados juntamente com os espermatozoides para que ocorra a fertilização. Na etapa final, alguns óvulos fertilizados ou embriões são transferidos para o interior do útero.
Gameta: Uma célula reprodutiva. O espermatozoide em homens, o óvulo em mulheres.
Injeção Intracitoplasmática de Espermatozoides (*Intracytoplasmic Sperm Injection*, ICSI): Uma micromanipulação (ocorre sob microscopia), procedimento no qual um único espermatozoide é injetado diretamente no interior do óvulo para possibilitar a fertilização com contagens de espermatozoides muito baixas ou com espermatozoides não móveis (espermatozoides que não nadam efetivamente em direção ao óvulo). O embrião é, então, transferido para o útero.
Inseminação Artificial (*Artificial Insemination* – AI): A inseminação artificial é o processo de introdução dos espermatozoides diretamente no interior da vagina ou no útero. Geralmente, é indicada para casais com infertilidade masculina, como baixo volume de sêmen, baixa concentração ou mortalidade diminuída dos espermatozoides. Mas a inseminação

para que seu material reservado seja utilizado? O inciso III do referido artigo nada fala. A princípio a autorização deve ser expressa e inequívoca. É possível que o cônjuge varão congele seu sêmen com vistas a ser utilizado após a sua morte com a finalidade de procriação (por meio de inseminação artificial expressamente declarada). O direito de procriar é inerente ao direito da personalidade. Já o Conselho Federal de Medicina, através da *Resolução 2.121*, em 16 de julho de 2015, determina que "VIII – REPRODUÇÃO ASSISTIDA *POST MORTEM* É permitida a reprodução assistida *post mortem* desde que haja autorização prévia específica do(a) falecido(a) para o uso do material biológico criopreservado, de acordo com a legislação vigente."[13]

Deste modo, *como ficaria o filho concebido após a morte de seu genitor em relação ao direito à sucessão legítima*? Aqui a doutrina se divide. Para uns o filho concebido após a morte de seu pai teria direito à sucessão legítima, já que qualquer tipo de discriminação é inconstitucional (CRFB/88 – Art. 227), bem como o tratamento dos filhos deve ser realizado de forma isonômica. Assim se já tiver ocorrido a partilha dos bens, esta deve ser anulada e refeita. Para tanto, torna-se necessário o ajuizamento de uma ação de petição de herança. Para outros, este filho não terá direito à sucessão legítima, já que não foi concebido à época do óbito. (CC 2002 – Art. 1.798). Acreditamos que a primeira

---

artificial também pode ser utilizada para tratar casos de infertilidade feminina, como problemas do muco cervical ou fatores imunológicos. É um procedimento relativamente simples e indolor, realizado no consultório médico. Numa técnica denominada inseminação intrauterina (IIU), o médico insere os espermatozoides diretamente no interior do útero, próximo do momento da ovulação. Caso a mulher tenha muco cervical em pequena quantidade ou ausente, esse procedimento aumenta as chances de fertilização. Algumas vezes, mais de uma inseminação é realizada para garantir que a inseminação coincida com a ovulação.

Inseminação Intrauterina (*Intrauterine Insemination*, IUI): Procedimento no qual o médico coloca os espermatozoides diretamente no interior do útero através do colo usando um cateter." Disponível em: < www.abdelmassih.com.br/am_glossario02.php>. Acesso em: 01 fev. 2007.

12 Em 25 de julho de 1978, nasceu Louise Brown, primeiro bebê gerado por fertilização *in vitro* (FIV).

13 "Em 1983, Trounson e Mohr conseguiram a primeira gestação através da 33 criopreservação de embriões humanos. A partir desse feito, o congelamento de gametas e embriões começou a ser empregado na reprodução assistida com o objetivo principal de evitar submeter a mulher a sucessivas aspirações foliculares (procedimento realizado para captação de oócitos). Uma vez que o casal definiu que a família está completa, existem, em teoria, quatro possibilidades no que diz respeito ao destino dos embriões excedentes que estão criopreservados. As opções incluem mantê-los criopreservados indefinidamente, doar para pesquisa, doar para outro casal tentar uma gravidez ou descartar o embrião." LEITE, Tatiana Henriques; HENRIQUES, Rodrigo Arruda de Holanda. Bioética em reprodução humana assistida: influência dos fatores sócio-econômicoculturais sobre a formulação das legislações e guias de referência no Brasil e em outras nações. In: Physis Revista de Saúde Coletiva, Rio de Janeiro, 24 [1]: 31-47, 2014. Disponível em: < http://www.scielo.br/pdf/physis/v24n1/0103-7331-physis-24-01-00031.pdf>. Acesso em: 22 jan. 2017.

corrente é mais harmoniosa com o dia a dia do homem contemporâneo e suas vicissitudes. Outras questões contravertidas surgem no seio jurídico, tais como a "barriga de aluguel" e o "empréstimo do útero". GUILHERME CALMON NOGUEIRA DA GAMA alerta que "No Brasil, contudo, no estágio atual dos valores culturais, religiosos e morais relativamente à maior parte da sociedade, não se mostra possível conceber a licitude da prática da maternidade de substituição, conforme foi analisado, mesmo na modalidade gratuita. Contudo, em havendo a prática – mesmo que de forma ilícita –, logicamente que a criança não poderá ser considerada espúria e, consequentemente, deve ter resguardados os seus direitos e interesses, entre eles o de integrar uma família onde terá condições de ser amparada, sustentada, educada e amada, para permitir seu desenvolvimento pleno e integral em todos os sentidos, cumprindo-se, desse modo, os princípios e regras constitucionais a respeito do tema. Quanto à paternidade, maternidade e filiação originárias, no entanto, é oportuno o observar o mesmo raciocínio anteriormente desenvolvidos a respeito da vontade como principal pressuposto para o estabelecimento dos vínculos, em substituição à relação sexual, já que também na maternidade de substituição – como prática associada às técnicas de procriação assistida – não há que se cogitar na conjunção carnal para o fim de permitir a concepção e o início da gravidez da mulher gestante".[14]

Quanto à doação temporária do útero, o Conselho Federal de Medicina, através da *Resolução 2.121*, em 16 de julho de 2015, diz que "VII – SOBRE A GESTAÇÃO DE SUBSTITUIÇÃO (DOAÇÃO TEMPORÁRIA DO ÚTERO) As clínicas, centros ou serviços de reprodução assistida podem usar técnicas de RA para criar a situação identificada como gestação de substituição, desde que exista um problema médico que impeça ou contraindique a gestação na doadora genética ou em caso de união homoafetiva. 1- As doadoras temporárias do útero devem pertencer à família de um dos parceiros em parentesco consanguíneo até o quarto grau (primeiro grau – mãe; segundo grau – irmã/avó; terceiro grau – tia; quarto grau – prima). Demais casos estão sujeitos à autorização do Conselho Regional de Medicina. 2- A doação temporária do útero não poderá ter caráter lucrativo ou comercial. 3- Nas clínicas de reprodução assistida, os seguintes documentos e observações deverão constar no prontuário da paciente: 3.1. Termo de consentimento livre e esclarecido informado assinado pelos pacientes e pela doadora temporária do útero, contemplando aspectos biopsicossociais e riscos envolvidos no ciclo gravídico-puerperal, bem como aspectos legais da filiação; 3.2. Relatório médico com o perfil psicológico, atestando adequação clínica e emocional de todos os envolvidos; 3.3. Termo de Compromisso entre os pacientes e a doadora temporária do útero (que receberá o embrião em seu útero), estabelecendo

14 GAMA, Guilherme Calmon Nogueira da. O biodireito e *as relações parentais*, Rio de Janeiro: Renovar, 2003, p. 862-863.

claramente a questão da filiação da criança; 3.4. Garantia, por parte dos pacientes contratantes de serviços de RA, de tratamento e acompanhamento médico, inclusive por equipes multidisciplinares, se necessário, à mãe que doará temporariamente o útero, até o puerpério; 3.5. Garantia do registro civil da criança pelos pacientes (pais genéticos), devendo esta documentação ser providenciada durante a gravidez; 3.6. Aprovação do cônjuge ou companheiro, apresentada por escrito, se a doadora temporária do útero for casada ou viver em união estável."

No Brasil, até a presente data, não há legislação específica a respeito da reprodução assistida (RA). Tramitam no Congresso Nacional, há anos, diversos projetos a respeito do assunto, mas nenhum deles chegou a termo.

Artigo 1.597, Inciso IV – *havidos, a qualquer tempo, quando se tratar de embriões excedentários, decorrentes de concepção artificial homóloga;*[15] De acordo com o Enunciado 128 do CJF este inciso IV do artigo 1.597 deve ser revogado. Vejamos as justificativas: "O fim de uma sociedade conjugal, em especial quando ocorre pela anulação ou nulidade do casamento, pela separação judicial ou pelo divórcio, é, em regra, processo de tal ordem traumático para os envolvidos que a autorização de utilização de embriões excedentários será fonte de desnecessários litígios. Além do mais, a questão necessita de análise sob o enfoque constitucional. Da forma posta e não havendo qualquer dispositivo no novo Código Civil que autorize o reconhecimento da maternidade em tais casos, somente a mulher poderá se valer dos embriões excedentários, ferindo de morte o princípio da igualdade esculpido no caput e no inciso I do artigo 5º da Constituição da República. A título de exemplo, se a mulher ficar viúva, poderá, "a qualquer tempo", gestar o embrião excedentário, assegurado o reconhecimento da paternidade, com as conseqüências legais pertinentes; porém o marido não poderá valer-se dos mesmos embriões, para cuja formação contribuiu com o seu material genético e gestá-lo em útero sub-rogado. Como o dispositivo é vago e diz respeito apenas ao estabelecimento da paternidade, sendo o novo Código Civil omisso quanto à maternidade, poder-se-ia indagar: se esse embrião vier a germinar um ser humano após a morte da mãe, ele terá a paternidade estabelecida e não a maternidade? Caso se pretenda afirmar que a maternidade será estabelecida pelo nascimento, como ocorre atualmente, a mãe será aquela que dará à luz, porém, neste caso, tampouco a paternidade poderá ser estabelecida, uma vez que a reprodução não seria homóloga. Caso a justificativa para a manutenção

15 Conselho da Justiça Federal – I Jornada de Direito Civil.
CJF – Enunciado – 107 – Art. 1.597, IV: finda a sociedade conjugal, na forma do art. 1.571, a regra do inc. IV somente poderá ser aplicada se houver autorização prévia, por escrito, dos ex-cônjuges para a utilização dos embriões excedentários, só podendo ser revogada até o início do procedimento de implantação desses embriões.

do inciso seja evitar a destruição dos embriões crioconservados, destaca-se que legislação posterior poderá autorizar que venham a ser adotados por casais inférteis. Assim, prudente seria que o inciso em análise fosse suprimido. Porém, se a supressão não for possível, solução alternativa seria determinar que os embriões excedentários somente poderão ser utilizados se houver prévia autorização escrita de ambos os cônjuges, evitando-se com isso mais uma lide nas varas de família."

11.3.1.2 Inseminação artificial heteróloga

Artigo 1.597, Inciso V – *havidos por inseminação artificial heteróloga, desde que tenha prévia autorização do marido.*[16] Na inseminação artificial heteróloga, o material genético é de um terceiro.[17] Aqui, vale mencionar o enunciado nº111 do CJF que diz: "a adoção e a reprodução assistida heteróloga atribuem a condição de filho ao adotado e à criança resultante de técnica conceptiva heteróloga porém, enquanto na adoção haverá o desligamento dos vínculos entre o adotado e seus parentes consanguíneos, na reprodução assistida heteróloga nem sequer será estabelecido o vínculo de parentesco entre a criança e o doador do material fecundante."

Vale destacar, ainda, que quanto à *reprodução assistida*, o Conselho Federal de Medicina publicou a *Resolução 2.121*, em 16 de julho de 2015, contendo diversos princípios e regras. Vejamos, pois, os principais princípios gerais estabelecidos nesta Resolução:

---

16 Conselho da Justiça Federal – III Jornada de Direito Civil

CJF – Enunciado – 258 – Arts. 1.597 e 1.601: Não cabe a ação prevista no art. 1.601 do Código Civil se a filiação tiver origem em procriação assistida heteróloga, autorizada pelo marido nos termos do inc. V do art. 1.597, cuja paternidade configura presunção absoluta.

17 Enunciado 129 do CJF: 129 – Proposição para inclusão de um artigo no final do Cap. II, Subtítulo II, Cap. XI, Título I, do Livro IV, com a seguinte redação: Art. 1.597, A . "A maternidade será presumida pela gestação. Parágrafo único: Nos casos de utilização das técnicas de reprodução assistida, a maternidade será estabelecida em favor daquela que forneceu o material genético, ou que, tendo planejado a gestação, valeu-se da técnica de reprodução assistida heteróloga." Justificativa: No momento em que o artigo 1.597 autoriza que o homem infértil ou estéril se valha das técnicas de reprodução assistida para suplantar sua deficiência reprodutiva, não poderá o Código Civil deixar de prever idêntico tratamento às mulheres. O dispositivo dará guarida às mulheres que podem gestar, abrangendo quase todas as situações imagináveis, como as técnicas de reprodução assistida homólogas e heterólogas, nas quais a gestação será levada a efeito pela mulher que será a mãe sócio-evolutiva da criança que vier a nascer. Pretende-se, também, assegurar à mulher que produz seus óvulos regularmente, mas não pode levar a termo uma gestação, o direito à maternidade, uma vez que apenas a gestação caberá à mãe sub-rogada. Contempla-se, igualmente, a mulher estéril que não pode levar a termo uma gestação. Essa mulher terá declarada sua maternidade em relação à criança nascida de gestação sub-rogada na qual o material genético feminino não provém de seu corpo. Importante destacar que, em hipótese alguma, poderá ser permitido o fim lucrativo por parte da mãe sub-rogada.

1 – As técnicas de reprodução assistida (RA) têm o papel de auxiliar na resolução dos problemas de reprodução humana, facilitando o processo de procriação.

2 – As técnicas de RA podem ser utilizadas desde que exista probabilidade de sucesso e não se incorra e m risco grave de saúde para o(a) paciente ou o possível descendente, sendo a idade máxima das candidatas à gestação de RA de 50 anos.

3 – As exceções ao limite de 50 anos para participação do procedimento serão determinadas, com fundamentos técnicos e científicos, pelo médico responsável e após esclarecimento quanto aos riscos envolvidos.

4 – O consentimento livre e esclarecido informado será obrigatório para todos os pacientes submetidos às técnicas de reprodução assistida. Os aspectos médicos envolvendo a totalidade das circunstâncias da aplicação de uma técnica de RA serão detalhadamente expostos, bem como os resultados obtidos naquela unidade de tratamento com a técnica proposta. As informações devem também atingir dados de caráter biológico, jurídico e ético.

O documento de consentimento livre e esclarecido informado será elaborado em formulário especial e estará completo com a concordância, por escrito, obtida a partir de discussão bilateral entre as pessoas envolvidas nas técnicas de reprodução assistida.

5 – As técnicas de RA não podem ser aplicadas com a intenção de selecionar o sexo (presença ou ausência de cromossomo Y) ou qualquer outra característica biológica do futuro filho, exceto quando se trate de evitar doenças do filho que venha a nascer.

6 – É proibida a fecundação de oócitos humanos com qualquer outra finalidade que não a procriação humana.

7 – O número máximo de oócitos e embriões a serem transferidos para a receptora não pode ser superior a quatro. Quanto ao número de embriões a serem transferidos, fazem-se as seguintes determinações de acordo com a idade: a) mulheres até 35 anos: até 2 embriões; b) mulheres entre 36 e 39 anos: até 3 embriões; c) mulheres com 40 anos ou mais: até 4 embriões; d) nas situações de doação de óvulos e embriões, considera-se a idade da doadora no momento da coleta dos óvulos.

8 – Em caso de gravidez múltipla, decorrente do uso de técnicas de RA, é proibida a utilização de procedimentos que visem à redução embrionária.

Verifica-se, portanto, que inexiste limitação da idade de cinquenta anos para as mulheres que se submetam à reprodução assistida.

Ainda sobre a *reprodução assistida heteróloga*, vale registrar o alerta do FLÁVIO TARTUCE, em artigo publicado no site *Migalhas*: "Também nos preocupa a aplicação da tese para a reprodução assistida heteróloga, o que poderá fazer com que ela se torne inviável, pelo temor de os doadores de material genético ter o vínculo de parentalidade reconhecido. Vale lembrar que o provimento 52 do CNJ quebrou o sigilo relativo aos doadores do material genético na reprodução assistida. Nesse sentido, o seu art. 2º enuncia que é indispensável, para fins de registro e da emissão da certidão de nascimento, a apresentação dos seguintes documentos: *a)* declaração de nascido vivo – DNV; *b)* declaração, com firma reconhecida, do diretor técnico da clínica, centro ou serviço de reprodução humana em que foi realizada a reprodução assistida, indicando a técnica adotada, o nome do doador ou da doadora, com registro de seus dados clínicos de caráter geral e características fenotípicas, assim como o nome dos seus beneficiários; e *c)* certidão de casamento, certidão de conversão de união estável em casamento, escritura pública de união estável ou sentença em que foi reconhecida a união estável do casal. Com o surgimento da decisão do STF, pensamos ser necessário cancelar tal previsão do provimento 52 do CNJ, e outras que igualmente quebram o sigilo dos doadores do material genético."[18]

Por fim, vale mencionar que as regras dos incisos III, IV e V devem ser aplicadas à união estável e união homoafetiva. Aqui cabe mencionar o Enunciado 608 editado pelo Conselho da Justiça Federal na VII Jornada de Direito Civil. Vejamos: "CJF – Enunciado – 608 – É possível o registro de nascimento dos filhos de pessoas do mesmo sexo originários de reprodução assistida, diretamente no Cartório do Registro Civil, sendo dispensável a propositura de ação judicial, nos termos da regulamentação da corregedoria local. Parte da legislação: artes. 1.593 e 1.596 do Código Civil, Livro IV." No mesmo sentido o enunciado nº 12 do IBDFAM que diz: "É possível o registro de nascimento dos filhos de casais homoafetivos, havidos de reprodução assistida, diretamente no Cartório do Registro Civil."

A *Resolução 2.121*, em 16 de julho de 2015, do Conselho Federal de Medicina, diz que os pacientes das técnicas de reprodução assistida são: "1 – Todas as pessoas capazes, que tenham solicitado o procedimento e cuja indicação não se afaste dos limites desta resolução, podem ser receptoras das técnicas de RA desde que os participantes estejam de inteiro acordo e devidamente esclarecidos, conforme legislação vigente. 2 – É permitido o

18 TARTUCE, Flávio. *2016*: O ano da afetividade na jurisprudência superior brasileira. Disponível em: http://www.migalhas.com.br/FamiliaeSucessoes/104,MI250528,-91041-2016+O+ano+da+afetividade+na+jurisprudencia+superior+brasileira.> Acesso em: 22 jan. 2017.

uso das técnicas de RA para relacionamentos homoafetivos e pessoas solteiras, respeitado o direito a objeção de consciência por parte do médico. 3 – É permitida a gestação compartilhada em união homoafetiva feminina em que não exista infertilidade."

11.3.2 A escolha do material genético e os superbebês

A possibilidade da escolha do material genético a ser utilizado nas clínicas de reprodução ainda é um tema eivado de questões controvertidas.[19] Imagine um casal que recebe um cardápio de doadores do banco de sêmen e nele encontra ofertas variadas. Seria possível a seleção de sexo embrionário, a escolha da cor dos olhos, a textura do cabelo, estrutura genética?[20] E

19 *Resolução 2.121*, em 16 de julho de 2015, do Conselho Federal de Medicina: V – CRIOPRESERVAÇÃO DE GAMETAS OU EMBRIÕES 1- As clínicas, centros ou serviços podem criopreservar espermatozoides, óvulos, embriões e tecidos gonádicos. 2- O número total de embriões gerados em laboratório será comunicado aos pacientes para que decidam quantos embriões serão transferidos a fresco. Os excedentes, viáveis, devem ser criopreservados. 3- No momento da criopreservação, os pacientes devem expressar sua vontade, por escrito, quanto ao destino a ser dado aos embriões criopreservados em caso de divórcio, doenças graves ou falecimento, de um deles ou de ambos, e quando desejam doá-los. 4- Os embriões criopreservados com mais de cinco anos poderão ser descartados se esta for a vontade dos pacientes. A utilização dos embriões em pesquisas de células-tronco não é obrigatória, conforme previsto na Lei de Biossegurança.

20 Em São Paulo mesmo, no bairro do Morumbi, o banco de sêmen do Hospital Albert Einstein recebe com frequência gente que escolhe dessa maneira. As ofertas são inúmeras e variadas. Tome-se por exemplo o doador número 57 do banco de sêmen do hospital. Ele é definido como caucasiano, declarou ser espírita, a cor da pele é branca e os cabelos são pretos e lisos. Tem olhos verdes, 1,68 metro de altura e 57 quilos. Faz mestrado em Engenharia Eletrônica e seus *hobbies* são ciclismo, *trekking* e natação. Já o doador número 88 tem cabelos loiros, olhos castanhos e é músico. Logo abaixo dele na lista vem um doador de 1,78 metro, auxiliar de escritório cujo passatempo é passar horas diante de um computador. As mulheres que procuram os bancos de sêmen sabem que tais características possuem, em média, 50% de chance de aparecer em seus futuros bebês. Sim, porque os outros 50% dependem do óvulo. Por enquanto, não existe técnica segura de congelar um óvulo humano para armazenamento e uso futuro. Exatamente por isso, a escolha das características da outra metade do material genético não é tão abundante. Não existem bancos de óvulo. As doadoras têm de ser conseguidas pelas clínicas, caso a caso.
Em clínicas americanas os clientes podem até mesmo visualizar o resultado futuro de suas escolhas. Como seriam seus filhos caso optassem por este ou aquele doador de sêmen ou de óvulo – ou ambos. A ciência já arma botes ainda mais ousados, como a possibilidade de concepção totalmente sem a participação da mãe na gestação. Existem inúmeras experiências em andamento de criação de úteros artificiais. A mais avançada até agora é feita no Japão (veja quadro). Quando for possível gestar um bebê do embrião ao nascimento fora do útero, a Medicina terá dado um salto no escuro. É o ambiente uterino que impede que as mutações de DNA, sejam elas aleatórias ou fabricadas artificialmente, produzam seres monstruosos. A embriologia, como um engenheiro rigoroso, costuma matar as aberrações arquitetadas pela genética. É a grande força mediadora da evolução dos animais superiores. Um útero artificial, para a perplexidade geral, permitiria o nascimento de qualquer

quanto ao leilão de óvulos de modelos?[21] No Brasil, cada vez mais aumenta a importação de sêmen.[22] No Brasil, o Conselho Federal de Medicina publicou

---

criatura mesmo a mais antinatural. Disponível em: <http://www1.unimed.com.br/nacional/bom_dia/saude_destaque.asp?nt=5634>. Acesso em: 21 jan. 2017.

21 Pelo menos é o que pensa o fotógrafo norte-americano Ron Harris, 66, que lançou um *site* na Internet destinado apenas a vender, por leilão, óvulos de modelos para inseminação artificial. O site, intitulado Ron's Angels (www.ronsangels.com) - Os Anjos de Ron -, aceita ofertas *online* pelos óvulos de modelos cujas fotos estão expostas. Cada modelo estabelece um preço mínimo para as ofertas. Os preços variam entre US$ 15 mil e US$ 150 mil.
Sobre esse valor, os compradores ainda devem pagar 20% de comissão para Harris e arcar com o tratamento médico. Apesar de o acesso à página ser gratuito, quem quiser ver o "catálogo" completo com as fotos das vendedoras dos óvulos tem de pagar US$ 24,95.
Não há restrição na legislação norte-americana à venda de óvulos ou espermatozóides para inseminação artificial. Até agora, nenhum óvulo foi vendido, mas o *site* já causou revolta entre especialistas em reprodução humana e donos de clínicas de fertilização, que chegaram a classificar a oferta de óvulos como antiética e a afirmar que ela obedece a padrões da engenharia genética praticada pelo nazismo.
O site ressalta que não oferece óvulos de minorias – leiam-se negros e latinos, entre outros grupos –, mas Harris afirma que não têm intenção de pregar a supremacia branca, e que só colocou modelos brancas no *site* porque não conhecia outras.
Os especialistas em reprodução humana também dizem que não há nenhuma garantia de que o filho do óvulo comprado vá ficar igual a modelo. O *site* também não garante esse resultado, mas convida o visitante a escolher o óvulo da modelo que mais se pareça com ele. "Uma versão mais bonita de você", diz o texto.
O criador do negócio se defende. "Faz-se oferta para tudo neste país. Por que não para os óvulos? Que mãe quer um filho feio?", diz ele, de olho num mercado potencial de 6,1 milhões de norte-americanas que não podem ter filhos.
No editorial do *site*, onde Harris explica por que está fazendo o leilão, ele invoca ainda o princípio da seleção natural, de Charles Darwin, segundo o qual só os mais aptos sobrevivem na natureza, e o que chama de "cultura da celebridade" -que "funciona melhor economicamente que qualquer outra na história". O fotógrafo está empolgado com o negócio e afirma que deve iniciar, em breve, um leilão com espermas masculinos. Enquanto isso, só ontem, mais de 1 milhão de pessoas já visitaram o site. No entanto, apenas uma pessoa teria feito uma oferta, de US$ 42 mil, pelos óvulos de uma modelo. Disponível em: < http://www1.folha.uol.com.br/fsp/mundo/ft2610199909.htm> Acesso em: 21 jan. 2017.

22 Vejamos a reportagem de Camila Neumam, no *site* da UOL: "O 4.870 é um homem muito atraente, inteligente e impulsionado pelo sucesso. É honesto, sincero e tem uma impressionante semelhança com Bradley Cooper, além de ser extremamente atlético e escrever muito bem". Quem é o galã? Um doador de sêmen norte-americano cujo esperma está à venda pela internet no banco de sêmen Fairfax Cryobank.
Embora a comercialização de sêmen seja proibida no Brasil pelo Conselho Federal de Medicina, que regula o setor de reprodução assistida, não há nada que impeça brasileiros de importar o material.
Em um ano, a importação de sêmen de estrangeiros aumentou 541% no Brasil, segundo dados da Anvisa (Agência Nacional de Vigilância Sanitária), que é quem autoriza que as amostras cheguem ao país.
Em 2013, a Anvisa autorizou a importação de 32 amostras de sêmen humano de estrangeiros para tratamentos de reprodução assistida, e em 2014, autorizou 205 importações. Até 11 de junho de 2015, já haviam sido emitidas 135 autorizações. Todos os pedidos vieram de São Paulo, mas podem ter sido encaminhados para outros estados brasileiros.

a *Resolução 2.121*, em 16 de julho de 2015, contendo diversos princípios e regras. Um dos princípios diz que "as técnicas de RA não podem ser aplicadas com a intenção de selecionar o sexo (presença ou ausência de cromossomo Y) ou qualquer outra característica biológica do futuro filho, exceto quando se trate de evitar doenças do filho que venha a nascer."

11.3.3 Impotência do cônjuge

O artigo 1.599 do nosso Código Civil apresenta exceção à presunção de paternidade (*pater is est*) ao dizer que "a prova da impotência do cônjuge para gerar, à época da concepção, ilide a presunção da paternidade." A impotência é a incapacidade masculina para a cópula. A impotência absoluta *coeundi* é a impossibilidade de se manter o coito, em razão de lesão, doença e senilidade. Já a impotência absoluta *generandi* está relacionada à impossibilidade genérica de gerar.

Não se sabe ao certo o que causou esse boom, porém o Fairfax Cryobank, um dos maiores bancos de sêmen dos Estados Unidos, começou a operar no Brasil nesse mesmo período e o único banco de sêmen brasileiro, o Pró-Seed, também reforçou a importação de sêmen.
O Fairfax Cryobank montou um escritório nos Jardins, bairro nobre da capital paulista, batizado de Fairfax Cryobank Brasil. Desde então, importa de dez a trinta amostras de sêmen 'gringo' por mês para clínicas de reprodução brasileiras. Segundo José Roberto Alegretti, diretor científico da Fairfax Cryobank Brasil, cada amostra custa, em média, US$ 1.000.
"Fazemos a intermediação entre as clínicas de reprodução assistida e o banco de sêmen, facilitando o serviço. O Brasil e a América do Sul têm um público muito grande de reprodução assistida e existe essa demanda", diz Alegretti.
O banco não comercializa o sêmen diretamente para pessoas, portanto quem quiser importar espermatozoides de estrangeiros precisa ter começado um tratamento em uma clínica de fertilização, já que a importação exige o aval de um médico.
Por que importar sêmen gringo?
Por que muitas mulheres estão optando pelo sêmen estrangeiro em vez do 'made in Brazil'? Primeiro, porque falta competitividade ao preço do sêmen brasileiro. Além de ser apenas um pouco abaixo da amostra estrangeira, o perfil do doador vem bem menos recheado de informações do que no banco de sêmen dos Estados Unidos, onde homens liberam detalhes de sua vida pessoal para a futura mãe.
Relatórios ultradetalhados destacam características físicas e psicológicas, histórico familiar de doenças, signo, fotos da infância e quais animais de estimação eles preferem.
Nos perfis da Fairfax Cryobank, por exemplo, é possível saber esses detalhes e outros mais, como um cardápio de homens. Embora o *link* da página no Brasil seja em português, os perfis são todos em inglês.
No Brasil, a doação de sêmen deve ser voluntária, por isso geralmente há bem menos amostras disponíveis. Por aqui é proibido oferecer informações de ordem psicológica e a doação deve ser estritamente anônima.
Para Mário Cavagna, presidente da Sociedade Brasileira de Reprodução Humana, não há como proibir que brasileiras optem por doadores estrangeiros quando a demanda de doadores aqui é bem menor do que a necessária. [...]. Disponível em: <https://noticias.uol.com.br/saude/ultimas-noticias/redacao/2015/06/17/importacao-de-semen-de-estrangeiros-aumenta-500-no-brasil-em-um-ano.htm> . Acesso em: 21 jan. 2017.

11.3.4 Adultério da mulher e confissão da mulher em relação à paternidade

Não basta a confissão materna para excluir a paternidade (artigo 1.602, CC). Da mesma forma, não basta o adultério da mulher, ainda que confessado, para ilidir a presunção legal da paternidade (artigo 1.600).

11.3.5 Ação negatória de paternidade

O artigo 1.601 do Código Civil brasileiro confere ao marido o direito de contestar a paternidade dos filhos nascidos de sua mulher. De acordo com o Enunciado 258 do Conselho da Justiça Federal, na III Jornada de Direito Civil, "Não cabe a ação prevista no art. 1.601 do Código Civil se a filiação tiver origem em procriação assistida heteróloga, autorizada pelo marido nos termos do inc. V do art. 1.597, cuja paternidade configura presunção absoluta." Esta ação é, pois, imprescritível e cabe ao cônjge ou companheiro.

Da mesma forma, o artigo 27 do Estatuto da Criança e Adolescente determina que "o reconhecimento do estado de filiação é direito personalíssimo, indisponível e imprescritível, podendo ser exercitado contra os pais ou seus herdeiros, sem nenhuma restrição, observado o segredo de Justiça." A ação de investigação de paternidade é uma ação personalíssima para se obter o reconhecimento forçado do filho, decorrente de decisão judicial. É, pois, uma ação de estado, de natureza declaratória e imprescritível. Os efeitos da sentença que declara a paternidade são os mesmos do reconhecimento voluntário e também *ex tunc*, pois retroage à data do nascimento, conforme art. 1.616 do Código Civil. Vale lembrar que a Súmula nº 149 do STF diz: "É imprescindível à ação de investigação de paternidade, mas não o é a de petição de herança", assim, a qualquer tempo o filho têm o direito de vindicar a sua paternidade.

Dessa maneira, não só a *ação de investigação de paternidade* é imprescritível (aqui o descendente contesta a sua origem genética), como também a *ação negatória de paternidade* (ação de impugnação de paternidade), possibilitando o cônjuge ou companheiro a contestação da presunção de paternidade que trata o artigo 1.597, do Código Civil. Os filhos do impugnante da ação negatória de paternidade não possuem legitimidade para propor a ação, somente podem prosseguir na ação consoante o parágrafo único do artigo 1.601 do Código Civil.[23] Melhor dizendo: a legitimidade ordinária ativa da ação negatória de paternidade compete exclusivamente ao pai registral, por ser ação de estado, que protege direito personalíssimo e indisponível do genitor, não comportando sub-rogação dos avós, porquanto direito intransmissí-

23 Conselho da Justiça Federal – V Jornada de Direito Civil – CJF – Enunciado 520 – Art. 1.601. O conhecimento da ausência de vínculo biológico e a posse de estado de filho obstam a contestação da paternidade presumida.

vel. Neste sentido, o REsp 1328306/DF, julgado pelo Ministro Ricardo Villas Bôas Cueva, da 3ª Turma do STJ, julgado em 14/05/2013).[24]

---

24 RECURSO ESPECIAL. DIREITO CIVIL E PROCESSUAL CIVIL. FAMÍLIA. AÇÃO NEGATÓRIA DE PATERNIDADE. LEGITIMIDADE ORDINÁRIA ATIVA. AÇÃO DE ESTADO. DIREITO PERSONALÍSSIMO E INDISPONÍVEL DO GENITOR (ART. 27 DO ESTATUTO DA CRIANÇA E DO ADOLESCENTE). SUB-ROGAÇÃO DOS AVÓS. IMPOSSIBILIDADE. EXAME DE DNA. RESULTADO DIVERSO DA PATERNIDADE REGISTRAL. AUSÊNCIA DE VÍNCULO DE PARENTESCO ENTRE AS PARTES. FILIAÇÃO AFETIVA NÃO CONFIGURADA. ESTADO DE FILIAÇÃO RECONHECIDO VOLUNTARIAMENTE PELO PAI BIOLÓGICO. SUPREMACIA DO INTERESSE DO MENOR. VERDADE REAL QUE SE SOBREPÕE À FICTÍCIA. ART. 511, § 2º, DO CPC. AUSÊNCIA DE NULIDADE. PAS DE NULLITÉ SANS GRIEF. REEXAME DE MATÉRIA FÁTICO-PROBATÓRIA. INVIABILIDADE. SÚMULAS NºS 83, 211, 7/STJ E 284/STF. INCIDÊNCIA.
1. A legitimidade ordinária ativa da ação negatória de paternidade compete exclusivamente ao pai registral por ser ação de estado, que protege direito personalíssimo e indisponível do genitor (art. 27 do ECA), não comportando sub-rogação dos avós, porquanto direito intransmissível, impondo-se manter a decisão de carência de ação (art. 267, VI, do CPC), mormente quando o interesse dos recorrentes não é jurídico, mas meramente afetivo e patrimonial.
2. O estado de filiação decorre da estabilidade dos laços construídos no cotidiano do pai e do filho (afetividade) ou da consanguinidade.
3. A realização do exame pelo método DNA apto a comprovar cientificamente a inexistência do vínculo genético confere ao marido a possibilidade de obter, por meio de ação negatória de paternidade, a anulação do registro ocorrido com vício de consentimento.
4. O erro a que foi induzido o pai registral de criança nascida na constância do seu casamento com a genitora, com quem o suposto pai não estreitou afetividade suficiente para que desfrutasse da paternidade socioafetiva (posse de estado de filho), desafia a eficácia constitutiva negativa de estado pleiteada na inicial, com a consequente alteração do registro público de nascimento da criança, para fazer constar o nome do pai biológico, excluindo-se, consectariamente, o nome dos avós registrais paternos.
5. O registro público tem por princípio conferir segurança jurídica às relações civis e deve espelhar a verdade real e não fictícia.
6. É consectário da dignidade humana que os documentos oficiais de identificação reflitam a veracidade dos fatos da vida, desde que a retificação não atente contra a ordem pública.
7. O princípio da supremacia do interesse do menor impõe que se assegure seu direito ao reconhecimento do verdadeiro estado de filiação, que já é voluntariamente exercida pelo pai biológico.
8. Não há falar em negativa de prestação jurisdicional se o tribunal de origem motiva adequadamente sua decisão, solucionando a controvérsia com a aplicação do direito que entende cabível à hipótese, apenas não no sentido pretendido pela parte.
9. A ausência de prequestionamento da matéria suscitada no recurso especial, a despeito da oposição de embargos declaratórios, impede o conhecimento do recurso especial (Súmula nº 211/STJ).
10. A mera circunstância de não haver o "visto" do revisor que recebe os autos em seu gabinete, pede dia para julgamento e participa plenamente da sessão não contraria o art. 511, § 2º, do Código de Processo Civil, à falta de nulidade processual e da demonstração de qualquer prejuízo às partes (pas de nullité sans grief).
11. A reforma do julgado demandaria interpretação de matéria fático-probatória, procedimento vedado na estreita via do recurso especial, a teor da Súmula nº 7/STJ.
12. A perfeita harmonia entre o acórdão recorrido e a jurisprudência dominante desta Corte impõe a aplicação, à hipótese dos autos, do enunciado nº 83 da Súmula do Superior

Ademais, uma vez realizado o registro, não há como impugná-lo, salvo provando erro ou falsidade do registro de nascimento, de acordo com o artigo 1.604 do nosso Código Civil.[25]

Tribunal de Justiça.
13. A divergência jurisprudencial com fundamento na alínea "c" do permissivo constitucional, nos termos do art. 541, parágrafo único, do Código de Processo Civil e do art. 255, § 1°, do Regimento Interno do Superior Tribunal de Justiça, requisita comprovação e demonstração, esta, em qualquer caso, com a transcrição dos trechos dos acórdãos que configurem o dissídio, a evidenciar a similitude fática entre os casos apontados e a divergência de interpretações.
14. Tendo sido interposto à moda de apelação, ou seja, deixando de indicar especificamente de que forma teria o acórdão incorrido na violação de dispositivos legais sequer apontados para configurar suposta nulidade processual, o recurso especial encontra-se inviabilizado nesta instância especial, a teor da Súmula n° 284 do Supremo Tribunal Federal.
15. Recurso especial parcialmente conhecido, e nesta parte, desprovido.
(REsp 1328306/DF, Rel. Ministro RICARDO VILLAS BÔAS CUEVA, TERCEIRA TURMA, julgado em 14/05/2013, DJe 20/05/2013).

25 RECURSO ESPECIAL. AÇÃO NEGATÓRIA DE PATERNIDADE. 1. PREFACIAL. PRINCÍPIOS DA CONCENTRAÇÃO DA DEFESA NA CONTESTAÇÃO E DA ADSTRIÇÃO. VIOLAÇÃO. NÃO OCORRÊNCIA. EMENDA DA INICIAL, AQUIESCIDA PELA PARTE REQUERIDA, COM REITERAÇÃO DAS MATÉRIAS DE DEFESAS DESENVOLVIDAS NO CURSO DO PROCESSO. 2. MÉRITO. DECLARANTE, SOB A PRESUNÇÃO PATER IS EST, INDUZIDO A ERRO. VERIFICAÇÃO. RELAÇÃO DE AFETO ESTABELECIDA ENTRE PAI E FILHO REGISTRAIS CALCADA NO VÍCIO DE CONSENTIMENTO ORIGINÁRIO. ROMPIMENTO DEFINITIVO. FILIAÇÃO SOCIOAFETIVA. NÃO CONFIGURAÇÃO. 3. RECURSO ESPECIAL PROVIDO.
1. Afigura-se absolutamente estéril a discussão afeta à observância ou não dos princípios da eventualidade e da adstrição, notadamente porque a tese de paternidade socioafetiva, não trazida inicialmente na contestação, mas somente após o exame de DNA, conjugada com a também inédita alegação de que o demandante detinha conhecimento de que não era o pai biológico quando do registro, restou, de certo modo, convalidada no feito. Isso porque o autor da ação pleiteou a emenda da inicial, para o fim de explicitar o pedido de retificação do registro de nascimento do menor, proceder aquiescido pela parte requerida, que, posteriormente, ratificou os termos de sua defesa como um todo desenvolvida no processo.
2. A controvérsia instaurada no presente recurso especial centra- se em saber se a paternidade registral, em desacordo com a verdade biológica, efetuada e declarada por indivíduo que, na fluência da união estável estabelecida com a genitora da criança, acredita, verdadeiramente, ser o pai biológico desta (incidindo, portanto, em erro), daí estabelecendo vínculo de afetividade durante os primeiros cinco/seis anos de vida do infante, pode ou não ser desconstituída.
2.1. Ao declarante, por ocasião do registro, não se impõe a prova de que é o genitor da criança a ser registrada. O assento de nascimento traz, em si, esta presunção, que somente pode vir a ser ilidida pelo declarante caso este demonstre ter incorrido, seriamente, em vício de consentimento, circunstância, como assinalado, verificada no caso dos autos. Constata-se, por conseguinte, que a simples ausência de convergência entre a paternidade declarada no assento de nascimento e a paternidade biológica, por si, não autoriza a invalidação do registro. Ao marido/companheiro incumbe alegar e comprovar a ocorrência de erro ou falsidade, nos termos dos arts. 1.601 c.c 1.604 do Código Civil. Diversa, entretanto, é a hipótese em que o indivíduo, ciente de que não é o genitor da criança, voluntária e expressamente declara o ser perante o Oficial de Registro das Pessoas Naturais ("adoção

"Não há que se falar em erro ou falsidade se o registro de nascimento de filho não biológico efetivou-se em decorrência do reconhecimento de paternidade, via escritura pública, de forma espontânea, quando inteirado o pretenso pai de que o menor não era seu filho; porém, materializa-se sua vontade, em condições normais de discernimento, movido pelo vínculo so-

---

à brasileira"), estabelecendo com esta, a partir daí, vínculo da afetividade paterno-filial. A consolidação de tal situação (em que pese antijurídica e, inclusive, tipificada no art. 242, CP), em atenção ao melhor e prioritário interesse da criança, não pode ser modificada pelo pai registral e socioafetivo, afigurando-se irrelevante, nesse caso, a verdade biológica. Jurisprudência consolidada do STJ.
2.2. A filiação socioativa, da qual a denominada adoção à brasileira consubstancia espécie, detém integral respaldo do ordenamento jurídico nacional, a considerar a incumbência constitucional atribuída ao Estado de proteger toda e qualquer forma de entidade familiar, independentemente de sua origem (art. 227, CF).
2.3. O estabelecimento da filiação socioafetiva perpassa, necessariamente, pela vontade e, mesmo, pela voluntariedade do apontado pai, ao despender afeto, de ser reconhecido como tal. É dizer: as manifestações de afeto e carinho por parte de pessoa próxima à criança somente terão o condão de convolarem-se numa relação de filiação, se, além da caracterização do estado de posse de filho, houver, por parte daquele que despende o afeto, a clara e inequívoca intenção de ser concebido juridicamente como pai ou mãe daquela criança. Portanto, a higidez da vontade e da voluntariedade de ser reconhecido juridicamente como pai, daquele que despende afeto e carinho a outrem, consubstancia pressuposto à configuração de toda e qualquer filiação socioafetiva. Não se concebe, pois, a conformação desta espécie de filiação, quando o apontado pai incorre em qualquer dos vícios de consentimento.
Na hipótese dos autos, a incontroversa relação de afeto estabelecida entre pai e filho registrais (durante os primeiros cinco/seis anos de vida do infante), calcada no vício de consentimento originário, afigurou-se completamente rompida diante da ciência da verdade dos fatos pelo pai registral, há mais de oito anos. E, também em virtude da realidade dos fatos, que passaram a ser de conhecimento do pai registral, o restabelecimento do aludido vínculo, desde então, nos termos deduzidos, mostrou-se absolutamente impossível.
2.4. Sem proceder a qualquer consideração de ordem moral, não se pode obrigar o pai registral, induzido a erro substancial, a manter uma relação de afeto, igualmente calcada no vício de consentimento originário, impondo-lhe os deveres daí advindos, sem que, voluntária e conscientemente, o queira. Como assinalado, a filiação sociafetiva pressupõe a vontade e a voluntariedade do apontado pai de ser assim reconhecido juridicamente, circunstância, inequivocamente, ausente na hipótese dos autos.
Registre-se, porque relevante: Encontrar-se-ia, inegavelmente, consolidada a filiação socioafetiva, se o demandante, mesmo após ter obtido ciência da verdade dos fatos, ou seja, de que não é pai biológico do requerido, mantivesse com este, voluntariamente, o vínculo de afetividade, sem o vício que o inquinava.
2.5. Cabe ao marido (ou ao companheiro), e somente a ele, fundado em erro, contestar a paternidade de criança supostamente oriunda da relação estabelecida com a genitora desta, de modo a romper a relação paterno-filial então conformada, deixando-se assente, contudo, a possibilidade de o vínculo de afetividade vir a se sobrepor ao vício, caso, após o pleno conhecimento da verdade dos fatos, seja esta a vontade do consorte/companheiro (hipótese, é certo, que não comportaria posterior alteração).
3. Recurso Especial provido, para julgar procedente a ação negatória de paternidade.
(REsp 1330404/RS, Rel. Ministro MARCO AURÉLIO BELLIZZE, TERCEIRA TURMA, julgado em 05/02/2015, DJe 19/02/2015).

cioafetivo e sentimento de nobreza."(REsp 709.608/MS, Rel. Ministro JOÃO OTÁVIO DE NORONHA, QUARTA TURMA, julgado em 05/11/2009, DJe 23/11/2009).

"No contexto da chamada "adoção à brasileira", quando é o filho quem busca a paternidade biológica, não se lhe pode negar esse direito com fundamento na filiação socioafetiva desenvolvida com o pai registral, sobretudo quando este não contesta o pedido." (REsp 1256025/RS, Rel. Ministro JOÃO OTÁVIO DE NORONHA, TERCEIRA TURMA, julgado em 22/10/2013, DJe 19/03/2014).

A filiação é, pois, provada pelo assento do nascimento no Registro Civil, tornando público o vínculo paterno e irrevogável o registro.[26]

"Em ação negatória de paternidade, não é possível ao juiz declarar a nulidade do registro de nascimento com base, exclusivamente, na alegação de dúvida acerca do vínculo biológico do pai com o registrado, sem provas robustas da ocorrência de erro escusável quando do reconhecimento voluntário da paternidade. O art. 1.604 do CC dispõe que "ninguém pode vindicar estado contrário ao que resulta do registro de nascimento, salvo provando-se erro ou falsidade do registro." Desse modo, o registro de nascimento tem valor absoluto, independentemente de a filiação ter se verificado no âmbito do

26 RECURSO ESPECIAL - AÇÃO NEGATÓRIA DE PATERNIDADE OBJETIVANDO A ANULAÇÃO DE REGISTRO DE NASCIMENTO - ILEGITIMIDADE ATIVA DOS HERDEIROS DO DE CUJUS PARA A AÇÃO NEGATÓRIA DE PATERNIDADE - EXAME DE DNA NEGATIVO - PREPONDERÂNCIA DA PATERNIDADE SOCIOAFETIVA - VÍCIO DE CONSENTIMENTO NÃO COMPROVADO.
INSURGÊNCIA DA RÉ.
Hipótese: Controvérsia acerca do reconhecimento da ilegitimidade dos filhos/sucessores do suposto pai da recorrente, para o pleito de ajuizamento de negatória de paternidade a qual servirá, eventualmente, para anulação do registro de nascimento dessa, com base em vício de consentimento do pai registral.
1. Somente o pai registral tem legitimidade ativa para impugnar o ato de reconhecimento de filho, por ser ação de estado, que protege direito personalíssimo e indisponível do genitor. Precedentes.
2. A paternidade biológica feita constar em registro civil a contar de livre manifestação emanada do próprio declarante, ainda que negada por posterior exame de DNA, não pode ser afastada em demanda proposta exclusivamente por herdeiros, mormente havendo provas dos fortes laços socioafetivos entre o pai e a filha, não tendo o primeiro, mesmo ciente do resultado do exame de pesquisa genética, portanto, ainda em vida, adotado qualquer medida desconstitutiva de liame. Precedentes.
2.1. A divergência entre a paternidade declarada no assento de nascimento e a paternidade biológica não autoriza, por si só, a desconstituição do registro, que somente poderia ser anulado, uma vez comprovado erro ou falsidade, o que no caso, inexistiu, ocorrendo, apenas, mera alegação de vícios por parte dos recorridos.
3. Recurso especial provido, a fim de julgar extinto o processo, sem resolução do mérito, ante a ilegitimidade ativa dos autores, nos termos da sentença, a qual fica desde já restabelecida.
(REsp 1131076/PR, Rel. Ministro MARCO BUZZI, QUARTA TURMA, julgado em 06/10/2016, DJe 11/11/2016).

casamento ou fora dele, não se permitindo negar a paternidade, salvo se consistentes as provas do erro ou falsidade. Devido ao valor absoluto do registro, o erro apto a caracterizar o vício de consentimento deve ser escusável, não se admitindo, para esse fim, que o erro decorra de simples negligência de quem registrou. Assim, em processos relacionados ao direito de filiação, é necessário que o julgador aprecie as controvérsias com prudência para que o Poder Judiciário não venha a prejudicar a criança pelo mero capricho de um adulto que, livremente, a tenha reconhecido como filho em ato público e, posteriormente, por motivo vil, pretenda "livrar-se do peso da paternidade". Portanto, o mero arrependimento não pode aniquilar o vínculo de filiação estabelecido, e a presunção de veracidade e autenticidade do registro de nascimento não pode ceder diante da falta de provas insofismáveis do vício de consentimento para a desconstituição do reconhecimento voluntário da paternidade. REsp 1.272.691-SP, Rel. Min. Nancy Andrighi, julgado em 5/11/2013".

Ademais, "em ação negatória de paternidade, o não comparecimento do filho menor de idade para submeter-se ao exame de DNA não induz presunção de inexistência de paternidade. De fato, é crucial que haja uma ponderação mínima para que se evite o uso imoderado de ações judiciais que têm aptidão para expor a intimidade das pessoas envolvidas e causar danos irreparáveis nas relações interpessoais. Nesse contexto, não é ético admitir que essas ações sejam propostas de maneira impensada ou por motivos espúrios, como as movidas por sentimentos de revanchismo, por relacionamentos extraconjugais ou outras espécies de vinganças processuais injustificadas. Portanto, impende cotejar, de um lado, o direito à identidade, como direito da personalidade, e, do outro, o direito à honra e à intimidade das pessoas afetadas, todos alçados à condição de direitos fundamentais. Além disso, o sistema de provas no processo civil brasileiro permite que sejam utilizados todos os meios legais e moralmente legítimos para comprovar a verdade dos fatos. Assim, o exame genético, embora de grande proveito, não pode ser considerado o único meio de prova da paternidade, em um verdadeiro processo de *sacralização*do DNA. Com efeito, no intuito de mitigar esse *status* de prova única, a Lei 12.004/2009, acrescentando o art. 2º-A da Lei 8.560/1992, positivou o entendimento constante da Súmula 301 do STJ, segundo a qual, em "ação investigatória, a recusa do suposto pai a submeter-se ao exame de DNA induz presunção *juris tantum* de paternidade", posicionamento aplicável também ao não comparecimento injustificado daquele para a realização do exame. Nesses casos, a recusa, por si só, não pode resultar na procedência do pedido formulado em investigação ou negação de paternidade, pois a prova genética não gera presunção absoluta, cabendo ao autor comprovar a possibilidade de procedência do pedido por meio de outras provas. Nesse contexto, a interpretação a *contrario sensu* da Súmula 301 do STJ, de forma a desconstituir a paternidade devido ao não comparecimento do menor ao exame genético, atenta contra a diretriz constitucional e preceitos do CC e do ECA, tendo em vista que o ordenamento jurídico brasileiro protege, com absoluta prioridade, a dignidade e a liberdade da criança e do adolescente, instituindo o princípio do melhor interesse do menor e seu direito à identidade e desenvolvimento da personalidade. Vale ressaltar, ainda, que o não comparecimento do menor ao exame há de ser atribuído à mãe, visto que é ela a responsável pelos atos do filho. REsp 1.272.691-SP, Rel. Min. Nancy Andrighi, julgado em 5/11/2013."

Outrossim, de acordo com o artigo 1.605 do nosso Código Civil, na falta, ou defeito, do termo de nascimento, poderá provar-se a filiação por qualquer modo admissível em direito: I – quando houver começo de prova por escrito, proveniente dos pais, conjunta ou separadamente; II – quando existirem veementes presunções resultantes de fatos já certos.

A restrição da coisa julgada oriunda de demandas reputadas improcedentes por insuficiência de prova não deve prevalecer para inibir a busca da identidade genética pelo investigando. (Enunciado 109 do CJF, na I Jornada de Direito Civil).

11.3.6 Ação de Prova de Filiação

O artigo 1.606 do Código Civil trata da ação de prova de filiação. Esta ação compete ao filho, enquanto viver, passando aos herdeiros, se ele morrer menor ou incapaz.

Se iniciada a ação pelo filho, os herdeiros poderão continuá-la, salvo se julgado extinto o processo (artigo 1.606, parágrafo único do CC).

De acordo com o enunciado n.521, do Conselho da Justiça Federal na V Jornada de Direito Civil, "qualquer descendente possui legitimidade, por direito próprio, para propor o reconhecimento do vínculo de parentesco em face dos avós ou de qualquer ascendente de grau superior, ainda que o pai não tenha iniciado a ação de prova da filiação em vida.

Não há que se confundir a ação de prova de filiação com a ação de investigação de paternidade. Aquela é cabível na falta ou defeito do termo de nascimento e quando houver começo de prova por escrito, proveniente dos pais ou das presunções da filiação.

11.3.7 Relação Avoenga – Ação Declaratória de Reconhecimento

A relação avoenga, o vínculo familiar a ser estabelecido entre neto(a) e avô(ó) com o propósito de reconhecer o parentesco com o pai e consequentemente fixar a filiação. É, pois, uma ação proposta pelo neto com a finalidade de reconhecer a paternidade de seu pai e por consequência a identidade de seu avô. Nesse sentido, "Ação dos netos para identificar a relação avoenga. Precedente da Terceira Turma. 1. Precedente da Terceira Turma reconheceu a possibilidade da ação declaratória "para que diga o Judiciário existir ou não a relação material de parentesco com o suposto avô" (REsp nº 269/RS, Relator o Ministro Waldemar Zveiter, DJ de 7/5/90). 2. Recursos especiais conhecidos e providos. (REsp 603.885/RS, Rel. Ministro CARLOS ALBERTO MENEZES DIREITO, TERCEIRA TURMA, julgado em 03/03/2005, DJ 11/04/2005, p. 291)."

Vejamos, também, a decisão da Ministra Nancy Andrighi, no REsp 807.849-RJ, em relação à relação avoenga, em 24/03/2010: "A questão versa sobre a legitimidade dos netos para ajuizar, em face dos sucessores de seu pretenso avô, ação declaratória de relação avoenga c/c petição de herança, considerado o falecimento do pai, que não buscou em vida o reconhecimento da filiação. Predominou, no acórdão recorrido, o entendimento de faltar aos netos legitimidade para agir, pois não poderiam pleitear direito alheio em nome próprio, conduzindo à carência da ação. Porém, para a Min. Relatora, os direitos da personalidade, entre eles o direito ao nome e ao conhecimento da origem genética, são inalienáveis, vitalícios, intransmissíveis, extrapatrimoniais, irrenunciáveis, imprescritíveis e oponíveis *erga omnes*. Os netos, assim como os filhos, possuem direito de agir próprio e personalíssimo, de pleitear declaratória de relação de parentesco em face do avô ou dos herdeiros, se morto aquele, porque o direito ao nome, à identidade e à origem genética está intimamente ligado ao conceito de dignidade da pessoa humana. O direito à busca da ancestralidade é personalíssimo e, dessa forma, possui tutela jurídica integral e especial nos moldes dos arts. 5º e 226 da CF/1988. O art. 1.591 do CC/2002, ao regular as relações de parentesco em linha reta, não estipula limitação dada sua infinidade, de modo que todas as pessoas oriundas de um tronco ancestral comum sempre serão consideradas parentes entre si, por mais afastadas que estejam as gerações. Dessa forma, uma vez declarada a existência de relação de parentesco na linha reta a partir do segundo grau, essa gerará todos os efeitos que o parentesco em primeiro grau (filiação) faria nascer. As relações de família, tal como reguladas pelo Direito, ao considerarem a possibilidade de reconhecimento amplo de parentesco na linha reta, ao outorgarem aos descendentes direitos sucessórios na qualidade de herdeiros necessários e lhes resguardando a legítima e, por fim, ao reconhecerem, como família monoparental, a comunidade formada pelos pais e seus descendentes, inequivocamente se movem no sentido de assegurar a possibilidade de que sejam declaradas relações de parentesco pelo Judiciário para além das hipóteses de filiação. Por fim, considerada a jurisprudência deste Superior Tribunal no sentido de ampliar a possibilidade de reconhecimento de relações de parentesco e desde que, na origem, seja conferida a amplitude probatória que a hipótese requer, há perfeita viabilidade jurídica do pleito dos netos de verem reconhecida a relação avoenga, afastadas, de rigor, as preliminares de carência da ação por ilegitimidade de parte e impossibilidade jurídica do pedido, sustentadas pelos herdeiros do avô. Isso posto, a Seção, por maioria, deu provimento ao recurso. REsp 807.849-RJ, Rel. Min. Nancy Andrighi, julgado em 24/3/2010."[27]

---

27 Direito civil. Família. Ação de declaração de relação avoenga. Busca da ancestralidade. Direito personalíssimo dos netos. Dignidade da pessoa humana. Legitimidade ativa e possibilidade jurídica do pedido. Peculiaridade. Mãe dos pretensos netos que também postula seu direito de meação dos bens que supostamente seriam herdados pelo marido falecido, porquanto pré-morto o avô. – Os direitos da personalidade, entre eles o direito ao nome e ao conhecimento da origem genética são inalienáveis, vitalícios, intransmissíveis, extrapatrimoniais, irrenunciáveis, imprescritíveis e oponíveis erga omnes. – Os netos, assim como os filhos, possuem direito de agir, próprio e personalíssimo, de pleitear declaratória de relação de parentesco em face do avô, ou dos herdeiros se pré-morto aquele, porque o direito ao nome, à identidade e à origem genética estão intimamente ligados ao conceito de dignidade da pessoa humana. – O direito à busca da ancestralidade é personalíssimo e, dessa forma, possui tutela jurídica integral e especial, nos moldes dos arts. 5º e 226, da CF/88. – O art. 1.591 do CC/02, ao regular as relações de parentesco em linha reta, não estipula limitação, dada a sua infinitude, de modo que todas as pessoas oriundas de um tronco ancestral comum, sempre serão consideradas parentes entre si, por mais afastadas que estejam as gerações; dessa forma, uma vez declarada a existência de relação de parentesco na linha reta a partir do segundo grau, esta gerará todos os efeitos que o parentesco em primeiro grau (filiação) faria nascer. – A pretensão dos netos no sentido de estabelecer, por meio de ação declaratória, a legitimidade e a certeza da existência de relação de parentesco com o avô, não caracteriza hipótese de impossibilidade jurídica do pedido; a questão deve ser analisada na origem, com a amplitude probatória a ela inerente. – A jurisprudência alemã já abordou o tema, adotando a solução ora defendida. Em julgado proferido em 31/1/1989 e publicado no periódico jurídico NJW (Neue Juristische Woche) 1989, 891, o Tribunal Constitucional Alemão (BVerfG) afirmou que "os direitos da personalidade (Art. 2 Par. 1º e Art. 1º Par. 1º da Constituição Alemã) contemplam o direito ao conhecimento da própria origem genética." – Em hipótese idêntica à presente, analisada pelo Tribunal Superior em Dresden (OLG Dresden) por ocasião de julgamento ocorrido em 14 de agosto de 1998 (autos n.º 22 WF 359/98), restou decidido que "em ação de investigação de paternidade podem os pais biológicos de um homem já falecido serem compelidos à colheita de sangue". – Essa linha de raciocínio deu origem à reforma legislativa que provocou a edição do § 372a do Código de Processo Civil Alemão (ZPO) em 17 de dezembro de 2008, a seguir reproduzido (tradução livre): "§ 372a Investigações para constatação da origem genética. I. Desde que seja necessário para a constatação da origem genética, qualquer pessoa deve tolerar exames, em especial a coleta de amostra sanguínea, a não ser que o exame não possa ser exigido da pessoa examinada. II. Os §§ 386 a 390 são igualmente aplicáveis. Em caso de repetida e injustificada recusa ao exame médico, poderá ser utilizada a coação, em particular a condução forçada da pessoa a ser examinada." – Não procede a alegada ausência de provas, a obstar o pleito deduzido pelos netos, porque ao acolher a preliminar de carência da ação, o TJ/RJ não permitiu que a ação tivesse seguimento, sem o que, não há como produzir provas, porque não chegado o momento processual de fazê-lo. – Se o pai não propôs ação investigatória quando em vida, a via do processo encontra-se aberta aos seus filhos, a possibilitar o reconhecimento da relação avoenga; exigem-se, certamente, provas hábeis, que deverão ser produzidas ao longo do processo, mas não se pode despojar do solo adequado uma semente que apresenta probabilidades de germinar, lançando mão da negativa de acesso ao Judiciário, no terreno estéril da carência da ação. – O pai, ao falecer sem investigar sua paternidade, deixou a certidão de nascimento de seus descendentes com o espaço destinado ao casal de avós paternos em branco, o que já se mostra suficiente para justificar a pretensão de

que seja declarada a relação avoenga e, por consequência, o reconhecimento de toda a linha ancestral paterna, com reflexos no direito de herança. – A preservação da memória dos mortos não pode se sobrepor à tutela dos direitos dos vivos que, ao se depararem com inusitado vácuo no tronco ancestral paterno, vêm, perante o Poder Judiciário, deduzir pleito para que a linha ascendente lacunosa seja devidamente preenchida. – As relações de família tal como reguladas pelo Direito, ao considerarem a possibilidade de reconhecimento amplo de parentesco na linha reta, ao outorgarem aos descendentes direitos sucessórios na qualidade de herdeiros necessários e resguardando-lhes a legítima e, por fim, ao reconhecerem como família monoparental a comunidade formada pelos pais e seus descendentes , inequivocamente movem-se no sentido de assegurar a possibilidade de que sejam declaradas relações de parentesco pelo Judiciário, para além das hipóteses de filiação. – Considerada a jurisprudência do STJ no sentido de ampliar a possibilidade de reconhecimento de relações de parentesco, e desde que na origem seja conferida a amplitude probatória que a hipótese requer, há perfeita viabilidade jurídica do pleito deduzido pelos netos, no sentido de verem reconhecida a relação avoenga, afastadas, de rigor, as preliminares de carência da ação por ilegitimidade de parte e impossibilidade jurídica do pedido, sustentadas pelos herdeiros do avô. – A respeito da mãe dos supostos netos, também parte no processo, e que aguarda possível meação do marido ante a pré-morte do avô dos seus filhos, segue mantida, quanto a ela, de igual modo, a legitimidade ativa e a possibilidade jurídica do pedido, notadamente porque entendimento diverso redundaria em reformatio in pejus. Recurso especial provido.

Capítulo 12

RECONHECIMENTO DE FILHOS

> *O estatuto constitucional da filiação reflete uma filiação una, igualitária, qualquer que seja sua origem. Para a norma constitucional não há vínculo mais forte, nem o de sangue, nem o do amor. Filho é tão somente filho. E esse filho, não importa a que forma de família pertença, encontra nela instrumento de realização de direitos. (Rose Melo Vencelau)*[1]

12.1 Conceito

O *reconhecimento de filhos* é tratado no Código Civil nos artigos 1.607 a 1.617. O filho havido fora do casamento pode ser reconhecido pelos pais, conjunta ou separadamente (Artigo 1.607, CC).[2]

---

1 VENCELAU, Rose Melo. Status de filho e direito ao conhecimento da origem biológica. in: RAMOS, Carmem Lucia Silveira; TEPEDINO, Gustavo; BARBOZA, Heloisa Helena; GEDIEL, José Antônio Peres; FACHIN, Luiz Edson; MORAES, Maria Celina Bodin de (Org.). *Diálogos sobre Direito Civil: construindo uma racionalidade contemporânea*. Rio de Janeiro: Renovar, 2002. p. 379-400.

2 Conselho da Justiça Federal – VI Jornada de Direito Civil – ENUNCIADO 570 – O reconhecimento de filho havido em união estável fruto de técnica de reprodução assistida heteróloga "a patre" consentida expressamente pelo companheiro representa a formalização do vínculo jurídico de paternidade filiação, cuja constituição se deu no momento do início da gravidez da companheira. Justificativa: O Código Civil de 2002, apesar de admitir a reprodução assistida heteróloga no casamento (art. 1597, V), não tratou expressamente da referida técnica no companheirismo.
Com base em pesquisa desenvolvida a respeito do tema e considerando a regra do art. 226, § 7º, da Constituição Federal, é de se afirmar que as técnicas conceptivas são admissíveis em favor dos companheiros. Como não há presunção de paternidade do companheiro em relação ao filho de sua companheira, ainda que ele manifeste consentimento prévio à técnica de reprodução assistida heteróloga, é preciso identificar o mecanismo de estabelecimento do vínculo paterno-filial. Com base na integração das normas jurídicas acerca do tema, deve-se admitir que a manifestação volitiva do homem-companheiro quanto ao reconhecimento da paternidade não tem o condão de estabelecer vínculo, mas apenas de formalizá-lo (ou declará-lo) sem que haja falsidade ideológica em tal manifestação. Na realidade, a paternidade jurídica se constitui mediante ato complexo consistente na manifestação de vontade do companheiro, no sentido de autorizar a companheira a ter acesso a técnica de reprodução assistida heteróloga, e no início da gravidez em razão do êxito da técnica conceptiva.
A proposta do enunciado visa evidenciar os dois momentos distintos e, logicamente, as na-

O artigo 26 do Estatuto da Criança e Adolescente (ECA) informa que "os filhos havidos fora do casamento poderão ser reconhecidos pelos pais, conjunta ou separadamente, no próprio termo de nascimento, por testamento, mediante escritura ou outro documento público, qualquer que seja a origem da filiação.

O reconhecimento pode preceder o nascimento do filho ou suceder-lhe ao falecimento, se deixar descendentes (artigo 26, parágrafo único, do ECA).

O reconhecimento do estado de filiação é direito personalíssimo, indisponível e imprescritível, podendo ser exercitado contra os pais ou seus herdeiros, sem qualquer restrição, observado o segredo de Justiça (artigo 27 do ECA).

12.2 Reconhecimento Voluntário

A Lei n. 8.560/1992 (regula a *investigação de paternidade dos filhos havidos fora do casamento* e dá outras providências) não colide com as regras do Código Civil, ao revés, se complementam, em verdadeiro, diálogo das fontes.[3]

---

turezas diversas das duas manifestações de vontade do companheiro: a) a primeira como integrante do ato formador do vínculo jurídico da paternidade; b) a segunda com caráter de formalização do vínculo, de conteúdo declaratório. Para que não haja dúvida a respeito da possibilidade de formalização do vínculo jurídico de paternidade-filiação, ainda que ocorra a morte do companheiro antes do nascimento do filho fruto de técnica de reprodução assistida heteróloga, houve mudança da redação da proposta original para a redação final aprovada.

3 Lei n. 8.560/1992 – Art. 1° O reconhecimento dos filhos havidos fora do casamento é irrevogável e será feito:
I – no registro de nascimento;
II – por escritura pública ou escrito particular, a ser arquivado em cartório;
III – por testamento, ainda que incidentalmente manifestado;
IV – por manifestação expressa e direta perante o juiz, ainda que o reconhecimento não haja sido o objeto único e principal do ato que o contém.
Art. 2° Em registro de nascimento de menor apenas com a maternidade estabelecida, o oficial remeterá ao juiz certidão integral do registro e o nome e prenome, profissão, identidade e residência do suposto pai, a fim de ser averiguada oficiosamente a procedência da alegação.
§ 1° O juiz, sempre que possível, ouvirá a mãe sobre a paternidade alegada e mandará, em qualquer caso, notificar o suposto pai, independente de seu estado civil, para que se manifeste sobre a paternidade que lhe é atribuída.
§ 2° O juiz, quando entender necessário, determinará que a diligência seja realizada em segredo de justiça.
§ 3° No caso do suposto pai confirmar expressamente a paternidade, será lavrado termo de reconhecimento e remetida certidão ao oficial do registro, para a devida averbação.
§ 4° Se o suposto pai não atender no prazo de trinta dias, a notificação judicial, ou negar a alegada paternidade, o juiz remeterá os autos ao representante do Ministério Público para que intente, havendo elementos suficientes, a ação de investigação de paternidade.
§ 5º Nas hipóteses previstas no § 4º deste artigo, é dispensável o ajuizamento de ação de

De acordo com o artigo 1.609 do Código Civil, o *reconhecimento dos filhos* havidos fora do casamento é irrevogável e será feito:

I – *no registro do nascimento*; (da mesma forma o artigo 2° da Lei 8.560/92). O *Provimento 16*, de 17/02/2012, do Conselho Nacional de Justiça (CNJ) dispõe sobre a recepção, pelos Oficiais de Registro Civil das Pessoas Naturais, de indicações de supostos pais de pessoas que já se acharem registradas sem paternidade estabelecida, bem como sobre o reconhecimento espontâneo de filhos perante os referidos registradores.

II – *por escritura pública ou escrito particular, a ser arquivado em cartório*;

III – *por testamento, ainda que incidentalmente manifestado*; O artigo 1.862 do nosso Código Civil dispõe de três formas ordinárias de testamento (público, cerrado e particular) e no artigo 1.886 outras três formas especiais de testamento (marítimo, aeronáutico e militar).

IV – *por manifestação direta e expressa perante o juiz, ainda que o*

---

investigação de paternidade pelo Ministério Público se, após o não comparecimento ou a recusa do suposto pai em assumir a paternidade a ele atribuída, a criança for encaminhada para adoção. (Redação dada pela Lei n° 12,010, de 2009) Vigência

§ 6º A iniciativa conferida ao Ministério Público não impede a quem tenha legítimo interesse de intentar investigação, visando a obter o pretendido reconhecimento da paternidade. (Incluído pela Lei n° 12,010, de 2009) Vigência

Art. 2º-A. Na ação de investigação de paternidade, todos os meios legais, bem como os moralmente legítimos, serão hábeis para provar a verdade dos fatos. (Incluído pela Lei n° 12.004, de 2009).

Parágrafo único. A recusa do réu em se submeter ao exame de código genético – DNA gerará a presunção da paternidade, a ser apreciada em conjunto com o contexto probatório. (Incluído pela Lei n° 12.004, de 2009).

Art. 3° E vedado legitimar e reconhecer filho na ata do casamento.

Parágrafo único. É ressalvado o direito de averbar alteração do patronímico materno, em decorrência do casamento, no termo de nascimento do filho.

Art. 4° O filho maior não pode ser reconhecido sem o seu consentimento.

Art. 5° No registro de nascimento não se fará qualquer referência à natureza da filiação, à sua ordem em relação a outros irmãos do mesmo prenome, exceto gêmeos, ao lugar e cartório do casamento dos pais e ao estado civil destes.

Art. 6° Das certidões de nascimento não constarão indícios de a concepção haver sido decorrente de relação extraconjugal.

§ 1° Não deverá constar, em qualquer caso, o estado civil dos pais e a natureza da filiação, bem como o lugar e cartório do casamento, proibida referência à presente lei.

§ 2° São ressalvadas autorizações ou requisições judiciais de certidões de inteiro teor, mediante decisão fundamentada, assegurados os direitos, as garantias e interesses relevantes do registrado .

Art. 7° Sempre que na sentença de primeiro grau se reconhecer a paternidade, nela se fixarão os alimentos provisionais ou definitivos do reconhecido que deles necessite.

Art. 8° Os registros de nascimento, anteriores à data da presente lei, poderão ser retificados por decisão judicial, ouvido o Ministério Público.

Art. 9° Esta lei entra em vigor na data de sua publicação.

Art. 10. São revogados os arts. 332, 337 e 347 do Código Civil de 1916 e demais disposições em contrário.

reconhecimento não haja sido o objeto único e principal do ato que o contém (da mesma forma o artigo 2°, §3° da Lei 8.560/92).

O reconhecimento pode preceder o nascimento do filho ou ser posterior ao seu falecimento (ação de investigação de paternidade *post mortem*), se ele deixar descendentes (artigo 1.609, parágrafo único, do CC). Todavia, é vedado o reconhecimento de filho na ata do casamento, de acordo com o artigo 3° da Lei 8.560/92.

O reconhecimento não pode ser revogado (*irrevogável*), nem mesmo quando feito em testamento (artigo 1.610, CC).

Vale destacar que são ineficazes a *condição* e o *termo* apostos ao ato de reconhecimento do filho (artigo 1.613, CC).

A *condição* constitui um dos elementos acidentais do negócio jurídico. A condição é uma cláusula inserida pela vontade das partes, que subordina a eficácia do negócio a um evento futuro e incerto. É o que determina o teor do artigo 121 ao preceituar que "considera-se condição a cláusula que, derivando exclusivamente da vontade das partes, subordina o efeito do negócio jurídico a evento futuro e incerto". Dessa maneira, a condição é a ocorrência de um evento futuro e incerto que condiciona a eficácia do negócio jurídico, ou seja, deste acontecimento depende o nascimento ou extinção do próprio direito. São requisitos da *condição*: a) voluntariedade; b) futuridade; c) incerteza; d) possibilidade; e) licitude.

A *voluntariedade* significa que a condição é estabelecida pela vontade das partes. É a chamada *condictio facti,* ou seja, a condição voluntária estabelecida pelas partes visando condicionar a eficácia do negócio jurídico a um evento futuro e incerto. A condição voluntária (*condictio facti*) não se confunde com a condição legal *(condictio iuris),* já que esta é estabelecida pela lei. É considerada imprópria a denominada condição legal, uma vez que trata-se dos requisitos ou pressupostos legais de um certo efeito jurídico. As condições legais não possuem natureza negocial, já que são estatuídas por lei.

A *futuridade* traduz que o evento que condiciona a eficácia do negócio jurídico terá de ser futuro.

A *incerteza* significa que o evento que condiciona a eficácia do negócio poderá ocorrer ou não. Se o evento for certo, haverá termo, e não condição.

O elemento *possibilidade* está relacionado ao fato do evento condicionador ser física e juridicamente possível.

Quanto à *licitude,* o artigo 122, 1ª parte, informa que "são lícitas, em geral, todas as condições não contrárias à lei, à ordem pública ou aos bons costumes" Isto quer dizer que as condições estipuladas pelas partes, no seio da autonomia privada, estão sujeitas ao juízo de mérito da licitude.

Vale destacar que as condições são admitidas nos atos de caráter patrimonial, *não sendo admitidas nos atos relacionados aos direitos de família puros e os direitos personalíssimos*. Daí que não comportam o elemento condição, por exemplo, o casamento, o reconhecimento de filho, a adoção, a emancipação, dentre outros.

Em relação ao reconhecimento da paternidade, JOSÉ ROBERTO DE CASTRO NEVES afirma que "entendia-se que esse ato não poderia ser condicionado de forma alguma. Entretanto, esse entendimento data da época em que a paternidade era declarada por meio de presunções, ao contrário do que ocorre nos dias de hoje, nos quais a paternidade, quando há dúvida, é aferida por testes científicos, cuja precisão é quase absoluta. Não haveria nenhum problema se uma pessoa ajustasse o reconhecimento da paternidade, desde que fosse feito o teste de seu DNA e que o resultado fosse positivo. Essa condição parece ser válida. Imoral seria a condição que subordinasse o reconhecimento da paternidade a que a criança fizesse, representada por sua mãe, uma declaração abrindo mão de todos os seus direitos patrimoniais decorrentes da filiação".[4]

Já o *termo* é o momento determinante do início e fim de um prazo. Este pode ser medido em horas, dias, meses e anos. O artigo 131 determina que "o termo inicial suspende o exercício, mas não a aquisição do direito". Portanto, o termo não suspende a aquisição do direito, já que traduz um evento futuro e certo. De forma contrária, a condição subordina a eficácia do negócio a evento futuro e incerto. O *termo* pode ser *convencional* ou *legal*. Aquele é estabelecido entre as partes, este é estabelecido pela norma jurídica. O termo pode determinar o início ou a cessação da eficácia do negócio jurídico. Aquele que dá início, denomina-se termo inicial *(dies a quo)*, caso contrário, se determinar a cessação da eficácia do negócio será chamado de termo final *(dies ad quem)*. Ao termo inicial e final aplicam-se, no que couber, as disposições relativas à condição suspensiva e resolutiva (CC, art. 135).

12.3 Impugnação da Maternidade. Exceção à Presunção *mater semper certa est*

De acordo com o artigo 1.608 do nosso Código Civil, "quando a maternidade constar do termo do nascimento do filho, a mãe só poderá contestá-la, provando a falsidade do termo, ou das declarações nele contidas."

12.4 Consentimento do filho maior como pressuposto do reconhecimento.

O artigo 1.614 do Código Civil trata da possibilidade de impugnação do reconhecimento a partir da maioridade civil (etária ou por emancipação).

4 NEVES, José Roberto de Castro. *Uma introdução ao direito civil*. Parte geral. Rio de Janeiro: Letra Legal, 2005, p. 123-124.

A regra jurídica diz que "o filho maior não pode ser reconhecido sem o seu consentimento, e o menor pode impugnar o reconhecimento, nos quatro anos que se seguirem à maioridade, ou à emancipação."

O prazo decadencial de 4 anos estabelecido nos arts. 178, § 9º, VI e 362 do CC/1916 (correspondente ao art. 1.614 do CC/2002) aplica-se apenas aos casos em que se pretende, exclusivamente, desconstituir o reconhecimento de filiação, não tendo incidência nas investigações de paternidade, nas quais a anulação do registro civil constitui mera consequência lógica da procedência do pedido. Precedentes citados: REsp 259.768-RS, Quarta Turma, DJ 22/3/2004; REsp 714.969-MS, Quarta Turma, DJ 22/3/2010; e RESP 987.987-SP, Terceira Turma, DJ 5/9/2008. AgRg no REsp 1.259.703-MS, Rel. Min. Maria Isabel Gallotti, julgado em 24/2/2015, DJe 27/2/2015.[5]

É possível a qualquer tempo a impugnação do registro de nascimento levado a efeito por pais casados, quando se busca o reconhecimento de paternidade biológica em ação de investigação de paternidade, não se havendo falar em incidência no caso do prazo inserto no artigo 1.614 do CC, visto que tal dispositivo legal se aplica apenas na hipótese de o filho natural pretender afastar a paternidade por mero ato de vontade, com único objetivo de desconstituir o reconhecimento da filiação, sem, contudo, buscar constituir nova relação, segundo o entendimento do STJ.[6] [7]

---

5 Para a propositura da ação de investigação de paternidade cumulada com anulação de registro de nascimento, é necessário que haja interesse lícito (art. 3º do CPC). Na espécie, verifica-se, na petição inicial, que o autor, ora recorrido, manifesta animosidade contra o filho pretendido, o que nulifica qualquer afirmação do propósito lícito no uso da referida ação, caracterizada pelo altruísmo e bons propósitos, quando a investigatória de paternidade é movida pelo pretenso genitor. Ademais, conforme o art. 177 do CC/1916, ocorreu a prescrição, uma vez que a ação foi proposta em prazo superior a vinte anos. A imprescritibilidade neste tipo de ação é em prol do filho que busca o reconhecimento, e não do genitor que propôs a investigatória contra o filho registrado em nome de outrem. Assim, a Turma deu provimento ao recurso e julgou extinta a ação por falta de legítimo interesse econômico ou moral e pela prescrição. REsp 903.613-DF, Rel. Min. Sidnei Beneti, julgado em 24/6/2008.

6 (REsp 1167993/RS, Rel. Ministro LUIS FELIPE SALOMÃO, QUARTA TURMA, julgado em 18/12/2012, DJe 15/03/2013)

7 AÇÃO DE INVESTIGAÇÃO DE PATERNIDADE. FILHO REGISTRADO POR QUEM NÃO É O VERDADEIRO PAI. RETIFICAÇÃO DE REGISTRO. IMPRESCRITIBILIDADE. DIREITO PERSONALÍSSIMO. RECURSO ESPECIAL PROVIDO.

1. É assente nesta Corte que a ação de investigação de paternidade é imprescritível, estando subsumido no pedido principal o cancelamento do registro relativo a paternidade anterior, por isso que não há como se aplicar o prazo quadrienal previsto no artigo 1.614 do Código Civil vigente.

2. Recurso especial provido para afastar a decadência e determinar o prosseguimento da ação de investigação de paternidade.

(REsp 939.818/RS, Rel. Ministro LUIS FELIPE SALOMÃO, QUARTA TURMA, julgado em 19/10/2010, DJe 25/10/2010)

12.5 Guarda do filho reconhecido

Com o reconhecimento do filho, a filiação está definida e torna-se necessário estabelecer com quem ficará a guarda do filho. O artigo 1.612 diz que "o filho reconhecido, enquanto menor, ficará sob a guarda do genitor que o reconheceu, e, se ambos o reconheceram e não houver acordo, sob a de quem melhor atender aos interesses do menor." Deve prevalece sempre o princípio do melhor interesse da criança.

Da mesma forma deve ser interpretado o comando do artigo 1.611 que diz "o filho havido fora do casamento, reconhecido por um dos cônjuges, não poderá residir no lar conjugal sem o consentimento do outro." Aqui deve prevalecer, também, o princípio do maior interesse da criança, sob pena de discriminar o filho havido fora do casamento.

12.6 Investigação de Paternidade ou Maternidade – Reconhecimento Judicial

A ação de investigação de paternidade (socioafetiva) e a ação de investigação de maternidade (socioafetiva) seguem o rito ordinário previsto no artigo 318 do CPC.[8] Em regra, a ação pode ser cumulada com pedido de alimentos[9] e de herança. Considerando que é uma ação de estado, é necessário a presença do Ministério Público. Como dito alhures, está ação é imprescritível.[10] É uma ação personalíssima, eis que cabe ao filho ingressar com a ação em juízo. Obviamente que se ele for menor, deve ser representado

8 CPC – Art. 318. Aplica-se a todas as causas o procedimento comum, salvo disposição em contrário deste Código ou de lei.

9 RECURSO ESPECIAL. AÇÃO DE INVESTIGAÇÃO DE PATERNIDADE CUMULADA COM ALIMENTOS. AÇÃO AJUIZADA POR MAIOR DE IDADE. TERMO INICIAL DA VERBA ALIMENTAR. DATA DA CITAÇÃO. SÚMULA 277/STJ.

1.- O só fato da maioridade do filho, quando da propositura de ação de investigação de paternidade não afasta a orientação consolidada pela Súmula 277/STJ, no sentido de que "julgada procedente a ação de investigação de paternidade, os alimentos são devidos a partir da citação".

2.- Recurso Especial improvido.

(REsp 1349252/SP, Rel. Ministro SIDNEI BENETI, TERCEIRA TURMA, julgado em 24/09/2013, DJe 02/10/2013).

10 DIREITO CIVIL. INAPLICABILIDADE DE PRAZO DECADENCIAL NOS CASOS DE INVESTIGAÇÃO DE PATERNIDADE. O prazo decadencial de 4 anos estabelecido nos arts. 178, § 9º, VI e 362 do CC/1916 (correspondente ao art. 1.614 do CC/2002) aplica-se apenas aos casos em que se pretende, exclusivamente, desconstituir o reconhecimento de filiação, não tendo incidência nas investigações de paternidade, nas quais a anulação do registro civil constitui mera consequência lógica da procedência do pedido. Precedentes citados: REsp 259.768-RS, Quarta Turma, DJ 22/3/2004; REsp 714.969-MS, Quarta Turma, DJ 22/3/2010; e RESP 987.987-SP, Terceira Turma, DJ 5/9/2008. AgRg no REsp 1.259.703-MS, Rel. Min. Maria Isabel Gallotti, julgado em 24/2/2015, DJe 27/2/2015.

ou assistido pelo seu genitor (ou curador/tutor).[11] De acordo com a Súmula 301 do STJ: "Em ação investigatória, a recusa do suposto pai a submeter-se ao exame de DNA induz presunção juris tantum de paternidade."

E se o filho falecer no curso da ação? Neste caso, a ação terá prosseguimento pelos seus herdeiros.

Vale lembrar que na *investigação oficiosa*, prevista no artigo 2°, §6° da Lei 8.560/92, o Ministério Público poderá ajuizar a ação investigatória.[12]

---

11 CIVIL E PROCESSUAL. AÇÃO INVESTIGATÓRIA DE PATERNIDADE. DESISTÊNCIA DA PRÓPRIA MENOR, POR SUA TUTORA. DESCABIMENTO. DIREITO INDISPONÍVEL. APURAÇÃO DA VERDADE REAL. EXAME DNA POSITIVO. CONFORMAÇÃO DO PAI INVESTIGADO.
I. O direito ao reconhecimento da paternidade é indisponível, pelo que não é possível à tutora da menor desistir da ação já em curso, ao argumento de que a adoção que se propunha ela própria fazer era mais vantajosa à tutelada, e que, a todo tempo, seria possível à autora novamente intentar igual pedido, por imprescritível.
II. Caso, ademais, em que já houvera, inclusive, a realização de teste de DNA, com a confirmação da paternidade investigada, sendo interesse da menor e do Estado a apuração da verdade real.
III. Corretos, pois, a sentença e o acórdão estadual que, rejeitando o pedido de desistência, julgaram procedente a ação investigatória.
IV. Recurso especial não conhecido.
(REsp 472.608/AL, Rel. Ministro ALDIR PASSARINHO JUNIOR, QUARTA TURMA, julgado em 18/03/2003, DJ 09/06/2003, p. 276).

12 Lei n. 8.560/1992 – Art. 1° O reconhecimento dos filhos havidos fora do casamento é irrevogável e será feito:
I – no registro de nascimento;
II – por escritura pública ou escrito particular, a ser arquivado em cartório;
III – por testamento, ainda que incidentalmente manifestado;
IV – por manifestação expressa e direta perante o juiz, ainda que o reconhecimento não haja sido o objeto único e principal do ato que o contém.
Art. 2° Em registro de nascimento de menor apenas com a maternidade estabelecida, o oficial remeterá ao juiz certidão integral do registro e o nome e prenome, profissão, identidade e residência do suposto pai, a fim de ser averiguada oficiosamente a procedência da alegação.
§ 1° O juiz, sempre que possível, ouvirá a mãe sobre a paternidade alegada e mandará, em qualquer caso, notificar o suposto pai, independente de seu estado civil, para que se manifeste sobre a paternidade que lhe é atribuída.
§ 2° O juiz, quando entender necessário, determinará que a diligência seja realizada em segredo de justiça.
§ 3° No caso do suposto pai confirmar expressamente a paternidade, será lavrado termo de reconhecimento e remetida certidão ao oficial do registro, para a devida averbação.
§ 4° Se o suposto pai não atender no prazo de trinta dias, a notificação judicial, ou negar a alegada paternidade, o juiz remeterá os autos ao representante do Ministério Público para que intente, havendo elementos suficientes, a ação de investigação de paternidade.
§ 5º Nas hipóteses previstas no § 4º deste artigo, é dispensável o ajuizamento de ação de investigação de paternidade pelo Ministério Público se, após o não comparecimento ou a recusa do suposto pai em assumir a paternidade a ele atribuída, a criança for encaminhada para adoção. (Redação dada pela Lei n° 12,010, de 2009) Vigência
§ 6º A iniciativa conferida ao Ministério Público não impede a quem tenha legítimo interesse de intentar investigação, visando a obter o pretendido reconhecimento da paterni-

"A ação de investigação de paternidade é imprescritível, porquanto o interesse nela perseguido está intimamente ligado com o princípio da dignidade da pessoa humana, o que não ocorre, todavia, com a ação de petição de herança (Súmula 149/STF) ou, no caso, de nulidade da partilha, que para o autor terá o mesmo efeito.

Tratando-se de filho ainda não reconhecido, o início da contagem do prazo prescricional só terá início a partir do momento em que for declarada a paternidade, momento em que surge para ele a pretensão de reivindicar seus direitos sucessórios. Considerando que, na espécie, não houve o julgamento da ação de investigação de paternidade, não há que se falar na consumação do prazo prescricional para postular a repercussão patrimonial deste reconhecimento, o qual sequer teve início.

Tendo ocorrido o falecimento do autor da ação de investigação de paternidade cumulada com nulidade da partilha antes da prolação da sentença, sem deixar herdeiros necessários, detém o herdeiro testamentário, que o sucedeu a título universal, legitimidade e interesse para prosseguir com o feito, notadamente, pela repercussão patrimonial advinda do potencial reconhecimento do vínculo biológico do testador. Interpretação dos artes. 1.606 e 1.784 do CC e 43 do CPC/1973." (REsp 1392314/SC, Rel. Ministro MARCO AURÉLIO BELLIZZE, TERCEIRA TURMA, julgado em 06/10/2016, DJe 20/10/2016).

Como visto alhures, é possível a propositura da ação de investigação pelos netos, em relação avoenga, *sendo premorto o pai. E se o genitor estiver vivo, haverá possibilidade de a neta ingressar com uma ação visando a descendência de seu avô*? "A Turma, por maioria, entendeu aplicar o art. 1.606 do CC ao caso, concluindo pela ilegitimidade ativa da neta para ajuizar ação de produção antecipada de provas, em detrimento de pretenso avô, por se encontrar vivo o seu genitor, ausente legitimação concorrente entre classes de graus diferentes para postularem o reconhecimento de parentalidade, havendo apenas legitimação sucessiva e a partir da extinção da geração mais próxima do investigado. A Turma também concluiu pela impossibilidade jurídica do pedido, tendo em vista a expressa proibição legal à sua dedução, conforme se retira do mencionado art. 1.606, parágrafo único, do CC, em razão de o progenitor da investigante ter promovido demandas anteriores, nas quais não conseguiu provar a relação de descendência com o pretenso investigado. O mero fato de as demandas ajuizadas pelo pai da recorrente terem sido julgadas improcedentes, sem prova cabal da inexistência de descendência biológica, não afasta a aplicação do dispositivo, pois os descendentes mais remotos não estão autorizados a promover ação própria voltada ao reconhecimento do parentesco quando, em anterior processo, ascendente imediato e

---

dade. (Incluído pela Lei nº 12,010, de 2009) Vigência

integrante de geração mais próxima não foi reconhecido como parente do investigado. No entender da maioria, a ausência de prova cabal legitima o pai da recorrente a ajuizar uma nova ação para relativizar os provimentos jurisdicionais que não o reconheceram como filho do ora recorrido, uma vez que suas ações foram julgadas improcedentes, sem a realização do exame de DNA, e, segundo o entendimento mais recente da Suprema Corte, pode ser reinaugurada essa discussão, exatamente nos casos em que, nos julgados de improcedência anteriores, não foi efetuado o exame do DNA. REsp 876.434-RS, Rel. originário Min. Raul Araújo, Rel. para o acórdão Min. Marco Buzzi, julgado em 1º/12/2011."

É possível a repropositura de ação de investigação de paternidade, quando anterior demanda idêntica, entre as mesmas partes, foi julgada improcedente? Já existe tese de repercussão geral sobre a questão. O *leadind case* é o RE 363889. O tema 392 trata do assunto da seguinte forma: "I – É possível a repropositura de ação de investigação de paternidade, quando anterior demanda idêntica, entre as mesmas partes, foi julgada improcedente, por falta de provas, em razão da parte interessada não dispor de condições econômicas para realizar o exame de DNA e o Estado não ter custeado a produção dessa prova; II – Deve ser relativizada a coisa julgada estabelecida em ações de investigação de paternidade em que não foi possível determinar-se a efetiva existência de vínculo genético a unir as partes, em decorrência da não realização do exame de DNA, meio de prova que pode fornecer segurança quase absoluta quanto à existência de tal vínculo."

Quem vai figurar como parte ré na ação de investigação de paternidade (ou maternidade)? Ora, é o suposto pai (mãe) ou seus herdeiros, se aquele estiver falecido.

De acordo com o artigo 1.615 do Código Civil, qualquer pessoa, que justo interesse tenha, pode contestar a ação de investigação de paternidade, ou maternidade.

Qual o foro competente para o ajuizamento da ação de investigação de paternidade? Considerando que esta ação é uma pessoal, em regra, o foro competente será do domicílio do réu, de acordo com o artigo 46 do CPC.[13]

---

13 CPC – Art. 46. A ação fundada em direito pessoal ou em direito real sobre bens móveis será proposta, em regra, no foro de domicílio do réu.
§ 1º Tendo mais de um domicílio, o réu será demandado no foro de qualquer deles.
§ 2º Sendo incerto ou desconhecido o domicílio do réu, ele poderá ser demandado onde for encontrado ou no foro de domicílio do autor.
§ 3º Quando o réu não tiver domicílio ou residência no Brasil, a ação será proposta no foro de domicílio do autor, e, se este também residir fora do Brasil, a ação será proposta em qualquer foro.
§ 4º Havendo 2 (dois) ou mais réus com diferentes domicílios, serão demandados no foro de qualquer deles, à escolha do autor. § 5º A execução fiscal será proposta no foro de domicílio do réu, no de sua residência ou no do lugar onde for encontrado.

Todavia, se a ação estiver cumulada com alimentos, o foro competente será o domicílio do autor que busca a investigação (artigo 53, II, CPC).[14] Se a ação for cumulada com petição de herança, aplica-se a regra do artigo 48 do CPC.[15]

"A ação de petição de herança relacionada a inventário concluído, inclusive com trânsito em julgado da sentença homologatória da partilha, deve ser julgada, não no juízo do inventário, mas sim no da vara de família, na hipótese em que tramite, neste juízo, ação de investigação de paternidade que, além de ter sido ajuizada em data anterior à propositura da ação de petição de herança, encontre-se pendente de julgamento. De fato, registre-se que o art. 96 do CPC determina que "o foro do domicílio do autor da herança, no Brasil, é o competente para o inventário, a partilha, a arrecadação, o cumprimento de disposições de última vontade e todas as ações em que o espólio for réu, ainda que o óbito tenha ocorrido no estrangeiro". Entretanto, nos termos da jurisprudência do STJ, a regra do art. 96 do CPC não incide quando já encerrado o inventário, com trânsito em julgado da sentença homologatória da partilha (CC 51.061-GO, Segunda Seção, DJ de 19/12/2005). Sendo assim, não há como aplicar o mencionado dispositivo legal à hipótese em análise com o intuito de firmar, no juízo responsável pela conclusão do inventário, a competência para o julgamento da ação de petição de herança. Além disso, esta somente poderá prosperar se o pedido da ação de investigação de paternidade for julgado procedente, o que demonstra a existência de relação de dependência lógica entre as referidas demandas. Por efeito, deve-se reconhecer a existência de conexão entre as ações por prejudicialidade externa – a solução que se der a uma direciona o resultado da outra – para que elas sejam reunidas, tramitando conjuntamente no mesmo juízo; não constituindo, ademais, óbice à prevalência das regras processuais invocadas a existência de regra de organização judiciária estadual em sentido diverso. CC 124.274-PR, Rel. Min. Raul Araújo, Segunda Seção, julgado em 8/5/2013."

Por fim, se a ação de investigação de paternidade estiver cumulada com alimentos e petição de herança, prevalece, pois, o domicílio do alimentado.

Quanto aos fundamentos jurídicos do pedido, a ação de investigação de paternidade deve estar fundamentada no artigo 2º da Lei 8.560/92, bem como na igualdade dos filhos de acordo com preceito constitucional previsto

14 CPC – Art. 53. É competente o foro: [...] II – de domicílio ou residência do alimentando, para a ação em que se pedem alimentos;

15 CPC – Art. 48. O foro de domicílio do autor da herança, no Brasil, é o competente para o inventário, a partilha, a arrecadação, o cumprimento de disposições de última vontade, a impugnação ou anulação de partilha extrajudicial e para todas as ações em que o espólio for réu, ainda que o óbito tenha ocorrido no estrangeiro.
Parágrafo único. Se o autor da herança não possuía domicílio certo, é competente: I – o foro de situação dos bens imóveis; II – havendo bens imóveis em foros diferentes, qualquer destes; III – não havendo bens imóveis, o foro do local de qualquer dos bens do espólio.

no artigo 227, §6º da Constituição da República, além do artigo 1.596 do Código Civil. Isto sem contar com o artigo 229 da CR, informando que os pais tem o dever de assistir, criar e educar os filhos menores e, finalmente, o artigo 1º, inciso III, da Constituição da República que trata da proteção da dignidade da pessoa humana.

Por fim, em relação ao valor da causa, a regra geral é a atribuição de um valor apenas para fins de alçada, todavia, se a ação de investigação de paternidade estiver cumulada com alimentos, deve-se aplicar o teor do artigo 292, inciso III do CPC que diz: – Art. 292. O valor da causa constará da petição inicial ou da reconvenção e será:[...] III – na ação de alimentos, a soma de 12 (doze) prestações mensais pedidas pelo autor;"

12.6.1 Investigação de Paternidade *post mortem*

A ação de investigação de paternidade *post mortem* deve ser proposta contra os herdeiros do suposto pai. O artigo 27 do Estatuto da Criança e Adolescente – ECA diz que "o reconhecimento do estado de filiação é direito personalíssimo, indisponível e imprescritível, podendo ser exercitado contra os pais ou seus herdeiros, sem qualquer restrição, observado o segredo de Justiça." Dessa maneira, a ação de investigação *post mortem* será proposta contra os herdeiros do falecido, até mesmo porque se esta for julgada procedente, o resultado da demanda irá afetar diretamente a *situação patrimonial* dos herdeiros, que poderão perder o direito à herança ou ficar com ela reduzida.

Na hipótese em que ação de investigação de paternidade *post mortem* tenha sido ajuizada após o trânsito em julgado da decisão de partilha de bens deixados pelo *de cujus*, o termo inicial do prazo prescricional para o ajuizamento de ação de petição de herança é a data do trânsito em julgado da decisão que reconheceu a paternidade, e não o trânsito em julgado da sentença que julgou a ação de inventário. A petição de herança, objeto dos arts. 1.824 a 1.828 do CC, é ação a ser proposta por herdeiro para o reconhecimento de direito sucessório ou a restituição da universalidade de bens ou de quota ideal da herança da qual não participou. Trata-se de ação fundamental para que um herdeiro preterido possa reivindicar a totalidade ou parte do acervo hereditário, sendo movida em desfavor do detentor da herança, de modo que seja promovida nova partilha dos bens. A teor do que dispõe o art. 189 do CC, a fluência do prazo prescricional, mais propriamente no tocante ao direito de ação, somente surge quando há violação do direito subjetivo alegado. Assim, conforme entendimento doutrinário, não há falar em petição de herança enquanto não se der a confirmação da paternidade. Dessa forma, conclui-se que o termo inicial para o ajuizamento da ação de petição de herança é a data do trânsito em julgado da ação de investigação de paternidade, quando, em síntese, confirma-se a condição de herdeiro (REsp 1.475.759-DF, Rel. Min. João Otávio de Noronha, julgado em 17/5/2016, DJe 20/5/2016).

Vimos acima que de acordo com o artigo 1.615 do Código Civil, qualquer pessoa, que justo interesse tenha, pode contestar a ação de investigação de paternidade, ou maternidade. Pergunta-se: *a viúva teria legitimidade para impugnar a ação de investigação de paternidade post mortem*? "Mesmo nas hipóteses em que não ostente a condição de herdeira, a viúva poderá impugnar ação de investigação de paternidade *post mortem*, devendo receber o processo no estado em que este se encontra. Em princípio, a ação de investigação de paternidade será proposta em face do suposto pai ou suposta mãe, diante do seu caráter pessoal. Desse modo, falecido o suposto pai, a ação deverá ser proposta contra os herdeiros do investigado. Nesse contexto, na hipótese de a viúva não ser herdeira, ela não ostentará, em tese, a condição de parte ou litisconsorte necessária em ação de investigação de paternidade. Assim, a relação processual estará, em regra, completa com a citação do investigado ou de todos os seus herdeiros, não havendo nulidade pela não inclusão no polo passivo de viúva não herdeira. Ocorre que o art. 365 do CC/1916, em dispositivo reproduzido no art. 1.615 do Código em vigor, estabelece: "qualquer pessoa, que justo interesse tenha, pode contestar a ação de investigação da paternidade ou maternidade". Por conseguinte, o interesse em contestar não é privativo dos litisconsortes necessários. Esclareça-se, a propósito, que a doutrina – seja sob a égide do Código de 1916, seja do atual – orienta-se no sentido de que o "justo interesse" pode ser de ordem econômica ou moral. De igual modo já decidiu o STF, em julgado no qual foi reconhecida a legitimidade da viúva do alegado pai para contestar ação de investigação de paternidade em hipótese em que não havia petição de herança (RE 21.182-SE, Primeira Turma, julgado em 29/4/1954). Desta feita, o interesse puramente moral da viúva do suposto pai, tendo em conta os vínculos familiares e a defesa do casal que formou com o falecido, compreende-se no conceito de "justo interesse" para contestar a ação de investigação de paternidade, nos termos do art. 365 do CC/1916 e do art. 1.615 do CC/2002. Não sendo herdeira, deve ela, todavia, receber o processo no estado em que este se encontrar, uma vez que não ostenta a condição de litisconsorte passiva necessária." REsp 1.466.423-GO, Rel. Min. Maria Isabel Gallotti, julgado em 23/2/2016, DJe 2/3/2016.

Aqui vale mais um esclarecimento. A viúva é herdeira necessária (art. 1.845 do CC), mas se o falecido tiver deixado descendentes (filhos, netos etc.), a viúva poderá não ter direito à herança, a depender do regime de bens. A regra está no art. 1.829, I, do CC: "A sucessão legítima defere-se na ordem seguinte: I – aos descendentes, em concorrência com o cônjuge sobrevivente, salvo se casado este com o falecido no regime da comunhão universal, ou no da separação obrigatória de bens (art. 1.640, parágrafo único); ou se, no regime da comunhão parcial, o autor da herança não houver deixado bens particulares;"

Dessa maneira, é possível afirmar que o cônjuge é herdeiro necessário, mas há situações em que a lei deu primazia (preferência) para os descendentes do morto. Assim, foram previstos alguns casos em que o cônjuge, a depender do regime de bens, não irá ter direito à herança, ficando esta toda com os descendentes.[16] Vejamos:

Situações em que o cônjuge herda em concorrência com os descendentes	Situações em que o cônjuge não herda em concorrência com os descendentes
• Regime da comunhão parcial de bens, se existirem bens particulares do falecido. • Regime da separação convencional de bens (é aquela que decorre de pacto antenupcial).	• Regime da comunhão parcial de bens, se não havia bens particulares do falecido. • Regime da separação legal (obrigatória) de bens (é aquela prevista no art. 1.641 do CC). • Regime da comunhão universal de bens.

12.6.2 Efeitos do Reconhecimento

De acordo com o artigo 1.616 do Código Civil, a sentença que julgar procedente a ação de investigação produzirá os mesmos efeitos do reconhecimento; mas poderá ordenar que o filho se crie e eduque fora da companhia dos pais ou daquele que lhe contestou essa qualidade. Aqui, também, prevalece o princípio do melhor interesse da criança.

12.6.3 Proteção dos filhos

A filiação materna ou paterna pode resultar de casamento declarado nulo, ainda mesmo sem as condições do putativo (artigo 1.617, CC).

16 Disponível em: < http://www.dizerodireito.com.br/2016/04/a-viuva-mesmo-nao-sendo-herdeira-possui.html> Acesso em: 21. Jan. 2017.

Capítulo 13

ALIMENTOS

"Trata-se, em realidade, de instituto cujos princípios são remarcados por uma acentuada complexidade, com reclamo de permanente atualização de seus estudos; do dissídio sobre a pluralidade de seus aspectos que a experiência da vida apresenta diuturnamente.

O ser humano, por natureza, é carente desde a sua concepção; como tal, segue o seu fadário até o momento que lhe foi reservado como derradeiro; nessa dilação temporal – mais, ou menos prolongada – a sua dependência dos alimentos é uma constante, posta como condição de vida."

(Yussef Said Cahali)[1]

13.1 Considerações Iniciais

13.1.1 Conceito

Os *alimentos* estão relacionados diretamente com a sobrevivência do ser humano. Alimentos são, pois, prestações periódicas para satisfazer as necessidades básicas de quem não possuir condições de fazê-las por si. Vale dizer que *alimentos* é muito mais do que a alimentação em si, senão tudo aquilo que é necessário para a subsistência digna de uma pessoa, tais como moradia, educação, saúde, etc. De acordo com CAHALI, "adotado no direito para designar o conteúdo de uma pretensão ou de uma obrigação, a palavra "alimentos" vem significar tudo o que é necessário para satisfazer aos reclamos da vida; são as prestações com as quais podem ser satisfeitas as necessidades vitais de quem não pode provê-las por si; mais amplamente, é a contribuição periódica assegurada a alguém, por um titular de direito, para exigi-la de outrem, como necessária à sua manutenção."[2]

1 CAHALI, Yussef Said. *Dos alimentos*. 2. ed. São Paulo: Revista dos Tribunais, 1993, p. 13.
2 Ibid., p.16.

13.1.2 Fundamentos

São fundamentos constitucionais da obrigação de prestar alimentos: a) Princípio da preservação da dignidade da pessoa humana (CRFB/88 - Art. 1º - A República Federativa do Brasil, formada pela união indissolúvel dos Estados e Municípios e do Distrito Federal, constitui-se em Estado Democrático de Direito e tem como fundamentos: [...]; III - a dignidade da pessoa humana); b) Princípio da solidariedade social e familiar (CRFB/88 - Art. 3º - Constituem objetivos fundamentais da República Federativa do Brasil: I - construir uma sociedade livre, justa e solidária; II - garantir o desenvolvimento nacional; III - erradicar a pobreza e a marginalização e reduzir as desigualdades sociais e regionais; IV - promover o bem de todos, sem preconceitos de origem, raça, sexo, cor, idade e quaisquer outras formas de discriminação).

13.1.3 Finalidade

A *finalidade* precípua dos *alimentos* é o atendimento a uma vida digna, ou seja, a subsistência da própria pessoa. O instituto jurídico dos alimentos está ancorado na solidariedade social e familiar (*função social da família*).

Os alimentos pode ser concedidos da seguinte forma: a) *in natura*, ou seja, entregues em bens da vida, tais como entrega de cesta básica, pagamento da escola, do plano de saúde, etc; e b) *in pecúnia*, é a denominada pensão alimentícia, podendo ser fixados em salários mínimos.[3]

13.1.4 Trinômio: Possibilidade, Necessidade e proporcionalidade

Os alimentos são estruturados a partir do trinômio *necessidade-possibilidade-proporcionalidade*. Esta conjugação de elementos pode ser traduzido a partir da *necessidade* de quem pleiteia os alimentos (alimentando),[4]

---

3 Súmula 490 do STF - A pensão correspondente à indenização oriunda de responsabilidade civil deve ser calculada com base no salário mínimo vigente ao tempo da sentença e ajustar-se-á às variações ulteriores.

4 De acordo com as lições de CAHALI, "o pressuposto da necessidade do alimentando somente se descaracteriza se referidos bens de que é titular se mostram hábeis para ministrar-lhe rendimento suficiente a sua mantença; ou não se mostra razoável exigir-lhe a conversão de tais bens em valores monetários capazes de atender aos reclamos vitais do possuidor. Mas a matéria é controvertida, impondo-se temperamentos com vistas a uma solução de equidade, ínsita, aliás, na natureza do instituto. Para Laurent, aquele que possui imóveis não se encontra em estado de necessidade, se ele pode procurar os meios para viver, vendendo-os. Diana Amati e Tamburrino dizem que o fato de possuir o alimentando bens não exclui a necessidade, quando a alienação destes, bastando para satisfazer apenas temporariamente às suas necessidades, resolve-se em inútil dilapidação de seu patrimônio. Divergindo deste entendimento, Tedeschi aproxima-se da opinião de Laurent. Tratando-se de questão de

a *possibilidade* do requerido (alimentante) e a proporcionalidade alimentar que vai nortear a fixação do quantum da pensão alimentícia. Daí que podemos afirmar que este trinômio é, pois, um pressuposto do direito alimentar (artigo 1.694, §1°, do CC). O alimentando não pode exigir o mesmo padrão de vida que possuía enquanto vivia com o alimentante, aquele terá que readequar a sua vida de acordo com os seus rendimentos.

O artigo 1.695 diz que "são devidos os alimentos quando quem os pretende não tem bens suficientes, nem pode prover, pelo seu trabalho, à própria mantença, e aquele, de quem se reclamam, pode fornecê-los, sem desfalque do necessário ao seu sustento."

Os pressupostos da obrigação alimentar podem ser identificados da seguinte maneira: a) existência de um vínculo de parentesco; b) necessidade do reclamante; c) possibilidade da pessoa obrigada; d) proporcionalidade.

Vale mencionar o Enunciado 573 do CJF publicado na VI Jornada de Direito Civil que diz "Na apuração da possibilidade do alimentante, observar-se-ão os sinais exteriores de riqueza.[5]

---

fato, nenhum princípio pode ser enunciado. Daí a observação de Cunha Gonçalves: 'Não se pode dizer que é necessitado quem possui importantes valores improdutivos, cuja alienação lhe pode produzir um capital suficiente para subsistir por largo tempo, consumindo-o regradamente, pois necessitado é somente quem não possui recursos alguns para satisfazer às necessidades ou que só os tem os suficientes para parte delas.' [...] Donde se ter decidido que 'poderá reclamar alimentos de seus parentes aquele que, embora possuindo bens, não aufira rendas, por serem os mesmos improdutivos e lhe faltarem possibilidades para explorá-los, para aquela finalidade." CAHALI, Yussef Said. *Dos Alimentos.* 8. ed. São Paulo: Revista dos Tribunais, 2013, p. 500-501.

5 Justificativa: De acordo com o ordenamento jurídico brasileiro, o reconhecimento do direito a alimentos está intrinsicamente relacionado com a prova do binômio necessidade e capacidade, conforme expresso no § 1° do art. 1.694 do Código Civil. Assim, está claro que, para a efetividade da aplicação do dispositivo em questão, é exigida a prova não só da necessidade do alimentado, mas também da capacidade financeira do alimentante. Contudo, diante das inúmeras estratégias existentes nos dias de hoje visando à blindagem patrimonial, torna-se cada vez mais difícil conferir efetividade ao art. 1.694, § 1°, pois muitas vezes é impossível a comprovação objetiva da capacidade financeira do alimentante.
Por essa razão, à mingua de prova específica dos rendimentos reais do alimentante, deve o magistrado, quando da fixação dos alimentos, valer-se dos sinais aparentes de riqueza.
Isso porque os sinais exteriorizados do modo de vida do alimentante denotam seu real poder aquisitivo, que é incompatível com a renda declarada.
Com efeito, visando conferir efetividade à regra do binômio necessidade e capacidade, sugere-se que os alimentos sejam fixados com base em sinais exteriores de riqueza, por presunção induzida da experiência do juízo, mediante a observação do que ordinariamente acontece, nos termos do que autoriza o art. 335 do Código de Processo Civil, que é também compatível com a regra do livre convencimento, positivada no art. 131 do mesmo diploma processual.

13.2 Classificação

De modo geral, os alimentos são classificados de acordo com os seguintes critérios:

a) *quanto à natureza* (naturais/indispensáveis/necessários e civis/côngruos e necessários); Os alimentos civis ou côngruos visam à manutenção da condição social e status da família; os alimentos naturais, indispensáveis ou necessários são aqueles que correspondem ao indispensável à satisfação das necessidades básicas de uma pessoa, para sobrevivência. Assim, excepcionalmente os alimentos podem ser necessários, isto é, são os alimentos fixados meramente para a subsistência da pessoa, por exemplo, conforme o artigo 1.694, §2° do Código Civil que diz: "§ 2º Os alimentos serão apenas os indispensáveis à subsistência, quando a situação de necessidade resultar de culpa de quem os pleiteia." Neste caso, estes alimentos se confundem com a alimentação e podem ser fixados em cestas básicas. Eles decorrem de culpa de quem os pleiteia e são resquícios da discussão da culpa no direito de família. Dessa maneira, o culpado não perde o direito a alimentos. O que se altera é a própria natureza dos alimentos, ou seja, o culpado deixa de ter direito aos *alimentos civis* e passa a ter direitos aos *alimentos necessários*, visando a sua mera subsistência (é o caso, por exemplo, do filho que tenteou matar os pais e, posteriormente, pede alimentos). Da mesma forma, o artigo 1.704, parágrafo único, do CC determina que "Se o cônjuge declarado culpado vier a necessitar de alimentos, e não tiver parentes em condições de prestá-los, nem aptidão para o trabalho, o outro cônjuge será obrigado a assegurá-los, fixando o juiz o valor indispensável à sobrevivência."

b) *quanto à causa jurídica* (lei, ato de vontade e delito/sanção); Os alimentos podem ser classificados como *alimentos legítimos ou legais* se provenientes da relação familiar de parentesco, matrimônio ou união estável.
Os *alimentos voluntários* (atos de vontade) se estabelecem mediante declaração unilateral de vontade ou por convenção (ato *inter vivos*) e até mesmo por ato *causa mortis*, como no *legado de alimentos* (sempre fixados por testamento,[6] podem ser temporários ou vitalícios e não superam as forças da herança).[7] Aqui vale lembrar a

6 CC – Art. 1.920. O legado de alimentos abrange o sustento, a cura, o vestuário e a casa, enquanto o legatário viver, além da educação, se ele for menor.

7 CC – Art. 1.792. O herdeiro não responde por encargos superiores às forças da herança; incumbe-lhe, porém, a prova do excesso, salvo se houver inventário que a escuse, demos-

regra do artigo 557, inciso IV, do Código Civil que diz: "Podem ser revogadas por ingratidão as doações:[8] [...] IV – se, podendo ministrá-los, recusou ao doador os alimentos de que este necessitava." A revogação da doação por ingratidão é uma penalidade que o doador poderá impor aos donatários, haja vista a violação do dever moral de gratidão que estes deveriam manter com aquele. Daí, a ação de revogação da doação por ingratidão é um ato personalíssimo, já que apenas o doador poderá praticar o ato. O prazo para a revogação da doação é de um ano, a contar de quando chegue ao conhecimento do doador o fato que a autorizar, e de ter sido o donatário o seu autor (CCB, art. 559).[9] Este prazo é de natureza decadencial, já que representa um direito potestativo do doador.[10]
Da mesma forma, o artigo 542 do Código Civil (doação por subvenção periódica) informa que "a doação em forma de subvenção periódica ao beneficiado extingue-se morrendo o doador, salvo se este outra coisa dispuser, mas não poderá ultrapassar a vida do donatário".[11]
É uma espécie de contrato, através do qual o doador, de forma reiterada, se compromete a realizar uma liberalidade em benefício do donatário. Em regra esta doação se manifesta através de auxílios pecuniários ao donatário, cuja periodicidade é acordada entre as partes contraentes. Esta doação poderá ser pactuada com número certo de prestações ou sem limite temporal de cumprimento das mesmas. Neste último caso, não poderá ultrapassar a vida do donatário. Vale lembrar que com a morte do doador, os herdeiros somente estarão obrigados dentro das forças da herança.
Por fim, os alimentos *indenizatórios, ressarcitórios ou reparatórios.* O artigo 948, inciso II, do Código Civil determina que "no caso de homicídio, a indenização consiste, sem excluir outras reparações: [...] II – na prestação de alimentos às pessoas a quem o morto os devia, levando-se em conta a duração provável da vida da vítima."

---

trando o valor dos bens herdados.

8 Correspondente ao art. 1.183, caput, do CCB/1916.

9 Correspondente ao art. 1.184 do CCB/1916.

10 CC 2002 – Da Decadência. Arts. 207 a 211.CC 2002 – Art. 207. Salvo disposição legal em contrário, não se aplicam à decadência as normas que impedem, suspendem ou interrompem a prescrição.
CC 2002 – Art. 208. Aplica-se à decadência o disposto nos arts. 195 e 198, inciso I.
CC 2002 – Art. 209. É nula a renúncia à decadência fixada em lei.
CC 2002 – Art. 210. Deve o juiz, de ofício, conhecer da decadência, quando estabelecida por lei.
CC 2002 – Art. 211. Se a decadência for convencional, a parte a quem aproveita pode alegá-la em qualquer grau de jurisdição, mas o juiz não pode suprir a alegação.

11 Correspondente ao art. 1.172 do CCB/1916.

E o artigo 950 do CC diz que "Art. 950. Se da ofensa resultar defeito pelo qual o ofendido não possa exercer o seu ofício ou profissão, ou se lhe diminua a capacidade de trabalho, a indenização, além das despesas do tratamento e lucros cessantes até ao fim da convalescença, incluirá pensão correspondente à importância do trabalho para que se inabilitou, ou da depreciação que ele sofreu. Dessa forma, a indenização é estipulada através de uma pensão mensal a ser fixada com base nos ganhos comprovados da vítima e será calculada de acordo com sua provável sobrevida e, no caso de acarretar redução laboral, temporária ou permanente, a pensão será fixada na proporção da redução de sua capacidade para o trabalho. Aqui, a sentença judicial é prolatada por um magistrado da Vara Cível e não da Vara de Família. Daí que a natureza é mista (direito de família/direito obrigacional), com origem compensatória e não meramente alimentar.

c) *quanto à finalidade* (provisórios, provisionais, definitivos/regulares ou transitórios/resolúveis); Os *alimentos provisórios* são deferidos em caráter precário pelo magistrado em ação de alimentos, de acordo com o rito da Lei 5.478/68. Melhor dizendo: são alimentos antecipatórios, arbitrados preliminarmente pelo magistrado, exigindo prova pré-constituída da obrigação alimentar. [12] Os alimentos provisionais são aqueles fixados em outras ações que não seguem o rito especial da ação de alimentos. Diz o artigo 1.706 do Código Civil que "os alimentos provisionais serão fixados pelo juiz, nos termos da lei processual. Vejamos: o artigo 305 do CPC diz que "a petição inicial da ação que visa à prestação de tutela cautelar em caráter antecedente indicará a lide e seu fundamento, a exposição sumária do direito que se objetiva assegurar e o perigo de dano ou o risco ao resultado útil do processo."

Os *alimentos definitivos ou regulares* são aqueles fixados, de forma definitiva, através de acordo de vontades ou sentença judicial transitada em julgado. Vale lembrar o artigo 733 do CPC que diz: O divórcio consensual, a separação consensual e a extinção consensual de união estável, não havendo nascituro ou filhos incapazes e ob-

12 Lei 5.478/68 (Lei de Alimentos) – Art. 4º As despachar o pedido, o juiz fixará desde logo alimentos provisórios a serem pagos pelo devedor, salvo se o credor expressamente declarar que deles não necessita.
Parágrafo único. Se se tratar de alimentos provisórios pedidos pelo cônjuge, casado pelo regime da comunhão universal de bens, o juiz determinará igualmente que seja entregue ao credor, mensalmente, parte da renda líquida dos bens comuns, administrados pelo devedor.

servados os requisitos legais, poderão ser realizados por escritura pública, da qual constarão as disposições de que trata o art. 731 do CPC.[13] Ademais, ainda que com a denominação de *alimentos definitivos*, a qualquer momento, sobrevindo alteração na situação financeira do alimentante ou alimentado, é possível requerer a sua exoneração, redução ou majoração do encargo.[14] Dessa maneira, estes alimentos estão submetidos a cláusula *rebus sic stantibus*, no entanto, se houver alteração na situação fática subjacente do alimentante ou alimentado, é possível a propositura de uma ação de revisão de alimentos.

Por fim, os *alimentos transitórios* ou *resolúveis* são fixados por determinado período e tempo a favor do ex-cônjuge ou ex-companheiro. Vejamos decisão jurisprudencial sobre o tema: "A estipulação de alimentos transitórios (por tempo certo) é possível quando o alimentando ainda possua idade, condição e formação profissional compatíveis com sua provável inserção no mercado de trabalho. Assim, a necessidade de alimentos perdura apenas até que se atinja a aguardada autonomia financeira, pois, nesse momento, não mais necessitará da tutela do alimentante, então, liberado da obrigação (que se extinguirá automaticamente). REsp 1.025.769-MG, Rel. Min. Nancy Andrighi, julgado em 24/8/2010.

d) *quanto ao momento da prestação* (alimentos presentes/atuais, *alimenta futura* e *alimenta praeterita*); Os *alimentos pretéritos* são aqueles que ficaram no passado e que não podem mais ser cobrados. De acordo com o artigo 206, § 2º, prescreve em dois anos, a pretensão para haver prestações alimentares, a partir da data em que se vencerem. Os *alimentos presentes (atuais)* são aqueles que estão sendo exigidos neste momento, através de acordo entre as partes ou ação judicial específica. Por fim, os *alimentos futuros* são aqueles pendentes, ou seja, aqueles alimentos computáveis a partir da sentença.

---

13 CPC – Art. 733. O divórcio consensual, a separação consensual e a extinção consensual de união estável, não havendo nascituro ou filhos incapazes e observados os requisitos legais, poderão ser realizados por escritura pública, da qual constarão as disposições de que trata o art. 731.
§ 1º A escritura não depende de homologação judicial e constitui título hábil para qualquer ato de registro, bem cmo para levantamento de importância depositada em instituições financeiras.
§ 2º O tabelião somente lavrará a escritura se os interessados estiverem assistidos por advogado ou por defensor público, cuja qualificação e assinatura constarão do ato notarial.

14 CC – Art. 1.699. Se, fixados os alimentos, sobrevier mudança na situação financeira de quem os supre, ou na de quem os recebe, poderá o interessado reclamar ao juiz, conforme as circunstâncias, exoneração, redução ou majoração do encargo.

e) *quanto à modalidade da prestação* (obrigação alimentar própria/ *in natura* e imprópria). A prestação alimentar própria, também denominada *in natura*, é aquela em que os alimentos são prestados através do fornecimento de alimentação, sustento e hospedagem. Já os *alimentos impróprios* são aqueles fornecidos através de pensão. A prestação alimentícia poderá ser fixada tomando por base o salário-mínimo.[15]

13.3 Características dos Alimentos

As principais características dos alimentos no direito de família serão abaixo apresentadas.

13.3.1 Direito Personalíssimo

Os alimentos constituem um direito personalíssimo, ou seja, somente aquelas pessoas que fazem parte da relação de parentesco, casamento ou união estável com o alimentante podem propor a ação de alimentos, considerando, ainda o binômio possibilidade/necessidade, ancorada no princípio da proporcionalidade ou razoabilidade. O artigo 1.694, § 1° do CC dispõe que "os alimentos devem ser fixados na proporção das necessidades do reclamante e dos recursos da pessoa obrigada."

13.3.2 Reciprocidade

A obrigação alimentar possui caráter de reciprocidade entre cônjuges, companheiros e parentes. O artigo 1.694, *caput*, do Código Civil afirma que "podem os parentes, os cônjuges ou companheiros pedir uns aos outros os alimentos de que necessitem para viver de modo compatível com a sua condição social, inclusive para atender às necessidades de sua educação."

---

15 CPC – Art. 533. Quando a indenização por ato ilícito incluir prestação de alimentos, caberá ao executado, a requerimento do exequente, constituir capital cuja renda assegure o pagamento do valor mensal da pensão.
§ 1º O capital a que se refere o caput, representado por imóveis ou por direitos reais sobre imóveis suscetíveis de alienação, títulos da dívida pública ou aplicações financeiras em banco oficial, será inalienável e impenhorável enquanto durar a obrigação do executado, além de constituir-se em patrimônio de afetação.
§ 2º O juiz poderá substituir a constituição do capital pela inclusão do exequente em folha de pagamento de pessoa jurídica de notória capacidade econômica ou, a requerimento do executado, por fiança bancária ou garantia real, em valor a ser arbitrado de imediato pelo juiz.
§ 3º Se sobrevier modificação nas condições econômicas, poderá a parte requerer, conforme as circunstâncias, redução ou aumento da prestação.
§ 4º A prestação alimentícia poderá ser fixada tomando por base o salário-mínimo.
§ 5º Finda a obrigação de prestar alimentos, o juiz mandará liberar o capital, cessar o desconto em folha ou cancelar as garantias prestadas.

Ademais, o artigo 1.696 determina que "o direito à prestação de alimentos é recíproco entre pais e filhos, e extensivo a todos os ascendentes, recaindo a obrigação nos mais próximos em grau, uns em falta de outros."[16] Vale lembrar que com o casamento, a união estável ou o concubinato do credor, cessa o dever de prestar alimentos (artigo 1.708, CC). Com relação ao credor cessa, também, o direito a alimentos, se tiver procedimento indigno em relação ao devedor (artigo 1.708, parágrafo único, CC). A reciprocidade possui fundamento na solidariedade familiar (função social da família).

Nos termos da jurisprudência atualmente consolidada no STJ, os alimentos entre ex-cônjuges devem ser fixados, como regra, com termo certo, somente se justificando a manutenção por prazo indeterminado do pensionamento em face de situação excepcional, como a incapacidade permanente para o trabalho ou a impossibilidade de reinserção no mercado de trabalho. (REsp 1558070/SP, Rel. Ministro MARCO BUZZI, Rel. p/ Acórdão Ministra MARIA ISABEL GALLOTTI, QUARTA TURMA, julgado em 25/10/2016, DJe 01/12/2016).[17]

13.3.3 Proximidade

Isto significa dizer que o credor de alimentos deve ingressar com a ação de alimentos em face dos parentes de grau mais próximo, de acordo com a regra jurídica estabelecida no artigo 1.696 do Código Civil: o direito à prestação de alimentos é recíproco entre pais e filhos, e extensivo a todos os ascendentes, *recaindo a obrigação nos mais próximos em grau*, uns em falta de outros (grifo nosso). Dessa forma, o filho necessitando de alimentos deve, pois, acionar inicialmente o pai, para, após, direcionar a ação ao seu avô. O falecimento do pai do alimentando não implica a automática transmissão do dever alimentar aos avós. É orientação do STJ que a responsabilidade dos avós de prestar alimentos é subsidiária, e não sucessiva.[18]

---

16 Conselho da Justiça Federal – V Jornada de Direito Civil – CJF – Enunciado 522 – Arts. 1.694, 1.696, primeira parte, e 1.706. Cabe prisão civil do devedor nos casos de não prestação de alimentos gravídicos estabelecidos com base na Lei n. 11.804/2008, inclusive deferidos em qualquer caso de tutela de urgência.

17 (VOTO VENCIDO) (MIN. MARCO BUZZI) – "[...] não tendo os alimentos sido fixados com lastro na incapacidade laboral permanente ou na impossibilidade prática de inserção no mercado de trabalho, classificam-se na condição de alimentos temporários, dada a característica da excepcionalidade conferida pelos Tribunais Superiores aos alimentos entre ex-cônjuges ou ex-companheiros". "[...] não se pode desprezar as peculiaridades do caso concreto, tais como, o longo período de tempo durante o qual a recorrida recebe a pensão alimentícia, o seu tempo de afastamento do mercado de trabalho [...], além do fato de contar atualmente com 57 anos de idade e não gozar de um favorável estado de saúde. Diante de tais circunstâncias, não se mostra razoável a cessação imediata do pagamento dos alimentos, tão pouco a redução brusca da verba alimentar, porém, acolhendo em parte o pedido do recorrente, revela-se adequada a minoração do valor pago à alimentada, devendo ser estabelecido um prazo para tanto".

18 O falecimento do pai do alimentando não implica a automática transmissão do dever ali-

É possível a formação de um *listisconsórcio passivo facultativo sucessivo*. Aplica-se, pois, a regra da divisibilidade próxima proporcional subsidiária. Nesse sentido, a decisão do REsp 658.139-RS: "Cuida-se de ação revisional de alimentos proposta por menor impúbere, representada por sua mãe, contra o pai e o avô paterno. Os réus arguiram a necessidade de citação também dos avós maternos sob a alegação de existir litisconsórcio necessário. Pelo art. 397 do CC/1916, este Superior Tribunal havia pacificado a tese de que, na ação de alimentos proposta por netos contra o avô paterno, seria dispensável a citação dos avós maternos, por não se tratar de litisconsórcio necessário, mas sim, facultativo impróprio. A questão consiste em saber se o art. 1.698 do CC/2002 tem o condão de modificar a interpretação pretoriana firmada sobre o art. 397 do Código Civil revogado. Em primeira análise, a interpretação literal do dispositivo parece conceder uma faculdade ao autor da ação de alimentos de trazer para o polo passivo os avós paternos e/ou os avós maternos, de acordo com sua livre escolha. Todavia, essa não representa a melhor exegese. É sabido que a obrigação de prestar alimentos aos filhos é, originariamente, de ambos os pais, sendo transferida aos avós subsidiariamente, em caso de inadimplemento, em caráter complementar e sucessivo. Nesse contexto, mais acertado o entendimento de que a obrigação subsidiária – em caso de inadimplemento da principal – deve ser diluída entre os avós paternos e maternos, na medida de seus recursos, diante de sua divisibilidade e possibilidade de fracionamento. Isso se justifica, pois a necessidade alimentar não deve ser pautada por quem paga, mas sim por quem recebe, representando para o alimentando, maior provisionamento tantos quantos réus houver no polo passivo da demanda. Com esse entendimento, a Turma, prosseguindo o julgamento, conheceu do recurso e deu-lhe provimento para determinar a citação dos avós maternos, por se tratar da hipótese de litisconsórcio obrigatório simples. Precedentes citados: REsp 50.153-RJ, DJ 14/11/1994; REsp 261.772-SP, DJ 20/11/2000; REsp 366.837-RJ, DJ 22/9/2003, e REsp 401.484-PB, DJ 20/10/2003. REsp 658.139-RS, Rel. Min. Fernando Gonçalves, julgado em 11/10/2005."

---

mentar aos avós. É orientação do STJ que a responsabilidade dos avós de prestar alimentos é subsidiária, e não sucessiva. Essa obrigação tem natureza complementar e somente exsurge se ficar demonstrada a impossibilidade de os genitores proverem os alimentosde seus filhos (REsp 1.415.753-MS, Terceira Turma, DJe 27/11/2015; e REsp 831.497-MG, Quarta Turma, DJe 11/2/2010). Assim, para intentar ação contra ascendente de segundo grau, deve o alimentando demonstrar não somente a impossibilidade ou insuficiência de cumprimento da obrigação pela mãe, como também pelo espólio do pai falecido. REsp 1.249.133-SC, Rel. Min. Antonio Carlos Ferreira, Rel. para acórdão Min. Raul Araújo, julgado em 16/6/2016, DJe 2/8/2016.

13.3.4 Irrenunciabilidade

O artigo 1.707 diz que pode o credor não exercer, porém lhe é vedado renunciar o direito a alimentos, sendo o respectivo crédito insuscetível de cessão, compensação ou penhora. Aqui, a melhor exegese é no sentido de ter como irrenunciável os alimentos decorrentes do poder familiar a favor dos descendentes. Todavia, os alimentos entre cônjuges e companheiros é admitida a renúncia, ou seja, "após a homologação do divórcio, não pode o ex-cônjuge pleitear alimentos se deles desistiu expressamente por ocasião do acordo de separação consensual" (AgRg no Ag 1.044.922-SP, Quarta Turma, DJe 2/8/2010).

O Conselho da Justiça Federal, na III Jornada de Direito Civil, publicou o enunciado – 263: "O art. 1.707 do Código Civil não impede seja reconhecida válida e eficaz a renúncia manifestada por ocasião do divórcio (direto ou indireto) ou da dissolução da "união estável". A irrenunciabilidade do direito a alimentos somente é admitida enquanto subsista vínculo de Direito de Família."

No mesmo sentido, "o art. 404 do CC/1916 (art. 1.707 do CC/2002), que lastreia a Súm. n. 379-STF não se aplica à espécie, pois a irrenunciabilidade lá expressa está contida no capítulo que trata dos alimentos fundados no parentesco. Ora, entre marido e mulher não há parentesco, o direito a alimentos baseia-se na obrigação mútua de assistência prevista no art. 231, III, do CC/1916 (art. 1.566, III, do CC/ 2002), a qual cessa com a separação ou divórcio. Logo, a cláusula de renúncia a alimentos disposta no acordo de separação ou divórcio é válida e eficaz, não autorizando o cônjuge que renunciou a voltar a pleitear o encargo. A Turma conheceu e deu provimento ao recurso para julgar a recorrida carecedora da ação e extinguiu o processo sem julgamento do mérito (art. 267, VI, do CPC). Precedentes citados: REsp 17.719-BA, DJ 16/3/1992; REsp 8.862-DF, DJ 22/6/1992; REsp 85.683-SP, DJ 16/9/1996; REsp 36.749-SP, DJ 18/10/1999, e REsp 226.330-GO, DJ 12/5/2003. REsp 701.902-SP, Rel. Min. Nancy Andrighi, julgado em 15/9/2005."

É possível a prévia dispensa de alimentos? "Tendo os conviventes estabelecido, no início da união estável, por escritura pública, a dispensa à assistência material mútua, a superveniência de moléstia grave na constância do relacionamento, reduzindo a capacidade laboral e comprometendo, ainda que temporariamente, a situação financeira de um deles, autoriza a fixação de alimentos após a dissolução da união. De início, cabe registrar que a presente situação é distinta daquelas tratadas em precedentes do STJ, nos quais a renúncia aos alimentos se deu ao término da relação conjugal. Naqueles casos, o entendimento aplicado foi no sentido de que, "após a homologação do divórcio, não pode o ex-cônjuge pleitear alimentos se deles desistiu expressamente por ocasião do acordo de separação consensual" (AgRg no Ag 1.044.922-SP, Quarta Turma, DJe 2/8/2010). No presente julgado, a hipótese é de prévia dispensa dos alimentos, firmada durante a união estável, ou seja, quando ainda existentes os laços conjugais que, por expressa previsão legal, impõem aos companheiros, reciprocamente, o dever de assistência. Observe-se que a assistência material mútua constitui tanto um direito como uma obrigação para os conviventes, conforme art. 2º, II, da Lei 9.278/1996 e arts. 1.694 e 1.724 do CC. Essas disposições constituem normas de interesse público e, por isso, não admitem renúncia, nos termos do art. 1.707 do CC: "Pode o credor não exercer, porém lhe é vedado renunciar o direito a alimentos, sendo o respectivo crédito insuscetível de cessão, compensação ou penhora". Nesse contexto, e não obstante considere-se válida e eficaz a renúncia manifestada por ocasião de acordo de separação judicial ou de divórcio, nos termos da reiterada jurisprudência do STJ, não pode ela ser admitida na constância do vínculo familiar. Nesse sentido há entendimento doutrinário e, de igual, dispõe o Enunciado 263, aprovado na III Jornada de Direito Civil, segundo o qual: "O art. 1.707 do Código Civil não impede seja reconhecida válida e eficaz a renúncia manifestada por ocasião do divórcio (direto ou indireto) ou da dissolução da 'união estável'. A irrenunciabilidade do direito a alimentos somente é admitida enquanto subsista vínculo de Direito de Família". Com efeito, ante o princípio da irrenunciabilidade dos alimentos, decorrente do dever de mútua assistência expressamente previsto nos dispositivos legais citados, não se pode ter como válida disposição que implique renúncia aos alimentos na constância da união, pois esses, como dito, são irrenunciáveis. REsp 1.178.233-RJ, Rel. Min. Raul Araújo, julgado em 18/11/2014, DJe 9/12/2014."

Se a mulher renunciar aos alimentos, ela terá direito à pensão previdenciária? A Súmula 336 do STJ possibilita o direito à pensão previdenciária, ainda que tenha renunciado aos alimentos na separação. Nesse sentido, "PENSÃO POR MORTE DE SERVIDOR PÚBLICO REQUERIDA POR EX-CÔNJUGE. RENÚNCIA AOS ALIMENTOS POR OCASIÃO DO DIVÓRCIO NÃO IMPEDE A CONCESSÃO DO BENEFÍCIO. SÚMULA 336/STJ. NECESSIDADE DE COMPROVAÇÃO DA SUPERVENIENTE DEPENDÊNCIA ECONÔMICA. AGRAVO REGIMENTAL DESPROVIDO. Consoante disposto na Súmula 336/STJ: a mulher que renunciou aos alimentos na separação judicial tem direito à pensão previdenciária por morte do ex-marido, comprovada a necessidade econômica superveniente. O só fato de a recorrente ter-se divorciado do falecido e, à época, dispensado os alimentos, não a proíbe de requerer a pensão por morte, uma vez devidamente comprovada a necessidade (REsp. 472.742/RJ, Rel. Min. JOSÉ ARNALDO DA FONSECA, DJU 31.03.2003). Agravo Regimental desprovido. (AgRg no REsp 1015252/RS, Rel. Ministro NAPOLEÃO NUNES MAIA FILHO, QUINTA TURMA, julgado em 12/04/2011, DJe 25/04/2011).

13.3.5 Transmissibilidade da obrigação

De acordo com o art. 1.700 do CC, "a obrigação de prestar alimentos transmite-se aos herdeiros do devedor, na forma do art. 1.694". Esse comando deve ser interpretado à luz do entendimento doutrinário de que a obrigação alimentar é fruto da solidariedade familiar, não devendo, portanto, vincular pessoas fora desse contexto. A morte do alimentante traz consigo a extinção da personalíssima obrigação alimentar, pois não se pode conceber que um vínculo alimentar decorrente de uma já desfeita solidariedade entre o falecido-alimentante e a alimentada, além de perdurar após o término do relacionamento, ainda lance seus efeitos para além da vida do alimentante, deitando garras no patrimônio dos herdeiros, filhos do *de cujus*. Entender que a obrigação alimentar persiste após a morte, ainda que nos limites da herança, implicaria agredir o patrimônio dos herdeiros (adquirido desde o óbito por força da *saisine*). Aliás, o que se transmite, no disposto do art. 1.700 do CC, é a dívida existente antes do óbito e nunca o dever ou a obrigação de pagar alimentos, pois personalíssima. Não há vínculos entre os herdeiros e a ex-companheira que possibilitem se protrair, indefinidamente, o pagamento dos alimentos a esta, fenecendo, assim, qualquer tentativa de transmitir a obrigação de prestação de alimentos após a morte do alimentante. O que há, e isso é inegável, até mesmo por força do expresso texto de lei, é a transmissão da dívida decorrente do débito alimentar que por ventura não tenha sido paga pelo alimentante enquanto em vida. Essa limitação de efeitos não torna inócuo o texto legal que preconiza a transmissão, pois, no âmbito do STJ, se vem dando interpretação que, embora lhe outorgue efetividade, não descura dos comandos macros que regem as relações das obrigações alimentares. Daí a existência de precedentes que limitam a prestação dos alimentos, pelo espólio, à circunstância do alimentado também ser herdeiro, ante o grave risco de demoras, naturais ou provocadas, no curso do inventário, que levem o alimentado a carência material inaceitável (REsp 1.010.963-MG, Terceira Turma, DJe 5/8/2008). Qualquer interpretação diversa, apesar de gerar mais efetividade ao art. 1.700 do CC, vergaria de maneira inaceitável os princípios que regem a obrigação alimentar, dando ensejo à criação de situações teratológicas, como o de viúvas pagando alimentos para ex-companheiras do de *cujus*, ou verdadeiro digladiar entre alimentados que também sejam herdeiros, todos pedindo, reciprocamente, alimentos. Assim, admite-se a transmissão tão somente quando o alimentado também seja herdeiro, e, ainda assim, enquanto perdurar o inventário, já se tratando aqui de uma excepcionalidade, porquanto extinta a obrigação alimentar desde o óbito. A partir de então (no caso de herdeiros) ou a partir do óbito do alimentante (para aqueles que não o sejam), fica extinto o direito de perceber alimentos com base no art. 1.694 do CC, ressaltando-se que os valores não pagos pelo alimentante podem ser cobrados do espólio. REsp 1.354.693-SP, Rel. originário Min. Maria Isabel Gallotti, voto vencedor Min. Nancy Andrighi, Rel. para acórdão Min. Antonio Carlos Ferreira, julgado em 26/11/2014, DJe 20/2/2015."

13.3.5.1 Limites à transmissibilidade dos alimentos

A questão dos limites à transmissibilidade dos alimentos é uma questão controvertida. Em linhas gerais, teríamos quatro correntes, a saber:

a) a transmissão da obrigação alimentar seria de acordo com as forças da herança;
b) a transmissão seria até o momento da realização da partilha dos bens. Cabe ao espólio a obrigação de prestar alimentos a quem o "de cujus" (falecido) os devia, e até que se opere a partilha nos autos do inventário.
c) a transmissão seria até o momento da realização da partilha dos bens, *mediante a devida compensação*, para que o *alimentado-herdeiro não receba duplamente.*
d) a transmissão ocorreria somente se o espólio do falecido-alimentante produzisse frutos.[19]
e) A transmissão seria, em favor, apenas, de credores que não participassem do espólio.

A jurisprudência do STJ admite a transmissão da obrigação alimentar ao espólio apenas nos casos em que havia estipulação por sentença judicial ou acordo prévios da obrigação alimentar, de modo a garantir a manutenção do alimentando durante a tramitação do inventário.[20] Dessa maneira, o

19 APELAÇÃO CÍVEL. AÇÃO DE ALIMENTOS. ESPÓLIO. TRANSMISSIBILIDADE. O pedido de alimentos fundamenta-se aqui na transmissibilidade da obrigação alimentar, contemplada no art. 1.700 do CCB. Seu deferimento depende de prova da necessidade da requerente e da possibilidade do patrimônio deixado pelo falecido alimentante produzir frutos suficientes para suportar a verba. Desta forma, para a procedência do pedido, imprescindível a prova da necessidade da autora. Necessidade esta que, de acordo com o disposto no art. 1.695 do CCB, caracteriza-se pela impossibilidade de prover, pelo seu trabalho, ou bens, à própria subsistência. Considerando: (a) a idade da apelante (45 anos), (b) a falta de demonstração de sua incapacidade laboral, (c) o fato de que possui ofício, não sendo, por certo, difícil sua colocação no mercado de trabalho, (d) a circunstância de que possui renda própria, proveniente de pensão por morte, (e) que possui a integralidade de um bem imóvel e parte de outro, e (f) que ficou com valores depositados em conta bancária, cujo montante não se tem conhecimento, não está caracterizada a necessidade da recorrente ao recebimento da pensão de modo a justificar a reforma da sentença. NEGARAM PROVIMENTO. UNÂNIME. (Apelação Cível Nº 70054523949, Oitava Câmara Cível, Tribunal de Justiça do RS, Relator: Luiz Felipe Brasil Santos, Julgado em 04/07/2013).

20 CIVIL E PROCESSUAL. AÇÃO DE ALIMENTOS. CONCUBINATO. PENSÃO AINDA NÃO

espólio não pode ser demandado em pedido original de alimentos. O que se transmite, destarte, é a obrigação alimentar pré-existente proveniente de um acordo judicial ou sentença condenatória.[21]

Vejamos: "O espólio de genitor do autor de ação de alimentos não possui legitimidade para figurar no polo passivo da ação na hipótese em que inexista obrigação alimentar assumida pelo genitor por acordo ou decisão judicial antes da sua morte. De fato, o art. 23 da Lei do Divórcio e o art. 1.700 do CC estabelecem que a "obrigação de prestar alimentos transmite-se aos herdeiros do devedor". Ocorre que, de acordo com a jurisprudência do STJ e com a doutrina majoritária, esses dispositivos só podem ser invocados se a obrigação alimentar já fora estabelecida anteriormente ao falecimento do autor da herança por acordo ou sentença judicial. Isso porque esses dispositivos não se referem à transmissibilidade em abstrato do dever jurídico de prestar alimentos, mas apenas à transmissão (para os herdeiros do devedor) de obrigação alimentar já assumida pelo genitor por acordo ou decisão judicial antes da sua morte. Precedentes citados: AgRg no REsp 981.180/RS, Terceira Turma, DJe 15/12/2010; e REsp 1.130.742/DF, Quarta Turma, DJe 17/12/2012. REsp 1.337.862-SP, Rel. Min. Luis Felipe Salomão, julgado em 11/2/2014.

No mesmo sentido, "Trata-se de REsp em que se discute a legitimidade do espólio para figurar como réu em ação de alimentos e a possibilidade de ele contrair obrigação de alimentar, mesmo que inexistente condenação antes do falecimento do autor da herança. A Turma entendeu que, inexistindo condenação prévia do autor da herança, não há por que falar em

---

INSTITUÍDA PELA JUSTIÇA AO TEMPO DO ÓBITO. IMPOSSIBILIDADE DE PROSSEGUIMENTO CONTRA O ESPÓLIO. LEI N. 6.515/1977, ART. 23.
EXEGESE. I. A hipótese prevista no art. 23 da Lei n. 6.515/1977, sobre a transmissão aos herdeiros da obrigação de prestar alimentos supõe que esse ônus já houvesse sido instituído em desfavor do alimentante falecido, hipótese diversa da presente nos autos, em que quando do óbito ainda não houvera decisão judicial estabelecendo os provisionais. II. Precedentes do STJ. III. Recurso especial não conhecido.(REsp 509.801/SP, Rel. Ministro ALDIR PASSARINHO JUNIOR, QUARTA TURMA, julgado em 21/10/2010, DJe 11/11/2010).

21 APELAÇÃO CÍVEL. AÇÃO DE ALIMENTOS. MORTE DO ALIMENTADO. TRANSMISSIBILIDADE À SUCESSÃO DA OBRIGAÇÃO JÁ CONSTITUÍDA. A morte da parte alimentada implica, em princípio, na extinção da obrigação, dada a sua natureza personalíssima. Contudo, uma vez fixada a obrigação alimentar, falecendo o alimentado, transmitem-se ao seu espólio os direitos de crédito resultante de eventuais parcelas alimentares não adimplidas até a sua morte. Nesse contexto, ainda que o alimentado tenha falecido, as parcelas alimentares a ele devidas até a sua morte, podem ser cobradas do alimentante. E já havendo sentença condenatória transitada em julgado antes da morte do alimentado, não há falar em extinção do processo sem resolução de mérito. DERAM PROVIMENTO. (Apelação Cível Nº 70052761335, Oitava Câmara Cível, Tribunal de Justiça do RS, Relator: Rui Portanova, Julgado em 21/03/2013).

transmissão do dever jurídico de prestar alimentos em razão de seu caráter personalíssimo, portanto intransmissível. Assim, é incabível, no caso, ação de alimentos contra o espólio, visto que não se pode confundir a regra do art. 1.700 do CC/2002, segundo a qual a obrigação de prestar alimentos transmite-se aos herdeiros do devedor, com a transmissão do dever jurídico de alimentar, utilizada como argumento para a propositura da referida ação. Trata-se de coisas distintas. O dever jurídico é abstrato e indeterminado e a ele se contrapõe o direito subjetivo, enquanto a obrigação é concreta e determinada e a ela se contrapõe uma prestação. Ressaltou-se que, na hipótese, as autoras da ação eram netas do *de cujus* e, já que ainda vivo o pai, não eram herdeiras do falecido. Assim, não há sequer falar em alimentos provisionais para garantir o sustento enquanto durasse o inventário. Por outro lado, de acordo com o art. 1.784 do referido código, aberta a sucessão, a herança é transmitida, desde logo, aos herdeiros legítimos e testamentários. Dessa forma, o pai das alimentandas torna-se herdeiro e é a sua parte da herança que deve responder pela obrigação de alimentar seus filhos, não o patrimônio dos demais herdeiros do espólio. REsp 775.180-MT, Rel. Min. João Otávio de Noronha, julgado em 15/12/2009."

Ademais, "Não cabe prisão civil do inventariante em razão do descumprimento do dever do espólio de prestar alimentos. Isso porque a restrição da liberdade constitui sanção de natureza personalíssima que não pode recair sobre terceiro, estranho ao dever de alimentar. De fato, a prisão administrativa atinge apenas o devedor de alimentos, segundo o art. 733, § 1°, do CPC, e não terceiros. Dessa forma, sendo o inventariante um terceiro na relação entre exequente e executado – ao espólio é que foi transmitida a obrigação de prestar alimentos (haja vista o seu caráter personalíssimo) -, configura constrangimento ilegal a coação, sob pena de prisão, a adimplir obrigação do referido espólio, quando este não dispõe de rendimento suficiente para tal fim. Efetivamente, o inventariante nada mais é do que, substancialmente, auxiliar do juízo (art. 139 do CC/2002), não podendo ser civilmente preso pelo descumprimento de seus deveres, mas sim destituído por um dos motivos do art. 995 do CC/2002. Deve-se considerar, ainda, que o próprio herdeiro pode requerer pessoalmente ao juízo, durante o processamento do inventário, a antecipação de recursos para a sua subsistência, podendo o magistrado conferir eventual adiantamento de quinhão necessário à sua mantença, dando assim efetividade ao direito material da parte pelos meios processuais cabíveis, sem que se ofenda, para tanto, um dos direitos fundamentais do ser humano, a liberdade. Precedente citado: REsp 1.130.742-DF, Quarta Turma, DJe 17/12/2012. HC 256.793-RN, Rel. Min. Luis Felipe Salomão, julgado em 1º/10/2013."

13.3.6 Imprescritibilidade

Não há prescrição para o ajuizamento da ação de alimentos, mas há prescrição para executar os alimentos fixados (*quantum fixado*). É o que diz o artigo 206, §2º do Código Civil: "em dois anos, a pretensão para haver prestações alimentares, a partir da data em que se vencerem." Melhor dizendo: o direito aos alimentos é imprescritível, mas se o alimentante deve 3 anos de alimentos, o credor (alimentado) somente poderá requerer as prestações dos últimos dois anos. Assim, a prescrição não atinge o direito a alimentos em si, esse imprescritível, e sim a das prestações vencidas e não cobradas.

Todavia, se a mãe, ante o inadimplemento do pai obrigado a prestar alimentos a seu filho, assume essas despesas, o prazo prescricional da pretensão de cobrança do reembolso é de 10 anos. (STJ. 4ª Turma. REsp 1.453.838-SP, Rel. Min. Luis Felipe Salomão, julgado em 24/11/2015).

13.3.7 Irreptibilidade

Os alimentos são irreptíveis, ou seja, o que já se pagou a título de alimentos não se recebe mais de volta, mesmo que se prove a inexistência da causa geradora.[22] Todavia, nos alimentos pagos por *erro*, a restituição deveria ser devida, sob pena de ferir o princípio que veda o enriquecimento sem causa.

ROLF MADALENO entende que "deve ser admitida a possibilidade de restituição judicial da obrigação alimentícia da ex-mulher que já tem renda própria; do filho que já se casou e não mais estuda, mas segue recebendo

22 O Instituto Nacional do Seguro Social (INSS) ajuizou a ação rescisória (AR) com fundamento no art. 485, V, do CPC para rescindir acórdão que aplicou lei nova mais benéfica à pensão por morte, o que possibilitou a gradativa elevação no cálculo da cota familiar do benefício previdenciário em manutenção, mas concedido antes da vigência das Leis ns. 8.213/1991, 9.032/1995 e 9.528/1997; ainda afirmava o acórdão que isso não configuraria retroação da lei nem ofensa ao ato jurídico perfeito. Ressaltou o Min. Relator que, à época do acórdão rescindendo, esse era o entendimento jurisprudencial deste Superior Tribunal, contudo foi alterado após decisões divergentes do STF. Então, o STJ passou a adotar o posicionamento do STF, segundo o qual os benefícios previdenciários concedidos antes da edição da Lei n. 9.032/1995 deveriam ser calculados de acordo com a lei vigente ao tempo da concessão (aplicação do princípio *lex tempus regit actum*), salvo se houver disposição expressa de lei e desde que atendida a necessidade de apontar prévia fonte de custeio. Quanto ao pedido de devolução dos valores eventualmente recebidos pela ré por força do acórdão rescindendo, esclareceu o Min. Relator que se deve considerar o princípio da irrepetibilidade dos alimentos, segundo o qual não é cabível a restituição de valores recebidos a título de benefício previdenciário em cumprimento à decisão judicial posteriormente rescindida e em atenção à boa-fé do beneficiário. Diante do exposto, afastada a previsão da Súm. n. 343-STF, a Seção julgou procedente o pedido do INSS. Precedentes citados do STF: RE 415.454-SC, DJ 26/10/2007; RE 416.827-SC, DJ 26/10/2007; do STJ: AR 3.252-AL, DJe 12/5/2010; AgRg no Ag 1.239.940-SP, DJe 28/6/2010; AR 2.927-AL, DJe 3/11/2009; AR 4.185-SE, DJe 24/9/2010, e EDcl no REsp 996.850-RS, DJe 24/11/2008. AR 3.939-SP, Rel. Min. Gilson Dipp, julgada em 25/5/2011.

indevidamente os alimentos, em afrontoso enriquecimento ilícito, regulado pelos arts. 884 a 886 do Código Civil em vigor. De acordo com tais dispositivos, será obrigado a restituir o que foi indevidamente auferido aquele que, sem justa causa, enriquecer à custa de outrem. E ordenam que a restituição também será devida se deixou de existir a causa justificadora do enriquecimento. Transportando a disposição legal para o Direito familista, afigura-se incontroverso o enriquecimento imotivado naquelas prestações alimentícias destinadas aos filhos já maiores e capazes, que trabalham, têm renda própria ou deixaram de estudar, mesmo em curso superior, postergando no tempo, com malícia, a demanda de exoneração, para assim acumular riqueza por causa alimentar que deixou de existir apenas porque, em tese, o crédito alimentar seria irrestituível. O mesmo pode acontecer no caso de relações afetivas reconstruídas, quando o alimentando já mantém outra relação e não ressalva em juízo o seu crédito, recebendo a pensão por conta da morosidade da ação de exoneração alimentar, que atinge todos os estágios processuais. O credor de alimentos arbitrados na separação conjugal continua recebendo mensalmente a sua pensão, apenas com o propósito de amealhar prestações consideradas irrestituíveis, porque venceram no curso da lenta ação de exoneração. Há situações de notório e aberrante enriquecimento sem causa que deveriam motivar até mesmo o mais formal dos julgadores a deferir a exoneração alimentar em sede de tutela antecipada. No entanto, o crédito continua ingressando indevidamente no ativo do alimentário, que se favorece do processo e da ausência do trânsito em julgado da sentença de exoneração. Afinal, os alimentos são devidos até o término da ação, o que agrava mais ainda a frágil posição processual do devedor alimentar, desprovido de qualquer mecanismo de contrapressão toda vez que, indignado, deixa de pagar os alimentos a que ainda está formalmente obrigado, mas acaba coagido a prestar o que deixou de dever. Deve o julgador deferir a repetição do indébito, pois a morosidade processual não pode servir de motivação ao credor que, a toda evidência, está enriquecendo à custa alheia, sabendo não ser merecedor dos alimentos, seja porque experimenta o ingresso dos recursos financeiros provenientes de um emprego, seja porque refez a sua vida sentimental e passou a viver com outra pessoa. Por isso, deve ser relativizada a não-compensação judicial dos alimentos quando o seu pagamento resulta em enriquecimento sem causa do alimentando e sempre que a pensão constituir mera obrigação alimentar condicional."[23]

---

23 MADALENO, Rolf. *Obrigação, dever de assistência e alimentos transitórios*. In: R. CEJ, Brasília, n. 27, p. 69-78, out./dez. 2004, p.76-77. Conferência proferida no "II Encontro de Direito de Família do IBDFAM/DF", realizado pelo Instituto Brasileiro de Direito de Família – Seção Distrito Federal, de 10 a 14 de maio de 2004, no auditório do Superior Tribunal de Justiça, em Brasília – DF. Disponível em: http://www.cjf.jus.br/ojs2/index.php/revcej/article/viewFile/636/816. Acesso em 21 jan. 2017.

13.3.8 Incedibilidade

O artigo 1.707 diz que "pode o credor não exercer, porém lhe é vedado renunciar o direito a alimentos, sendo o respectivo crédito insuscetível de *cessão*, compensação ou penhora." (grifo nosso). Os alimentos são incessíveis, isto é, não são suscetíveis de negócio jurídico com terceiros. Assim, os alimentos não podem ser objeto de cessão de direitos. PAULO NADER esclarece que "não há de se confundir cessão do direito a alimentos com cessão de crédito de alimentos vencidos. Naquele, o titular do direito seria substituído na relação alimentar e estaria negociando com as prestações futuras; neste, a sub-rogação se opera em relação aos direitos obrigacionais de crédito e o ato negocial tem em vista prestações vencidas."[24]

13.3.9 Impenhorabilidade

Os alimentos não podem ser penhorados. O artigo 1.707 diz que "pode o credor não exercer, porém lhe é vedado renunciar o direito a alimentos, sendo o respectivo crédito insuscetível de cessão, compensação ou *penhora*." (grifo nosso).

13.3.10 Incompensabilidade

O crédito alimentar não pode ser extinto pela compensação. Como conceitua WASHINGTON DE BARROS MONTEIRO, a compensação é a extinção de duas obrigações, cujos credores são ao mesmo tempo devedores um do outro.[25]

É o que diz o artigo 368 do CCB: "Se duas pessoas forem ao mesmo tempo credor e devedor uma da outra, as duas obrigações extinguem-se, até onde se compensarem". Dessa maneira, a *compensação* é uma forma indireta de extinção da relação jurídica obrigacional entre sujeitos que são, concomitantemente, credor e devedor um do outro. Melhor dizendo: ocorrerá a compensação na ocorrência de créditos e débitos recíprocos entre os sujeitos da relação jurídica.

De acordo com o artigo 373, inciso II, do Código Civil, as dívidas não serão compensáveis por força de lei nos casos previstos no artigo 373 do nosso Código Civil: "A diferença de causas nas dívidas não impedem a compensação, exceto: [...] II – se uma se originar de comodato, depósito ou alimentos;"

Quando se tratar de prestação alimentícia a razão é clara: a compensação poderá prejudicar a subsistência de uma das partes. Neste diapasão a

24 NADER, Paulo. *Curso de Direito Civil*: Direito de Família. Vol.5. Rio de Janeiro: Forense, 2016, p.514

25 MONTEIRO. Op. Cit., p. 298.

decisão do Tribunal de Justiça do Estado do Rio Grande do Sul: "EXECUÇÃO DE ALIMENTOS. PAGAMENTOS A MAIOR. PEDIDO DE COMPENSAÇÃO. DESCABIMENTO. Os alimentos são incompensáveis e irrepetíveis, sendo descabida a pretensão do executado de ver compensado nas prestações vincendas os valores que lhe foi descontado a maior em favor da filha. Inteligência dos art. 373, inc. II, e art. 1.707 do Código Civil. O valor pago a mais não elide a obrigação alimentar do genitor. Recurso desprovido (Agravo de Instrumento N° 70014937866, Sétima Câmara Cível, Tribunal de Justiça do RS, Relator: Sérgio Fernando de Vasconcellos Chaves, Julgado em 19.7.2006)".

O artigo 1.707 diz que "pode o credor não exercer, porém lhe é vedado renunciar o direito a alimentos, sendo o respectivo crédito insuscetível de cessão, *compensação* ou penhora." (grifo nosso).

13.3.11 Não Solidariedade (artigo 265, CC) da obrigação alimentar

A obrigação alimentar é recíproca e não solidária. O artigo 265 do Código Civil diz que a solidariedade não se presume, resulta da lei ou vontade das partes. Como inexiste previsão legal, a obrigação alimentar não pode ser considerada solidária, salvo aquela prevista no artigo 12 do *Estatuto do Idoso* (Lei 10.741/03) que diz: "a obrigação alimentar é solidária, podendo o idoso optar entre os prestadores." Dessa maneira, a Lei 10.741/2003, atribuiu natureza solidária à obrigação de prestar alimentos quando os credores forem idosos, que por força da sua natureza especial prevalece sobre as disposições específicas do Código Civil. – O Estatuto do Idoso, cumprindo política pública (art. 3º), assegura celeridade no processo, impedindo intervenção de outros eventuais devedores de alimentos. – A solidariedade da obrigação alimentar devida ao idoso lhe garante a opção entre os prestadores (art. 12). Para o STJ deve-se aplicar uma interpretação restrita deste dispositivo.

O artigo 1.698 determina que "se o parente, que deve alimentos em primeiro lugar, não estiver em condições de suportar totalmente o encargo, serão chamados a concorrer os de grau imediato; sendo várias as pessoas obrigadas a prestar alimentos, todas devem concorrer na proporção dos respectivos recursos, e, intentada ação contra uma delas, poderão as demais ser chamadas a integrar a lide."

Dessa forma, frustrada a *obrigação alimentar principal*, de responsabilidade dos pais, a obrigação subsidiária deve ser diluída entre os avós paternos e maternos na medida de seus recursos, diante de sua divisibilidade e possibilidade de fracionamento.[26]

26 Cuida-se de ação revisional de alimentos proposta por menor impúbere, representada por sua mãe, contra o pai e o avô paterno. Os réus arguiram a necessidade de citação também dos avós maternos sob a alegação de existir litisconsórcio necessário. Pelo art. 397 do CC/1916, este Superior Tribunal havia pacificado a tese de que, na ação de alimentos proposta por netos contra o avô paterno, seria dispensável a citação dos avós maternos,

13.4 Alternatividade da prestação alimentar

Como visto acima, a obrigação alimentar pode ser satisfeita de forma *in natura*, isto é, aquela em que os alimentos são prestados através do fornecimento de alimentação, sustento e hospedagem ou podem ser fornecidas através de pensão (através de numerário para aquisição das utilidades). De acordo com o artigo 1.701 do Código Civil, "a pessoa obrigada a suprir alimentos poderá pensionar o alimentando, ou dar-lhe hospedagem e sustento, sem prejuízo do dever de prestar o necessário à sua educação, quando menor."

Dessa maneira, é possível a alteração da forma de pagamento dos alimentos em ação revisional de alimentos. Vejamos a decisão do Ministro Raul Araújo, no REsp 1.505.030-MG: "Em sede de ação revisional de alimentos, é possível a modificação da forma da prestação alimentar (em espécie ou *in natura*), desde que demonstrada a razão pela qual a modalidade anterior não mais atende à finalidade da obrigação, ainda que não haja alteração na condição financeira das partes nem pretensão de modificação do valor da pensão. A ação revisional de alimentos tem como objeto a exoneração, redução ou majoração do encargo, diante da modificação da situação financeira de quem presta os alimentos ou os recebe, nos termos do que dispõe o art. 1.699 do CC. A variabilidade ou possibilidade de alteração que caracteriza os alimentos, que está prevista e reconhecida no referido artigo, não diz respeito somente à possibilidade de sua redução, majoração e exoneração na mesma forma em que inicialmente fixados, mas também à alteração da própria forma do pagamento sem modificação de valor, pois é possível seu adimplemento mediante prestação em dinheiro ou o atendimento direto das

---

por não se tratar de litisconsórcio necessário, mas sim, facultativo impróprio. A questão consiste em saber se o art. 1.698 do CC/2002 tem o condão de modificar a interpretação pretoriana firmada sobre o art. 397 do Código Civil revogado. Em primeira análise, a interpretação literal do dispositivo parece conceder uma faculdade ao autor da ação de alimentos de trazer para o polo passivo os avós paternos e/ou os avós maternos, de acordo com sua livre escolha. Todavia, essa não representa a melhor exegese. É sabido que a obrigação de prestar alimentos aos filhos é, originariamente, de ambos os pais, sendo transferida aos avós subsidiariamente, em caso de inadimplemento, em caráter complementar e sucessivo. Nesse contexto, mais acertado o entendimento de que a obrigação subsidiária – em caso de inadimplemento da principal – deve ser diluída entre os avós paternos e maternos, na medida de seus recursos, diante de sua divisibilidade e possibilidade de fracionamento. Isso se justifica, pois a necessidade alimentar não deve ser pautada por quem paga, mas sim por quem recebe, representando para o alimentando, maior provisionamento tantos quantos réus houver no pólo passivo da demanda. Com esse entendimento, a Turma, prosseguindo o julgamento, conheceu do recurso e deu-lhe provimento para determinar a citação dos avós maternos, por se tratar da hipótese de litisconsórcio obrigatório simples. Precedentes citados: REsp 50.153-RJ, DJ 14/11/1994; REsp 261.772-SP, DJ 20/11/2000; REsp 366.837-RJ, DJ 22/9/2003, e REsp 401.484-PB, DJ 20/10/2003. REsp 658.139-RS, Rel. Min. Fernando Gonçalves, julgado em 11/10/2005.

necessidades do alimentado (*in natura*), conforme dispõe o art. 1.701 do CC. Nesse contexto, a ação de revisão de alimentos, que tem rito ordinário e se baseia justamente na característica de variabilidade da obrigação alimentar, também pode contemplar a pretensão de modificação da forma da prestação alimentar, devendo ser demonstrada a razão pela qual a modalidade anterior não mais atende à finalidade da obrigação, ainda que não haja alteração na condição financeira das partes nem pretensão de modificação do valor da pensão, cabendo ao juiz fixar ou autorizar, se for o caso, um novo modo de prestação. Precedente citado: REsp 1.284.177-DF, Terceira Turma, DJe de 24/10/2011. REsp 1.505.030-MG, Rel. Min. Raul Araújo, julgado em 06/8/2015, DJe 17/8/2015."

13.5 Prisão Civil

O artigo 5º, inciso LXVII, da Constituição da República determina que não haverá prisão por dívida, salvo a do responsável pelo inadimplemento voluntário e inescusável de *obrigação alimentícia* e a do depositário infiel (grifo nosso). Somente cabe a prisão civil se a inadimplência da obrigação alimentar for proveniente dos alimentos legais existentes entre parentes, cônjuges ou companheiros.[27] Não cabe, pois, a prisão civil decorrente de alimentos voluntários e indenizatórios. A prisão civil do devedor de alimentos originados de ato ilícito deriva da obrigação *ex delicto*, ou seja, decorre da ocorrência de dano causado a outrem; nascendo, pois, a obrigação de indenizar. Neste caso, inexiste caráter meramente alimentar e sim ressarcitório, daí, que não há razão de pena privativa de liberdade.[28]

"Apenas as prestações vencidas até três meses antes da execução e aquelas que porventura venham a vencer dão ensejo à decretação de prisão do devedor de alimentos." (RHC n. 17039/SP, 3ª Turma, Relatora Nancy Andrigui, em 24/05/05).[29]

---

27 Conselho da Justiça Federal – V Jornada de Direito Civil – CJF – Enunciado 522 – Arts. 1.694, 1.696, primeira parte, e 1.706. Cabe prisão civil do devedor nos casos de não prestação de alimentos gravídicos estabelecidos com base na Lei n. 11.804/2008, inclusive deferidos em qualquer caso de tutela de urgência.

28 Conselho da Justiça Federal – VII Jornada de Direito Civil – CJF – Enunciado 599 – Deve o magistrado, em sede de execução de alimentos avoengos, analisar as condições do(s) devedor(es), podendo aplicar medida coercitiva diversa da prisão civil ou determinar seu cumprimento em modalidade diversa do regime fechado (prisão em regime aberto ou prisão domiciliar), se o executado comprovar situações que contraindiquem o rigor na aplicação desse meio executivo e o torne atentatório à sua dignidade, como corolário do princípio de proteção aos idosos e garantia à vida. Parte da legislação: art. 733 do Código de Processo Civil de 1973 (Lei n. 5.689/1973), art. 528 do Código de Processo Civil de 2015 (Lei n. 13.105/2015), art. 19 da Lei de Alimentos (Lei n. 5.478/1968).

29 A Turma reafirmou que o pagamento parcial da obrigação alimentar não afasta a regularidade da prisão civil. Destacou-se que este Superior Tribunal entende ser legítima a prisão civil do devedor de alimentos, quando fundamentada na falta de pagamento de prestações

"A prisão civil é medida coercitiva extrema, aplicável apenas em situações de débito de pensão alimentícia, em razão da premissa de que a liberdade do alimentante deve ser constrangida para garantir a sobrevivência do alimentando. Por isso, ao decretar a prisão civil do devedor de alimentos, devem-se considerar as peculiaridades do caso concreto, adequando-o à correta compreensão da norma jurídica. Deve-se considerar, nesse contexto, que, por ocasião do arbitramento dos alimentos provisórios, o binômio necessidade e possibilidade é examinado sumariamente, mediante análise de cognição perfunctória. Já na prolação da sentença, o referido binômio é apreciado sob um juízo cognitivo exauriente. Assim, a medida da prisão civil, por ser extrema, não se revela como a via executiva adequada (razoabilidade/proporcionalidade) para coagir o alimentante ao pagamento de um valor fixado em sede de cognição perfunctória e correspondente a montante superior ao arbitrado definitivamente em sentença, após ampla análise do conjunto probatório. Portanto, a prisão civil de devedor de alimentos, no caso de fixação pela sentença de alimentos definitivos em valor inferior aos provisórios, somente poderá ser admitida diante do não pagamento com base no novo valor estabelecido pela sentença. A diferença deve ser buscada nos termos do art. 732 do CPC. HC 271.637-RJ, Rel. Min. Sidnei Beneti, julgado em 24/9/2013."

13.5.1 Impossibilidade de Prisão Civil do Inventariante pelo Inadimplemento de Pensão Alimentícia

"Não cabe prisão civil do inventariante em razão do descumprimento do dever do espólio de prestar alimentos. Isso porque a restrição da liberdade constitui sanção de natureza personalíssima que não pode recair sobre terceiro, estranho ao dever de alimentar. De fato, a prisão administrativa atinge apenas o devedor de alimentos e não terceiros. Dessa forma, sendo o inventariante um terceiro na relação entre exequente e executado – ao espólio é que foi transmitida a obrigação de prestar alimentos (haja vista o seu caráter personalíssimo) -, configura constrangimento ilegal a coação, sob pena de prisão, a adimplir obrigação do referido espólio, quando este não dispõe de rendimento suficiente para tal fim. Efetivamente, o inventariante nada mais é do que, substancialmente, auxiliar do juízo (art. 139 do CC/2002), não podendo ser civilmente preso pelo descumprimento de seus deveres, mas sim destituído por um dos motivos do art. 995 do CC/2002. Deve-se

vencidas nos três meses anteriores à propositura da execução ou daquelas vencidas no decorrer do processo (Súm. n. 309/STJ). Ademais, eventuais alegações quanto à incapacidade material do recorrente de satisfazer a prestação alimentícia devem ser discutidas nos autos da ação de alimentos, não no âmbito estreito do writ, cujo trâmite não comporta dilação probatória. Precedente citado: HC 209.137-SP, DJe 13/9/2011. RHC 31.302-RJ, Rel. Min. Antonio Carlos Ferreira, julgado em 18/9/2012.

considerar, ainda, que o próprio herdeiro pode requerer pessoalmente ao juízo, durante o processamento do inventário, a antecipação de recursos para a sua subsistência, podendo o magistrado conferir eventual adiantamento de quinhão necessário à sua mantença, dando assim efetividade ao direito material da parte pelos meios processuais cabíveis, sem que se ofenda, para tanto, um dos direitos fundamentais do ser humano, a liberdade. Precedente citado: REsp 1.130.742-DF, Quarta Turma, DJe 17/12/2012. HC 256.793-RN, Rel. Min. Luis Felipe Salomão, julgado em 1º/10/2013."

13.6 Alimentos na União Estável entre Pessoas do mesmo Sexo

Um dos efeitos do rompimento de união estável entre pessoas do mesmo sexo é a possibilidade de ingressar com uma ação de alimentos em face do outro ex-convivente. Como dito alhures, é perfeitamente possível as uniões estáveis formadas por companheiros do mesmo sexo sob a égide do sistema constitucional inaugurado em 1988, que tem como caros os princípios da dignidade da pessoa humana, a igualdade e repúdio à discriminação de qualquer natureza. "Ninguém, absolutamente ninguém, pode ser privado de direitos nem sofrer quaisquer restrições de ordem jurídica por motivo de sua orientação sexual" (RE 477.554 AgR, Segunda Turma, DJe 26/8/2011).

"De fato, a igualdade e o tratamento isonômico supõem o direito a ser diferente, o direito a autoafirmação e a um projeto de vida independente de tradições e ortodoxias, sendo a base jurídica para a construção do direito à orientação sexual como direito personalíssimo, atributo inerente e inegável da pessoa humana. Em outras palavras, resumidamente: o direito à igualdade somente se realiza com plenitude se for garantido o direito à diferença. Conclusão diversa também não se mostra consentânea com o ordenamento constitucional, que prevê o princípio do livre planejamento familiar (§ 7º do art. 226), tendo como alicerce a dignidade da pessoa humana (art. 1º, III) somada à solidariedade social (art. 3º) e à igualdade substancial (arts. 3º e 5º). É importante ressaltar, ainda, que o planejamento familiar se faz presente tão logo haja a decisão de duas pessoas em se unirem, com escopo de constituírem família. Nesse momento, a Constituição lhes franqueia ampla proteção funcionalizada na dignidade de seus membros. Trilhando esse raciocínio é que o STF, no julgamento conjunto da ADPF 132-RJ e da ADI 4.277-DF, conferiu interpretação conforme ao art. 1.723 do CC ("é reconhecida como entidade familiar a união estável entre o homem e a mulher, configurada na convivência pública, contínua e duradoura e estabelecida com o objetivo de constituição de família") para afastar qualquer exegese que impeça o reconhecimento da união contínua, pública e duradoura entre pessoas do mesmo sexo como "entidade familiar", entendida esta como sinônimo perfeito de família. Por conseguinte, "este reconhecimento é de ser feito segundo as mesmas regras e com as mesmas consequências da união estável heteroafetiva". Portanto, a legislação que regula a união estável deve ser interpretada de forma expansiva e igualitária, permitindo que as uniões homoafetivas tenham o mesmo regime jurídico protetivo conferido aos casais heterossexuais, trazendo efetividade e concreção aos princípios da dignidade da pessoa humana, não discriminação, igualdade, liberdade, solidariedade, autodeterminação, proteção das minorias, busca da felicidade e ao direito fundamental e personalíssimo à orientação sexual. Nessa ordem de ideias, não há como afastar da relação de pessoas do mesmo sexo a obrigação de sustento e assistência técnica, protegendo-se, em última análise, a própria sobrevivência do mais vulnerável dos parceiros, uma vez que se trata de entidade familiar, vocacionalmente amorosa, parental e protetora dos respectivos membros, constituindo-se no espaço ideal das mais duradouras, afetivas, solidárias ou espiritualizadas relações humanas de índole privada, o que a credenciaria como base da sociedade (ADI 4.277-DF e ADPF 132-RJ). Ora, se a união homoafetiva é reconhecidamente uma família e se o fundamento da existência das normas de direito de família consiste precisamente em gerar proteção jurídica ao núcleo familiar, parece despropositado concluir que o elevado instrumento jurídico dos alimentos não pudesse alcançar os casais homoafetivos, relação também edificada na solidariedade familiar, com espeque no dever de cooperação, reciprocidade e assistência mútuos (art. 1.724 do CC). De fato, o direito a alimentos do companheiro que se encontra em situação precária e de vulnerabilidade assegura a máxima efetividade do interesse prevalente, a saber, o mínimo existencial, com a preservação da dignidade do indivíduo, conferindo a satisfação de necessidade humana básica. É por isso que a doutrina afirma que a proteção das pessoas "em situação de vulnerabilidade e necessitadas de auxílio material encontra suas requisições alimentícias na solidariedade familiar, edificada na cooperação, ajuda, contribuição, reciprocidade e na assistência dos demais indivíduos que compõem o seu núcleo familiar, pois é dentro das diferentes relações de família, sejam elas de origem biológica ou advindas de vínculos afetivos hétero ou homossexuais, que seus componentes materializam seus direitos e suas expectativas pessoais". Realmente, o projeto de vida advindo do afeto, nutrido pelo amor, solidariedade, companheirismo, sobeja obviamente no amparo material dos componentes da união, até porque os alimentos não podem ser negados a pretexto de uma preferência sexual diversa. O art. 1.694 do CC, ao prever que os parentes, os cônjuges ou companheiros podem pedir uns aos outros alimentos, na qualidade de sujeitos potencialmente ativos e passivos dessa obrigação recíproca, não exclui o casal homossexual dessa normatização. De fato, a conclusão que se extrai no cotejo de todo ordenamento é a de que a isonomia entre casais heteroafetivos e pares homoafetivos somente ganha plenitude de sentido se desembocar no igual direito subjetivo à formação de uma autonomizada família (ADI 4.277-DF e ADPF 132-RJ), incluindo-se aí o reconhecimento do direito à sobrevivência com dignidade por meio do pensionamento alimentar. REsp 1.302.467-SP, Rel. Min. Luis Felipe Salomão, julgado em 3/3/2015, DJe 25/3/2015."

13.7 Alimentos no vínculo Socioafetivo

"A esposa infiel não tem o dever de restituir ao marido traído os alimentos pagos por ele em favor de filho criado com estreitos laços de afeto pelo casal, ainda que a adúltera tenha ocultado do marido o fato de que a referida criança seria filha biológica sua e de seu "cúmplice". Isso porque, se o marido, ainda que enganado por sua esposa, cria como seu o filho biológico de outrem, tem-se por configurada verdadeira relação de paternidade socioafetiva, a qual, por si mesma, impede a repetição da verba alimentar, haja vista que, a fim de preservar o elo da afetividade, deve-se considerar secundária a verdade biológica, porquanto a CF e o próprio CC garantem a igualdade absoluta dos filhos de qualquer origem (biológica ou não biológica). Além do mais, o dever de fidelidade recíproca dos cônjuges, atributo básico do casamento, em nada se comunica com a relação paternal gerada, mostrando-se desarrazoado transferir o ônus por suposto insucesso da relação à criança alimentada. Ademais, o STJ já firmou o entendimento de que a mulher não está obrigada a restituir ao marido o valor dos alimentos pagos por ele em favor da criança que, depois se soube, era filha de outro homem (REsp 412.684-SP, Quarta Turma, DJ 25/11/2002). De mais a mais, quaisquer valores que sejam porventura apurados em favor do alimentante estarão cobertos pelo princípio da irrepetibilidade dos alimentos já pagos, justificado pelo dever de solidariedade entre os seres humanos, uma vez que, em última análise, os alimentos garantem a própria existência do alimentando. REsp 922.462-SP, Rel. Min. Ricardo Villas Bôas Cueva, julgado em 4/4/2013."

13.8 Alimentos aos Sobrinhos

Em regra geral, os tios não devem ser compelidos a prestar alimentos aos sobrinhos. Vejamos a decisão a decisão da Ministra Nancy Andrigui: "A Turma decidiu que as tias dos menores representados pela mãe na ação de alimentos não são obrigadas a pagar alimentos aos sobrinhos após a separação dos pais. No caso dos autos, a mãe não trabalha e o pai, com problemas de alcoolismo, cumpre apenas parcialmente o débito alimentar (equivalente a um salário mínimo mensal). Ressalta a Min. Relatora que a voluntariedade das tias idosas que vinham ajudando os sobrinhos após a separação dos pais é um ato de caridade e solidariedade humana, que não deve ser transmudado em obrigação decorrente do vínculo familiar. Ademais, a interpretação majoritária da lei pela doutrina e jurisprudência tem sido que os tios não devem ser compelidos a prestar alimentos aos sobrinhos. Por tratar-se de ato de caridade e de mera liberalidade, também não há o direito de ação para exigibilidade de ressarcimentos dos valores já pagos. Invocou, ainda, que, no julgamento do HC 12.079-BA, DJ 16/10/2000, da relatoria do Min. Sálvio de Figueiredo, reconheceu-se que a obrigação alimentar decorre da lei, que indica os parentes obrigados de forma taxativa e não enunciativa, sendo assim são devidos os alimentos, reciprocamente, pelos pais, filhos, ascendentes, descendentes e colaterais até segundo grau, não abrangendo, consequentemente, tios e sobrinhos. REsp 1.032.846-RS, Rel. Min. Nancy Andrighi, julgado em 18/12/2008.

13.9 Alimentos Gravídicos

Já os *alimentos gravídicos* são aqueles devidos ao nascituro e compreendem os valores suficientes para cobrir as despesas adicionais do período de gravidez e que sejam dela decorrentes, da concepção ao parto, inclusive as referentes a alimentação especial, assistência médica e psicológica, exames complementares, internações, parto, medicamentos e demais prescrições preventivas e terapêuticas indispensáveis, a juízo do médico, além de outras que o juiz considere pertinentes (Lei 11.804, de 05 de novembro de 2008). Tais alimentos referem-se à parte das despesas que deverá ser custeada pelo futuro pai, considerando-se a contribuição que também deverá ser dada pela mulher grávida, na proporção dos recursos de ambos. (art.2, parágrafo único, da Lei 11.804/08).

Convencido da existência de indícios da paternidade, o juiz fixará alimentos gravídicos que perdurarão até o nascimento da criança, sopesando as necessidades da parte autora e as possibilidades da parte ré (Lei 11.804/08, art. 6º). Após o nascimento com vida, os alimentos gravídicos ficam convertidos em pensão alimentícia em favor do menor até que uma das partes solicite a sua revisão. (Lei 11.804/08, art. 6º, parágrafo único).

13.10 Alimentos entre genro/nora e sogro/sogra

O parentesco por afinidade é um laço de parentesco do ponto de vista formal, estabelecido pelo casamento/união estável, ou seja, é a relação de parentesco que circunda o cônjuge aos parentes consanguíneos do outro cônjuge (companheiro), através do casamento ou união estável. Nesse sentido, o artigo 1.595 do CC diz que "cada cônjuge ou companheiro é aliado aos parentes do outro pelo vínculo da afinidade."

O parentesco por afinidade limita-se aos ascendentes, aos descendentes e aos irmãos do cônjuge ou companheiro (artigo 1.595, § 1º, CC). Verifica-se, pois, que o vínculo estabelecido pode ser tanto na linha reta que não possui limites de grau (sogro, nora, genro), mantendo-se mesmo após a dissolução do casamento ou da união estável. É o que diz o artigo 1.595, § 2º: "Na linha reta, a afinidade não se extingue com a dissolução do casamento ou da união estável." Dessa maneira, permanece, pois, a afinidade entre sogro(a) e nora ou genro, padrasto/madrasta e enteado(a). Logo, inexiste ex-sogro ou ex-sogra, ex-enteado(a). Ao permanecer o vínculo de parentesco, permanece, pois, o impedimento matrimonial entre eles. Dessa maneira nunca será possível o casamento com o sogro(a) ou enteada(o). Todavia, é possível o casamento com o irmão(a), tios, sobrinhos ou primos de seu ex-cônjuge ou ex-companheiro.

Já o parentesco por afinidade entre cunhados acaba com a dissolução do casamento ou união estável, estando, os mesmos, aptos para o casamento após esse fato. A afinidade na linha colateral não passa do segundo grau e se restringe aos cunhados. Da mesma forma, a afinidade colateral existe entre os filhos de um dos cônjuges ou companheiros (padrastro/madrasta e enteado).

Não obstante a manutenção do vínculo de parentesco entre a sogra(o) com os genros e noras, em relação aos alimentos, não há falar-se em extensão legal à obrigação alimentar em relação a eles. Neste sentido, a decisão do Desembargador Sérgio Lellis Santiago, do TJMG, em 16/09/2002 (Apelação-1.0000.00.251952-8/000 – 2519528-92.2000.8.13.0000 (1)), *verbis*: Ação Declaratória de União Estável cumulada com Tutela Antecipada de Pensão Alimentícia – Não há extensão legal de alimentos à nora pela sogra - Ilegitimidade passiva "*ad causam*" – "Não há extensão legal à obrigação de alimentos à nora pelo sogro ou sogra, ou ambos. Nora está no campo do parentesco por afinidade estabelecida pelo casamento. Embora a afinidade não se dissolva pela morte do cônjuge, ela não municia, no ordenamento legislativo atual e específico, direito à pretensão de alimentos aos sogros, pelo que há de se reconhecer a ilegitimidade passiva *ad causam* destes, na ação de alimentos proposta pela nora."

13.11 Alimentos de Idosos

> *Por acaso, surpreendo-me no espelho: quem é esse Que me olha e é tão mais velho do que eu? Porém, seu rosto... é cada vez menos estranho... Meu Deus, meu Deus... Parece Meu velho pai – que já morreu! Como pude ficarmos assim? Nosso olhar – duro – interroga: "o que fi-*

> *zeste de mim?!" Eu, Pai?! Tu é que me invadiste, Lentamente, ruga a ruga... Que importa? Eu sou, ainda, Aquele mesmo menino teimoso de sempre. E os teus planos enfim lá se foram por terra. Mas sei que vi, um dia – a longa, a inútil guerra! – Vi sorrir, nesses cansados olhos, um orgulho triste...* (Mário Quintana – O Velho do Espelho).[30]

O artigo 230 da Constituição da República prevê que "a família, a sociedade e o Estado têm o dever de amparar as pessoas idosas, assegurando sua participação na comunidade, defendendo sua dignidade e bem-estar e garantindo-lhes o direito à vida". Já o art. 229 da Carta Magna determina: "Os pais têm o dever de assistir, criar e educar os filhos menores, e os filhos maiores têm o dever de ajudar e amparar os pais na velhice, carência ou enfermidade". O artigo 12 do *Estatuto do Idoso* (Lei 10.741/03) que diz: "a obrigação alimentar é solidária, podendo o idoso optar entre os prestadores." Dessa maneira, a Lei 10.741/2003, atribuiu natureza solidária à obrigação de prestar alimentos quando os credores forem idosos, que por força da sua natureza especial prevalece sobre as disposições específicas do Código Civil.

O Estatuto do Idoso, cumprindo política pública (art. 3º), assegura celeridade no processo, impedindo intervenção de outros eventuais devedores de alimentos. – A solidariedade da obrigação alimentar devida ao idoso lhe garante a opção entre os prestadores (art. 12). Para o STJ deve-se aplicar uma interpretação restrita deste dispositivo. (REsp 775.565/SP, Rel. Ministra NANCY ANDRIGHI, TERCEIRA TURMA, julgado em 13/06/2006, DJ 26/06/2006, p. 143).

Outrossim, o cuidado com o idoso vai além da obrigação alimentar. É necessário, pois, um amparo afetivo, moral e psíquico. Não é incomum o abandono de idosos em asilos ou sozinhos em seus lares, a sua própria sorte, ocasionando, pois, doenças, sofrimento, dor e angústia e as vezes até a morte. Aqui, o princípio da dignidade da pessoa humana e da solidariedade familiar deve desvelar os seus efeitos na esfera familiar. Ainda que não possamos falar de uma "obrigação de amar", a negação ao amparo afetivo ao idoso e o consequente descaso entre pais e filhos deve haver punição. O artigo 3º do Estatuto do Idoso afirma que "é obrigação da família, da comunidade, da sociedade e do Poder Público assegurar ao idoso, com absoluta prioridade, a efetivação do direito à vida, à saúde, à alimentação, à educação, à cultura, ao esporte, ao lazer, ao trabalho, à cidadania, à liberdade, à dignidade, ao respeito e à convivência familiar e comunitária." Ademais, nenhum idoso será objeto de qualquer tipo de negligência, discriminação, violência, crueldade ou opressão, e todo atentado aos seus direitos, por ação ou omissão, consoante o artigo 4º do referido Estatuto.

30 QUINTANA, Mário. *Poesia completa*. Rio de Janeiro: Nova Aguilar, 2005, p.410.

Aqui, vale lembrar situações fáticas comuns no mundo da vida, envolvendo idosos, que constituem crimes, de ação penal pública incondicionada:

a) abandonar o idoso em hospitais, casas de saúde, entidades de longa permanência, ou congêneres, ou não prover suas necessidades básicas, quando obrigado por lei ou mandado.[31]
b) expor a perigo a integridade e a saúde, física ou psíquica, do idoso, submetendo-o a condições desumanas ou degradantes ou privando-o de alimentos e cuidados indispensáveis, quando obrigado a fazê-lo, ou sujeitando-o a trabalho excessivo ou inadequado.[32]
c) apropriar-se de ou desviar bens, proventos, pensão ou qualquer outro rendimento do idoso, dando-lhes aplicação diversa da de sua finalidade.[33]
d) negar o acolhimento ou a permanência do idoso, como abrigado, por recusa deste em outorgar procuração à entidade de atendimento.[34]
e) reter o cartão magnético de conta bancária relativa a benefícios, proventos ou pensão do idoso, bem como qualquer outro documento com objetivo de assegurar recebimento ou ressarcimento de dívida.[35]
f) exibir ou veicular, por qualquer meio de comunicação, informações ou imagens depreciativas ou injuriosas à pessoa do idoso.[36]
g) induzir pessoa idosa sem discernimento de seus atos a outorgar procuração para fins de administração de bens ou deles dispor livremente.[37]
h) coagir, de qualquer modo, o idoso a doar, contratar, testar ou outorgar procuração.[38]
i) lavrar ato notarial que envolva pessoa idosa sem discernimento de seus atos, sem a devida representação legal.[39]

---

31 Pena – detenção de 6 (seis) meses a 3 (três) anos e multa (artigo 98, do Estatuto do Idoso).

32 Pena – detenção de 2 (dois) meses a 1 (um) ano e multa. § 1o Se do fato resulta lesão corporal de natureza grave: Pena – reclusão de 1 (um) a 4 (quatro) anos. § 2o Se resulta a morte: Pena – reclusão de 4 (quatro) a 12 (doze) anos." (artigo 99, do Estatuto do Idoso).

33 Pena – reclusão de 1 (um) a 4 (quatro) anos e multa (artigo 102, do Estatuto do Idoso).

34 Pena – detenção de 6 (seis) meses a 1 (um) ano e multa (artigo 103, do Estatuto do Idoso).

35 Pena – detenção de 6 (seis) meses a 2 (dois) anos e multa (artigo 104, do Estatuto do Idoso).

36 Pena – detenção de 1 (um) a 3 (três) anos e multa (artigo 105, do Estatuto do Idoso).

37 Pena – reclusão de 2 (dois) a 4 (quatro) anos (artigo 106, do Estatuto do Idoso).

38 Pena – reclusão de 2 (dois) a 5 (cinco) anos (artigo 107, do Estatuto do Idoso).

39 Pena – reclusão de 2 (dois) a 4 (quatro) anos (artigo 108, do Estatuto do Idoso).

De acordo com a *Secretaria Nacional de Promoção Defesa dos Direitos Humanos*, "em relação aos idosos, o DDH registrou 68,7% de violações por negligência, 59,3% de violência psicológica, 40,1% de abuso financeiro/ econômico e violência patrimonial, sendo para esta população o maior índice desta violação, e 34% de violência física."[40] Vejamos o gráfico abaixo:[41]

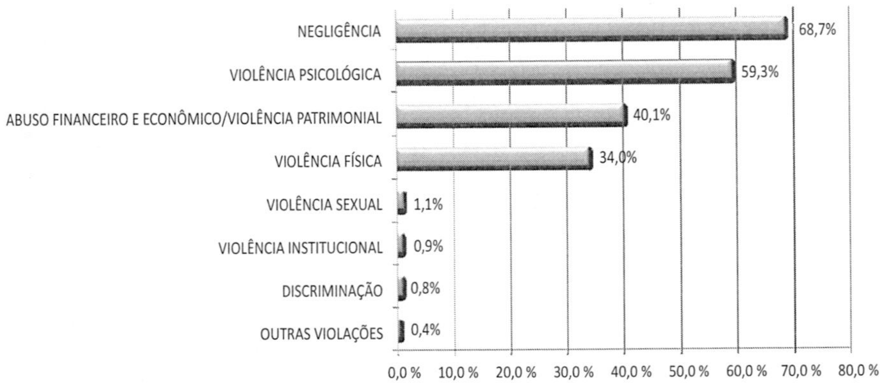

Dessa forma, os idosos, muito além dos alimentos e da prestação de assistência material necessitam, pois, de uma assistência afetiva lastreada no amor e no cuidado, com o propósito de integração no seio familiar em toda a sua plenitude e dignidade.[42]

13.12 Alimentos Compensatórios ou Compensação Econômica

Os *alimentos compensatórios* é um instituto que inexistente no ordenamento jurídico civilístico. Ele está ancorado nos princípios da solidariedade, dignidade da pessoa humana, igualdade e responsabilidade. Não significa uma pensão alimentícia ordinária, mas sim uma pensão que tem por finalidade o equilíbrio econômico-financeiro do ex-cônjuge ou ex-companheiro, após a realização do divórcio ou a dissolução de união estável e a partilha.

---

40 Disponível em: <http://www.sdh.gov.br/assuntos/pessoa-idosa/dados-estatisticos/DadossobreoenvelhecimentonoBrasil.pdf>. Acesso em: 25 jan. 2017.

41 Ibid.

42 Uma das maiores conquistas culturais de um povo em seu processo de humanização é o envelhecimento de sua população, refletindo uma melhoria das condições de vida. De acordo com projeções das Nações Unidas (Fundo de Populações) "uma em cada 9 pessoas no mundo tem 60 anos ou mais, e estima-se um crescimento para 1 em cada 5 por volta de 2050". (...) Em 2050 pela primeira vez haverá mais idosos que crianças menores de 15 anos. Em 2012, 810 milhões de pessoas têm 60 anos ou mais, constituindo 11,5% da população global. Projeta-se que esse número alcance 1 bilhão em menos de dez anos e mais que duplique em 2050, alcançando 2 bilhões de pessoas ou 22% da população global". Ibid.

É um direito alimentar surgido na Alemanha que prevê a pensão compensatória àquele ex-consorte que efetivamente não puder trabalhar, e possui uma natureza previdenciária a fim de remunerar o trabalho doméstico exercido, normalmente pela mulher, durante a vida conjugal. No mesmo diapasão os franceses introduziram a referida obrigação alimentar compensatória em sua legislação civilística, prevista em substituição aos alimentos, sempre que o término da vida a dois trouxer uma disparidade entre os ex-cônjuges. Os espanhóis, posteriormente, acolheram os referidos alimentos compensatórios de forma que você possível amparar aquele cônjuge que se vê desfavorecido economicamente em razão da ruptura do matrimônio.[43] Neste caso, o juiz deve levar em consideração diversos fatores, dentre eles: o acordo firmado entre o ex-casal, a qualificação profissional e as probabilidade de acesso a um emprego, a idade e o estado de saúde de ambos, a dedicação passada e futura à família; etc.

Os alimentos compensatórios possuem natureza jurídica reparatória, uma vez que procuram indenizar uma das partes em razão do desequilíbrio-financeiro decorrente da dissolução conjugal.

ROLF MADALENO, com lastro no direito espanhol e argentino, ensina que os alimentos compensatórios constituem "uma prestação periódica em dinheiro, efetuada por um cônjuge em favor do outro na ocasião da separação ou do divórcio vincular, onde se produziu um desequilíbrio econômico em comparação com o estilo de vida experimentado durante a convivência matrimonial, compensando deste modo a disparidade social e econômica com a qual se depara o alimentando em função da separação, comprometendo suas obrigações materiais, seu estilo de vida e a sua subsistência pessoal"[44] Portanto, a sua finalidade precípua é evitar o desequilíbrio econômico decorrente da redução do padrão social do cônjuge, "sem pretender a igualdade econômica do casal que desfez sua relação, mas que procura reduzir os efeitos deletérios surgidos da súbita indigência social"[45]

Os *alimentos compensatórios*, não têm por escopo suprir as necessidades de subsistência do credor, tal como ocorre com a pensão alimentícia regulada pelo art. 1.694 do CC/2002, senão corrigir ou atenuar eventual desequilíbrio econômico-financeiro decorrente da ruptura do vínculo conjugal, em relação ao cônjuge desprovido de bens e de meação. (REsp 1290313/AL, Rel. Ministro ANTONIO CARLOS FERREIRA, QUARTA TURMA, julgado em 12/11/2013, DJe 7/11/2014).[46]

---

43 Código Civil Espanhol – Artigo 97.

44 MADALENO, Rolf. *Curso de direito de família*. Rio de Janeiro: Forense, 2008. p. 725.

45 Ibid, p.726.

46 PROCESSUAL CIVIL. DIREITO CIVIL. FAMÍLIA. SEPARAÇÃO JUDICIAL. PENSÃO ALIMENTÍCIA. BINÔMIO NECESSIDADE/POSSIBILIDADE. ART. 1.694 DO CC/2002. TERMO FINAL. ALIMENTOS COMPENSATÓRIOS (PRESTAÇÃO COMPENSATÓRIA). POSSIBILIDADE. EQUILÍBRIO ECONÔMICO-FINANCEIRO DOS CÔNJUGES.

13.13 Alimentos Transitórios ou Resolúveis

Como dito acima, os *alimentos transitórios* ou *resolúveis* são fixados por determinado período e tempo a favor do ex-cônjuge ou ex-companheiro. Vejamos decisão jurisprudencial sobre o tema: "A estipulação de alimentos transitórios (por tempo certo) é possível quando o alimentando ainda possua idade, condição e formação profissional compatíveis com sua provável inserção no mercado de trabalho. Assim, a necessidade de alimentos perdura apenas até que se atinja a aguardada autonomia financeira, pois, nesse momento, não mais necessitará da tutela do alimentante, então, liberado da obrigação (que se extinguirá automaticamente). REsp 1.025.769-MG, Rel. Min. Nancy Andrighi, julgado em 24/8/2010.

JULGAMENTO EXTRA PETITA NÃO CONFIGURADO. VIOLAÇÃO DO ART. 535 DO CPC NÃO DEMONSTRADA.
1. A violação do art. 535 do CPC não se configura na hipótese em que o Tribunal de origem, ainda que sucintamente, pronuncia-se sobre a questão controvertida nos autos, não incorrendo em omissão, contradição ou obscuridade. Ademais, a ausência de manifestação acerca de matéria não abordada em nenhum momento do iter processual, salvo em embargos de declaração, não configura ofensa ao art. 535 do CPC.
2. Na ação de alimentos, a sentença não se subordina ao princípio da adstrição, podendo o magistrado arbitrá-los com base nos elementos fáticos que integram o binômio necessidade/capacidade, sem que a decisão incorra em violação dos arts. 128 e 460 do CPC. Precedentes do STJ.
3. Ademais, no caso concreto, uma vez constatada a continência entre a ação de separação judicial e a de oferta de alimentos, ambas ajuizadas pelo cônjuge varão, os processos foram reunidos para julgamento conjunto dos pedidos. A sentença não se restringiu, portanto, ao exame exclusivo da pretensão deduzida na ação de oferta da prestação alimentar.
4. Em tais circunstâncias, a suposta contrariedade ao princípio da congruência não se revelou configurada, pois a condenação ao pagamento de alimentos e da prestação compensatória baseou-se nos pedidos também formulados na ação de separação judicial, nos limites delineados pelas partes no curso do processo judicial, conforme se infere da sentença.
5. Os chamados alimentos compensatórios, ou prestação compensatória, não têm por finalidade suprir as necessidades de subsistência do credor, tal como ocorre com a pensão alimentícia regulada pelo art.
1.694 do CC/2002, senão corrigir ou atenuar grave desequilíbrio econômico-financeiro ou abrupta alteração do padrão de vida do cônjuge desprovido de bens e de meação.
6. Os alimentos devidos entre ex-cônjuges devem, em regra, ser fixados com termo certo, assegurando-se ao alimentando tempo hábil para sua inserção, recolocação ou progressão no mercado de trabalho, que lhe possibilite manter, pelas próprias forças, o status social similar ao período do relacionamento.
7. O Tribunal estadual, com fundamento em ampla cognição fático-probatória, assentou que a recorrida, nada obstante ser pessoa jovem e com instrução de nível superior, não possui plenas condições de imediata inserção no mercado de trabalho, além de o rompimento do vínculo conjugal ter-lhe ocasionado nítido desequilíbrio econômico-financeiro.
8. Recurso especial parcialmente conhecido e, nessa parte, parcialmente provido para fixar o termo final da obrigação alimentar.
(REsp 1290313/AL, Rel. Ministro ANTONIO CARLOS FERREIRA, QUARTA TURMA, julgado em 12/11/2013, DJe 07/11/2014).

13.14 Alimentos *intuitu familiae* ou globais

De acordo com ROLF MADALENO, os "alimentos *intuitu familiae* são aqueles arbitrados, ou acordados de forma global, para todo o grupo familiar, sem pormenorizar e separar as quotas de cada integrante da célula familiar, destinatária coletiva da pensão alimentar. O montante dos alimentos é estabelecido em prol de todos os familiares, e quando um deles deixa de ser credor dos alimentos pode até ocorrer uma pequena redução da pensão, mas não uma divisão proporcional ao número de alimentandos, sucedendo, se for o caso, um ajuste com a simples readequação do valor dos alimentos."[47]

FLÁVIO TARTUCE diz que "a fixação dos alimentos com intuito familiar (*intuitu familiae*) tem como escopo atender às finalidades de determinado grupo de pessoas que compõe a entidade familiar. Em realidade, a fixação alimentar *intuitu familiae* não tem qualquer amparo legal, não havendo norma jurídica que lhe dê fundamento."[48]

13.15 Reembolso de Despesas de Caráter Alimentar

Como dito alhures, se a mãe, ante o inadimplemento do pai obrigado a prestar alimentos a seu filho, assume essas despesas, o prazo prescricional da pretensão de cobrança do reembolso é de 10 anos. Vejamos: "Se a mãe, ante o inadimplemento do pai obrigado a prestar alimentos a seu filho, assume essas despesas, o prazo prescricional da pretensão de cobrança do reembolso é de 10 anos, e não de 2 anos. Realmente, se, na hipótese em análise, houvesse sub-rogação da pessoa que assumiu as despesas de caráter alimentar, essa pessoa, na qualidade de terceira interessada, substituiria, na condição de credor, o alimentado com todas as suas características e atributos (art. 349 do CC), e, apesar de propiciar a satisfação do credor originário, remanesceria o vínculo obrigacional anterior (agora, entre o terceiro adimplente e o devedor). Dessa maneira, havendo sub-rogação, o prazo prescricional a incidir na espécie seria o previsto no art. 206, § 2º, do CC: 2 anos para a pretensão de cobrança de prestações alimentares. Contudo, na situação aqui analisada, o credor não pode ser considerado terceiro interessado, não podendo ser futuramente obrigado na quitação do débito. Desse modo, não há falar em sub-rogação, porquanto não existe enquadramento a nenhuma das hipóteses previstas no art. 346 do CC e, principalmente, porque o direito a alimentos é pessoal, não podendo sua titularidade ser transferida a outrem, tampouco os seus atributos. Nessa hipótese, está caracterizada a gestão de

47 MADALENO, Rolf. *Direito de Família,* 7.ed. São Paulo: Forense, 11/2016. VitalBook file.
48 TARTUCE, Op.Cit., 2016, p.566.

negócios, que ocorre quando uma pessoa, "sem autorização do interessado, intervém na gestão de negócio alheio", dirigindo-o "segundo o interesse e a vontade presumível de seu dono, ficando responsável a este e às pessoas com que tratar" (art. 861 do CC). Inclusive, no capítulo específico da gestão de negócios, há previsão especial atinente ao dever legal de alimentos àquele que os presta no lugar daquele que era realmente obrigado: "Quando alguém, na ausência do indivíduo obrigado a alimentos, por ele os prestar a quem se devem, poder-lhes-á reaver do devedor a importância, ainda que este não ratifique o ato" (art. 871 do CC). Nesse contexto, observa-se que a razão de ser do instituto, notadamente por afastar eventual necessidade de concordância do devedor, é conferir a máxima proteção ao alimentado e, ao mesmo tempo, garantir àqueles que prestam socorro o direito de reembolso pelas despesas despendidas, evitando o enriquecimento sem causa do devedor de alimentos. Dessa forma, reconhecida a ocorrência de gestão de negócios, deve-se ter, com relação ao reembolso de valores, o tratamento conferido ao terceiro não interessado, notadamente por não haver sub-rogação, nos termos do art. 305, *caput*, do CC, segundo o qual o "terceiro não interessado, que paga a dívida em seu próprio nome, tem direito a reembolsar-se do que pagar; mas não se sub-roga nos direitos do credor". Nesse sentido, aliás, a Terceira Turma do STJ (REsp 1.197.778-SP, DJe 1º/4/2014) já afirmou que "equipara-se à gestão de negócios a prestação de alimentos feita por outrem na ausência do alimentante. Assim, a pretensão creditícia ao reembolso exercitada por terceiro é de direito comum, e não de direito de família". Em razão disso, inclusive, é o entendimento do STJ pelo não cabimento da execução de alimentos e de seu rito especialíssimo por quem prestou alimentos no lugar do verdadeiro devedor (REsp 859.970-SP, Terceira Turma, DJ 26/3/2007). Apesar disso, não se pode deixar de destacar que há precedente antigo desta Quarta Turma do STJ que, aparentemente, está em sentido diverso, tendo-se pela ocorrência da sub-rogação: "Solvidas as prestações alimentícias (mensalidades e transporte escolares dos filhos menores) pela mãe (ex-mulher) e não pelo originariamente obrigado (o pai), o reconhecimento da sub-rogação em favor da primeira torna impróprio para a execução o rito do art. 733 do CPC, com o modo de coerção que lhe é inerente, a prisão, em face da inexistência de atualidade dos alimentos" (REsp 110.241-SP, DJ 19/12/2003). No entanto, no caso de um terceiro alheio à obrigação alimentar e que vem a pagar o débito, é o próprio legislador que assevera se tratar de gestão de negócios. Sendo assim, a prescrição a incidir na espécie não é a prevista no § 2º do art. 206 do CC, mas a regra geral prevista no art. 205 do CC, segundo o qual a "prescrição ocorre em dez anos, quando a lei não lhe haja fixado prazo menor". REsp 1.453.838-SP, Rel. Min. Luis Felipe Salomão, julgado em 24/11/2015, DJe 7/12/2015.

13.16 Guarda Compartilhada

De acordo com WALDYR GRISARD FILHO, em entrevista dada ao IBDFAM, "a rigor, na guarda compartilhada inexiste fixação de valor a título de alimentos, dividindo os pais os encargos de criação e educação dos filhos comuns na proporção de seus haveres e recursos. Não se trata, portanto, de uma rasa divisão meio-a-meio. O que ocorre, ou pode ocorrer, é uma flexibilização das responsabilidades por esses encargos, pois, independentemente do modelo de guarda aplicado ao caso concreto, sempre existirá o dever de sustento em nome e por conta do exercício do poder familiar. O pai arca com as despesas de escola, por exemplo, compreendendo matrícula, uniforme, material escolar, transporte e atividades extracurriculares. A mãe, por sua vez, suporta as despesas alimentares e plano de saúde. As despesas extraordinárias, como vestuário, lazer e outras, serão enfrentadas em conjunto por ambos os pais, guardada a proporção antes referida. Com a efetiva participação dos pais nos cuidados aos filhos menores até poderia ocorrer uma redução no valor da verba alimentar antes fixada e imposta a um só dos genitores. Pode haver uma fixação mínima para enfrentamento de despesas eventuais (compra de um caderno, um presente ao amigo), imprevistas, e para aquelas outras com material de saúde e higiene. Essa divisão de responsabilidades, cada genitor assumindo e satisfazendo diretamente certos encargos, minimiza as áreas de atrito e de repetidos conflitos levados ao fórum."[49]

A guarda compartilhada não implica ausência de pagamento de pensão alimentícia (Enunciado 607, da VII Jornada de Direito Civil do CJF).

13.17 Alimentos entre parentes

De acordo com os artigos 1.696 e 1.697, o direito à prestação de alimentos é recíproco entre pais e filhos, e extensivo a todos os ascendentes, recaindo a obrigação nos mais próximos em grau, uns em falta de outros. Na falta dos ascendentes cabe a obrigação aos descendentes, guardada a ordem de sucessão e, faltando estes, aos irmãos, assim germanos como unilaterais. Dessa forma, os irmãos só serão convocados a prestarem alimentos uns aos outros se não existirem parentes consanguíneos em linha reta ou se os que existirem carecerem de recursos.

Como visto alhures, os avós somente poderão ser acionados em relação à obrigação alimentar se os carecem de recursos ou forem falecidos.

A obrigação alimentar em relação aos filhos maiores e capazes é de

49 Disponível em: http://www.ibdfam.org.br/noticias/5103/entrevista%3A+guarda+compartilhada+e+obriga%C3%A7%C3%A3o+alimentar. Acesso em: 22 jan. 2017.

responsabilidade dos pais.[50] [51]O artigo 1.698 diz que "se o parente, que deve

50 DIREITO CIVIL. INEXISTÊNCIA DE OBRIGAÇÃO DOS PAIS DE FORNECER ALIMENTOS À FILHA MAIOR DE 25 ANOS E COM CURSO SUPERIOR COMPLETO, NO CASO DE AUSÊNCIA DE PROVA REFERENTE A PROBLEMAS QUANTO À SUA SAÚDE FÍSICA OU MENTAL. Os pais não têm obrigação de fornecer alimentos à filha maior de 25 anos e com curso superior completo, se inexistirem elementos que indiquem quaisquer problemas quanto à sua saúde física ou mental. Durante a menoridade, ou seja, até os dezoitos anos de idade, não é necessário que o alimentando faça prova efetiva da inexistência de meios próprios de subsistência, o que se presume pela incapacidade civil, estando o dever de alimentos fundamentado no poder familiar. Alcançada a maioridade, essa prova é necessária e, uma vez realizada, o filho continuará com o direito de receber alimentos dos pais, inclusive no que se refere às verbas necessárias à sua educação. Nesse contexto, haverá presunção de dependência do alimentando que, quando da extinção do poder familiar, estiver frequentando regularmente curso superior ou de natureza técnica, mas o dever de prestar alimentos passará a ser fundado na relação de parentesco, e não no poder familiar. Tratando-se, entretanto, de filho maior, capaz e com curso superior completo, não mais se admite a presunção da necessidade, que deverá ser efetivamente demonstrada. Com efeito, nessa situação, há de se considerar que os filhos civilmente capazes e graduados podem e devem gerir suas próprias vidas, inclusive buscando meios de assegurar sua própria subsistência. REsp 1.312.706-AL, Rel. Min. Luis Felipe Salomão, julgado em 21/2/2013.

51 ALIMENTOS. NECESSIDADE. MESTRADO. Trata-se de recurso interposto contra decisão do tribunal *a quo* que reformou a sentença para julgar procedente pedido de alimentos feito por estudante maior de idade – que cursa mestrado em universidade pública – contra seu pai (recorrente). É consabido que o advento da maioridade não extingue, automaticamente, o direito à percepção de alimentos, mas esses deixam de ser devidos em razão do poder familiar, passando a ter fundamento nas relações de parentesco (art. 1.694 do CC), exigindo a prova da necessidade do alimentado. Por essa razão, é presumível (presunção *iuris tantum*) a necessidade de os filhos continuarem a perceber alimentos após a maioridade, quando frequentam curso universitário ou técnico, porque se entende que a obrigação parental de cuidar dos filhos inclui a outorga de adequada formação profissional. Porém, o estímulo à qualificação profissional dos filhos não pode ser imposto aos pais de forma perene, sob pena de subverter o instituto da obrigação alimentar oriunda das relações de parentesco, que objetiva preservar as condições mínimas de sobrevida do alimentado. Em rigor, a formação profissional completa-se com a graduação, que, de regra, permite ao bacharel o exercício da profissão para a qual se graduou, independentemente de posterior especialização, podendo assim, em tese, prover o próprio sustento, circunstância que afasta, por si só, a presunção *iuris tantum* de necessidade do filho estudante. Assim, considerando o princípio da razoabilidade e o momento socioeconômico do país, depreende-se que a missão de criar os filhos se prorroga mesmo após o término do poder familiar, porém finda com a conclusão, pelo alimentado, de curso de graduação. A partir daí persistem as relações de parentesco que ainda possibilitam a busca de alimentos, desde que presente a prova da efetiva necessidade. Com essas e outras considerações, a Turma deu provimento ao recurso para desonerar o recorrente da obrigação de prestar alimentos à sua filha. REsp 1.218.510-SP, Rel. Min. Nancy Andrighi, julgado em 27/9/2011.

EXONERAÇÃO. ALIMENTOS. MAIORIDADE. ÔNUS. PROVA. Trata-se, na origem, de ação de exoneração de alimentos em decorrência da maioridade. No REsp, o recorrente alega, entre outros temas, que a obrigação de pagar pensão alimentícia encerra-se com a maioridade, devendo, a partir daí, haver a demonstração por parte da alimentanda de sua necessidade de continuar a receber alimentos, mormente se não houve demonstração de que ela continuava os estudos. A Turma entendeu que a continuidade do pagamento dos alimentos após a maioridade, ausente a continuidade dos estudos, somente subsistirá

alimentos em primeiro lugar, não estiver em condições de suportar totalmente o encargo, serão chamados a concorrer os de grau imediato; sendo várias as pessoas obrigadas a prestar alimentos, todas devem concorrer na proporção dos respectivos recursos, e, intentada ação contra uma delas, poderão as demais ser chamadas a integrar a lide." Neste sentido, "no caso de a genitora dos autores da ação de alimentos também exercer atividade remuneratória, é juridicamente razoável que seja chamada a compor o polo passivo do processo a fim de ser avaliada sua condição econômico-financeira para assumir, em conjunto com o genitor, a responsabilidade pela manutenção dos filhos maiores e capazes. Segundo a jurisprudência do STJ, "o demandado (...) terá direito de chamar ao processo os co-responsáveis da obrigação alimentar, caso não consiga suportar sozinho o encargo, para que se defina quanto caberá a cada um contribuir de acordo com as suas possibilidades financeiras" (REsp n. 658.139/RS, Quarta Turma, relator Ministro Fernando Gonçalves, DJ de 13/3/2006.) Não obstante se possa inferir do texto do art. 1.698 do CC – norma de natureza especial – que o credor de alimentos detém a faculdade de ajuizar ação apenas contra um dos coobrigados, não há óbice legal a que o demandado exponha, circunstanciadamente, a arguição de não ser o único devedor e, por conseguinte, adote a iniciativa de chamamento de outro potencial devedor para integrar a lide. (REsp 964.866/SP, Rel. Ministro JOÃO OTÁVIO DE NORONHA, QUARTA TURMA, julgado em 01/03/2011, DJe 11/03/2011).

13.18 Alimentos entre cônjuges ou companheiros

Os alimentos somente serão fixados depois da dissolução da entidade familiar, isto porque durante o casamento ou união estável não existe a obrigação alimentar, senão a obrigação de assistência recíproca, independentemente do regime de bens.

O artigo 1.702 determina que "na separação judicial litigiosa, sendo um dos cônjuges inocente e desprovido de recursos, prestar-lhe-á o outro a pensão alimentícia que o juiz fixar, obedecidos os critérios estabelecidos

---

caso haja prova da alimentanda da necessidade de continuar a recebê-los, o que caracterizaria fato impeditivo, modificativo ou extintivo desse direito, a depender da situação. Ressaltou-se que o advento da maioridade não extingue, de forma automática, o direito à percepção de alimentos (Súm. n. 358-STJ), mas esses deixam de ser devidos em face do poder familiar e passam a ter fundamento nas relações de parentesco (art. 1.694 do CC/2002), em que se exige prova da necessidade do alimentando. Dessarte, registrou-se que é da alimentanda o ônus da prova da necessidade de receber alimentos na ação de exoneração em decorrência da maioridade. *In casu*, a alimentanda tinha o dever de provar sua necessidade em continuar a receber alimentos, o que não ocorreu na espécie. Assim, a Turma, entre outras considerações, deu provimento ao recurso. Precedente citado: RHC 28.566-GO, DJe 30/9/2010. REsp 1.198.105-RJ, Rel. Min. Nancy Andrighi, julgado em 1º/9/2011.

no art. 1.694." e o artigo 1.704 dispõe que "se um dos cônjuges separados judicialmente vier a necessitar de alimentos, será o outro obrigado a prestá-los mediante pensão a ser fixada pelo juiz, caso não tenha sido declarado culpado na ação de separação judicial."

Se o cônjuge declarado culpado vier a necessitar de alimentos, e não tiver parentes em condições de prestá-los, nem aptidão para o trabalho, o outro cônjuge será obrigado a assegurá-los, fixando o juiz o valor indispensável à sobrevivência (artigo 1.704, parágrafo único, do CC). É o que se denomina de *alimentos necessários*.

Seria, portanto, necessário a verificação da culpa no âmbito familiar? Está é mais uma questão controvertida no direito familiar. Isto porque com o advento da Emenda Constitucional n.66/2010, em tese, a discussão de culpa para a dissolução do casamento, incluindo a questão dos alimentos, é despicienda. Nessa toada, os artigos 1.702, 1.704, *caput* e 1.694, §2°, todos do Código Civil não produziriam mais seus efeitos jurídicos, em razão da revogação tácita. Assim teríamos três correntes:

a) Uma corrente entende que não se discute mais a culpa em direito de direito de família e os artigos acima mencionados estariam revogados tacitamente; A doutrina majoritária afasta qualquer questionamento sobre culpas ou responsabilidades, quando da fixação do encargo alimentar entre cônjuges, devendo atentar-se somente ao binômio necessidade-possibilidade. Neste sentido, por todos, MARIA BERENICE DIAS alerta que "sempre que se perquire culpa, atenta-se à dignidade da pessoa humana (CF 1° III) e s e afronta o direito à privacidade (CF 5° X), princípios consagrados constitucionalmente. A verba alimentar é indispensável à sobrevivência e os parâmetros para sua fixação só podem estar atrelados à necessidade de quem os pleiteia e à possibilidade de quem os paga (CC 1.694, §1°). Assim, de todo descabido impor um fator redutor como base da culpa (CC 1.694, §2°, 1.702 e 1.704 e seu parágrafo único)."[52]
b) Uma outra solução caminha no sentido de que tais dispositivos continuam produzindo efeitos e, dessa maneira, a culpa seria determinante em sede de *ação específica de alimentos* (neste caso, não caberia a discussão da culpa na ação de divórcio).
c) Por fim, ainda existe a possibilidade da discussão da culpa *na própria ação de divórcio*, se a questão estiver relacionada aos alimentos necessários.

52 DIAS, Op.cit., 2016, p.563.

Em tese, não há como se desconsiderar a culpa de forma absoluta no direito de família, até mesmo em razão das questões que envolvem a responsabilidade civil no âmbito familiar.

13.19 Novo relacionamento familiar do credor de alimentos (alimentando)

Se o alimentando estabelece um novo casamento, união estável, união homoafetiva ou mantém concubinato, o artigo 1.708 diz que deve cessar o dever de prestar os alimentos, isto porque a dependência dos alimentos advém dos vínculos de parentesco.[53]

Neste sentido, a decisão da Ministra Nancy Andrigui: "Em regra, os alimentos devidos a ex-cônjuges são fixados com termo certo ao assegurar tempo hábil para que o alimentando seja inserido, recolocado ou obtenha progressão no mercado de trabalho, com o fim de manter, a moto próprio, o *status* social similar ao que ostentava durante o relacionamento, tudo a depender das circunstâncias de fato de cada hipótese. Todavia, há casos excepcionais que exigem alimentos perenes, tal como os de incapacidade laboral permanente ou de impossibilidade prática da inserção no mercado de trabalho. Mas, em qualquer caso, os alimentos estão sujeitos à cláusula *rebus sic stantibus*, a possibilitar alteração dos valores diante da variação do binômio necessidade/possibilidade. Mesmo assim, é lícito dispensar sopesar essa variação para conceder a desoneração total ou parcial na hipótese de alimentos fixados sem termo certo quando demonstrado o pagamento da pensão por lapso temporal suficiente a que o alimentando revertesse a condição desfavorável que detinha, o que se amolda ao caso: os alimentos remontam a 10 anos e a alimentanda, desde a separação, exerce a profissão liberal de arquiteta. Pesa também o fato de o alimentante ter contraído novo

53 *In casu*, trata-se de saber se a desoneração do ora recorrente quanto ao pagamento de pensão ao ex-cônjuge, ora recorrida, abrange IPTU, água, luz e telefone referentes ao imóvel onde ela vive com novo companheiro e dois filhos do casamento findo. A Turma entendeu que a desoneração do recorrente relativa à obrigação alimentar que tinha com sua ex-esposa compreende, também, o pagamento do IPTU, luz, água e telefone relativos ao imóvel onde ela reside. Registrou-se que entendimento contrário, além de perenizar o pagamento ao menos de fração dos alimentos, imporia ao alimentante a teratológica obrigação de, em pequena parcela, subsidiar a mantença do novo companheiro de sua ex-esposa. Também o sujeitaria ao pagamento dos serviços, mesmo que esses fossem usados de maneira desregrada, ônus que teria enquanto durasse o pagamento dos alimentos aos filhos, não importando a forma de utilização dos serviços nem mesmo quantas pessoas dele usufruiriam, hipóteses que, obviamente, não se coadunam com o objetivo da prestação alimentar. Consignou-se, ademais, que os benefícios reflexos que os filhos têm pelo pagamento dos referidos débitos da ex-esposa são absorvidos pela obrigação materna em relação à sua prole, que continua a existir, embora haja o pagamento de alimentos pelo pai, visto que a obrigação de criar os filhos é conjunta. Diante disso, deu-se provimento ao recurso. REsp 1.087.164-SP, Rel. Min. Nancy Andrighi, julgado em 2/8/2011.

casamento, do qual adveio prole portadora de necessidades especiais, o que, com certeza, representa impacto significativo em sua fortuna (*veritas evidens non probanda*). REsp 1.205.408-RJ, Rel. Min. Nancy Andrighi, julgado em 21/6/2011."

13.20 Novo relacionamento familiar do devedor de alimentos (alimentante)

O novo casamento do cônjuge devedor não extingue a obrigação constante da sentença de divórcio (artigo 1.709, CC). Neste caso, é possível o ingresso de uma ação revisional de alimentos com o intuito de alterar a obrigação alimentar, especialmente, se desta nova entidade familiar provier o nascimento de filhos. Vejamos, abaixo, as decisões do TJRS:

a) AGRAVO DE INSTRUMENTO. REVISÃO DE ALIMENTOS. NASCIMENTO DE NOVO FILHO. Embora seja certo que a constituição de nova família, com filho, não signifique, necessariamente, redução na possibilidade do alimentante, é preciso sempre analisar o caso em sua concretude. Quando se trata de alimentante abonado, o advento de novo filho provavelmente não repercutirá em sua capacidade contributiva. Porém, diversa é a situação quando os alimentos são fixados em valor ínfimo, equivalente a 60% do salário mínimo, demonstrando, com isto, que se trata de alimentante pobre e que já se encontrava em seu limite máximo tolerável de disponibilidade financeira quando foi fixada a pensão. Assim, no caso, a superveniência do nascimento de outros dois filhos após a fixação da pensão significa inequivocamente a redução da capacidade financeira do alimentante, de modo a justificar a redução da verba. DERAM PROVIMENTO EM PARTE. UNÂNIME. (Agravo de Instrumento Nº 70065231102, Oitava Câmara Cível, Tribunal de Justiça do RS, Relator: Luiz Felipe Brasil Santos, Julgado em 06/08/2015).
b) ALIMENTOS. AÇÃO DE REVISÃO. PEDIDO DE REDUÇÃO. NASCIMENTO DE NOVO FILHO. FIXAÇÃO DA PENSÃO EM PERCENTUAL SOBRE OS GANHOS DO ALIMENTANTE. 1. A alteração do binômio possibilidade e necessidade constitui pressuposto da ação de revisão de alimentos, cuja finalidade é a readequação do encargo alimentar. Inteligência do art. 1.699 do CC. 2. O aumento dos encargos de família decorrentes do nascimento de novo filho, quando se trata de pessoa assalariada e com clara limitação econômica, justifica a redução da obrigação alimentar, adequando-a às condições do alimentante. Recursos desprovidos. (Apelação Cível Nº 70065483661, Sétima Câmara Cível, Tribunal de Justiça do

RS, Relator: Sérgio Fernando de Vasconcellos Chaves, Julgado em 29/07/2015).

c) DIREITO CIVIL. VALOR DA PRESTAÇÃO ALIMENTAR EM FACE DE CONSTITUIÇÃO DE NOVA UNIDADE FAMILIAR PELO ALIMENTANTE. A constituição de nova família pelo devedor de alimentos não acarreta, por si só, revisão da quantia estabelecida a título de alimentos em favor dos filhos advindos de anterior unidade familiar formada pelo alimentante, sobretudo se não houver prova da diminuição da capacidade financeira do devedor em decorrência da formação do novo núcleo familiar. Precedentes citados: REsp 703.318-PR, Quarta Turma, DJ 1°/8/2005; e REsp 1.027.930-RJ, Terceira Turma, DJe 16/3/2009. REsp 1.496.948-SP, Rel. Ministro Moura Ribeiro, julgado em 3/3/2015, DJe 12/3/2015.

13.21 Ação de Alimentos

A *ação de alimentos* deve ser proposta no domicílio ou residência do alimentando, consoante a regra estabelecida no artigo 53, inciso II, do Código de Processo Civil. Vale lembrar que o idoso possui privilégio absoluto em face da regra jurídica inserida no artigo 80 do Estatuto do Idoso.[54]

De acordo com o artigo 693, parágrafo único, do CPC, "a ação de alimentos e a que versar sobre interesse de criança ou de adolescente observarão o procedimento previsto em legislação específica, aplicando-se, no que couber, as disposições deste Capítulo." Dessa maneira, aplica-se a *Lei de Alimentos* (Lei 5.478/68). Todavia, os artigos 16 a 18 da Lei de Alimentos estão revogados em razão do artigo 1.072 do CPC.

A legitimidade para propor a *ação de alimentos* é do credor alimentar, ou seja, o titular do direito subjetivo aos alimentos. A gestante poderá ingressar com a ação de alimentos gravídicos ou alimentos a favor do nascituro. Se o credor for incapaz, ele deverá ser representado ou assistido por quem detém a sua guarda. O Ministério Público, também, poderá propor a ação, de acordo com o artigo 201, inciso, III do Estatuto da Criança e Adolescente.[55]

Juntamente com a petição inicial, o autor deverá juntar a prova do parentesco ou da obrigação alimentar. A ação de alimentos é de rito especial,

54 Estatuto do Idoso – Art. 80. As ações previstas neste Capítulo serão propostas no foro do domicílio do idoso, cujo juízo terá competência absoluta para processar a causa, ressalvadas as competências da Justiça Federal e a competência originária dos Tribunais Superiores.

55 ECA – Art. 201. Compete ao Ministério Público: [...] III – promover e acompanhar as ações de alimentos e os procedimentos de suspensão e destituição do poder familiar, nomeação e remoção de tutores, curadores e guardiães, bem como oficiar em todos os demais procedimentos da competência da Justiça da Infância e da Juventude; (Expressão substituída pela Lei nº 12.010, de 2009)

independente de prévia distribuição e de anterior concessão do benefício de gratuidade (artigo 1º, Lei de Alimentos).

O magistrado, ao despachar a inicial de alimentos, deve fixar desde logo alimentos provisórios[56] a serem pagos pelo devedor, salvo se o credor expressamente declarar que deles não necessita. (artigo 4, Lei de Alimentos), bem como o início e o prazo para a contestação. Na *audiência de conciliação e julgamento* deverão estar presentes autor e réu, independentemente de intimação e de comparecimento de seus representantes (artigo 6, Lei de Alimentos).

De acordo com o artigo 7 da Lei de Alimentos, o não comparecimento do autor determina o arquivamento do pedido, e a ausência do réu importa em revelia (artigo 344, CPC), além de confissão quanto à matéria de fato.

O autor e réu devem comparecer à audiência acompanhados de suas testemunhas, 3 (três no máximo, apresentando, nessa ocasião, as demais provas (artigo 8, Lei de Alimentos).

Aberta a audiência, lida a petição ou o termo, e a resposta, se houver,

---

56 DIREITO CIVIL. ABRANGÊNCIA DOS ALIMENTOS PROVISÓRIOS. Em regra, os alimentos provisórios fixados em percentual sobre os rendimentos líquidos do alimentante não abrangem as verbas que não façam parte da sua remuneração habitual. Com efeito, na fixação dos alimentos provisórios, o julgador, diante do pedido formulado pelo alimentando, não se volta, a princípio, para a capacidade do alimentante — na qual a natureza do valor da verba percebida tem real influência —, mas procura encontrar o ideal dos alimentos *ad necessitate*, diante da análise dos elementos de que dispõe e do que vislumbra compor as necessidades do alimentando. Apenas quando ultrapassada essa análise inicial, passa-se a dispor sobre a possibilidade de adequar essa necessidade às condições financeiras do alimentante. Nesse contexto, constatada a existência de suficiente capacidade econômica do alimentante, o juiz fixa os alimentos no valor que originalmente concluiu ser o ideal para o sustento do alimentando. Vale ressaltar que, nesse caso, não há perquirição sobre a possibilidade de o alimentante pagar valor maior se a necessidade do alimentando foi plenamente satisfeita. Deparando-se o julgador, contudo, com situação contrária, na qual o valor percebido pelo alimentante não é suficiente para o pagamento do *quantum* ideal, será este valor glosado até que possa ser aumentado ao ponto de suprir a necessidade do alimentando, circunstância que ensejará um acompanhamento da fortuna do alimentante, pois um aumento em sua capacidade econômica poderá acarretar — quando pedido — equiparável acréscimo no valor dos alimentos. Dessa visão conceitual do processo de fixação dos alimentos provisórios, extrai-se que a fortuna do alimentante não está associada, de forma indiscriminada, ao valor desses alimentos. Assim, as variações positivas na remuneração total do alimentante, de regra, não terão impacto em seu valor, salvo se as necessidades do alimentando, constatadas inicialmente, não tiverem sido supridas integralmente, ou, ainda, quando houver superveniente alteração no elemento necessidade. Supridas as necessidades legalmente preconizadas pelo valor já pago e não sendo os alimentos provisórios, provisionais ou *pro tempore* cota de participação no sucesso do alimentante, razão não há para que o aumento de seus rendimentos, mormente aqueles oriundos de verbas não regulares (abono, participação nos lucros e gratificações), tenha reflexos proporcionais no monte destinado aos alimentos, pois as necessidades do alimentando não aumentam, automaticamente, com a possibilidade de aumento dos ganhos do alimentante. REsp 1.261.247-SP, Rel. Min. Nancy Andrighi, julgado em 16/4/2013.

ou dispensada a leitura, o juiz ouvirá as partes litigantes e o representante do Ministério Público, propondo conciliação. Se houver acordo, lavrar-se-á o respectivo termo, que será assinado pelo juiz, escrivão, partes e representantes do Ministério Público. Não havendo acordo, o juiz tomará o depoimento pessoal das partes e das testemunhas, ouvidos os peritos se houver, podendo julgar o feito sem a mencionada produção de provas, se as partes concordarem (artigo 9 e parágrafos, Lei de Alimentos).

A audiência de julgamento será contínua; mas, se não for possível, por motivo de força maior, concluí-la no mesmo dia, o juiz marcará a sua continuação para o primeiro dia desimpedido, independentemente de novas intimações (artigo 10, Lei de Alimentos).

Terminada a instrução, poderão as partes e o Ministério Público aduzir alegações finais, em prazo não excedente de 10 (dez) minutos para cada um. Em seguida, o juiz renovará a proposta de conciliação e, não sendo aceita, ditará sua sentença, que conterá sucinto relatório do ocorrido na audiência (artigo 11 e parágrafo único, Lei de Alimentos).

Da sentença prolatada pelo magistrado caberá apelação, recebida no efeito devolutivo (artigo 14, Lei de Alimentos e artigo 1.012, II, do CPC).[57] Nesta decisão serão fixados os alimentos que podem ser maior ou menor do que os alimentos provisórios fixados no início da demanda. Não há falar-se em manutenção dos alimentos provisórios até a finalização do recurso extraordinário (de acordo com o artigo 13, §3º, da Lei de Alimentos), eis que os recursos aos tribunais superiores não possuem efeito suspensivo (artigo 1.029, §5º, CPC).[58]

---

57 De acordo com Alexandre Freitas Câmara, "também se recebe sem efeito suspensivo a apelação interposta contra sentença que condena ao pagamento de prestação alimentícia (art. 1.012, § 1.º, II). É razoável supor que, não obstante a clareza do texto da lei (que fala em sentença que *condena a pagar alimentos*), será mantido o – equivocado, com todas as vênias – entendimento segundo o qual a norma atribuída ao dispositivo ora comentado alcança também a apelação contra a sentença que julga demanda de *revisão de alimentos*, seja para majorá-los, seja para reduzi-los (STJ, REsp 401307/SP, Rel. Min. Castro Filho, v.u., j. 20.3.2007). O correto, porém, é interpretar-se de forma estrita a exceção criada por este inciso II do art. 1.012, § 1.º à regra geral, excluindo-se a produção do efeito suspensivo da apelação tão somente no caso de sentença condenatória ao pagamento de alimentos.". In: Passo, CABRAL, Antonio d., CRAMER, (orgs.). *Comentários ao Novo Código de Processo Civil, 2.ed.* Método, 06/2016. VitalBook file.

58 De acordo com Alexandre Freire, "o § 5.º trata da atribuição excepcional de efeito suspensivo. O recorrente deverá requerer a medida excepcional ao respectivo tribunal superior, no período compreendido entre a publicação da decisão de admissão do recurso e sua distribuição, ficando o relator designado para seu exame prevento para julgá-lo. O pedido deverá ser dirigido ao relator, se já distribuído. Na hipótese de recurso sobrestado, a solução será diversa, pois o pleito deverá ser formulado ao presidente ou vice-presidente do tribunal recorrido. A mesma solução se dará no período compreendido entre a interposição e a publicação da decisão de admissão do recurso." In: Passo, CABRAL, Antonio d., CRAMER, (orgs.). *Comentários ao Novo Código de Processo Civil, 2ª edição*. Método, 06/2016. VitalBook file.

13.22 Cumprimento de Sentença que reconheça a exigibilidade de obrigação de prestar alimentos

As regras processuais para o cumprimento de sentença judicial reconhecendo a exigibilidade da obrigação alimentar estão previstas nos artigos 528 a 533 do Código de Processo Civil. É, pois, um procedimento visando dar maior celeridade, uma vez que se trata de alimentos. Este procedimento aplica-se aos alimentos definitivos ou provisórios (artigo 531, CPC).

Vale destacar que a execução dos alimentos provisórios, bem como a dos alimentos fixados em sentença ainda não transitada em julgado, se processa em autos apartados (artigo 531, §1º, CPC).

O cumprimento definitivo da obrigação de prestar alimentos será processado nos mesmos autos em que tenha sido proferida a sentença (artigo 531, §2º, CPC).

De acordo com o artigo 528 e parágrafos do CPC, o magistrado, a requerimento do exequente, deverá intimar o executado pessoalmente para, em 3 (três) dias, pagar o débito, provar que o fez ou justificar a impossibilidade de efetuá-lo. Caso o executado, neste prazo, não efetue o pagamento, não prove que o efetuou ou não apresente justificativa da impossibilidade de efetuá-lo, o juiz mandará protestar o pronunciamento judicial. Somente a comprovação de fato que gere a impossibilidade absoluta de pagar justificará o inadimplemento. Se o executado não pagar ou se a justificativa apresentada não for aceita, o juiz, além de mandar protestar o pronunciamento judicial, decretar-lhe-á a prisão pelo prazo de 1 (um) a 3 (três) meses. A prisão será cumprida em regime fechado, devendo o preso ficar separado dos presos comuns. O cumprimento da pena não exime o executado do pagamento das prestações vencidas e vincendas. Paga a prestação alimentícia, o juiz suspenderá o cumprimento da ordem de prisão. O débito alimentar que autoriza a prisão civil do alimentante é o que compreende até as 3 (três) prestações anteriores ao ajuizamento da execução e as que se vencerem no curso do processo.

O exequente pode optar por promover o cumprimento da sentença ou decisão desde logo, caso em que não será admissível a prisão do executado, e, recaindo a penhora em dinheiro, a concessão de efeito suspensivo à impugnação não obsta a que o exequente levante mensalmente a importância da prestação.

Ademais, o exequente pode promover o cumprimento da sentença ou decisão que condena ao pagamento de prestação alimentícia no juízo de seu domicílio.

13.22.1 Desconto em Folha de Pagamento

É possível o desconto em folha de pagamento do devedor de alimentos, inclusive quanto a débito pretérito, desde que em montante razoável e que não impeça sua própria subsistência. Os alimentos decorrem da solidariedade que deve haver entre os membros da família ou parentes, objetivando garantir a subsistência do alimentando, observadas sua necessidade e a possibilidade do alimentante.

Nesse sentido, "o desconto dos alimentos em folha de pagamento visa dar efetividade à decisão que os fixa em percentual dos rendimentos certos do alimentante inserido no mercado formal de trabalho. AGRAVO PROVIDO. (Agravo de Instrumento Nº 70064068034, Oitava Câmara Cível, Tribunal de Justiça do RS, Relator: Alzir Felippe Schmitz, Julgado em 25/06/2015)."[59]

O desconto em folha de pagamento dos alimentos é providência que pode ser determinada a qualquer momento, para garantir o adimplemento da obrigação alimentar, quando esta não está sendo cumprida. (Agravo de Instrumento Nº 70066601956, Oitava Câmara Cível, Tribunal de Justiça do RS, Relator: Luiz Felipe Brasil Santos, Julgado em 26/11/2015).

Nesse sentido, o artigo 529 do CPC diz que "quando o executado for funcionário público, militar, diretor ou gerente de empresa ou empregado sujeito à legislação do trabalho, o exequente poderá requerer o desconto em folha de pagamento da importância da prestação alimentícia.

Ao proferir a decisão, o juiz oficiará à autoridade, à empresa ou ao empregador, determinando, sob pena de crime de desobediência, o desconto a partir da primeira remuneração posterior do executado, a contar do protocolo do ofício.

O ofício conterá o nome e o número de inscrição no Cadastro de Pessoas Físicas do exequente e do executado, a importância a ser descontada mensalmente, o tempo de sua duração e a conta na qual deve ser feito o depósito.

Sem prejuízo do pagamento dos alimentos vincendos, o débito objeto de execução pode ser descontado dos rendimentos ou rendas do executado, de forma parcelada, nos termos do caput deste artigo, contanto que, somado à parcela devida, não ultrapasse cinquenta por cento de seus ganhos líquidos.

13.22.2 Descumprimento da obrigação

Não cumprida a obrigação, observar-se-á o disposto nos arts. 831 e seguintes do CPC (a penhora deverá recair sobre tantos bens quantos bastem

59 AGRAVO DE INSTRUMENTO. EXECUÇÃO DE ALIMENTOS. DESCONTO EM FOLHA. Enquanto não reduzido o encargo alimentar em ação revisional, ele permanece hígido, autorizando o desconto em folha da integralidade da obrigação. O fato de a remuneração que o agravante recebe pela fonte pagadora em que foi determinado o desconto ser insuficiente para o pagamento de toda a pensão, não justifica a redução do pensionamento na execução. A consequência de tal situação será que a adimplemento da pensão nos meses em que foi procedido o desconto será parcial. NEGARAM PROVIMENTO. UNÂNIME. (Agravo de Instrumento Nº 70066259078, Oitava Câmara Cível, Tribunal de Justiça do RS, Relator: Luiz Felipe Brasil Santos, Julgado em 26/11/2015).

para o pagamento do principal atualizado, dos juros, das custas e dos honorários advocatícios.)

13.22.3 Conduta procrastinatória do executado

Verificada a conduta procrastinatória do executado, o juiz deverá, se for o caso, dar ciência ao Ministério Público dos indícios da prática do crime de abandono material (artigo 532, CPC).

13.22.4 Indenização por Ato ilícito e alimentos

De acordo com o artigo 533 e parágrafos do CPC, quando a indenização por ato ilícito incluir prestação de alimentos, caberá ao executado, a requerimento do exequente, constituir capital cuja renda assegure o pagamento do valor mensal da pensão (artigo 533, CPC). O capital representado por imóveis ou por direitos reais sobre imóveis suscetíveis de alienação, títulos da dívida pública ou aplicações financeiras em banco oficial, será inalienável e impenhorável enquanto durar a obrigação do executado, além de constituir-se em patrimônio de afetação.

O juiz poderá substituir a constituição do capital pela inclusão do exequente em folha de pagamento de pessoa jurídica de notória capacidade econômica ou, a requerimento do executado, por fiança bancária ou garantia real, em valor a ser arbitrado de imediato pelo juiz.

Finda a obrigação de prestar alimentos, o juiz mandará liberar o capital, cessar o desconto em folha ou cancelar as garantias prestadas (artigo 533, §5º, CPC).

13.22.5 Modificações nas condições econômicas

Se sobrevier modificação nas condições econômicas, poderá a parte requerer, conforme as circunstâncias, redução ou aumento da prestação (artigo 533, §3º, CPC).

13.22.6 Fixação em salários mínimos

A prestação alimentícia poderá ser fixada tomando por base o salário-mínimo (artigo 533, §4º, CPC).[60]

60 DIREITO CIVIL. PARTICIPAÇÃO NOS LUCROS E RESULTADOS COMO BASE DE CÁLCULO DE PENSÃO ALIMENTÍCIA. Desde que não haja disposição transacional ou judicial em sentido contrário, as parcelas percebidas a título de participação nos lucros e resultados integram a base de cálculo da pensão alimentícia quando esta é fixada em percentual sobre os rendimentos. A rubrica nominada participação nos lucros e resultados corresponde, segundo entendimento doutrinário, a um "método de remuneração com o qual se assegura ao beneficiário uma parcela, percentualmente fixada, dos lucros obtidos pelo empreendimento econômico". A CF de 1988 definiu a referida parcela em seu art. 7º, XI,

13.23 Execução de Alimentos fundada em título extrajudicial

A execução de alimentos fundada em título extrajudicial está prevista nos artigos 911 a 913 do Código de Processo Civil. O juiz mandará citar o o executado para, em 3 (três) dias, efetuar o pagamento das parcelas anteriores ao início da execução e das que se vencerem no seu curso, provar que o fez ou justificar a impossibilidade de fazê-lo (artigo 911, CPC). Aplica-se, no que couber os §§2° a 7° do artigo 528 do CPC.[61]

Quando o executado for funcionário público, militar, diretor ou gerente

---

como um direito do trabalhador, desvinculando-a do conceito de remuneração. Contudo, verifica-se que essa desvinculação não tem o condão de alterar a essência dessa rubrica a ponto de descaracterizá-la, pois objetiva tão somente, segundo a doutrina, "incentivar a sua utilização pelos empregadores, que não se conformavam em ter que integrar o seu valor ao salário e pagar diferenças reflexas em outras parcelas trabalhistas, além dos encargos sociais". Nessa esteira, parece claro que não houve alteração quanto à essência remuneratória da participação nos lucros, pois essa configura acréscimo patrimonial (REsp 841.664-PR, Segunda Turma, DJe 25/8/2006; REsp 767.121-PR, Primeira Turma, DJe 3/4/2006; e REsp 794.949-PR, Primeira Turma, DJe de 1°/2/2006). Por outro ângulo, o fato de a verba não ser considerada para efeito de incidência de ônus sociais, trabalhistas, previdenciários e fiscais, tampouco ser computada no salário-base do empregado para cálculo de benefícios trabalhistas, em boa verdade, não guarda nenhuma relação com a incidência ou não do percentual relativo aos 157 alimentos. É que, para além da discussão acerca da natureza jurídica da verba para efeitos trabalhistas e fiscais, é importante ter em vista a base legal para a fixação dos alimentos, seus princípios e valores subjacentes, os quais conduzem, invariavelmente, à apreciação do binômio necessidade-possibilidade. Vale dizer, se a supressão ou acréscimo de verbas na remuneração do alimentante tiver aptidão para alterar as possibilidades do devedor, tudo indica que esses valores farão parte da base de cálculo dos alimentos sempre que fixados em percentual sobre os rendimentos, desde que não haja disposição transacional ou judicial em sentido contrário. E, nessa esteira, haverá um acréscimo nas possibilidades alimentares do devedor, hipótese em que, via de regra, deverá o alimentando perceber também algum incremento da pensão, ainda que de forma transitória, haja vista que o pagamento de participação nos lucros fica condicionado à existência de lucratividade. Assim, as parcelas percebidas a título de "participação nos lucros" configuram rendimento, devendo integrar a base de cálculo da pensão fixada em percentual, uma vez que o conceito de rendimentos é amplo, mormente para fins de cálculo de alimentos. REsp 1.332.808- SC, Rel. Min. Luis Felipe Salomão, julgado em 18/12/2014.

61 CPC – artigo 528, § 2º Somente a comprovação de fato que gere a impossibilidade absoluta de pagar justificará o inadimplemento.

§ 3º Se o executado não pagar ou se a justificativa apresentada não for aceita, o juiz, além de mandar protestar o pronunciamento judicial na forma do § 1º, decretar-lhe-á a prisão pelo prazo de 1 (um) a 3 (três) meses.

§ 4º A prisão será cumprida em regime fechado, devendo o preso ficar separado dos presos comuns.

§ 5º O cumprimento da pena não exime o executado do pagamento das prestações vencidas e vincendas.

§ 6º Paga a prestação alimentícia, o juiz suspenderá o cumprimento da ordem de prisão.

§ 7º O débito alimentar que autoriza a prisão civil do alimentante é o que compreende até as 3 (três) prestações anteriores ao ajuizamento da execução e as que se vencerem no curso do processo.

de empresa, bem como empregado sujeito à legislação do trabalho, o exequente poderá requerer o desconto em folha de pagamento de pessoal da importância da prestação alimentícia (artigo 912, CPC).

Ao despachar a inicial, o juiz oficiará à autoridade, à empresa ou ao empregador, determinando, sob pena de crime de desobediência, o desconto a partir da primeira remuneração posterior do executado, a contar do protocolo do ofício (artigo 912, § 1º, CPC).

O ofício conterá os nomes e o número de inscrição no Cadastro de Pessoas Físicas do exequente e do executado, a importância a ser descontada mensalmente, a conta na qual deve ser feito o depósito e, se for o caso, o tempo de sua duração (artigo 912, § 2º, CPC).

Não requerida a execução, deve se observar o disposto no artigo 824 e seguintes do CPC, com a ressalva de que, recaindo a penhora em dinheiro, a concessão de efeito suspensivo aos embargos à execução não obsta a que o exequente levante mensalmente a importância da prestação (artigo 913, CPC).

13.24 Ação Revisional de Alimentos

A ação revisional de alimentos, independentemente de onde tramitou a ação de alimentos, segue o critério da competência do domicílio do alimentando.

"A ação revisional de alimentos tem como objeto a exoneração, redução ou majoração do encargo, diante da modificação da situação financeira de quem presta os alimentos ou os recebe, nos termos do que dispõe o art. 1.699 do CC. A variabilidade ou possibilidade de alteração que caracteriza os alimentos, que está prevista e reconhecida no referido artigo, não diz respeito somente à possibilidade de sua redução, majoração e exoneração na mesma forma em que inicialmente fixados, mas também à alteração da própria forma do pagamento sem modificação de valor, pois é possível seu adimplemento mediante prestação em dinheiro ou o atendimento direto das necessidades do alimentado (*in natura*), conforme dispõe o art. 1.701 do CC. Nesse contexto, a ação de revisão de alimentos, que tem rito ordinário e se baseia justamente na característica de variabilidade da obrigação alimentar, também pode contemplar a pretensão de modificação da forma da prestação alimentar, devendo ser demonstrada a razão pela qual a modalidade anterior não mais atende à finalidade da obrigação, ainda que não haja alteração na condição financeira das partes nem pretensão de modificação do valor da pensão, cabendo ao juiz fixar ou autorizar, se for o caso, um novo modo de prestação." (REsp. 1.505.030-MG, Relator Ministro Raul Araújo, julgado em 06/08/2015).

Quais são os limites dos efeitos da sentença proferida em ação revisional de alimentos? "Os efeitos da sentença proferida em ação de revisão de alimentos

- seja em caso de redução, majoração ou exoneração - retroagem à data da citação (art. 13, § 2º, da Lei 5.478/1968), ressalvada a irrepetibilidade dos valores adimplidos e a impossibilidade de compensação do excesso pago com prestações vincendas. Com efeito, os alimentos pagos presumem-se consumidos, motivo pelo qual não podem ser restituídos, tratando-se de princípio de observância obrigatória e que deve orientar e preceder a análise dos efeitos das sentenças proferidas nas ações de revisão de verbas alimentares. Ademais, convém apontar que o ajuizamento de ação pleiteando exoneração/revisão de alimentos não exime o devedor de continuar a prestá-los até o trânsito em julgado da decisão que modifica o valor da prestação alimentar ou exonerá-lo do encargo alimentar (art. 13, § 3º, da Lei 5.478/1968). Da sentença revisional/exoneratória caberá apelação com efeito suspensivo e, ainda que a referida decisão seja confirmada em segundo grau, não haverá liberação da prestação alimentar se for interposto recurso de natureza extraordinária. Durante todo o período de tramitação da ação revisional/exoneratória, salvo se concedida antecipação de tutela suspendendo o pagamento, o devedor deverá adimplir a obrigação, sob pena de prisão (art. 733 do CPC). Desse modo, pretendeu a lei conferir ao alimentado o benefício da dúvida, dando-lhe a segurança de que, enquanto não assentada, definitivamente, a impossibilidade do cumprimento da obrigação alimentar nos termos anteriormente firmados, as alegadas necessidades do credor não deixarão de ser providas. Nesse passo, transitada em julgado a sentença revisional/exoneratória, se, por qualquer motivo, não tiverem sido pagos os alimentos, a exoneração ou a redução terá efeito retroativo à citação, por força do disposto no art. 13, § 2º, da Lei 5.478/1968, não sendo cabível a execução de verba já afirmada indevida por decisão transitada em julgado. Esse "qualquer motivo" pode ser imputável ao credor, que demorou ajuizar ou dar andamento à ação de execução; ao devedor que, mesmo sujeito à possibilidade de prisão, deixou de pagar; à demora da tramitação da execução, devido ao congestionamento do Poder Judiciário; ou à concessão de liminar ou antecipação de tutela liberando provisoriamente o alimentante. Assinale-se que não foi feita ressalva à determinação expressa do § 2º do art. 13 da citada lei, segundo o qual "em qualquer caso, os alimentos fixados retroagem à data da citação". Isso porque a alteração do binômio possibilidade-necessidade não se dá na data da sentença ou do respectivo trânsito em julgado. Esse alegado desequilíbrio é a causa de pedir da ação revisional e por esse motivo a lei dispõe que o valor fixado na sentença retroagirá à data da citação. A exceção poderá dar-se caso a revisional seja julgada procedente em razão de fato superveniente ao ajuizamento da ação, reconhecido com base no art. 462 do CPC, circunstância que deverá ser levada em consideração para o efeito de definição do termo inicial dos efeitos da sentença. Nessa linha intelectiva, especialmente em atenção ao princípio da irrepetibilidade, em caso de redução da pensão alimentícia, não poderá haver compensação do excesso pago com prestações vincendas. Essa solução afasta o enriquecimento sem causa do credor dos alimentos, porque o entendimento contrário – sentença de redução ou exoneração dos alimentos produzindo efeitos somente após o seu trânsito em julgado – ensejaria a inusitada consequência de submeter o alimentante à execução das parcelas pretéritas não adimplidas (por qualquer razão), mesmo estando ele amparado por decisão judicial transitada em julgado que diminuiu ou até mesmo eliminou o encargo, desfecho que configuraria manifesta negativa de vigência aos arts. 15 da Lei 5.478/1968 e 1.699 do CC/2002 (correspondente ao art. 401 do CC/1916). Por fim, destaca-se que a jurisprudência do STF consolidou-se no sentido de ser possível a fixação de alimentos provisórios em ação de revisão, desde que circunstâncias posteriores demonstrem a alteração do binômio necessidade/possibilidade, hipótese em que o novo valor estabelecido ou a extinção da obrigação devem retroagir à data da citação (RHC 58.090-RS, Primeira Turma, DJ 10.10.1980; e RE 86.064/MG, Primeira Turma, DJ 25.5.1979). Precedentes citados: REsp 172.526-RS, Quarta Turma, DJ 15/3/1999; e REsp 967.168-SP, Terceira Turma, DJe 28/5/2008. EREsp 1.181.119-RJ, Rel. originário Min. Luis Felipe Salomão, Rel. para acórdão Min. Maria Isabel Gallotti, julgado em 27/11/2013."

13.25 Ação de Exoneração de Alimentos

A *ação exoneratória* de alimentos, independentemente de onde tramitou a ação de alimentos, segue o critério da competência do domicílio do alimentando.

O Superior Tribunal tem entendido que não tem lugar a exoneração automática do dever de prestar alimentos em decorrência do advento da maioridade do alimentando, devendo-se propiciar a ele a oportunidade de se manifestar e comprovar, se for o caso, a impossibilidade de prover a própria subsistência. Isso porque, a despeito de extinguir-se o poder familiar com a maioridade, não cessa o dever de prestar alimentos fundados no parentesco. Por exemplo, "No REsp, o recorrente alega, entre outros temas, que a obrigação de pagar pensão alimentícia encerra-se com a maioridade, devendo, a partir daí, haver a demonstração por parte da alimentanda de sua necessidade de continuar a receber alimentos, mormente se não houve demonstração de que ela continuava os estudos. A Turma entendeu que a continuidade do pagamento dos alimentos após a maioridade, ausente a continuidade dos estudos, somente subsistirá caso haja prova da alimentanda da necessidade de continuar a recebê-los, o que caracterizaria fato impeditivo, modificativo ou extintivo desse direito, a depender da situação. Ressaltou-se que o advento da maioridade não extingue, de forma automática, o direito à percepção de alimentos (Súm. n. 358-STJ), mas esses deixam de ser devidos em face do poder familiar e passam a ter fundamento nas relações de parentesco (art. 1.694 do CC/2002), em que se exige prova da necessidade do alimentando. Dessarte, registrou-se que é da alimentanda o ônus da prova da necessidade de receber alimentos na ação de exoneração em decorrência da maioridade. *In casu*, a alimentanda tinha o dever de provar sua necessidade em continuar a receber alimentos, o que não ocorreu na espécie. Assim, a Turma, entre outras considerações, deu provimento ao recurso. Precedente citado: RHC 28.566-GO, DJe 30/9/2010. REsp 1.198.105-RJ, Rel. Min. Nancy Andrighi, julgado em 1°/9/2011."

Ademais, o reconhecimento judicial da exoneração do pagamento de pensão alimentícia *não alcança as parcelas vencidas e não pagas* de dívida alimentar anteriormente reconhecida e cobrada judicialmente.

"O ajuizamento de ação revisional ou de exoneração de alimentos não possibilita ao devedor reduzir ou deixar de pagar o valor dos alimentos. A alteração do encargo depende de autorização judicial, cuja sentença não dispõe de efeitos retroativos. Admitir o contrário incentivaria o inadimplemento. Como os alimentos são irrepetíveis, aquele que pagou o valor devido até a data da decisão que o libere do respectivo pagamento não teria como reaver as diferenças. Nesse caso, somente seria beneficiado quem não tivesse pagado a verba alimentar, ficando inadimplente à espera da sentença, o que violaria o princípio da igualdade e acabaria por incentivar a mora e induzir todos os que são executados a buscar a via judicial, propondo ação de redução ou exclusão do encargo só para ter a execução de alimentos suspensa. Precedentes citados: HC 152.700-SP, Terceira Turma, DJe 26/3/2010, e HC 132.447-SP, Quarta Turma, DJe 22/3/2010. RHC 35.192-RS, Rel. Min. Villas Bôas Cueva, julgado em 12/3/2013."

13.26 Décimo Terceiro Salário

"Desde que não haja disposição transacional ou judicial em sentido contrário, o décimo terceiro salário não compõe a base de cálculo da pensão alimentícia quando esta é estabelecida em valor fixo. Isso porque os alimentos arbitrados em valor fixo devem ser analisados de forma diversa daqueles arbitrados em percentuais sobre "vencimento", "salário", "rendimento", "provento", entre outros ad valorem. No primeiro caso, a dívida consolida-se com a fixação do valor e periodicidade em que deve ser paga, não se levando em consideração nenhuma outra base de cálculo, desde que não haja disposição transacional ou judicial em sentido contrário (REsp 1.091.095-RJ, Quarta Turma, DJe 25/4/2013). REsp 1.332.808-SC, Rel. Min. Luis Felipe Salomão, julgado em 18/12/2014."

Ademais, "no caso em que os alimentos tenham sido arbitrados pelo juiz em valor fixo correspondente a determinado número de salários mínimos a serem pagos em periodicidade mensal, o alimentando não tem direito a receber, com base naquele título judicial, quaisquer acréscimos decorrentes de verbas trabalhistas percebidas pelo alimentante e ali não previstos. De fato, na hipótese de alimentos arbitrados em valor fixo, salvo disposição em contrário na decisão que os fixa, os rendimentos do devedor são levados em consideração para aferir suas possibilidades ou, quando muito, é mero veículo de desconto do valor devido. Assim, eventuais flutuações dos rendimentos do alimentante, para cima ou para baixo, ou mesmo sua supressão — ao menos até que os valores sejam revistos em ação própria —, não são aptas a alterar o *quantum* devido, razão pela qual o recebimento de parcelas trabalhistas a título de 13º, férias e outras verbas da mesma natureza não tem o condão de influenciar a dívida consolidada, sob pena de alterar o binômio inicial (necessidade/possibilidade) considerado para a determinação do montante fixo. Basta mencionar, por exemplo, que, em situações nas quais a remuneração do alimentante é eventual ou em periodicidade diversa da mensal, os alimentos fixados em valor determinado a ser pago mensalmente não acompanham os valores recebidos pelo devedor. A dívida existe, é certa e deve ser paga na data fixada independentemente dessa circunstância. Nesse caso, fazer que o devedor pague o valor arbitrado sempre que receber remuneração — como pagaria até mesmo no caso de não recebimento — consubstancia evidente vulneração do título judicial. Enfim, se o magistrado sentenciante arbitrou os alimentos em valor fixo à luz das circunstâncias do caso concreto, há de se presumir que esse foi o método por ele considerado como o mais adequado à satisfação do binômio necessidade/possibilidade. Assim, o débito alimentar arbitrado em valor fixo — por sentença transitada em julgado — deve ser pago pelo montante e na exata periodicidade constante no título judicial, revelando-se ofensa à coisa julgada a determinação para que o valor arbitrado seja pago a propósito do recebimento de outras verbas pelo devedor. REsp 1.091.095-RJ, Rel. Min. Luis Felipe Salomão, julgado em 16/4/2013."

13.27 Fundo de Garantia por Tempo de Serviço – FGTS

Em relação ao FGTS, o Conselho da Justiça Federal, na VI Jornada de Direito Civil, editou o enunciado 572 que diz: "Mediante ordem judicial, é admissível, para a satisfação do crédito alimentar atual, o levantamento do saldo de conta vinculada ao FGTS." (Artigos: 1.695 e 1.701, parágrafo único, do Código Civil). Vejamos a justificativa do enunciado: "O direito aos alimentos é um dos mais importantes de nosso sistema, pois serve para garantir existência digna, englobando a alimentação, o vestuário, o lazer, a educação, etc. Como se sabe, atualmente, a única hipótese de prisão civil decorre da dívida de natureza alimentar (art. 5ª, LXVII, CF).

Contudo, embora admitida a coerção pessoal, muitas vezes os alimentandos encontram dificuldades em receber o que lhes é de direito. Em algumas oportunidades, o próprio devedor resiste de boa-fé, por não possuir os recursos suficientes para adimplir a pensão.

Em tal contexto, uma alternativa viável seria a retirada dos valores depositados na conta vinculada ao FGTS para a satisfação do crédito. Muitos princípios poderiam ser invocados em prol dessa solução. Inicialmente, ambas as partes terão a sua dignidade reconhecida, pois o credor receberá a pensão, enquanto o devedor se livrará do risco de prisão civil. A menor onerosidade da medida é nítida. A jurisprudência do STJ orienta-se pela admissão da orientação do enunciado: AgRg no RMS n. 34.708/SP, AgRg no RMS n. 35.010/SP e AgRg no RMS n. 34.440/SP. Há, igualmente, precedentes de tribunais estaduais sobre o tema: TJ/RS, AI n. 70046109757, 7. C. C., relator Jorge Dall'Agnol, DJe de 1º/12/2011. Dessa forma, a aprovação de um enunciado no sentido proposto poderá colaborar para que os operadores de todo o Brasil tomem ciência dessa orientação, o que redundará, em última análise, na mais adequada proteção das pessoas."

Nesse sentido, "diante da natureza indenizatória do FGTS, a jurisprudência vem admitindo seu bloqueio para fins de pretensão alimentar fixada com base no salário, porém apenas em casos em que haja acordo expresso ou diante de circunstâncias concretas, tal como a despedida do alimentante, e não por simples ilações e conjecturas, como no caso: por intermédio de amigos comuns, a requerente foi informada que seu ex-cônjuge iria pedir demissão do atual emprego. Precedentes citados: REsp 99.795-SP, DJ 30/6/1997; REsp 214.941-CE, DJ 18/2/2002, e REsp 334.090-SP, DJ 2/9/2002. REsp 337.660-RJ, Rel. Min. Fernando Gonçalves, julgado em 6/11/2003."

Outrossim, "a CEF, na qualidade de agente operador do FGTS, reveste-se de legitimidade como terceiro prejudicado para impetrar mandado de segurança contra decisão que determina o levantamento de valores mantidos em conta vinculada do fundo para saldar dívida de alimentos. Isso porque ela é a responsável por centralizar os recursos do FGTS, manter e controlar as contas vinculadas, liberando os valores, de acordo com a lei. Porém, não fere direito líquido e certo a penhora de quantias ligadas ao FGTS para pagamento de débito alimentar em execução de alimentos, visto que o art. 20 da Lei n. 8.036/1990, que elenca as hipóteses autorizadoras do saque, não é um rol taxativo, pois se deve ter em vista o fim social da norma e as exigências do bem comum que permitem, em casos excepcionais, o levantamento de valores oriundos do aludido fundo. Precedentes citados: REsp 1.083.061-RS, DJe 7/4/2010; RMS 26.540-SP, DJe 5/9/2008; REsp 719.735-CE, DJ de 2/8/2007, e REsp 698.894-AL, DJ 18/9/2006. RMS 35.826-SP, Rel. Min. Nancy Andrighi, julgado em 10/4/2012."

13.28 Devedor de alimentos e cadastro de restrição ao crédito (SPC e SERASA)

O devedor de alimentos pode ter seu nome inscrito em cadastro de restrição ao crédito. Esse foi o entendimento firmado pela 4ª Turma do Superior Tribunal de Justiça, conforme abaixo. Ademais, o artigo 782, §3° diz que "não dispondo a lei de modo diverso, o juiz determinará os atos executivos, e o oficial de justiça os cumprirá. [...] § 3º A requerimento da parte, o juiz pode determinar a inclusão do nome do executado em cadastros de inadimplentes."

Vejamos, abaixo, a decisão do Ministro LUIS FELIPE SALOMÃO:

"RECURSO ESPECIAL. DIREITO DE FAMÍLIA E PROCESSUAL CIVIL. ALIMENTOS. EXECUÇÃO. PROTESTO E INCLUSÃO DO NOME DO DEVEDOR NOS CADASTROS DE RESTRIÇÃO AO CRÉDITO (SPC E SERASA). POSSIBILIDADE. FORMA DE COERÇÃO INDIRETA DO EXECUTADO. MÁXIMA EFETIVIDADE AOS DIREITOS FUNDAMENTAIS DA CRIANÇA E ADOLESCENTE. MÍNIMO EXISTENCIAL PARA SOBREVIVÊNCIA.

1. A proteção integral está intimamente ligada ao princípio do melhor interesse da criança e adolescente, pelo qual, no caso concreto, devem os aplicadores do direito buscar a solução que proporcione o maior benefício possível para o menor. Trata-se de princípio constitucional estabelecido pelo art. 227 da CF, com previsão nos arts. 4° e 100, parágrafo único, II, da Lei n.8.069/1990, no qual se determina a hermenêutica que deve guiar a interpretação do exegeta.

2. O norte nessa seara deve buscar a máxima efetividade aos direitos fundamentais da criança e do adolescente, especificamente criando condições que possibilitem, de maneira concreta, a obtenção dos alimentos para sobrevivência.

3. O art. 461 do CPC traz cláusula geral que autoriza o juiz, a depender das circunstâncias do caso em concreto, adaptar a técnica processual ao perfil do direito material, com vistas à formação de uma solução justa e adequada do conflito, possibilitando que, por meio de alguma medida executiva, se alcance a realização da justiça (CF, art. 5°, XXXXV).

4. O direito de família é campo fértil para a aplicação dessa tutela específica, notadamente pela natureza das relações jurídicas de que cuida – relações existenciais de pessoas -, as quais reclamam mecanismos de tutela diferenciada. Realmente, a depender do caso concreto, pode o magistrado determinar forma alternativa de coerção para o pagamento dos alimentos, notadamente para assegurar ao menor, que sabidamente se encontra em situação precária e de vulnerabilidade, a máxima efetividade do interesse prevalente – o mínimo existencial para sua sobrevivência -, com a preservação da dignidade humana por meio da garantia de seus alimentos.

5. É plenamente possível que o magistrado, no âmbito da execução de alimentos, venha a adotar, em razão da urgência de que se reveste o referido crédito e sua relevância social, as medidas executivas do protesto e da inscrição do nome do devedor de alimentos nos cadastros de restrição ao crédito, caso se revelem como meio eficaz para a sua obtenção, garantindo à parte o acesso à tutela jurisdicional efetiva.

6. Isso porque: i) o segredo de justiça não se sobrepõe, numa ponderação de valores, ao direito à sobrevivência e dignidade do menor; ii) o rito da execução de alimentos prevê medida mais gravosa, que é a prisão do devedor, não havendo justificativa para impedir meio menos oneroso de coerção; iii) a medida, até o momento, só é admitida mediante ordem judicial; e iv) não deve haver divulgação de dados do processo ou do alimentando envolvido, devendo o registro se dar de forma sucinta, com a publicação ao comércio e afins apenas que o genitor é devedor numa execução em curso.

7. Ademais, o STJ já sedimentou o entendimento de ser "possível o protesto da sentença condenatória, transitada em julgado, que represente obrigação pecuniária líquida, certa e exigível" (REsp 750.805/RS, Rel. Ministro Humberto Gomes de Barros, Terceira Turma, DJe 16/06/2009).

8. Trata-se de posicionamento já consagrado em legislações de direito comparado, sendo inclusive previsão do novo Código de Processo Civil, que estabeleceu expressamente a possibilidade do protesto e da negativação nos cadastros dos devedores de alimentos (arts. 528 e 782).

9. Na hipótese, o recorrido, executado na ação de alimentos, devidamente citado, não pagou o débito, sendo que, determinando-se diligências, não foram encontrados bens passíveis de penhora em seu nome. Portanto, considerando-se que os alimentos devidos exigem urgentes e imediatas soluções – a fome não espera -, mostram-se juridicamente possíveis os pedidos da recorrente, ora exequente, de protesto e de inclusão do nome do devedor de alimentos nos cadastros de proteção ao crédito (SPC e Serasa), como medida executiva a ser adotada pelo magistrado para garantir a efetivação dos direitos fundamentais da criança e do adolescente.

10. Recurso especial provido. (REsp 1533206/MG, Rel. Ministro LUIS FELIPE SALOMÃO, QUARTA TURMA, julgado em 17/11/2015, DJe 01/02/2016)."

13.29 Quadro Sinóptico

Considerando a diversidade de nomenclaturas utilizadas na diferenciação dos *alimentos*, o quadro, abaixo, apresenta as suas principais denominações.

Alimentos	
Tipo	**Descrição**
civis ou côngruos	visam à manutenção da condição social e status da família.
naturais, indispensáveis ou necessários	são aqueles que correspondem ao indispensável à satisfação das necessidades básicas de uma pessoa, para sobrevivência, isto é, são os alimentos fixados meramente para a subsistência da pessoa, por exemplo, conforme o artigo 1.694, §2º do Código Civil que diz: "§ 2º Os alimentos serão apenas os indispensáveis à subsistência, quando a situação de necessidade resultar de culpa de quem os pleiteia." Neste caso, estes alimentos se confundem com a alimentação e podem ser fixados em cestas básicas. Eles decorrem de culpa de quem os pleiteia e são resquícios da discussão da culpa no direito de família. Dessa maneira, o culpado não perde o direito a alimentos. O que se altera é a própria natureza dos alimentos, ou seja, o culpado deixa de ter direito aos *alimentos civis* e passa a ter direitos aos *alimentos necessários*, visando a sua mera subsistência (é o caso, por exemplo, do filho que tenteou matar os pais e, posteriormente, pede alimentos).
legítimos ou legais	provenientes da relação familiar de parentesco, matrimônio ou união estável
voluntários	se estabelecem mediante declaração unilateral de vontade ou por convenção (ato *inter vivos*) e até mesmo por ato *causa mortis*, como no *legado de alimentos* (sempre fixados por testamento, podem ser temporários ou vitalícios e não superam as forças da herança
indenizatórios, ressarcitórios ou reparatórios	Baseados nos artigos 948, II e 950 do Código Civil.
provisórios	Fixados imediatamente na ação de alimentos que segue o rito da Lei 5.478/68. Deferidos em caráter precário pelo magistrado em ação de alimentos.
provisionais	Fixados em outras ações que não seguem o rito especial da ação de alimentos. Artigo 1.706, CC: os alimentos provisionais serão fixados pelo juiz, nos termos da lei processual. Artigos 305 a 310 do CPC.
definitivos ou regulares	fixados, de forma definitiva, através de acordo de vontades ou sentença judicial transitada em julgado.
transitórios ou resolúveis	fixados por determinado período e tempo a favor do ex-cônjuge ou ex-companheiro.
pretéritos	aqueles que ficaram no passado e que não podem mais ser cobrados.
presentes (atuais)	estão sendo exigidos neste momento, através de acordo entre as partes ou ação judicial específica.
futuros	pendentes, ou seja, aqueles alimentos computáveis a partir da sentença.

Alimentos	
Tipo	**Descrição**
próprio / in natura	prestados através do fornecimento de alimentação, sustento e hospedagem.
impróprio	fornecidos através de pensão (espécie, pode ser fixado tomando por base o salário-mínimo)
gravídicos	aqueles devidos ao nascituro.
idoso	devido aos idosos, artigo 12 do Estatuto do Idoso (Lei 10.741/03).
compensatórios	é um instituto que inexistente no ordenamento jurídico civilístico. Ele está ancorado nos princípios da solidariedade, dignidade da pessoa humana, igualdade e responsabilidade. Não significa uma pensão alimentícia ordinária, mas sim uma pensão que tem por finalidade o equilíbrio econômico-financeiro do ex-cônjuge ou ex-companheiro, após a realização do divórcio ou a dissolução de união estável e a partilha.
intuitu familiae ou globais	arbitrados, ou acordados de forma global, para todo o grupo familiar, sem pormenorizar e separar as quotas de cada integrante da célula familiar.
Avoengo	a obrigação conjunta dos avós paternos e maternos pela prestação alimentícia aos netos.

Capítulo 14

PODER FAMILIAR

Autoridade parental é o veículo instrumentalizador de direitos fundamentais dos filhos, de modo a conduzi-los à autonomia responsável. (Desembargador Sebastião César Evangelista)[1]

14.1 Considerações Iniciais

O *poder familiar* é o instituto jurídico que concede aos pais não só a função de criar, prover e educar seus filhos, bem como a administração de seus bens, se houver. No Código Civil de 1916 tratava-se de *pátrio poder*. A figura do pai e do marido era considerada com autoridade no lar. A passagem do século XIX para o século XX foi marcada pelo recrudescimento do movimento feminista. Em linhas gerais, as mulheres com maior grau de instrução optaram em ser "mulher de sucesso", casando com idades mais avançadas, com maior expectativa de vida, com diminuição da taxa de natalidade e assumindo, pois, o comando da família. Daí, é possível afirmar que a mulher assumiu um novo papel na família na contemporaneidade, ou seja, deixou de ser mera coadjuvante para assumir com vigor um lugar diferente na família e na sociedade, com novas possibilidades, escolhas e responsabilidades. Assume, pois, um papel de destaque no seio familiar. Ora, "homens e mulheres são iguais em direitos e obrigações". Ademais, o artigo 226 constitucional, ressalta a igualdade entre homem e mulher, uma vez que "os direitos e deveres referentes à sociedade conjugal são exercidos pelo homem e pela mulher".

É o exercício da autoridade dos pais sobre os filhos, até a maioridade ou emancipação destes, na perspectiva do melhor interesse dos filhos. De acordo com PAULO LÔBO, a expressão *poder familiar* deve ser recebida na dimensão de *autoridade parental*. Vejamos: "Com efeito, parece-nos que o conceito de autoridade, nas relações privadas, traduz melhor o exercício de função ou de múnus, em espaço delimitado, fundado na legitimidade e no interesse do outro, além de expressar uma simples superioridade hierárquica, análoga à

---

1 EVANGELISTA, Sebastião César. In: *TJSC retira poder familiar de casal por despreparo absoluto na educação dos filhos* <http://ibdfam.org.br/noticias/5736/TJSC+retira+poder+familiar+de+casal+por+despreparo+absoluto+na+educa%C3%A7%C3%A3o+dos+filhos.> Acesso em: 24 jan. 2017.

que se exerce em toda a organização, pública ou privada. "Parental" destaca melhor a relação de parentesco por excelência que há entre pais e filhos, o grupo familiar, de onde deve ser haurida a legitimidade que fundamenta a autoridade, além de fazer justiça à mãe."[2]

Vale lembrar que um dos deveres dos pais, no seio do poder familiar é a administração dos bens dos filhos. Melhor dizendo: os pais dispõem de *usufruto legal* dos bens dos filhos.

O poder familiar é *personalíssimo*, *irrenunciável* e *indelegável*. "O pátrio poder, por ser "um conjunto de obrigações, a cargo dos pais, no tocante à pessoas e bens dos filhos menores" é irrenunciável e indelegável. Em outras palavras, por se tratar de ônus, não pode ser objeto de renúncia. [...] Na linha de precedente desta Corte, "a legislação que dispõe sobre a proteção à criança e ao adolescente proclama enfaticamente a especial atenção que se deve dar aos seus direitos e interesses e à hermenêutica valorativa e teleológica na sua exegese" (REsp 158.920/SP, Rel. MIN. SALVIO DE FIGUEIREDO TEIXEIRA, QUARTA TURMA, julgado em 23/03/1999, DJ 24/05/1999, p. 172).

Os filhos estão sujeitos ao poder familiar, enquanto menores (artigo 1.630).

Como dito acima, durante o casamento e a união estável, compete o poder familiar aos pais; na falta ou impedimento de um deles, o outro o exercerá com exclusividade (artigo 1.631).

Divergindo os pais quanto ao exercício do poder familiar, é assegurado a qualquer deles recorrer ao juiz para solução do desacordo (artigo 1.631, parágrafo único)

No mesmo sentido, o artigo 21 do ECA determina que "o poder familiar será exercido, em igualdade de condições, pelo pai e pela mãe, na forma do que dispuser a legislação civil, assegurado a qualquer deles o direito de, em caso de discordância, recorrer à autoridade judiciária competente para a solução da divergência."

Em nada altera as relações entre pais e filhos se os genitores constituírem novas famílias (artigo 1.632, CC), salvo quanto a guarda dos filhos. Os deveres de proteção aos filhos continuam inalterados. Vale lembrar que o artigo 1.579 dispõe que o divórcio não modificará os direitos e deveres dos pais em relação aos filhos. E o artigo 1.589 prescreve que "o pai ou a mãe, em cuja guarda não estejam os filhos, poderá visitá-los e tê-los em sua companhia, segundo o que acordar com o outro cônjuge, ou for fixado pelo juiz, bem como fiscalizar sua manutenção e educação."

Na guarda compartilhada (artigo 1.583), o filho mantém a relação familiar com o ex-casal, da mesma forma como era realizada na convivência conjugal. Os direitos e deveres são recíprocos entre os responsáveis, bem como

2 LÔBO, Paulo. Direito Civil: Famílias. São Paulo: Saraiva, 2008, p. 269.

a mantença dos laços afetivos e amorosos com a criança. As escolhas em relação a vida dos filhos são realizadas de forma conjunta entre os responsáveis, especialmente, quanto à educação, lazer, saúde, alimentação, etc. Nesta espécie de guarda o filho é beneficiado, eis que receberá com a comunhão de esforços e responsabilidades entre os pais, a partir de escolhas conjuntas, estimulando, pois, o diálogo em benefício do filho, ainda que não ocorra uma relação harmônica entre o antigo casal.

Ademais, o artigo 1.636 preceitua que "o pai ou a mãe que contrai novas núpcias, ou estabelece união estável, não perde, quanto aos filhos do relacionamento anterior, os direitos ao poder familiar, exercendo-os sem qualquer interferência do novo cônjuge ou companheiro. A mesma situação se aplica ao pai ou à mãe solteiros que casarem ou estabelecerem união estável.

De acordo com o artigo 1.633, o filho, não reconhecido pelo pai, fica sob poder familiar exclusivo da mãe; se a mãe não for conhecida ou capaz de exercê-lo, dar-se-á tutor ao menor. Os filhos menores são postos em tutela: I – com o falecimento dos pais, ou sendo estes julgados ausentes; II – em caso de os pais decaírem do poder familiar (artigo 1.728).

Aos pais incumbe o dever de sustento, guarda e educação dos filhos menores, cabendo-lhes ainda, no interesse destes, a obrigação de cumprir e fazer cumprir as determinações judiciais (artigo 22, do ECA).

A mãe e o pai, ou os responsáveis, têm *direitos iguais e deveres e responsabilidades compartilhados* no cuidado e na educação da criança, devendo ser resguardado o direito de transmissão familiar de suas crenças e culturas (artigo 22, parágrafo único, do ECA).

14.2 Exercício e Conteúdo do Poder Familiar

A Convenção das Nações Unidas sobre os Direitos da Criança, aprovada pela Assembleia Geral da ONU em 20 de novembro 1989, apresenta pela primeira vez a doutrina da Proteção Integral à infância, de acordo com o teor do artigo 19: "Direito da Criança: Toda criança tem direito ás medidas de proteção que a sua condição de menor requer por parte da sua família, da sociedade e do Estado." O artigo 227, caput, da Constituição da República afirma que "é dever da família, da sociedade e do Estado assegurar à criança, ao adolescente e ao jovem, com absoluta prioridade, o direito à vida, à saúde, à alimentação, à educação, ao lazer, à profissionalização, à cultura, à dignidade, ao respeito, à liberdade e à convivência familiar e comunitária, além de colocá-los a salvo de toda forma de negligência, discriminação, exploração, violência, crueldade e opressão."

O artigo 19 do ECA afirma que é direito da criança e do adolescente ser criado e educado no seio de sua família e, excepcionalmente, em família substituta, assegurada a convivência familiar e comunitária, em ambiente que garanta seu desenvolvimento integral.

Ademais, cabem aos pais ou os responsáveis os deveres e responsabilidades compartilhados no cuidado e na educação de sua prole. O artigo 1.634 do Código Civil apresenta o conteúdo básico do poder familiar, qualquer que seja a sua situação conjugal dos pais, o pleno exercício do poder familiar, que consiste em, quanto aos filhos:

I – *dirigir-lhes a criação e a educação*; é uma atribuição fundamental da autoridade parental. O artigo 55 do ECA afirma que os pais ou responsável têm a obrigação de matricular seus filhos ou pupilos na rede regular de ensino. Ora, não basta a simples matrícula do aluno na escola, é preciso garantir a concretude da educação, seja intelectual, moral, afetiva e social. A *Lei de Diretrizes e Bases da Educação Nacional* (Lei 9.394/96) é o texto legal acerca da escolarização, estabelecendo, pois, como funciona o sistema escolar, responsável pela educação formal no Brasil. O artigo 1° da LDB diz que "a educação abrange os processos formativos que se desenvolvem na vida familiar, na convivência humana, no trabalho, nas instituições de ensino e pesquisa, nos movimentos sociais e organizações da sociedade civil e nas manifestações culturais." A educação, dever da família e do Estado, inspirada nos princípios de liberdade e nos ideais de solidariedade humana, tem por finalidade o pleno desenvolvimento do educando, seu preparo para o exercício da cidadania e sua qualificação para o trabalho (artigo 2° LDB).[3]

II – *exercer a guarda unilateral ou compartilhada nos termos do art. 1.584*; Dessa forma, a guarda encontra-se implicitamente prevista na Constituição da República (artigos 227 e 229), estabelecendo, pois, as responsabilidades dos pais para com os filhos e assegurando o direito a toda criança a ter um guardião para protegê-la, prestando-lhe toda assistência na ausência dos genitores. A guarda tem como parâmetro primário o melhor interesse da criança, ou seja, deve ser deferida àquele que tiver melhores condições de prover-lhe o sustento material e formação psicológica, promovendo educação e proporcionando desenvolvimento sadio e digno. (Agravo em Recurso Especial n. 662.993-DF, Ministro Marco Aurélio Bellizze).

---

3 "Há de chegar o dia em que o progresso das nações será avaliado, não por seu poder militar e econômico, nem pelo esplendor de suas principais cidades ou de seus edifícios públicos, mas sim pelo bem estar de sua população: por seus níveis de saúde nutrição e educação; pela possibilidade de receber uma remuneração justa por seu trabalho; por sua capacidade de participação nas decisões que afetam a vida das pessoas em geral; pelo respeito por suas liberdades civil e política; pelos recursos oferecidos aos vulneráveis e necessitados e pela proteção ao desenvolvimento físico e mental de suas crianças." UNICEF-FUNDO DAS NAÇÕES UNIDAS. Indicadores sobre crianças e adolescentes 1990-1999. Brasília/Rio de Janeiro: UNICEF/IBGE, 2001

III – *conceder-lhes ou negar-lhes consentimento para casarem*; como visto alhures, a idade núbil é de dezesseis anos, porém os menores de dezoito anos precisam de autorização de seus representantes legais (pais, tutores, curadores) para se casarem ou terão que conseguir o suprimento judicial. O artigo 1.520 do Código Civil dispõe que "excepcionalmente, será permitido o casamento de quem ainda não alcançou a idade núbil (art. 1.517), para evitar imposição ou cumprimento de pena criminal ou em caso de gravidez."[4]

IV – *conceder-lhes ou negar-lhes consentimento para viajarem ao exterior*; O Conselho Nacional de Justiça (CNJ), por meio da Resolução n.131/2011,[5]

---

4 Código Penal – Artigo 217-A Ter conjunção carnal ou praticar outro ato libidinoso com menor de 14 (catorze) anos: (Incluído pela Lei nº 12.015, de 2009)
Pena – reclusão, de 8 (oito) a 15 (quinze) anos. (Incluído pela Lei nº 12.015, de 2009)
§ 1o Incorre na mesma pena quem pratica as ações descritas no caput com alguém que, por enfermidade ou deficiência mental, não tem o necessário discernimento para a prática do ato, ou que, por qualquer outra causa, não pode oferecer resistência. (Incluído pela Lei nº 12.015, de 2009)
§ 2o (VETADO) (Incluído pela Lei nº 12.015, de 2009)
§ 3o Se da conduta resulta lesão corporal de natureza grave: (Incluído pela Lei nº 12.015, de 2009)
Pena – reclusão, de 10 (dez) a 20 (vinte) anos. (Incluído pela Lei nº 12.015, de 2009)
§ 4o Se da conduta resulta morte: (Incluído pela Lei nº 12.015, de 2009)
Pena – reclusão, de 12 (doze) a 30 (trinta) anos.(Incluído pela Lei nº 12.015, de 2009)

5 CNJ – Resolução n.131/2011 – Das Autorizações de Viagem Internacional para Crianças ou Adolescentes Brasileiros Residentes no Brasil – Art. 1º É dispensável autorização judicial para que crianças ou adolescentes brasileiros residentes no Brasil viajem ao exterior, nas seguintes situações:
I) em companhia de ambos os genitores;
II) em companhia de um dos genitores, desde que haja autorização do outro, com firma reconhecida;
III) desacompanhado ou em companhia de terceiros maiores e capazes, designados pelos genitores, desde que haja autorização de ambos os pais, com firma reconhecida.
Das Autorizações de Viagem Internacional para Crianças ou Adolescentes Brasileiros Residentes no Exterior – Art. 2º É dispensável autorização judicial para que crianças ou adolescentes brasileiros residentes fora do Brasil, detentores ou não de outra nacionalidade, viajem de volta ao país de residência, nas seguintes situações:
I) em companhia de um dos genitores, independentemente de qualquer autorização escrita;
II) desacompanhado ou acompanhado de terceiro maior e capaz designado pelos genitores, desde que haja autorização escrita dos pais, com firma reconhecida.
§ 1º A comprovação da residência da criança ou adolescente no exterior far-se-á mediante Atestado de Residência emitido por repartição consular brasileira há menos de dois anos.
§ 2º Na ausência de comprovação da residência no exterior, aplica-se o disposto no art. 1º.
Das Disposições Gerais
Art. 3º Sem prévia e expressa autorização judicial, nenhuma criança ou adolescente brasileiro poderá sair do país em companhia de estrangeiro residente ou domiciliado no exterior.
Parágrafo único. Não se aplica o disposto no caput deste artigo, aplicando-se o disposto no art. 1º ou 2º:
I) se o estrangeiro for genitor da criança ou adolescente;
II) se a criança ou adolescente, nascido no Brasil, não tiver nacionalidade brasileira.
Art. 4º A autorização dos pais poderá também ocorrer por escritura pública.

alterou os procedimentos para a autorização de viagens de crianças e adolescentes ao exterior. Pela nova regra, o reconhecimento de firma nas autorizações de pais ou responsáveis não precisa ser feito na presença de tabelião, passa a se dar com o reconhecimento de firma já registrada em cartório. O texto também dispensa a inclusão de fotografia da criança no documento que autoriza a viagem.

V – *conceder-lhes ou negar-lhes consentimento para mudarem sua residência permanente para outro Município*;

Art. 5º O falecimento de um ou ambos os genitores deve ser comprovado pelo interessado mediante a apresentação de certidão de óbito do(s) genitor(es).
Art. 6º Não é exigível a autorização de genitores suspensos ou destituídos do poder familiar, devendo o interessado comprovar a circunstância por meio de certidão de nascimento da criança ou adolescente, devidamente averbada.
Art. 7º O guardião por prazo indeterminado (anteriormente nominado guardião definitivo) ou o tutor, ambos judicialmente nomeados em termo de compromisso, que não sejam os genitores, poderão autorizar a viagem da criança ou adolescente sob seus cuidados, para todos os fins desta resolução, como se pais fossem.
Art. 8º As autorizações exaradas pelos pais ou responsáveis deverão ser apresentadas em duas vias originais, uma das quais permanecerá retida pela Polícia Federal.
§ 1º O reconhecimento de firma poderá ser por autenticidade ou semelhança.
§ 2º Ainda que não haja reconhecimento de firma, serão válidas as autorizações de pais ou responsáveis que forem exaradas na presença de autoridade consular brasileira, devendo, nesta hipótese, constar a assinatura da autoridade consular no documento de autorização.
Art. 9º Os documentos mencionados nos arts. 2º, § 1º, 4º, 5º, 6º e 7º deverão ser apresentados no original ou cópia autenticada no Brasil ou por repartição consular brasileira, permanecendo retida com a fiscalização da Polícia Federal cópia (simples ou autenticada) a ser providenciada pelo interessado.
Art. 10. Os documentos de autorizações dadas pelos genitores, tutores ou guardiões definitivos deverão fazer constar o prazo de validade, compreendendo-se, em caso de omissão, que a autorização é válida por dois anos.
Art. 11. Salvo se expressamente consignado, as autorizações de viagem internacional expressas nesta resolução não se constituem em autorizações para fixação de residência permanente no exterior.
Parágrafo único. Eventuais modelos ou formulários produzidos, divulgados e distribuídos pelo Poder Judiciário ou órgãos governamentais, deverão conter a advertência consignada no caput.
Art. 12. Os documentos e cópias retidos pelas autoridades migratórias por força desta resolução poderão, a seu critério, ser destruídos após o decurso do prazo de dois anos.
Art. 13. O Ministério das Relações Exteriores e a Polícia Federal poderão instituir procedimentos, conforme as normas desta resolução, para que pais ou responsáveis autorizem viagens de crianças e adolescentes ao exterior quando do requerimento da expedição de passaporte, para que deste conste a autorização.
Parágrafo único. Para fins do disposto neste artigo, a Presidência do Conselho Nacional de Justiça poderá indicar representante para fazer parte de eventual Grupo de Trabalho a ser instituído pelo Ministério das Relações Exteriores e/ou Polícia Federal.
Art. 14. Fica expressamente revogada a Resolução CNJ nº 74/2009, assim como as disposições em contrário.
Art. 15. A presente Resolução entra em vigor na data de sua publicação.
Ministro CEZAR PELUSO

VI – *nomear-lhes tutor por testamento ou documento autêntico, se o outro dos pais não lhe sobreviver, ou o sobrevivo não puder exercer o poder familiar*; no caso de falecimento de um dos genitores, ao cônjuge sobrevivente caberá o exercício exclusivo do poder familiar.

VII – *representá-los judicial e extrajudicialmente até os 16 (dezesseis) anos, nos atos da vida civil, e assisti-los, após essa idade, nos atos em que forem partes, suprindo-lhes o consentimento*; É o caso das pessoas absolutamente incapazes, de acordo com o artigo 3º, inciso I, do Código Civil brasileiro.

VIII – *reclamá-los de quem ilegalmente os detenha*; Aqui é o caso do poder de busca e apreensão de quem ilegalmente os detenha. Normalmente a *ação de busca e apreensão* da criança ocorre de um genitor em relação ao outro. O artigo 301 do CPC tem como finalidade precípua conservar ou tutelar direitos, provisoriamente, para que posteriormente seja satisfeitos de modo definitivo (tutela conservativa). No caso da tutela provisória impondo uma obrigação de fazer, não fazer ou de entrega de coisa, o juiz poderá determinar o meio executivo mais adequado, como a expedição de mandado de apreensão de menor em guarda.

IX – *exigir que lhes prestem obediência, respeito e os serviços próprios de sua idade e condição*. Ora, os pais podem cobrar as tarefas dos filhos menores, impondo limites e respeito. Vale mencionar, também, que compete aos pais com zelo e eficiência, administrar os bens dos seus filhos.

14.3 Suspensão do Poder Familiar

Se o pai, ou a mãe, abusar de sua autoridade, faltando aos deveres a eles inerentes ou arruinando os bens dos filhos, cabe ao juiz, requerendo algum parente, ou o Ministério Público, adotar a medida que lhe pareça reclamada pela segurança do menor e seus haveres, até suspendendo o poder familiar, quando convenha (artigo 1.637).

Suspende-se igualmente o exercício do poder familiar ao pai ou à mãe condenados por sentença irrecorrível, em virtude de crime cuja pena exceda a dois anos de prisão (artigo 1.637, parágrafo único).

Da mesma forma, o artigo 24 do ECA dispõe que "a perda e a suspensão do poder familiar serão decretadas judicialmente, em procedimento contraditório, nos casos previstos na legislação civil, bem como na hipótese de descumprimento injustificado dos deveres e obrigações a que alude o artigo 22 do mesmo diploma.[6]

6 ECA – Art. 22. Aos pais incumbe o dever de sustento, guarda e educação dos filhos menores, cabendo-lhes ainda, no interesse destes, a obrigação de cumprir e fazer cumprir as determinações judiciais.
Parágrafo único. A mãe e o pai, ou os responsáveis, têm direitos iguais e deveres e responsabilidades compartilhados no cuidado e na educação da criança, devendo ser resguardado o direito de transmissão familiar de suas crenças e culturas, assegurados os direitos da criança

14.4 Extinção do Poder Familiar

De acordo com o artigo 1.635, o poder familiar pode ser extinto das seguintes formas: I – pela morte dos pais ou do filho; II – pela emancipação, nos termos do art. 5°, parágrafo único; III – pela maioridade; IV – pela adoção; V – por decisão judicial, na forma do artigo 1.638.

14.4.1 Extinção por fato natural

A morte dos pais ou do filho extingue, portanto, o poder familiar.

14.4.2 Extinção por emancipação

O poder familiar, também, poderá ser extinto pela emancipação, nos termos do artigo 5°, parágrafo único, do Código Civil brasileiro. A emancipação é a antecipação da maioridade. É, pois, um mecanismo através do qual a pessoa com idade inferior à maioridade legal adquire maturidade suficiente para reger a si e seus bens. Um menor emancipado está livre de qualquer autoridade de seus pais ou do responsável legal.

A filosofia geral por trás das leis de emancipação é a ideia de que adolescentes amadurecem em idades diferentes, não apenas biologicamente, mas também mental, emocional e socialmente.

A emancipação está prevista no artigo 5°, parágrafo único, do nosso Código Civil, ao informar que "cessará, para os menores, a incapacidade:[7] I – pela concessão dos pais, ou de um deles na falta do outro, mediante instrumento público, independentemente de homologação judicial, ou por sentença do juiz, ouvido o tutor, se o menor tiver dezesseis anos completos; II – pelo casamento; III – pelo exercício de emprego público efetivo; IV – pela colação de grau em curso de ensino superior; V – pelo estabelecimento civil ou comercial, ou pela existência de relação de emprego, desde que, em função deles, o menor com dezesseis anos completos tenha economia própria.

A emancipação prevista no artigo 5°, parágrafo único, inciso I, do Código Civil é a denominada *emancipação voluntária* e, dos demais incisos, chama-se *emancipação legal.*

A emancipação de acordo com o inciso I, parágrafo único, do artigo 5°, do nosso Código Civil poderá ocorrer pela concessão dos pais, ou de um deles na falta do outro, mediante *instrumento público, independentemente de homologação judicial, ou por sentença do juiz, ouvido o tutor, se o menor tiver dezesseis anos completos.*

Verifica-se que, neste caso, não existe necessidade de homologação judicial. A *emancipação voluntária* significa um ato jurídico unilateral de ambos os pais, que declaram que o filho (maior de dezesseis anos e menor de dezoito anos) está maduro para exercer os atos da vida civil.

---

estabelecidos nesta Lei. (Incluído pela Lei n° 13.257, de 2016)

7 Correspondente ao art. 9° do CC de 1916.

O ato jurídico será realizado através de escritura pública,[8] sob pena de nulidade, conforme artigo 166, inciso IV, do CCB. As escrituras de emancipações serão registradas no registro civil de pessoas naturais, conforme a regra estabelecida na Lei de Registro Público, artigo 29, inciso IV. No cartório do 1° Ofício ou da 1a subdivisão judiciária de cada comarca serão registrados, em livro especial, as sentenças de emancipação, bem como os atos dos pais que a concederem, em relação aos menores nela domiciliados (LRP, art. 89).

Nélson Nery Júnior e Rosa Maria de Andrade Nery alertam que "a norma fala em ato de concessão dos pais, de modo que não exige a intervenção do filho emancipado para o aperfeiçoamento e validade do ato de emancipação. Contudo, para que não se coloque em dúvida a intenção dos pais, nem se alegue que a emancipação está sendo feita para que os pais se livrem da obrigação de sustento do filho, é conveniente que o filho emancipado participe do ato como anuente".[9]

Em regra, a obrigação de sustento do filho cessa com a maioridade ou emancipação, no entanto, existem exceções, inclusive, já enfrentadas por nossos Tribunais. O Tribunal de Justiça do Distrito Federal decidiu que "ALIMENTOS – EXONERAÇÃO – MAIORIDADE – FREQUÊNCIA A CURSO SUPERIOR. O dever de sustento oriundo do poder familiar cessa com a maioridade ou emancipação, contudo tal regra é afastada quando o alimentando acha-se cursando escola superior e até que ele perfaça 24 anos, hipótese essa em que a obrigação alimentar, excepcionalmente, não se extingue em face da simples maioridade do filho, salvo se comprovado que o mesmo é capaz de prover a sua mantença. A exoneração de alimentos quanto ao filho menor de 18 anos está condicionada à transferência judicial da sua guarda ao

8 CC – Art. 215. A escritura pública, lavrada em notas de tabelião, é documento dotado de fé pública, fazendo prova plena. § 1° Salvo quando exigidos por lei outros requisitos, a escritura pública deve conter: I – data e local de sua realização; II – reconhecimento da identidade e capacidade das partes e de quantos hajam comparecido ao ato, por si, como representantes, intervenientes ou testemunhas; III – nome, nacionalidade, estado civil, profissão, domicílio e residência das partes e demais comparecentes, com a indicação, quando necessário, do regime de bens do casamento, nome do outro cônjuge e filiação; IV – manifestação clara da vontade das partes e dos intervenientes; V – referência ao cumprimento das exigências legais e fiscais inerentes à legitimidade do ato; VI – declaração de ter sido lida na presença das partes e demais comparecentes, ou de que todos a leram; VII – assinatura das partes e dos demais comparecentes, bem como a do tabelião ou seu substituto legal, encerrando o ato. § 2° Se algum comparecente não puder ou não souber escrever, outra pessoa capaz assinará por ele, a seu rogo. § 3° A escritura será redigida na língua nacional. § 4° Se qualquer dos comparecentes não souber a língua nacional e o tabelião não entender o idioma em que se expressa, deverá comparecer tradutor público para servir de intérprete, ou, não o havendo na localidade, outra pessoa capaz que, a juízo do tabelião, tenha idoneidade e conhecimento bastantes. § 5° Se algum dos comparecentes não for conhecido do tabelião, nem puder identificar-se por documento, deverão participar do ato pelo menos duas testemunhas que o conheçam e atestem sua identidade.

9 NERY JÚNIOR, Nélson; ANDRADE NERY, Rosa Maria de. *Código civil comentado.* 4. ed. São Paulo: Revista do Tribunais, 2006, p. 171.

alimentando, o que, entretanto, reclama a propositura de ação própria e autônoma, que não se contenta com a alegada transferência de fato da guarda em comento. Recurso improvido (AG-AI 2003.00.2.004053-5, da 1ª Turma Cível, em 3.9.2003, de relatoria do Desembargador Nívio Gonçalves)".

Da mesma forma, a decisão do Tribunal de Justiça do Estado do Rio Grande do Sul: "AÇÃO DE EXTINÇÃO DA OBRIGAÇÃO ALIMENTAR. ALEGAÇÃO DE EMAMCIPAÇÃO POR SER O REQUERIDO FUNCIONÁRIO DE EMPRESA PARAESTATAL. Afastada a alegação de que o requerido seria emancipado pelo fato de ser funcionário de empresa paraestatal, por ser acolhida a tese de que a referida emancipação seria apenas para alguns atos da vida civil, não tendo o condão de afastar a obrigação alimentar. Não há o que se falar em exoneração da prestação alimentícia quando seu filho ainda é menor e cursa terceiro grau. Sentença mantida. Apelo desprovido. Unânime (Apelação Cível n° 70004688164, Segunda Câmara Especial Cível, Tribunal de Justiça do RS, Relator: Sérgio Luiz Grassi Beck, Julgado em 11.12.2002)".

De acordo com o artigo 725, inciso I do Código de Processo Civil, o pedido de emancipação processar-se-á na forma dos procedimentos especiais de jurisdição voluntária.[40][41]

No caso do menor estar na condição de tutelado, a emancipação poderá ser concedida pelo tutor, através de homologação judicial. O artigo 1.763, inciso I, determina que "Cessa a condição de tutelado: I – com a maioridade ou a emancipação do menor;".

Quando faltarem os pais, ou não exercendo eles o poder familiar, aplica-se a regra estabelecida no artigo 148 do ECA: "A Justiça da Infância e da Juventude é competente para: [...] Parágrafo único – Quando se tratar de criança ou adolescente nas hipóteses do art. 98, é também competente a Justiça da Infância e da Juventude para o fim de: a) conhecer de pedidos de guarda e tutela; b) conhecer de ações de destituição do pátrio poder, perda ou modificação da tutela ou guarda; c) suprir a capacidade ou o consentimento para o casamento; d) conhecer de pedidos baseados em discordância paterna ou materna, em relação ao exercício do pátrio poder; e) *conceder a emancipação, nos termos da lei civil, quando faltarem os pais;*".

Finalmente, vale lembrar que o Enunciado 397, da V Jornada de Direito Civil, estabelece que "A emancipação por concessão dos pais ou sentença do juiz está sujeita à desconstituição por vício de vontade."

O casamento acarreta a emancipação. O homem e a mulher com dezesseis anos podem casar, exigindo-se autorização de ambos os pais, ou de seus representantes legais, enquanto não atingida a maioridade civil (CC, art. 1.517). De acordo com o artigo 1.520, "excepcionalmente, será permitido o casamento de quem ainda não alcançou a idade núbil (art. 1517), para evitar imposição ou cumprimento de pena criminal ou em caso de gravidez".

Vale destacar que a dissolução da sociedade conjugal não tem o condão de restabelecer a incapacidade anterior dos cônjuges. Thelma Araújo Esteves Fraga afirma que "ainda na hipótese de o casamento vir a ser declarado nulo, permanecerão os efeitos da emancipação para o terceiro de boa-fé, independentemente de ter sido contraído com boa-fé ou má-fé pelos cônjuges".[10]

O exercício do emprego público efetivo, também, dá azo a emancipação. Aqui deve prevalecer o *status* de servidor público, já que denota maturidade e discernimento para os atos da vida civil. No mesmo sentido, Vicente Ráo anota que emancipados "hão de ser havidos sempre que adquirirem o *status* de servidor público, exercendo constantemente qualquer serviço ou função administrativa, seja qual for o modo de sua investidura; e a ideia de *status,* já dissemos, envolve a de um modo constante de ser, na sociedade".[11]

Da mesma forma, aqueles que ostentam a qualidade de servidor público em autarquias devem ser considerados emancipados.

A emancipação, também, pode ocorrer pela colação de grau em curso de ensino superior. Esta é uma hipótese de emancipação de difícil ocorrência, já que é incomum uma pessoa conseguir colar grau em curso de nível superior com menos de dezoito anos de idade.

Por fim, a emancipação poderá ocorrer pelo estabelecimento civil ou comercial, ou pela existência de relação de emprego, desde que, em função deles, o menor com dezesseis anos completos tenha economia própria. Aqui a emancipação ocorrerá pelo estabelecimento civil ou comercial, ou pela existência de relação de emprego, que não seja trabalho eventual, possibilitando ao menor com dezesseis anos completos uma economia própria. Daí que os requisitos necessários para esta hipótese de emancipação são: a) estabelecimento civil ou comercial ou relação de emprego, e b) idade mínima de dezesseis anos completos.

14.4.3 Extinção pela maioridade

A extinção do poder familiar ocorre também pelo atingimento da maioridade (18 anos), de acordo com o artigo 1.635, III, CC.

14.4.4 Extinção pela adoção

O poder familiar fica extinto pela adoção, consoante o artigo 1.635, inciso IV, do Código Civil. A adoção é regulada pelo Estatuto da Criança e Adolescente – ECA.

---

10 FRAGA, Thelma Araújo Esteves; MELLO, Cleyson de Moraes. *Direito civil:* introdução e parte geral. Niterói: Impetus, 2004, p. 85.

11 RÁO, Vicente. *O direito e a vida dos direitos.* 4. ed. V. 2. São Paulo: Revista dos Tribunais, 1997, p. 719. RÁO, Vicente. *O direito e a vida dos direitos.* 4. ed. V. 2. São Paulo: Revista dos Tribunais, 1997, p. 719.

14.4.5 Extinção por decisão judicial

Por fim, o poder familiar pode ser extinto por decisão judicial, na forma do artigo 1.638, V, do Código Civil. Ocorre quando o Estado-Juiz reconhece a impossibilidade na continuidade dos deveres impostos aos genitores.

14.4.5.1 Perda do poder familiar por ato judicial

A finalidade do poder familiar é proteger o ser humano que, desde a infância, precisa de alguém que o crie, eduque, ampare, defenda, guarde e cuide de seus interesses. A Constituição da República, no artigo 229, estabelece que 'os pais tem o dever de assistir, criar e educar os filhos menores'. Estabelece o Código Civil, no artigo 1.638, a possibilidade da perda do poder familiar, por ato judicial, em virtude de castigo imoderado, abandono, práticas de atos contrários à moral e aos bons costumes, e incidência reiterada de faltas graves previstas no artigo 1.637 do mesmo diploma legal.

Assim, o pai ou a mãe perderá por ato judicial o poder familiar (artigo 1.638) que

I – *castigar imoderadamente o filho*;[12]

II – *deixar o filho em abandono*; por exemplo, no caso de genitores dependentes químicos, vivendo em situação de penúria e expondo os filhos a situação de risco, utilizando as crianças como subterfúgio para pedir esmolas, visando a sustentação do vício. Vale mencionar que somente a precariedade de recursos para a sustentabilidade da família não dá azo a perda do poder familiar. Outrossim, é responsabilidade do Estado assegurar meios para que a família carente possa manter seus filhos, através de programas sociais que garantam acesso e inclusão social aos menos favorecidos, e não intervindo no seio familiar privando os filhos do convívio com seus pais.

III – *praticar atos contrários à moral e aos bons costumes*; os bons costumes são práticas sociais do ponto de vista moral, e.g., "a ocorrência de abusos sexuais praticados pelo demandado contra duas das filhas, a situação estampada nestes autos induvidosamente autoriza o decreto de destituição do poder

12 A tese de que a medida judicial e o procedimento previsto no ECA não se prestam a posterior ação de destituição de perda do poder familiar não foi objeto de exame ou mesmo proposta no Tribunal local, a atrair as disposições dos verbetes n. 282 e 356 da Súmula do Supremo Tribunal Federal e 211 do Superior Tribunal de Justiça. Não fosse isso, a Corte local consignou que todos os elementos informativos colhidos anteriormente foram renovados em juízo, de modo que sobre a questão também paira o óbice de que trata o enunciado n. 284 da Súmula do STF.
Quanto ao mais, o Tribunal de origem consignou que os menores eram submetidos a castigos físicos imoderados e a angariar seu próprio sustento, inclusive com a prática de mendicância, em evidente abandono material praticado pelos genitores, os quais foram considerados como incursos na prática de atos previstos no artigo 1.638, I e II, do Código Civil (e-STJ, fl. 431). RECURSO ESPECIAL Nº 881.360 – SP (2016/0063769-6).

familiar, com fulcro no art. 1.638, inciso III, do Código Civil, impondo-se que todas as irmãs sejam colocadas a salvo desta situação de risco. NEGARAM PROVIMENTO. UNÂNIME. (Apelação Cível Nº 70067389049, Oitava Câmara Cível, Tribunal de Justiça do RS, Relator: Luiz Felipe Brasil Santos, Julgado em 03/03/2016)."

IV – *incidir, reiteradamente, nas faltas previstas no artigo 1.637* (Se o pai, ou a mãe, abusar de sua autoridade, faltando aos deveres a eles inerentes ou arruinando os bens dos filhos, cabe ao juiz, requerendo algum parente, ou o Ministério Público, adotar a medida que lhe pareça reclamada pela segurança do menor e seus haveres, até suspendendo o poder familiar, quando convenha). Aqui cabe uma explicação para evitar equívocos. Existem faltas que implicam a *perda do poder familiar* e outras que ocasionam apenas a *suspensão do poder familiar*. Em caso de reiterados atos que possibilitam a suspensão, estar-se-ia diante de uma causa de perda do poder familiar.

14.5 Procedimento para a perda ou suspensão do poder familiar

O procedimento para a perda ou a suspensão do poder familiar está previsto nos artigos 155 a 163 do Estatuto da Criança e Adolescente (Lei 8.069/90 – ECA).

O procedimento tem início por provocação do Ministério Público ou de quem tenha legítimo interesse. A petição inicial deve indicar: I – a autoridade judiciária a que for dirigida; II – o nome, o estado civil, a profissão e a residência do requerente e do requerido, dispensada a qualificação em se tratando de pedido formulado por representante do Ministério Público; III – a exposição sumária do fato e o pedido; IV – as provas que serão produzidas, oferecendo, desde logo, o rol de testemunhas e documentos (artigo 156, ECA).

Havendo motivo grave, poderá o juiz, ouvido o membro do Ministério Público, decretar a suspensão do poder familiar, *liminar ou incidentalmente*, até o julgamento definitivo da causa, ficando a criança ou adolescente confiado a pessoa idônea, mediante termo de responsabilidade (artigo 157, ECA).

A citação será para, no prazo de dez dias, oferecer *resposta escrita*, indicando as provas a serem produzidas e oferecendo desde logo o rol de testemunhas e documentos. A citação será pessoal, salvo se esgotados todos os meios para sua realização. O requerido privado de liberdade deverá ser citado pessoalmente (artigo 158, ECA).

Se for necessário, será nomeado um advogado dativo, o qual apresentará a resposta, contando-se o prazo a partir da intimação do despacho de nomeação. Na hipótese de requerido privado de liberdade, o oficial de justiça deverá perguntar, no momento da citação pessoal, se deseja que lhe seja nomeado defensor (artigo 159, ECA).

O juiz poderá requisitar documentos de qualquer repartição ou órgão público (artigo 160, ECA). O magistrado deve dar vista dos autos ao Ministério Público, por cinco dias, salvo quando este for o requerente, decidindo em igual prazo. O juiz, de ofício ou a requerimento das partes ou do Ministério Público, determinará a realização de *estudo social* ou *perícia* por equipe interprofissional ou multidisciplinar, bem como a oitiva de testemunhas que comprovem a presença de uma das causas de suspensão ou destituição do poder familiar previstas nos artigos 1.637 e 1.638 no Código Civil, ou no art. 24 do ECA.[13]

Se os pais forem oriundos de *comunidades indígenas*, é ainda obrigatória a intervenção, junto à equipe profissional ou multidisciplinar de representantes do órgão federal responsável pela política indigenista, observado o disposto no § 6º do art. 28 do ECA.[14]

Se o pedido importar em *modificação de guarda*, será obrigatória, desde que possível e razoável, a oitiva da criança ou adolescente, respeitado seu estágio de desenvolvimento e grau de compreensão sobre as implicações da medida. É obrigatória a oitiva dos pais sempre que esses forem identificados e estiverem em local conhecido. Se o pai ou a mãe estiverem privados de liberdade, o magistrado requisitará sua apresentação para a oitiva (artigo 161 e parágrafos, ECA).

Apresentada a resposta, o juiz dará vista dos autos ao Ministério Público, por cinco dias, salvo quando este for o requerente, designando, desde logo, audiência de instrução e julgamento. A requerimento de qualquer das partes, do Ministério Público, ou de ofício, o juiz poderá determinar a realização de estudo social ou, se possível, de perícia por equipe interprofissional.

Na *audiência*, presentes as partes e o Ministério Público, serão ouvidas as testemunhas, colhendo-se oralmente o parecer técnico, salvo quando apresentado por escrito, manifestando-se sucessivamente o requerente, o requerido e o Ministério Público, pelo tempo de vinte minutos cada um, prorrogável por mais dez. A decisão será proferida na audiência, podendo a autoridade judiciária, excepcionalmente, designar data para sua leitura no prazo máximo de cinco dias (artigo 162 e parágrafos do ECA).

O prazo máximo para conclusão do procedimento será de 120 (cento e vinte) dias. A sentença que decretar a perda ou a suspensão do poder familiar será averbada à margem do registro de nascimento da criança ou do adolescente. (artigo 163 e parágrafo único do ECA).

---

13 ECA – Art. 24. A perda e a suspensão do poder familiar serão decretadas judicialmente, em procedimento contraditório, nos casos previstos na legislação civil, bem como na hipótese de descumprimento injustificado dos deveres e obrigações a que alude o art. 22.

14 ECA – Artigo 28, § 6º Em se tratando de criança ou adolescente indígena ou proveniente de comunidade remanescente de quilombo, é ainda obrigatório: I – que sejam consideradas e respeitadas sua identidade social e cultural, os seus costumes e tradições, bem como suas instituições, desde que não sejam incompatíveis com os direitos fundamentais reconhecidos por esta Lei e pela Constituição Federal; II – que a colocação familiar ocorra prioritariamente no seio de sua comunidade ou junto a membros da mesma etnia; III – a intervenção e oitiva de representantes do órgão federal responsável pela política indigenista, no caso de crianças e adolescentes indígenas, e de antropólogos, perante a equipe interprofissional ou multidisciplinar que irá acompanhar o caso.

14.6 Quadro Sinóptico[15]

Poder Familiar		
Suspensão (artigo 1.637)	**Extinção (artigo 1.635)**	**Perda (artigo 1.638)**
A suspensão do poder familiar é uma restrição no exercício da função dos pais, estabelecida por decisão judicial e que perdura enquanto for necessária aos interesses do filho. De acordo com o artigo 1.637 do Código Civil, "se o pai ou a mãe abusar de sua autoridade, faltando aos deveres a ele inerentes ou arruinando os bens dos filhos, cabe ao juiz, requerendo algum parente, ou o Ministério Público, adotar a medida que lhe pareça reclamada pela segurança do menor e seus haveres, até suspendendo o poder familiar, quando convenha." A suspensão pode ser decretada em relação a um único filho ou todos os filhos de um casal. Uma possibilidade de suspensão, por exemplo, é quando constatado o emprego do filho em ocupação proibida ou contrária à moral e aos bons costumes, ou que coloquem em risco a sua saúde. Outra possibilidade para suspensão é a condenação dos pais, em virtude de crime, cuja pena exceda a dois anos de prisão. A suspensão pode ser revista e modificada pelo magistrado sempre que se alterarem o cenário e os fatos que a provocaram.	A extinção do poder familiar é um termo jurídico que se aplica a situações em que há interrupção definitiva do poder familiar, como, por exemplo, pela morte de um dos pais ou do filho ou emancipação do filho. A extinção também pode ocorrer em caso de maioridade do filho, adoção da criança ou do adolescente ou ainda a perda em virtude de uma decisão judicial. De acordo com o artigo 1.635, o poder familiar pode ser extinto das seguintes formas: I – pela morte dos pais ou do filho; II – pela emancipação, nos termos do art. 5º, parágrafo único; III – pela maioridade; IV – pela adoção; V – por decisão judicial, na forma do artigo 1.638.	Já a perda, tipo mais grave de destituição do poder familiar determinada por meio de decisão judicial, está definida pelo artigo 1.638 do Código Civil, que estabelece algumas hipóteses para sua configuração: o castigo imoderado ao filho, o abandono, a prática de atos contrários à moral e aos bons costumes e o fato de um genitor ou ambos reincidirem reiteradamente nas faltas previstas no artigo 1.637. De acordo com este artigo, "se o pai, ou a mãe, abusar de sua autoridade, faltando aos deveres a eles inerentes ou arruinando os bens dos filhos, cabe ao juiz, requerendo algum parente, ou o Ministério Público, adotar a medida que lhe pareça reclamada pela segurança do menor e seus haveres, até suspendendo o poder familiar, quando convenha". Nos casos em que há possibilidade de recomposição dos laços de afetividade entre pais e filhos, a suspensão do poder familiar deve ser preferida à perda. Outro ponto que merece destaque, estabelecido pelo artigo 23 do ECA, é que a falta ou a carência de recursos materiais não constitui motivo suficiente para a perda ou a suspensão do poder familiar. Da mesma forma, a presença de deficiência, transtorno mental ou outras doenças dos pais ou responsáveis também não deve, por si só, impedir o convívio familiar ou provocar o acolhimento dos filhos em instituições.

15 Disponível em: http://www.cnj.jus.br/noticias/cnj/80757-cnj-servico-entenda-o-que-e--suspensao-extincao-e-perda-do-poder-familiar. Acesso em: 24 jan. 2017.

Capítulo 15
USUFRUTO E ADMINISTRAÇÃO DOS BENS DE FILHOS MENORES

15.1 Considerações Iniciais

Tanto o pai como a mãe, em igualdade de condições, são os administradores legais dos bens dos filhos menores no exercício do poder familiar. O artigo 1.689 determina que o pai e a mãe, enquanto no exercício do poder familiar: I – são usufrutuários dos bens dos filhos;[1] II – têm a administração dos bens dos filhos menores sob sua autoridade.

Compete aos pais, e na falta de um deles ao outro, com exclusividade, representar os filhos menores de dezesseis anos, bem como assisti-los até completarem a maioridade ou serem emancipados (artigo 1.690).

Os pais devem decidir em comum as questões relativas aos filhos e a seus bens; havendo divergência, poderá qualquer deles recorrer ao juiz para a solução necessária (artigo 1.690, parágrafo único).

A regra é a capacidade das pessoas em realizar os negócios jurídicos. Toda pessoa que se encontre no exercício de seus direitos tem capacidade para estar em juízo (artigo 70, CPC).[2]

---

1 PAGAMENTO DE ALUGUERES. UTILIZAÇÃO EXCLUSIVA DE IMÓVEL DOS FILHOS POR UM DOS EX-CÔNJUGES. Após a separação do casal, o genitor que reside em imóvel transferido aos filhos deve pagamento de alugueres (equivalente a 50% do valor da locação do imóvel) pelo usufruto isolado do patrimônio pertencente à prole. É que, embora o exercício do direito real de usufruto de imóvel de filho (baseado no poder familiar) seja atribuído aos pais conjuntamente, nos termos do art. 1.689, I, do CC, a aplicação direta dessa norma apenas é possível na constância do relacionamento; pois, findo o casamento ou a união estável, geralmente ocorre a separação física do casal, inviabilizando o exercício do usufruto de forma conjunta. Nessa hipótese, é factível a cobrança do equivalente à metade da locação do imóvel, pois a simples ocupação do bem por um dos ex-consortes representa impedimento de cunho concreto ou ainda psicológico à utilização simultânea do outro usufrutuário. REsp 1.098.864-RN, Rel. Min. Nancy Andrighi, julgado em 4/9/2012.

2 CPC – Art. 75. Serão representados em juízo, ativa e passivamente: I – a União, pela Advocacia-Geral da União, diretamente ou mediante órgão vinculado; II – o Estado e o Distrito Federal, por seus procuradores; III – o Município, por seu prefeito ou procurador; IV – a autarquia e a fundação de direito público, por quem a lei do ente federado designar; V – a massa falida, pelo administrador judicial; VI – a herança jacente ou vacante, por seu curador; VII – o espólio, pelo inventariante; VIII – a pessoa jurídica, por quem os respectivos

A *incapacidade ou falta de capacidade é a restrição legal ao exercício dos atos da vida civil. Quanto à capacidade, as pessoas estão agrupadas em três espécies, a saber: a) as pessoas absolutamente incapazes, as pessoas relativamente incapazes e c) as pessoas capazes.*

Um dos fundamentos do instituto jurídico da incapacidade é a proteção aos incapazes, na medida em que a lei restringe ou limita que a pessoa incapaz realize os atos da vida civil, sem a *representação* ou *assistência* de uma outra pessoa.

Daí que os incapazes serão representados ou assistidos por seus pais, tutores ou curadores, na forma da lei civil (CPC, art. 71).

No dia 06/07/2015 foi sancionada a Lei 13.146/2015 que instituiu o *Estatuto da Pessoa com Deficiência*, entrando em vigor 180 dias após a sua publicação. Esta norma jurídica altera substancialmente a *teoria das incapacidades*, com reflexos profundos em vários institutos do Direito de Família.

O artigo 3° do Código Civil foi revogado, permanecendo em vigor apenas o seu *caput* que diz: "são absolutamente incapazes de exercer pessoalmente os atos da vida civil os menores de 16 (dezesseis) anos."

Dessa maneira, em regra, todas as pessoas com deficiências apontadas nos incisos do artigo 3° revogado passam a ser *plenamente capazes para os atos da vida civil*. Neste caso, o legislador visa a *inclusão social* destas pessoas, com vistas a *proteger a sua dignidade*. O artigo 6 da Lei 13.146/2015 afirma

---

atos constitutivos designarem ou, não havendo essa designação, por seus diretores; IX – a sociedade e a associação irregulares e outros entes organizados sem personalidade jurídica, pela pessoa a quem couber a administração de seus bens; X – a pessoa jurídica estrangeira, pelo gerente, representante ou administrador de sua filial, agência ou sucursal aberta ou instalada no Brasil; XI – o condomínio, pelo administrador ou síndico.

§ 1º Quando o inventariante for dativo, os sucessores do falecido serão intimados no processo no qual o espólio seja parte.

§ 2º A sociedade ou associação sem personalidade jurídica não poderá opor a irregularidade de sua constituição quando demandada.

§ 3º O gerente de filial ou agência presume-se autorizado pela pessoa jurídica estrangeira a receber citação para qualquer processo.

§ 4º Os Estados e o Distrito Federal poderão ajustar compromisso recíproco para prática de ato processual por seus procuradores em favor de outro ente federado, mediante convênio firmado pelas respectivas procuradorias.

Art. 76. Verificada a incapacidade processual ou a irregularidade da representação da parte, o juiz suspenderá o processo e designará prazo razoável para que seja sanado o vício.

§ 1º Descumprida a determinação, caso o processo esteja na instância originária:

I – o processo será extinto, se a providência couber ao autor;

II – o réu será considerado revel, se a providência lhe couber;

III – o terceiro será considerado revel ou excluído do processo, dependendo do polo em que se encontre.

§ 2º Descumprida a determinação em fase recursal perante tribunal de justiça, tribunal regional federal ou tribunal superior, o relator:

I – não conhecerá do recurso, se a providência couber ao recorrente;

II – determinará o desentranhamento das contrarrazões, se a providência couber ao recorrido.

que "a deficiência não afeta a plena capacidade civil da pessoa, inclusive para: I – casar-se e constituir união estável; II – exercer direitos sexuais e reprodutivos; III – exercer o direito de decidir sobre o número de filhos e de ter acesso a informações adequadas sobre reprodução e planejamento familiar; IV – conservar sua fertilidade, sendo vedada a esterilização compulsória; V – exercer o direito à família e à convivência familiar e comunitária; e VI – exercer o direito à guarda, à tutela, à curatela e à adoção, como adotante ou adotando, em igualdade de oportunidades com as demais pessoas."

A nova redação do artigo 3º do Código Civil, diz que são *absolutamente incapazes* apenas os menores de dezesseis anos, excluindo as pessoas "com enfermidade ou deficiência mental" e qualificando como relativamente incapazes os que, por causa transitória, não puderem exprimir sua vontade (na redação originária, eram absolutamente incapazes). É o que diz o artigo 84 do *Estatudo da Pessoa com Deficiência* ao afirmar que "*a pessoa com deficiência tem assegurado o direito ao exercício de sua capacidade legal em igualdade de condições com as demais pessoas.*"

15.2 Usufruto dos bens pertencentes aos filhos menores

O artigo 1.689 determina que o pai e a mãe, enquanto no exercício do poder familiar são usufrutuários dos bens dos filhos;[3] Este é um usufruto imposto pela lei e não pelo negócio jurídico. Este usufruto é, pois, inerente da relação familiar entre pais e filhos. Melhor dizendo: é um usufruto originado do poder familiar. Logo, extinto o poder familiar, automaticamente, extinto o usufruto.

15.2.1 Bens excluídos do usufruto e da administração dos pais

De acordo com o artigo 1.693, excluem-se do usufruto e da administração dos pais: I – os bens adquiridos pelo filho havido fora do casamento, antes do reconhecimento; Logo, se o reconhecimento precede a aquisição dos

3 PAGAMENTO DE ALUGUERES. UTILIZAÇÃO EXCLUSIVA DE IMÓVEL DOS FILHOS POR UM DOS EX-CÔNJUGES. Após a separação do casal, o genitor que reside em imóvel transferido aos filhos deve pagamento de alugueres (equivalente a 50% do valor da locação do imóvel) pelo usufruto isolado do patrimônio pertencente à prole. É que, embora o exercício do direito real de usufruto de imóvel de filho (baseado no poder familiar) seja atribuído aos pais conjuntamente, nos termos do art. 1.689, I, do CC, a aplicação direta dessa norma apenas é possível na constância do relacionamento; pois, findo o casamento ou a união estável, geralmente ocorre a separação física do casal, inviabilizando o exercício do usufruto de forma conjunta. Nessa hipótese, é factível a cobrança do equivalente à metade da locação do imóvel, pois a simples ocupação do bem por um dos ex-consortes representa impedimento de cunho concreto ou ainda psicológico à utilização simultânea do outro usufrutuário. REsp 1.098.864-RN, Rel. Min. Nancy Andrighi, julgado em 4/9/2012.

bens, estes podem ser administrados e servir de usufruto aos pais. II – os valores auferidos pelo filho maior de dezesseis anos, no exercício de atividade profissional e os bens com tais recursos adquiridos; III – os bens deixados ou doados ao filho, sob a condição de *não serem usufruídos*, ou *administrados, pelos pais*; IV – os bens que aos filhos couberem na herança, quando os pais forem excluídos da sucessão. Aqui é bom lembrar que os herdeiros ou legatários podem ser afastados da sucessão, nos casos de *indignidade*, previstas no artigo 1.814 do Código Civil. Vejamos: São excluídos da sucessão os herdeiros ou legatários: I – que houverem sido autores, co-autores ou partícipes de homicídio doloso, ou tentativa deste, contra a pessoa de cuja sucessão se tratar, seu cônjuge, companheiro, ascendente ou descendente; II – que houverem acusado caluniosamente em juízo o autor da herança ou incorrerem em crime contra a sua honra, ou de seu cônjuge ou companheiro; III – que, por violência ou meios fraudulentos, inibirem ou obstarem o autor da herança de dispor livremente de seus bens por ato de última vontade.

15.3 Administração dos bens dos filhos menores

O artigo 1.689, inciso II, do Código Civil determina que o pai e a mãe, enquanto no exercício do poder familiar possuem a administração dos bens dos filhos menores sob sua autoridade. Isto significa dizer que os pais devem agir de forma cuidadosa de forma a manter hígido os bens dos seus filhos, durante o poder familiar. Assim, o Código Civil outorga aos pais amplos poderes de administração sobre os bens dos filhos, mas estes não abrangem os atos que extrapolem a simples gerência e conservação do patrimônio do menor.

Não podem os pais alienar, ou gravar de ônus real os imóveis dos filhos, nem contrair, em nome deles, obrigações que ultrapassem os limites da simples administração, salvo por necessidade ou evidente interesse da prole, *mediante prévia autorização do juiz* (artigo 1.691). Caso se verifica a incidência de destes negócios jurídico, os filhos, herdeiros e o representante legal podem pleitear a declaração de nulidade destes atos (artigo 1.691, parágrafo único)

15.4 Curador Especial

Sempre que no exercício do poder familiar colidir o interesse dos pais com o do filho, a requerimento deste ou do Ministério Público o juiz lhe dará curador especial (artigo 1.692).

Capítulo 16

GUARDA DOS FILHOS E DIREITO DE VISITAÇÃO

"*Para o sucesso da guarda compartilhada é necessário o trabalho conjunto do juiz e das equipes multidisciplinares das Varas de Família, para o convencimento dos pais e para a superação de seus conflitos. Sem um mínimo de entendimento a guarda compartilhada pode não contemplar o melhor interesse do filho. (...) O uso da mediação é valioso para o bom resultado da guarda compartilhada, como tem demonstrado sua aplicação no Brasil e no estrangeiro. Na mediação familiar exitosa, os pais, em sessões sucessivas com o mediador, alcançam um grau satisfatório de consenso acerca do modo como exercitarão em conjunto a guarda. O mediador nada decide, pois não lhe compete julgar nem definir os direitos de cada um, o que contribui para a solidez da transação concluída pelos pais, com a sua contribuição.*" (*Paulo Lôbo*)[1]

16.1 Considerações Iniciais

As famílias no século XXI são plúrimas: matrimonial, monoparental, união estável, homoafetiva e até mesmo a família poliafetiva (poliamor ou poliamorismo), todas consubstanciadas no amor e no afeto. Dentro deste cenário, *a educação e a guarda* dos filhos também sofre os influxos destas mudanças. A passagem do século XIX para o século XX foi marcada pelo recrudescimento do movimento feminista. Em linhas gerais, as mulheres com maior grau de instrução optaram em ser "mulher de sucesso", casando com idades mais avançadas, com maior expectativa de vida, com

1 LÔBO, Paulo Luiz Netto. *Guarda e convivência dos filhos após a lei n.11.698/2008*. Revista brasileira de direito das famílias e sucessões, v.6. Porto Alegre: Magister; Belo Horizonte: IBDFAM, out.nov. 2008, p.32.

diminuição da taxa de natalidade e assumindo, pois, o comando da família. Daí, é possível afirmar que a mulher assumiu um novo papel na família na contemporaneidade, ou seja, deixou de ser mera coadjuvante para assumir com vigor um lugar diferente na família e na sociedade, com novas possibilidades, escolhas e responsabilidades. Assume, pois, um papel de destaque no seio familiar. Ora, "homens e mulheres são iguais em direitos e obrigações". Ademais, o artigo 226 constitucional, ressalta a igualdade entre homem e mulher, uma vez que "os direitos e deveres referentes à sociedade conjugal são exercidos pelo homem e pela mulher".

Dessa forma, a guarda encontra-se implicitamente prevista na Constituição da República (artigos 227 e 229), estabelecendo, pois, as responsabilidades dos pais para com os filhos e assegurando o direito a toda criança a ter um guardião para protegê-la, prestando-lhe toda assistência na ausência dos genitores.

Sem prejuízo dos deveres que compõem a esfera do poder familiar, a expressão "guarda de filhos", à luz do art. 1.583, pode compreender tanto a guarda unilateral quanto a compartilhada, em atendimento ao princípio do melhor interesse da criança (Enunciado 101 do CJF – I Jornada de Direito Civil).[2]

A guarda obriga a prestação de assistência material, moral e educacional à criança ou adolescente, conferindo a seu detentor o direito de opor-se a terceiros, inclusive aos pais (artigo 33, ECA). A guarda confere à criança ou adolescente a condição de dependente, para todos os fins e efeitos de direito, inclusive previdenciários (artigo 33, § 3º, ECA).

A guarda tem como parâmetro primário o melhor interesse da criança, ou seja, deve ser deferida àquele que tiver melhores condições de prover-lhe o sustento material e formação psicológica, promovendo educação e proporcionando desenvolvimento sadio e digno. (Agravo em Recurso Especial n. 662.993-DF, Ministro Marco Aurélio Bellizze).

16.2 Guarda Unilateral

A guarda pode ser *unilateral* ou *compartilhada* (artigo 1.583, CC).[3]

2 Conselho da Justiça Federal – V Jornada de Direito Civil – CJF – Enunciado 518 – Arts. 1.583 e 1.584. A Lei n. 11.698/2008, que deu nova redação aos arts. 1.583 e 1.584 do Código Civil, não se restringe à guarda unilateral e à guarda compartilhada, podendo ser adotada aquela mais adequada à situação do filho, em atendimento ao princípio do melhor interesse da criança e do adolescente. A regra aplica-se a qualquer modelo de família. Atualizados os Enunciados n. 101 e 336 em razão de mudança legislativa, agora abrangidos por este enunciado.

3 Lei 13.058/2014 – *Lei da Igualdade Parental*. Esta lei alterou os artigos 1.583, 1.584, 1.585 e 1.634 do Código Civil brasileiro, mantendo as definições de guarda unilateral e guarda compartilhada. No § 2º do artigo em comento, esclareceu que "na guarda compartilhada, o tempo de convívio com os filhos deve ser dividido de forma equilibrada com a mãe e com o

Compreende-se por *guarda unilateral* a atribuída a um só dos genitores ou a alguém que o substitua. (artigo 1.583, § 1º, 1ª parte, CC). A *guarda unilateral* obriga o pai ou a mãe que não a detenha a supervisionar os interesses dos filhos, e, para possibilitar tal supervisão, qualquer dos genitores sempre será parte legítima para solicitar informações e/ou prestação de contas, objetivas ou subjetivas, em assuntos ou situações que direta ou indiretamente afetem a saúde física e psicológica e a educação de seus filhos (artigo 1.584, § 5º, CC).

16.3 Guarda Compartilhada

Entende-se por *guarda compartilhada* a responsabilização conjunta e o exercício de direitos e deveres do pai e da mãe que não vivam sob o mesmo teto, concernentes ao poder familiar dos filhos comuns (artigo 1.583, § 1º, 2ª parte, CC).

"A guarda compartilhada (art. 1.583, § 1º, do CC/2002) busca a proteção plena do interesse dos filhos, sendo o ideal buscado no exercício do poder familiar entre pais separados, mesmo que demandem deles reestruturações, concessões e adequações diversas, para que seus filhos possam usufruir, durante sua formação, do ideal psicológico do duplo referencial. Mesmo na ausência de consenso do antigo casal, o melhor interesse do menor dita a aplicação da guarda compartilhada. Se assim não fosse, a ausência de consenso, que poderia inviabilizar a guarda compartilhada, faria prevalecer o exercício de uma potestade inexistente por um dos pais. E diz-se inexistente porque contraria a finalidade do poder familiar, que existe para proteção da prole. A drástica fórmula de imposição judicial das atribuições de cada um dos pais e do período de convivência da criança sob a guarda compartilhada, quando não houver consenso, é medida extrema, porém necessária à implementação dessa nova visão, para que não se faça do texto legal letra morta. A custódia física conjunta é o ideal buscado na fixação da guarda compartilhada porque sua implementação quebra a monoparentalidade na criação dos filhos, fato corriqueiro na guarda unilateral, que é substituída pela implementação de condições propícias à continuidade da existência das fontes bifrontais de exercício do poder familiar. A guarda compartilhada com o exercício conjunto da custódia física é processo integrativo, que dá à criança a possibilidade de conviver com ambos os pais, ao mesmo tempo em que preconiza a interação

---

pai, sempre tendo em vista as condições fáticas e os interesses dos filhos.
Destacou, ainda, no § 3º que "na guarda compartilhada, a cidade considerada base de moradia dos filhos será aquela que melhor atender aos interesses dos filhos.
Por fim, em relação ao artigo 1.582, inclui o § 5º dispondo que "a guarda unilateral obriga o pai ou a mãe que não a detenha a supervisionar os interesses dos filhos, e, para possibilitar tal supervisão, qualquer dos genitores sempre será parte legítima para solicitar informações e/ou prestação de contas, objetivas ou subjetivas, em assuntos ou situações que direta ou indiretamente afetem a saúde física e psicológica e a educação de seus filhos."

deles no processo de criação. REsp 1.251.000-MG, Rel. Min. Nancy Andrighi, julgado em 23/8/2011."

Importante destacar que na *guarda compartilhada*, o tempo de convívio com os filhos deve ser dividido de forma equilibrada com a mãe e com o pai, sempre tendo em vista as condições fáticas e os interesses dos filhos (artigo 1.584, § 2°, CC) e "da forma que cada genitor possa se ocupar dos cuidados pertinentes ao filho, em razão das peculiaridades da vida privada de cada um." (Enunciado 606 do CJF – VII Jornada de Direito Civil).

Na *guarda compartilhada*, a cidade considerada base de moradia dos filhos será aquela que melhor atender aos interesses dos filhos (artigo 1.584, § 3°, CC).

A distribuição do tempo de convívio na guarda compartilhada deve atender precipuamente ao melhor interesse dos filhos, não devendo a divisão de forma equilibrada, a que alude o § 2° do art. 1.583 do Código Civil, representar convivência livre ou, ao contrário, repartição de tempo matematicamente igualitária entre os pais (Enunciado 603 do CJF – VII Jornada de Direito Civil).

Vale lembrar que a guarda compartilhada não implica ausência de pagamento de pensão alimentícia. (Enunciado 607 do CJF – VII Jornada de Direito Civil).

Quando não houver acordo entre a mãe e o pai quanto à guarda do filho, encontrando-se ambos os genitores aptos a exercer o poder familiar, será aplicada a *guarda compartilhada*, salvo se um dos genitores declarar ao magistrado que não deseja a guarda do menor (artigo 1.594, § 2°, CC).

Verifica-se, portanto, que a guarda compartilhada tem como finalidade precípua a continuidade da relação familiar com o ex-casal, da mesma forma como era realizada na convivência conjugal. Dessa forma é possível conservar os direitos e deveres recíprocos dos genitores, bem como a mantença dos laços afetivos e amorosos com a criança. Aqui, as escolhas em relação a vida dos filhos são realizadas de forma conjunta entre os responsáveis, especialmente, quanto à educação, lazer, saúde, alimentação, etc.

16.4 Guarda Consensual

De acordo com o artigo 1.584, inciso I, do Código Civil a guarda, unilateral ou compartilhada, poderá ser requerida, por consenso, pelo pai e pela mãe, ou por qualquer deles, em ação autônoma de separação, de divórcio, de dissolução de união estável ou em medida cautelar.

16.5 Guarda Judicial

A guarda judicial (unilateral ou compartilhada) é decretada pelo juiz, em atenção a necessidades específicas do filho, ou em razão da distribuição de tempo necessário ao convívio deste com o pai e com a mãe (artigo 1.584, II).

Na audiência de conciliação, o juiz informará ao pai e à mãe o significado da guarda compartilhada, a sua importância, a similitude de deveres e direitos atribuídos aos genitores e as sanções pelo descumprimento de suas cláusulas (artigo 1.584, § 1º).

Para estabelecer as atribuições do pai e da mãe e os períodos de convivência sob guarda compartilhada, o juiz, de ofício ou a requerimento do Ministério Público, poderá basear-se em orientação técnico-profissional ou de equipe interdisciplinar, que deverá visar à divisão equilibrada do tempo com o pai e com a mãe (artigo 1.584, § 3º).

A alteração não autorizada ou o descumprimento imotivado de cláusula de guarda unilateral ou compartilhada poderá implicar a redução de prerrogativas atribuídas ao seu detentor (artigo 1.584, § 4º).

Qualquer estabelecimento público ou privado é obrigado a prestar informações a qualquer dos genitores sobre os filhos destes, sob pena de multa de R$ 200,00 (duzentos reais) a R$ 500,00 (quinhentos reais) por dia pelo não atendimento da solicitação (artigo 1.584, § 6º).

Havendo motivos graves, poderá o juiz, em qualquer caso, a bem dos filhos, regular de maneira diferente o tipo de guarda estabelecido pelos pais (artigo 1.586, CC).

A guarda poderá ser revogada a qualquer tempo, mediante ato judicial fundamentado, ouvido o Ministério Público (artigo 35, ECA).

Em maio de 2016, no Agravo em Recurso Especial n. 879.404 – RS (2016/0061190-9), o Ministro Ricardo Villas Bôas Cueva indeferiu o pedido de alteração de guarda unilateral para guarda compartilhada requerido pelos genitores da criança. Vejamos: "Na sociedade em que vivemos pai e mãe podem separar-se um do outro quando decidirem, mas devem ser inseparáveis dos filhos, sendo dever do Judiciário assegurar que esta será a realidade. Fixar a guarda compartilhada é regulamentar que ambos os genitores são responsáveis em todos os sentidos por seus filhos, têm voz nas decisões e, portanto, participam ativamente das suas formações. No entanto, pelo menos por ora, tendo em vista, principalmente, a distância entre as cidades de residência dos genitores, descabido o estabelecimento da guarda compartilhada."

Data maxima venia, a distância entre as cidades não deve ser obstáculo para a guarda compartilha. Ora, na guarda unilateral o detentor da guarda exerce, pois, com exclusividade, a plenitude de todos os atributos do poder familiar. A *essência da guarda compartilhada* possui um espectro mais amplo, uma vez exsurge uma comunhão de esforços e responsabilidades entre os pais, a partir de escolhas conjuntas, estimulando, pois, o diálogo em benefício do filho, ainda que não ocorra uma relação harmônica entre o antigo casal.

16.5.1 Guarda concedida a avós, tios e outras pessoas com relação afetiva

Se o juiz verificar que o filho não deve permanecer sob a guarda do pai ou da mãe, deferirá a guarda a pessoa que revele compatibilidade com a natureza da medida, considerados, de preferência, o grau de parentesco e as relações de afinidade e afetividade (artigo 1.584, § 5º).

Assim, é possível que a guarda não fique com os genitores dos filhos, uma vez que sempre se procura o melhor interesse da criança. Dessa maneira, a guarda judicial poderá ser concedida a avós, tios e outros responsáveis. Vejamos:

a) "A questão em causa consiste em definir se há ou não o direito de a avó obter a regularização da situação de fato já existente e comprovada no processo, relativa à obtenção da guarda judicial de seu neto, com a peculiaridade de que os pais da criança com ela residem e manifestaram, nos autos, concordância com o deferimento do pedido. A Turma deu provimento ao recurso, ao entendimento de que, no interesse maior da criança, inclina-se para que o menor permaneça sob a guarda da avó, ora recorrente, de quem recebe afeto desde nascido e é fonte de seu sustento. Não há, nesse caso, nenhum indício de que o objetivo desta seria o de garantir o recebimento de benefício previdenciário para o menor, o que afasta a assertiva que obstaria o acolhimento do pleito em questão. Ressaltou-se que não remanesce dúvida, diante da descrição fática do processo dada pelo acórdão recorrido, de que a criança vive sob a guarda de fato da avó, que não é apenas a provedora material, pois mantém estreito laço afetivo com o neto. Há menção até mesmo de que a avó estaria fazendo o papel dos pais, visto a instabilidade financeira destes. Ressaltou-se, ainda, que o melhor interesse da criança deve ser a máxima a ser trilhada em processos desse jaez, e que resguardar a situação fática já existente, com o consentimento dos próprios pais no intuito de preservar o bem-estar do menor, de forma alguma atenta contra as diretrizes fixadas no Estatuto da Criança e do Adolescente (ECA), as quais são ditadas pela Constituição Federal. Ao contrário, coaduna-se perfeitamente com o disposto no art. 33, § 1º, do referido estatuto, de que a guarda destina-se a regularizar a posse de fato. Por fim, destacou-se que o deferimento da guarda não é definitivo, tampouco faz cessar o poder familiar, o que permite aos pais, futuramente, quando alcançarem estabilidade financeira, reverter a situação, se assim entenderem, na conformidade do art. 35 do ECA. REsp 993.458-MA, Rel. Min.

Nancy Andrighi, julgado em 7/10/2008.

b) "Os recorrentes, avó e tio paternos, ajuizaram ação de guarda e responsabilidade na qual alegam que estão com a guarda fática da menor desde os quatro meses de idade, ou seja, há 12 anos, e que seus genitores não têm condições de criar a filha. Necessitam da regulamentação da guarda da menor para incluí-la como dependente, daí originando direito a ela, inclusive assistência médica. Alegam, ainda, que os pais não se opõem ao pedido. A Turma conheceu e deu provimento ao recurso para conceder a guarda compartilhada ao tio e à avó, uma vez que não há outra perspectiva para a criança a não ser continuar recebendo o cuidado dos parentes que sempre fizeram o melhor para ela. Ademais, existem dois fatores que sopesaram na decisão: o desejo da própria criança em permanecer com os recorrentes e a concordância dos genitores com a guarda pretendida, havendo o reconhecimento de que a menor recebe bons cuidados. REsp 1.147.138-SP, Rel. Min. Aldir Passarinho Junior, julgado em 11/5/2010."

c) No mesmo sentido, "evidenciada a absoluta integração da menor na família extensa e constatado que os avós maternos estão lhe proporcionando condições plenas para seu saudável desenvolvimento, irretocável a sentença que atribuiu a eles a guarda da criança. Existência de estudos técnicos demonstrando que a infante foi vítima de abuso sexual pelo pai registral, do que tinha ciência a genitora. AGRAVO RETIDO NÃO CONHECIDO. APELAÇÃO DESPROVIDA. (Apelação Cível Nº 70054347554, Oitava Câmara Cível, Tribunal de Justiça do RS, Relator: Ricardo Moreira Lins Pastl, Julgado em 15/08/2013)."

d) Em relação à guarda provisória, a Ministra Nancy Andrigui decidiu que "a criança, de poucos dias de vida, foi entregue pelo próprio genitor aos cuidados de uma família amiga (tios de "consideração") residente em outro Estado-membro, em razão dos péssimos cuidados que a genitora dispensava a ela e a outros irmãos (faltavam-lhes condições condignas de higiene, saúde, alimentação, educação e moradia, afora a suspeita de negociação de entrega da criança aos traficantes de drogas locais e o "aluguel" de outro irmão para a mendicância). O próprio pai alega estar impossibilitado de assumir a guarda do infante frente à relutância de sua atual companheira, que já cuida de outro filho seu. Por sua vez, em poucos meses, o casal que acolheu a criança recebeu intimação para que prestasse testemunho em carta precatória e, ainda, entregasse a criança ao oficial de justiça em razão de pedido de providências formulado em juízo pelo conselho tutelar do local onde reside a mãe biológica.

Ao se dirigirem ao fórum daquela cidade, surpreenderam-se com o aparato policial que os obrigou a entregar a criança ao abrigo local. Daí vem o conflito de competência em questão, pois houve a concessão de guarda em pleito ajuizado pelo casal no juízo ora suscitante, que confronta com a determinação do juízo suscitado de entrega da menor, feita no referido pedido de providências. Há conexão entre a ação de guarda e o pedido de providências porquanto, embora sejam dois processos com partes distintas, ambos versam sobre direitos de um único e só bem a ser protegido e preservado: a vida da menor, a determinar que sejam reunidos e julgados conjuntamente. Anote-se que, nesses casos de ações que versem sobre o interesse de crianças, há que se dar primado à preservação dos direitos do infante, com a atenção redobrada, no caso, por força das particularidades que revestem a situação acima descrita. Se a guarda provisória já foi deferida em favor do casal (que já a exercia de fato até a decisão judicial que colocou o menor em abrigo), define-se a competência pelo seu foro de domicílio (art. 147, I, do ECA), sobretudo se nem o pai ou a mãe possuem condições de cuidar da criança. Outrossim, no trato de guarda de menor, não se observa o direito dos pais ou terceiros de terem para si a criança, mas o direito da criança de ser cuidada pelos pais ou família que os substitua (art. 227 da CF/1988 e arts. 3º a 5º do ECA). Visto demonstrado não haver estabilidade afetiva, social, material e espiritual dos genitores dessa criança, ela deve ser novamente inserida provisoriamente na família substituta da qual foi retirada. Com esse entendimento, a Seção definiu como competente o juízo suscitante e determinou a expedição de imediato mandado de entrega da criança ao casal substituto independentemente de trânsito em julgado. Precedentes citados: CC 92.473-PE, DJe 27/10/2009; CC 94.897-DF, DJe 2/2/2009; CC 86.187-MG, DJe 5/3/2008; CC 54.084-PR, DJ 6/11/2006, e CC 62.027-PR, DJ 9/10/2006. CC 108.442-SC, Rel. Min. Nancy Andrighi, julgado em 10/3/2010."

e) Vejamos outra decisão do STJ, esta proferida pelo Ministro Massami Uyeda, julgado em 3/2/2011: "O avô materno, com o intuito de regularizar uma situação de fato, busca a guarda de seu neto, criança com quem convive há vários anos, desde o falecimento do pai do menor. Anote-se que a mãe também convive com eles e concorda com o pleito. Diante disso, aplica-se o entendimento de que, de forma excepcional (art. 33, § 1º, primeira parte, e § 2º desse mesmo artigo do ECA), é possível deferir guarda de infante aos avós que o mantém e lhe proporcionam as melhores condições relativas à assistência material e afetiva, notadamente diante da existência de fortes laços de afeto e carinho entre eles e a criança, tal como comprovado, na espécie, por laudo elaborado pelo serviço social do TJ. Não se desconhece a censura dada por este Superior Tribunal à chamada guarda "previdenciária", que tem a exclusiva finalidade de proporcionar efeitos previdenciários. Contudo, esse, definitivamente, não é o caso dos autos, mostrando-se a questão previdenciária apenas como uma das implicações da guarda (art. 33, § 3º, do ECA). Por último, ressalte-se que a guarda concedida não é definitiva e não tem o efeito de imiscuir-se no poder familiar, sendo, portanto, plenamente reversível. Precedentes citados: REsp 97.069-MG, DJ 1º/9/1997; REsp 82.474-RJ, DJ 29/9/1997; REsp 993.458-MA, DJe 23/10/2008, e REsp 945.283-RN, DJe 28/9/2009. REsp 1.186.086-RO, Rel. Min. Massami Uyeda, julgado em 3/2/2011."

f) Trata-se de avó de oitenta anos que pede guarda da neta que se encontra em sua companhia desde o nascimento. Os pais não se opõem e poderiam, com dificuldade, criar a filha numa situação mais modesta, devido a seus baixos salários e ainda sustentam outro filho. O Ministério Público com isso não concorda, pois os pais poderiam criá-las e a avó encontra-se em idade avançada. A Turma, ao prosseguir o julgamento, por maioria, deu provimento ao recurso nos termos do voto do Min. Relator – que invocou a jurisprudência e o art. 33 do ECA no sentido de que prevalece o interesse da criança no ambiente que melhor assegure seu bem estar, quer físico, quer moral, seja com os pais ou terceiros. Precedente citado: REsp 469.914-RS, DJ 5/5/2003. REsp 686.709-PI, Rel. Min. Humberto Gomes de Barros, julgado em 28/6/2006.

16.5.2 Guarda concedida a pai socioafetivo

Aqui, vale mencionar a decisão do Tribunal de Justiça do Estado de São Paulo que concedeu a guarda ao pai socioafetivo, que cuida da criança de cinco anos de idade desde o nascimento. A 10ª Câmara entendeu que a guarda provisória deve ser do pai socioafetivo, mesmo o pai biológico tendo dado amparo material e afetivo e convivido quinzenalmente com a criança. A mãe morreu em 2015 e o marido impetrou ação na Justiça para ficar com o menor aos seus cuidados, já que o pai biológico levou a criança para outra cidade.

"A decisão foi embasada na tese da jurista Maria Berenice Dias, vice-presidente nacional do Instituto Brasileiro de Direito de Família (IBDFAM), para quem a paternidade não se baseia apenas em fato biológico. "A constância social da relação entre pais e filhos caracteriza uma paternidade que existe não pelo simples fato biológico ou por força de presunção legal, mas em decorrência de uma convivência afetiva. Constituído o vínculo da parentalidade, mesmo quando desligado da verdade biológica, prestigia-se a situação que preserva o elo da afetividade. Pai afetivo é aquele que ocupa, na vida do filho, o lugar do pai (função). É uma espécie de adoção de fato. É aquele que ao dar abrigo, carinho, educação, amor... ao filho, expõe o foro mínimo da filiação, apresentando-se em todos os momentos, inclusive naqueles em que se toma a lição de casa e/ou verifica o boletim escolar. Enfim, é o pai das emoções, dos sentimentos e é o filho do olhar embevecido que reflete aqueles sentimentos que sobre ele se projetam".

Segundo o jurista Cristiano Chaves de Farias, presidente da Comissão Nacional de Promotores de Família do IBDFAM, no atual estágio evolutivo do Direito das Famílias, "máxime à luz da teoria dos precedentes judiciais (consagrada no CPC de 2015), afasta-se a atávica necessidade do jurista de enquadramento de decisões judiciais em um binômio maniqueística de "tese e antítese". Assim sendo, a decisão assume feições distintas, considerados os diferentes aspectos que lhe são subjacentes". Segundo ele, de fato, inexiste hierarquia entre a filiação socioafetiva e a filiação biológica, podendo, inclusive, ambas coexistirem concomitantemente, utilizando a terminologia consagrada na decisão do STF, no recente julgamento em que se admitiu a tese da pluripaternidade (STF, Ac. Tribunal Pleno, RE 898.060/SC, Repercussão Geral 622, rel. Min. Luiz Fux).

"Em sendo assim, não há uma prevalência apriorística entre um, ou outro, critério filiatório. Sempre dependerá da casuística. Trilhando essas pegadas, nota-se que a decisão judicial em comento considera os fatos concretos subjacentes, para estabelecer a guarda do menor a partir do critério do melhor interesse da criança (*the best interest of the child*). De fato, é preciso estabelecer a guarda na pessoa que se mostrar com melhores condições, e aptidões, para exercer o múnus, sem necessariamente vinculação ao critério biológico ou socioafetivo. Daí o acerto de ter invocado um critério correto: a prevalência casuística do melhor interesse da criança, sem uma determinação antecipada de uma preferência pela guarda do pai afetivo ou do pai biológico", disse.

O presidente da Comissão entende que de todo modo, considerando as latitudes e longitudes da própria decisão do STF, não se pode negar a possibilidade de dupla paternidade (pluripaternidade) no caso concreto, inclusive com os efeitos decorrentes e, se for o caso, uma guarda compartilhada entre eles. "Hipotética e abstratamente, a ideia é crível. Dependerá, contudo, do caso concreto a sua materialização, em especial à luz do melhor interesse da criança", garantiu.

Sobre a possibilidade da guarda provisória ser mantida posteriormente, Cristiano Chaves acredita que tudo dependerá da produção de provas no processo. Conforme o jurista, é relevante notar que a guarda está submetida ao melhor interesse da criança e, via de consequência, as provas que serão produzidas podem alterar, substancialmente, o entendimento do magistrado. "A prova será, portanto, o fio condutor da solução do problema, se apresentando como elemento decisivo para saber o critério que prevalecerá. De toda forma, dúvida inexiste de que situações como esta ilustram, com vibrantes cores, tons e matizes, a necessidade de uma vertical discussão acerca dos conceitos de guarda, visitação e custódia de filhos, adaptando institutos com conceitos históricos (praticamente imutáveis) à pluralidade das entidades familiares, consagrada constitucionalmente, inclusive à luz do contributo inestimável da jurisprudência superior (do STF e do STJ) e dos cuidadosos e alvissareiros estudos doutrinários. É chegada a hora de harmonizar a proteção jurídica dos filhos menores aos avanços plurais e múltiplos (e aos próprios arranjos familiares) que foram sendo concebidos, como, inclusive, a multiparentalidade", disse."[4]

16.6 Guarda Alternada

A *guarda compartilhada* não se confunde com a *guarda alternada*. Esta não possui previsão legal no ordenamento jurídico civilístico e representa apenas uma alternância de residências, e.g., quando uma criança permanece uma semana na residência de cada um dos seus genitores.

"A diferença entre guarda alternada e a compartilhada é ontológica. Enquanto a guarda compartilhada de filhos menores é o instituto que visa a participação em nível de igualdade dos genitores nas decisões que se relacionam aos filhos, a guarda alternada se consubstancia na alternância de lares, ou seja, passa a menor a possuir duas casas. A guarda compartilhada é recomendada quando os pais, mesmos separados ou divorciados, convivem em perfeita harmonia e pacificidade." (TJ-ES – Agravo de Instrumento AI 35069000434 ES 35069000434 – TJ-ES, em 23/11/2006).

A divisão, de forma equilibrada, do tempo de convívio dos filhos com a mãe e com o pai, imposta na guarda compartilhada pelo § 2° do art. 1.583 do Código Civil, não deve ser confundida com a imposição do tempo previsto pelo instituto da guarda alternada, pois esta não implica apenas a divisão do tempo de permanência dos filhos com os pais, mas também o exercício exclusivo da guarda pelo genitor que se encontra na companhia do filho (Enunciado 604 do CJF – VII Jornada de Direito Civil).

16.7 Medida Cautelar de Guarda e Guarda Provisória

De acordo com o artigo 1.585 do Código Civil, em sede de medida cautelar de separação de corpos, em sede de medida cautelar de guarda ou em

4 Disponível em:< http://www.ibdfam.org.br/noticias/6162/Decis%C3%A3o+do+TJ-SP+-concede+guarda+a+pai+socioafetivo>. Acesso em: 24 jan. 2017.

outra sede de fixação liminar de guarda, a decisão sobre guarda de filhos, mesmo que provisória,[5] será proferida preferencialmente após a oitiva de ambas as partes perante o juiz, salvo se a proteção aos interesses dos filhos exigir a concessão de liminar sem a oitiva da outra parte, aplicando-se as disposições do art. 1.584.

16.8 Ação de Guarda

A *ação de guarda* segue o procedimento das *ações de família*, prevista no artigo 693 e seguintes do Código de Processo Civil.[6]

---

5 Trata-se, na origem, de ação de guarda: a criança nasceu na Alemanha, o pai é alemão e a mãe é brasileira. A mãe veio para o Brasil com a criança, valendo-se de uma autorização de viagem dada pelo pai, para gozar férias por um período de 30 dias, mas, ao final, desistiu de retornar à Alemanha, solicitou e obteve a guarda provisória da filha na Justiça brasileira e fixou residência no Brasil. Em sede de agravo de instrumento, o tribunal *a quo* extinguiu o processo sem exame do mérito por considerar o juiz brasileiro absolutamente incompetente. A Turma, entre outras questões, entendeu que o acórdão recorrido afastou-se da jurisprudência tanto do STF quanto do STJ que define como competente o juiz brasileiro para dirimir questão sobre a guarda de menor que se encontra em companhia de sua mãe e reside no Brasil. Logo, restaria violado o art. 17 da LICC. Assim, a Turma deu provimento ao recurso para declarar a competência da Justiça brasileira para o processamento e julgamento da referida ação, afastar a extinção do processo sem julgamento de mérito e determinar o retorno dos autos ao tribunal de origem para julgamento do agravo de instrumento. Precedentes citados do STF: SEC 6.729-EX, DJ 13/9/2002; SEC 7.420-EX, DJ 16/12/2005; do STJ: SEC 4.789-US, DJe 27/5/2010, e SEC 841-US, DJe 29/8/2009. REsp 1.164.547-PE, Rel. Min. Maria Isabel Gallotti, julgado em 7/10/2010.

6 Art. 693. As normas deste Capítulo aplicam-se aos processos contenciosos de divórcio, separação, reconhecimento e extinção de união estável, guarda, visitação e filiação.
Parágrafo único. A ação de alimentos e a que versar sobre interesse de criança ou de adolescente observarão o procedimento previsto em legislação específica, aplicando-se, no que couber, as disposições deste Capítulo.
Art. 694. Nas ações de família, todos os esforços serão empreendidos para a solução consensual da controvérsia, devendo o juiz dispor do auxílio de profissionais de outras áreas de conhecimento para a mediação e conciliação.
Parágrafo único. A requerimento das partes, o juiz pode determinar a suspensão do processo enquanto os litigantes se submetem a mediação extrajudicial ou a atendimento multidisciplinar.
Art. 695. Recebida a petição inicial e, se for o caso, tomadas as providências referentes à tutela provisória, o juiz ordenará a citação do réu para comparecer à audiência de mediação e conciliação, observado o disposto no art. 694.
§ 1º O mandado de citação conterá apenas os dados necessários à audiência e deverá estar desacompanhado de cópia da petição inicial, assegurado ao réu o direito de examinar seu conteúdo a qualquer tempo.
§ 2º A citação ocorrerá com antecedência mínima de 15 (quinze) dias da data designada para a audiência.
§ 3º A citação será feita na pessoa do réu.
§ 4º Na audiência, as partes deverão estar acompanhadas de seus advogados ou de defensores públicos.
Art. 696. A audiência de mediação e conciliação poderá dividir-se em tantas sessões quantas sejam necessárias para viabilizar a solução consensual, sem prejuízo de providências jurisdicionais para evitar o perecimento do direito.

O artigo 53, inciso I, alínea a, do CPC diz que o juízo competente para o processamento e o julgamento de divórcio, separação, anulação de casamento, reconhecimento ou dissolução de união estável é aquele cujo foro abrange o lugar em que tem domicílio o "guardião de filho incapaz".

Todavia, vale mencionar, que no caso de *guarda compartilhada*, não se aplica o referido dispositivo processual, mas sim o artigo 53, inciso I, alínea b do CPC cujo juízo competente é aquele cujo foro abranger o lugar do último domicílio do casal.

Se houver litígio pela guarda do filho? A ação teria natureza dúplice? "A questão posta no REsp consiste em saber se a ação de guarda de menor proposta pelo pai que recebe contestação da mãe, a qual também pretende a guarda da criança, tem natureza dúplice, a possibilitar que o juiz negue o pedido do autor e acolha o pleito da requerida, ou se há necessidade do pedido formal de reconvenção. A Turma entendeu que, nas ações de guarda e responsabilidade em que os polos da demanda são preenchidos pelo pai de um lado e pela mãe do outro, ambos litigando pela guarda do filho, pode-se dizer que se trata de ação dúplice decorrente da natureza da relação processual. Isso porque, partindo do pressuposto de que o poder familiar é inerente aos pais e ambos estão pleiteando judicialmente a guarda do filho, é evidente que, se não deferida a um, automaticamente a guarda será do outro, sendo exatamente esse o caso dos autos. É lícito, pois, o pedido da apelada, ora recorrida, formulado em sede de contestação, visto que, sendo a ação de natureza dúplice, desnecessário o oferecimento de reconvenção. O acatamento desse pedido, portanto, não configura sentença *extra petita*. Note-se, contudo, que esse caráter dúplice evidencia-se nas ações de guarda e responsabilidade apenas quando os que em juízo vindicam a guarda do menor forem obrigatoriamente pai e mãe. Se um dos litigantes for terceira pessoa, por exemplo, avô, tio etc., a sentença deve restringir-se ao pedido do autor. É que o poder familiar será exercido pelos pais primeiramente e, apenas em situações excepcionais, poderá vir a ser exercido por pessoas diversas. Assim, se um dos pais pleiteia a guarda de seu filho com outra pessoa qualquer, a ação não terá natureza dúplice, visto que, caso haja a destituição do poder familiar desse pai em litígio, a outra pessoa integrante da relação processual não necessariamente ficará com a guarda do menor. Com esses fundamentos, entre outros, negou-se provimento ao recurso. REsp 1.085.664-DF, Rel. Min. Luis Felipe Salomão, julgado em 3/8/2010."

Art. 697. Não realizado o acordo, passarão a incidir, a partir de então, as normas do procedimento comum, observado o art. 335.

Art. 698. Nas ações de família, o Ministério Público somente intervirá quando houver interesse de incapaz e deverá ser ouvido previamente à homologação de acordo.

Art. 699. Quando o processo envolver discussão sobre fato relacionado a abuso ou a alienação parental, o juiz, ao tomar o depoimento do incapaz, deverá estar acompanhado por especialista.

16.9 Invalidade do Casamento

Consoante o artigo 1.587, no caso de invalidade do casamento, havendo filhos comuns, observar-se-á o disposto nos arts. 1.584 e 1.586.

16.10 Novas Núpcias

O pai ou a mãe que contrair novas núpcias não perde o direito de ter consigo os filhos, que só lhe poderão ser retirados por mandado judicial, provado que não são tratados convenientemente (artigo 1.588, CC).

16.11 Direito de Visitação

O pai ou a mãe, em cuja guarda não estejam os filhos, poderá visitá-los e tê-los em sua companhia, segundo o que acordar com o outro cônjuge, ou for fixado pelo juiz, bem como fiscalizar sua manutenção e educação (artigo 1.589).

16.12 Direito de Visitação dos Avós – Direito à Convivência Familiar

O direito de visita estende-se a qualquer dos avós, a critério do juiz, observados os interesses da criança ou do adolescente (artigo 1.589, parágrafo único).[7] [8]

16.13 Maiores Incapazes

As disposições relativas à guarda e prestação de alimentos aos filhos menores estendem-se aos *maiores incapazes* (artigo 1.590).[9]

---

7 HABEAS CORPUS. AGRAVO. DESPROVIMENTO. DIREITO DE FAMÍLIA. AVÓS E NETO. VISITAÇÃO RECÍPROCA. CAUTELAR. IMPOSSIBILIDADE. AUSÊNCIA DE COAÇÃO ILEGAL. ASPECTOS FÁTICOS E PSICOSSOCIAIS INSOLÚVEIS NA VIA ESTREITA. I. O *habeas corpus* não é via processual idônea para impugnação de decisão tomada no Juízo familiar, competente para a apreciação de matéria de proteção a menor, concernente a visitação recíproca entre avós e neto. II. Agravo improvido. (AgRg nos EDcl no HC 121.807/DF, Rel. Ministro ALDIR PASSARINHO JUNIOR, QUARTA TURMA, julgado em 24/03/2009, DJe 11/05/2009).

8 Apelação cível. Ação de regulamentação de visitas. Avó materna. Possibilidade. Direito à convivência familiar e restabelecimento dos laços familiares. Prevalência do melhor interesse da criança. Visitação assistida. Recurso provido. 1. O direito à convivência e manutenção de laços familiares, previsto nos artigos 4º e 19 da Lei nº 8.069, de 13.06.1990 – Estatuto da Criança e do Adolescente, podem embasar a pretensão de avó materna para visitar sua neta. 2. É conveniente que a visita da avó materna à neta, tendo em conta que a genitora já é falecida, seja feita na presença de pessoa indicada pelo juízo diante da animosidade existente entre as duas famílias. 3. Apelação cível conhecida e provida para deferir o direito de visita da apelante à sua neta com restrições. (TJMG- Apelação Cível 1.0702.07.405527-9/001, Relator(a): Des.(a) Caetano Levi Lopes , 2ª CÂMARA CÍVEL, julgamento em 11/05/2010, publicação da súmula em 19/05/2010).

9 DIREITO CIVIL. RESPONSABILIDADE CIVIL DA GENITORA PELOS DANOS CAUSADOS POR SEU FILHO ESQUIZOFRÊNICO. A mãe de portador de esquizofrenia paranoide que

seja solteiro, maior de idade e more sozinho tem responsabilidade civil pelos danos causados durante os recorrentes surtos agressivos de seu filho, no caso em que ela, plenamente ciente dessa situação, tenha sido omissa na adoção de quaisquer medidas com o propósito de evitar a repetição desses fatos, deixando de tomar qualquer atitude para interditá-lo ou mantê-lo sob sua guarda e companhia. Inicialmente, é importante destacar que a guarda representa mais que um direito dos pais de ter próximos os seus filhos. Revela-se, sobretudo, como um dever de cuidar, de vigiar e de proteger os filhos, em todos os sentidos, enquanto necessária essa proteção. Para reforçar a responsabilidade dos pais em relação aos filhos, dispõe o art. 1.583, § 3°, do CC que "A guarda unilateral obriga o pai ou a mãe que não a detenha a supervisionar os interesses dos filhos". O art. 1.589 do mesmo diploma, por sua vez, mediante outras palavras, afirma que "O pai ou a mãe, em cuja guarda não estejam os filhos, poderá [...] fiscalizar sua manutenção e educação". Ademais, o CC impõe aos genitores, sistemática e reiteradamente, em vários outros dispositivos pertinentes a capítulos diversos, o dever natural de cuidar, de instruir, de proteger e de vigiar sua prole, obrigações essas inseridas no próprio conceito de guarda. A par disso, observa-se que o art. 1.590 do CC – segundo o qual "As disposições relativas à guarda e prestação de alimentos aos filhos menores estendem-se aos maiores incapazes" – estende ao maior incapaz (absoluta ou relativamente) as normas pertinentes à guarda dos filhos menores. No que diz respeito ao caso em análise, destaca-se ser absolutamente necessária e cabível uma interpretação mais positiva desse dispositivo para que seja alcançado, de fato, o real e mais justo objetivo do legislador. Dessa forma, ao portador de esquizofrenia paranoide que comumente tem surtos psicóticos é aplicável a expressão "maiores incapazes", no sentido de não estar apto a praticar, sozinho e indistintamente, todo e qualquer ato da vida civil em todos os momentos. Isso porque o esquizofrênico que sofra, reincidentemente, surtos psicóticos e pratique atos agressivos – como no caso em análise – é, realmente, incapacitado, total ou parcialmente, para a prática de atos da vida civil, mesmo que não oficialmente interditado, demandando cuidados especiais por parte daqueles que estão cientes do problema psiquiátrico, cuja obrigação decorre da lei e da relação de parentesco – genitores, cônjuge, companheiro, filhos etc. –, tudo para proteger o doente e terceiros. Ele deve ser enquadrado, no mínimo, como relativamente incapaz, nos termos do art. 4°, II, do CC (segundo o qual são relativamente incapazes "os que, por deficiência mental, tenham o discernimento reduzido"), tendo em vista que possui momentos intercalados de sanidade, sendo lhe possível, em tese, praticar atos da vida civil, até mesmo desacompanhado, durante os períodos de lucidez. Ademais, dependendo do grau de evolução da doença mental, poderá o enfermo ficar impossibilitado, total e permanentemente, de praticar sozinho quaisquer atos da vida civil, passando a se qualificar como absolutamente incapaz, a teor do disposto no art. 3°, II, do CC (de acordo com o qual são absolutamente incapazes "os que, por enfermidade ou deficiência mental, não tiverem o necessário discernimento para a prática desses atos"). Além do mais, no tocante à possibilidade de o genitor estar sujeito a indenizar os danos causados pelo filho maior incapaz, interpretando sistematicamente o art. 932, I e II, do CC com as normas que disciplinam as obrigações dos pais em relação aos filhos, tem-se que os trechos (i) "estiverem sob sua autoridade e em sua companhia" e (ii) "curatelados, que se acharem nas mesmas condições" são aplicáveis, também, aos casos em que os pais – seja com o propósito de isentar-se de responsabilidades, seja por simples omissão quanto aos deveres de guardar, proteger, vigiar e educar – deixam de impor sua autoridade sobre os maiores reconhecidamente incapazes, de trazê-los para junto de si, de interditá-los e de assumir, oficialmente, o papel de curador quando deveriam tê-lo feito por força das circunstâncias e da lei. Nesse caso, a obrigação dos genitores não depende de interdição judicial, decorrendo de uma situação de fato, qual seja, a sabida deficiência mental instalada. Além disso, dispõe o art. 942 do CC que "Os bens do responsável pela ofensa ou violação do direito de outrem ficam sujeitos à reparação do dano causado; e, se a ofensa tiver mais de um autor, todos responderão solidariamente pela

16.14 Quadro Sinóptico

Espécies de Guarda		
Unilateral	**Compartilhada**	**Alternada**
A guarda é atribuída a um só dos genitores. Aqui, o guardião decide tudo o que se relaciona a vida do filho de forma individual, sem consultar o outro genitor, tais como onde ele estudará, como será sua alimentação, quais atividades extracurriculares que poderá desenvolver, qual o melhor plano de saúde será contratado, que tipo de lazer poderá frequentar, etc.	Aqui, o filho mantém a relação familiar com o ex-casal, da mesma forma como era realizada na convivência conjugal. Os direitos e deveres são recíprocos entre os responsáveis, bem como a mantença dos laços afetivos e amorosos com a criança. As escolhas em relação a vida dos filhos são realizadas de forma conjunta entre os responsáveis, especialmente, quanto à educação, lazer, saúde, alimentação, etc. Nesta espécie de guarda o filho é beneficiado, eis que receberá com a comunhão de esforços e responsabilidades entre os pais, a partir de escolhas conjuntas, estimulando, pois, o diálogo em benefício do filho, ainda que não ocorra uma relação harmônica entre o antigo casal.	Os pais alternam períodos exclusivos de poder parental sobre o filho, por tempo preestabelecido, mediante, inclusive, revezamento de lares, sem qualquer cooperação ou corresponsabilidade. Se a criança estiver sob a guarda física de um dos genitores a gerência da vida da prole será exclusiva daquele guardião, ficando o outro, destarte, afastado da tomada de decisões importantes que possam surgir e da administração legal da criança. O guardião, aqui, é único, em revezamento com o outro ex-cônjuge.

reparação. Parágrafo único. São solidariamente responsáveis com os autores os coautores e as pessoas designadas no art. 932". Diante disso, como, no caso aqui analisado, caberia à genitora tomar cuidados para, ao menos, tentar evitar que seu filho, portador de esquizofrenia paranoide, cometesse agressões contra terceiros – tratando-se, inclusive, de diligência recomendada como forma de protegê-lo de revides –, revela-se flagrante a omissão da mãe no cumprimento das suas obrigações como genitora do incapaz, o que a obriga a indenizar os danos causados pelo seu filho. REsp 1.101.324-RJ, Rel. Min. Antonio Carlos Ferreira, julgado em 13/10/2015, DJe 12/11/2015.

Capítulo 17

BEM DE FAMÍLIA

17.1 Conceito

De acordo com PAULO LOBO, o *bem de família* "é o imóvel destinado à moradia da família do devedor, com os bens móveis que o guarnecem, que não pode ser objeto de penhora judicial para pagamento de dívida. Tem por objeto proteger os membros da família que nele vivem da constrição decorrente da responsabilidade patrimonial, que todos os bens econômicos do devedor ficam submetidos, os quais, na execução, podem ser judicialmente alienados a terceiros ou adjudicados ao credor. O bem ou os bens que integram o bem de família ficam afetados à finalidade de proteção da entidade familiar."[1]

Todos aqueles que integram a entidade familiar e que habitem no imóvel, e não apenas o titular do domínio, são beneficiários do bem de família.

O *bem de família* já constava do Código Civil brasileiro de 1916, fruto da inspiração no *Homestead Exemption Act*, da República do Texas, em 26 de janeiro de 1839 (antes da integração aos Estados Unidos da América), cuja finalidade era assegurar aos agricultores texanos uma porção de terra que ficasse livre de execuções, uma vez que destinado ao domicílio da família, incluindo os móveis aí instalados. ÁLVARO VILLAÇA AZEVEDO diz que o bem de família é um "um meio de garantir um asilo à família, tornando-se o imóvel onde a mesma se instala domicílio impenhorável e inalienável, enquanto forem vivos os cônjuges e até que os filhos completem sua maioridade"[2]

O Código Civil brasileiro de 2002 destinou ao instituto do bem de família, as regras jurídicas dos artigos 1.711 a 1.722. O Código Civil trata, pois, do *bem de família voluntário*, ou seja, aquele formado pela vontade do casal ou de terceiro.

Ademais, outras regras sobre bem de família constam no ordenamento jurídico brasileiro. A Lei 8.009/90 trata do *bem de família* denominado *legal ou involuntário*.

Por fim, a Lei de Registros Públicos (Lei 6.015/73), nos artigos 260 a 265, cuida dos aspectos formais da *instituição do bem de família voluntário*, dispondo sobre a escritura pública, publicidade e registro.

---

1 LOBO, Paulo. *Direito Civil*: Famílias. São Paulo: Saraiva, 2008, p. 369.

2 AZEVEDO, Álvaro Villaça. *Bem de família*. São Paulo: Revista dos Tribunais, 1999, p.94.

17.2 Bem de Família Voluntário

Como dito acima, o Código Civil destinou ao instituto do *bem de família*, as regras jurídicas dos artigos 1.711 a 1.722. O Código Civil trata, pois, do *bem de família voluntário*, ou seja, aquele formado pela vontade do casal ou de terceiro.

17.2.1 Conceito

O *bem de família* consistirá em prédio residencial urbano ou rural, com suas pertenças e acessórios, destinando-se em ambos os casos a domicílio familiar, e poderá abranger valores mobiliários, cuja renda será aplicada na conservação do imóvel e no sustento da família (artigo 1.712).

O prédio e os valores mobiliários, constituídos como bem da família, não podem ter destino diverso (ou seja, domicílio familiar) ou serem alienados sem o consentimento dos interessados e seus representantes legais, ouvido o Ministério Público (artigo 1.717).

O conceito de impenhorabilidade de bem de família abrange também o imóvel pertencente a pessoas solteiras, separadas e viúvas (Súmula 364 do STJ).

De forma inovadora e com inspiração no Direito Civil português, o legislador conceitua *pertenças* no artigo 93 do Código Civil brasileiro de 2002 ao afirmar que "são pertenças os bens que, não constituindo partes integrantes, se destinam, de modo duradouro, ao uso, ao serviço ou ao aformoseamento de outro".

De acordo com FRANCISCO AMARAL, as pertenças "são coisas, móveis ou imóveis, que se destinam ao serviço ou ornamento de outras. Não há aderência material. Destinam-se a explorar, embelezar ou aumentar a utilidade de outro bem e caracterizam-se por servir à finalidade da coisa principal".[3]

O *bem principal* é aquele que "existe sobre si, abstrata ou concretamente", ou seja, é um bem que possui existência autônoma (própria). Já os *bens acessórios* não possuem existência autônoma, já que dependem da existência de outro bem. No artigo 92, o nosso Código Civil afirma que "principal é o bem que existe sobre si, abstrata ou concretamente; acessório, aquele cuja existência supõe a do principal".[4]

O *princípio da gravitação jurídica,* expresso no artigo 59 do Código Civil de 1916, não obstante não ter sido reproduzido pelo nosso Código Civil de 2002, ainda possui aplicação no direito pátrio. Por este princípio, o bem acessório segue a sorte do bem principal, ou seja, o bem acessório gravita juridicamente em torno do bem principal, seguindo, destarte, o seu destino. Melhor dizendo: a natureza do acessório é a mesma do principal.

3 AMARAL, Francisco. *Direito civil:* introdução. 6. ed. Rio de Janeiro: Renovar, 2006, p. 332.
4 Correspondente ao art. 58 do CC de 1916.

De acordo com as lições de BEVILÁQUA, significa dizer: "1°) Que o acessório acompanha o principal em seu destino. 2°) Que o acessório assume a natureza do principal. Por exemplo: o móvel, que adere ao imóvel ou nele é colocado para completar-lhe a entidade econômico-jurídica, torna-se imóvel. 3°) Que o proprietário do principal, em regra, o é também do acessório. Exemplo: o proprietário do solo é dono dos frutos pendentes, se a outrem não for conferido o direito de usufruto".[5]

Já os *valores mobiliários são os títulos representativos de propriedade, crédito, poupanças, depósitos bancários, dentre outros. Os valores mobiliários não poderão exceder o valor do prédio instituído em bem de família, à época de sua instituição (artigo 1.713). Estes deverão ser devidamente individualizados no instrumento de instituição do bem de família (artigo 1.713, § 1º). Se se tratar de títulos nominativos, a sua instituição como bem de família deverá constar dos respectivos livros de registro (artigo 1.713, § 2º). O instituidor poderá determinar que a administração dos valores mobiliários seja confiada a instituição financeira, bem como disciplinar a forma de pagamento da respectiva renda aos beneficiários, caso em que a responsabilidade dos administradores obedecerá às regras do contrato de depósito (artigo 1.713, § 3º).* Qualquer forma de liquidação da entidade administradora, não será atingido os valores a ela confiados, ordenando o juiz a sua transferência para outra instituição semelhante, obedecendo-se, no caso de falência, ao disposto sobre pedido de restituição (artigo 1.718).

17.2.2 Forma de Instituição

Podem os cônjuges, ou a entidade familiar, mediante escritura pública ou testamento, destinar parte de seu patrimônio para instituir bem de família, desde que não ultrapasse um terço do patrimônio líquido existente ao tempo da instituição, mantidas as regras sobre a impenhorabilidade do imóvel residencial (artigo 1.711). No mesmo sentido, o artigo 260 da Lei de Registros Públicos (LRP) diz que "A instituição do bem de família far-se-á por escritura pública, declarando o instituidor que determinado prédio se destina a domicílio de sua família e ficará isento de execução por dívida

O *terceiro* poderá igualmente instituir bem de família por testamento ou doação, dependendo a eficácia do ato da aceitação expressa de ambos os cônjuges beneficiados ou da entidade familiar beneficiada (artigo 1.711, parágrafo único).

O bem de família, quer instituído pelos cônjuges ou por terceiro, constitui-se pelo registro de seu título no Registro de Imóveis (artigo 1.714).

5 BEVILÁQUA, Clóvis. *Código civil dos Estados Unidos do Brasil comentado por Clóvis Beviláqua*. V. 1. Edição histórica. Rio de Janeiro: Rio, 1976, p. 293.

17.2.2.1 Procedimentos

Para a inscrição do bem de família, o instituidor apresentará ao oficial do registro a escritura pública de instituição, para que mande publicá-la na imprensa local e, à falta, na da Capital do Estado ou do Território (artigo 261, LRP). Se não ocorrer razão para dúvida, o oficial fará a publicação, em forma de edital, do qual constará: I – o resumo da escritura, nome, naturalidade e profissão do instituidor, data do instrumento e nome do tabelião que o fez, situação e característicos do prédio; II – o aviso de que, se alguém se julgar prejudicado, deverá, dentro em trinta (30) dias, contados da data da publicação, reclamar contra a instituição, por escrito e perante o oficial (artigo 262, LRP).

Findo o prazo de 30 dias, sem que tenha havido reclamação, o oficial transcreverá a escritura, integralmente, no livro nº 3 e fará a inscrição na competente matrícula, arquivando um exemplar do jornal em que a publicação houver sido feita e restituindo o instrumento ao apresentante, com a nota da inscrição (artigo 263, LRP).

Se for apresentada reclamação, dela fornecerá o oficial, ao instituidor, cópia autêntica e lhe restituirá a escritura, com a declaração de haver sido suspenso o registro, cancelando a prenotação. O instituidor poderá requerer ao Juiz que ordene o registro, sem embargo da reclamação. Se o Juiz determinar que proceda ao registro, ressalvará ao reclamante o direito de recorrer à ação competente para anular a instituição ou de fazer execução sobre o prédio instituído, na hipótese de tratar-se de dívida anterior e cuja solução se tornou inexequível em virtude do ato da instituição. O despacho do Juiz será irrecorrível e, se deferir o pedido será transcrito integralmente, juntamente com o instrumento (artigo 264 e parágrafos, LRP).

Quando o bem de família for instituído juntamente com a transmissão da propriedade (Decreto-Lei n. 3.200, de 19 de abril de 1941, art. 8°, § 5º), a inscrição far-se-á imediatamente após o registro da transmissão ou, se for o caso, com a matrícula (artigo 265, LRP).

17.2.3 Execução por Dívidas

O *bem de família* é isento de execução por dívidas posteriores à sua instituição, salvo as que provierem de tributos relativos ao prédio, ou de despesas de condomínio (artigo 1.715). No caso de execução pelas dívidas mencionadas, o saldo existente será aplicado em outro prédio, como bem de família, ou em títulos da dívida pública, para sustento familiar, salvo se motivos relevantes aconselharem outra solução, a critério do juiz (artigo 1.715, parágrafo único).

Qual a duração da impenhorabilidade do bem de família? A isenção durará enquanto viver um dos cônjuges, ou, na falta destes, até que os filhos completem a maioridade (artigo 1.716).

17.2.4 Administração do bem de família

Salvo disposição em contrário do ato de instituição, a administração do bem de família compete a ambos os cônjuges, resolvendo o juiz em caso de divergência (artigo 1.720). Com o falecimento de ambos os cônjuges, a administração passará ao filho mais velho, se for maior, e, do contrário, a seu tutor (artigo 1.720, parágrafo único).

17.2.5 Dissolução da sociedade conjugal

A dissolução da sociedade conjugal não extingue o bem de família (artigo 1.721). Dissolvida a sociedade conjugal pela morte de um dos cônjuges, o sobrevivente poderá pedir a extinção do bem de família, se for o único bem do casal (artigo 1.721, parágrafo único).

17.2.6 Extinção e Sub-rogação do bem de família

Comprovada a impossibilidade da manutenção do bem de família nas condições em que foi instituído, poderá o juiz, a requerimento dos interessados, extingui-lo ou autorizar a sub-rogação dos bens que o constituem em outros, ouvidos o instituidor e o Ministério Público (artigo 1.719).

O *bem de família*, também, será extinto com a morte de ambos os cônjuges e a maioridade dos filhos, desde que não sujeitos a curatela (artigo 1.722).

17.3 Bem de Família Legal ou Involuntário

O *bem de família legal* ou *involuntário* é aquele disciplinado na Lei 8.009/90. A instituição do bem de família ocorre pelo simples fato de a família residir no imóvel de sua propriedade, seja urbano ou rural (aqui basta uma simples prova documental para provar o bem de família legal). O artigo 1° da Lei 8.009/90 prescreve que "o imóvel residencial próprio do casal, ou da entidade familiar,[6] é impenhorável e não responderá por qualquer tipo de dívida

6 DIREITO CIVIL. CARACTERIZAÇÃO COMO BEM DE FAMÍLIA DO ÚNICO IMÓVEL RESIDENCIAL DO DEVEDOR CEDIDO A FAMILIARES. Constitui bem de família, insuscetível de penhora, o único imóvel residencial do devedor em que resida seu familiar, ainda que o proprietário nele não habite. De fato, deve ser dada a maior amplitude possível à proteção consignada na lei que dispõe sobre o bem de família (Lei 8.009/1990), que decorre do direito constitucional à moradia estabelecido no caput do art. 6° da CF, para concluir que a ocupação do imóvel por qualquer integrante da entidade familiar não descaracteriza a natureza jurídica do bem de família. Antes, porém, isso reafirma esta condição. Impõe-se lembrar, a propósito, o preceito contido no art. 226, caput, da CF – segundo o qual a família, base da sociedade, tem especial proteção do Estado –, de modo a indicar que aos dispositivos infraconstitucionais pertinentes se confira interpretação que se harmonize com o comando constitucional, a fim de assegurar efetividade à proteção a todas as entidades familiares em igualdade de condições. Dessa forma, tem-se que a Lei 8.009/1990 protege, em verdade, o único imóvel residencial de penhora. Se esse imóvel encontra-se cedido a familiares, filhos,

civil, comercial, fiscal, previdenciária ou de outra natureza, contraída pelos cônjuges ou pelos pais ou filhos que sejam seus proprietários e nele residam, salvo nas hipóteses previstas nesta lei. A impenhorabilidade compreende o imóvel sobre o qual se assentam a construção, as plantações, as benfeitorias de qualquer natureza e todos os equipamentos, inclusive os de uso profissional, ou móveis que guarnecem a casa, desde que quitados (artigo 1°, parágrafo único, da Lei 8009/90). Estão excluídos da impenhorabilidade os veículos de transporte, obras de arte e adornos suntuosos (artigo 2°, Lei 8.009/90).

Para os efeitos de impenhorabilidade, considera-se residência um único imóvel utilizado pelo casal ou pela entidade familiar para moradia permanente. Na hipótese de o casal, ou entidade familiar, ser possuidor de vários imóveis utilizados como residência, a impenhorabilidade recairá sobre o de menor valor, salvo se outro tiver sido registrado, para esse fim, no Registro de Imóveis (artigo 5° e parágrafo único da Lei 8.009/90).

Se o imóvel for locado? No caso de imóvel locado, a impenhorabilidade aplica-se aos bens móveis quitados que guarneçam a residência e que sejam de propriedade do locatário (artigo 2°, parágrafo único, Lei 8.009/90).

Vale mencionar, ainda, a Súmula 486 do STJ que traduz o *bem de família indireto*, eis que "é impenhorável o único imóvel residencial do devedor que esteja locado a terceiros, desde que a renda obtida com a locação seja revertida para a subsistência ou a moradia da sua família".

É viável a penhora de parte do imóvel caracterizado como bem de família, quando desmembrável. (AgRg no Ag 1406830/SC, Rel. Ministro MARCO BUZZI, QUARTA TURMA, julgado em 26/06/2012, DJe 01/08/2012).

17.3.1 Exceções à impenhorabilidade

De acordo com o artigo 3° da Lei 8.009/90, a impenhorabilidade é oponível em qualquer processo de execução civil, fiscal, previdenciária, trabalhista ou de outra natureza, salvo se movido:

I – em razão dos créditos de trabalhadores da própria residência e das respectivas contribuições previdenciárias;

---

enteados ou netos, que nele residem, ainda continua sendo bem de família. A circunstância de o devedor não residir no imóvel não constitui óbice ao reconhecimento do favor legal. Observe que o art. 5° da Lei 8.009/1990 considera não só a utilização pelo casal, geralmente proprietário do imóvel residencial, mas pela entidade familiar. Basta uma pessoa da família do devedor residir para obstar a constrição judicial. Ressalte-se que o STJ reconhece como impenhorável o imóvel residencial cuja propriedade seja de pessoas sozinhas, nos termos da Súmula 364, que dispõe: "O conceito de impenhorabilidade de bem de família abrange também o imóvel pertencente a pessoas solteiras, separadas e viúvas". Além do mais, é oportuno registrar que essa orientação coaduna-se com a adotada pela Segunda Seção do STJ há longa data, que reconhece como bem de família, inclusive, o único imóvel residencial do devedor oferecido à locação, de modo a garantir a subsistência da entidade familiar. EREsp 1.216.187-SC, Rel. Min. Arnaldo Esteves Lima, julgado em 14/5/2014.

II – pelo titular do crédito decorrente do financiamento destinado à construção ou à aquisição do imóvel, no limite dos créditos e acréscimos constituídos em função do respectivo contrato;

III – pelo credor de pensão alimentícia;

IV – para cobrança de impostos, predial ou territorial, taxas e contribuições devidas em função do imóvel familiar; são, pois, obrigações *propter rem*, que seguem o bem com qualquer que com ele se encontre (também denominadas de obrigações ambulatórias).

V – para execução de hipoteca sobre o imóvel oferecido como garantia real pelo casal ou pela entidade familiar;

VI – por ter sido adquirido com produto de crime ou para execução de sentença penal condenatória a ressarcimento, indenização ou perdimento de bens, *e.g.*, no caso de erro médico.[7]

VII – por obrigação decorrente de fiança concedida em contrato de locação.[8] Nesse sentido, "FIADOR. Locação. Ação de despejo. Sentença de procedência. Execução. Responsabilidade solidária pelos débitos do afiançado. Penhora de seu imóvel residencial. Bem de família. Admissibilidade. Inexistência de afronta ao direito de moradia, previsto no art. 6º da CF. Constitucionalidade do art.3º, inc. VII, da Lei nº 8.009/90, com a redação da Lei nº 8.245/91. Recurso extraordinário desprovido. Votos vencidos. A penhorabilidade do bem de família do fiador do contrato de locação, objeto do art. 3º, inc. VII, da Lei nº 8.009, de 23 de março de 1990, com a redação da Lei nº 8.245, de 15 de outubro de 1991, não ofende o art. 6º da Constituição da República (RE 407688, Relator(a): Min. CEZAR PELUSO, Tribunal Pleno, julgado em 08/02/2006, DJ 06-10-2006 PP-00033 EMENT VOL-02250-05 PP-

---

7 Trata-se da possibilidade de penhorar bem imóvel em execução de título judicial oriundo de ação indenizatória em razão da prática de erro médico. No caso, houve a condenação para indenizar danos morais e materiais sem, contudo, determinar a obrigação de prestar alimentos, logo afastada a incidência do art. 3º, III, da Lei n. 8.009/1990. Quanto à exceção prevista no art. 3º, VI, da referida lei, não se deve aplicá-la em ilícito civil, quando não houver expressamente sentença penal condenatória, como lá previsto. Portanto, no caso, não é possível a penhora questionada. REsp 711.889-PR, Rel. Min. Luis Felipe Salomão, julgado em 22/6/2010.

8 AGRAVO REGIMENTAL. RECURSO ESPECIAL. CIVIL E PROCESSUAL CIVIL.
FIANÇA LOCATÍCIA. PENHORA DE FRAÇÃO IDEAL. IMÓVEL UTILIZADO COMO RESIDÊNCIA DE OUTRO COPROPRIETÁRIO. CARACTERIZADO COMO BEM DE FAMÍLIA. POSSIBILIDADE DE PENHORA. PRECEDENTE DA CORTE ESPECIAL.
AGRG NO ERESP 911.321/RS.
1. Possibilidade de penhora de fração ideal de imóvel caracterizado como bem de família.
2. Precedente específico da Corte Especial (AgRg nos EREsp 911.321/RS, Rel. Ministro ARNALDO ESTEVES LIMA, CORTE ESPECIAL, julgado em 05/12/2011, DJe 03/05/2012).
3. AGRAVO REGIMENTAL DESPROVIDO.
(AgRg no REsp 1286261/SP, Rel. Ministro PAULO DE TARSO SANSEVERINO, TERCEIRA TURMA, julgado em 20/02/2014, DJe 10/03/2014)

00880 RTJ VOL-00200-01 PP-00166 RJSP v. 55, n. 360, 2007, p. 129-147).[9]

Aqui, a questão ainda não está pacificada, uma vez que o próprio STF, em 2005, julgou o Recurso Extraordinário 352.940-4 SP, de relatoria do pró-

---

9 "Bem de família de fiador pode ser penhorado, entende o plenário

O único imóvel (bem de família) de uma pessoa que assume a condição de fiador em contrato de aluguel pode ser penhorado, em caso de inadimplência do locatário. A decisão foi tomada por maioria pelo plenário do Supremo Tribunal Federal que rejeitou um Recurso Extraordinário (RE 407688), no qual a questão era discutida.

No recurso, o fiador M.J.P. contestou decisão do Segundo Tribunal de Alçada Civil de São Paulo, que havia determinado a penhora de seu único imóvel para o pagamento de dívidas decorrentes de contrato de locação. O tribunal paulista entendeu que a Lei 8.009/90 protege o bem de família, mas faz uma ressalva, no entanto, para os casos em que o imóvel é dado como garantia pelo fiador, em contrato de aluguel (artigo 3°, inciso VII).

A questão chegou ao Supremo porque o fiador, inconformado com a decisão do tribunal paulista, recorreu alegando que o dispositivo da Lei 8.009/90 ofende o artigo 6° da Constituição Federal, alterado pela Emenda Constitucional 26/2000, que incluiu a moradia no rol dos direitos sociais amparados pelo texto constitucional.

O julgamento

Durante o julgamento pelo plenário do STF, os ministros debateram duas questões: se deve prevalecer a liberdade individual e constitucional de alguém ser ou não fiador, e arcar com essa respectiva responsabilidade, ou se o direito social à moradia, previsto na Constituição, deve ter prevalência.

Isso implicaria dizer se o artigo 3°, inciso VII da Lei 8.009/90 estaria ou não em confronto com o texto constitucional, ao permitir a penhora do bem de família do fiador, para o pagamento de dívidas decorrentes de aluguel.

O relator da matéria, ministro Cezar Peluso, entendeu que a Lei 8.009/90 é clara ao tratar como exceção à impenhorabilidade o bem de família de fiador. Segundo o ministro Peluso, o cidadão tem a liberdade de escolher se deve ou não avalizar um contrato de aluguel e, nessa situação, o de arcar com os riscos que a condição de fiador implica.

O ministro Peluso não vê incompatibilidade entre o dispositivo da lei e a Emenda Constitucional 26/2000 que trata do direito social à moradia, ao alterar o artigo 6° da Constituição Federal. O voto do ministro Peluso foi acompanhado pelos ministros Joaquim Barbosa, Gilmar Mendes, Ellen Gracie, Marco Aurélio, Sepúlveda Pertence e Nelson Jobim.

A divergência

O ministro Eros Grau divergiu do relator, no sentido de afastar a possibilidade de penhora do bem de família do fiador. O ministro citou como precedentes dois Recursos Extraordinários (RE 352940 e 449657) relatados pelo ministro Carlos Velloso (aposentado) e decididos no sentido de impedir a penhora do único imóvel do fiador. Nesses dois recursos entendeu que o dispositivo da lei ao excluir o fiador da proteção contra a penhora de seu imóvel feriu o princípio constitucional da isonomia.

Esse entendimento também foi citado pelos ministros Carlos Ayres Britto e Celso de Mello, que acompanharam a divergência aberta pelo ministro Eros Grau. Os três votos divergentes no julgamento foram no sentido de que a Constituição ampara a família e a sua moradia e que essa proteção consta do artigo 6° da Carta Magna, de forma que o direito à moradia seria um direito fundamental de 2ª geração, que tornaria indisponível o bem de família para a penhora.

Mas prevaleceu o entendimento do relator. Por 7 votos a 3, o plenário acompanhou o voto do ministro Cezar Peluso e negou provimento ao Recurso Extraordinário, mantendo, desta forma, a decisão proferida pelo Tribunal de Alçada de São Paulo, que determinou a penhora do bem de família do fiador." Disponível em: < http://www.stf.jus.br/portal/cms/verNoticiaDetalhe.asp?idConteudo=66391>. Acesso em: 25 jan. 2017.

prio Ministro CARLOS VELLOSO, decidindo pela inconstitucionalidade do referido dispositivo.[10]

---

10 "O imóvel residencial é bem de família impenhorável mesmo que seja para o pagamento de uma dívida contraída por fiança. A decisão é do ministro Carlos Velloso, que julgou Recurso Extraordinário de um casal de São Paulo. O casal recorreu ao Supremo Tribunal Federal para não ter a casa da família penhorada para pagamento de dívida. O casal era fiador em contrato de locação de imóvel.

Carlos Velloso observou que, embora a Lei 8.245/91 permita a penhora de imóvel de família por "obrigação decorrente de fiança concedida em contrato de locação", o artigo 6º da Constituição impede a penhora. Segundo o ministro, esse impedimento ocorreu a partir da Emenda Constitucional nº 26, promulgada em 14 de fevereiro de 2000, que incluiu a moradia entre os direitos sociais garantidos pela Constituição. As informações são do site do STF. Íntegra da decisão do ministro Carlos Velloso: RECURSO EXTRAORDINÁRIO 352.940-4 SP – CONSTITUCIONAL. CIVIL. FIADOR: BEM DE FAMÍLIA: IMÓVEL RESIDENCIAL DO CASAL OU DE ENTIDADE FAMILIAR: IMPENHORABILIDADE. Lei nº 8.009/90, arts. 1º e 3º. Lei 8.245, de 1991, que acrescentou o inciso VII, ao art. 3º, ressalvando a penhora "por obrigação decorrente de fiança concedida em contrato de locação": sua não-recepção pelo art. 6º, C.F., com a redação da EC 26/2000. Aplicabilidade do princípio isonômico e do princípio de hermenêutica: *ubi eadem ratio, ibi eadem legis dispositio*: onde existe a mesma razão fundamental, prevalece a mesma regra de Direito. Recurso extraordinário conhecido e provido.

DECISÃO: – Vistos. O acórdão recorrido, em embargos à execução, proferido pela Quarta Câmara do Eg. Segundo Tribunal de Alçada Civil do Estado de São Paulo, está assim ementado:

"A norma constitucional que inclui o direito à moradia entre os sociais (artigo 6º do Estatuto Político da República, texto conforme a Emenda 26, de 14 de fevereiro de 2000) não é imediatamente aplicável, persistindo, portanto, a penhorabilidade do bem de família de fiador de contrato de locação imobiliária urbana.

A imposição constitucional, sem distinção ou condicionamento, de obediência ao direito adquirido, ao ato jurídico perfeito e à coisa julgada é inarredável, ainda que se cuide, a regra eventualmente transgressora, de norma de alcance social e de ordem pública." (Fl. 81)

Daí o RE, interposto por ERNESTO GRADELLA NETO e GISELDA DE FÁTIMA GALVES GRADELLA, fundado no art. 102, III, a, da Constituição Federal, sustentando, em síntese, o seguinte:

a) impenhorabilidade do bem de família do fiador em contrato de locação, dado que o art. 6º da Constituição Federal, que se configura como auto-aplicável, assegura o direito à moradia, o que elidiria a aplicação do disposto no art. 3º, VII, da Lei 8.009/90, redação da Lei 8.245/91;

b) inexistência de direito adquirido contra a ordem pública, porquanto "(...) a norma constitucional apanha situações existentes sob sua égide, ainda que iniciadas no regime antecedente" (fl. 88).

Admitido o recurso, subiram os autos.

A Procuradoria-Geral da República, em parecer lavrado pela ilustre Subprocuradora-Geral da República, Drª. Maria Caetana Cintra Santos, opinou pelo não-conhecimento do recurso. Autos conclusos em 15.10.2004.

Decido.

A Lei 8.009, de 1990, art. 1º, estabelece a impenhorabilidade do imóvel residencial do casal ou da entidade familiar e determina que não responde o referido imóvel por qualquer tipo de dívida, salvo nas hipóteses previstas na mesma lei, art. 3º, inciso I a VI.

Acontece que a Lei 8.245, de 18.10.91, acrescentou o inciso VII, a ressalvar a penhora "por obrigação decorrente de fiança concedida em contrato de locação."

A discussão ganha densidade doutrinária, uma vez que FLÁVIO TARTUCE, PABLO STOLZE GAGLIANO, RODOLFO PAMPLONA FILHO, CRISTIANO CHAVES DE FARIAS e NELSON ROSENVALD entendem que a previsão legal é flagrantemente inconstitucional, ferindo a isonomia e a razoabilidade."[11] TARTUCE e BRASILINO dizem que "ao amparar o bem de família legal, a Lei n. 8.009/90, com guarida nos princípios constitucionais – especialmente no direito fundamental à moradia –, assegura o mínimo existencial. Em reforço, no plano fático surge constatação natural que revela a quebra da isonomia. Isso porque o fiador, em regra devedor subsidiário, não tem proteção da impenhorabilidade; enquanto o devedor principal está devidamente amparado. Em outras palavras, o fiador – por não ter assegurada a proteção

É dizer, o bem de família de um fiador em contrato de locação teria sido excluído da impenhorabilidade.
Acontece que o art. 6º da C.F., com a redação da EC nº 26, de 2000, ficou assim redigido: "Art. 6º. São direitos sociais a educação, a saúde, o trabalho, a moradia, a segurança a previdência social, a proteção à maternidade e à infância, a assistência aos desamparados, na forma desta Constituição."
Em trabalho doutrinário que escrevi -- "Dos Direitos Sociais na Constituição do Brasil", texto básico de palestra que proferi na Universidade de Carlos III, em Madri, Espanha, no Congresso Internacional de Direito do Trabalho, sob o patrocínio da Universidade Carlos III e da ANAMATRA, em 10.3.2003 -- registrei que o direito à moradia, estabelecido no art. 6º, C.F., é um direito fundamental de 2ª geração -- direito social -- que veio a ser reconhecido pela EC 26, de 2000.
O bem de família -- a moradia do homem e sua família -- justifica a existência de sua impenhorabilidade: Lei 8.009/90, art. 1º. Essa impenhorabilidade decorre de constituir a moradia um direito fundamental.
Posto isso, veja-se a contradição: a Lei 8.245, de 1991, excepcionando o bem de família do fiador, sujeitou o seu imóvel residencial, imóvel residencial próprio do casal, ou da entidade familiar, à penhora. Não há dúvida que ressalva trazida pela Lei 8.245, de 1991, "inciso VII do art. 3º" feriu de morte o princípio isonômico, tratando desigualmente situações iguais, esquecendo-se do velho brocardo latino: *ubi eadem ratio, ibi eadem legis dispositio*, ou em vernáculo: onde existe a mesma razão fundamental, prevalece a mesma regra de Direito.
Isto quer dizer que, tendo em vista o princípio isonômico, o citado dispositivo ¾ inciso VII do art. 3º, acrescentado pela Lei 8.245/91, não foi recebido pela EC 26, de 2000.
Essa não recepção mais se acentua diante do fato de a EC 26, de 2000, ter estampado, expressamente, no art. 6º, C.F., o direito à moradia como direito fundamental de 2ª geração, direito social. Ora, o bem de família -- Lei 8.009/90, art. 1º -- encontra justificativa, foi dito linha atrás, no constituir o direito à moradia um direito fundamental que deve ser protegido e por isso mesmo encontra garantia na Constituição.
Em síntese, o inciso VII do art. 3º da Lei 8.009, de 1990, introduzido pela Lei 8.245, de 1991, não foi recebido pela CF, art. 6º, redação da EC 26/2000.
Do exposto, conheço do recurso e dou-lhe provimento, invertidos os ônus da sucumbência. Publique-se. Brasília, 25 de abril de 2005. Ministro CARLOS VELLOSO – Relator." Disponível em: < http://www.conjur.com.br/2005-abr-26/ministro_stf_barra_penhora_pagamento_fianca>. Acesso em: 25 jan. 2017.

11 TARTUCE, Flávio. BRASILINO, Fábio Ricardo Rodrigues. o bem de família do fiador à luz do direito civil constitucional: a inconstitucionalidade do inciso vii, art. 3º da lei n. 8.009/1990. In: MEZZAROBA, Orides; AYUDA, Fernando Galindo. (Orgs) *I Encontro de Internacionalização do CONPEDI*. Barcelona: Ediciones Laborum, 2015, p.24.

do bem de família –, perde o seu imóvel e no exercício do seu direito de regresso não conseguirá penhorar o imóvel de residência do locatário, que é o devedor principal. Isso é inconcebível juridicamente, pois a fiança é contrato acessório e, como tal, não pode trazer mais obrigações que o contrato principal. Na expressão destacada fica flagrante o atentado à razoabilidade e à proporcionalidade."[12]

Verifica-se, pois, que estamos diante de uma antinomia de princípios constitucionais, isto é, se deve prevalecer a *liberdade individual* e constitucional de alguém ser ou não fiador, e arcar com essa respectiva responsabilidade, ou se o *direito social à moradia*, previsto na Constituição, deve ter prevalência.

Não desconhecemos que a relação jurídica deve ser permeada pela cooperação e solidariedade. Da mesma forma que a obrigação jurídica deve ser compreendida como a realização do Direito, inserida no seu contexto histórico-cultural, ou seja, a ideia de relação jurídica obrigacional deve estar em harmonia com os direitos fundamentais, com vistas a repersonalização da pessoa. É a tutela de interesses patrimoniais (credor e devedor) em sintonia com os cânones da tutela da dignidade da pessoa humana.[13]

Não obstante, *in casu*, *data maxima venia*, entendemos que a liberdade individual e constitucional de ser ou não fiador deve prevalecer. A autonomia da vontade e liberdade contratual continuam como a *gênese do direito privado*, ainda que mitigadas pelos novos paradigmas contratuais, tais como a boa-fé objetiva, a função social do contrato, a eticidade, o equilíbrio econômico, etc. A regra jurídica é clara e não há falar-se em ferimento ao princípio da boa-fé, até mesmo porque ao assumir a situação jurídica de fiador, a pessoa o faz com todas as suas responsabilidades.

Caso contrário, teríamos que ter fôlego para desconstituir autores alemães, como Von Amira e Von Gierke, com base no trabalho de Brinz, que perceberam o dualismo na jurisprudência das tribos alemãs da Idade Média. Tal dualismo se revela na terminologia concernente ao *direito das obrigações*.

Ora, o vínculo obrigacional é criador de um amálgama entre credor e devedor, traduzindo para o credor o direito à prestação (crédito) e a pretensão que representa a possibilidade de exigir a prestação; para o devedor o dever de prestar (débito) e a responsabilidade (*haftung*) que se configura na garantia da execução da prestação.

Isso significa que caso ocorra o inadimplemento da prestação, evento comum no mundo jurídico obrigacional, utiliza-se um mecanismo para compelir o devedor a cumprir a obrigação, qual seja: o devedor responde *com o seu patrimônio* pela garantia da prestação.

---

12 Ibid., p.25.

13 MELLO, Cleyson de Moraes. *Código civil interpretado*. Rio de Janeiro: Freitas Bastos, 2007, p. XXIII.

Daí se falar em débito *(schuld; debitum)* e responsabilidade (*haftung; obligatio*). Em regra, nas obrigações débito e responsabilidade são os lados da mesma moeda.

Todavia, nem sempre *débito* e *responsabilidade* andam juntos, já que existem exceções. Vejamos: a) Nas obrigações naturais e nas dívidas prescritas existe o elemento débito, mas o credor não possui legitimidade de exigir o cumprimento da prestação, ou seja, não existe a responsabilidade. b) Nos contratos de fiança, o fiador responsabiliza-se pelo débito de terceiro (outrem).

Na obrigação do fiador somente existe a *responsabilidade* e não há *débito.* No contrato de fiança, o fiador assume uma obrigação de responder pelo inadimplemento do afiançado. O fiador, na realidade, não é o devedor, já que este assume perante o credor a responsabilidade pelo pagamento, mas não o débito. O débito pertence ao afiançado.

Assim, até que a regra jurídica não seja revogada, a melhor solução será não ser fiador ou o locatário optar por outras formas de garantia locatícia.

17.3.2 Bem de família luxuoso (bem de valor elevado)

Inexiste exceção legal, de acordo com o artigo 3º da Lei 8.009/90, que possibilite a penhorabilidade do bem de família luxuoso. Nesse sentido, o Ministro MASSAMI UYEDA, no Recurso Especial 1.178.469, da Terceira Turma do STJ, em 10/12/2010 decidiu que "a avaliação da natureza do bem de família, amparado pela Lei n° 8.009/90, por ser questão de ordem pública e não se sujeitar à preclusão, comporta juízo dinâmico. E essa circunstância é moldada pelos princípios basilares dos direitos humanos, dentre eles, o da dignidade da pessoa humana, um dos fundamentos do nosso Estado Democrático, nos termos do 1º, inciso III, da Constituição da República. Para que seja reconhecida a impenhorabilidade do bem de família, de acordo com o artigo 1º, da Lei n° 8.009/90, basta que o imóvel sirva de residência para a família do devedor, sendo irrelevante o valor do bem. O art. 3º da Lei nº 8.009/90, que trata das exceções à regra da impenhorabilidade, não faz traz nenhuma indicação concernente ao valor do imóvel. Portanto, é irrelevante, para efeitos de impenhorabilidade, que o imóvel seja considerado luxuoso ou de alto padrão. Precedente da *e.g.* Quarta Turma. [...] (RESP 1.178.469, MASSAMI UYEDA, STJ – TERCEIRA TURMA, DJE DATA:10/12/2010)."

A questão que surge é: *a constrição de bem imóvel de família de elevado valor demanda um juízo de ponderação acerca das circunstâncias fático-jurídicas do caso concreto*? Neste caso, exsurgem duas soluções, a saber:

a) *Não*, pois deve-se aplicar a regra de impenhorabilidade absoluta trazida pela Lei nº 8.009/90, em seu artigo 3º, diante de uma interpretação literal do dispositivo, realizando, pois, uma subsunção do fato a norma, utilizando a lógica formal.

b) *Sim*, no sentido de ponderar no caso concreto decidindo de um lado a situação da dignidade da pessoa humana do devedor e de outro lado os direitos e/ou valores fundamentais envolvidos na demanda executiva, *e.g.*, o direito fundamental do credor a uma tutela efetiva e adequada (neste caso, necessário um juízo de ponderação acerca das circunstâncias fático-jurídicas do caso concreto).

Não podemos esquecer a decisão do Recurso Especial n. 182.223/SP, de relatoria do Ministro HUMBERTO GOMES DE BARROS, em 6 de fevereiro de 2002, que ampliou a exegese do art. 1º da Lei n. 8.009/1990, de forma a admitir a impenhorabilidade do imóvel de devedor solteiro e solitário, de forma a assegurar ao indivíduo que vive sozinho o direito à moradia.

Ademais, ainda utilizando-se de uma ampliação hermenêutica, o Ministro Luiz Fux, no Recurso Especial n. 621.399/RS, declarou a impenhorabilidade de imóvel de uma *pessoa jurídica* que, além de ser sede da pequena empresa familiar, também servia de moradia aos membros da entidade familiar. O Ministro afirmou que "impõe-se exegese humanizada, à luz do fundamento da República voltado à proteção da dignidade da pessoa humana, por isso que, expropriar em execução por quantia certa esse imóvel, significa o mesmo que alienar bem de família".

Interessante decisão foi proferida pelo Ministro LUIS FELIPE SALOMÃO, no REsp n. 950.663/ SC, da 4ª Turma do STJ, uma vez que foi utilizado como argumentos o direito fundamental à moradia, como consequente desdobramento do princípio da pessoa humana, e o Estatuto do Idoso (Lei n. 10.741/2003). Vejamos:

> "1. A Lei 8.009/1990 institui a impenhorabilidade do bem de família como um dos instrumentos de tutela do direito constitucional fundamental à moradia e, portanto, indispensável à composição de um mínimo existencial para vida digna, sendo certo que o princípio da dignidade da pessoa humana constitui-se em um dos baluartes da República Federativa do Brasil (art. 1º da CF/1988), razão pela qual deve nortear a exegese das normas jurídicas, mormente aquelas relacionadas a direito fundamental.
> 2. A Carta Política, no capítulo VII, intitulado "Da Família, da Criança, do Adolescente, do Jovem e do Idoso", preconizou especial proteção ao idoso, incumbindo desse mister a sociedade, o Estado e a própria família, o que foi regulamentado pela Lei 10.741/2003 (Estatuto do Idoso), que consagra ao idoso a con-

dição de sujeito de todos os direitos fundamentais, conferindo-lhe expectativa de moradia digna no seio da família natural, e situando o idoso, por conseguinte, como parte integrante dessa família.
3. O caso sob análise encarta a peculiaridade de a genitora do proprietário residir no imóvel, na condição de usufrutuária vitalícia, e aquele, por tal razão, habita com sua família imóvel alugado. Forçoso concluir, então, que a Constituição Federal alçou o direito à moradia à condição de desdobramento da própria dignidade humana, razão pela qual, quer por considerar que a genitora do recorrido é membro dessa entidade familiar, quer por vislumbrar que o amparo à mãe idosa é razão mais do que suficiente para justificar o fato de que o nu-proprietário habita imóvel alugado com sua família direta, ressoa estreme de dúvidas que o seu único bem imóvel faz jus à proteção conferida pela Lei 8.009/1990.
4. Ademais, no caso ora sob análise, o Tribunal de origem, com ampla cognição fático-probatória, entendeu pela impenhorabilidade do bem litigioso, consignando a inexistência de propriedade sobre outros imóveis. Infirmar tal decisão implicaria o revolvimento de fatos e provas, o que é defeso a esta Corte ante o teor da Súmula 7 do STJ.
5. Recurso especial não provido. (REsp 950.663/SC, Rel. Ministro LUIS FELIPE SALOMÃO, QUARTA TURMA, julgado em 10/04/2012, DJe 23/04/2012).

17.3.3 Má-fé

De acordo com o artigo 4º e parágrafos da Lei 8..09/90, não se beneficia do bem de família legal, aquele que, sabendo-se insolvente, adquire de má-fé imóvel mais valioso para transferir a residência familiar, desfazendo-se ou não da moradia antiga.

Neste caso, poderá o juiz, na respectiva ação do credor, transferir a impenhorabilidade para a moradia familiar anterior, ou anular-lhe a venda, liberando a mais valiosa para execução ou concurso, conforme a hipótese.

Quando a residência familiar constituir-se em imóvel rural, a impenhorabilidade restringir-se-á à sede de moradia, com os respectivos bens móveis, e, nos casos do art. 5º, inciso XXVI, da Constituição, à área limitada como pequena propriedade rural.

Outrossim, da mesma forma deve ser afastada a impenhorabilidade do único imóvel pertencente à família na hipótese em que os devedores, com o objetivo de proteger o seu patrimônio, doem em fraude à execução o bem a seu filho menor impúbere após serem intimados para o cumprimento espontâneo da sentença exequenda. "De início, cabe ressaltar que o STJ tem restringido a proteção ao bem de família com o objetivo de prevenir fraudes, evitando prestigiar a má-fé do devedor. Nesse sentido: "o bem que retorna ao patrimônio do devedor, por força de reconhecimento de fraude à execução, não goza da proteção da impenhorabilidade disposta na Lei nº 8.009/90" (AgRg no REsp 1.085.381-SP, Sexta Turma, DJe de 30/3/2009); "é possível, com fundamento em abuso de direito, afastar a proteção conferida pela Lei 8.009/90" (REsp 1.299.580-RJ, Terceira Turma, DJe de 25/10/2012). Nessa conjuntura, a doação feita a menor impúbere, nas circunstâncias ora em análise, além de configurar tentativa de fraude à execução, caracteriza abuso de direito apto a afastar a proteção dada pela Lei 8.009/1990. Com efeito, nenhuma norma, em nosso sistema jurídico, pode ser interpretada de modo apartado aos cânones da boa-fé. No que tange à aplicação das disposições jurídicas da Lei 8.009/1990, há uma ponderação de valores que se exige do Juiz, em cada situação particular: de um lado, o direito ao mínimo existencial do devedor ou sua família; de outro, o direito à tutela executiva do credor; ambos, frise-se, direitos fundamentais das partes. Trata-se de sopesar a impenhorabilidade do bem de família e a ocorrência de fraude de execução. Assim, é preciso considerar que, em regra, o devedor que aliena, gratuita ou onerosamente, o único imóvel, onde reside a família, está, ao mesmo tempo, dispondo da proteção da Lei 8.009/1990, na medida em que seu comportamento evidencia que o bem não lhe serve mais à moradia ou subsistência. Do contrário, estar-se-ia a admitir o *venire contra factum proprium*. REsp 1.364.509-RS, Rel. Min. Nancy Andrighi, julgado em 10/6/2014."

17.3.4 Desconsideração da Personalidade Jurídica

"A desconsideração da personalidade jurídica de sociedade empresária falida que tenha sido decretada em decorrência de fraude contra a massa falida não implica, por si só, o afastamento da impenhorabilidade dos bens de família dos sócios. A desconsideração da personalidade jurídica, de um modo geral, não pode, por si só, afastar a impenhorabilidade do bem de família, salvo se os atos que ensejaram a *disregard* também se ajustarem às exceções legais previstas no art. 3º da Lei 8.009/1990. Embora o instituto da desconsideração da personalidade jurídica se apresente como importante mecanismo de recuperação de crédito, combate a fraude e, por consequência, fortalecimento da segurança do mercado, esses nobres propósitos não se sobrepõem aos valores legais e constitucionais subjacentes à proteção do bem de família. É por isso que a fraude à execução ou contra credores não se encontra prevista como exceção à regra legal da impenhorabilidade de bens de família. Além disso, a proteção legal conferida pela Lei 8.009/1990, consectária da proteção constitucional e internacional do direito à moradia, não tem como destinatária apenas a pessoa do devedor; na verdade, protege-se também a sua família quanto ao fundamental direito à vida digna. REsp 1.433.636-SP, Rel. Min. Luis Felipe Salomão, julgado em 2/10/2014."

Capítulo 18

TUTELA

18.1 Considerações Iniciais

A *tutela* é o instituto jurídico que representa um encargo imposto por lei a uma pessoa capaz, para que esta cuide de uma pessoa menor e administre seus bens. Daí dizer que o tutor exerce um *munus público* (é um encargo público e obrigatório).

De acordo com PAULO LÔBO, a "tutela tem como pressuposto a menoridade do protegido. Já a curatela tem como pressuposto a deficiência mental parcial ou total do protegido ou outra circunstância que imponha a representação de alguém. [...] São figurantes da tutela o tutor e o tutelado, também conhecido como pupilo. Os figurantes da curatela são o curador e o curatelado. O tutor e o curador não são investidos no múnus de modo automático, pois depende da configuração das hipóteses legais de incidência e de decisão judicial. Tutelado é o menor até 18 anos ou até a sua emancipação (entre 16 e 18 anos), sem pais ou com pais sem poder familiar. Curatelado, em geral, é a pessoa maior com debilidade ou deficiência mental para realizar os atos da vida civil, dependente de decisão judicial de interdição."[1]

O *fundamento* da tutela é o dever de solidariedade de que se atribui ao Estado, à sociedade e aos parentes,[2] com os seguintes caracteres: (a) suprimento de incapacidade; (b) obrigatoriedade do *munus*; (c) função personalíssima para as atividades; (d) *munus* temporário e (e) exclusividade.

No direito civil brasileiro são três as espécies de tutela: testamentária, legítima e dativa. Os filhos menores são postos em tutela: I – com o falecimento dos pais, ou sendo estes julgados ausentes; II – em caso de os pais decaírem do poder familiar (artigo 1.728).

18.2 Tutela testamentária

A *tutela testamentária* é aquela em que o tutor é nomeado por ato de última vontade (testamento, codicilo, escritura pública, instrumento particular com firma reconhecida).

---

1 LÔBO, Paulo. *Direito Civil*: Famílias. São Paulo: Saraiva, 2008, p. 384-385.

2 Ibid., p. 384.

O direito de nomear tutor compete aos pais, em conjunto (artigo 1.729). A nomeação deve constar de testamento ou de qualquer outro documento autêntico (artigo 1.729, parágrafo único). É válida a declaração de vontade expressa em documento autêntico, também chamado "testamento vital", em que a pessoa estabelece disposições sobre o tipo de tratamento de saúde, ou não tratamento, que deseja no caso de se encontrar sem condições de manifestar a sua vontade (Enunciado 258, CJF, V Jornada de Direito Civil).

É nula a nomeação de tutor pelo pai ou pela mãe que, ao tempo de sua morte, não tinha o poder familiar (artigo 1.730).

O tutor nomeado por testamento ou qualquer documento autêntico deverá, no prazo de 30 (trinta) dias após a abertura da sucessão, ingressar com pedido destinado ao controle judicial do ato. Vale destacar que a eficácia da nomeação de tutor, via testamento ou qualquer documento autêntico, se impõe apenas quando atender ao interesses da criança ou adolescente, não havendo, pois, outra pessoa para assumir o encargo (artigo 37, parágrafo único, do ECA).

18.3 Tutela legítima

A *tutela legítima* é a tutela que é instituída pela lei, na ausência de manifestação de última vontade dos pais (tutela testamentária). Dessa forma, o artigo 1.731 do Código Civil diz que "em falta de tutor nomeado pelos pais incumbe a tutela aos parentes consanguíneos do menor, por esta ordem:

I – aos *ascendentes*, preferindo o de grau mais próximo ao mais remoto;

II – aos *colaterais até o terceiro grau*, preferindo os mais próximos aos mais remotos, e, no mesmo grau, os mais velhos aos mais moços; em qualquer dos casos, o juiz escolherá entre eles o mais apto a exercer a tutela em benefício do menor.

18.4 Tutela dativa

Por fim, a tutela dativa ocorrerá não existindo manifestação de última vontade dos pais, parentes interessados em seu exercício ou, existindo, seja considerado incapaz de exercer o encargo. Logo, a decisão do tutor dativo é realizada pelo magistrado, após ouvir o Ministério Público.

Assim, de acordo com o artigo 1.732 do Código Civil, o juiz nomeará tutor idôneo e residente no domicílio do menor:

I – *na falta de tutor testamentário ou legítimo*;

II – *quando estes forem excluídos ou escusados da tutela*; A exclusão da tutela (artigo 1.766) ocorre quando o tutor se mostrar negligente, prevaricador ou incapaz para o cumprimento de seus deveres; de outro lado, o tutor pode ser escusar da titela, de acordo com as hipóteses previstas nos artigos 1.736 e 1.737 do Código Civil.

III – *quando removidos por não idôneos o tutor legítimo e o testamentário*. Vale destacar que o procedimento de remoção e destituição da tutela está previsto no artigo 761 do CPC.[3]

18.5 Irmãos órfãos

O artigo 1.733 do Código Civil trata a questão dos irmãos órfãos. Neste caso, teremos um só tutor (artigo 1.733). No caso de ser nomeado mais de um tutor por disposição testamentária sem indicação de precedência, entende-se que a tutela foi cometida ao primeiro, e que os outros lhe sucederão pela ordem de nomeação, se ocorrer morte, incapacidade, escusa ou qualquer outro impedimento (artigo 1.733, § 1º).

18.6 Curador especial

Se uma pessoa qualquer (ou até mesmos parentes) instituir um menor como seu herdeiro ou legatário seu, poderá nomear-lhe um curador especial para a administração dos bens deixados, ainda que o beneficiário se encontre sob o poder familiar, ou tutela (artigo 1.733, § 2º).

18.7 Menor abandonado

No caso de crianças e os adolescentes cujos pais forem desconhecidos, falecidos ou que tiverem sido suspensos ou destituídos do poder familiar terão tutores nomeados pelo Juiz ou serão incluídos em programa de colocação familiar, na forma prevista pela Lei nº 8.069, de 13 de julho de 1990 – Estatuto da Criança e do Adolescente (artigo 1.734, CC).

18.8 Incapacidade para o exercício da tutela

As hipóteses de impedimento do exercício da tutela estão previstas no artigo 1.735 do Código Civil. Vejamos: Não podem ser tutores e serão exonerados da tutela, caso a exerçam:

I – *aqueles que não tiverem a livre administração de seus bens*; ora, para o exercício da tutela a pessoa deve ser apta a praticar todos os atos da vida civil.

II – *aqueles que, no momento de lhes ser deferida a tutela,* (1ª hipótese) *se acharem constituídos em obrigação para com o menor, ou* (2ª hipótese) *tiverem que fazer valer direitos contra este, e* (3ª hipótese) *aqueles cujos pais, filhos ou cônjuges tiverem demanda contra o menor*;

III – *os inimigos do menor, ou de seus pais, ou que tiverem sido por estes expressamente excluídos da tutela*; aqui, é o caso por vedação por inimizade ou exclusão expressa de determinada pessoa para o exercício da tutela.

3 CPC - Art. 761. Incumbe ao Ministério Público ou a quem tenha legítimo interesse requerer, nos casos previstos em lei, a remoção do tutor ou do curador.
Parágrafo único. O tutor ou o curador será citado para contestar a arguição no prazo de 5 (cinco) dias, findo o qual observar-se-á o procedimento comum.

IV – *os condenados por crime de furto, roubo, estelionato, falsidade, contra a família ou os costumes, tenham ou não cumprido pena;*

V – *as pessoas de mau procedimento, ou falhas em probidade, e as culpadas de abuso em tutorias anteriores;*

VI – *aqueles que exercerem função pública incompatível com a boa administração da tutela.*

18.9 Escusa dos tutores

De acordo com o artigo 1.736 do Código Civil, podem escusar-se da tutela: I – mulheres casadas; II – maiores de sessenta anos; III – aqueles que tiverem sob sua autoridade mais de três filhos; IV – os impossibilitados por enfermidade; V – aqueles que habitarem longe do lugar onde se haja de exercer a tutela; VI – aqueles que já exercerem tutela ou curatela; VII – militares em serviço.

A escusa apresentar-se-á nos dez dias subsequentes à designação, sob pena de entender-se renunciado o direito de alegá-la; se o motivo escusatório ocorrer depois de aceita a tutela, os dez dias contar-se-ão do em que ele sobrevier (artigo 1.738).

Se o juiz não admitir a escusa, exercerá o nomeado a tutela, enquanto o recurso interposto não tiver provimento, e responderá desde logo pelas perdas e danos que o menor venha a sofrer (artigo 1.739).

18.10 Preferência no exercício da tutela

O artigo 1.737 trata da preferência no exercício da tutela, uma vez que a pessoa que não for parente do menor não poderá ser obrigado a aceitar a tutela, se houver no lugar parente idôneo, consanguíneo ou afim, em condições de exercê-la.

18.11 Exercício da tutela

O artigo 1.740 do Código Civil apresenta as funções a serem exercidas pelo tutor, quanto à pessoa do menor:

I – dirigir-lhe a educação, defendê-lo e prestar-lhe alimentos, conforme os seus haveres e condição;

II – reclamar do juiz que providencie, como houver por bem, quando o menor haja mister correção;

III – adimplir os demais deveres que normalmente cabem aos pais, ouvida a opinião do menor, se este já contar doze anos de idade.

Incumbe ao tutor, também, sob a inspeção do juiz, administrar os bens do tutelado, em proveito deste, cumprindo seus deveres com zelo e boa-fé (artigo 1.741)

Se os bens e interesses administrativos exigirem conhecimentos técnicos, forem complexos, ou realizados em lugares distantes do domicílio do tutor, poderá este, mediante aprovação judicial, delegar a outras pessoas físicas ou jurídicas o exercício parcial da tutela. É uma espécie de *cotutoria* (artigo 1.743).

Os bens do menor serão entregues ao tutor mediante termo especificado deles e seus valores, ainda que os pais o tenham dispensado. Se o patrimônio do menor for de valor considerável, poderá o juiz condicionar o exercício da tutela à prestação de caução bastante, podendo dispensá-la se o tutor for de reconhecida idoneidade (artigo 1.745 e parágrafo único).

Se o menor possuir bens, será sustentado e educado a expensas deles, arbitrando o juiz para tal fim as quantias que lhe pareçam necessárias, considerado o rendimento da fortuna do pupilo quando o pai ou a mãe não as houver fixado (artigo 1.746).

O tutor ainda possui outras atribuições consoante o artigo 1.747. São elas: I – representar o menor, até os dezesseis anos, nos atos da vida civil, e assisti-lo, após essa idade, nos atos em que for parte; II – receber as rendas e pensões do menor, e as quantias a ele devidas; III – fazer-lhe as despesas de subsistência e educação, bem como as de administração, conservação e melhoramentos de seus bens; IV – alienar os bens do menor destinados a venda; V – promover-lhe, mediante preço conveniente, o arrendamento de bens de raiz.

Alguns atos do tutor somente poderão ser realizados com autorização do magistrado (artigo 1.748), tais como I – pagar as dívidas do menor; II – aceitar por ele heranças, legados ou doações, ainda que com encargos; III – transigir; IV – vender-lhe os bens móveis, cuja conservação não convier, e os imóveis nos casos em que for permitido; V – propor em juízo as ações, ou nelas assistir o menor, e promover todas as diligências a bem deste, assim como defendê-lo nos pleitos contra ele movidos.

No caso de falta de autorização, a eficácia de ato do tutor depende da aprovação ulterior do juiz (artigo 1.748, parágrafo único).

Outros atos do tutor possuem vedação absoluta, isto é, ainda com a autorização judicial, não pode o tutor, sob pena de nulidade: I – adquirir por si, ou por interposta pessoa, mediante contrato particular, bens móveis ou imóveis pertencentes ao menor; II – dispor dos bens do menor a título gratuito; III – constituir-se cessionário de crédito ou de direito, contra o menor.

Os imóveis pertencentes aos menores sob tutela somente podem ser vendidos quando houver manifesta vantagem, mediante prévia avaliação judicial e aprovação do juiz (artigo 1.750).

Antes de assumir a tutela, o tutor declarará tudo o que o menor lhe deva, sob pena de não lhe poder cobrar, enquanto exerça a tutoria, salvo provando que não conhecia o débito quando a assumiu (artigo 1.751).

18.12 Protutor

O *protutor* é aquele que, nomeado pelo magistrado, fiscalizará os atos do tutor (artigo 1.742). É uma espécie de órgão complementar nomeado pelo magistrado, ou seja, um *longa manus* do próprio juiz.

18.13 Responsabilidade do Magistrado

Considerando que ao magistrado é conferida margem de discricionariedade ao confiar os bens do menor ao tutor, a regra jurídica do artigo 1.744 trata da responsabilidade do juiz. Esta responsabilidade será *direta e pessoal*, quando não tiver nomeado o tutor, ou não o houver feito oportunamente (inciso I); ou *subsidiária*, quando não tiver exigido garantia legal do tutor, nem o removido, tanto que se tornou suspeito (inciso II).

18.14 Responsabilidade do Tutor

O tutor responde pelos prejuízos que, por culpa, ou dolo, causar ao tutelado (nas hipóteses em que praticar o ato ilícito, artigos 186 e 187 do Código Civil); mas tem direito a ser pago pelo que realmente despender no exercício da tutela (artigo 1.752, *caput*). Todavia, serão solidariamente responsáveis pelos prejuízos as pessoas às quais competia fiscalizar a atividade do tutor, e as que concorreram para o dano (artigo 1.752, §2°).

18.15 Remunerações do Tutor e do Protutor

Cabe ao tutor uma remuneração pelas atividades exercidas no cuidado do pupilo e administração de seus bens. Daí que conforme o *caput* do artigo 1.752, o tutor tem direito a perceber remuneração proporcional à importância dos bens administrados do pupilo.

Da mesma forma, cabe ao protutor uma gratificação módica que será arbitrada fiscalização efetuada (artigo 1.752, § 2°).

18.16 Bens do Tutelado

Os tutores não podem conservar em seu poder dinheiro dos tutelados, além do necessário para as despesas ordinárias com o seu sustento, a sua educação e a administração de seus bens (artigo 1.753).

Se houver necessidade, os objetos de ouro e prata, pedras preciosas e móveis serão avaliados por pessoa idônea e, após autorização judicial, alienados, e o seu produto convertido em títulos, obrigações e letras de responsabilidade direta ou indireta da União ou dos Estados, atendendo-se preferentemente à rentabilidade, e recolhidos ao estabelecimento bancário oficial ou aplicado na aquisição de imóveis, conforme for determinado pelo juiz (artigo

1.753, § 1º). O mesmo destino terá o dinheiro proveniente de qualquer outra procedência (artigo 1.753, § 2º). Os tutores respondem pela demora na aplicação dos valores acima referidos, pagando os juros legais desde o dia em que deveriam dar esse destino, o que não os exime da obrigação, que o juiz fará efetiva, da referida aplicação (artigo 1.753, § 3º).

Os valores que existirem em estabelecimento bancário oficial não se poderão retirar, senão mediante ordem do juiz, e somente: I – para as despesas com o sustento e educação do tutelado, ou a administração de seus bens; II – para se comprarem bens imóveis e títulos, obrigações ou letras, nas condições previstas no § 1º do artigo 1.753 do Código Civil; III – para se empregarem em conformidade com o disposto por quem os houver doado, ou deixado; IV – para se entregarem aos órfãos, quando emancipados, ou maiores, ou, mortos eles, aos seus herdeiros (artigo 1.754 e parágrafos, CC).

18.17 Prestação de Contas

Os tutores são obrigados a prestar contas da sua administração (artigo 1.755). Nesse sentido, no fim de cada ano de administração, os tutores submeterão ao juiz o balanço respectivo, que, depois de aprovado, se anexará aos autos do inventário (artigo 1.756).

Os tutores prestarão contas de dois em dois anos, e também quando, por qualquer motivo, deixarem o exercício da tutela ou toda vez que o juiz achar conveniente. As contas serão prestadas em juízo, e julgadas depois da audiência dos interessados, recolhendo o tutor imediatamente a estabelecimento bancário oficial os saldos, ou adquirindo bens imóveis, ou títulos, obrigações ou letras, na forma do § 1º do art. 1.753 (artigo 1.757 e parágrafo único).

Finda a tutela pela emancipação ou maioridade, a quitação do menor não produzirá efeito antes de aprovadas as contas pelo juiz, subsistindo inteira, até então, a responsabilidade do tutor (artigo 1.758).

Nos casos de morte, ausência, ou interdição do tutor, as contas serão prestadas por seus herdeiros ou representantes (artigo 1.759). Serão levadas a crédito do tutor todas as despesas justificadas e reconhecidamente proveitosas ao menor (artigo 1.760). As despesas com a prestação das contas serão pagas pelo tutelado (artigo 1.761). O alcance do tutor, bem como o saldo contra o tutelado, são dívidas de valor e vencem juros desde o julgamento definitivo das contas (artigo 1.762).

18.18 Cessação da Tutela

A condição de tutelado cessa com a maioridade ou a emancipação do menor; e ao cair o menor sob o poder familiar, no caso de reconhecimento ou adoção (artigo 1.763, incisos I e II).

Por sua vez, cessam as funções do tutor ao expirar o termo, em que era obrigado a servir; ao sobrevir escusa legítima; ao ser removido (artigo 1.764, incisos I a III).

O tutor é obrigado a servir por espaço de dois anos, podendo continuar no exercício da tutela, além deste prazo, se o quiser e o juiz julgar conveniente ao menor (artigo 1.765 e parágrafo único).

18.19 Destituição do Tutor

O tutor será destituído quando negligente, prevaricador ou incurso em incapacidade (artigo 1.766).

18.20 Procedimentos para a instituição da Tutela

Vejamos, a seguir, os procedimentos para a instituição da tutela, previstos nos artigos 759 a 763 do Código de Processo Civil. O tutor será intimado a prestar compromisso no prazo de 5 (cinco) dias contado da: I – nomeação II – intimação do despacho que mandar cumprir o testamento ou o instrumento público que o houver instituído. O tutor prestará o compromisso por termo em livro rubricado pelo juiz. Com o compromisso, o tutor assume a administração dos bens do tutelado (artigo 759 e parágrafos, CPC).

O tutor poderá eximir-se do encargo apresentando escusa ao juiz no prazo de 5 (cinco) dias contado: I – antes de aceitar o encargo, da intimação para prestar compromisso; II – depois de entrar em exercício, do dia em que sobrevier o motivo da escusa. Não sendo requerida a escusa neste prazo, considerar-se-á renunciado o direito de alegá-la. O juiz decidirá de plano o pedido de escusa, e, não o admitindo, exercerá o nomeado a tutela enquanto não for dispensado por sentença transitada em julgado (artigo 760 e parágrafos, CPC).

Incumbe ao Ministério Público ou a quem tenha legítimo interesse requerer a remoção do tutor. O tutor será citado para contestar a arguição no prazo de 5 (cinco) dias, findo o qual observar-se-á o procedimento comum (artigo 761 e parágrafo único, CPC).

Em caso de extrema gravidade, o juiz poderá suspender o tutor do exercício de suas funções, nomeando substituto interino (artigo 762, CPC).

Cessando as funções do tutor pelo decurso do prazo em que era obrigado a servir, ser-lhe-á lícito requerer a exoneração do encargo. Caso o tutor não requeira a exoneração do encargo dentro dos 10 (dez) dias seguintes à expiração do termo, entender-se-á reconduzido, salvo se o juiz o dispensar.

Cessada a tutela, é indispensável a prestação de contas pelo tutor, de acordo com os artigos 1.755 a 1.762 do Código Civil (artigo 763 e parágrafos, CPC).

Capítulo 19

CURATELA

> "A falta de distinção entre a incapacidade para os atos patrimoniais e extrapatrimonais sugere uma inconstitucionalidade que a adoção arbitrária do critério do discernimento não é capaz de superar. Subordinar o exercício da atividade existencial à capacidade de discernimento significa exaltar o papel da autodeterminação numa matéria que tem como objetivo o pleno desenvolvimento da pessoa humana – ou seja, valor absoluto, indisponível e fundamental da ordem jurídica. De fato, não há como fixar um critério rígido para as situações existenciais, pois a dinâmica da história provoca mudança nas qualidades e no número de interesses da pessoa. As limitações da capacidade de agir dispostas em nível codicístico devem ser avaliadas sob o perfil da legitimidade constitucional." (Célia Barbosa Abreu)[1]

19.1 Conceito

A curatela tutela é o fenômeno jurídico que representa um encargo público, através do qual uma pessoa capaz rege, defende e administra os bens de uma outra pessoa maior que encontra-se impossibilitada de fazê-lo, em decorrência de enfermidade ou deficiência mental. Melhor dizendo: é um múnus público conferido ao sujeito para que este dirija e administre os bens de pessoas maiores e incapazes (artigo 1.767).

De acordo com RODRIGO DA CUNHA PEREIRA, "estão sujeitos à curatela todos aqueles que não podem, por si mesmos, exprimir sua vontade lúcida, isto é, aqueles que mesmo tendo o requisito da maioridade, são ou estão incapazes de discernimento do mundo real com o imaginário. Esses incapazes serão curatelados após um processo judicial de interdição. Curatela é, portanto, um encargo conferido a alguém, para administrar os bens e a

1 ABREU, Célia Barbosa. *Curatela & Interdição Civil*. Rio de Janeiro: Lumen Juris, 2009, p. 167.

vida de quem, impossibilitado pela falta de lucidez, não pode fazê-lo por si mesmo."[2]

A *curatela* pressupõe um procedimento judicial de interdição, com o propósito de se comprovar a falta de condições para gerir a vida e administrar os bens.

De acordo com o artigo 1.767 do Código Civil, estão sujeitos a curatela, após a entrada em vigor da Lei 13.146, de 06 de julho de 2015 (Lei Brasileira de Inclusão da Pessoa com Deficiência – Estatuto da Pessoa com Deficiência):

a) *aqueles que, por causa transitória ou permanente, não puderem exprimir sua vontade* (artigo 1.767, inciso I); Estas pessoas receberão todo o apoio necessário para ter preservado o direito à convivência familiar e comunitária, sendo evitado o seu recolhimento em estabelecimento que os afaste desse convívio (artigo 1.777).

b) *os ébrios habituais e os viciados em tóxico* (artigo 1.767, inciso III); e

c) *os pródigos* (artigo 1.676, inciso V). O pródigo é aquele indivíduo que dissipa o seu patrimônio. A prodigalidade, no Brasil, já estava prevista nas Ordenações Filipinas, "[...] pessoa que, como pródigo, desordenadamente gasta e destrói sua fazenda", Livro IV, Título 103, § 6. O Código Civil de 1916 tratava da figura da prodigalidade no artigo 6° e o Código Civil de 2002 manteve o instituto no rol dos *relativamente incapazes, conforme o artigo 4°, inciso IV. O pródigo* é, pois, uma pessoa perdulária, já que dissipa imoderadamente o seu patrimônio, ou seja, é um gastador contumaz. O pródigo é aquele que pode exercer todos os atos da vida civil, salvo aqueles relacionados ao seu patrimônio. De acordo com a regra do artigo 1.782 do Código Civil, "a interdição do pródigo só o privará de, sem curador, emprestar, transigir, dar quitação, alienar, hipotecar, demandar ou ser demandado, e praticar, em geral, os atos que não sejam de mera administração". A prodigalidade não se presume, deve ser demonstrada através de perícia e declarada pelo juiz em sentença. Na decisão, o magistrado deve considerar a contumácia, a habitualidade dos gastos, sempre em atendimento aos princípios da proporcionalidade e da razoabilidade. A prodigalidade resta configurada por gastos excessivos, alienações a preço vil, doações reiteradas que importem em prejuízo patrimonial. A interdição do pródigo só o privará de, sem curador, emprestar, transigir, dar quitação, alienar, hipotecar, demandar ou ser demandado, e praticar, em geral, os atos que não sejam de mera administração (artigo 1.782, CC).

2 PEREIRA, Rodrigo da Cunha. *Comentários ao Novo Código Civil.* Vol. XX. Rio de Janeiro: Forense, 2007, p. 408.

19.2 Legitimidade

Em regra, aplicam-se Art. 1.774. Aplicam-se à curatela as disposições concernentes à tutela (artigo 1.774)

O cônjuge ou companheiro, não separado judicialmente ou de fato, é, de direito, curador do outro, quando interdito. Na falta do cônjuge ou companheiro, é curador legítimo o pai ou a mãe; na falta destes, o descendente que se demonstrar mais apto. Entre os descendentes, os mais próximos precedem aos mais remotos. Na falta das pessoas mencionadas neste artigo, compete ao juiz a escolha do curador (artigo 1.775).

19.3 Curatela Compartilhada

O Estatuto da Pessoa com Deficiência (Lei 13.146/15), incluiu o artigo 1.775-A no Código Civil, instituindo, pois, a curatela compartilhada. Vejamos: "na nomeação de curador para a pessoa com deficiência, o juiz poderá estabelecer curatela compartilhada a mais de uma pessoa."

19.4 Curatela do Nascituro

Dar-se-á *curador ao nascituro*, se o pai falecer estando grávida a mulher, e não tendo o poder familiar. Se a mulher estiver interdita, seu curador será o do nascituro (artigo 1.779 e parágrafo único).

19.5 Curatela da Pessoa com Deficiência (Estatuto da Pessoa com Deficiência)

A definição de curatela de pessoa com deficiência constitui *medida protetiva extraordinária*, proporcional às necessidades e às circunstâncias de cada caso, e durará o menor tempo possível (artigo 84, § 3º da Lei 13.146/2015).

Os curadores são obrigados a prestar, anualmente, contas de sua administração ao juiz, apresentando o balanço do respectivo ano (artigo 84, § 4º da Lei 13.146/2015).

Importante destacar que a curatela afetará tão somente os atos relacionados aos direitos de natureza patrimonial e negocial. A definição da curatela não alcança o direito ao próprio corpo, à sexualidade, ao matrimônio, à privacidade, à educação, à saúde, ao trabalho e ao voto.

Por ser medida extraordinária, a sentença judicial de curatela deve conter as razões e motivações de sua definição, preservados os interesses do curatelado.

No caso de pessoa em situação de institucionalização, ao nomear curador, o juiz deve dar preferência a pessoa que tenha vínculo de natureza familiar, afetiva ou comunitária com o curatelado.

Para emissão de documentos oficiais, não será exigida a situação de curatela da pessoa com deficiência (artigo 86 da Lei 13.146/2015).

Em casos de relevância e urgência e a fim de proteger os interesses da pessoa com deficiência em situação de curatela, será lícito ao juiz, ouvido o Ministério Público, de oficio ou a requerimento do interessado, nomear, desde logo, curador provisório, o qual estará sujeito, no que couber, às disposições do Código de Processo Civil. (artigo 87 da Lei 13.146/2015).

19.6 Exercício da Curatela

De acordo com o artigo 1.781 do Código Civil, as regras a respeito do exercício da tutela (artigo 1.740, CC) aplicam-se ao da *curatela*. Nesse sentido, o artigo 1.740 do Código Civil apresenta as funções a serem exercidas pelo *tutor*, quanto à pessoa do menor: I – dirigir-lhe a educação, defendê-lo e prestar-lhe alimentos, conforme os seus haveres e condição; II – reclamar do juiz que providencie, como houver por bem, quando o menor haja mister correção; III – adimplir os demais deveres que normalmente cabem aos pais, ouvida a opinião do menor, se este já contar doze anos de idade.

19.7 Prestação de Contas

Quando o curador for o cônjuge e o regime de bens do casamento for de comunhão universal, não será obrigado à prestação de contas, salvo determinação judicial (artigo 1.783).

19.8 Procedimentos para a instituição da Curatela

Vejamos, a seguir, os procedimentos para a instituição da *curatela*, previstos nos artigos 759 a 763 do Código de Processo Civil. O curador será intimado a prestar compromisso no prazo de 5 (cinco) dias contado da: I – nomeação II – intimação do despacho que mandar cumprir o testamento ou o instrumento público que o houver instituído. O curador prestará o compromisso por termo em livro rubricado pelo juiz. Com o compromisso, o curador assume a administração dos bens do interditado (artigo 759 e parágrafos, CPC).

O curador poderá eximir-se do encargo apresentando escusa ao juiz no prazo de 5 (cinco) dias contado: I – antes de aceitar o encargo, da intimação para prestar compromisso; II – depois de entrar em exercício, do dia em que sobrevier o motivo da escusa. Não sendo requerida a escusa neste prazo, considerar-se-á renunciado o direito de alegá-la. O juiz decidirá de plano o pedido de escusa, e, não o admitindo, exercerá o nomeado a curatela enquanto não for dispensado por sentença transitada em julgado (artigo 760 e parágrafos, CPC).

Incumbe ao Ministério Público ou a quem tenha legítimo interesse requerer a remoção do curador. O curador será citado para contestar a arguição no prazo de 5 (cinco) dias, findo o qual observar-se-á o procedimento comum (artigo 761 e parágrafo único, CPC).

Em caso de extrema gravidade, o juiz poderá suspender o curador do exercício de suas funções, nomeando substituto interino (artigo 762, CPC).

Cessando as funções do curador pelo decurso do prazo em que era obrigado a servir, ser-lhe-á lícito requerer a exoneração do encargo. Caso o curador não requeira a exoneração do encargo dentro dos 10 (dez) dias seguintes à expiração do termo, entender-se-á reconduzido, salvo se o juiz o dispensar.

Cessada a curatela, é indispensável a prestação de contas pelo curador, de acordo com os artigos 1.755 a 1.762 do Código Civil (artigo 763 e parágrafos, CPC).

Capítulo 20

TOMADA DE DECISÃO APOIADA

20.1 Considerações Iniciais

A regra é a capacidade das pessoas em realizar os negócios jurídicos. Toda pessoa que se encontre no exercício de seus direitos tem capacidade para estar em juízo (artigo 70, CPC).[1]

---

1 CPC – Art. 75. Serão representados em juízo, ativa e passivamente: I – a União, pela Advocacia-Geral da União, diretamente ou mediante órgão vinculado; II – o Estado e o Distrito Federal, por seus procuradores; III – o Município, por seu prefeito ou procurador; IV – a autarquia e a fundação de direito público, por quem a lei do ente federado designar; V – a massa falida, pelo administrador judicial; VI – a herança jacente ou vacante, por seu curador; VII – o espólio, pelo inventariante; VIII – a pessoa jurídica, por quem os respectivos atos constitutivos designarem ou, não havendo essa designação, por seus diretores; IX – a sociedade e a associação irregulares e outros entes organizados sem personalidade jurídica, pela pessoa a quem couber a administração de seus bens; X – a pessoa jurídica estrangeira, pelo gerente, representante ou administrador de sua filial, agência ou sucursal aberta ou instalada no Brasil; XI – o condomínio, pelo administrador ou síndico.
§ 1º Quando o inventariante for dativo, os sucessores do falecido serão intimados no processo no qual o espólio seja parte.
§ 2º A sociedade ou associação sem personalidade jurídica não poderá opor a irregularidade de sua constituição quando demandada.
§ 3º O gerente de filial ou agência presume-se autorizado pela pessoa jurídica estrangeira a receber citação para qualquer processo.
§ 4º Os Estados e o Distrito Federal poderão ajustar compromisso recíproco para prática de ato processual por seus procuradores em favor de outro ente federado, mediante convênio firmado pelas respectivas procuradorias.
Art. 76. Verificada a incapacidade processual ou a irregularidade da representação da parte, o juiz suspenderá o processo e designará prazo razoável para que seja sanado o vício.
§ 1º Descumprida a determinação, caso o processo esteja na instância originária:
I – o processo será extinto, se a providência couber ao autor;
II – o réu será considerado revel, se a providência lhe couber;
III – o terceiro será considerado revel ou excluído do processo, dependendo do polo em que se encontre.
§ 2º Descumprida a determinação em fase recursal perante tribunal de justiça, tribunal regional federal ou tribunal superior, o relator:
I – não conhecerá do recurso, se a providência couber ao recorrente;
II – determinará o desentranhamento das contrarrazões, se a providência couber ao recorrido.

A incapacidade ou falta de capacidade é a restrição legal ao exercício dos atos da vida civil. Quanto à capacidade, as pessoas estão agrupadas em três espécies, a saber: a) as pessoas absolutamente incapazes, as pessoas relativamente incapazes e c) as pessoas capazes.

Um dos fundamentos do instituto jurídico da incapacidade é a proteção aos incapazes, na medida em que a lei restringe ou limita que a pessoa incapaz realize os atos da vida civil, sem a *representação* ou *assistência* de uma outra pessoa.

Daí que os incapazes serão representados ou assistidos por seus pais, tutores ou curadores, na forma da lei civil (CPC, art. 71).

No dia 06/07/2015 foi sancionada a Lei 13.146/2015 que instituiu o *Estatuto da Pessoa com Deficiência*, entrando em vigor 180 dias após a sua publicação. Esta norma jurídica altera substancialmente a *teoria das incapacidades*, com reflexos profundos em vários institutos do Direito de Família.

O artigo 3º do Código Civil foi revogado, permanecendo em vigor apenas o seu *caput* que diz: "são absolutamente incapazes de exercer pessoalmente os atos da vida civil os menores de 16 (dezesseis) anos."

Dessa maneira, em regra, todas as pessoas com deficiências apontadas nos incisos do artigo 3º revogado passam a ser *plenamente capazes para os atos da vida civil*. Neste caso, o legislador visa a *inclusão social* destas pessoas, com vistas a *proteger a sua dignidade*. O artigo 6 da Lei 13.146/2015 afirma que "a deficiência não afeta a plena capacidade civil da pessoa, inclusive para: I – casar-se e constituir união estável; II – exercer direitos sexuais e reprodutivos; III – exercer o direito de decidir sobre o número de filhos e de ter acesso a informações adequadas sobre reprodução e planejamento familiar; IV – conservar sua fertilidade, sendo vedada a esterilização compulsória; V – exercer o direito à família e à convivência familiar e comunitária; e VI – exercer o direito à guarda, à tutela, à curatela e à adoção, como adotante ou adotando, em igualdade de oportunidades com as demais pessoas."

A capacidade jurídica hoje é considerada no rol dos direitos humanos. Vale lembrar que o artigo 12 da *Convenção sobre os Direitos das Pessoas com Deficiência,* aprovada em 13 de dezembro de 2006, em sessão solene da ONU,[2] diz que

> "Reconhecimento igual perante a lei.
> 1.Os Estados Partes reafirmam que as pessoas com deficiência têm o direito de ser reconhecidas em qualquer lugar como pessoas perante a lei.
> 2.Os Estados Partes reconhecerão que as pessoas com deficiên-

2 Decreto n.6949/2009 – Promulga a Convenção Internacional sobre os Direitos das Pessoas com Deficiência e seu Protocolo Facultativo, assinados em Nova York, em 30 de março de 2007.

> cia gozam de capacidade legal em igualdade de condições com as demais pessoas em todos os aspectos da vida.
> 3.Os Estados Partes tomarão medidas apropriadas para prover o acesso de pessoas com deficiência ao apoio que necessitarem no exercício de sua capacidade legal.
> 4.Os Estados Partes assegurarão que todas as medidas relativas ao exercício da capacidade legal incluam salvaguardas apropriadas e efetivas para prevenir abusos, em conformidade com o direito internacional dos direitos humanos. Essas salvaguardas assegurarão que as medidas relativas ao exercício da capacidade legal respeitem os direitos, a vontade e as preferências da pessoa, sejam isentas de conflito de interesses e de influência indevida, sejam proporcionais e apropriadas às circunstâncias da pessoa, se apliquem pelo período mais curto possível e sejam submetidas à revisão regular por uma autoridade ou órgão judiciário competente, independente e imparcial. As salvaguardas serão proporcionais ao grau em que tais medidas afetarem os direitos e interesses da pessoa.
> 5.Os Estados Partes, sujeitos ao disposto neste Artigo, tomarão todas as medidas apropriadas e efetivas para assegurar às pessoas com deficiência o igual direito de possuir ou herdar bens, de controlar as próprias finanças e de ter igual acesso a empréstimos bancários, hipotecas e outras formas de crédito financeiro, e assegurarão que as pessoas com deficiência não sejam arbitrariamente destituídas de seus bens."

A *Convenção sobre os Direitos das Pessoas com Deficiência* da ONU foi inserida no sistema jurídico brasileiro pelo Decreto nº. 6.949, de 25.08.2009, que a promulgou. Na medida em que a aprovação da Convenção obedeceu ao rito estipulado pela Emenda Constitucional nº. 45/04, sua incorporação em nosso ordenamento se deu com status constitucional.

A Lei 13.146/2015 está em sintonia com o *reconhecimento dos direitos das pessoas com deficiência*, visando a sua *igualdade* e *inclusão social*.[3] O direito das pessoas com deficiência a tomar decisões sobre a sua vida e desfrutar sua capacidade jurídica, em condições de igualdade com os outros é uma das questões de *direitos humanos* mais importante na Europa.

---

3 Lei 13.146/15 – Institui a Lei Brasileira de Inclusão da Pessoa com Deficiência (Estatuto da Pessoa com Deficiência) – Esta Lei tem como base a Convenção sobre os Direitos das Pessoas com Deficiência e seu Protocolo Facultativo, ratificados pelo Congresso Nacional por meio do Decreto Legislativo no 186, de 9 de julho de 2008, em conformidade com o procedimento previsto no § 3o do art. 5o da Constituição da República Federativa do Brasil, em vigor para o Brasil, no plano jurídico externo, desde 31 de agosto de 2008, e promulgados pelo Decreto no 6.949, de 25 de agosto de 2009, data de início de sua vigência no plano interno.

O que se quer é uma postura de reconhecimento, visando a eliminação de barreiras que impedem as pessoas com deficiências de tomar o controle de suas vidas e se tornarem cidadãos ativos contribuindo propositivamente para a sociedade. É, pois, uma abordagem baseada nos direitos humanos para a deficiência. Melhor dizendo: as políticas que visam apenas cuidado, reabilitação médica e benefícios devem ser revista com vistas a inclusão social.

Na verdade, a Lei 13.146/2015 fornece uma mudança de paradigma nas políticas destinadas a pessoas com deficiência com vistas a igualdade e o processo de inclusão social. A maioria dos sistemas jurídicos apresenta noção obsoleta da capacidade jurídica. Dessa maneira, o artigo 3º do nosso Código Civil foi aprimorado à luz das normas de direitos humanos, e com especial referência ao artigo 12 da Convenção acima citado. É, pois, uma mudança que visa corrigir os defeitos que privavam as pessoas com deficiência sobre os seus direitos, especialmente, no direito de família, como o casamento, a interdição e a curatela.

Lamentavelmente, as pessoas com deficiência ainda sofrem preconceitos na sociedade. Basta lembrar que a maioria das escolas não possuem preparo docente e infraestrutura para acolher as crianças com deficiência. As oportunidades de negócios e empregos são raras, uma vez que a discriminação se desvela em cores vivas e os locais de trabalho são, em regra, inacessíveis.

Nesse sentido, vale destacar os comentários de Gustavo Caramelo, Sebastián Picasso e Marisa Herrera em relação as mudanças ocorridas no Código Civil Argentino:

> "El Alto Comisionado de Derechos Humanos de Naciones Unidas ha afirmado que la capacidad jurídica excede la posibilidad de tomar decisiones por sí o por un tercero; guarda relación con el ser persona. De allí que las restricciones a la capacidad deben valorarse con sumo cuidado y de modo excepcional, por constituir una restricción a un derecho humano. Una limitación total de la capacidad jurídica por la sola existencia de una discapacidad intelectual o psicosocial viola los principios de la Convención de Naciones Unidas.
>
> Así también lo ha entendido el Tribunal Europeo de Derechos Humanos en caso Shtukaturov c. Rusia. Consideró que la incapacitación de una persona constituye uma injerencia en la vida privada que debe calificarse de "muy grave", pues la incapacitación total supone la dependencia de un tutor en todos los ámbitos de su vida y se aplica por un periodo indefinido sin que pueda ser impugnada. Afirma asimismo el Tribunal que "la existencia de un

> trastorno mental, aunque sea grave, no puede ser la única razón para justificar la incapacitación total", debiendo contemplarse una "respuesta a medida" a fin de no limitar el derecho a la vida privada "más de lo estrictamente necesario" (grifo nosso).[4]

O reconhecimento da capacidade de uma pessoa para tomar suas próprias decisões é essencial para que esta pessoa possa decidir sobre a sua vida e participar efetivamente da sociedade em que vive.

Assim, a capacidade jurídica vai além da tomada de uma decisão, ou seja, faz parte da própria essência da pessoa e sua dignidade. As decisões que tomamos em nossa vida representam o nosso próprio caminho, desvelando o nosso próprio ser.

Dessa maneira, é preciso mudar a visão da capacidade civil, com o proósito de colocarmos a pessoa no epicentro do ordenamento jurídico, de forma coerente e harmônica com os direitos humanos, as liberdades fundamentais e a dignidade de todas as pessoas com deficiência.

No mesmo sentido, caminhou, também, o Novo Código Civil Argentino: Artículo 23. – *Capacidad de ejercicio. Toda persona humana puede ejercer por sí misma sus derechos, excepto las limitaciones expressamente previstas en este Código y en una sentencia judicial.*[5]

ROSE MELO VENCELAU MEIRELES destaca que "a principal contribuição do Estatuto do Deficiente constitui a desidentificação do deficiente com o incapaz. Trata-se do uso da lei na sua função promocional, com vistas a não discriminação. Contudo, nos casos em que houver falta de discernimento faz-se não só possível como imperiosa a curatela. Note-se que a curatela se limita aos atos patrimoniais e negociais, entendidos esses como negociais

---

4 CARAMELO, Gustavo. *Código Civil y Comercial de la Nación comentado* / Gustavo Caramelo ; Sebastián Picasso ; Marisa Herrera. – 1a ed. – Ciudad Autónoma de Buenos. Aires : Infojus, 2015, p.59-60.

5 "El CCyC introduce en forma expresa el principio de capacidad de ejercicio de la persona. Como veremos a continuación, dicho principio conecta con la concepción actual de la capacidad como un derecho humano de la persona, lo que profundiza las exigencias al momento de admitir su eventual restricción. Establece en qué casos dichas restricciones pueden resultar admisibles. La referencia a
las "limitaciones expresamente previstas" en el CCyC aluden a la situación de ninos, ninas y adolescentes que no presenten las condiciones de edad y madurez suficiente que más adelante se introducen; en cuanto a las personas mayores de edad, pueden sufrir
restricciones a su capacidad jurídica como consecuencia de una sentencia dictada luego de transitar un proceso judicial, que también debe satisfacer los recaudos exigidos como reglas generales en el CCyC." CARAMELO, Gustavo. *Código Civil y Comercial de la Nación comentado* / Gustavo Caramelo ; Sebastián Picasso ; Marisa Herrera. – 1a ed. – Ciudad Autónoma de Buenos. Aires : Infojus, 2015, p.57.

patrimoniais. O Estatuto do Deficiente, assim, foi ao encontro da teoria que propugna pela necessária tutela qualitativa das situações existenciais."[6]

A nova redação do artigo 3° do Código Civil, diz que são *absolutamente incapazes* apenas os menores de dezesseis anos, excluindo as pessoas "com enfermidade ou deficiência mental" e qualificando como relativamente incapazes os que, por causa transitória, não puderem exprimir sua vontade (na redação originária, eram absolutamente incapazes). É o que diz o artigo 84 do *Estatudo da Pessoa com Deficiência* ao afirmar que "*a pessoa com deficiência tem assegurado o direito ao exercício de sua capacidade legal em igualdade de condições com as demais pessoas*."

Todavia, em caráter excepcional, a pessoa com deficiência mental ou intelectual poderá ser submetida a curatela, no seu legítimo interesse. Essa curatela está delineada no artigo 84, §1° do *Estatuto da Pessoa com Deficiência:* "Quando necessário, a pessoa com deficiência será submetida à curatela, conforme a lei."

Como dito alhures, a definição de curatela de pessoa com deficiência constitui *medida protetiva extraordinária*, proporcional às necessidades e às circunstâncias de cada caso, e durará o menor tempo possível (artigo 84, § 3° da Lei 13.146/2015).

Os curadores são obrigados a prestar, anualmente, contas de sua administração ao juiz, apresentando o balanço do respectivo ano (artigo 84, § 4° da Lei 13.146/2015).

Importante destacar que a curatela afetará tão somente os atos relacionados aos direitos de natureza patrimonial e negocial. A definição da curatela não alcança o direito ao próprio corpo, à sexualidade, ao matrimônio, à privacidade, à educação, à saúde, ao trabalho e ao voto.

Por ser medida extraordinária, a sentença judicial de curatela deve conter as razões e motivações de sua definição, preservados os interesses do curatelado.

No caso de pessoa em situação de institucionalização, ao nomear curador, o juiz deve dar preferência a pessoa que tenha vínculo de natureza familiar, afetiva ou comunitária com o curatelado.

Para emissão de documentos oficiais, não será exigida a situação de curatela da pessoa com deficiência (artigo 86 da Lei 13.146/2015).

Em casos de relevância e urgência e a fim de proteger os interesses da pessoa com deficiência em situação de curatela, será lícito ao juiz, ouvido o Ministério Público, de ofício ou a requerimento do interessado, nomear, desde logo, curador provisório, o qual estará sujeito, no que couber, às disposições do Código de Processo Civil. (artigo 87 da Lei 13.146/2015).

---

6 MEIRELES, Rose Melo Vencelau. *A Necessária Distinção entre Negócios Jurídicos Patrimoniais e Existenciais*: o Exemplo da Capacidade Civil. In: MORAES, Carlos Eduardo Guerra de; RIBEIRO, Ricardo Lodi (Coord.); MONTEIRO FILHO, Carlos Edison ddo Rêgo; GUEDES, Gisela Sampaio da Cruz; MEIRELES, Rose Melo Vencelau. Coleção Direito UERJ 80 anos, Direito Civil. Vol. 2. Rio de Janeiro: Freitas Bastos, 2015, p. 178.

20.2 Interdição

O CPC trata nos artigos 747 a 758 da interdição.[7] Nota-se que o CPC des-

7 CPC – Da Interdição – Art. 747. A interdição pode ser promovida: I – pelo cônjuge ou companheiro; II – pelos parentes ou tutores; III – pelo representante da entidade em que se encontra abrigado o interditando; IV – pelo Ministério Público. Parágrafo único. A legitimidade deverá ser comprovada por documentação que acompanhe a petição inicial.
Art. 748. O Ministério Público só promoverá interdição em caso de doença mental grave: I – se as pessoas designadas nos incisos I, II e III do art. 747 não existirem ou não promoverem a interdição; II – se, existindo, forem incapazes as pessoas mencionadas nos incisos I e II do art. 747.
Art. 749. Incumbe ao autor, na petição inicial, especificar os fatos que demonstram a incapacidade do interditando para administrar seus bens e, se for o caso, para praticar atos da vida civil, bem como o momento em que a incapacidade se revelou.
Parágrafo único. Justificada a urgência, o juiz pode nomear curador provisório ao interditando para a prática de determinados atos.
Art. 750. O requerente deverá juntar laudo médico para fazer prova de suas alegações ou informar a impossibilidade de fazê-lo.
Art. 751. O interditando será citado para, em dia designado, comparecer perante o juiz, que o entrevistará minuciosamente acerca de sua vida, negócios, bens, vontades, preferências e laços familiares e afetivos e sobre o que mais lhe parecer necessário para convencimento quanto à sua capacidade para praticar atos da vida civil, devendo ser reduzidas a termo as perguntas e respostas.
§ 1º Não podendo o interditando deslocar-se, o juiz o ouvirá no local onde estiver.
§ 2º A entrevista poderá ser acompanhada por especialista.
§ 3º Durante a entrevista, é assegurado o emprego de recursos tecnológicos capazes de permitir ou de auxiliar o interditando a expressar suas vontades e preferências e a responder às perguntas formuladas.
§ 4º A critério do juiz, poderá ser requisitada a oitiva de parentes e de pessoas próximas.
Art. 752. Dentro do prazo de 15 (quinze) dias contado da entrevista, o interditando poderá impugnar o pedido.
§ 1º O Ministério Público intervirá como fiscal da ordem jurídica.
§ 2º O interditando poderá constituir advogado, e, caso não o faça, deverá ser nomeado curador especial.
§ 3º Caso o interditando não constitua advogado, o seu cônjuge, companheiro ou qualquer parente sucessível poderá intervir como assistente.
Art. 753. Decorrido o prazo previsto no art. 752, o juiz determinará a produção de prova pericial para avaliação da capacidade do interditando para praticar atos da vida civil.
§ 1º A perícia pode ser realizada por equipe composta por expertos com formação multidisciplinar.
§ 2º O laudo pericial indicará especificadamente, se for o caso, os atos para os quais haverá necessidade de curatela.
Art. 754. Apresentado o laudo, produzidas as demais provas e ouvidos os interessados, o juiz proferirá sentença.
Art. 755. Na sentença que decretar a interdição, o juiz: I – nomeará curador, que poderá ser o requerente da interdição, e fixará os limites da curatela, segundo o estado e o desenvolvimento mental do interdito; II – considerará as características pessoais do interdito, observando suas potencialidades, habilidades, vontades e preferências.
§ 1º A curatela deve ser atribuída a quem melhor possa atender aos interesses do curatelado.
§ 2º Havendo, ao tempo da interdição, pessoa incapaz sob a guarda e a responsabilidade do interdito, o juiz atribuirá a curatela a quem melhor puder atender aos interesses do inter-

considerou a *Convenção sobre os Direitos das Pessoas com Deficiência* (CDPD) – com força de emenda constitucional -, e o *Estatuto da Pessoa com Deficiência* (EPD), já que alude a "interdição", "interditando" e "incapaz", gerando, pois, estigma desnecessário às pessoas com deficiência mental ou intelectual.

O instituto jurídico da *interdição*, como medida de proibição do exercício de direitos, não se mostra adequado com a tendência atual de dignificação da pessoa com deficiência, quer através de sua inclusão, quer através da valoração da sua manifestação de vontade. Em *caráter excepcional*, como dito alhures, utiliza-se a *curatela*, com vistas à proteção da pessoa e à prática de determinados atos, que devem se restringir aos patrimoniais e negociais.

20.3 Convenção sobre os Direitos das Pessoas com Deficiência (CDPD) e o Estatuto da Pessoa com Deficiência (EPD)

É possível afirmar que a *Convenção sobre os Direitos das Pessoas com Deficiência* (CDPD) e o *Estatuto da Pessoa com Deficiência* (EPD) trouxeram um importante avanço legal, determinando, expressamente, a supressão da deficiência como critério para a incapacidade absoluta. É, pois, a transposição da *dignidade-vulnerabilidade* em direção a *dignidade-igualdade* ou *dignidade--inclusão*.

Destarte, todas as pessoas com deficiência se tornaram, regra geral, plenamente capazes para os atos da vida civil, visando precipuamente a sua

---

dito e do incapaz.

§ 3º A sentença de interdição será inscrita no registro de pessoas naturais e imediatamente publicada na rede mundial de computadores, no sítio do tribunal a que estiver vinculado o juízo e na plataforma de editais do Conselho Nacional de Justiça, onde permanecerá por 6 (seis) meses, na imprensa local, 1 (uma) vez, e no órgão oficial, por 3 (três) vezes, com intervalo de 10 (dez) dias, constando do edital os nomes do interdito e do curador, a causa da interdição, os limites da curatela e, não sendo total a interdição, os atos que o interdito poderá praticar autonomamente.

Art. 756. Levantar-se-á a curatela quando cessar a causa que a determinou.

§ 1º O pedido de levantamento da curatela poderá ser feito pelo interdito, pelo curador ou pelo Ministério Público e será apensado aos autos da interdição.

§ 2º O juiz nomeará perito ou equipe multidisciplinar para proceder ao exame do interdito e designará audiência de instrução e julgamento após a apresentação do laudo.

§ 3º Acolhido o pedido, o juiz decretará o levantamento da interdição e determinará a publicação da sentença, após o trânsito em julgado, na forma do art. 755, § 3o, ou, não sendo possível, na imprensa local e no órgão oficial, por 3 (três) vezes, com intervalo de 10 (dez) dias, seguindo-se a averbação no registro de pessoas naturais.

§ 4º A interdição poderá ser levantada parcialmente quando demonstrada a capacidade do interdito para praticar alguns atos da vida civil.

Art. 757. A autoridade do curador estende-se à pessoa e aos bens do incapaz que se encontrar sob a guarda e a responsabilidade do curatelado ao tempo da interdição, salvo se o juiz considerar outra solução como mais conveniente aos interesses do incapaz.

Art. 758. O curador deverá buscar tratamento e apoio apropriados à conquista da autonomia pelo interdito.

plena inclusão social, em prol de sua dignidade. Neste diapasão, como dito alhures, frise-se, o artigo 6º da Lei 13.146/2015 (Lei Brasileira de Inclusão da Pessoa com Deficiência – Estatuto da Pessoa com Deficiência) determina que "a deficiência não afeta a plena capacidade civil da pessoa, inclusive para:

I – casar-se e constituir união estável;

II – exercer direitos sexuais e reprodutivos;

III – exercer o direito de decidir sobre o número de filhos e de ter acesso a informações adequadas sobre reprodução e planejamento familiar;

IV – conservar sua fertilidade, sendo vedada a esterilização compulsória;

V – exercer o direito à família e à convivência familiar e comunitária; e

VI – exercer o direito à guarda, à tutela, à curatela e à adoção, como adotante ou adotando, em igualdade de oportunidades com as demais pessoas."

A *nova teoria da incapacidade* fortaleceu o instituto jurídico da capacidade, quer através do suporte para as decisões, por meio da *tomada de decisão apoiada*, quer pela assistência aos negócios jurídicos, como no caso da curatela.[8]

---

8 CPC – Art. 759. O tutor ou o curador será intimado a prestar compromisso no prazo de 5 (cinco) dias contado da:

I – nomeação feita em conformidade com a lei;

II – intimação do despacho que mandar cumprir o testamento ou o instrumento público que o houver instituído.

§ 1º O tutor ou o curador prestará o compromisso por termo em livro rubricado pelo juiz.

§ 2º Prestado o compromisso, o tutor ou o curador assume a administração dos bens do tutelado ou do interditado.

Art. 760. O tutor ou o curador poderá eximir-se do encargo apresentando escusa ao juiz no prazo de 5 (cinco) dias contado:

I – antes de aceitar o encargo, da intimação para prestar compromisso;

II – depois de entrar em exercício, do dia em que sobrevier o motivo da escusa.

§ 1º Não sendo requerida a escusa no prazo estabelecido neste artigo, considerar-se-á renunciado o direito de alegá-la.

§ 2º O juiz decidirá de plano o pedido de escusa, e, não o admitindo, exercerá o nomeado a tutela ou a curatela enquanto não for dispensado por sentença transitada em julgado.

Art. 761. Incumbe ao Ministério Público ou a quem tenha legítimo interesse requerer, nos casos previstos em lei, a remoção do tutor ou do curador.

Parágrafo único. O tutor ou o curador será citado para contestar a arguição no prazo de 5 (cinco) dias, findo o qual observar-se-á o procedimento comum.

Art. 762. Em caso de extrema gravidade, o juiz poderá suspender o tutor ou o curador do exercício de suas funções, nomeando substituto interino.

Art. 763. Cessando as funções do tutor ou do curador pelo decurso do prazo em que era obrigado a servir, ser-lhe-á lícito requerer a exoneração do encargo.

§ 1º Caso o tutor ou o curador não requeira a exoneração do encargo dentro dos 10 (dez) dias seguintes à expiração do termo, entender-se-á reconduzido, salvo se o juiz o dispensar.

§ 2º Cessada a tutela ou a curatela, é indispensável a prestação de contas pelo tutor ou pelo curador, na forma da lei civil.

20.4 Tomada de Decisão Apoiada

A *Tomada de Decisão Apoiada*, de acordo com o artigo 1783-A do Código Civil brasileiro: "A tomada de decisão apoiada é o processo pelo qual a pessoa com deficiência elege pelo menos 2 (duas) pessoas idôneas, com as quais mantenha vínculos e que gozem de sua confiança, para prestar-lhe apoio na tomada de decisão sobre atos da vida civil, fornecendo-lhes os elementos e informações necessários para que possa exercer sua capacidade."

20.5 Legitimidade

Para formular pedido de tomada de decisão apoiada, a pessoa com deficiência e os apoiadores devem apresentar termo em que constem os limites do apoio a ser oferecido e os compromissos dos apoiadores, inclusive o prazo de vigência do acordo e o respeito à vontade, aos direitos e aos interesses da pessoa que devem apoiar (artigo 1.783-A, § 1º, CC).

O pedido de tomada de decisão apoiada será requerido pela pessoa a ser apoiada, com indicação expressa das pessoas aptas a prestarem o apoio (artigo 1.783-A, § 2º, CC).

Antes de se pronunciar sobre o pedido de tomada de decisão apoiada, o juiz, assistido por equipe multidisciplinar, após oitiva do Ministério Público, ouvirá pessoalmente o requerente e as pessoas que lhe prestarão apoio (artigo 1.783-A, § 3º, CC).

20.6 Validade e efeitos

A decisão tomada por pessoa apoiada terá validade e efeitos sobre terceiros, sem restrições, desde que esteja inserida nos limites do apoio acordado (artigo 1.783-A, § 4º, CC).

20.7 Negócio jurídico

Terceiro com quem a pessoa apoiada mantenha relação negocial pode solicitar que os apoiadores contra-assinem o contrato ou acordo, especificando, por escrito, sua função em relação ao apoiado (artigo 1.783-A, § 5º, CC).

Em caso de negócio jurídico que possa trazer risco ou prejuízo relevante, havendo divergência de opiniões entre a pessoa apoiada e um dos apoiadores, deverá o juiz, ouvido o Ministério Público, decidir sobre a questão (artigo 1.783-A, § 6º, CC).

20.8 Responsabilidade do Apoiador

Se o apoiador agir com negligência, exercer pressão indevida ou não adimplir as obrigações assumidas, poderá a pessoa apoiada ou qualquer pessoa apresentar denúncia ao Ministério Público ou ao juiz (artigo 1.783-A, § 7º, CC).

20.9 Destituição do Apoiador

Se procedente a denúncia, o juiz destituirá o apoiador e nomeará, ouvida a pessoa apoiada e se for de seu interesse, outra pessoa para prestação de apoio (artigo 1.783-A, § 8º, CC).

20.10 Extinção

A pessoa apoiada pode, a qualquer tempo, solicitar o término de acordo firmado em processo de tomada de decisão apoiada (artigo 1.783-A, § 9º, CC).

O apoiador pode solicitar ao juiz a exclusão de sua participação do processo de tomada de decisão apoiada, sendo seu desligamento condicionado à manifestação do juiz sobre a matéria (artigo 1.783-A, § 10º, CC).

20.11 Prestação de Contas

Aplicam-se à tomada de decisão apoiada, no que couber, as disposições referentes à prestação de contas na curatela." (artigo 1.783-A, § 11º, CC).

20.12 Considerações finais

Importante destacar, neste momento, as conclusões de JOYCEANE BEZERRA DE MENEZES a *tomada de decisão apoiada*[9] constitui um "acordo por meio do qual a pessoa interessada e, somente ela, apresenta ao juiz os termos e duração do apoio que requer, indicando duas ou mais pessoas idôneas com as quais mantenha vínculo e relação de confiança para que sejam suas apoiadoras.

O objeto do apoio pode ser matéria de natureza patrimonial ou existencial.

O apoio pode se manifestar por variadas formas, seja favorecendo a informação, a comunicação, a compreensão dos fatos etc., conforme demandar a necessidade do requerente.

O pedido deve ser dirigido ao juiz da vara de família ou àquele que exerça competência nesta área.

9 MENEZES, Joyceane Bezerra de. Tomada de Decisão Apoiada: Instrumento de Apoio ao Exercício da Capacidade Civil da Pessoa com Deficiência instituído pela Lei Brasileira de Inclusão (Lei N. 13.146/2015). In: *Revista Brasileira de Direito Civil*. Vol.–Jul/Set 2016, p.31-57. Disponível em: < https://www.ibdcivil.org.br/rbdc.php?ip=123&titulo=VOLUME%209%20|%20Jul-Set%202016&category_id=147&arquivo=data/revista/volume9/rbdcivil_vol_9_completo-(final).pdf>. Acesso em: 31 out. 2016.

Não há transferência de poderes do apoiado para o apoiador.

Não há necessidade de registro da sentença que homologa o acordo de apoio.

Os negócios celebrados pela pessoa apoiada, ainda que sem a presença do apoiador, serão plenamente válidos, haja vista que preservam a capacidade civil íntegra.

Os apoiadores têm deveres em relação à pessoa apoiada, respondendo civilmente pelos prejuízos que causarem-na por negligencia, imprudência ou imperícia.

A qualquer tempo o apoiado pode pedir a extinção da medida.

Os apoiadores podem requer sua liberação do encargo ao juiz, ocasião em que devem prestar contas à semelhança do que se impõe ao curador.

Não há fungibilidade entre os pedidos de decisão apoiada e curatela, muito embora seja deferido ao juiz o poder de adaptação dos procedimentos para melhor atender ao direito material da parte requerente, nos limites da lei."

Capítulo 21

ADOÇÃO

"A criança, para o pleno e harmonioso desenvolvimento de sua personalidade, deve crescer no seio da família, em um ambiente de felicidade, amor e compreensão (Convenção sobre os Direitos da Criança)."

21.1 Considerações Iniciais

Já verificamos nos capítulos anteriores que inexiste diferenciação entre o filho adotivo e o filho biológico. É, pois, o princípio da igualdade dos filhos delineado pela nossa Constituição da República. Em regra geral, as expectativas no processo de adoção são bens distantes: de um lado, os adotantes com o propósito de conseguir a paternidade ou maternidade ampliando a família; de outro lado, a expectativa do adotado, mormente, desejando sair da situação de abandono. Não obstante a figura da adoção ser muito antiga em nossa humanidade, este instituto jurídico ainda é permeado de preocupações e desejos, tais como: a) o preconceito de que a paternidade (ou maternidade) adotiva é inferir a biológica; b) o fantasma da busca desenfreada da origem biológica pelo adotado; c) o medo que o tempo do abando ou a relação de negligência dos pais biológicos possam refletir no desenvolvimento da criança; dentre outros. Todavia, frise-se, que o ato de adoção de uma criança é um dos atos de maior profundidade humanitária, de carinho e afeto.

Nesse diapasão, o fenômeno da *adoção* envolve não só questões jurídicas, mas também questões psicossociais da maior complexidade.

21.2 Documentos Internacionais na área dos Direitos da Criança

A primeira referência a "direitos da criança" num instrumento jurídico internacional data de 1924, quando a Assembleia da Sociedade das Nações adotou uma resolução endossando a Declaração dos Direitos da Criança promulgada no ano anterior pelo Conselho da União Internacional de Proteção à Infância (*Save the Children International Union*), organização de carácter não-governamental. Nos termos da Declaração, os membros da Sociedade das

Nações são chamados a guiar-se pelos princípios deste documento, o qual passou a ser conhecido por Declaração de Genebra.

A Declaração reconhece que a criança deve ser protegida independentemente de qualquer consideração de raça, nacionalidade ou crença, deve ser auxiliada, respeitando-se a integridade da família e deve ser colocada em condições de se desenvolver de maneira normal, quer material, quer moral, quer espiritualmente. Nos termos da Declaração, a criança deve ser alimentada, tratada, auxiliada e reeducada; o órfão e o abandonado devem ser recolhidos. Em tempos de infortúnio, a criança deve ser a primeira a receber socorros. A criança deve ser colocada em condições de, no momento oportuno, ganhar a sua vida, deve ser protegida contra qualquer exploração e deve ser educada no sentimento de que as suas melhores qualidades devem ser postas ao serviço do próximo.

Após a Segunda Guerra Mundial, em 1946, o Conselho Econômico e Social das Nações Unidas (fundado em 1945) recomendou ser adotada a Declaração de Genebra com o objetivo de canalizar as atenções do mundo do pós-guerra para os problemas urgentes relacionados com as crianças, fundando no mesmo ano o Fundo de Emergência das Nações Unidas para as Crianças (UNICEF).

Em 1950 a Assembleia Geral das Nações Unidas decidiu que o Fundo deveria prosseguir o seu trabalho por um tempo indefinido, tendo o seu nome sido alterado para *Fundo das Nações Unidas para a Infância*.

Em 1948, a Assembleia Geral das Nações Unidas adotou a Declaração Universal dos Direitos do Homem. Este foi o primeiro instrumento internacional que enuncia direitos de carácter civil e político, mas também de natureza econômica, social e cultural de que todos os seres humanos, aí incluindo as crianças, devem beneficiar. O artigo 25 reconhece que "*a maternidade e a infância têm direito a ajuda e a assistência especiais*." No mesmo diapasão, que "*todas as crianças, nascidas dentro ou fora do matrimônio, gozam da mesma proteção social*."

Em 20 de novembro de 1959, foi promulgada, pela Assembleia Geral das Nações Unidas, a *Declaração dos Direitos da Criança*. Neste momento foi afirmado que a "humanidade deve dar o melhor de si mesma à criança". Esse documento, por muitos anos, constituiu o enquadramento moral para os direitos da criança, apesar de não comportar quaisquer obrigações jurídicas. De acordo com essa Declaração, a criança deve gozar de proteção especial e se beneficiar de oportunidades e facilidades para desenvolver-se de maneira sadia e normal e em condições de liberdade e dignidade. Nesse momento, é reconhecido, pois, à criança o direito a um nome, a uma nacionalidade e à segurança social. De acordo com a Convenção, a criança tem direito a uma alimentação adequada, a alojamento, a distrações e a cuidados médicos. A criança, física e mentalmente diminuída, ou socialmente desfavorecida, deve receber o tratamento, a educação e os cuidados especiais que o seu estado ou situação exigem.

A Declaração reconheceu a necessidade de amor e compreensão para o desabrochar harmonioso da personalidade da criança, bem como o dever dos poderes públicos prestarem especiais cuidados às crianças sem família ou sem meios de subsistência suficientes.

A criança tem direito a uma educação que deve ser gratuita e obrigatória pelo menos ao nível elementar, contribuindo para a sua cultura geral e de forma que permita, em condições de igualdade de classes, desenvolver as suas faculdades, opiniões pessoais, sentido das responsabilidades morais e sociais e de se tornar um membro útil à sociedade. Ademais, a criança que se encontre em situação de perigo deve estar entre os primeiros a receber proteção e socorros. A criança deve ser protegida de todas as formas de negligência, crueldade ou exploração e não deve trabalhar antes de ter atingido a idade mínima apropriada.

A *Declaração Universal dos Direitos da Criança*, em 20 de novembro de 1959, foi ratificada pelo Brasil; através do art. 84, inciso XXI, da Constituição, e tendo em vista o disposto nos arts. 1º da Lei nº 91, de 28 de agosto de 1935, e 1º do Decreto nº 50.517, de 2 de maio de 1961 estabeleceu que a criança "em decorrência de sua imaturidade física e mental, precisa de proteção e cuidados especiais, inclusive proteção legal apropriada, antes e depois do nascimento."

O ano de 1979 foi proclamado o *Ano Internacional da Criança*. O que se desejava, à época, era conscientizar a todos a necessidade da tomada de ações objetivando a melhoria da situação das crianças.

Em 20 de novembro de 1989, a Assembleia Geral das Nações Unidas adotou a *Convenção das Nações Unidas sobre os Direitos da Criança* e aberta à assinatura e ratificação ou acessão em Nova Iorque a 26 de Janeiro de 1990. Entrou em vigor a 2 de Setembro de 1990, nos termos do seu artigo 49.º. É de notar que a data de adopção da Convenção não foi determinada ao acaso, correspondendo o dia 20 de Novembro de 1989 à data do trigésimo aniversário da Declaração dos Direitos da Criança. Esta data foi decretada pela ONU como *Dia Universal da Criança*.

No Brasil, o Decreto n.99.710, de 21 de novembro de 1990 promulgou a Convenção sobre os Direitos da Criança.

21.2.1 Outros instrumentos internacionais na área dos direitos da criança

Antes da adoção da Convenção sobre os Direitos da Criança, é importante notar que existiam outros instrumentos jurídicos internacionais ligados à proteção dos direitos da criança, abordando temáticas específicas com incidência sobre a infância. Vejamos:

a) a Convenção da OIT n.º 138 sobre a Idade Mínima de Admissão ao Emprego, que obriga os Estados Partes a seguirem uma política nacional que tenha como fim assegurar a abolição efetiva do trabalho das crianças e elevar progressivamente a idade mínima de admissão ao emprego ou ao trabalho. Os Estados Partes devem igualmente declarar qual a idade mínima para admissão ao trabalho ou emprego em vigor no país.
b) As Nações Unidas, em 1990, adotaram os *Princípios Orientadores de Riade para a Prevenção da Delinquência Juvenil* e as *Regras para a Proteção de Menores Privados de Liberdade*. Estas normas constituem um importante marco jurídico e uma referência única para garantir o respeito pela dignidade da criança, a consideração da sua idade e da proteção especifica de que deve beneficiar quando envolvida com o sistema de administração da justiça. Os Princípios de Riade desvelam a importância de serem adotadas medidas progressivas de prevenção da delinquência e serem elaboradas medidas que evitem criminalizar e penalizar um jovem por um comportamento que não cause danos sérios ao seu desenvolvimento ou prejudique os outros. Já em 14 de dezembro de 1990 foi adotada pela Assembleia Geral das Nações Unidas, as *Regras para a Proteção de Menores Privados de Liberdade*. O instrumento preconiza que a prisão de jovens deve constituir uma medida de último recurso decretada pelo período mínimo necessário e deve ser limitada a casos excepcionais. Estas regras têm nomeadamente por objetivo combater os efeitos nocivos de qualquer tipo de detenção e promover a integração dos jovens na sociedade. Por outro lado, permitem equacionar um processo de reintegração consentâneo com os princípios em vigor numa sociedade democrática.
c) a *Convenção de Haia de 1993* relativa à *Proteção das Crianças e à Cooperação em matéria de Adoção Internacional* veio desenvolver e completar os princípios da Convenção sobre os Direitos da Criança.
d) a Convenção n.º 182 para a Eliminação Imediata das Piores Formas de Trabalho Infantil, adotada em 1999 pela OIT. Este instrumento jurídico identifica as situações de exploração da criança que são consideradas como mais inaceitáveis. Estas incluem o recrutamento forçado e a utilização de crianças em conflitos armados, bem como a prostituição e pornografia infantis. Partindo da definição contida no artigo 1.º da Convenção sobre os Direitos da Criança, a Convenção da OIT define *a criança como todo o ser humano com idade inferior a 18 anos*.
e) o *Estatuto de Roma do Tribunal Penal Internacional*, adotado em 1998, teve o objetivo de lutar contra a impunidade dos responsáveis por crimes de guerra, crimes de genocídio e crimes contra a

humanidade. O Estatuto do TPI incluiu na sua jurisdição crimes de especial relevância em matéria de proteção dos direitos da criança, tais como a violência sexual, a prostituição forcada, o recrutamento de crianças com idade inferior a 15 anos ou os ataques contra escolas e hospitais onde a proteção da criança deve ser sempre salvaguardada. A jurisdição do Tribunal Penal é exclusiva para o julgamento de pessoas com idade superior a 18 anos.

Outrossim, em 1991, a Organização da Unidade Africana adotou a *Carta Africana dos Direitos e Bem-Estar da Criança*. A *Carta Africana* define a criança como sendo todo o ser humano com uma idade inferior a 18 anos, estipula que a criança ocupa uma posição única e privilegiada na sociedade africana, podendo-se afirmar que consiste na adaptação da Convenção das Nações Unidas sobre os Direitos da Criança à realidade africana.

No continente europeu, o Conselho da Europa adotou a *Convenção Europeia sobre o Exercício dos Direitos da Criança* em 1996, a qual tem basicamente uma natureza processual. A Convenção contém por isso um conjunto de medidas processuais que devem permitir às crianças fazer valer os seus direitos e garantir-lhes a sua participação em todos os procedimentos que as afetam. Essa Convenção entrou em vigor em 01 de Julho de 2000.

21.2.2 Comitê da ONU sobre os Direitos da Criança

O Comitê dos Direitos da Criança (CDC) foi criado ao abrigo do disposto no art. 43° da Convenção sobre os Direitos da Criança. O Comitê iniciou os seus trabalhos no dia 30 de Setembro de 1991, tendo na sua primeira sessão eleito os seus membros, adotado as suas regras de procedimento, discutido os métodos de trabalho aplicáveis ao exame dos relatórios dos Estados Partes, as modalidades de cooperação com outros organismos e agências das Nações Unidas e ainda com as organizações não-governamentais com competências em matéria de proteção e promoção dos direitos da criança. O Comitê dos Direitos da Criança é um órgão composto de 18 "peritos de alta autoridade moral e de reconhecida competência no domínio abrangido pela presente Convenção". (artigo 43.°, n.°2 da CDC). O número inicial de membros do Comitê previsto neste artigo (dez) foi elevado para 18 após a entrada em vigor – a 18 de Novembro de 2002 – de uma emenda aprovada pela Assembleia Geral na sua resolução 50/155, de 21 de Dezembro de 1995.

Entre 14 de setembro e 2 de outubro de 2015, o Comitê das Nações Unidas sobre os Direitos da Crianças se reuniu em Genebra (Suiça) para rever os direitos das crianças no Brasil, Bangladesh, Chile, Cuba, Cazaquistão, Madagascar, Polônia, Timor Leste, e Emirados Árabes Unidos.[1]

1 Disponível em: https://nacoesunidas.org/comite-da-onu-sobre-os-direitos-da-criancas--discute-situacao-das-criancas-brasileiras/.Acesso em: 29 jan. 2017.

21.3 Instrumentos legais no Brasil

A nossa Constituição da República no artigo 227, *caput*, diz que "é dever da família, da sociedade e do Estado assegurar à criança, ao adolescente e ao jovem, com absoluta prioridade, o direito à vida, à saúde, à alimentação, à educação, ao lazer, à profissionalização, à cultura, à dignidade, ao respeito, à liberdade e à convivência familiar e comunitária, além de colocá-los a salvo de toda forma de negligência, discriminação, exploração, violência, crueldade e opressão.

De acordo com o § 1º da referida norma constitucional, o Estado promoverá programas de assistência integral à saúde da criança, do adolescente e do jovem, admitida a participação de entidades não governamentais, mediante políticas específicas e obedecendo aos seguintes preceitos: I – aplicação de percentual dos recursos públicos destinados à saúde na assistência materno-infantil; II – criação de programas de prevenção e atendimento especializado para as pessoas portadoras de deficiência física, sensorial ou mental, bem como de integração social do adolescente e do jovem portador de deficiência, mediante o treinamento para o trabalho e a convivência, e a facilitação do acesso aos bens e serviços coletivos, com a eliminação de obstáculos arquitetônicos e de todas as formas de discriminação.

O direito à proteção especial abrangerá os seguintes aspectos: I – idade mínima de quatorze anos para admissão ao trabalho, observado o disposto no art. 7º, XXXIII; II – garantia de direitos previdenciários e trabalhistas; III – garantia de acesso do trabalhador adolescente e jovem à escola; IV – garantia de pleno e formal conhecimento da atribuição de ato infracional, igualdade na relação processual e defesa técnica por profissional habilitado, segundo dispuser a legislação tutelar específica; V – obediência aos princípios de brevidade, excepcionalidade e respeito à condição peculiar de pessoa em desenvolvimento, quando da aplicação de qualquer medida privativa da liberdade; VI – estímulo do Poder Público, através de assistência jurídica, incentivos fiscais e subsídios, nos termos da lei, ao acolhimento, sob a forma de guarda, de criança ou adolescente órfão ou abandonado; VII – programas de prevenção e atendimento especializado à criança, ao adolescente e ao jovem dependente de entorpecentes e drogas afins (artigo 227, § 3º, CR).

A lei punirá severamente o abuso, a violência e a exploração sexual da criança e do adolescente (artigo 227, § 4º, CR).

A adoção será assistida pelo Poder Público, na forma da lei, que estabelecerá casos e condições de sua efetivação por parte de estrangeiros (artigo 227, § 5º, CR).

Os filhos, havidos ou não da relação do casamento, ou por adoção, terão os mesmos direitos e qualificações, proibidas quaisquer designações discriminatórias relativas à filiação (artigo 227, § 6º, CR).

Os pais têm o dever de assistir, criar e educar os filhos menores, e os filhos maiores têm o dever de ajudar e amparar os pais na velhice, carência ou enfermidade (artigo 229, CR).

O Código Civil brasileiro de 1916 disciplinava a adoção, tanto de adultos quanto de crianças e adolescentes. Os requisitos eram ter a idade para o adotante de cinquenta anos, devendo ser 18 (dezoito) anos mais velho que o adotado. Curioso que o adotante não poderia ter prole legítima.

A Lei 3.133/57 reduziu a idade mínima do adotante de cinquenta para trinta anos de idade, estabelecendo que os casais só poderiam adotar depois de cinco anos de casados.

A Lei 4.655/65 dispensou o prazo de cinco anos de casamento para a adoção, se provada a esterilidade de um dos cônjuges, por intermédio de perícia médica e a estabilidade conjugal.

Em 1979, o Código de Menores determinou que a adoção de adultos fosse regida pelo Código Civil (1916), e a de menores regida pelo próprio Código de Menores, com a subdivisão em adoção plena e adoção simples.

Atualmente, quanto a *adoção*, o Código Civil brasileiro de 2002 determina que a adoção de crianças e adolescentes será deferida na forma prevista pela Lei no 8.069, de 13 de julho de 1990 – Estatuto da Criança e do Adolescente (artigo 1.618).

O adotante há de ser pelo menos dezesseis anos mais velho que o adotado (artigo 1.619, CC). A adoção de maiores de 18 (dezoito) anos dependerá da assistência efetiva do poder público e de sentença constitutiva, aplicando-se, no que couber, as regras gerais da Lei nº 8.069, de 13 de julho de 1990 – Estatuto da Criança e do Adolescente (artigo 1.619, CC).

Frise-se que no Brasil existem dois tipos de adoção: adoção nacional e internacional.

21.4 Conceito e características

A *adoção* é, portanto, um ato jurídico através do qual uma pessoa recebe e acolhe a outra estabelecendo parentesco civil entre elas. A adoção é tratada no ECA a partir do artigo 39. A adoção é irrevogável e vedada a sua realização por procuração.

A adoção atribui a condição de filho ao adotado, com os mesmos direitos e deveres, inclusive sucessórios, desligando-o de qualquer vínculo com pais e parentes, salvo os impedimentos matrimoniais. Se um dos cônjuges ou concubinos adota o filho do outro, mantêm-se os vínculos de filiação entre o adotado e o cônjuge ou concubino do adotante e os respectivos parentes. É recíproco o direito sucessório entre o adotado, seus descendentes, o adotante, seus ascendentes, descendentes e colaterais até o 4º grau, observada a ordem de vocação hereditária (artigo 41 e parágrafos, ECA).

A adoção poderá ser deferida ao adotante que, após inequívoca manifestação de vontade, vier a falecer no curso do procedimento, antes de prolatada a sentença (artigo 42, §6°, ECA).

A adoção será deferida quando apresentar reais vantagens para o adotando e fundar-se em motivos legítimos (artigo 43, ECA).

A adoção depende do consentimento dos pais ou do representante legal do adotando O consentimento será dispensado em relação à criança ou adolescente cujos pais sejam desconhecidos ou tenham sido destituídos do poder familiar. Em se tratando de adotando maior de doze anos de idade, será também necessário o seu consentimento (artigo 45 e parágrafos, ECA).

21.5 Quem pode ser adotando e quem pode adotar

Quem pode ser adotado (adotando)? O adotando deve contar com, no máximo, dezoito anos à data do pedido, salvo se já estiver sob a guarda ou tutela dos adotantes (artigo 40, ECA).

Quem pode adotar (adotante)? De acordo com o artigo 42 do ECA, podem adotar os maiores de 18 (dezoito) anos, independentemente do estado civil. Não podem adotar os ascendentes e os irmãos do adotando. Para adoção conjunta, é indispensável que os adotantes sejam casados civilmente ou mantenham união estável, comprovada a estabilidade da família. O adotante há de ser, pelo menos, dezesseis anos mais velho do que o adotando. Os divorciados, os judicialmente separados e os ex-companheiros podem adotar conjuntamente, contanto que acordem sobre a guarda e o regime de visitas e desde que o estágio de convivência tenha sido iniciado na constância do período de convivência e que seja comprovada a existência de vínculos de afinidade e afetividade com aquele não detentor da guarda, que justifiquem a excepcionalidade da concessão. Se for o caso, desde que demonstrado efetivo benefício ao adotando, será assegurada a guarda compartilhada, conforme previsto no art. 1.584 da Código Civil.

Enquanto não der conta de sua administração e saldar o seu alcance, não pode o tutor ou o curador adotar o pupilo ou o curatelado (artigo 44, ECA).

A morte dos adotantes não restabelece o poder familiar dos pais naturais (artigo 49, ECA).

21.6 Estágio de Convivência

De acordo com o artigo 46 e parágrafos do ECA, a adoção será precedida de estágio de convivência com a criança ou adolescente, pelo prazo que a autoridade judiciária fixar, observadas as peculiaridades do caso. O estágio de convivência poderá ser dispensado se o adotando já estiver sob a tutela ou guarda legal do adotante durante tempo suficiente para que seja possível avaliar a conveniência da constituição do vínculo. A simples guarda de fato não autoriza, por si só, a dispensa da realização do estágio de convivência. Em caso de adoção por pessoa ou casal residente ou domiciliado fora do País, o estágio de convivência, cumprido no território nacional, será de, no mínimo, 30 (trinta) dias. O estágio de convivência será acompanhado pela equipe interprofissional a serviço da Justiça da Infância e da Juventude, preferencialmente com apoio dos técnicos responsáveis pela execução da política de garantia do direito à convivência familiar, que apresentarão relatório minucioso acerca da conveniência do deferimento da medida.

21.7 Vínculo de adoção e registro

O vínculo da adoção constitui-se por sentença judicial, que será inscrita no registro civil mediante mandado do qual não se fornecerá certidão. A sentença que vincula a adoção tem cunho *constitutivo*, ocorrendo concomitantemente a *extinção do poder familiar*. A sentença de caráter constitutivo tem o efeito de criar, modificar ou extinguir uma relação jurídica.

A inscrição consignará o nome dos adotantes como pais, bem como o nome de seus ascendentes. O mandado judicial, que será arquivado, cancelará o registro original do adotado. A pedido do adotante, o novo registro poderá ser lavrado no Cartório do Registro Civil do Município de sua residência. Nenhuma observação sobre a origem do ato poderá constar nas certidões do registro.

O processo relativo à adoção assim como outros a ele relacionados serão mantidos em arquivo, admitindo-se seu armazenamento em microfilme ou por outros meios, garantida a sua conservação para consulta a qualquer tempo. Terão prioridade de tramitação os processos de adoção em que o adotando for criança ou adolescente com deficiência ou com doença crônica (artigo 47 e parágrafos, ECA).

21.7.1 Direito ao uso do patronímico do adotante e a modificação do prenome do adotado

A sentença conferirá ao adotado o nome do adotante e, a pedido de qualquer deles, poderá determinar a modificação do prenome. Caso a modificação de prenome seja requerida pelo adotante, é obrigatória a oitiva do adotando, observado o disposto nos §§ 1o e 2o do art. 28 do ECA.[2]

2 ECA – artigo 28 – § 1º Sempre que possível, a criança ou o adolescente será previamente ouvido por equipe interprofissional, respeitado seu estágio de desenvolvimento e grau de compreensão sobre as implicações da medida, e terá sua opinião devidamente considerada. § 2º Tratando-se de maior de 12 (doze) anos de idade, será necessário seu consentimento, colhido em audiência.

21.8 Efeitos Jurídicos

A adoção produz seus efeitos a partir do trânsito em julgado da sentença constitutiva, exceto na hipótese de falecimento do adotante, caso em que terá força retroativa à data do óbito (artigo 47, § 7º, ECA).

21.9 Direito de conhecer a origem biológica

O adotado tem *direito de conhecer sua origem biológica*, bem como de obter acesso irrestrito ao processo no qual a medida foi aplicada e seus eventuais incidentes, após completar 18 (dezoito) anos. O acesso ao processo de adoção poderá ser também deferido ao adotado menor de 18 (dezoito) anos, a seu pedido, assegurada orientação e assistência jurídica e psicológica (artigo 48, ECA).

21.10 Inscrição para adoção

A autoridade judiciária manterá, em cada comarca ou foro regional, um registro de crianças e adolescentes em condições de serem adotados e outro de pessoas interessadas na adoção. O deferimento da inscrição dar-se-á após prévia consulta aos órgãos técnicos do juizado, ouvido o Ministério Público. Não será deferida a inscrição se o interessado não satisfazer os requisitos legais, ou verificada qualquer das hipóteses previstas no artigo 29 do ECA.

21.11 Preparação psicossocial e jurídica

A inscrição de postulantes à adoção será precedida de um período de preparação psicossocial e jurídica, orientado pela equipe técnica da Justiça da Infância e da Juventude, preferencialmente com apoio dos técnicos responsáveis pela execução da política municipal de garantia do direito à convivência familiar. Sempre que possível e recomendável, a preparação psicossocial e jurídica incluirá o contato com crianças e adolescentes em acolhimento familiar ou institucional em condições de serem adotados, a ser realizado sob a orientação, supervisão e avaliação da equipe técnica da Justiça da Infância e da Juventude, com apoio dos técnicos responsáveis pelo programa de acolhimento e pela execução da política municipal de garantia do direito à convivência familiar (artigo 50 e parágrafos do ECA).

21.12 Cadastros estaduais e nacional de crianças e adolescentes a serem adotados

Serão criados e implementados cadastros estaduais e nacional de crianças e adolescentes em condições de serem adotados e de pessoas ou casais habilitados à adoção. Haverá cadastros distintos para pessoas ou casais residentes fora do País, que somente serão consultados na inexistência de postulantes nacionais habilitados nos referidos cadastros. As autoridades estaduais e federais em matéria de adoção terão acesso integral aos cadastros, incumbindo-lhes a troca de informações e a cooperação mútua, para melhoria do sistema. A autoridade judiciária providenciará, no prazo de 48 (quarenta e oito) horas, a inscrição das crianças e adolescentes em condições de serem adotados que não tiveram colocação familiar na comarca de origem, e das pessoas ou casais que tiveram deferida sua habilitação à adoção nos cadastros estadual e nacional, sob pena de responsabilidade. Compete à Autoridade Central Estadual zelar pela manutenção e correta alimentação dos cadastros, com posterior comunicação à Autoridade Central Federal Brasileira.

A alimentação do cadastro e a convocação criteriosa dos postulantes à adoção serão fiscalizadas pelo Ministério Público (artigo 50 e parágrafos, ECA).

21.13 Programa de acolhimento familiar

Enquanto não localizada pessoa ou casal interessado em sua adoção, a criança ou o adolescente, sempre que possível e recomendável, será colocado sob guarda de família cadastrada em programa de acolhimento familiar (artigo 50, §11, ECA).

21.14 Adotante não cadastrado

De acordo com o artigo 50, § 13, do ECA, somente poderá ser deferida adoção em favor de candidato domiciliado no Brasil não cadastrado previamente quando:

I – se tratar de pedido de adoção unilateral;

II – for formulada por parente com o qual a criança ou adolescente mantenha vínculos de afinidade e afetividade;

III – oriundo o pedido de quem detém a tutela ou guarda legal de criança maior de 3 (três) anos ou adolescente, desde que o lapso de tempo de convivência comprove a fixação de laços de afinidade e afetividade, e não seja constatada a ocorrência de má-fé ou qualquer das situações previstas nos arts. 237 ou 238 do ECA.

Nas hipóteses acima, o candidato deverá comprovar, no curso do procedimento, que preenche os requisitos necessários à adoção.

21.15 Adoção Internacional

21.15.1 Conceito

De acordo com o artigo 51 do ECA, considera-se adoção internacional aquela na qual a pessoa ou casal postulante é residente ou domiciliado fora do Brasil, conforme previsto no Artigo 2 da Convenção de Haia, de 29 de maio de 1993, Relativa à Proteção das Crianças e à Cooperação em Matéria de Adoção Internacional, aprovada pelo Decreto Legislativo no1, de 14 de janeiro de 1999, e promulgada pelo Decreto nº 3.087, de 21 de junho de 1999.

Neste sentido, "nos termos do artigo 51 do Estatuto da Criança e do Adolescente – que remete ao artigo 2º da Convenção de Haia, de 29.5.93 -, a adoção internacional ocorre quando a pessoa ou casal adotante seja residente ou domiciliado fora do Brasil e haja o deslocamento do adotando para outro Estado. No caso, a despeito de o adotante possuir nacionalidade suíça e o adotando brasileira, à época do pedido de adoção já conviviam há mais de 10 anos no país estrangeiro na companhia de sua genitora. Para a adoção de menor que tenha pais biológicos no exercício do poder familiar, haverá a necessidade do consentimento de ambos, salvo se, por decisão judicial, forem destituídos desse poder, consoante a regra contida no art. 45 do ECA. É causa autorizadora da perda judicial do poder familiar, nos termos do art. 1.638, II, do Código Civil, o fato de o pai deixar o filho em abandono. Na hipótese, há nos autos escritura pública assinada pelo pai biológico dando conta de que houve manifesto abandono de seu filho menor, situação, aliás, expressamente levantada no título judicial submetido à presente homologação bem como no parecer do ministerial. 5. Excepcionalmente, o STJ admite outra hipótese de dispensa do consentimento sem prévia destituição do poder familiar, quando for observada situação de fato consolidada no tempo que seja favorável ao adotando, como no caso em exame. Precedentes. 6. Homologação de sentença estrangeira deferida." (SEC 274/EX, Rel. Ministro CASTRO MEIRA, CORTE ESPECIAL, julgado em 07/11/2012, DJe 19/11/2012).

O artigo 31 do ECA estabelece a colocação da criança em família substituta estrangeira como medida excepcional, cabível somente para fins de adoção. Além disso, o país de acolhida precisa, assim como o Brasil, ser ratificante da Convenção Relativa à Proteção das Crianças e à Cooperação em Matéria de Adoção Internacional, de 29 de maio de 1993, conhecida como Convenção de Haia. Apenas esses países poderão trabalhar com o Brasil nos moldes estabelecidos pelo ECA.

Vejamos, abaixo, as normas quanto a adoção internacional:[3]

a) Portaria nº 240, de 8 de abril de 2014 - Estabelece os procedimentos para o credenciamento de organismos estrangeiros que atuam em adoção internacional no Brasil;
b) Estatuto da Criança e do Adolescente – Lei nº 8.069, de 13 de junho de 1990;
c) Decreto Nº 3.087, de 21 de junho de 1999 - Promulga a Convenção Relativa à Proteção das Crianças à Cooperação em Matéria de Adoção Internacoinal, concluída em Haia em 29 de maio de 1993;

3 Disponível em: <http://www.sdh.gov.br/assuntos/adocao-e-sequestro-internacional/legislacao-e-publicacoes.> Acesso em: 30 jan. 2017.

d) Decreto Nº 3.174, de 16 de setembro de 1999 - Designa as Autoridades Centrais encarregadas de dar cumprimento às obrigações impostas pela Convenção de Haia de 1993;

e) Decreto nº 5.491, de 18 de julho de 2005 - Regulamenta a atuação de organismos estrangeiros e nacionais de adoção internacional.

21.15.2 Requisitos

A adoção internacional somente será deferida se, após consulta ao cadastro de pessoas ou casais habilitados à adoção, mantido pela Justiça da Infância e da Juventude na comarca, bem como aos cadastros estadual e nacional, não for encontrado interessado com residência permanente no Brasil (artigo 50, §10, ECA).

Conforme o artigo 52 e parágrafos do ECA, a *adoção internacional de criança ou adolescente brasileiro ou domiciliado no Brasil* somente terá lugar quando restar comprovado: I – que a colocação em família substituta é a solução adequada ao caso concreto; II – que foram esgotadas todas as possibilidades de colocação da criança ou adolescente em família substituta brasileira, após consulta aos cadastros estaduais e nacional de crianças e adolescentes a serem adotados; III – que, em se tratando de adoção de adolescente, este foi consultado, por meios adequados ao seu estágio de desenvolvimento, e que se encontra preparado para a medida, mediante parecer elaborado por equipe interprofissional, observado o disposto nos §§ 1o e 2o do art. 28 do ECA.

21.15.3 Direito de Preferência

Os brasileiros residentes no exterior terão preferência aos estrangeiros, nos casos de adoção internacional de criança ou adolescente brasileiro (artigo 51, §2º, ECA).

21.15.4 Procedimentos

A adoção internacional pressupõe a intervenção das Autoridades Centrais Estaduais e Federal em matéria de adoção internacional.

De acordo com o artigo 52 do ECA, a adoção internacional observará o procedimento previsto nos artigos 165 a 170 do ECA[4], com as seguintes adaptações:

---

4 ECA – Da Colocação em Família Substituta

Art. 165. São requisitos para a concessão de pedidos de colocação em família substituta: I – qualificação completa do requerente e de seu eventual cônjuge, ou companheiro, com expressa anuência deste; II – indicação de eventual parentesco do requerente e de seu cônjuge, ou companheiro, com a criança ou adolescente, especificando se tem ou não parente vivo; III – qualificação completa da criança ou adolescente e de seus pais, se conhecidos; IV – indicação do cartório onde foi inscrito nascimento, anexando, se possível, uma cópia

I – a pessoa ou casal estrangeiro, interessado em adotar criança ou adolescente brasileiro, deverá formular pedido de habilitação à adoção perante a Autoridade Central em matéria de adoção internacional no país de acolhida, assim entendido aquele onde está situada sua residência habitual;

II – se a Autoridade Central do país de acolhida considerar que os solicitantes estão habilitados e aptos para adotar, emitirá um relatório que contenha informações sobre a identidade, a capacidade jurídica e adequação dos

---

da respectiva certidão; V – declaração sobre a existência de bens, direitos ou rendimentos relativos à criança ou ao adolescente. Parágrafo único. Em se tratando de adoção, observar-se-ão também os requisitos específicos.

Art. 166. Se os pais forem falecidos, tiverem sido destituídos ou suspensos do poder familiar, ou houverem aderido expressamente ao pedido de colocação em família substituta, este poderá ser formulado diretamente em cartório, em petição assinada pelos próprios requerentes, dispensada a assistência de advogado.

§ 1º Na hipótese de concordância dos pais, esses serão ouvidos pela autoridade judiciária e pelo representante do Ministério Público, tomando-se por termo as declarações.

§ 2º O consentimento dos titulares do poder familiar será precedido de orientações e esclarecimentos prestados pela equipe interprofissional da Justiça da Infância e da Juventude, em especial, no caso de adoção, sobre a irrevogabilidade da medida

§ 3º O consentimento dos titulares do poder familiar será colhido pela autoridade judiciária competente em audiência, presente o Ministério Público, garantida a livre manifestação de vontade e esgotados os esforços para manutenção da criança ou do adolescente na família natural ou extensa.

§ 4º O consentimento prestado por escrito não terá validade se não for ratificado na audiência a que se refere o § 3º deste artigo.

§ 5º O consentimento é retratável até a data da publicação da sentença constitutiva da adoção.

§ 6º O consentimento somente terá valor se for dado após o nascimento da criança.

§ 7º A família substituta receberá a devida orientação por intermédio de equipe técnica interprofissional a serviço do Poder Judiciário, preferencialmente com apoio dos técnicos responsáveis pela execução da política municipal de garantia do direito à convivência familiar.

Art. 167. A autoridade judiciária, de ofício ou a requerimento das partes ou do Ministério Público, determinará a realização de estudo social ou, se possível, perícia por equipe interprofissional, decidindo sobre a concessão de guarda provisória, bem como, no caso de adoção, sobre o estágio de convivência. Parágrafo único. Deferida a concessão da guarda provisória ou do estágio de convivência, a criança ou o adolescente será entregue ao interessado, mediante termo de responsabilidade.

Art. 168. Apresentado o relatório social ou o laudo pericial, e ouvida, sempre que possível, a criança ou o adolescente, dar-se-á vista dos autos ao Ministério Público, pelo prazo de cinco dias, decidindo a autoridade judiciária em igual prazo.

Art. 169. Nas hipóteses em que a destituição da tutela, a perda ou a suspensão do poder familiar constituir pressuposto lógico da medida principal de colocação em família substituta, será observado o procedimento contraditório previsto nas Seções II e III deste Capítulo Parágrafo único. A perda ou a modificação da guarda poderá ser decretada nos mesmos autos do procedimento, observado o disposto no art. 35.

Art. 170. Concedida a guarda ou a tutela, observar-se-á o disposto no art. 32, e, quanto à adoção, o contido no art. 47. Parágrafo único. A colocação de criança ou adolescente sob a guarda de pessoa inscrita em programa de acolhimento familiar será comunicada pela autoridade judiciária à entidade por este responsável no prazo máximo de 5 (cinco) dias.

solicitantes para adotar, sua situação pessoal, familiar e médica, seu meio social, os motivos que os animam e sua aptidão para assumir uma adoção internacional;

III – a Autoridade Central do país de acolhida enviará o relatório à Autoridade Central Estadual, com cópia para a Autoridade Central Federal Brasileira;

IV – o relatório será instruído com toda a documentação necessária, incluindo estudo psicossocial elaborado por equipe interprofissional habilitada e cópia autenticada da legislação pertinente, acompanhada da respectiva prova de vigência;

V – os documentos em língua estrangeira serão devidamente autenticados pela autoridade consular, observados os tratados e convenções internacionais, e acompanhados da respectiva tradução, por tradutor público juramentado;

VI – a Autoridade Central Estadual poderá fazer exigências e solicitar complementação sobre o estudo psicossocial do postulante estrangeiro à adoção, já realizado no país de acolhida;

VII – verificada, após estudo realizado pela Autoridade Central Estadual, a compatibilidade da legislação estrangeira com a nacional, além do preenchimento por parte dos postulantes à medida dos requisitos objetivos e subjetivos necessários ao seu deferimento, tanto à luz do que dispõe esta Lei como da legislação do país de acolhida, será expedido laudo de habilitação à adoção internacional, que terá validade por, no máximo, 1 (um) ano;

VIII – de posse do laudo de habilitação, o interessado será autorizado a formalizar pedido de adoção perante o Juízo da Infância e da Juventude do local em que se encontra a criança ou adolescente, conforme indicação efetuada pela Autoridade Central Estadual.

21.15.5 Organismos internacionais credenciados

De acordo com os parágrafos do artigo 52 do ECA, se a legislação do país de acolhida assim o autorizar, admite-se que os pedidos de habilitação à adoção internacional sejam intermediados por organismos credenciados.

Incumbe à Autoridade Central Federal Brasileira o credenciamento de organismos nacionais e estrangeiros encarregados de intermediar pedidos de habilitação à adoção internacional, com posterior comunicação às Autoridades Centrais Estaduais e publicação nos órgãos oficiais de imprensa e em sítio próprio da internet.

Somente será admissível o credenciamento de organismos que:

I – sejam oriundos de países que ratificaram a Convenção de Haia e estejam devidamente credenciados pela Autoridade Central do país onde estiverem sediados e no país de acolhida do adotando para atuar em adoção internacional no Brasil;

II – satisfizerem as condições de integridade moral, competência profissional, experiência e responsabilidade exigidas pelos países respectivos e pela Autoridade Central Federal Brasileira;

III – forem qualificados por seus padrões éticos e sua formação e experiência para atuar na área de adoção internacional;

IV – cumprirem os requisitos exigidos pelo ordenamento jurídico brasileiro e pelas normas estabelecidas pela Autoridade Central Federal Brasileira.

Os organismos credenciados deverão ainda:

I – perseguir unicamente fins não lucrativos, nas condições e dentro dos limites fixados pelas autoridades competentes do país onde estiverem sediados, do país de acolhida e pela Autoridade Central Federal Brasileira;

II – ser dirigidos e administrados por pessoas qualificadas e de reconhecida idoneidade moral, com comprovada formação ou experiência para atuar na área de adoção internacional, cadastradas pelo Departamento de Polícia Federal e aprovadas pela Autoridade Central Federal Brasileira, mediante publicação de portaria do órgão federal competente;

III – estar submetidos à supervisão das autoridades competentes do país onde estiverem sediados e no país de acolhida, inclusive quanto à sua composição, funcionamento e situação financeira;

IV – apresentar à Autoridade Central Federal Brasileira, a cada ano, relatório geral das atividades desenvolvidas, bem como relatório de acompanhamento das adoções internacionais efetuadas no período, cuja cópia será encaminhada ao Departamento de Polícia Federal;

V – enviar relatório pós-adotivo semestral para a Autoridade Central Estadual, com cópia para a Autoridade Central Federal Brasileira, pelo período mínimo de 2 (dois) anos. O envio do relatório será mantido até a juntada de cópia autenticada do registro civil, estabelecendo a cidadania do país de acolhida para o adotado;

VI – tomar as medidas necessárias para garantir que os adotantes encaminhem à Autoridade Central Federal Brasileira cópia da certidão de registro de nascimento estrangeira e do certificado de nacionalidade tão logo lhes sejam concedidos.

21.15.5.1 Suspensão do credenciamento

A não apresentação dos relatórios pelo organismo credenciado poderá acarretar a suspensão de seu credenciamento.

A Autoridade Central Federal Brasileira poderá limitar ou suspender a concessão de novos credenciamentos sempre que julgar necessário, mediante ato administrativo fundamentado.

21.15.5.2 Validade do credenciamento

O credenciamento de organismo nacional ou estrangeiro encarregado de intermediar pedidos de adoção internacional terá validade de 2 (dois) anos.

21.15.5.3 Renovação do credenciamento

A renovação do credenciamento poderá ser concedida mediante requerimento protocolado na Autoridade Central Federal Brasileira nos 60 (sessenta) dias anteriores ao término do respectivo prazo de validade.

21.15.5.4 Descredenciamento

A cobrança de valores por parte dos organismos credenciados, que sejam considerados abusivos pela Autoridade Central Federal Brasileira e que não estejam devidamente comprovados, é causa de seu descredenciamento.

Uma mesma pessoa ou seu cônjuge não podem ser representados por mais de uma entidade credenciada para atuar na cooperação em adoção internacional.

A habilitação de postulante estrangeiro ou domiciliado fora do Brasil terá validade máxima de 1 (um) ano, podendo ser renovada.

É vedado o contato direto de representantes de organismos de adoção, nacionais ou estrangeiros, com dirigentes de programas de acolhimento institucional ou familiar, assim como com crianças e adolescentes em condições de serem adotados, sem a devida autorização judicial.

O artigo 52-A do ECA diz que é vedado, sob pena de responsabilidade e descredenciamento, o repasse de recursos provenientes de organismos estrangeiros encarregados de intermediar pedidos de adoção internacional a organismos nacionais ou a pessoas físicas. Eventuais repasses somente poderão ser efetuados via Fundo dos Direitos da Criança e do Adolescente e estarão sujeitos às deliberações do respectivo Conselho de Direitos da Criança e do Adolescente (artigo 52-A, parágrafo único, ECA).

21.15.6 Decisão judicial na adoção internacional

De acordo com o artigo 52 e parágrafos do ECA, antes de transitada em julgado a decisão que concedeu a adoção internacional, não será permitida a saída do adotando do território nacional.

Transitada em julgado a decisão, a autoridade judiciária determinará a expedição de alvará com autorização de viagem, bem como para obtenção de passaporte, constando, obrigatoriamente, as características da criança ou adolescente adotado, como idade, cor, sexo, eventuais sinais ou traços peculiares, assim como foto recente e a aposição da impressão digital do seu polegar direito, instruindo o documento com cópia autenticada da decisão e certidão de trânsito em julgado.

A Autoridade Central Federal Brasileira poderá, a qualquer momento, solicitar informações sobre a situação das crianças e adolescentes adotados.

21.15.7 Adotante brasileiro residente no exterior em país ratificante da Convenção de Haia

A adoção por brasileiro residente no exterior em país ratificante da Convenção de Haia, cujo processo de adoção tenha sido processado em conformidade com a legislação vigente no país de residência e atendido o disposto na Alínea "c" do Artigo 17 da referida Convenção, será automaticamente recepcionada com o reingresso no Brasil. Caso não tenha sido atendido o disposto na Alínea "c" do Artigo 17 da Convenção de Haia, deverá a sentença ser homologada pelo Superior Tribunal de Justiça (artigo 52-B e § 1°, ECA).

21.15.8 Adotante brasileiro residente no exterior em país não ratificante da Convenção de Haia

O pretendente brasileiro residente no exterior em país não ratificante da Convenção de Haia, uma vez reingressado no Brasil, deverá requerer a homologação da sentença estrangeira pelo Superior Tribunal de Justiça (artigo 52-B, § 2°, ECA).

21.15.9 Brasil como país de acolhida

Nas adoções internacionais, quando o Brasil for o país de acolhida, a decisão da autoridade competente do país de origem da criança ou do adolescente será conhecida pela Autoridade Central Estadual que tiver processado o pedido de habilitação dos pais adotivos, que comunicará o fato à Autoridade Central Federal e determinará as providências necessárias à expedição do Certificado de Naturalização Provisório (artigo 52-C, ECA).

A Autoridade Central Estadual, ouvido o Ministério Público, somente deixará de reconhecer os efeitos daquela decisão se restar demonstrado que a adoção é manifestamente contrária à ordem pública ou não atende ao interesse superior da criança ou do adolescente (artigo 52-C, §1°, ECA).

Na hipótese de não reconhecimento da adoção o Ministério Público deverá imediatamente requerer o que for de direito para resguardar os interesses da criança ou do adolescente, comunicando-se as providências à Autoridade Central Estadual, que fará a comunicação à Autoridade Central Federal Brasileira e à Autoridade Central do país de origem (artigo 52-C, §2°, ECA).

Por fim, de acordo com o artigo 52-D, do ECA, nas adoções internacionais, quando o Brasil for o país de acolhida e a adoção não tenha sido deferida no país de origem porque a sua legislação a delega ao país de acolhida, ou, ainda, na hipótese de, mesmo com decisão, a criança ou o adolescente ser oriundo de país que não tenha aderido à Convenção referida, o processo de adoção seguirá as *regras da adoção nacional*. É importante esclarecer que a Convenção de Haia se aplica apenas às adoções realizadas entre países ratificantes.

Nos demais casos, a adoção segue o previsto no artigo 52-D do Estatuto da Criança e do Adolescente, Lei nº 8.069, de 13 de junho de 1990. Nesses casos, não há intervenção das autoridades centrais quando um dos países não for ratificante da Convenção.

No entendimento da Autoridade Central Administrativa Federal (ACAF), o artigo 52-D do ECA abre três possibilidade diferentes para pretendentes residentes no Brasil que desejam adotar uma criança que resida em país não ratificante da Convenção.

Abaixo segue uma breve explicação sobre as três opções disponíveis. Entretanto, em caráter preliminar, "é importante que os pretendentes conheçam a lei do país de origem da criança, uma vez que é essa lei que indicará a melhor opção a seguir.

a) Adoção a partir do Brasil: se o país de origem da criança permitir que a adoção ocorra a partir do Brasil, os pretendentes deverão requerer a habilitação para adoção, nos moldes da adoção nacional, na vara da comarca da sua residência. Após a habilitação, a documentação deve ser traduzida e enviada ao país de origem da criança diretamente pelos pretendentes. Concluída a adoção no exterior e emitida a nova certidão de nascimento da criança, ela deve ser registrada no consulado brasileiro mediante a homologação da sentença estrangeira no Superior Tribunal de Justiça (STJ), conforme as regras do Ministério das Relações Exteriores (MRE);
b) Adoção no exterior: se a legislação do país de origem da criança permitir, os pais poderão requerer a adoção diretamente no exterior, sem que haja necessidade de habilitação prévia no Brasil. É preciso verificar se o país de origem permite que visitantes possam adotar ou apenas residentes temporários/permanentes. Concluída a adoção no exterior e emitida a nova certidão de nascimento da criança, ela deve ser registrada no consulado Brasileiro mediante a homologação da sentença estrangeira no Superior Tribunal de Justiça (STJ), conforme as regras do MRE;
c) Conclusão da adoção no Brasil: em alguns países, é permitido que a adoção da criança seja concluída no país de acolhida (neste caso o Brasil). Se esse for o caso da legislação do país de origem da criança, os pretendentes podem viajar com a criança para o Brasil antes

de concluída a adoção. Para isso, a criança deverá ser submetida às regras de vistos aplicáveis aos nacionais do seu país. O pedido de visto, quando cabível, deve ser feito junto ao consulado brasileiro, seguindo as regras do MRE. Uma vez no Brasil, os pretendentes devem requerer a adoção da criança na vara da comarca de sua residência e processar a adoção nos termos da adoção nacional.

O credenciamento junto à ACAF é requisito para que qualquer entidade não governamental atue nas adoções internacionais, seja do Brasil para o exterior ou vice-versa, nos termos do Decreto nº 5.491, de 18 de julho de 2005."[5]

21.16 Adoção à brasileira

A adoção à brasileira se caracteriza "pelo reconhecimento voluntário da maternidade/paternidade, na qual, fugindo das exigências legais pertinentes ao procedimento de adoção, o casal (ou apenas um dos cônjuges/companheiros) simplesmente registra o menor como seu filho, sem as cautelas judiciais impostas pelo estado, necessárias à proteção especial que deve recair sobre os interesses da criança", explicou a ministra Nancy Andrighi em um de seus julgados sobre o tema.[6]

Vejamos, abaixo, algumas decisões do STJ selecionadas em relação ao tema:

a) "O filho tem direito de desconstituir a denominada "adoção à brasileira" para fazer constar o nome de seu pai biológico em seu registro de nascimento, ainda que preexista vínculo socioafetivo de filiação com o pai registral. De fato, a jurisprudência do STJ entende que "Não há que se falar em erro ou falsidade se o registro de nascimento de filho não biológico efetivou-se em decorrência do reconhecimento de paternidade, via escritura pública, de forma espontânea, quando inteirado o pretenso pai de que o menor não era seu filho; porém, materializa-se sua vontade, em condições normais de discernimento, movido pelo vínculo socioafetivo e sentimento de nobreza" (REsp 709.608-MS, Quarta Turma, DJe 23/11/2009). Nada obstante, o reconhecimento do estado biológico de filiação constitui direito personalíssimo, indisponível e imprescritível, consubstanciado no princípio constitucional da dignidade da pessoa humana (REsp 1.215.189-RJ, Quarta Turma,

5 Disponível em: <http://www.sdh.gov.br/assuntos/adocao-e-sequestro-internacional/adocao-internacional/procedimentos-de-adocao.> Acesso em: 30 jan. 2017.

6 Disponível em: <http://www.conjur.com.br/2014-fev-09/pratica-ainda-comum-adocao-brasileira-gera-graves-consequencias>. Acesso em: 30 jan. 2017.

DJe 1º/2/2011; e AgRg no REsp 1.203.874-PB, Terceira Turma, DJe 18/8/2011). Ademais, há precedentes do STJ no sentido de que é possível o desfazimento da "adoção à brasileira", mesmo no caso de vínculo socioafetivo, se assim opta o interessado. Dessa forma, a paternidade socioafetiva em face do pai registral não pode ser óbice à pretensão do filho de ver alterado o seu registro para constar o nome de seu pai biológico, sob pena de ofensa ao art. 1.596 do CC, segundo o qual "Os filhos, havidos ou não da relação de casamento, ou por adoção, terão os mesmos direitos e qualificações, proibidas quaisquer designações discriminatórias relativas à filiação". Precedentes citados: REsp 1.352.529-SP, Quarta Turma, DJe 13/4/2015; e REsp 1.256.025-RS, Terceira Turma, DJe 19/3/2014. REsp 1.417.598-CE, Rel. Min. Paulo de Tarso Sanseverino, julgado em 17/12/2015, DJe 18/2/2016."

b) Definiu-se não ser possível julgar improcedente pedido de reconhecimento *post mortem* de maternidade socioafetiva sem que se tenha viabilizado a realização de instrução probatória, ante o julgamento antecipado da lide (art. 330, I, do CPC), na seguinte situação: i) a autora ingressou com pedido de reconhecimento da existência de filiação socioafetiva, com a manutenção de sua mãe registral em seu assentamento de nascimento; ii) o pedido foi fundado na alegação de que a pretensa mãe adotiva e sua mãe registral procederam, em conjunto, à denominada "adoção à brasileira" da demandante, constando do registro apenas uma delas porque, à época, não era admitida união homoafetiva pelo ordenamento jurídico nacional; iii) argumentou-se que a autora foi criada, como se filha fosse, por ambas as "mães", indistintamente, e mesmo após o rompimento do relacionamento delas, encontrando-se, por isso, estabelecido o vínculo socioafetivo, a propiciar o reconhecimento judicial da filiação pretendida; e iv) o julgamento de improcedência foi fundado na constatação de não ter sido demonstrado nos autos que a mãe socioafetiva teve, efetivamente, a pretensão de "adotar" a autora em conjunto com a mãe registral e, também, no entendimento de que elas não formavam um casal homossexual, como sugere a demandante, pois, posteriormente, a mãe registral casou-se com um homem, com quem formou núcleo familiar próprio. No caso descrito, o proceder do julgador, ao não permitir que a autora demonstrasse os fatos alegados, configura cerceamento de defesa. De fato, o estabelecimento da filiação socioafetiva demanda a coexistência de duas circunstâncias bem definidas e dispostas, necessariamente, na seguinte ordem: i) vontade clara e inequívoca do apontado pai ou mãe socioafetivo, ao despender expressões de afeto à criança, de ser reconhecido, voluntária e juridicamente como tal; e ii) configuração da denominada "posse de estado de filho", compreendido pela doutrina como a presença (não concomitante) de *tractatus* (tratamento, de parte à parte, como pai/mãe e filho); *nomen* (a pessoa traz consigo o nome do apontado pai/mãe); e fama (reconhecimento pela família e pela comunidade de relação de filiação), que naturalmente deve apresentar-se de forma sólida e duradoura. Nesse contexto, para o reconhecimento da filiação socioafetiva, a manifestação quanto à vontade e à voluntariedade do apontado pai ou mãe de ser reconhecido juridicamente como tal deve estar absolutamente comprovada nos autos, o que pode ser feito por qualquer meio idôneo e legítimo de prova. Todavia, em remanescendo dúvidas quanto à verificação do apontado requisito, após concedida oportunidade à parte de demonstrar os fatos alegados, há que se afastar, peremptoriamente, a configuração da filiação socioafetiva. Por oportuno, é de se ressaltar, inclusive, que a robustez da prova, na hipótese dos autos, há de ser ainda mais contundente, a considerar que o pretendido reconhecimento de filiação socioafetiva refere-se a pessoa já falecida. Nada obstante, não se pode subtrair da parte a oportunidade de comprovar suas alegações. Ademais, cabe ressaltar que o casamento da pretensa mãe com um homem, em momento posterior, não significaria que aquele alegado relacionamento com a mãe registral nunca existiu e, principalmente, que não teria havido, por parte delas, a intenção conjunta de "adotar" a demandante, que, segundo alega e pretende demonstrar, fora criada como se filha fosse pelas referidas senhoras, mesmo depois do rompimento deste relacionamento. Por fim, deve-se consignar ao menos a possibilidade jurídica do pedido posto na inicial, acerca da dupla maternidade, conforme já reconhecido por esta Corte de Justiça por ocasião do julgamento do REsp 889.852-RS, Quarta Turma, DJe 10/8/2010 (ressalvadas as particularidades do caso ora sob exame). Efetivamente, em atenção às novas estruturas familiares, baseadas no princípio da afetividade jurídica (a permitir, em última análise, a realização do indivíduo como consectário da dignidade da pessoa humana), a coexistência de relações filiais ou a denominada multiplicidade parental, compreendida como expressão da realidade social, não pode passar despercebida pelo direito. Desse modo, há que se conferir à parte o direito de produzir as provas destinadas a comprovar o estabelecimento das alegadas relações socioafetivas, que pressupõem, como assinalado, a observância dos requisitos acima referidos.

REsp 1.328.380-MS, Rel. Min. Marco Aurélio Bellizze, julgado em 21/10/2014.

c) É possível o reconhecimento da paternidade biológica e a anulação do registro de nascimento na hipótese em que pleiteados pelo filho adotado conforme prática conhecida como "adoção à brasileira". A paternidade biológica traz em si responsabilidades que lhe são intrínsecas e que, somente em situações excepcionais, previstas em lei, podem ser afastadas. O direito da pessoa ao reconhecimento de sua ancestralidade e origem genética insere-se nos atributos da própria personalidade. A prática conhecida como "adoção à brasileira", ao contrário da adoção legal, não tem a aptidão de romper os vínculos civis entre o filho e os pais biológicos, que devem ser restabelecidos sempre que o filho manifestar o seu desejo de desfazer o liame jurídico advindo do registro ilegalmente levado a efeito, restaurando-se, por conseguinte, todos os consectários legais da paternidade biológica, como os registrais, os patrimoniais e os hereditários. Dessa forma, a filiação socioafetiva desenvolvida com os pais registrais não afasta os direitos do filho resultantes da filiação biológica, não podendo, nesse sentido, haver equiparação entre a "adoção à brasileira" e a adoção regular. Ademais, embora a "adoção à brasileira", muitas vezes, não denote torpeza de quem a pratica, pode ela ser instrumental de diversos ilícitos, como os relacionados ao tráfico internacional de crianças, além de poder não refletir o melhor interesse do menor. Precedente citado: REsp 833.712-RS, DJ 4/6/2007. REsp 1.167.993-RS, Rel. Min. Luis Felipe Salomão, julgado em 18/12/2012.

d) Na espécie, o de cujus, sem ser o pai biológico da recorrida, registrou-a como se filha sua fosse. A recorrente pretende obter a declaração de nulidade desse registro civil de nascimento, articulando em seu recurso as seguintes teses: seu ex-marido, em vida, manifestou de forma evidente seu arrependimento em ter declarado a recorrida como sua filha e o decurso de tempo não tem o condão de convalidar a adoção feita sem a observância dos requisitos legais. Inicialmente, esclareceu o Min. Relator que tal hipótese configura aquilo que doutrinariamente se chama de adoção à brasileira, ocasião em que alguém, sem observar o regular procedimento de adoção imposto pela Lei Civil e, eventualmente assumindo o risco de responder criminalmente pelo ato (art. 242 do CP), apenas registra o infante como filho. No caso, a recorrida foi registrada em 1965 e, passados 38 anos, a segunda esposa e viúva do *de cujus* pretende tal desconstituição, o que, em última análise, significa o próprio desfazimento de um vínculo de afeto que foi criado e cultivado entre a registrada e seu pai com o passar do tempo. Se nem mesmo aquele que procedeu ao registro e tomou como sua filha aquela que sabidamente não é teve a iniciativa de anulá-lo, não se pode admitir que um terceiro (a viúva) assim o faça. Quem adota à moda brasileira não labora em equívoco. Tem pleno conhecimento das circunstâncias que gravitam em torno de seu gesto e, ainda assim, ultima o ato. Nessas circunstâncias, nem mesmo o pai, por arrependimento posterior, pode valer-se de eventual ação anulatória, postulando desconstituir o registro. Da mesma forma, a reflexão sobre a possibilidade de o pai adotante pleitear a nulidade do registro de nascimento deve levar em conta esses dois valores em rota de colisão (ilegalidade da adoção à moda brasileira, de um lado, e, de outro, repercussão dessa prática na formação e desenvolvimento do adotado). Com essas ponderações, em se tratando de adoção à brasileira a melhor solução consiste em só permitir que o pai adotante busque a nulidade do registro de nascimento quando ainda não tiver sido constituído o vínculo de socioafetividade com o adotado. Após formado o liame socioafetivo, não poderá o pai adotante desconstituir a posse do estado de filho que já foi confirmada pelo véu da paternidade socioafetiva. Ressaltou o Min. Relator que tal entendimento, todavia, é válido apenas na hipótese de o pai adotante pretender a nulidade do registro. Não se estende, pois, ao filho adotado, a que, segundo entendimento deste Superior Tribunal, assiste o direito de, a qualquer tempo, vindicar judicialmente a nulidade do registro em vista da obtenção do estabelecimento da verdade real, ou seja, da paternidade biológica. Por fim, ressalvou o Min. Relator que a legitimidade *ad causam* da viúva do adotante para iniciar uma ação anulatória de registro de nascimento não é objeto do presente recurso especial. Por isso, a questão está sendo apreciada em seu mérito, sem abordar a eventual natureza personalíssima da presente ação. Precedente citado: REsp 833.712-RS, DJ 4/6/2007. REsp 1.088.157-PB, Rel. Min. Massami Uyeda, julgado em 23/6/2009.

Capítulo 22
SEQUESTRO INTERNACIONAL

22.1 Conceito

O sequestro internacional de crianças (ou subtração internacional), é o ato de mudar a residência de uma criança de um país para outro, sem o consentimento de um dos genitores. Da mesma forma, é ilegal reter uma criança em um país sem o consentimento do outro genitor, após um período de férias, por exemplo. Isso ocorre mesmo que o pai/mãe tenha autorizado o período de férias.

O artigo 11 da Resolução 131/2011 do Conselho Nacional de Justiça que trata das autorizações de viagem não constitui autorização para fixação de residência no exterior, salvo se expressamente consignado.

O conceito de subtração internacional de crianças está presente na Convenção de Haia de 1980 sobre os *Aspectos Civis do Sequestro Internacional de Crianças* (o Decreto n.3413, de 14 de abril de 2000, promulgou a Convenção sobre os Aspectos Civis do Sequestro Internacional de Crianças, concluída na cidade de Haia, em 25 de novembro de 1980) e também na *Convenção Interamericana sobre a Restituição Internacional de Menores* (o Decreto n.1.212, de 03 de agosto de 1994, promulgou a Convenção Interamericana sobre a Restituição Internacional de Menores, adotada em Montevidéu, em 15 de julho de 1989). O objetivo desses instrumentos internacionais é o de proteger o bem-estar das crianças que vivem em situação de ruptura familiar e que foram deslocados de forma abrupta de seu país de residência habitual ou que estejam sendo retidas sem autorização de um dos pais em outro país.

22.2 Caso Sean Goldman

Em 2009, o caso concreto do menino Sean Goldman ganhou a mídia brasileira. Uma disputa entre o pai americano e o padrastro brasileiro, ou seja, um impasse jurídico envolvendo o ordenamento jurídico brasileiro, norte americano e tratados internacionais. Leis que tratam do sequestro internacional de menores, da consanguinidade, da paternidade socioafetiva e da proteção psicológica e emocional da criança, entre outras.

Sean Goldman é filho de pai americano e mãe brasileira e foi trazido para o Brasil em 2004 quando a mãe decidiu se separar do companheiro. Embora o pai biológico tivesse acionado a justiça brasileira pedindo a guarda do menino, a demanda foi reforçada quando a mãe de Sean morreu, em 2008.

Na época, o Tribunal Regional Federal da 2ª Região (TRF2) acatou o pedido do pai biológico, determinando o envio de Sean para os Estados Unidos. A família brasileira apresentou recursos que chegaram ao STF, e houve conflito entre ministros. Marco Aurélio concedeu liminar para manter o garoto no Brasil, mas o então presidente do Supremo, Gilmar Mendes, cassou a decisão. Sean foi enviado para os Estados Unidos em dezembro de 2009.

Nos recursos julgados em fevereiro de 2013,[1] a família brasileira pedia que o garoto fosse ouvido no processo de guarda, pois isso estava diretamente relacionado a seu direito de ir e vir. Por maioria, os ministros entenderam que o *habeas corpus* (tipo de recurso que questiona o direito de ir e vir) não pode ser usado para discutir o direito de família, rejeitando os pedidos.

Vejamos a decisão:

"DECISÃO CRIANÇA – INTEGRIDADE FÍSICA, PSÍQUICA E MORAL – PERMANÊNCIA OU NÃO NO BRASIL – MANIFESTAÇÃO PRÓPRIA CONTROVERTIDA – PRONUNCIAMENTO JUDICIAL – ENTREGA IMEDIATA NO CONSULADO AMERICANO – POSSIBILIDADE DE REFORMA – HABEAS CORPUS – RELEVÂNCIA DEMONSTRADA – LIMINAR DEFERIDA. 1. A Assessoria, em 15 de dezembro de 2009, prestou as seguintes informações: Este habeas corpus, com requerimento de liminar, foi impetrado por Silvana Bianchi Carneiro Ribeiro em favor do menor S.R.G. A impetrante, avó materna do paciente, informa ser ele filho da brasileira Bruna Bianchi Carneiro Ribeiro Lins e Silva com o cidadão norte-americano David Goldman, tendo nascido, em 25 de maio de 2000, no Estado de Nova Jersey, Estados Unidos da América, com registro no Consulado Brasileiro em Nova York e na 1ª Circunscrição do Registro Civil de Pessoas Naturais na Ilha do Governador, Rio de Janeiro, adquirindo, com isso, a nacionalidade brasileira. Em 2004, Bruna viajou ao Brasil trazendo consigo a criança, com autorização do pai. Aqui,

1 Agravo regimental em habeas corpus. 2. Decisão impugnada que negou seguimento ao writ, ao fundamento de que a via eleita não se mostra adequada ao intento perseguido, ou seja, sanar eventual inconformismo com sentença desfavorável em disputa de guarda de menor. 3. O habeas corpus não é sucedâneo de recurso cabível, não sendo, por esse meio, de pretender-se a solução de questão relativa à guarda de filhos (HC 81.681/RS, rel. Min. Néri da Silveira, DJ 29.8.2003). Precedentes. 4. Ausência de constrangimento ilegal. Agravo a que se nega provimento. (HC 99945 AgR, Relator(a): Min. MARCO AURÉLIO, Relator(a) p/ Acórdão: Min. GILMAR MENDES, Tribunal Pleno, julgado em 07/02/2013, ACÓRDÃO ELETRÔNICO DJe-036 DIVULG 20-02-2014 PUBLIC 21-02-2014)

resolvendo dissolver o vínculo conjugal, ajuizou ação de divórcio. Em meados de 2005, contraiu núpcias com João Paulo Lins e Silva. No dia 21 de agosto de 2008, veio a falecer, depois de dar à luz a C., filha de João Paulo. Com fundamento em relação de paternidade socioafetiva, em 28 de agosto de 2008, João Paulo Lins e Silva requereu ao Juízo de Direito da 2ª Vara de Família da Comarca do Rio de Janeiro a guarda do menor, o que lhe foi deferido. Em 26 de setembro de 2008, a União Federal, depois de acionada pela Autoridade Central Administrativa Federal – ACAF, órgão encarregado de fazer observar a Convenção de Haia no Brasil, pleiteou, perante a 16ª Vara da Seção Judiciária do Rio de Janeiro/RJ, a busca, apreensão e restituição do paciente. Estando em curso duas ações distintas, ambas tratando da guarda do mesmo menor, suscitou-se conflito de competência no Superior Tribunal de Justiça. A Corte declarou competente o Juízo Federal, para onde foram remetidos os autos do processo em tramitação na 2ª Vara de Família da Comarca do Rio de Janeiro/RJ. O processo de busca, apreensão e restituição do paciente teve regular andamento. Realizou-se perícia visando a estabelecer as condições psicológicas do menor e os impactos decorrentes da eventual transferência de domicílio para os Estados Unidos da América. As partes foram ouvidas e houve gravação de entrevista com o menor. No laudo, ficou consignado, em diversas passagens, que a criança, ao ser indagada sobre a permanência no Brasil ou a mudança para os Estados Unidos da América, teria respondido "tanto faz", ou seja, pouco lhe importava viver aqui ou lá. Alegando-se jamais ter sido dita a referida expressão e apontando-se a existência de discrepância e a parcialidade das peritas, impugnaram-se os laudos e requereu-se a oitiva do paciente, para dele colher a opinião a respeito da ida a outro país e, desse modo, sanar a dúvida. O Juízo Federal rejeitou a pretensão, afirmando a confiança na excelência do trabalho desenvolvido pelas técnicas nomeadas. Contra o mencionado ato foi interposto agravo de instrumento, com pedido de concessão de efeito suspensivo ao recurso. No Tribunal Regional Federal da 2ª Região, o Juiz não acolheu o pleito relacionado ao implemento de efeito suspensivo ao agravo, mas afirmou que a decisão de primeira instância poderia, alfim, ser submetida a amplo controle em segundo grau de jurisdição, estando descaracterizado o risco de grave lesão e de difícil reparação. Antes do julgamento final do recurso, o Juiz Federal, após a manifestação do Ministério Público Federal, ao proferir sentença favorável ao pai biológico, David Goldman, determinou o "retorno imediato do menor (...) aos Estados Unidos da América", fixando a data de 3 de junho de 2009 para a apresentação da criança perante o Consulado Americano no Rio de Janeiro, com expedição de mandado de busca e apreensão caso a entrega espontânea não ocorresse. Contra o referido ato foi formalizado *habeas corpus* no Tribunal Regional Federal da 2ª Região. Buscou-se a declaração de nulidade da sentença, por não ter sido colhido o depoimento do menor. O pedido foi liminarmente indeferido. A defesa interpôs agravo regimental, objetivando a sequência do processo. A Quinta Turma daquele Tribunal manteve a decisão. A seguir, houve a protocolação de recurso ordinário em *habeas corpus* no Superior Tribunal de Justiça ' de nº 141.593 ' e formalização de *habeas corpus* no Supremo, autuado sob o nº 99.945/RJ. O Ministro Gilmar Mendes, no período de férias forenses, negou seguimento à impetração, por entender inadequado o *habeas* ao intento perseguido pela impetrante. Ressaltou que, "ausente hipótese de ilegalidade ou abuso de poder, eventual inconformismo com a sentença (...) deverá ser debatido nas vias ordinárias e pelos meios e recursos previstos na lei processual civil" (folha 325 a 330). Presente essa decisão, a Ministra Nancy Andrighi, relatora do mencionado recurso, em tramitação no Superior Tribunal, julgou prejudicada a pretensão lá deduzida (folha 306). Segundo alega a impetrante, apesar da interposição do recurso cabível contra a sentença, é efetivo o risco de se remeter o paciente aos Estados Unidos da América em decorrência do julgamento da apelação, a ser realizado amanhã, 16 de dezembro de 2009, pela Quinta Turma do Tribunal Regional Federal da 2ª Região. Reitera, então, a tese da ilegalidade perpetrada pelo Juiz Federal, que indeferiu a colheita do depoimento do menor, considerado o disposto no artigo 13 da Convenção de Haia, no artigo 12 da Convenção sobre os Direitos da Criança e no inciso II do artigo 16 do Estatuto da Criança e do Adolescente. Diz estar em jogo o direito de ir e vir do paciente, razão pela qual se apresenta admissível a impetração, sendo indispensável a providência cautelar ante o fato de a decisão proferida pelo Presidente do Supremo ter sido objeto de agravo regimental, ainda pendente de apreciação. Pede a concessão de liminar, no sentido de afastar, até o julgamento final desta impetração, o cumprimento da determinação judicial relacionada à entrega do menor (folha 33). No mérito, pleiteia o reconhecimento da ilicitude do citado ato, levando em conta o fato de não ter sido colhido o depoimento da criança. Registro que o Agravo Regimental interposto no Habeas Corpus nº 99.945-0/RJ foi encaminhado à residência, com minuta de relatório. No dia imediato, a Assessoria informou mais uma vez: Petição/STF nº 142.918/2009. A impetrante requer a juntada da cópia do acórdão proferido pelo Tribunal Regional Federal da 2ª Região na apelação interposta contra a sentença prolatada pelo Juízo da Décima Sexta Vara Federal da Circunscrição Judiciária do Estado do Rio de Janeiro. O Tribunal proveu parcialmente o recurso, mas determinou a entrega do menor ao pai biológico, em 48 horas, sem qualquer transição e em oposição ao que estabelecido no laudo pericial da União e ao contemplado na sentença. Reitera o pedido de concessão de liminar, por ser agora iminente o risco de dano irreparável ao direito de ir e vir do menor. O *habeas* acima mencionado encontra-se na residência, para apreciação do pedido cautelar. 2. A criança, cujo direito de ir e vir, de opinião e expressão, assegurados pela Constituição Federal, pelo Estatuto da Criança e do Adolescente – Lei nº

8.069/90 (ECA) – e pela Convenção sobre os Aspectos Civis do Sequestro Internacional de Crianças, promulgada pelo Decreto nº 3.413, de 14 de abril de 2000, nascida em 25 de maio de 2000, caminha para completar dez anos e revela vida alcançada por desígnios insondáveis. Com autorização paterna, veio com a mãe, Bruna Bianchi Carneiro Ribeiro Lins, para o Brasil aos quatro anos de idade. Os pais separaram-se, ficando o genitor americano nos Estados Unidos. A mãe, brasileira com família neste País, casou-se com João Paulo Lins e Silva e engravidou. No dia 21 de agosto de 2008, depois de mais de quatro anos residindo com o paciente no Brasil, faleceu em decorrência de complicações no parto. A filha, irmã consanguínea materna do paciente, sobreviveu. Ao lado disso, ocorreu toda sorte de descompassos em relação à guarda, discutindo-se até mesmo a competência judicial para defini-la. Em 11 de fevereiro de 2009, o Ministro Luis Felipe Salomão, no Conflito de Competência nº 100.345, do Superior Tribunal de Justiça, deferiu liminar para suspender os processos em curso, designando o Juízo Federal da 16ª Vara da Seção Judiciária do Estado do Rio de Janeiro para, em caráter provisório, resolver as questões urgentes. Fixada a da Justiça Federal, deu-se a prolação de sentença em 1º de junho de 2009. Determinou-se a volta da criança aos Estados Unidos da América, para estar no convívio do pai biológico, dispondo-se, inclusive, sobre o período de transição a ser implementado após o deslocamento e a entrega, sob pena de busca e apreensão, até 3 de junho de 2009, às 14h, no Consulado do país de destino na cidade do Rio de Janeiro. O quadro motivou o ajuizamento da Arguição de Descumprimento de Preceito Fundamental nº 172, da qual fui relator. Nela, deferi a liminar nos seguintes termos: ARGUIÇÃO DE DESCUMPRIMENTO DE PRECEITO FUNDAMENTAL – CRIANÇA – PERMANÊNCIA NO BRASIL VERSUS VOLTA AO PAÍS DE ORIGEM – CONVENÇÃO SOBRE OS ASPECTOS CIVIS DO SEQUESTRO INTERNACIONAL DE CRIANÇAS – DECRETOS 79/99, DO LEGISLATIVO, E 3.413/2000, DA PRESIDÊNCIA DA REPÚBLICA – CONSTITUIÇÃO FEDERAL – TUTELA ANTECIPADA – RETORNO IMEDIATO AOS ESTADOS UNIDOS DA AMÉRICA – AFASTAMENTO. 1. O Partido Progressista – PP formalizou esta arguição de descumprimento de preceito fundamental considerada sentença proferida pelo Juízo da 16ª Vara Federal da Seção Judiciária do Rio de Janeiro no Processo nº 2009.51.01.018422-0, que tem, como autora, a União e, como réu, João Paulo Bagueira Leal Lins e Silva. Fê-lo ante a conclusão sobre o retorno do menor Sean Richard Goldman aos Estados Unidos, implicando a sentença a ordem de busca e apreensão caso, presente a tutela antecipada, o menor não venha a ser apresentado ao Consulado Americano na cidade do Rio de Janeiro, no dia de amanhã, até às 14h. Consta da inicial: a) capítulo referente à prevenção considerado o Agravo de Instrumento nº 728.785-8/RJ; b) exposição da controvérsia em face da Convenção de Haia, do texto constitucional e da situação envolvendo o menor

Sean; c) a viabilidade da arguição de descumprimento de preceito fundamental presente a tutela antecipada; d) a ocorrência de transgressão à Constituição Federal mediante o ato formalizado pelo Juízo; e) ser fundamento da República a dignidade da pessoa humana. Discorre-se sobre o quadro, apontando-se haver prevalecido o interesse político, nas relações internacionais, em vez das garantias constitucionais. Com isso, em plano secundário vieram a ficar, segundo as razões expendidas, a independência nacional e a prevalência dos direitos humanos, mitigando-se o interesse do próprio menor. Articula-se com o disposto no artigo 3º, cabeça e inciso IV, artigo 4º, cabeça e incisos I e II, artigo 5º, cabeça e incisos X, XI, XV, XLI, XLVII a LI, LIV e LV e § 1º, do Diploma Maior, asseverando-se que, a preponderar a decisão proferida, ficará prejudicado o menor diante da privação da convivência com a irmã e os avós maternos. Alude-se ao direito social à proteção à infância previsto no artigo 6º, cabeça, da Carta da República, evocando-se, mais, o artigo 227 nela contido. Menciona-se lição do saudoso Professor Celso de Albuquerque Mello sobre a obrigação de o Estado proteger os nacionais, buscando-se demonstrar a lesão específica, a lesão concreta, a direitos fundamentais do menor decorrente de ato do poder público. A peça veicula enfoque considerado o alcance da Constituição Federal, salientando-se a circunstância de, quando da entrevista com sociólogos, o menor haver afirmado preferir morar neste País. Pretende-se revelar a percepção da criança, hoje com nove anos, e a permanência no Brasil por quase cinco anos. Cita-se como precedente o Habeas Corpus nº 31.449-DF, no qual foi designado redator para o acórdão o Ministro Teori Albino Zavascki, deixando-se ressaltado o dever de resguardar os interesses da criança, isso presente a interpretação sistemática da Convenção de Haia e da Lei Fundamental. No mesmo sentido é feita referência ao desprovimento do Recurso Especial nº 900.262/RJ, relatora Ministra Nancy Andrighi, registrando a ementa, em cautelar a envolver o próprio menor Sean, o fato de a Convenção de Haia possuir o viés do interesse prevalente do menor no que voltada a proteger crianças quanto a condutas ilícitas. Aborda-se a necessidade de ponderarem-se princípios – o da cooperação internacional e os relativos aos direitos fundamentais –, vindo-se a interpretar a Convenção de Haia em conformidade com o texto constitucional. Sob o ângulo da liminar, após se dizer da relevância do pedido e do risco de manter-se com plena eficácia o quadro, aponta-se o caráter irreversível do alcance da tutela antecipada, com prejuízo para a formação psicossocial do menor. Afirma-se a existência de quadro assemelhado ao sequestro que a Convenção de Haia busca impedir. O pleito de concessão de medida acauteladora visa a sustar a eficácia da sentença prolatada bem como de qualquer ato ou pronunciamento judicial a implicar a observação da Convenção de Haia e a contrariedade à vontade e aos interesses do menor, reconhecendo-se, alfim, a prevalência do direito fundamental deste de ver respeitada a vontade de permanecer no Brasil. A petição inicial veio subscrita pelo Presidente do Diretório Nacional do Partido Progressista — PP, Senador Francisco Dornelles, e pelo profissional da advocacia Herman Barbosa. O processo deu entrada no Gabinete no dia de hoje, às 18h08 (folha 175). À folha 176, formalizei a seguinte decisão: 1. Segue em fita magnética a fundamentação deste ato. 2. A sentença proferida revela ordem de apresentação de criança, ao Consulado Americano na cidade do Rio de Janeiro, para encaminhamento aos Estados Unidos da América, com a maior brevidade possível, no dia de amanhã – quarta-feira, 3 de junho de 2009, até às 14 horas. 3. Aciono, ante a exiguidade de tempo, o artigo 5º, § 1º, da Lei 9882/99 e suspendo a eficácia da sentença proferida, no processo 2009.51.01.018422-0 do Juízo da 16ª Vara Federal do Rio de Janeiro. 4. Providenciem as comunicações cabíveis. Brasília, Gabinete do Supremo, 2 de junho de 2009 – 20h30. 2. Dispõe a Constituição Federal ser dever da família, da sociedade e do Estado assegurar à criança e ao adolescente, com absoluta prioridade, o direito à vida, à saúde, à alimentação, à educação, ao lazer, à profissionalização, à cultura, à dignidade, ao respeito, à liberdade e à convivência familiar e comunitária, além de colocá-los a salvo de toda forma de negligência, discriminação, exploração, violência, crueldade e opressão – artigo 227. Sob o aspecto da dignidade do menor, a Segunda Turma do Tribunal concedeu, em 30 de junho de 1992, ordem no Habeas Corpus nº 69.303-2/MG — no qual fui designado redator para o acórdão, publicado no Diário da Justiça de 20 de novembro de 1992 —, assentando que, em idade viabilizadora de compreensão suficiente dos conturbados caminhos da vida, assiste ao menor o direito de ser ouvido e de ter as opiniões levadas em conta quanto à permanência neste ou naquele lugar, neste ou naquele meio familiar, e, por consequência, de continuar na companhia deste ou daquele ascendente, se inexistirem motivos morais que afastem a razoabilidade da definição. Consignou-se configurar constrangimento ilegal a determinação de, peremptoriamente, como se coisa fosse, voltar o menor a determinada localidade, objetivando a permanência sob a guarda de um dos pais. Constou da ementa que o direito à guarda não se sobrepõe ao dever do próprio titular de preservar a formação do menor que a letra do artigo 227 da Constituição Federal tem como alvo prioritário. Então, a ordem foi concedida para emprestar à manifestação de vontade dos menores envolvidos efeito maior, sobrepujando a definição da guarda, que sempre possui color relativo e, por isso mesmo, passível de ser modificada tão logo as circunstâncias reinantes reclamem. Pois bem, o fato de cuidar-se de criança de nove anos que mora no Brasil – trazida pela genitora, falecida após parto — há praticamente cinco anos, a completarem-se em 16 do corrente mês, a qual revelou o desejo de ficar com a família materna, indica a relevância da articulação, estando o risco de manter-se o quadro decisório, presente a tutela antecipada para a entrega do menor, até às 14h de amanhã, no Consulado Americano na cidade do Rio de Janeiro, não na irreversibilidade de encaminhamento imediato aos Estados Unidos da América, mas nas repercussões psicossociais que as idas e vindas podem ocasionar. De qualquer forma, o poder de cautela ínsito ao Judiciário, além de visar ao afastamento de lesão a direito fundamental, tem como base garantir campo propício à concretude de eventual pronunciamento do Supremo favorável ao pedido formulado. Se, de um lado, veio o Juízo a formalizar tutela antecipada com a imediatidade vista, fazendo-o para observação após 48 horas do julgamento da ação de busca e apreensão, de outro, com maior fundamento, impõe-se, no âmbito do Supremo, providência que viabilize a manutenção do menor no seio da família onde se encontra há praticamente cinco anos para, no exame final desta arguição de descumprimento de preceito fundamental, dizer-se da procedência, ou não, do que asseverado quanto à impossibilidade de potencializar-se o que previsto na Convenção de Haia, de 25 de outubro de 1980, aprovada mediante o Decreto Legislativo nº 79/99 e promulgada pelo Decreto da Presidência da República nº 3.413, de 14 de abril de 2000. Vale notar que o objetivo maior do entendimento entre os países não é outro senão preservar o interesse do menor presente a respectiva formação. Contando a discussão sobre a guarda com cinco anos e com pronunciamentos favoráveis, inclusive do Superior Tribunal de Justiça, à permanência do menor no Brasil, não haverá prejuízo algum se prevalecer a manifestação da criança de continuar com a família brasileira, o que, aliás, autoriza, ante a própria Convenção de Haia, conclusão no sentido de afastar-se o retorno à origem – artigo 13, letra "b", parte final -, tudo isso visando ao crivo da mais alta Corte do País no tocante ao alegado conflito entre o ato formalizado pelo Juízo e os ditames constitucionais. 3. Sem adentrar, por ora, o acerto ou o desacerto da longa e cuidadosa sentença proferida pelo Juízo – de 82 laudas – considerados preceitos fundamentais da Constituição Federal e até mesmo o enquadramento do caso nas exceções contempladas na referida Convenção de Haia, defiro a liminar pleiteada. Suspendo, submetendo este ato ao Plenário, a eficácia da aludida sentença. 4. Deem conhecimento desta decisão aos envolvidos no Processo nº 2009.51.01.018422-0, da 16ª Vara Federal do Rio de Janeiro. Colham, após possíveis manifestações dos interessados, o parecer do Procurador-Geral da República. 5. Imprimam preferência ao trânsito desta arguição, visando, em prazo razoável, ao julgamento final do Plenário. 6. Publiquem. Brasília, Gabinete do Supremo, 2 de junho de 2009, às 20h30. Ao submeter a decisão ao Plenário, pronunciei-me pela inadequação da medida, sendo acompanhado pelos integrantes da Corte. A essa altura, já havia providência do Tribunal Regional Federal da 2ª Região mantendo o menor no Brasil até o julgamento do recurso cabível contra a sentença ' a apelação ', o qual, c onforme consta do relato elaborado pela Assessoria, foi desprovido. Na oportunidade, ficou afastado o período de transição previsto em sentença e determinada a entrega da criança. Novamente, consignou-se a busca e apreensão, com acionamento da Polícia Federal, da Rodoviária Federal e da Militar do Estado do Rio de Janeiro, caso o menor não seja apresentado espontaneamente ao Consulado americano existente na cidade maravilhosa. Assinou-se prazo em horas ‘ 48. A situação mostra-se emergencial, a ditar, em face da relevância do que articulado e do risco a saltar aos olhos, a concessão de liminar. Sob o ângulo da adequação da via eleita, reporto-me ao que assentado no julgamento do Habeas Corpus nº 69.303-2/MG: HABEAS-CORPUS – A CRIANÇA E O ADOLESCENTE – PERTINÊNCIA. À família, à sociedade e ao Estado, a Carta de 1988 impõe o dever de assegurar, com prioridade, à criança e ao adolescente, o direito à vida, à saúde, à alimentação, à educação, ao lazer, à profissionalização, à cultura, à dignidade, ao respeito, à liberdade e à convivência familiar e comunitária, e de colocá-los a salvo de toda forma de negligência, discriminação, exploração, violência, crueldade e opressão – artigo 227. As paixões condenáveis dos genitores, decorrentes do término litigioso da sociedade conjugal, não podem envolver os filhos menores, com prejuízo dos valores que lhes são assegurados constitucionalmente. Em idade viabilizadora de razoável compreensão dos conturbados caminhos da vida, assiste-lhes o direito de serem ouvidos e de terem as opiniões consideradas quanto à permanência nesta ou naquela localidade, neste ou naquele meio familiar, alfim e, por consequência, de permanecerem na companhia deste ou daquele ascendente, uma vez inexistam motivos morais que afastem a razoabilidade da definição. Configura constrangimento ilegal a determinação no sentido de, peremptoriamente, como se coisas fossem, voltarem a determinada localidade, objetivando a permanência sob a guarda de um dos pais. O direito a esta não se sobrepõe ao dever que o próprio titular tem de preservar a formação do menor, que a letra do artigo 227 da Constituição Federal tem como alvo prioritário. Concede-se a ordem para emprestar à manifestação de vontade dos menores – de permanecerem na residência dos avós maternos e na companhia destes e da própria mãe – eficácia maior, sobrepujando a definição da guarda que sempre tem color relativo e, por isso mesmo, possível de ser modificada tão logo as circunstâncias reinantes reclamem. (Segunda Turma – redator para o acórdão, Ministro Marco Aurélio, publicado no Diário da Justiça de 20 de novembro de 1992). Pende de exame na Primeira Turma, em razão de agravos regimentais interpostos, o Habeas Corpus nº 99.945/RJ, formalizado contra ato do Superior Tribunal de Justiça em idêntica medida – de nº 141.593/RJ –, que veio a ser declarada prejudicada ante manifestação da Presidência do Supremo, nas últimas férias de julho, assentando a impropriedade do pedido. Mais: o acórdão proferido por força da apelação está sujeito a recurso. A esses dados soma-se a problemática de a espécie envolver criança que, em momento algum, foi ouvida, diretamente, por órgão investido do ofício judicante, apesar da insistência da defesa em alcançar esse objetivo. Faz-se em jogo uma vida em plena formação. Fazem-se em jogo o direito de ir e vir, o direito de opinião e expressão bem como a dignidade humana, assegurados, repito, pela Constituição Federal, pela Lei nº 8.069/90 – Estatuto da Criança e do Adolescente -, e pela própria Convenção referida no que voltada à proteção da criança e do adolescente, glosando, de modo peremptório, é certo, sequestro internacional de crianças, o que não se verificou, conforme se depreende do quadro retratado neste processo, no caso, ainda pendente de decisão definitiva. Está em jogo o crivo do Supremo, porquanto ainda não ocorreu o exame de *habeas corpus* por meio do qual se busca garantir o direito de a própria criança, de início em idade suficiente para fazê-lo, pronunciar-se quanto ao retorno aos Estados Unidos, passados mais de cinco anos de convivência com a família brasileira, ou à permanência no Brasil considerado o ambiente de formação. Nesse aspecto, vale frisar que até mesmo a Convenção que serviu de base ao pedido julgado pela Justiça Federal prevê a manifestação da criança e a recusa à entrega quando essa deixar de ser compatível com os princípios fundamentais do Estado requerido ligados à proteção dos direitos humanos e das liberdades fundamentais – artigos 13 e 20. A toda evidência, cumpre marchar, em prol do paciente, sem açodamento, aguardando-se o julgamento do Habeas Corpus nº 99.945/RJ, ainda em curso nesta Corte e anterior a este. 3. Defiro a liminar para manter, por ora, a situação fática de permanência do menor no País. Afasto, assim, a eficácia do acórdão proferido pelo Tribunal Regional Federal da 2ª Região na Apelação Cível nº 2008.51.01.018422-0, do qual resulta a ordem peremptória de entrega do paciente ao Consulado americano na cidade do Rio de Janeiro em 48 horas. 4. Apensem este processo ao do Habeas Corpus nº 99.945/RJ. 5. Colham o parecer da Procuradoria Geral da República. 6. Publiquem. Brasília – residência –, 17 de dezembro de 2009, às 8h15. Ministro MARCO AURÉLIO Relator (HC 101985, Relator(a): Min. MARCO AURÉLIO, julgado em 17/12/2009, publicado em DJe-019 DIVULG 01/02/2010 PUBLIC 02/02/2010).

22.3 Atribuições da Autoridade Central Administrativa Federal – ACAF

Cabe à Autoridade Central Administrativa Federal receber e enviar pedidos de cooperação jurídica internacional para retorno ou exercício de direito de visitas, nos termos da Convenção de Haia. Ao receber pedidos de Autoridades Centrais estrangeiras, a ACAF atua em conjunto com a Interpol e a Advocacia-Geral da União para garantir o retorno seguro da criança ao seu país de residência habitual ou para restabelecer o contato entre a criança e o pai/mãe impedido de exercer o direito de visitas.

No caso de crianças levadas irregularmente do Brasil para outros países ratificantes da Convenção, por outro lado, cabe à Autoridade Central Admistrativa Federal encaminhar pedido de retorno ou visitas à Autoridade Central do país em que a criança encontra-se retida ilicitamente.

22.4 Convenção sobre os Aspectos Civis do Sequestro Internacional de Crianças

Vejamos a Convenção sobre os Aspectos Civis do Sequestro Internacional de Crianças:

Os Estados signatários da presente Convenção,

Firmemente convictos de que os interesses da criança são de primordial importância em todas as questões relativas à sua guarda;

Desejando proteger a criança, no plano internacional, dos efeitos prejudiciais resultantes de mudança de domicílio ou de retenção ilícitas e estabelecer procedimentos que garantam o retorno imediato da criança ao Estado de sua residência habitual, bem como assegurar a proteção do direito de visita;

Decidiram concluir uma Convenção para esse efeito e acordaram nas seguintes disposições:

Capitulo 1

Âmbito da Convenção

Artigo 1

A presente Convenção tem por objetivo:

a) assegurar o retorno imediato de crianças ilicitamente transferidas para qualquer Estado Contratante ou nele retidas indevidamente;

b) fazer respeitar de maneira efetiva nos outros Estados Contratantes os direitos de guarda e de visita existentes num Estado Contratante.

Artigo 2

Os Estados Contratantes deverão tomar todas as medidas apropriadas que visem assegurar, nos respectivos territórios, a concretização dos objetivos da Convenção. Para tal, deverão recorrer a procedimentos de urgência.

Artigo 3

A transferência ou a retenção de uma criança é considerada ilícita quando:

a) tenha havido violação a direito de guarda atribuído a pessoa ou a instituição ou a qualquer outro organismo, individual ou conjuntamente, pela lei do Estado onde a criança tivesse sua residência habitual imediatamente antes de sua transferência ou da sua retenção; e

b) esse direito estivesse sendo exercido de maneira efetiva, individual ou em conjuntamente, no momento da transferência ou da retenção, ou devesse está-lo sendo se tais acontecimentos não tivessem ocorrido.

O direito de guarda referido na alínea a) pode resultar de uma atribuição de pleno direito, de uma decisão judicial ou administrativa ou de um acordo vigente segundo o direito desse Estado.

Artigo 4

A Convenção aplica-se a qualquer criança que tenha residência habitual num Estado Contratante, imediatamente antes da violação do direito de guarda ou de visita. A aplicação da Convenção cessa quando a criança atingir a idade de dezesseis anos.

Artigo 5

Nos termos da presente Convenção:

a) o "direito de guarda" compreenderá os direitos relativos aos cuidados com a pessoa da criança, e, em particular, o direito de decidir sobre o lugar da sua residência;

b) o "direito de visitá" compreenderá o direito de levar uma criança, por um período limitado de tempo, para um lugar diferente daquele onde ela habitualmente reside.

Capítulo ll

Autoridades Centrais

Artigo 6

Cada Estado Contratante designará uma Autoridade Central encarregada de dar cumprimento às obrigações que Ihe são impostas pela presente Convenção.

Estados federais, Estados em que vigorem vários sistemas legais ou Estados em que existam organizações territoriais autônomas terão a liberdade de designar mais de urna Autoridade Central e de especificar a extensão territorial dos poderes de cada uma delas. O Estado que utilize esta faculdade deverá designar a Autoridade Central à qual os pedidos poderão ser dirigidos para o efeito de virem a ser transmitidos à Autoridade Central internamente competente nesse Estado.

Artigo 7

As autoridades centrais devem cooperar entre si e promover a colaboração entre as autoridades competentes dos seus respectivos Estados, de forma a assegurar o retorno imediato das crianças e a realizar os demais objetivos da presente Convenção.

Em particular, deverão tomar, quer diretamente, quer através de um intermediário, todas as medidas apropriadas para:

a) localizar uma criança transferida ou retida ilicitamente;

b) evitar novos danos à criança, ou prejuízos às parles interessadas, tomando ou fazendo tomar medidas preventivas;

c) assegurar a entrega voluntária da criança ou facilitar uma solução amigável;

d) proceder, quando desejável, à troça de informações relativas à situação social da criança;

e) fornecer informações de caráter geral sobre a legislação de seu Estado relativa à aplicação da Convenção;

f) dar início ou favorecer a abertura de processo judicial ou administrativo que vise o retomo da criança ou, quando for o caso, que permita a organização ou o exercício efetivo do direito de visita;

g) acordar ou facilitar, conforme às circunstâncias, a obtenção de assistência judiciária e jurídica, incluindo a participação de um advogado;

h) assegurar no plano administrativo, quando necessário e oportuno, o retorno sem perigo da criança;

i) manterem-se mutuamente informados sobre o funcionamento da Convenção e, tanto quanto possível, eliminarem os obstáculos que eventualmente se oponham à aplicação desta.

Capítulo III

Retorno da Criança

Artigo 8

Qualquer pessoa, instituição ou organismo que julgue que uma criança tenha sido transferida ou retirada em violação a um direito de guarda pode participar o fato à Autoridade Central do Estado de residência habitual da criança ou à Autoridade Central de qualquer outro Estado Contratante, para que lhe seja prestada assistência para assegurar o retorno da criança.

O pedido deve conter:

a) informação sobre a identidade do requerente, da criança e da pessoa a quem se atribuí a transferência ou a retenção da criança;

b) caso possível, a data de nascimento da criança;

c) os motivos em que o requerente se baseia para exigir o retomo da criança;

d) todas as informações disponíveis relativas à localização da criança e à identidade da pessoa com a qual presumivelmente se encontra a criança.

O pedido pode ser acompanhado ou complementado por:

e) cópia autenticada de qualquer decisão ou acordo considerado relevante;

f) atestado ou declaração emitidos pela Autoridade Central, ou por qualquer outra entidade competente do Estado de residência habitual, ou por uma pessoa qualificada, relativa à legislação desse Estado na matéria;

g) qualquer outro documento considerado relevante.

Artigo 9

Quando a Autoridade Central que recebeu o pedido mencionado no Artigo 8 tiver razões para acreditar que a criança se encontra em outro Estado Contratante, deverá transmitir o pedido, diretamente e sem demora, à

Autoridade Central desse Estado Contratante e disso informará a Autoridade Central requerente ou, se for caso, o próprio requerente.

Artigo 10

A Autoridade Central do Estado onde a criança se encontrar deverá tomar ou fazer com que se tomem todas as medidas apropriadas para assegurar a entrega voluntária da mesma.

Artigo 11

As autoridades judiciais ou administrativas dos Estados Contratantes deverão adotar medidas de urgência com vistas ao retomo da criança.

Se a respectiva autoridade judicial ou administrativa não tiver tomado uma decisão no prazo de 6 semanas a contar da data em que o pedido lhe foi apresentado, o requerente ou a Autoridade Central do Estado requerido, por sua própria iniciativa ou a pedido da Autoridade Central do Estado requerente, poderá solicitar uma declaração sobre as razões da demora. Se for a Autoridade Central do Estado requerido a receber a resposta, esta autoridade deverá transmiti-la à Autoridade Central do Estado requerente ou, se for o caso, ao próprio requerente.

Artigo 12

Quando uma criança tiver sido ilicitamente transferida ou retida nos termos do Artigo 3 e tenha decorrido um período de menos de 1 ano entre a data da transferência ou da retenção indevidas e a data do início do processo perante a autoridade judicial ou administrativa do Estado Contratante onde a criança se encontrar, a autoridade respectiva deverá ordenar o retomo imediato da criança.

A autoridade judicial ou administrativa respectiva, mesmo após expirado o período de uma ano referido no parágrafo anterior, deverá ordenar o retorno da criança, salvo quando for provado que a criança já se encontra integrada no seu novo meio.

Quando a autoridade judicial ou administrativa do Estado requerido tiver razões para crer que a criança tenha sido levada para outro Estado, poderá suspender o processo ou rejeitar o pedido para o retomo da criança.

Artigo 13

Sem prejuízo das disposições contidas no Artigo anterior, a autoridade judicial ou administrativa do Estado requerido não é obrigada a ordenar o retomo da criança se a pessoa, instituição ou organismo que se oponha a seu retomo provar:

a) que a pessoa, instituição ou organismo que tinha a seu cuidado a pessoa da criança não exercia efetivamente o direito de guarda na época da transferência ou da retenção, ou que havia consentido ou concordado posteriormente com esta transferência ou retenção; ou

b) que existe um risco grave de a criança, no seu retorno, ficar sujeita a perigos de ordem física ou psíquica, ou, de qualquer outro modo, ficar numa situação intolerável.

A autoridade judicial ou administrativa pode também recusar-se a ordenar o e retorno da criança se verificar que esta se opõe a ele e que a criança atingiu já idade e grau de maturidade tais que seja apropriado levar em consideração as suas opiniões sobre o assunto.

Ao apreciar as circunstâncias referidas neste Artigo, as autoridades judiciais ou administrativas deverão tomar em consideração as informações relativas à situação social da criança fornecidas pela Autoridade Central ou por qualquer outra autoridade competente do Estado de residência habitual da criança.

Artigo 14

Para determinar a ocorrência de uma transferência ou retenção ilícitas nos termos do Artigo 3, as autoridades judiciais ou administrativas do Estado requerido poderão tomar ciência diretamente do direito e das decisões judiciais ou administrativas, formalmente reconhecidas ou não, no Estado de residência habitual da criança sem ter de recorrer a procedimentos específicos para a comprovação dessa legislação ou para o reconhecimento de decisões estrangeiras que seriam de outra forma aplicáveis.

Artigo 15

As autoridades judiciais ou administrativas de um Estado Contratante podem, antes de ordenar o retorno da criança, solicitar a produção pelo requerente de decisão ou de atestado passado pelas autoridades do Estado de residência habitual da criança comprovando que a transferência ou retenção deu-se de forma ilícita nos termos do Artigo 3° da Convenção, desde que essa decisão ou atestado possam ser obtidas no referido Estado. As autoridades centrais dos Estados Contratantes deverão, na medida do possível, auxiliar os requerentes a obter tal decisão ou atestado.

Artigo 16

Depois de terem sido informadas da transferência ou retenção ilícitas de uma criança, nos termos do Artigo 3, as autoridades judiciais ou administrativas do Estado Contratante para onde a criança tenha sido levada ou onde esteja retida não poderão tomar decisões sobre o fundo do direito de guarda sem que fique determinado não estarem reunidas as condições previstas na presente Convenção para o retorno da criança ou sem que haja transcorrido um período razoável de tempo sem que seja apresentado pedido de aplicação da presente Convenção.

Artigo 17

O simples fato de que uma decisão relativa à guarda tenha sido tomada ou seja passível de reconhecimento no Estado requerido não poderá servir de base para justificar a recusa de fazer retornar a criança nos termos desta Convenção, mas as autoridades judiciais ou administrativas do Estado requerido poderão levar em consideração os motivos dessa decisão na aplicação da presente Convenção.

Artigo 18

As disposições deste Capítulo não limitam o poder das autoridades judiciais ou administrativas para ordenar o retorno da criança a qualquer momento.

Artigo 19

Qualquer decisão sobre o retorno da criança, tomada nos termos da presente Convenção, não afetam os fundamentos do direito de guarda.

Artigo 20

O retomo da criança de acordo com as disposições contidas no Artigo 12° poderá ser recusado quando não for compatível com os princípios fundamentais do Estado requerido com relação à proteção dos direitos humanos e das liberdades fundamentais.

Capítulo IV

Direito de Visita

Artigo 21

O pedido que tenha por objetivo a organização ou a proteção do efetivo exercício do direito de visita poderá ser dirigido à Autoridade Central de um Estado Contratante nas mesmas condições do pedido que vise o retomo da criança.

Às Autoridades Centrais, incumbe, de acordo com os deveres de cooperação previstos no Artigo 7, promover o exercício pacífico do direito de visita, bem como o preenchimento de todas as condições indispensáveis ao exercício deste direito. As Autoridades Centrais deverão tomar providências no sentido de remover, tanto quanto possível, todos os obstáculos ao exercício desse mesmo direito.

As Autoridades Centrais podem, diretamente ou por meio de intermediários, iniciar ou favorecer o procedimento legal com o intuito de organizar ou proteger o direito de visita e assegurar a observância das condições a que o exercício deste direito esteja sujeito.

Capítulo V

Disposições Gerais

Artigo 22

Nenhuma caução ou depósito, qualquer que seja a sua denominação, podará ser imposta para garantir o pagamento de custos e despesas relativas aos processos judiciais ou administrativos previstos na presente Convenção.

Artigo 23

Nenhuma legalização ou formalidade similar serão exigíveis no contexto da presente Convenção.

Artigo 24

Os pedidos, comunicações e outros documentos serão enviados na língua original à Autoridade Central do Estado requerido e acompanhados de uma tradução na língua oficial, ou numa das línguas oficiais, desse Estado, ou, quando tal tradução for dificilmente realizável, de uma tradução em francês ou inglês.

No entanto, um Estado Contratante poderá, fazendo a reserva prevista no Artigo 42, opor-se à utilização seja do francês, seja do inglês, mas não de ambos, em todo pedido, comunicação ou outro documento enviado à respectiva Autoridade Central.

Artigo 25

Os nacionais de um Estado Contratante e as pessoas que habitualmente residam nesse Estado terão direito, em tudo o que esteja relacionado à aplicação da presente Convenção, à assistência judiciária e jurídica em qualquer outro Estado Contratante, nas mesmas condições dos nacionais desse outro Estado e das pessoas que nele habitualmente residam.

Artigo 26

Cada Autoridade Central deverá arcar com os custos resultantes da aplicação da Convenção.

A Autoridade Central e os outros serviços públicos dos Estados Contratantes não deverão exigir o pagamento de custas pela apresentação de pedidos feitos nos termos da presente Convenção. Não poderão, em especial, exigir do requerente o pagamento de custos e despesas relacionadas ao processo ou, eventualmente, decorrentes da participação de advogado ou de consultor jurídico. No entanto, poderão exigir o pagamento das despesas ocasionadas pelo retorno da criança.

Todavia, qualquer Estado Contratante poderá, ao fazer a reserva prevista no Artigo 42, declarar que não se obriga ao pagamento dos encargos previstos no parágrafo anterior, referentes á participação de advogado ou de consultor jurídico ou ao pagamento dos custos judiciais, exceto se esses encargos puderem ser cobertos pelo seu sistema de assistência judiciária e jurídica.

Ao ordenar o retomo da criança ou ao regular o direito de visita no quadro da presente Convenção, as autoridades judiciais ou administrativas podem, caso necessário, impor á pessoa que transferiu, que reteve a criança ou que tenha impedido o exercício do direito de visita o pagamento de todas as despesas necessárias efetuadas pelo requerente ou em seu nome, inclusive as despesas de viagem, as despesas efetuadas com a representação judiciária do requerente e as despesas com o retorno da criança, bem como todos os custos e despesas incorridos na localização da criança.

Artigo 27

Quando for constatado que as condições exigidas pela presente Convenção não se encontram preenchidas ou que o pedido não tem fundamento, a Autoridade Central não será obrigada a recebê-lo. Nesse caso, a Autoridade Central informará de imediato o requerente ou, se for o caso, a Autoridade Central que haja remetido o pedido das suas razões.

Artigo 28

A Autoridade Central poderá exigir que o pedido seja acompanhado de uma autorização escrita dando-lhe poderes para agir em nome do requerente ou para nomear um representante habilitado a agir em seu nome.

Artigo 29

A Convenção não impedirá qualquer pessoa, instituição ou organismo que julgue ter havido violação do direito de guarda ou de visita, nos termos dos Artigos 3 ou 21, de dirigir-se diretamente às autoridades judiciais ou administrativas de qualquer dos Estados Contratantes, ao abrigo ou não das disposições da presente Convenção.

Artigo 30

Todo o pedido apresentado às autoridades centrais ou diretamente às autoridades judiciais ou administrativas de um Estado Contratante nos termos da presente Convenção, bem como qualquer documento ou informação a ele anexado ou fornecido por uma Autoridade Central, deverá ser admissível pira os tribunais ou para as autoridades administrativas dos Estados Contratantes.

Artigo 31

Com relação a um Estado que, em matéria de guarda de criança, possua dois ou mais sistemas de direito aplicáveis em diferentes unidades territoriais:

a) qualquer referência à residência habitual nesse Estado significa residência habitual numa unidade territorial desse Estado;

b) qualquer referência à lei do Estado de residência habitual corresponde à lei da unidade territorial onde a criança tenha a sua residência habitual.

Artigo 32

Com relação a um Estado que, em matéria de guarda de criança, possua dois ou vários sistemas de direito aplicáveis a diferentes categorias de pessoas, qualquer referência à lei desse Estado corresponderá a referência ao sistema legal definido pelo direito deste Estado.

Artigo 33

Um Estado no qual diferentes unidades territoriais tenham as suas próprias regras de direito em matéria de guarda de crianças não será obrigado a aplicar a presente Convenção nos casos em que outro Estado com um sistema de direito unificado não esteja obrigado a aplicá-la.

Artigo 34

Nas matérias às quais se aplique a presente Convenção, esta prevalecerá sobre a Convenção de 5 de outubro de 1961 Relativa à Competência das Autoridades e à Lei Aplicável em Matéria de Proteção de menores, no caso dos Estados Partes a ambas Convenções. Por outro lado, a presente Convenção não impedirá que outro instrumento internacional em vigor entre o Estado de origem e o Estado requerido ou que o direito não convencional do

Estado requerido sejam invocados para obter o retorno de uma criança que tenha sido ilicitamente transferida ou retida, ou para organizar o direito de visita.

Artigo 35

Nos Estados Contratantes, a presente Convenção aplica-se apenas às transfefitcias ou às retenções ilícitas ocorridas após sua entrada em vigor nesses Estados.

Caso tenham sido feitas as declarações previstas nos Artigos 39 ou 40, a referência a um Estado Contratante feita no parágrafo anterior corresponderá a referência á unidade ou às unidades territoriais às quais a Convenção se aplica.

Artigo 36

Nenhuma disposição da presente Convenção impedirá que dois ou mais Estados Contratantes, com o objetivo de reduzir as restrições a que poderia estar sujeito o retomo da criança, estabeleçam entre si um acordo para derrogar as disposições que possam implicar tais restrições.

Capítulo VI

Cláusulas Finais

Artigo 37

A Convenção é aberta a assinatura dos Estados que eram membros da Conferência da Haia de Direito Internacional Privado quando de sua 14° sessão.

A Convenção será ratificada, aceita ou aprovada e os instrumentos de ratificação, de aceitação ou de aprovação serão depositados junto ao Ministério dos Negócios Estrangeiros do Reino dos Países Baixos.

Artigo 38

Qualquer outro Estado poderá aderir à Convenção.

O instrumento de adesão será depositado junto ao Ministério dos Negócios Estrangeiros do Reino dos Países Baixos.

A Convenção entrará em vigor, para o Estado aderente, no primeiro dia do terceiro mês após o depósito de seu instrumento de adesão.

A adesão apenas produzirá efeito nas relações entre o Estado aderente e os Estados Contratantes que tenham declarado aceitar essa adesão. Esta declaração deverá ser igualmente feita por qualquer Estado membro que ratifique, aceite ou aprove a Convenção após tal adesão. Esta declaração será depositada junto ao Ministério dos Negócios Estrangeiros do Reino dos Países Baixos, que, por via diplomática, enviará uma cópia autenticada a cada um dos Estados Contratantes.

A Convenção entrará em vigor entre o Estado aderente e o Estado que tenha declarado aceitar essa adesão no primeiro dia do terceiro mês após o depósito da declaração de aceitação.

Artigo 39

Qualquer Estado poderá, no momento da assinatura, da ratificação, da aceitação, da aprovação ou da adesão, declarar que a Convenção será aplicável ao conjunto dos territórios que internacionalmente representa ou apenas a um ou mais deles. Essa declaração produzirá efeito no momento em que a Convenção entrar em vigor para esse Estado.

Tal declaração, bem como qualquer extensão posterior, será notificada ao Ministério dos Negócios Estrangeiros do Reino dos Países Baixos. '

Artigo 40

O Estado Contratante que compreenda duas ou mais unidades territoriais nas quais sejam aplicáveis diferentes sistemas de direito em relação às matérias reguladas pela presente Convenção poderá declarar, no momento da assinatura, da ratificação, da aceitação, da aprovação ou da adesão, que a presente Convenção deverá aplicar-se a todas as suas unidades territoriais ou somente a uma ou mais delas, e poderá, a qualquer momento, modificar essa declaração apresentando outra em substituição.

Tais declarações serão notificadas ao Ministério dos Negócios Estrangeiros do Reino dos Países Baixos, e mencionando expressamente as unidades territoriais às quais a Convenção será aplicável.

Artigo 41

Quando o Estado Contratante possua um sistema de Governo em virtude do qual os poderes executivo, judiciário e legislativo sejam partilhados entre autoridades centrais e outras autoridades desse Estado, a assinatura, ratificação, aceitação ou aprovação da Convenção, ou adesão a esta, ou a declaração feita nos termos do Artigo 40, não trarão qualquer consequência quanto à partilha interna de poderes nesse Estado.

Artigo 42

Todo Estado Contratante poderá, até o momento da ratificação, aceitação, aprovação ou adesão, ou quando de uma declaração feita nos termos dos Artigos 39 ou 40, fazer uma ou ambas reservas previstas nos Artigos 24 e 26, terceiro parágrafo. Nenhuma outra reserva será admitida.

Qualquer Estado poderá, a qualquer momento, retirar uma reserva que haja feito. A retirada deverá ser notificada ao Ministério dos Negócios Estrangeiros do Reino dos Países Baixos.

O efeito da reserva cessará no primeiro dia do terceiro mês após a notificação mencionada no parágrafo anterior.

Artigo 43

A Convenção entrará em vigor no primeiro dia do terceiro mês após o depósito do terceiro instrumento de ratificação, aceitação, aprovação ou adesão previsto nos Artigos 37º e 38º.

Em seguida, a Convenção entrará em vigor:

1) para cada Estado que a ratifique, aceite, aprove ou a ela adira posteriormente, no primeiro dia do terceiro mês após o depósito do respectivo instrumento de ratificação, aceitação, aprovação ou adesão.

2) Para os territórios ou unidades territoriais onde a Convenção tenha sido tornada extensiva nos termos dos Artigos 39°ou 40°, no primeiro dia do terceiro mês após a notificação prevista nesses Artigos.

Artigo 44

A Convenção terá uma duração de cinco anos a partir da data da sua entrada em vigor, em conformidade com o primeiro parágrafo do Artigo 43, mesmo para os Estados que a tenham ratificado, aceito, aprovado ou a ela aderido posteriormente.

A Convenção será tacitamente renovada de cinco em cinco anos, salvo denúncia.

A denúncia deverá ser notificada ao Ministério dos Negócios Estrangeiros do Reino dos Países Baixos pelo menos 6 meses antes de expirar-se o período de cinco anos. A denúncia poderá limitar-se a certos territórios ou unidades territoriais onde a Convenção vigore.

A denúncia só produzirá efeito em relação ao Estado que a tenha notificado. A Convenção permanecerá em vigor para os outros Estados Contratantes.

Artigo 45

O Ministério dos Negócios Estrangeiros do Reino dos Países Baixos notificará os membros da Conferência, bem como os Estados que a ela tenham aderido em conformidade com as disposições contidas no Artigo 38°:

1) das assinaturas, ratificações, aceitações e aprovações referidas no Artigo 37;

2) das adesões referidas no Artigo 38;

3) da data em que a Convenção entrará em vigor, de acordo com o Artigo 43;

4) das extensões referidas no Artigo 39;

5) das declarações mencionadas nos Artigos 38 e 40;

6) das reservas previstas nos Artigos 24 e 26, terceiro parágrafo, e das retiradas de reservas previstas no Artigo 42;

7) das denúncias referidas no Artigo 44.

Em fë do que, os abaixo assinados, devidamente autorizados, assinaram a presente Convenção.

Feita na Haia, em 25 de outubro de 1980, em francês e em inglês, sendo ambos os textos igualmente originais, num único exemplar, que será depositado nos arquivos do Governo do Reino dos Países Baixos e do qual será remetida, por via diplomática, uma cópia certificada conforme a cada um dos Estados Membros da Conferência da Haia de Direito Internacional Privado à data da sua 14ª Sessão.

22.5 Convenção Interamericana sobre a Restituição Internacional de Menores

Vejamos, abaixo, as regras da Convenção Interamericana sobre a Restituição Internacional de Menores, adotada em Montevidéu, em 15 de julho de 1989).

ÂMBITO DE APLICAÇÃO

Artigo 1

Esta Convenção tem por objeto assegurar a pronta restituição de menores que tenham residência habitual em dos Estados Partes e que hajam sido transportados ilegalmente de qualquer Estado para um Estado Parte ou que, havendo sido transportados legalmente, tenham sido retidos ilegalmente. É também objeto desta Convenção fazer respeitar o exercício do direito de visita, de custódia ou de guarda por parte dos titulares desses direitos.

Artigo 2

Para os efeitos desta Convenção, considera-se menor toda pessoa que não tiver completado dezesseis anos de idade.

Artigo 3

Para os efeitos desta Convenção:

a) o direito de custódia ou guarda compreende o direito referente ao cuidado do menor e, em especial , o de decidir seu lugar de residência; e

b) o direito de visita compreende a faculdade de levar o menor, por período limitado, a lugar diferente do de sua residência habitual.

Artigo 4

Considera-se ilegal o transporte ou retenção de menor que ocorrer em violação dos direitos que, de acordo com a lei de residência habitual do menor, exerciam, individual ou conjuntamente, imediatamente antes de ocorrido o fato, os pais, tutores ou guardiões, ou qualquer instituição.

Artigo 5

As pessoas e instituições mencionadas no artigo 4 poderão iniciar procedimento de restituição de menor, no exercício do direito de custódia ou de direito semelhante.

Artigo 6

Têm competência para conhecer da solicitação de restituição de menor a que se refere esta Convenção, as autoridades judiciárias ou administrativas do Estado Parte onde o menor tiver sua residência habitual imediatamente antes de seu transporte ou retenção.

A critério do autor e por motivo de urgência, a solicitação de restituição poderá ser apresentada às autoridades do Estado Parte em cujo território se encontrar, ou se suponha encontrar-se o menor que tiver sido ilegalmente transportado ou ilegalmente retido, no momento de efetuar-se essa solicitação. Poderá também ser apresentada as autoridades do Estado Parte onde houver ocorrido o fato ilícito que deu motivo à reclamação.

O fato de solicitação ser feita nas condições previstas no parágrafo anterior não implica modificação das normas de competência internacional definidas no primeiro parágrafo deste artigo.

AUTORIDADE CENTRAL

Artigo 7

Para os efeitos desta Convenção, cada Estado Parte designará uma autoridade central para cumprir as obrigações que lhe forem atribuídas por esta Convenção, e comunicará essa designação à Secretaria-Geral da Organização dos Estados Americanos.

Em especial, a autoridade central colaborará com os autores do procedimento e com as autoridades competentes dos Estados, para a localização e restituição do menor. Tomará também providências para facilitar o pronto regresso e recebimento do menor, auxiliando os interessados na obtenção dos documentos necessários para o procedimento previsto nesta Convenção.

As autoridades centrais dos Estados Partes cooperarão mutuamente e intercambiarão informações no que diz respeito ao funcionamento da Convenção, a fim de garantir a restituição imediata do menor e a consecução dos outros objetivos desta Convenção.

PROCEDIMENTO PARA A RESTITUIÇÃO

Artigo 8

Os titulares do procedimento de restituição poderão exercê-lo perante as autoridades competentes, segundo o disposto no artigo 6, da seguinte maneira:

a) por meio de carta rogatória;

b) mediante solicitação à autoridade central; ou

c) diretamente ou por via diplomática ou consular.

Artigo 9

1. A solicitação ou demanda a que se refere o artigo anterior deverá conter:

a) os antecedentes ou fatos relativos ao transporte ou retenção, bem como suficientes informações sobre a identidade do solicitante, do menor subtraído ou retido e, se for possível, da pessoa à qual se atribuem o transporte ou a retenção;

b) a informação relativa à suposta localização do menor e às circunstâncias e datas em foi efetuado o transporte para o exterior, ou ao vencimento do prazo autorizado; e

c) os fundamentos de direito em que se apóia a restituição do menor.

2. A solicitação ou demanda deverá ser acompanhada de:

a) cópia fiel e autêntica de qualquer decisão judicial ou administrativa que houver, ou do acordo que lhe der origem; comprovação sumária da situação factual existente ou, conforme o caso, alegação do direito aplicável;

b) documentação autêntica que ateste a legitimação processual do solicitante;

c) certidão ou informação expedida pela autoridade central do Estado de residência habitual do menor, ou por outra autoridade do mesmo Estado, sobre o direito vigente nesse Estado a respeito da matéria;

d) quando for necessário, tradução, para o idioma oficial do Estado requerido, de todos os documentos a que se refere este artigo; e

e) indicação das medidas indispensáveis para tornar efetiva a restituição.

3. A autoridade competente poderá prescindir de um dos requisitos ou da apresentação dos documentos exigidos neste artigo se, a seu critério, a restituição for justificada.

4. As cartas rogatórias, as solicitações e os documentos que as acompanharem não necessitarão ser legalizados quando forem transmitidos por via diplomática ou consular, ou por intermédio da autoridade central.

Artigo 10

O juiz requerido, a autoridade central ou outras autoridades do Estado onde se encontrar o menor adotarão, de conformidade com o direito desse Estado e quando for pertinente, todas as medidas que forem adequadas para a devolução voluntária do menor.

Se a devolução não for obtida de forma voluntária, as autoridades judiciárias ou administrativas, depois de comprovado o cumprimento dos requisitos exigidos pelo artigo 9, e sem outros trâmites, tomarão conhecimento pessoal do menor, adotarão as medidas necessárias para assegurar sua custódia ou guarda provisória nas condições que as circunstâncias aconselharem e, se for pertinente disporá sem demora sua restituição. Neste caso, comunicar-se-á à instituição à qual, conforme seu direito interno, caiba tutelar os direitos do menor.

Ademais, enquanto não for resolvida a petição de restituição, as autoridades competentes adotarão as medidas necessárias para impedir a saída do menor do território de sua jurisdição.

Artigo 11

A autoridade judiciária ou administrativa do Estado requerido não estará obrigada a ordenar a restituição do menor quando a pessoa ou a instituição que apresentar oposição á restituição demonstrar:

a) que os titulares da solicitação ou demanda do transporte ou da retenção, ou haviam consentido ou dado sua anuência depois do transporte ou retenção; ou

b) que existe grave risco de que a restituição do menor possa expô-lo a perigo físico ou psíquico.

A autoridade requerida também pode denegar a restituição do menor se comprovar que este se opõe a regressar e se, a critério da autoridade, a idade e maturidade do menor justificarem que sua opinião seja levada em conta.

Artigo 12

A oposição fundamentada à que se refere o artigo anterior deverá ser apresentada dentro do prazo de oito dias úteis, contados a partir do momento em que a autoridade tomar conhecimento pessoal do menor e o comunicar a quem o retém.

As autoridades judiciárias ou administrativas avaliarão as circunstâncias e as provas apresentadas pela parte opositora para fundamentar a denegação. Deverão tomar conhecimento do direito existentes no Estado de residência habitual do menor, e requererão, se diplomáticos ou consulares dos Estados Partes.

Dentro de 60 dias consecutivos após o recebimento da oposição, a autoridade judiciária ou administrativa emitirá a decisão correspondente.

Artigo 13

Se, dentro do prazo de 45 dias consecutivos desde a data em que for recebida pela autoridade requerente a decisão pela qual se dispõe a entrega, não forem tomadas as medidas necessárias para tornar efetivo o transporte do menor, ficarão sem efeito a restituição ordenada e as providências adotadas.

As despesas de transporte correrão por conta do autor; se este não dispuser de recursos financeiros, as autoridades do Estado requerente poderão custear as despesas de transporte, sem prejuízo de cobrá-las do responsável pelo transporte ou retenção ilícitos.

Artigo 14

Os procedimentos previstos nesta Convenção deverão se iniciados dentro do prazo de um ano civil, contado a partir da data em que o menor tiver sido transportado ou retido ilegalmente.

No caso de menor cujo paradeiro for desconhecido, o prazo será contado a partir do momento em que for precisa e efetivamente localizado.

A título excepcional, o vencimento o prazo de um ano não impede que se aceda à solicitação de restituição se, na opinião da autoridade requerida, as circunstâncias do caso o justificarem, a menos que fique demonstrado que o menor se adaptou ao seu novo ambiente.

Artigo 15

A restituição do menor não implica prejulgamento sobre a determinação definitiva de sua custódia ou guarda.

Artigo 16

Depois de haverem sido informadas do transporte ilícito de um menor ou de sua retenção, conforme o disposto no artigo 4, as autoridades judiciárias ou administrativas do Estado Parte para onde o menor foi transportado ou onde estiver retido não poderão decidir sobre o fundo do direito e guarda enquanto não ficar demonstrado que não foram preenchidos os requisitos desta Convenção para o regresso do menor ou enquanto não houver transcorrido prazo sem que tenha sido apresentada solicitação em aplicação desta Convenção.

Artigo 17

As disposições anteriores que forem pertinentes, não limitam o poder da autoridade judiciária ou administrativa para ordenar a restituição do menor a qualquer momento.

LOCALIZAÇÃO DE MENORES

Artigo 18

A autoridade central ou as autoridades judiciárias ou administrativas de um Estado Parte, por solicitação de qualquer das pessoas mencionadas no artigo 5, bem como estas diretamente, poderão requerer das autoridades competentes de outro Estado Parte a localização de menor que tenha residência habitual no Estado da autoridade solicitante e que se presuma encontrar-se ilegalmente no território ou outro Estado.

A solicitação deverá ser acompanhada de toda a informação proporcionada pelo solicitante, ou recebida pela autoridade requerente, a respeito do local onde se encontra o menor e da identidade da pessoa com a qual se presume encontrar-se ele.

Artigo 19

A autoridade central ou as autoridades judiciárias ou administrativas de um Estado Parte que, com base na solicitação a que se refere o artigo anterior, tomarem conhecimento de que, em sua jurisdição, se encontra ilegalmente um menor, fora de sua residência habitual, deverão adotar imediatamente todas as medidas destinadas a assegurar a saúde do menor e evitar que o mesmo seja ocultado ou transportado para outra jurisdição.

O local onde se encontra o menor será comunicado às autoridades do Estado requerente.

Artigo 20

Se a restituição não for solicitada dentro de sessenta dias consecutivos, contados a partir a comunicação da localização do menor às autoridades do Estado requerente, as medidas adotadas em virtude do artigo 19 poderão ficar sem efeito.

O levantamento das medidas não impedirá o exercício do direito de solicitar a restituição, de acordo com os procedimentos e prazos estabelecidos nesta Convenção.

DIREITO DE VISITA

Artigo 21

A solicitação que tiver por objeto fazer respeitar o exercício dos direitos de visita por parte de seus titulares, poderá ser dirigida às autoridades competentes de qualquer Estado Parte, conforme disposto no artigo 6 desta Convenção. O procedimento apropriado será o disposto nesta Convenção para a restituição de menores.

DISPOSIÇÕES GERAIS

Artigo 22

As cartas rogatórias e solicitações relativas a restituição e localização poderão ser transmitidas ao órgão requerido pelas próprias partes interessantes, por via judicial, por intermédio dos agentes diplomáticos ou consulares, ou pela autoridade central competente do Estado requerente ou requerido, conforme o caso.

Artigo 23

A tramitação das cartas rogatórias ou solicitações previstas nesta Convenção, e as medidas a que der lugar, serão gratuitas e estarão isentas de imposto, depósito ou caução, qualquer que seja sua denominação.

Se os interessados na tramitação da carta rogatória ou solicitação tiverem designado procurador no foro requerido, as despesas e honorários que ocasionar o exercício dos poderes por eles concedidos correrão por sua conta.

Não obstante, ao ordenar a restituição de menor conforme o disposto nesta Convenção, as autoridades competentes poderão dispor, levando em conta as circunstâncias do caso, que a pessoa que transportou ou reteve o menor ilegalmente pague as despesas em que tiver incorrido o demandante, as demais despesas incorridas na localização do menor, bem como as custas e despesas inerentes à restituição.

Artigo 24

As diligências e trâmites necessários para tornar efetivo o cumprimento das cartas rogatórias devem ser realizados diretamente pela autoridade requerida e não requerem intervenção da parte interessada. Isso não impede que as partes intervenham por si ou por intermédio de procurador.

Artigo 25

A restituição do menor disposta conforme esta Convenção poderá ser negada quando violar claramente os princípios fundamentais do Estado requerido, consagrados em instrumentos de caráter universal ou regional sobre direitos humanos e da criança.

Artigo 26

Esta Convenção não impede que as autoridades competentes ordenem a restituição imediata do menor, quando o transporte ou retenção do mesmo constituir delito.

Artigo 27

O Instituto Interamericano da Criança, como organismo especializado da Organização dos Estados Americanos, estará encarregado de coordenar as atividades das autoridades centrais no âmbito desta Convenção, bem como das atribuições para receber e avaliar informações dos Estados Partes nesta Convenção, decorrentes da aplicação da mesma. Estará também encarregado de cooperar com outros organismos internacionais competentes na matéria.

DISPOSIÇÕES FINAIS

Artigo 28

Esta Convenção ficará aberta à assinatura dos Estados membros da Organização dos Estados Americanos.

Artigo 29

Esta Convenção está sujeita a ratificação. Os instrumentos de ratificação serão depositados na Secretaria-Geral da Organização dos Estados Americanos.

Artigo 30

Esta Convenção ficará aberta à adesão de qualquer outro Estado. Os instrumentos de adesão serão depositados na Secretaria-Geral da Organização dos Estados Americanos.

Artigo 31

Cada Estado poderá formular reservas a esta Convenção, no momento de assiná-la, ratificá-la ou de a ela aderir, desde que a reserva se refira a uma ou mais disposições específicas e que não seja incompatível com o objeto e fins desta Convenção.

Artigo 32

Os Estados Partes que tiverem duas ou mais unidades territoriais em que vigorem sistemas jurídicos diferentes com relação a questão de que trata esta Convenção poderá declarar, no momento da assinatura, ratificação ou adesão, que a Convenção se aplicará a todas as suas unidades territoriais ou somente a uma ou mais delas.

Tais declarações poderão ser modificadas mediante declarações ulteriores, que especificarão expressamente a unidade ou as unidades territoriais a que se aplicará esta Convenção. Tais declarações ulteriores serão transmitidas à Secretaria-Geral da Organização dos Estados Americanos e surtirão efeito trinta dias depois de recebidas.

Artigo 33

No que diz respeito a um Estado que tenha, em matéria de guarda de menores, dois ou mais sistemas de direito aplicáveis em unidades territoriais diferentes:

a) qualquer referência a residência habitual nesse Estado abrange residência habitual em unidade territorial desse Estado;

b) qualquer referência a lei do Estado de residência habitual abrange a lei da unidade territorial na qual o menor tiver sua residência habitual.

Artigo 34

Esta Convenção vigorará para os Estados membros da Organização dos Estados Americanos, partes nesta Convenção e no Convênio de Haia, de 25 de outubro de 1980, sobre os aspectos civis do seqüestro internacional de menores. Entretanto, os Estados Partes poderão convir entre si, de forma bilateral, na aplicação prioritária do Convênio de Haia de 25 de outubro de 1980.

Artigo 35

Esta Convenção não restringirá as disposições de convenções que sobre esta mesma matéria tiverem sido assinadas ou venham a ser assinadas no futuro, pelos Estados Partes, de forma bilateral ou multilateral, nem as práticas mais favoráveis que esses Estados observarem na matéria.

Artigo 36

Esta Convenção entrará em vigor no trigésimo dia a partir da data em que houver sido depositado o segundo instrumento de ratificação.

Para cada Estado que ratificar a Convenção ou que a ela aderir, depois de haver sido depositado o segundo instrumento de ratificação, a Convenção entrará em vigor no trigésimo dia a partir da data em que tal Estado haja depositado seu instrumento de ratificação ou de adesão.

Artigo 37

Esta Convenção vigorará por prazo indefinido, mas qualquer dos Estados Partes poderá denunciá-la. O instrumento de denúncia será depositado na Secretaria-Geral da Organização dos Estados Americanos. Transcorrido um ano da data do depósito do instrumento de denúncia, os efeitos da Convenção cessarão para o Estado denunciante, mas subsistirão para os demais Estados Partes.

Artigo 38

O instrumento original desta Convenção, cujos textos em espanhol, francês, inglês e português são igualmente autênticos, será depositado na Secretaria-Geral da Organização dos Estados Americanos, que enviará cópia autenticada do seu texto à Secretaria das Nações Unidas, para registro e publicação, de conformidade com o artigo 102 da Carta das Nações Unidas. A Secretaria-Geral da Organização dos Estados Americanos notificará aos Estados membros da referida Organização e aos Estados que houverem aderido à Convenção as assinaturas e os depósitos de instrumentos de ratificação, adesão e denúncia, bem como as reservas que houver. Outrossim, transmitir-lhes-á as declarações previstas nos artigos pertinentes desta Convenção.

Capítulo 23
ALIENAÇÃO PARENTAL

23.1 Conceito e caracteres

A alienação parental é o denominado *bullying* nas relações familiares. O estudo da alienação parental foi desenvolvido de forma pioneira, em 1985, por RICHARD GARDNER, professor de psiquiatria infantil da Universidade de Colúmbia. De acordo com DEIRDRE CONWAY RAND,[1] em artigo publicado no *American Journal Of Forensic Psychology*, Volume 15, Number 3, 1997, denominado *The Spectrum Of Parental Alienation Syndrome*, as tendências identificadas por Gardner e outros são o são o resultado de importantes mudanças sociais que começaram a tomar raízes em meados da década de 1970.[2]

A *alienação parental* não é incomum na realidade social brasileira. Em linhas gerais, quando do término da sociedade conjugal, aquele(a) que sentindo-se ferido pelo abandono, mágoa, ciúmes, vingança ou rancor, se utiliza de artifícios para obstaculizar os encontros e a manutenção dos laços afetivos com o outro genitor. Muitas das vezes esse abismo entre pai (ou mãe) se torman abissais, intransponíveis, consubstanciando uma perda de afetividade sem limites entre pais e filhos. *Como isto ocorre*? Normalmente, o genitor ferido incuta na criança um processo de diabolização da figura do ex-cônjuge ou companheiro. Dessa maneira, aquele que opera o processo de alienação parental (normalmente é o guardião da criança ou adolescente)

---

1 Ph.D. practices clinical and forensic psychology in Mill Valley, California. She specializes in complex forms of emotional abuse, such as severe Parental Alienation and Munchausen Syndrome by Proxy. She is the author of articles on the latter and of two chapters in the book, Spectrum of Factitious Disorders, published by the American Psychiatric Association.

2 The trends identified by Gardner and others are the result of important social changes which began to take root and flower around the mid 1970s. The legal treatment of divorce and child custody shifted from the preference for mothers to have sole custody and the "tender years presumption" to the preference for joint custody and "best interests of the child." This gave divorce fathers more legal options for parenting their children and increased the quantity and intensity of divorce disputes as parents vehemently disagreed over the numerous custodial arrangements now possible. By the late 1970s, rising concern about parental programming of children to influence the outcome of disputes led the American Bar Association Section of Family Law to commission a large scale study of the problem. Disponível em: < https://www.fact.on.ca/Info/pas/rand01.htm>. Acesso em: 29 jan. 2017.

acaba excluindo o ex-companheiro do contato direto com o descendente de forma a punir aquele de forma covarde, implantando uma memória negativa que destoa do mundo da vida junto aos filhos.

Dessa forma, é a partir do conflito que a alienação se desvela, se tornando mais forte no caso da permanência do desacordo do casal. A *alienação parental* não pode ser confundida com a *síndrome da alienação parental*. Esta representa as seqüelas emocionais e comportamentais na criança, vítima da alienação parental. Assim, a Síndrome de Alienação Parental (SAP), são as consequências emocionais na vida dos filhos, ocasionadas pela situação fática em que a mãe ou o pai de uma criança, reiteradamente, procura romper os laços afetivos com o outro genitor, criando, destarte, na criança ou adolescente os sentimentos de ansiedade, temor, culpa e depressão infantil.

No Brasil, a Lei 12.318, de 26 de agosto de 2010 dipõe sobre a alienação parental. De acordo com o artigo 2° da referida lei, "considera-se ato de alienação parental a interferência na formação psicológica da criança ou do adolescente promovida ou induzida por um dos genitores, pelos avós ou pelos que tenham a criança ou adolescente sob a sua autoridade, guarda ou vigilância para que repudie genitor ou que cause prejuízo ao estabelecimento ou à manutenção de vínculos com este."

São formas exemplificativas de alienação parental, além dos atos assim declarados pelo juiz ou constatados por perícia, praticados diretamente ou com auxílio de terceiros (artigo 2°, parágrafo único da Lei 12.318):

I – realizar campanha de desqualificação da conduta do genitor no exercício da paternidade ou maternidade;

II – dificultar o exercício da autoridade parental;

III – dificultar contato de criança ou adolescente com genitor;

IV – dificultar o exercício do direito regulamentado de convivência familiar;

V – omitir deliberadamente a genitor informações pessoais relevantes sobre a criança ou adolescente, inclusive escolares, médicas e alterações de endereço;

VI – apresentar falsa denúncia contra genitor, contra familiares deste ou contra avós, para obstar ou dificultar a convivência deles com a criança ou adolescente;

VII – mudar o domicílio para local distante, sem justificativa, visando a dificultar a convivência da criança ou adolescente com o outro genitor, com familiares deste ou com avós.

A Síndrome da Alienação Parental é geralmente gradativa e, portanto, classificada em etapas ou estágios, entre o leve, moderado e grave. ANA CA-

ROLINA CARPES MADALENO,[3] classifica a alienação parental em três estágios. Vejamos:

> "O tipo leve, também chamado ligeiro ou estágio I, é assim denominado pois as visitas ocorrem quase sem problemas, evidenciando algum conflito facilmente resolvido no momento da troca dos genitores e o menor ainda apresenta-se afetivo e emocionalmente envolvido com o alienado.
> A campanha de difamações já existe e o genitor alienante geralmente escolhe um mote que a criança passa a assimilar, como, por exemplo, dizer que o pai se interessa mais pela nova companheira do que pelo filho e a criar situações que colaborem com tal afirmação, mesmo que inverídicas ou descontextualizadas; porém, a criança, ainda não contaminada pelo ódio desmedido mantém um vínculo com o alienado, sentindo-se confusa e culpada por nutrir sentimentos tão ambivalentes por aqueles que ama.
> A chamada lealdade parental é visível, pois o filho, mesmo sem querer, sente que precisa tomar partido. Em sua cabeça infantil tal ação garante, inclusive, sua sobrevivência, pois necessita ser leal àquele que é seu cuidador efetivo, concordando com suas afirmações e tendo que desempenhar um duplo papel, qual seja, o de não gostar do genitor alienado na frente do alienador e o de poder demonstrar seus sentimentos quando está a sós com o excluído.
> Nesta fase a animosidade não se estende à família do alienado e os vínculos emocionais com ambos ainda são fortes e preservados. Os menores expressam seu desejo de ver o conflito resolvido e enxergam o alienante sem indícios de dependência patológica. Este momento pode ser facilmente resolvido com uma intervenção judicial efetiva que não permita o aumento da alienação, pois os vínculos ainda não estão rompidos e o trauma não se aprofundou na psiquê infantil.
> O tipo moderado ou estágio II, nesta etapa o motivo ou tema das agressões torna-se mais consistente, fazendo com que o menor e o alienante virem uma espécie de cúmplices, eles criam uma relação particular que é alimentada pela distância, muitas vezes física, do alienado, como por exemplo, no caso das visitas quinzenais. A menção a agressões não implica apenas xingamentos e

3 MADALENO, Ana Carolina Carpes. Indenização pela Prática da Alienação Parental e Imposição de Falsas Memórias. In: MADALENO, Rolf; BARBOSA, Eduardo. *Responsabilidade Civil no Direito de Família*. São Paulo: Atlas, 2015. VitalBook file.

ódio explícito ao outro genitor, mas também diz respeito a sentimentos velados, passados mesmo sem palavras aos filhos ou ainda através do tom da fala.

A presença de conflitos na entrega do menor é comum e tende a desaparecer após a saída do alienante e uma série de explicações por parte do alienado; também aparecem os primeiros sintomas de que um genitor é bom e o outro mau. O menor tem um pensamento dependente e defende com entusiasmo o alienador, pode defender o alienado, porém poucas vezes e em momentos específicos, geralmente quando se sente mais seguro.

Aparecem, ainda, situações emprestadas, ou seja, falas que claramente não se originam do pensamento da criança, mas sim que ela ouviu falar, como, por exemplo, dizer que o pai nunca foi um bom marido. Igualmente assuntos processuais vêm à tona, neste estágio também são comuns as falsas alegações de abuso da mesma forma em que doenças, festas, atividades escolares, entre outros, coincidem com os dias da visitação.

O vínculo afetivo inicia sua deterioração, há um distanciamento qualitativo do genitor alienado e sua família. Já o alienante não reconhece o problema, atribuindo-o ao alienado devido a sua suposta falta de tato ou cuidados. A volta para o alienante é vista como uma solução pela criança, pois lá ela está segura, uma vez que não precisa lutar contra seus sentimentos de amor e ódio, ou seja, lá ela tem uma espécie de descanso de seu conflito interno de lealdade.

Devido a esta falsa segurança, muitos laudos e perícias psicossociais se atêm a este fato em detrimento do vínculo com o genitor alienado, sendo assim, podem ser favoráveis à exclusão de um genitor visando os ganhos a curto prazo.

O terceiro estágio ou tipo grave caracteriza-se pela intensa perturbação dos menores, é a fase onde o termo síndrome se encaixa, pois a criança já absorveu todo o ódio contra seu outro genitor e soma a isto uma série de consequências e conflitos internos, tornando-se independente do alienador, ou seja, já tem seu próprio repertório de difamações, ainda que não façam tanto sentido.

As visitas provavelmente já tenham cessado, seja por uma falsa denúncia de abuso, mudança de endereço ou mesmo a desistência por parte do alienado, que enxerga todo aquele ódio voltado a si por parte do filho e acredita ser pessoal ou realmente está no seu limite. As encenações e falas emprestadas são recorrentes, mas logo cedem espaço à razões próprias da criança.

Quando ainda ocorre a visitação, ela é permeada por explosões de raiva, difamações ou pelo completo emudecimento da criança, que sequer olha o genitor nos olhos. A aversão ao alienado é extrema, sem qualquer demonstração de ambivalência – fator comum em qualquer ser humano – ou culpa, sem diálogo; os menores se tornam circulares, respondendo perguntas com perguntas, por exemplo, e extremamente cansativos, posto não haver qualquer possibilidade de uma conversa ou de que o menor possa pensar e agir de forma menos agressiva. Nesse diapasão, qualquer informação será utilizada para um novo ataque de difamações.

Quanto ao vínculo, este é totalmente cortado entre o menor e o alienado. Após um longo período de convivência o máximo expressado pelo infante são calma e aceitação da situação.

Nessa fase, o alienante – ante a independência da criança, que já não precisa ser incitada a odiar o outro genitor, uma vez que isto já está introjetado em sua mente – passa a ter uma visão obsessiva da situação, não medindo esforços para o suposto bem e proteção da criança, sentindo-se uma vítima da situação criada por ele próprio. A criança, por diversas vezes, é testada pelo alienador acerca de sua lealdade."

23.2 Direito fundamental da criança ou adolescente

A prática de ato de alienação parental fere direito fundamental da criança ou do adolescente de convivência familiar saudável, prejudica a realização de afeto nas relações com genitor e com o grupo familiar, constitui abuso moral contra a criança ou o adolescente e descumprimento dos deveres inerentes à autoridade parental ou decorrentes de tutela ou guarda (artigo 3º da Lei de Alienação Parental).

23.3 Indícios de ato de alienação parental e Medidas provisórias

Declarado indício de ato de alienação parental, a requerimento ou de ofício, em qualquer momento processual, em ação autônoma ou incidentalmente, o processo terá tramitação prioritária, e o juiz determinará, com urgência, ouvido o Ministério Público,[4] as medidas provisórias necessárias para preservação da integridade psicológica da criança ou do adolescente, inclusive para assegurar sua convivência com genitor ou viabilizar a efetiva

4 O Conselho Nacional do Ministério Público expediu no dia 5 de abril a Recomendação 32, dispondo sobre a necessidade de os membros do Ministério Público atuarem veementemente no combate à alienação parental. Disponível em: < http://www.cnmp.mp.br/portal/images/Normas/Recomendacoes/RecomendaCAO_32.pdf>. Acesso em: 29 jan. 2017.

reaproximação entre ambos, se for o caso (artigo 4º, Lei 12.318/10).

O CPC no artigo 699 diz que "quando o processo envolver discussão sobre o fato relacionado a abuso ou a alienação parental, o juiz, ao tomar o depoimento do incapaz, deverá estar acompanhado por especialista." Daí a importância da equipe multidisciplinar no auxílio ao magistrado. Vejamos a decisão do Desembargados LUCIO DURANTE do TJRJ, na apelação 0015619-83.2009.8.19.0087, julgado em 14/06/2016: "DECIMA NONA CAMARA CIVEL APELAÇÃO CIVEL. DIREITO DE FAMÍLIA. VISITAÇÃO PATERNA. PROVA TÉCNICA PRODUZIDA POR EQUIPE MULTIDISCIPLINAR DANDO CONTA DA ALIENAÇÃO PARENTAL POR PARTE DA GENITORA. LAUDO PSICOLÓGICO QUE CORROBORA COM TAL ASSERTIVA. SENTENÇA ANCORADA EM PROVA TÉCNICA ESPECÍFICA. RECURSO DA AUTORA. DESPROVIMENTO. 1 – É preciso que se tenha em mente que a convivência do menor com os pais é direito que deve ser respeitado e priorizado, devendo os genitores ter participação direta no desenvolvimento psicossocial da infante. 2 – Não se concebe o afastamento da figura paterna das atividades diárias, escolares e impedi-lo de participar de decisões importantes na vida da menor, o que gera, sem dúvida, até porque corroborado pela psicologia, prejuízos no desenvolvimento da menor. 3 – Da leitura das conclusões dos laudos técnicos, observa-se que a genitora vivia impedindo a visitação paterna, criando obstáculos com o fito de afastar o pai do convívio da menor. Tendo, inclusive, adotado a postura de desqualificar a figura paterna perante a menor, o que, data máxima vênia, é inaceitável. 4 Com efeito, a apelante não conseguiu afastar as conclusões dos estudos sociais e dos laudos psicológicos em seu desfavor, e, face a prova técnica robusta e a bem fundamentada sentença, outro caminho não há que não a manutenção da sentença. Recurso desprovido."

Da mesma forma, a decisão da Desembargadora MONICA COSTA DI PIERO, do TJRJ, na apelação 0041666-30.2012.8.19.0042, em 01/03/2016: "OITAVA CAMARA CIVEL APELAÇÃO CÍVEL. FAMÍLIA. AÇÃO DE INVERSÃO DE GUARDA C/C EXONERAÇÃO DE ALIMENTOS PROPOSTA POR GENITOR. ALEGAÇÃO DE PRÁTICA DE ALEINAÇÃO PARENTAL. PRINCÍPIO DE PROTEÇÃO DO MELHOR INTERESSE DO MENOR. IMPROCEDÊNCIA. 1. Cuida-se de ação de inversão de guarda c/c revisão de alimentos proposta por genitor, na qual sustenta a existência de maus tratados dispensados a filha pela genitora, bem como a ocorrência de alienação parental. 2. A sentença julgou improcedente o pedido, ao fundamento de que a fragilidade das provas carreadas nos autos e o teor da prova técnica impõem a conclusão da inexistência de alienação parental. 2. O interesse do menor deve ser o princípio norteador para composição dos conflitos referentes à sua posse e guarda (artigo 6º, do ECA). 3. Depreende-se que é bastante conflituosa a relação dos genitores, constando cópia de boletim de ocorrência com acusações mútuas de agressões, bem como com alegações de descumprimento de determinação judicial acerca da visitação paterna da menor. 4. Embora haja a prática de condutas inadequadas por ambos os genitores, as quais influenciam negativamente no estado emocional da menor, constata-se que as mesmas não são suficientes para comprovar a alienação parental prevista na Lei 12.318/2010. 5. A instrução probatória, com a elaboração de laudo psicológico e estudo social, demonstrou que a apelada possui condições de cuidar da menor, o que não afasta o fato de o autor ser um bom pai, presente e preocupado com a filha, inexistindo motivo para a descontinuidade da guarda da genitora. 6. De outro lado, a visitação do genitor com habitualidade, por certo, contribuirá para o salutar desenvolvimento da infante. 7. Conforme bem salientado pelos estudos elaborados nestes autos e pelo juízo "a quo", os genitores devem envidar esforços para tornar a relação entre eles mais saudável e harmônica, inclusive buscando tratamentos psicológicos, o que certamente influenciará de forma positiva no estado emocional da criança. 8. Primazia ao interesse e bemestar da criança. Improcedência mantida. 9. Recurso ao qual se nega provimento."

Por fim, a decisão do Desembargador CLEBER GHELFENSTEIN, na apelação 0297573-52.2011.8.19.0038, em 16/12/2015: "DECIMA QUARTA CAMARA CIVEL DIREITO CIVIL. FAMÍLIA. DEMANDA DE REGULAMENTAÇÃO DE VISITA. PAI QUE PRETENDE A VISITAÇÃO A FILHO ADOLESCENTE. MÃE, DETENTORA DA GUARDA DO INFANTE, QUE SE RECUSA A PERMITIR. MENOR QUE NÃO DESEJA CONVÍVIO COM O PAI. PROCEDÊNCIA E RECONHECIMENTO DA PRÁTICA DE ALIENAÇÃO PARENTAL. APELO DA RÉ/MÃE REPISANDO SEUS ARGUMENTOS DE DEFESA. AUSÊNCIA DE PROVA DE QUALQUER CAUSA QUE POSSA IMPEDIR O CONVÍVIO BUSCADO PELO PAI. DESPROVIMENTO. Constata-se, na espécie, situação de gravíssimo risco para o desenvolvimento saudável da personalidade do adolescente, devendo prevalecer o seu melhor interesse. Tanto pai quanto filho têm direito ao convívio recíproco, sendo certo que o Estado deve ter como norte o atingimento desse objetivo, ainda que o infante atualmente manifeste desejo de não se relacionar com seu ascendente. Segundo os laudos emitidos por profissionais de auxílio do juízo (psicólogos e assistentes sociais), e constatado pelo sentenciante, a mãe do adolescente (detentora de sua guarda) exerce sobre ele enorme influência, praticando severa alienação parental em desfavor da família paterna, principalmente em relação ao pai. Sendo assim, escorreita a repreensão aplicada à mãe do vulnerável por sua conduta odiosa. Noutra senda, possuindo pai e filho o direito de conviverem entre si, necessário apenas era o estabelecimento de critérios para sua implementação, circunstância muito bem resolvida pelo juízo processante, que, após minuciosa análise da séria situação fática encontrada, entendeu como mais adequado o paulatino estreitamento da relação entre pai e filho, na forma expressa na sentença. Precedentes desta Corte de Justiça. Desprovimento."

É possível, pois, a propositura de uma ação declaratória de alienação parental já existindo um procedimento anterior em tramite, seja incidentalmente (Processo Apenso/Apartado), ou de forma autônoma (Processo Originário).

23.4 Visitação assistida

De acordo com o parágrafo único do artigo 4 da Lei de Alienação Parental, deve-se assegurar à criança ou adolescente e ao genitor garantia mínima de visitação assistida, ressalvados os casos em que há iminente risco de prejuízo à integridade física ou psicológica da criança ou do adolescente, atestado por profissional eventualmente designado pelo juiz para acompanhamento das visitas.

23.5 Perícia psicológica ou biopsicossocial

Havendo indício da prática de ato de alienação parental, em ação autônoma ou incidental, o juiz, se necessário, determinará perícia psicológica ou biopsicossocial. De acordo com o artigo 149 do CPC, os peritos são auxiliares da justiça.

O laudo pericial terá base em ampla avaliação psicológica ou biopsicossocial, conforme o caso, compreendendo, inclusive, entrevista pessoal com as partes, exame de documentos dos autos, histórico do relacionamento do casal e da separação, cronologia de incidentes, avaliação da personalidade dos envolvidos e exame da forma como a criança ou adolescente se manifesta acerca de eventual acusação contra genitor.

A perícia será realizada por profissional ou equipe multidisciplinar habilitados, exigido, em qualquer caso, aptidão comprovada por histórico profissional ou acadêmico para diagnosticar atos de alienação parental.

O perito ou equipe multidisciplinar designada para verificar a ocorrência de alienação parental terá prazo de 90 (noventa) dias para apresentação do laudo, prorrogável exclusivamente por autorização judicial baseada em justificativa circunstanciada (artigo 5 e parágrafos da lei 12.318/10).

23.6 Instrumentos processuais aptos a inibir ou atenuar os efeitos da alienação parental

Consoante o artigo 6º da Lei de Alienação Parental, caracterizados atos típicos de alienação parental ou qualquer conduta que dificulte a convivência de criança ou adolescente com genitor, em ação autônoma ou incidental, o juiz poderá, cumulativamente ou não, sem prejuízo da decorrente responsabilidade civil ou criminal e da ampla utilização de instrumentos processuais aptos a inibir ou atenuar seus efeitos, segundo a gravidade do caso:

I – declarar a ocorrência de alienação parental e advertir o alienador;
II – ampliar o regime de convivência familiar em favor do genitor alienado;
III – estipular multa ao alienador;
IV – determinar acompanhamento psicológico e/ou biopsicossocial;
V – determinar a alteração da guarda para guarda compartilhada ou sua inversão;
VI – determinar a fixação cautelar do domicílio da criança ou adolescente;
VII – declarar a suspensão da autoridade parental.

Caracterizado mudança abusiva de endereço, inviabilização ou obstrução à convivência familiar, o juiz também poderá inverter a obrigação de levar para ou retirar a criança ou adolescente da residência do genitor, por ocasião das alternâncias dos períodos de convivência familiar (artigo 6º, parágrafo único, da Lei de Alienação Parental.

23.7 Guarda

A atribuição ou alteração da guarda dar-se-á por preferência ao genitor que viabiliza a efetiva convivência da criança ou adolescente com o outro genitor nas hipóteses em que seja inviável a guarda compartilhada (artigo 7 da Lei 12.318/10).

23.8 Alteração de domicílio da criança ou adolescente

A alteração de domicílio da criança ou adolescente é irrelevante para a determinação da competência relacionada às ações fundadas em direito de convivência familiar, salvo se decorrente de consenso entre os genitores ou de decisão judicial (artigo 8 da Lei 12.318/10).

Nesse sentido, vejamos a decisão do Ministro do STJ Raul Araújo: "no caso, tendo a detentora da guarda se mudado para outra comarca, a propositura da ação de modificação de guarda, ajuizada pelo pai nesse mesmo período, lá deveria ter se dado, consoante entenderam os Juízos suscitados. Não se trata de mudança de endereço depois de proposta a ação e efetivada a citação. Incidência do art.147, I, do Estatuto da Criança e do Adolescente. Os conflitos de competência apontados pelo embargante como representativos da jurisprudência desta egrégia Corte, tratam, na realidade, de hipóteses excepcionais, em que fica clara a existência de alienação parental em razão de sucessivas mudanças de endereço da mãe com o intuito exclusivo de deslocar artificialmente o feito, o que não ocorre nos autos." (EDcl no CC 108.689/PE, Rel. Ministro RAUL ARAÚJO, SEGUNDA SEÇÃO, julgado em 10/11/2010, DJe 18/11/2010).

23.9 Projeto de lei que criminaliza conduta

O Projeto de Lei 4488/16 que tramita na Câmara dos Deputados tem por objetivo criminalizar os atos de alienação parental. A proposta é do deputado ARNALDO FARIA DE SÁ (PTB-SP), pretende alterar a lei de alienação parental (Lei 12.318/10) para tornar crime a conduta com previsão de pena de detenção de três meses a três anos. Vejamos, abaixo, que seriam acrescidos parágrafos ao artigo 3º da lei:

O Art. 3.º da Lei 12.318/2010 passa a vigorar com os seguintes parágrafos e incisos: Art. 3.º – [...]

§ 1.º – Constitui crime contra a criança e o adolescente, quem, por ação ou omissão, cometa atos com o intuito de proibir, dificultar ou modificar a convivência com ascendente, descendente ou colaterais, bem como àqueles que a vítima mantenha vínculos de parentalidade de qualquer natureza. Pena – detenção de 03 (três) meses a 03 (três) anos.

§ 2.º O crime é agravado em 1/3 da pena:

I – se praticado por motivo torpe, por manejo irregular da Lei 11.340/2006, por falsa denúncia de qualquer ordem, inclusive de abuso sexual aos filhos;

II – se a vítima é submetida a violência psicológica ou física pelas pessoas elencadas no § 1.º desse artigo, que mantenham vínculos parentais ou afetivos com a vítima;

III – se a vítima for portadora de deficiência física ou mental;

§ 3.º Incorre nas mesmas penas quem de qualquer modo participe direta ou indiretamente dos atos praticados pelo infrator.

§ 4.º provado o abuso moral, a falsa denúncia, deverá a autoridade judicial, ouvido o ministério público, aplicar a reversão da guarda dos filhos à parte inocente, independente de novo pedido judicial.

§ 5.º – O juiz, o membro do ministério público e qualquer outro servidor público, ou, a que esse se equipare a época dos fatos por conta de seu ofício, tome ciência das condutas descritas no §1.º, deverá adotar em regime de urgência, as providências necessárias para apuração infração sob pena de responsabilidade nos termos dessa lei. Esta lei entra em vigor na data de sua publicação."

23.10 Enunciados

O dia 25 de abril é considerado o *Dia Internacional contra a Alienação Parental*. O Instituto Proteger, com o apoio do IBDFAM (Comissão da Infância e

Juventude) e FADERGS, promoveu, em 15 de abril, o "III Fórum Nacional de Debates Sobre Alienação Parental: Perspectivas Processuais e Procedimentais". Como resultado, foram aprovados oito enunciados.[5]Vejamos os enunciados:

> Enunciado 1: O estudo da Alienação Parental deve ser intensificado e promovido de forma inter e transdisciplinar.
>
> Enunciado 2: A efetivação do dever fundamental da convivência familiar favorece o livre desenvolvimento da personalidade de crianças e adolescentes, além de reduzir práticas tipicas de alienação parental.
>
> Enunciado 3: A Guarda Compartilhada, independente do consenso entre os genitores, deverá ser deferida liminarmente com vistas a evitar a criação ou perpetuação da prática de alienação parental.
>
> Enunciado 4: A guarda compartilhada poderá impedir o desenvolvimento da Alienação Parental na vida dos filhos e possibilitar a convivência familiar de forma plena.
>
> Enunciado 5: A aplicação do crime de denunciação caluniosa ao alienador que se utiliza da falsa denúncia como ato de alienação parental, pode ser utilizada como mecanismo para intimidar novas ocorrências.
>
> Enunciado 6: Na alienação parental, conforme as circunstâncias do caso concreto, é possível ao cônjuge alienado postular indenização por dano moral puro, dano à honra e dano existencial.
>
> Enunciado 7: A mediação pode ser considerada um mecanismo de prevenção de atos de alienação parental e de compreensão de papéis parentais para a viabilidade da guarda compartilhada.
>
> Enunciado 8: Os métodos autocompositivos de resolução de conflitos, em especial a mediação, proporcionam um tratamento mais digno ao ser humano do que o método judicial tradicional. A mediação pode ser uma ferramenta pedagógica e preventiva quando aplicada aos conflitos familiares.

5 Disponível em: <http://www.ibdfam.org.br/noticias/5980/Dia+Internacional+contra+a+Aliena%C3%A7%C3%A3o+Parental++>. Acesso em: 20 jan. 2017.

Capítulo 24
RESPONSABILIDADE CIVIL FAMILIAR

24.1 Considerações Iniciais

Um dos temas que vem despertando o interesse dos juristas civilistas é a responsabilidade civil nas relações familiares. É um tema bastante vasto e comum no dia-a-dia familiar. Alguns temas já ganharam vigor na mídia, por exemplo, a questão do abandono afetivo (abandono paterno-filiar ou teoria do desamor) e o direito ao amor. Seria, pois, um direito fundamental do filho exigir o amor de seus genitores? Outra questão, como visto acima, é a alienação parental. Seria possível exigir uma indenização do parceiro culpado pela imposição de mentiras? O rompimento do noivado poderia gerar transtornos ao noivo(a) abandonada no altar? E o dano moral em virtude da falta de fidelidade? Vejamos, pois, em linhas gerais, os principais assuntos envolvendo a responsabilidade civil na esfera da família.

24.2 Atos Ilícitos

Os *atos ilícitos* são ações praticadas pelo homem condenadas pelo ordenamento jurídico. O ato ilícito pode ser penal ou civil, de acordo com a infração a ordem jurídica civilística ou penalista, ou seja, quando houver infração a uma norma de direito público penal ou norma de direito privado respectivamente.

O ato ilícito é, portanto, um ato jurídico praticado com infração de um dever legal ou contratual, resultando dano material ou imaterial para outra pessoa. O artigo 186 do nosso Código Civil afirma que "aquele que, por ação ou omissão voluntária, negligência ou imprudência, violar direito e causar dano a outrem, ainda que exclusivamente moral, comete ato ilícito".[1]

O *abuso de direito*, também, é considerado ato ilícito. Neste sentido, o artigo 187 preceitua que "também comete ato ilícito o titular de um direito que, ao exercê-lo, excede manifestamente os limites impostos pelo seu fim econômico ou social, pela boa-fé ou pelos bons costumes".[2 3]

---

1 Correspondente ao art. 159 do CC de 1916.

O Código Civil de 2002 manteve a *teoria subjetiva da responsabilidade civil*, exigindo a demonstração da culpa do agente, definindo, pois, que todo aquele que, mediante ação ou omissão voluntária, negligência ou imprudência, violar direito e causar dano a outrem, comete ato ilícito (art. 186). Todavia, verifica-se, que o artigo 187 ampliou a noção de ato ilícito, estabelecendo a ilicitude do exercício de um direito quando violar seu fim econômico, social ou os limites da boa-fé e bons costumes.

THELMA ARAÚJO ESTEVES FRAGA considera ato ilícito "toda a manifestação de vontade contrária à ordem jurídica, por isso diz-se ser o ilícito a contrariedade entre a conduta e a norma jurídica, seja pelo ato de estar em desacordo com a adequação esperada pelo ordenamento, seja pelo seu exercício, ainda que previsto pelo sistema, importa em uma prática anormal, exacerbada e, portanto, lesiva".[2]

Os elementos caracterizadores do ato ilícito podem ser apontados na seguinte ordem: a) ação ou omissão do agente; b) ilicitude; c) culpa; d) nexo de causalidade e e) dano.

O comportamento do agente que venha a causar dano a outrem pode ser resultante de uma ação ou omissão. A omissão, por exemplo, ocorrerá no caso de uma pessoa não prestar auxílio à vítima.

A ilicitude se desvela a partir de uma contrariedade a um dever jurídico, na infração a norma jurídica ou no abuso de direito.

A culpa não foi definida pelo legislador brasileiro e em sentido amplo (*lato sensu*) abrange "toda espécie de comportamento contrário ao Direito, seja intencional, como no caso de dolo, ou não, como na culpa".[3]

Dessa forma, duas são as espécies de culpa: o dolo e a culpa em sentido estrito. Aquele é a ação ou omissão voluntária, esta é a negligência ou imprudência. De acordo com as lições de FRANCISCO AMARAL, "negligência é a omissão, é a inobservância das normas que nos mandam operar com atenção, capacidade, solicitude e discernimento. Imprudência é a precipitação, procedimento sem cautela".[4]

O *nexo de causalidade* ou *nexo causal* é a relação entre o fato (causa) e o dano ocorrido (efeito). O nexo de causalidade é elemento essencial nos casos de indenização, já que a responsabilidade civil existe a partir da existência do nexo causal entre o fato e o resultado danoso.

O *dano* é a lesão a um bem jurídico, pode ser classificado como danos materiais ou patrimoniais e danos imateriais ou morais.

---

2 FRAGA, Thelma Araújo Esteves; MELLO, Cleyson de Moraes. *Direito civil:* introdução e parte geral. Niterói: Impetus, 2005, p. 406.

3 CAVALIERI FILHO, Sérgio. *Programa de responsabilidade civil.* 6. ed. São Paulo: Mal- heiros, 2005, p. 54.

4 AMARAL, Francisco. *Direito civil:* introdução. 6. ed. Rio de Janeiro: Renovar, 2006. p. 540.

O Código Civil de 2002 impõe a reparação do dano causado por ato ilícito (arts. 186 e 187), inclusive com a obrigação de reparação do prejuízo, independentemente de culpa, nos casos especificados pela lei, ou quando a atividade normalmente desenvolvida pelo autor do dano implicar, por sua natureza, risco para os direitos de outrem. É, pois, a aplicação da teoria do risco.

24.3 Abandono Afetivo

O princípio da paternidade responsável deve nortear as relações entre pais e filhos. A Constituição da República afirma nos artigos 226, § 7o, e 229, o dever de cuidado recíproco entre pais e filhos e torna expressa a responsabilidade parental, como um dos esteios do direito das famílias. Da mesma forma, o Código Civil dispõe nos artigos 1.634, inciso II, e 1.566, inciso IV, que os pais são responsáveis pela criação e educação dos filhos. No mesmo diapasão o Estatuto da Criança e do Adolescente (ECA) desvela as regras jurídicas nos artigos 3°, 4°, 22 e 33. Dessa maneira, o amor, o cuidado, carinho e afeto são perspectivas intrínsecas nas relações familiares. Interessante perceber que o direito ao cuidado e amor é considerado um direito fundamental na Colombia. O artigo 44 da Constituição Política da Colombia afirma que "Son derechos fundamentales de los niños: la vida, la integridad física, la salud y la seguridad social, la alimentación equilibrada, su nombre y nacionalidad, tener una familia y no ser separados de ella, el cuidado y amor, la educación y la cultura, la recreación y la libre expresión de su opinión. Serán protegidos contra toda forma de abandono, violencia física o moral, secuestro, venta, abuso sexual, explotación laboral o económica y trabajos riesgosos. Gozarán también de los demás derechos consagrados en la Constitución, en las leyes y en los tratados internacionales ratificados por Colombia. La familia, la sociedad y el Estado tienen la obligación de asistir y proteger al niño para garantizar su desarrollo armónico e integral y el ejercicio pleno de sus derechos. Cualquier persona puede exigir de la autoridad competente su cumplimiento y la sanción de los infractores. Los derechos de los niños prevalecen sobre los derechos de los demás."[5]

O amor e o carinho nas relações familiares é, pois, um dos deveres da paternidade responsável. É a boa-fé nas relações familiares, caracterizando a lealdade e honestidade entre seus membros. É o cuidado com o outro. Ademais, a proibição de comportamento contraditório (*nemo potest venire contra factum proprium*) é modalidade de abuso de direito, surgindo, pois, da violação ao princípio da confiança – desvelamento da função integrativa da boa-fé objetiva, de acordo com o artigo 422 do Código Civil.

5 Disponível em: <http://www.constitucioncolombia.com/titulo-2/capitulo-2/articulo-44>. Acesso em: 29 jan. 2017.

Vejamos, abaixo, o REsp 1.159.242-SP, julgado pela Ministra Nancy Andrighi, em 24/4/2012:

"O abandono afetivo decorrente da omissão do genitor no dever de cuidar da prole constitui elemento suficiente para caracterizar dano moral compensável. Isso porque o *non facere* que atinge um bem juridicamente tutelado, no caso, o necessário dever de cuidado (dever de criação, educação e companhia), importa em vulneração da imposição legal, gerando a possibilidade de pleitear compensação por danos morais por abandono afetivo. Consignou-se que não há restrições legais à aplicação das regras relativas à responsabilidade civil e ao consequente dever de indenizar no Direito de Família e que o cuidado como valor jurídico objetivo está incorporado no ordenamento pátrio não com essa expressão, mas com locuções e termos que manifestam suas diversas concepções, como se vê no art. 227 da CF. O descumprimento comprovado da imposição legal de cuidar da prole acarreta o reconhecimento da ocorrência de ilicitude civil sob a forma de omissão. É que, tanto pela concepção quanto pela adoção, os pais assumem obrigações jurídicas em relação à sua prole que ultrapassam aquelas chamadas *necessarium vitae*. É consabido que, além do básico para a sua manutenção (alimento, abrigo e saúde), o ser humano precisa de outros elementos imateriais, igualmente necessários para a formação adequada (educação, lazer, regras de conduta etc.). O cuidado, vislumbrado em suas diversas manifestações psicológicas, é um fator indispensável à criação e à formação de um adulto que tenha integridade física e psicológica, capaz de conviver em sociedade, respeitando seus limites, buscando seus direitos, exercendo plenamente sua cidadania. A Min. Relatora salientou que, na hipótese, não se discute o amar – que é uma faculdade – mas sim a imposição biológica e constitucional de cuidar, que é dever jurídico, corolário da liberdade das pessoas de gerar ou adotar filhos. Ressaltou que os sentimentos de mágoa e tristeza causados pela negligência paterna e o tratamento como filha de segunda classe, que a recorrida levará *ad perpetuam*, é perfeitamente apreensível e exsurgem das omissões do pai (recorrente) no exercício de seu dever de cuidado em relação à filha e também de suas ações que privilegiaram parte de sua prole em detrimento dela, caracterizando o dano *in re ipsa* e traduzindo-se, assim, em causa eficiente à compensação. Com essas e outras considerações, a Turma, ao prosseguir o julgamento, por maioria, deu parcial provimento ao recurso apenas para reduzir o valor da compensação por danos morais de R$ 415 mil para R$ 200 mil, corrigido desde a data do julgamento realizado pelo tribunal de origem. REsp 1.159.242-SP, Rel. Min. Nancy Andrighi, julgado em 24/4/2012."

Qual o prazo para ingressar com a ação de danos por abandono afetivo? "O prazo prescricional das ações de indenização por abandono afetivo começa a fluir com a maioridade do interessado. Isso porque não corre a prescrição entre ascendentes e descendentes até a cessação dos deveres inerentes ao pátrio poder (poder familiar). No caso, os fatos narrados pelo autor ocorreram ainda na vigência do CC/1916, assim como a sua maioridade e a prescrição da pretensão de ressarcimento por abandono afetivo. Nesse contexto, mesmo tendo ocorrido o reconhecimento da paternidade na vigência do CC/2002, apesar de ser um ato de efeitos *ex tunc*, este não gera efeitos em relação a pretensões já prescritas. Precedentes citados: REsp 430.839-MG, DJ de 23/9/2002, e AgRg no Ag 1. 247.622-SP, DJe de 16/8/2010. REsp 1.298.576-RJ, Rel. Min. Luis Felipe Salomão, julgado em 21/8/2012."

24.4 Alienação parental

Como visto no capítulo anterior, de acordo com o artigo 2º da Lei de Alienação Parental, "considera-se ato de alienação parental a interferência na formação psicológica da criança ou do adolescente promovida ou induzida por um dos genitores, pelos avós ou pelos que tenham a criança ou adolescente sob a sua autoridade, guarda ou vigilância para que repudie genitor ou que cause prejuízo ao estabelecimento ou à manutenção de vínculos com este."

Comprovada a *alienação parental* por um dos genitores, além de possibilidade de perder a guarda, é possível uma ação de indenização de danos morais contra o agressor. Vale lembrar que o artigo 953 do Código Civil e o seu parágrafo único determinam que "A indenização por injúria, difamação ou calúnia consistirá na reparação do dano que delas resulte ao ofendido. Parágrafo único. Se o ofendido não puder provar prejuízo material, caberá ao juiz fixar, eqüitativamente, o valor da indenização, na conformidade das circunstâncias do caso."

24.5 Rompimento da promessa de casamento

O rompimento da promessa de casamento, ferindo promessas sentimentais e pré-jurídicas seria passível de indenização? Esponsais é o nome derivado da palavra latina "*spondere*" (prometo), que selava o compromisso matrimonial. Em tese, o rompimento do relacionamento amoroso que não tenha causado humilhação ou mesmo lesionado a honra da(o) noiva(o) parte abandonada, está inserido na esfera de liberdade da pessoa, não cabendo, pois, indenização. Caso contrário, é cabível a indenização. Neste sentido:

> APELAÇÃO CÍVEL. AÇÃO INDENIZATÓRIA POR DANOS MATERIAIS E MORAIS. ROMPIMENTO DE NOIVADO. NÃO COMPARECIMENTO DO NOIVO AO MATRIMÔNIO. DANO MORAL CONFIGURADO. AUSÊNCIA DE COMUNICAÇÃO PRÉVIA O QUE EVITARIA MAIORES CONSTRANGIMENTOS. DANOS MATERIAIS, COMPROVADOS. AUSÊNCIA DE IM-

PUGNAÇÃO ESPECÍFICA. SENTENÇA MANTIDA. NEGADO PROVIMENTO AO RECURSO. (Apelação Cível nº 0000813-45.2010.8.19.0075, 6ª Câmara Cível, Relator: Des. CLAUDIA PIRES DOS SANTOS FERREIRA, Julgamento em 19/10/2011).[6]

24.6 Infidelidade e Omissão de paternidade

As relações familiares devem ser consubstanciadas pelos mais nobre sentimentos de afeto e carinho entre seus membros, preservando a dignidade de seus familiares. "O dever de fidelidade recíproca dos cônjuges é atributo básico do casamento e não se estende ao cúmplice de traição a quem não pode ser imputado o fracasso da sociedade conjugal por falta de previsão legal. O cônjuge que deliberadamente omite a verdadeira paternidade biológica do filho gerado na constância do casamento viola o dever de boa-fé, ferindo a dignidade do companheiro (honra subjetiva) induzido a erro acerca de relevantíssimo aspecto da vida que é o exercício da paternidade, verdadeiro projeto de vida. A família é o centro de preservação da pessoa e base mestra da sociedade (art. 226 CF/88) devendo-se preservar no seu âmago a intimidade, a reputação e a autoestima dos seus membros. Impõe-se a redução do valor fixado a título de danos morais por representar solução coerente com o sistema." Vejamos a decisão: "A esposa infiel tem o dever de reparar por danos morais o marido traído na hipótese em que tenha ocultado dele, até alguns anos após a separação, o fato de que criança nascida durante o matrimônio e

6 "A 6ª câmara Cível do TJ/RJ manteve sentença condenando D.S. a indenizar sua ex-noiva por danos materiais e morais, no valor de R$ 9.181,86, por deixá-la esperando no cartório no dia do casamento.
No dia da cerimônia no cartório e comemorações, o réu não apareceu, não dando qualquer satisfação. A autora ainda ficou aguardando pelo noivo, toda paramentada, o que lhe causou vergonha e humilhação.
Segundo D.S., ele não casou porque a família da noiva era contra a mudança do casal de Magé para a cidade do Rio, onde era o seu local de trabalho. Afirmou ainda, que, informou à noiva, antes da data do casamento, que não poderia casar-se, e que ela assumiu os riscos de acreditar na realização do matrimônio, pois o noivado fora rompido anteriormente.
A desembargadora Cláudia Pires, relatora, afirmou que inexiste em nossa legislação a obrigação do noivo ou da noiva de cumprir a promessa de casamento, nem ação para exigir a celebração do matrimônio.
Entretanto, ponderou que não se verifica nos autos indícios de que o rompimento do noivado ocorreu antes do dia do casamento. "*A apelada contratou diversas empresas, todos os preparativos necessários para realização da cerimônia de casamento, assim como o aluguel do vestido de noiva e promoveu a sua retirada; não parecendo crível que a apelada, efetuando o pagamento e a retirada do vestido de noiva na data do matrimônio, tivesse conhecimento do rompimento do noivado.*"
Assim, entendeu que o rompimento injustificado da promessa no dia do casamento acarreta danos morais e patrimoniais à parte abandonada no altar." Disponível em: < http://www.migalhas.com.br/Quentes/17,MI144713,91041-Noiva+sera+indenizada+por+ter+sido+abandonada+no+dia+do+casamento> . Acesso em: 30 jan. 2017.

criada como filha biológica do casal seria, na verdade, filha sua e de seu "cúmplice". De fato, a violação dos deveres impostos por lei tanto no casamento (art. 1.566 do CC/2002) como na união estável (art. 1.724 do CC/2002) não constitui, por si só, ofensa à honra e à dignidade do consorte, apta a ensejar a obrigação de indenizar. Nesse contexto, perde importância, inclusive, a identificação do culpado pelo fim da relação afetiva, porquanto deixar de amar o cônjuge ou companheiro é circunstância de cunho estritamente pessoal, não configurando o desamor, por si só, um ato ilícito (arts 186 e 927 do CC/2002) que enseje indenização. Todavia, não é possível ignorar que a vida em comum impõe restrições que devem ser observadas, entre as quais se destaca o dever de fidelidade nas relações conjugais (art. 231, I, do CC/1916 e art. 1.566, I, do CC/2002), o qual pode, efetivamente, acarretar danos morais. Isso porque o dever de fidelidade é um atributo de quem cumpre aquilo a que se obriga, condição imprescindível para a boa harmonia e estabilidade da vida conjugal. Ademais, a imposição desse dever é tão significativa que o CP já considerou o adultério como crime. Além disso, representa quebra do dever de confiança a descoberta, pelo esposo traído, de que a criança nascida durante o matrimônio e criada por ele não seria sua filha biológica. O STF, aliás, já sinalizou acerca do direito constitucional à felicidade, verdadeiro postulado constitucional implícito, que se qualifica como expressão de uma ideia-força que deriva do princípio da essencial dignidade da pessoa humana (RE 477.554 AgR-MG, Segunda Turma, DJe 26/8/2011). Sendo assim, a lesão à dignidade humana desafia reparação (arts. 1°, III, e 5°, V e X, da CF), sendo justamente nas relações familiares que se impõe a necessidade de sua proteção, já que a família é o centro de preservação da pessoa e base mestra da sociedade (art. 226 CF). Dessa forma, o abalo emocional gerado pela traição da então esposa, ainda com a cientificação de não ser o genitor de criança gerada durante a relação matrimonial, representa efetivo dano moral, o que impõe o dever de reparação dos danos acarretados ao lesado a fim de restabelecer o equilíbrio pessoal e social buscado pelo direito, à luz do conhecido ditame *neminem laedere*. Assim, é devida a indenização por danos morais, que, na hipótese, manifesta-se *in re ipsa*. REsp 922.462-SP, Rel. Min. Ricardo Villas Bôas Cueva, julgado em 4/4/2013."

Por outro lado, seria possível exigir indenização ao cúmplice do cônjuge infiel? Vejamos: "RESPONSABILIDADE CIVIL. DANO MORAL. ADULTÉRIO. AÇÃO AJUIZADA PELO MARIDO TRAÍDO EM FACE DO CÚMPLICE DA EX-ESPOSA. ATO ILÍCITO. INEXISTÊNCIA. AUSÊNCIA DE VIOLAÇÃO DE NORMA POSTA.

O cúmplice de cônjuge infiel não tem o dever de indenizar o traído, uma vez que o conceito de ilicitude está imbricado na violação de um dever legal ou contratual, do qual resulta dano para outrem, e não há no ordenamento jurídico pátrio norma de direito público ou privado que obrigue terceiros a velar pela fidelidade conjugal em casamento do qual não faz parte. Não há como o Judiciário impor um "não fazer" ao cúmplice, decorrendo disso a impossibilidade de se indenizar o ato por inexistência de norma posta – legal e não moral – que assim determine. O réu é estranho à relação jurídica existente entre o autor e sua ex-esposa, relação da qual se origina o dever de fidelidade mencionado no art. 1.566, inciso I, do Código Civil de 2002. De outra parte, não se reconhece solidariedade do réu por suposto ilícito praticado pela ex-esposa do autor, tendo em vista que o art. 942, caput e § único, do CC/02 (art. 1.518 do CC/16), somente tem aplicação quando o ato do co-autor ou partícipe for, em si, ilícito, o que não se verifica na hipótese dos autos. Recurso especial não conhecido. (REsp 1122547/MG, Rel. Ministro LUIS FELIPE SALOMÃO, QUARTA TURMA, julgado em 10/11/2009, DJe 27/11/2009).

Capítulo 25

USUCAPIÃO ESPECIAL URBANA POR ABANDONO DE LAR CONJUGAL

25.1 Considerações Iniciais

O vocábulo *usucapião* é originado do latim *usucapione*. Entre os doutrinadores existe divergência quanto ao gênero do vocábulo usucapião. Para uns será "o usucapião", para outros "a usucapião".

A usucapião é o *modo originário de aquisição da propriedade,* pelo decurso do tempo fixado em lei. Ora, é um modo de aquisição da propriedade de forma originária, já que inexiste relação jurídica entre o adquirente e o anterior proprietário.

Da mesma forma, JOSÉ DE OLIVEIRA ASCENSÃO considera a usucapião uma forma de aquisição originária. "O novo titular recebe o seu direito independente do direito do titular antigo. Em consequência, não lhe podem ser opostas as excepções de que seria passível o dirieto daquele titular".[1]

ORLANDO GOMES, também, afirma que o usucapião é um modo de aquisição originário das coisas móveis e imóveis. O professor afirma que: "inclui-se entre os modos originários. É que, a despeito de acarretar a extinção do direito de propriedade do antigo titular, não se estabelece qualquer vínculo entre ele e o possuidor que o adquire".[2]

CAIO MÁRIO DA SILVA PEREIRA ensina que a usucapião é a "aquisição do domínio pela posse prolongada".

Segundo EMIDIO PACIFICI-MAZZONI, "Lusucapione è adunque un modo originario di acquisto della prorietà mediante un prossesso forni- to di certi caratteri e continuato per un determinato tempo".[3]

Ora, considerando que a *posse* e o elemento *tempo* são pressupostos básicos na aquisição da propriedade por usucapião, este instituto jurídico é denominado, também, como *prescrição aquisitiva*. Esta prescrição difere, pois, da prescrição estudada nos artigos 205 e 206 do nosso Código Civil.

1 ASCENSÃO, José de Oliveira. *Direito civil:* reais. 5. ed. Coimbra: Coimbra, 2000, p. 300.

2 GOMES. Op. cit., p. 163.

3 PACIFICI-MAZZONI, Emidio. *Istituzioni di diritto civile italiano.* 3. ed. Vol. III. Firenze: Editori Librai – Piazza della Signoria, 1884, p. 193.

Ademais, o artigo 1.244 do nosso diploma civilístico afirma que "Estende-se ao possuidor o disposto quanto ao devedor acerca das causas que obstam, suspendem ou interrompem a prescrição, as quais também se aplicam à usucapião".[4]

O CONSELHEIRO LAFAYETTE, neste sentido, aponta a distinção: "há dois gêneros de prescrição: a aquisitiva *(usucapio)* e a *liberatória* ou *extintiva*. Tanto a primeira como a segunda contém em si o princípio extintivo, donde lhes vem a denominação comum; mas uma se distingue da outra por seu objeto, condições e efeitos.

A *aquisitiva* tem por objeto o domínio e os *direitos reais (jura in re aiena)*, pressupõe como condição a posse; é ao mesmo tempo causa de aquisição e de extinção de direitos. No seu modo de atuar predomina a força geradora; a extinção vem por via de consequência; o proprietário perde o domínio porque o adquire o possuidor. A lei toma-a pelo seu lado positivo, considera-a modo de aquisição e sob este aspecto a regula, marca- lhe as condições e define-lhe os efeitos.

A *extintiva* é negativa; nasce da *inércia,* e tem por efeito dissolver a obrigação paralisando destarte o direito correlato: não gera direitos".[5]

CLÓVIS BEVILÁQUA afirma que "o Código denominou usucapião a prescrição aquisitiva, para evitar confusões, provenientes da identidade de certos cânones, que formam o tecido dos dois institutos; a prescrição propriamente dita ou liberatória, e o usucapião ou prescrição aquisitiva".[6]

25.2 Fundamento da usucapião (prescrição aquisitiva)

O fundamento da usucapião para uns apresenta cariz *subjetivo,* para outros aspecto *objetivo.* O caráter *subjetivo* está relacionado à negligência do proprietário quanto a sua posse, uma espécie de renúncia quanto ao domínio de sua coisa. O aspecto *objetivo* está ancorado no atendimento da função social e econômica da propriedade.

De acordo com LAFAYETTE, o fundamento da usucapião (prescrição aquisitiva) é determinado por imperiosos motivos de utilidade pública. O Conselheiro afirma que "a *negligência* do proprietário não é propriamente uma razão determinante da prescrição aquisitiva, mas intervém como uma consideração moral de grande valor para pô-la sob uma luz mais favorável, tirando-lhe o caráter espoliativo que à primeira vista se lhe atribue".[7]

4 Correspondente ao art. 553 CCB/16

5 PEREIRA, Lafayette Rodrigues. *Direito das coisas.* Edição histórica. Vol. I. Rio de Janeiro: Rio, 1977, p. 215-216.

6 BEVILÁQUA, Clóvis. *Código civil dos Estados Unidos do Brasil comentado por Clóvis Beviláqua.* V. 1. Edição histórica. Rio de Janeiro: Rio, 1976, p. 1031-1032.

7 PEREIRA. Op. cit., p. 217-219.

Para LENINE NEQUETE o fundamento da prescrição aquisitiva, ou usucapião, tem o mesmo fundamento que a prescrição liberatória, qual seja, o bem comum. O autor citando PUGLIESE afirma: "a prescrição extintiva – disse-o PUGLIESE – não é uma criação arbitrária da lei, mas um instituto imposto sem dúvida por altas e imperiosas necessidades do convívio humano. E a prescrição aquisitiva, está, de tal maneira por igual radica no interesse público, que dela pode escrever, por exemplo, CARNELUTTI que se tratava de uma dessas instituições em que melhor se percebia a tendência do direito para a justiça".[8]

Para PACIFICI-MAZZONI o fundamento da usucapião é "linteresse generale di assicurare la stabilità della proprietà".[9]

Daí que se entende que o fundamento da usucapião está alinhado à função socioeconômica da propriedade, até mesmo porque o Código Civil brasileiro de 2002 reduziu o lapso temporal em relação à prescrição aquisitiva.[10]

25.3 Pressupostos genéricos

A usucapião é um dos mais importantes efeitos da posse. A posse a que aqui nos referimos é a posse *ad usucapionem*. Para que esta ocorra é necessário que se atendam alguns pressupostos.

25.3.1 Posse contínua ou ininterrupta

A posse terá que ser *contínua*, ou seja, é a posse em que o possuidor durante todo o prazo teve a coisa a sua disposição ou seja, o possuidor tem o

8 NEQUETE, Lenine. *Da prescrição aquisitiva (usucapião)* 3. ed. Porto Alegre: Coleção Ajuris/17, 1981, p. 31-32.

9 PACIFICI-MAZZONI. Op. cit., p. 193.

10 VII Jornada de Direito Civil – ENUNCIADO 596 – O condomínio edilício pode adquirir imóvel por usucapião. Parte da legislação: art. 1243-A do Código Civil – Da aquisição da Propriedade Imóvel – Da Usucapião Justificativa: Conquanto persista algum debate em torno da atribuição, ou não, de personalidade jurídica ao condomínio edilício, tem-se visto um número maior de situações nas quais resta admitida a aquisição de propriedade imobiliária por esta figura jurídica. O STJ já reconheceu a personalidade do condomínio para fins tributários. O Enunciado 246 da III Jornada de Direito Civil (que modificou o Enunciado 90 da I Jornada), por sua vez, estipula que: "Deve ser reconhecida personalidade jurídica ao condomínio edilício". O Conselho Superior da Magistratura do Tribunal de Justiça de São Paulo, embora não admita a irrestrita e incondicional atribuição de personalidade jurídica ao condomínio edilício, tem admitido a aquisição de imóveis por este último, inclusive por meio de escritura pública de compra e venda (vide Apel. Cível 001991077.2012.8.26.0071 – j. abril/2013). Tanto a Lei 4.591/1964 (ao versar sobre o leilão extrajudicial – art. 63, § 3º) quanto o CPC (ao regrar a hasta pública) respaldam a aquisição de propriedade em nome do condomínio edilício, o que se tem verificado na prática. Assim, tendo em vista o acima exposto, pensamos ser viável a usucapião de imóvel pelo próprio condomínio edilício quando feita em benefício dos condôminos que o possuem coletivamente.

poder físico sobre a coisa. Não há que se confundir poder físico (posse contínua) com contato físico permanente com a coisa. Por exemplo, uma pessoa que reside na cidade do Rio de Janeiro e possui uma casa de praia em Mangaratiba, aproximadamente, 120 km de distância da capital, mantém o poder físico sobre a coisa, apesar de não manter contato físico com ela diariamente.

25.3.2 Posse mansa e pacífica (posse sem oposição)

A posse terá que ser, também, *mansa e pacífica*. Isto significa dizer que a posse do usucapiente não apresenta nhenuma resistência de terceiros. Melhor dizendo: a posse não é contestada, não é litigiosa, não apresenta oposição.

25.3.3 Lapso temporal

A posse *ad usucapionem,* além de contínua, mansa e pacífica, deve- se prorrogar por um *prazo previsto em lei.* Enquanto este lapso temporal previsto em lei não se completar, não há falar-se na usucapião (prescrição aquisitiva). Vale lembrar que neste prazo poderão incidir as causas que obstam, suspendem ou interrompem a prescrição (conforme artigo 1.244 do CCB), inibindo, pois, a usucapião.

O Enunciado 497 da V Jornada de Direito Civil informa que "o prazo, na ação de usucapião, pode ser completado no curso do processo, ressalvadas as hipóteses de má-fé processual do autor."

25.3.4 *Animus domini* (posse com intenção de dono)

Além dos pressupostos acima mencionados, deve-se levar em consideração que a posse deverá ser exercida *aninus domini*, ou seja, a posse deverá ser exercida pelo possuidor com ânimo (com intenção) de dono da coisa. Ora, daí se conclui que os não-possuidores e possuidores diretos não poderão invocar a usucapião. O possuidor direto não poderá alegar a usucapião (por exemplo, o locatário, o comodatário, o depositário, etc.), já que inexiste o *animus domini.*

25.3.5 *Res habilis* (coisa hábil)

O bem a ser usucapido deve ser suscetível de prescrição aquisitiva, ou seja, o bem deve restar hábil a ser usucapido. *Os bens públicos não podem ser adquiridos por usucapião.* Daí não serem hábeis a usucapião.

Os bens quanto ao titular do domínio podem ser classificados como: *bens públicos* e *bens particulares.*

O artigo 98 determina que "são *públicos* os bens do domínio nacional pertencentes às pessoas jurídicas de direito público interno; todos os outros são *particulares*, seja qual for a pessoa a que pertencerem".[11]

Em relação ao artigo 98, o Conselho da Justiça Federal, na IV Jornada de Direito Civil, editou o Enunciado 287, que diz: "O critério da classificação de bens indicado no art. 98 do Código Civil não exaure a enumeração dos bens públicos, podendo ainda ser classificado como tal o bem pertencente a pessoa jurídica de direito privado que esteja afetado à prestação de serviços públicos".

Quanto à destinação, os bens públicos são classificados, consoante o artigo 99, em:

> I – os de *uso comum do povo,* tais como rios, mares, estradas, ruas e praças;
>
> II – os de *uso especial*, tais como edifícios ou terrenos destinados a serviço ou estabelecimento da administração federal, estadual, territorial ou municipal, inclusive os de suas autarquias;
>
> III – os *dominicais,* que constituem o patrimônio das pessoas jurídicas de direito público, como objeto de direito pessoal, ou real, de cada uma dessas entidades.

Não dispondo a lei em contrário, consideram-se *dominicais* os bens pertencentes às *pessoas jurídicas de direito público a que se tenha dado estrutura de direito privado* (CC, artigo 99, parágrafo único).[12]

Os *bens de uso comum* são aqueles que podem ser utilizados por todos (*res communis omnium*). Tais bens são acessíveis a qualquer pessoa, tais como a praia, ruas, praça, estrada, mares, etc.[13]

O artigo 10 da Lei 7.661, de 16 de maio de 1988, afirma que "as praias são bens públicos de uso comum do povo, sendo assegurado, sempre, livre e franco acesso a elas e ao mar, em qualquer direção e sentido, ressalvados os trechos considerados de interesse de segurança nacional ou incluídos em áreas protegidas por legislação específica".

O *uso comum dos bens públicos* pode ser *gratuito* ou *retribuído*, conforme for estabelecido legalmente pela entidade a cuja administração pertencerem

---

11 Correspondente ao art. 65 do CC de 1916.

12 Correspondente ao art. 66 do CC de 1916.

13 Apelação cível. Ação anulatória. Obras de pavimentação em rua. Cobrança do serviço por empresa publica através de duplicatas. As ruas constituem-se em bens públicos de uso comum do povo, na forma do art. 66, I, do Código Civil. A sua pavimentação é obra pública, cuja repartição do custo entre os interessados se dá unicamente através da instituição de contribuição de melhoria, atendidos os pressupostos do art. 81 e seguintes do CTN° Ilegalidade da contratação do serviço de pavimentação de rua entre o lindeiro e a companhia executora da obra, bem assim como a cobrança através de duplicatas. Ação anulatória de título procedente. Apelação provida. (Apelação Cível n° 70004016861, Vigésima-Primeira Câmara Cível, Tribunal de Justiça do RS, Relator: Marco Aurélio Heinz, Julgado em 2.10.2002).

(CC, art. 103).[14] Um exemplo é o valor do pedágio cobrado em estradas ou o pagamento de ingressos em zoológicos, museus ou até mesmo o pagamento para utilização dos banheiros públicos nos postos de salvamento localizados nas praias do Rio de Janeiro.

O logradouro público, de uso comum do povo, pode ser gradeado, sempre que necessário à sua própria conservação ou à segurança da coletividade que dele usufrui (STJ – Recurso Especial n° 195.473 – SP – 2a Turma – Relator: Ministro Ari Pargendler).

Os *bens públicos de uso especial* são aqueles destinados ao serviço público, tais como os prédios, escolas, repartições públicas, etc.

De acordo com o artigo 100 do nosso Código Civil, os *bens públicos de uso comum do povo* e os de *uso especial* são inalienáveis, enquanto conservarem a sua qualificação, na forma que a lei determinar.[15]

Ademais, *os imóveis públicos não serão adquiridos por usucapião*, conforme o artigo 183, § 3°, da nossa Constituição.

Vale destacar que os *bens públicos de uso comum do povo* e os *bens públicos de uso especial* somente são inalienáveis quando se atribui uma destinação pública. Com a desafetação, um bem público deixa de ter a sua finalidade pública e, a partir daí, poderá ser alienado. Portanto, a afetação pode ser conceituada como sendo o "fato administrativo pelo qual se atribui ao bem público uma destinação pública especial de interesse direto ou indireto da Administração". A desafetação é o inverso, ou seja, "é o fato administrativo pelo qual um bem público é desativado, deixando de servir à finalidade pública anterior".[16]

Dessa forma, qualquer bem público poderá ser alienado desde que cumpridos os requisitos legais da desafetação.

Os *bens dominicais* (ou bens dominiais) são aqueles que integram o patrimônio das pessoas jurídicas de direito público, como objeto de direito pessoal, ou real, de cada uma dessas entidades, tais como os imóveis e móveis, as ações, os terrenos de marinha, as faixas de fronteira, as ilhas formadas em mares territoriais.

Já o artigo 101 determina que "os bens públicos dominicais podem ser alienados, observadas as exigências da lei".

Os bens públicos não estão sujeitos a usucapião (CC, art. 102). Tal dispositivo encontra-se em harmonia com o artigo 191, parágrafo único, do Texto Maior ao afirmar que "os imóveis públicos não serão adquiridos por usucapião".[17]

---

14 Correspondente ao art. 68 do CC de 1916.

15 Correspondente ao art. 67 do CC de 1916.

16 CARVALHO FILHO, José dos Santos. *Manual de direito administrativo.* 15. ed. Rio de Janeiro: Lumen Juris, 2006, p. 931.

17 Usucapião. Embargos declaratórios. Acolhidos para considerar tempestiva a apelação. Cer-

O artigo 20 de nossa Constituição contempla os bens da União: I – os que atualmente lhe pertencem e os que lhe vierem a ser atribuídos; II – as terras devolutas indispensáveis à defesa das fronteiras, das fortificações e construções militares, das vias federais de comunicação e à preservação ambiental, definidas em lei; III – os lagos, rios e quaisquer correntes de água em terrenos de seu domínio, ou que banhem mais de um Estado, sirvam de limites com outros países, ou se estendam a território estrangeiro ou dele provenham, bem como os terrenos marginais e as praias fluviais; IV – as ilhas fluviais e lacustres nas zonas limítrofes com outros países; as praias marítimas; as ilhas oceânicas e as costeiras, excluídas, destas, as que contenham a sede de Municípios, exceto aquelas áreas afetadas ao serviço público e a unidade ambiental federal, e as referidas no art. 26, II;[18] V – os recursos naturais da plataforma continental e da zona econômica exclusiva; VI – o mar territorial; VII – os terrenos de marinha e seus acrescidos; VIII – os potenciais de energia hidráulica; IX – os recursos minerais, inclusive os do subsolo; X – as cavidades naturais subterrâneas e os sítios arqueológicos e pré-históricos; XI – as terras tradicionalmente ocupadas pelos índios".[19]

Incluem-se entre os bens dos Estados: I – as águas superficiais ou subterrâneas, fluentes, emergentes e em depósito, ressalvadas, neste caso, na forma da lei, as decorrentes de obras da União; II – as áreas, nas ilhas oceânicas e costeiras, que estiverem no seu domínio, excluídas aquelas sob domínio da União, Municípios ou terceiros; III – as ilhas fluviais e lacustres não pertencentes à União; IV – as terras devolutas não compreendidas entre as da União (CRFB/88, art. 26).

Verifica-se, pois, que os bens públicos são inalienáveis (desde que não sofram desafetação), impenhoráveis e imprescritíveis. Além do mais, tais

ceamento de defesa. Inexiste quando a prova pericial é bastante para a solução do litígio. Mérito consagra, através do exame da prova pericial (judiciosa e minuciosa) concludente, que a área usucapienta encontra-se totalmente contida em outra maior de propriedade da FEBEM. Os bens das fundações criadas por lei, com a participação estatal, com finalidades públicas e sociais, são insuscetíveis de usucapião, pois equiparados a bens públicos, sofrendo, portanto, as mesmas restrições do ART. 66, I, DO CCB E SÚMULA n° 340 DO STF. APELAÇÃO DESPROVIDA. (Embargos de Declaração N° 192263812, Oitava Câmara Cível, Tribunal de Alçada do RS, Relator: Cláudio Caldeira Antunes, Julgado em 16.2.1993).

18 Inciso IV com redação dada pela Emenda Constitucional n° 46, de 5 de maio de 2005. Redação anterior: IV – as ilhas fluviais e lacustres nas zonas limítrofes com outros países; as praias marítimas; as ilhas oceânicas e as costeiras, excluídas, destas, as áreas referidas no art. 26, II;

19 CRFB/88 – Art. 5° – Todos são iguais perante a lei, sem distinção de qualquer natureza, garantindo-se aos brasileiros e aos estrangeiros residentes no País a inviolabilidade do direito à vida, à liberdade, à igualdade, à segurança e à propriedade, nos termos seguintes: [...] LXXIII – qualquer cidadão é parte legítima para propor ação popular que vise a anular ato lesivo ao patrimônio público ou de entidade de que o Estado participe, à moralidade administrativa, ao meio ambiente e ao patrimônio histórico e cultural, ficando o autor, salvo comprovada má-fé, isento de custas judiciais e do ônus da sucum- bência;

bens não podem ser onerados com a incidência de hipoteca, penhor, anticrese e alienação fiduciária em garantia.

25.4 Espécies de usucapião

Em nosso ordenamento jurídico civilístico, em relação à usucapião de *bens imóveis* encontramos 4 (quatro) espécies, a saber:

a) a *usucapião extraordinária* disciplinada no artigo 1.238 do Código Civil brasileiro;
b) a *usucapião ordinária* prevista no artigo 1.242 do Código Civil brasileiro;
c) a *usucapião ordinária com Posse Social*, prevista no Artigo 1.242, parágrafo único do Código Civil.
d) a *usucapião tabular* prevista no §5º do artigo 214 da Lei 6.015/73 (Lei de Registro Público).
e) a *usucapião especial* subdividida em:
   e.1) a *usucapião especial urbana* prevista no artigo 183 da CRFB/88, também regulamentada no Estatuto da Cidade (Lei 10.257/01) nos artigos 9 (usucapião urbana individual) e artigo 10 (usucapião urbana coletiva), bem como no artigo 1.240 do nosso Código Civil.
   e.2) a *usucapião especial rural* estatuída pela Lei 6.969/81, complementada pelo artigo 191 da CRFB/88 e pelo artigo 1.239 do nosso Código Civil.
f) a *usucapião especial urbana por abandono do lar conjugal* (ou usucapião familiar), incluída pela lei 12.424, de 16 de junho de 2011.[20]
g) a *usucapião extrajudicial* instituída pelo artigo 216-A da Lei de Registros Públicos (Lei 6.015/73)
h) a *usucapião indígena* amparada no Estatuto do Índio (Lei 6.011/73, artigo 33).

Em relação aos *bens móveis*, encontramos ainda a usucapião de bens móveis inserida em nosso Código Civil no capítulo da aquisição da propriedade mobiliária.

---

20 O art. 1.240 – A do Código Civil, que traz tal modalidade de usucapião tem a seguinte redação: "Art. 1.240-A – Aquele que exercer por 2 (dois) anos ininterruptamente e sem oposição, posse direta, com exclusividade, sobre imóvel urbano de até 250 m^2 (duzentos e cinquenta metros quadrados) cuja propriedade divida com ex-cônjuge ou ex-companheiro que abandonou o lar, utilizando-o para sua moradia ou de sua família, adquirir-lhe-á o domínio integral, desde que não seja proprietário de outro imóvel urbano ou rural. § 1º – O direito previsto no *caput* não será reconhecido ao mesmo possuidor mais de uma vez."

25.5 Usucapião Especial Urbana por Abandono de Lar Conjugal

Esta modalidade de usucapião foi incluída pela Lei 12.424, de 16 de junho de 2011, ao acrescentar no Código Civil brasileiro o artigo 1.240-A que diz: "Aquele que exercer por 2 (dois) anos ininterruptamente e sem oposição, posse direta, com exclusividade, sobre imóvel urbano de até 250 m^2 (duzentos e cinquenta metros quadrados) cuja propriedade dívida com ex-cônjuge ou ex-companheiro que abandonou o lar, utilizando-o para sua moradia ou de sua família, adquirir-lhe-á o domínio integral, desde que não seja proprietário de outro imóvel urbano ou rural. § 1º – O direito previsto no *caput* não será reconhecido ao mesmo possuidor mais de uma vez."

Daí que os requisitos para a aplicabilidade desta modalidade de usucapião podem ser apontados da seguinte forma:

a) a copropriedade, ou seja, a imposição de que o imóvel seja de propriedade de ambos os cônjuges ou companheiros; A propriedade comum do casal e compreende todas as formas de família ou entidades familiares, inclusive homoafetivas (Enunciado 500 da V Jornada de Direito Civil). As expressões "ex-cônjuge" e "ex-companheiro", contidas no art. 1.240-A do Código Civil, correspondem à situação fática da separação, independentemente de divórcio (Enunciado 501 da V Jornada de Direito Civil).
b) deve tratar-se de único imóvel, sendo vedado que se beneficie desta modalidade de usucapião aqueles que possuam outro bem imóvel, seja urbano ou rural.
c) O benefício somente pode ocorrer uma única vez;
d) O imóvel objeto da usucapião não poderá ultrapassar 250 m2;
e) Deve ocorrer o abandono do lar, ou seja, a intenção de abandonar o lar (deserção do lar conjugal), deixando a família ao desamparo. Vale destacar que a saída do lar por motilhos alheios à sua vontade não caracteriza o abandono do lar. O Enunciado 595 da VII Jornada de Direito Civil diz que "o requisito "abandono do lar" deve ser interpretado na ótica do instituto da usucapião familiar como abandono voluntário da posse do imóvel somado à ausência da tutela da família, não importando em averiguação da culpa pelo fim do casamento ou união estável. Revogado o Enunciado 499.[21]

21 Justificativa: O Enunciado proposto tem o objetivo de esclarecer a interpretação do art. 1.240-A, facilitando a sua aplicação. Afasta-se, com a redação adotada, a investigação da culpa na dissolução do vínculo convivencial e marital, objetivo este também buscado pelo legislador constitucional com a Emenda Constitucional 66/10. Não há razão para introduzir na usucapião um requisito que diz respeito ao direito de família, sendo certo que a doutrina especializada no direito de família também tem procurado

f) Em relação ao prazo de dois anos, este só deve ser contado a partir da edição da lei, conforme o enunciado nº 498 da V Jornada de Direito Civil que informa: "a fluência do prazo de 2 anos previsto pelo art. 1.240-A para a nova modalidade de usucapião nele contemplada tem início com a entrada em vigor da Lei n. 12.424/2011".

Vale destacar que o conceito de posse direta referido no art. 1.240-A do Código Civil não coincide com a acepção empregada no art. 1.197 do mesmo Código (Enunciado 502 da V Jornada de Direito Civil).

25.6 Jurisprudências

O Ministro LUIS FELIPE SALOMÃO, do STJ, já enfrentou a questão em Agravo em Recurso Especial (Nº 962.306 – DF (2016/0205235-2). Vejamos: DECISÃO. REINTEGRAÇÃO DE POSSE. IMÓVEL OBJETO DE AÇÃO DE PARTILHA. USUCAPIÃO ESPECIAL URBANA, USUCAPIÃO FAMILIAR. REQUISITOS LEGAIS. BENFEITORIAS.

I – A posse *usucapionem* ou usucapível apresenta características próprias: a intenção de dono (*animus domini*); posse mansa e pacífica (aquela exercida sem qualquer manifestação em contrário de quem tinha legítimo interesse, ou seja, sem a oposição do proprietário do bem); posse contínua e duradoura, conforme prazos estabelecidos na lei; posse justa (aquela que não está eivada de vícios, sem violência, sem precariedade ou clandestinidade) e, em regra, posse de boa-fé e com justo título.

II – O termo inicial do prazo quinquenal previsto no art. 183 da CF e art. 1.240 do CC, não pode ser contado a partir do fim da união estável, pois após essa data e até o trânsito em julgado da ação de reconhecimento e dissolução de união estável com pedido de partilha, o imóvel objeto da presente demanda estava sendo discutido sob o enfoque do direito de meação. Ausência dos requisitos legais (*animus domini* em relação à integralidade do bem; posse sem oposição do proprietário do bem ou justa) para o reconhecimento da usucapião especial urbana.

III – A usucapião familiar, art. 1.240-A do CC, não pode ser reconhecida quando não verificado o abandono de lar por um dos ex-cônjuges ou ex-companheiros e o exercício de posse pela parte inocente por pelo menos, dois anos a partir do abandono sem oposição.

IV – As benfeitorias necessárias feitas pela ré no imóvel devem ser ressarcidas, arts. 1.219 e 1.220 do CC.

V – Apelações desprovidas.

---

afastar tal análise.

Nas razões do recurso especial, aponta a parte recorrente ofensa ao disposto nos arts. 1.240 e 1.240-A, do Código Civil. Alega, em síntese, ter demonstrado os requisitos para a concessão da usucapião especial urbana. Ressalta que o ora recorrido abandonou o imóvel e que não possui nenhum outro imóvel.

E continua:

Não pode permanecer o argumento dos nobres julgadores de que na presente demanda não resta configurado o *animus domini* por parte da recorrente, isto porque a recorrente não possui impedimentos objetivos, como ser usufrutuária, credora pignoratícia, locatária, comodatária, detentora, os quais configurariam óbices à caracterização do ânimo de ser dona do imóvel.

Já com relação aos aspectos subjetivos do instituto, embora, pertençam a um plano interior, difícil de ser caracterizado, estão bem claros e foram externados, pois a recorrente realizou benfeitorias no bem, para que assim pudesse viver melhor, demonstrando a intenção de ser a dona.

Defende que, se não for reconhecido o usucapião especial, deverá ser reconhecido o usucapião familiar, uma vez que o recorrido deixou o lar conjugal por mais de dois anos, tendo a ora recorrente exercido, desde então, a posse direta, ininterrupta, sem oposição e com exclusividade sobre o imóvel objeto do litígio.

É o relatório. DECIDO.

2. A irresignação não prospera.

O Tribunal local concluiu que não poderia ser reconhecida a usucapião especial, nem a usucapião familiar, utilizando-se dos seguintes fundamentos:

Na presente demanda, o termo inicial do prazo quinquenal previsto no art. 183 da CF e art. 1.240 do CC, não pode ser contado a partir de 14/08/07, como defende a ré, pois, após essa data e até o trânsito em julgado da ação de reconhecimento e dissolução de união estável com pedido de partilha, o imóvel objeto da presente demanda (Processo 2007.01.1.109345-9) estava sendo discutido sob o enfoque do direito de meação. Note-se, portanto, que, por parte da ré, não havia *animus domini* em relação à integralidade do bem; posse sem oposição do proprietário do bem ou justa.

Ainda que se considere a data do trânsito em julgado da referida ação – 26/01/10 – como termo inicial para a contagem do prazo quinquenal, previsto nos arts. 183 da CF e 1.240 do CC, o requisito temporal previsto na lei não estaria configurado, uma vez que a presente ação de integração de posse foi ajuizada em 13/03/14 (fI. 2).

Outrossim, mesmo antes do ajuizamento da ação de reintegração de posse, o autor já se opunha a manutenção da ré na propriedade (fI. 45). Registre-se que os atos de mera tolerância ou permissão não induzem posse, art. 1.208 do CC.

A usucapião familiar, art. 1.240-A do CC, também não pode ser reconhecida, uma vez que não se verifica, na hipótese dos autos, pelo menos dois dos requisitos legais: o abandono de lar por um dos ex-cônjuges ou ex-companheiros; exercício de posse pela parte inocente por pelo menos dois anos a partir do abandono do lar, sem oposição. Ressalte-se que o afastamento do autor do lar, em 14/08/07, não se deu de forma voluntária, mas por determinação judicial (fI. 17).

[...] 3. Ante o exposto, nego provimento ao agravo.

Publique-se. Intimem-se. Brasília (DF), 04 de agosto de 2016. Ministro Luis Felipe Salomão Relator (Ministro LUIS FELIPE SALOMÃO, 09/08/2016).

Capítulo 26

MEDIAÇÃO FAMILIAR

26.1 Considerações Iniciais

A mediação procede do latim *mediare*, que significa mediar, intervir. A mediação é o meio mais adequado e eficaz no tratamento dos conflitos familiares. O mediador deve buscar uma solução razoável e justa de forma a solucionar o conflito entre as partes envolvidas na crise familiar.

A mediação quanto aplicada ao direito de família abre, pois, espaço para o diálogo na possibilidade de resolver os conflitos familiares de forma célere s sem sofrimento, especialmente, para os filhos. É um agir proativo no sentido de resolver o conflito. Neste *locus* inexiste a figura do "ex". Não há falar-se em ex-marido, ex-esposa, ex-sogra (até porque inexiste esta figura juridicamente), mas sim em parceiros, a partir de um ambiente comunicativo, com pontos em comum. Dessa maneira, a partir das ações do mediador, o conflito familiar vai perdendo vigor e se diluindo na busca de uma solução que agrade a todos, sem que percebam quem ganhou ou perde o jogo. Aqui inexistem perdedores. Todos os membros da família devem sair vencedores. São todos co-participes na solução do litígio, eis que exsurgem vencedores a partir da redefinião, em conjunto, das crises familiares.

26.2 Características

As principais características da mediação pode ser apontadas da seguinte forma:

a) *privacidade*: todo o processo de mediação deve ser realizado em ambiente reservado e com a máxima discrição;
b) *economia financeira e de tempo*: aqui o litígio é resolvida de forma mais célere e os investimentos financeiros aportados na resolução do conflito familiar é muito menor;
c) *oralidade*: a mediação é um processo informal, em que as partes envolvidas debatem os problemas, às claras e dialogicamente, visando encontrar a melhor solução;

d) *reaproximação das partes*: este processo tem como finalidade aproximar as partes para, por meio do debate, diálogo e do consenso, buscando um realinhamento e aproximação dos interessados;

e *autonomia das decisões*: as decisões tomadas pelos representantes não precisam ser homologadas pelo Judiciário;

f) *equilíbrio das relações entre as partes*: deve haver harmonia, temperança e equilíbrio nas tomadas de decisão, buscando uma solução justa e razoável para todos.

26.3 Etapas do processo

Obviamente que, preliminarmente, as partes envolvidas no conflito familiar devem aceitar e desejar que o problema possa ser submetido a um processo de mediação. A partir de então, o mediador deve esclarecer as dúvidas inciais sobre a mediação e esclarecer os limites dos direitos e deveres de ambas as partes envolvidas. Melhor dizendo, neste momento, o mediador explica de forma clara quais as consequências jurídicas para a solução do problema, de forma que inexista dúvidas dos direitos subjetivos e deveres jurídicos de todos os envolvidos no conflito familiar. A seguir, o mediador deve apresentar todas as formas (custo x benefício) e alternativas para que as partes, em conjunto, possam avaliar qual seria a solução mais leal, razoável e eficaz para todos. A partir de então, as etapas de negociação se iniciam e, permanecem, em diversas sessões de mediação até que um asolução seja apontada pelas partes envolvidas como a melhor. A seguir, é elaborada uma minuta de acordo para que as partes possa, realizar a avaliação final. No caso de todos estarem de acordo, o mediador vai elabora o documento definitivo apontando as soluções escolhidas, bem como os pontos juridicamente relevantes. A seguir, este acordo, se for o caso, deve ser homologado judicialmente.

ANEXO I

Voto do Ministro Luís Roberto Barroso no RECURSO EXTRAORDINÁRIO 878.694 MINAS GERAIS

RECURSO EXTRAORDINÁRIO 878.694 MINAS GERAIS

RELATOR	: **MIN. ROBERTO BARROSO**
RECTE.(S)	: M F V
ADV.(A/S)	: MONIQUE DE LADEIRA E THOMAZINHO E OUTRO(A/S)
RECDO.(A/S)	: R C P E OUTRO(A/S)
PROC.(A/S)(ES)	: DEFENSOR PÚBLICO-GERAL DO ESTADO DE MINAS GERAIS

Ementa: DIREITO CONSTITUCIONAL E CIVIL. RECURSO EXTRAORDINÁRIO. REPERCUSSÃO GERAL. INCONSTITUCIONALIDADE DA DISTINÇÃO DE REGIME SUCESSÓRIO ENTRE CÔNJUGES E COMPANHEIROS.

1. A Constituição brasileira contempla diferentes formas de

família legítima, além da que resulta do casamento. Nesse rol incluem-se as famílias formadas mediante união estável.

2. Não é legítimo desequiparar, para fins sucessórios, os cônjuges e os companheiros, isto é, a família formada pelo casamento e a formada por união estável. Tal hierarquização entre entidades familiares é incompatível com a Constituição.

3. Assim sendo, o art. 1790 do Código Civil, ao revogar as Leis nºs 8.971/94 e 9.278/96 e discriminar a companheira (ou companheiro), dando-lhe direitos sucessórios bem inferiores aos conferidos à esposa (ou ao marido), entra em contraste com os princípios da igualdade, da dignidade humana, da proporcionalidade como vedação à proteção deficiente e da vedação do retrocesso.

4. Com a finalidade de preservar a segurança jurídica, o entendimento ora firmado é aplicável apenas aos inventários judiciais em que não tenha havido trânsito em julgado da sentença de partilha, e às partilhas extrajudiciais em que ainda não haja escritura pública.

5. Provimento do recurso extraordinário. Afirmação, em repercussão geral, da seguinte tese:

"No sistema constitucional vigente, é inconstitucional a distinção de regimes sucessórios entre cônjuges e companheiros, devendo ser aplicado, em ambos os casos, o regime estabelecido no art. 1.829 do CC/2002".

VOTO

O SENHOR MINISTRO LUÍS ROBERTO BARROSO:

INTRODUÇÃO

I. A HIPÓTESE

1. O presente recurso extraordinário analisa a validade do artigo 1.790 do Código Civil de 2002 (CC/2002), que outorga ao companheiro direitos sucessórios distintos daqueles conferidos ao cônjuge pelo artigo 1.829 do mesmo Código. A controvérsia constitucional em questão pode ser sintetizada na seguinte proposição: *é legítima a distinção, para fins sucessórios, entre a família proveniente do casamento e a proveniente de união estável*?

2. No caso concreto, a recorrente vivia em união estável, em regime de comunhão parcial de bens, há cerca de 9 anos, até que seu companheiro veio a falecer, sem deixar testamento. O falecido não possuía descendentes nem ascendentes, mas apenas três irmãos. Diante desse contexto, o Tribunal de origem, com fundamento no art. 1.790, III, do CC/2002, limitou o direito sucessório da recorrente a um terço dos bens adquiridos onerosamente durante a união estável, excluindo-se os bens particulares do falecido, os quais seriam recebidos integralmente pelos irmãos. Porém, caso fosse casada com o falecido, a recorrente faria jus à totalidade da herança.

3. O voto que se segue está estruturado em três partes. A Parte I cuida do delineamento da controvérsia. A Parte II é dedicada a apreciar a compatibilidade do dispositivo impugnado com a Constituição de 1988. Por fim, a Parte III trata da resolução do caso concreto submetido à apreciação desta Corte neste recurso extraordinário.

Parte I

DELINEAMENTO DA CONTROVÉRSIA

I. A ATUALIDADE DA CONTROVÉRSIA CONSTITUCIONAL

4. O tema objeto deste recurso tem gerado significativa judicialização, com frequentes decisões em sentidos divergentes. A título ilustrativo, os Tribunais de Justiça de São Paulo e do Rio de Janeiro chegaram a conclusões opostas sobre a questão, ambos em sede de arguição de inconstitucionalidade. O TJ-SP – a exemplo do TJ-MG – entendeu pela *constitucionalidade* do art. 1.790 do CC/2002[1], enquanto o TJ-RJ manifestou-se pela sua *inconstitucionalidade*[2]. No Superior Tribunal de Justiça, a controvérsia acerca da constitucionalidade do dispositivo do Código Civil chegou a ser afetada à Corte Especial[3]. No entanto, ainda não houve decisão final de mérito. Por fim, vale observar que o Supremo Tribunal Federal, no RE 646.721, reconheceu repercussão geral a outro recurso que trata da validade do art. 1.790 do Código Civil de 2002, mas que tem como foco sua aplicação às uniões homoafetivas.

II. A CONTEXTUALIZAÇÃO DA CONTROVÉRSIA CONSTITUCIONAL: A EVOLUÇÃO DO CONCEITO DE FAMÍLIA

II.I. Família e direito sucessório

5. O fundamento do Direito Sucessório no Brasil é a noção de continuidade patrimonial como fator de proteção, de coesão e de perpetuidade da família[4]. O regime sucessório no país envolve a ideia de proteção em dois graus de intensidade. O grau *fraco* aplica-se à parte disponível da herança, em relação à qual o sucedido tem liberdade para dispor, desde que respeitados os requisitos legais para sua manifestação de vontade. Quanto a essa parte, a lei tem caráter supletivo, conferindo direito de herança aos herdeiros vocacionados somente no caso de inexistir testamento.

6. Já o grau *forte* refere-se à parte indisponível da herança (a chamada *legítima*), que corresponde à metade dos bens da herança que a lei *impõe* seja transferida a determinadas pessoas da família (os *herdeiros necessários*), que só deixarão de recebê-la em casos excepcionais também previstos em lei. So-

1 TJ-SP, Arguição de Inconstitucionalidade nº 0434423-72.2010.8.26.0000, j. em 14.09.2011, DJ 11.01.2012

2 TJ-RJ, Arguição de Inconstitucionalidade nº 0019097-98.2011.8.19.0000, j. em 06.08.2012, DJ 03.09.2012

3 STJ, Arguições de Inconstitucionalidade suscitadas nos Recursos Especiais nº 1.291.636, 1.318.249 e 1.135.354

4 Giselda Maria Fernandes Novaes Hironaka, Direito sucessório brasileiro: ontem, hoje e amanhã. In: *Revista Brasileira de Direito de Família*, ano III, nº 12, jan.fev.mar./2002, p. 65.

bre essa parcela, o sucedido não tem liberdade de decisão, pois se trata de norma cogente. Apenas se não houver herdeiros necessários, não haverá legítima, e, portanto, o sucedido poderá dispor integralmente de sua herança. Esse regime *impositivo* justifica-se justamente pela necessidade de assegurar aos familiares mais próximos do sucedido um patamar de recursos que permita que preservem, na medida do possível, o mesmo padrão existencial até então desfrutado.

II.2. Família e casamento

7. O regime sucessório encontra-se, assim, vinculado ao conceito de família. Na história brasileira, em decorrência da forte influência religiosa, o conceito jurídico de família esteve fortemente associado ao casamento. Seu objetivo principal era a preservação do patrimônio e da paz doméstica, buscando-se evitar interferências de agentes externos nas relações intramatrimoniais e nas relações entre pais e filhos. Nesse sentido, todas as Constituições anteriores à de 1988 que trataram expressamente do tema dispunham que a família se constitui pelo casamento[5]. Em sentido similar, no plano infraconstitucional, o CC/1916 dispunha que a família legítima era criada pelo casamento (art. 229).

8. Até pouco tempo atrás, o prestígio ao matrimônio tinha suporte em uma concepção da família como *ente autônomo*, e não como um ambiente de desenvolvimento dos indivíduos. A família era tutelada pelo Estado ainda que contra a vontade de seus integrantes, ou seja, independentemente dos custos individuais a serem suportados. Alguns exemplos ilustram bem essa concepção. Na redação original do CC/1916, a família era chefiada pelo marido (poder marital – art. 233), de modo que a mulher, embora dotada de plena capacidade jurídica enquanto solteira, tornava-se relativamente incapaz ao se casar (art. 6º, II, Parte Geral). A mulher passava então a depender de autorização de seu marido para a prática de diversos atos da vida civil, inclusive para trabalhar. Apenas com a edição da Lei nº 4.121/1962, a mulher casada deixou de ser incluída, junto com pródigos e silvícolas, na relação dos relativamente incapazes.

9. Além disso, na redação originária do CC/1916, o casamento era *indissolúvel*, de modo que mesmo que os cônjuges vivessem em plena infelicidade conjugal deveriam permanecer casados, em prol de um suposto bem maior para a sociedade. Ressalvava-se apenas a possibilidade de desquite, que, porém, impedia novo matrimônio. Foi somente com o advento da EC nº 09/1977, objeto de calorosos debates, que se passou a admitir a

5 Giselda Maria Fernandes Novaes Hironaka, Direito sucessório brasileiro: ontem, hoje e amanhã. In: *Revista Brasileira de Direito de Família*, ano III, nº 12, jan.fev.mar./2002, p. 65.

possibilidade de separação judicial e de divórcio. Outra ideia existente nessa época era a de "débito conjugal", segundo a qual a mulher deveria estar sexualmente disponível para o marido, ainda que contra sua vontade. Com fundamento no modelo de família instituído pelo CC/1916, havia quem defendesse que a cópula forçada pelo marido não configurava crime de estupro por se tratar de exercício regular de um direito.

II.3. Família e filiação

10. A mesma concepção que orientava as relações entre cônjuges aplicava-se às relações entre pais e filhos. O pai/marido, na condição de chefe de família, exercia o *pátrio poder* (art. 380, CC/1916). Como lembra Gustavo Tepedino[6], ao pai eram conferidos poderes que permitiam, por exemplo, a imposição de processo educacional extremamente autoritário, que se expressava, por vezes, em castigos corporais severos, contra os quais não era possível haver oposição sem que se contestasse o pátrio poder, e, de forma reflexa, a paz familiar. Apenas com o advento da CF/1988 e do Estatuto da Criança e do Adolescente (ECA), os filhos deixaram a condição de objetos para se tornarem sujeitos de seu processo educacional.

11. Era ainda pior a situação de boa parte dos filhos havidos fora do casamento. A despeito do critério biológico de paternidade, os filhos nascidos de relações adulterinas e incestuosas não poderiam ser reconhecidos por expressa disposição legal (art. 358, CC/1916). Desse modo, estavam condenados a viver sem registro civil que os identificasse de forma digna e condizente com a verdade dos fatos, assim como estavam impedidos de demonstrar parte essencial de sua individualidade – sua origem e história familiar – como se integrassem uma classe inferior de indivíduos. Pagavam o preço de uma conta que não era sua apenas para que o conceito rígido de família então vigente não sofresse abalos.

12. Não é preciso ir mais longe para se perceber que a tradicional concepção jurídica de família, baseada no casamento, tratava a entidade familiar como um fim a ser protegido (ainda que a um custo muito alto), e não como um meio para o desenvolvimento da personalidade e da dignidade de seus membros. Seus integrantes eram muitas vezes forçados a relegar projetos individuais de vida boa a um segundo plano, tudo em prol da manutenção de uma dada concepção sobre as relações familiares-matrimoniais e sobre o papel do Estado em sua proteção.

6 Esse e outros bons exemplos sobre os paradigmas familiares do período anterior à Constituição de 1988 podem ser encontrados em: Gustavo Tepedino. A disciplina civil-constitucional das relações familiares. In: Vicente Barreto (Org.). A nova família: problemas e perspectivas, 1997, pp. 52-56.

II.4. Os diferentes modelos de família

13. Durante a segunda metade do século XX, porém, operou-se uma lenta e gradual evolução nesta concepção na sociedade brasileira, com o reconhecimento de múltiplos modelos de família. Nesse período, parcela significativa da população já integrava, de fato, núcleos familiares que, embora não constituídos pelo casamento, eram caracterizados pelo vínculo afetivo e pelo projeto de vida em comum. Era o caso de uniões estáveis[7], de uniões homoafetivas, e também de famílias monoparentais, pluriparentais ou anaparentais (sem pais, como a formada por irmãos ou primos). Na estrutura social, o pluralismo das relações familiares sobrepôs-se à rigidez conceitual da família matrimonial[8].

14. Contudo, muito embora tais entidades pudessem ser socialmente identificadas como núcleos familiares, elas não recebiam reconhecimento jurídico adequado[9]. Em alguns casos, a injustiça era tamanha que a jurisprudência começou a buscar soluções hermenêuticas para assegurar algum direito aos integrantes dessas uniões, especialmente às mulheres em união estável. Com a boa intenção de não deixar desamparada a companheira, chegou-se a entender que ela teria direito a uma justa reparação por serviços prestados durante a sociedade de fato constituída com seu companheiro[10]. Equiparava-se, assim, uma relação de amor e união a uma relação negocial, como a de uma barraca de verduras em uma feira.

15. Sensível às mudanças dos tempos, a Constituição de 1988 aproximou o conceito *social* de família de seu conceito *jurídico*. Três entidades familiares passaram a contar com expresso reconhecimento no texto constitucional: (i) a família constituída pelo casamento (art. 226, § 1º); (ii) a união estável entre o homem e a mulher (art. 226, § 3º); e (iii) a comunidade formada por qualquer dos pais e seus descendentes, a chamada família

---

7 O último censo realizado pelo IBGE (2010) aponta que mais de um terço das uniões no país é formada consensualmente por pessoas não casadas (36,4%). V.http://censo2010.ibge.gov.br/noticias-censo.html?view=noticia&id=3&idnoticia=2240&busca=1&t=censo-2010-unioes-consensuais-ja-representam-mais-13-casamentos-sao-frequentes-classes

8 Essa alteração no conceito de família manifestou-se até mesmo nos léxicos. No Dicionário Houaiss, a família não é mais um "1. Grupo de pessoas vivendo sob o mesmo teto (especialmente o pai, a mãe e os filhos), que têm ancestralidade comum ou provêm de um mesmo tronco, ou ligadas entre si pelo casamento e pela filiação, excepcionalmente pela adoção", mas um "1. Núcleo social de pessoas unidas por laços afetivos, que geralmente compartilham o mesmo espaço e mantêm entre si uma relação solidária".

9 Gustavo Tepedino, Temas de Direito Civil, 2008, p. 397, e Maria Berenice Dias, Manual de direito das famílias, 2013, p. 43-44.

10 Súmula 380 – STF: Comprovada a existência de sociedade de fato entre os concubinos, é cabível a sua dissolução judicial, com a partilha do patrimônio adquirido pelo esforço comum.

monoparental (art. 226, § 4º). A Constituição rompeu, assim, com o tratamento jurídico tradicional da família, que instituía o casamento como condição para a formação de uma família "legítima".

16. A consagração da dignidade da pessoa humana como valor central do ordenamento jurídico e como um dos fundamentos da República Brasileira (art. 1º, III, CF/1988) foi o vetor e o ponto de virada para essa gradativa ressignificação da família. A Carta de 1988 inspirou a *repersonalização do Direito Civil*, fazendo com que as normas civilistas passassem a ser lidas a partir da premissa de que a pessoa humana é o centro das preocupações do Direito, que é dotada de dignidade e que constitui um fim em si próprio[11]. A família passou, então, a ser compreendida juridicamente de forma *funcionalizada*, ou seja, como um instrumento (provavelmente o principal) para o desenvolvimento dos indivíduos e para a realização de seus projetos existenciais. Não é mais o indivíduo que deve servir à família, mas a família que deve servir ao indivíduo.

II.5. Família e papel do Estado

17. Paralelamente, modificou-se a compreensão a respeito do papel do Estado na proteção das relações familiares. Ao Estado importa garantir a possibilidade de autorrealização dos indivíduos, assegurando o ambiente e os meios propícios para que possam perseguir as suas próprias concepções de vida boa. *Essa missão é a justificativa e também o limite do Estado para intervir nas relações familiares e na liberdade dos indivíduos*. É, portanto, sua justa medida. Qualquer intervenção a mais ou a menos será tida como ilegítima.

18. O reconhecimento do caráter instrumental da família para a promoção da dignidade dos indivíduos e deste novo papel do Estado na tutela das entidades familiares encontra amplo amparo no texto constitucional. Nesse sentido, o art. 226, *caput*, da CF/1988 dispõe que "*A família, base da sociedade, tem especial proteção do Estado*". Também o art. 226, §7º, da Carta de 1988 determina que o planejamento familiar "*fundado nos princípios da dignidade da pessoa humana e da paternidade responsável*", "*é livre decisão do casal, competindo ao Estado propiciar recursos educacionais e científicos para o exercício desse direito*". Na mesma linha, o art. 205, estabelece que "*A educação, direito de todos e dever do Estado e da família, será promovida e incentivada com a colaboração da sociedade, visando ao pleno desenvolvimento da pessoa, seu preparo para o exercício da cidadania e sua qualificação para o trabalho*". Já os arts. 227 e 230 impõem à família, à sociedade e ao Estado os deveres de assegurar à criança, ao adolescente e ao jovem sua dignidade e demais direitos fundamentais, e de amparar pessoas idosas, defendendo sua dignidade e bem-estar.

11 Luiz Edson Fachin, Carlos Eduardo Pianovski, A dignidade humana no direito contemporâneo: uma contribuição à crítica da raiz dogmática do neopositivismo constitucionalista. In: Revista Trimestral de Direito Civil, vol.35, p. 108, jul/set. 2008

Logo, se o Estado tem como principal meta a promoção de uma vida digna a todos os indivíduos, e se, para isso, depende da participação da família na formação de seus membros, é lógico concluir que existe um dever estatal de proteger não apenas as famílias constituídas pelo casamento, mas qualquer entidade familiar que seja apta a contribuir para o desenvolvimento de seus integrantes, pelo amor, pelo afeto e pela vontade de viver junto. Não por outro motivo, a Carta de 1988 expandiu a concepção jurídica de família, reconhecendo expressamente a união estável e a família monoparental como entidades familiares que merecem igual proteção do Estado. Pelas mesmas razões, esta Corte reconheceu que tal dever de proteção estende-se ainda às uniões homoafetivas, a despeito da omissão no texto constitucional[12]. Como assentou o Min. Marco Aurélio no julgamento da ADPF 132,

> Revela-se, então, a modificação paradigmática no direito de família. Este passa a ser o direito 'das famílias', isto é, das famílias plurais, e não somente da família matrimonial, resultante do casamento. Em detrimento do patrimônio, elegeram-se o amor, o carinho e a afetividade entre os membros como elementos centrais de caracterização da entidade familiar. Alterou-se a visão tradicional sobre a família, que deixa de servir a fins meramente patrimoniais e passa a existir para que os respectivos membros possam ter uma vida plena comum. Abandonou-se o conceito de família enquanto 'instituição-fim em si mesmo', para identificar nela a qualidade de instrumento a serviço da dignidade de cada partícipe.

Parte II

A CONSTITUIÇÃO DE 1988 E OS DIREITOS SUCESSÓRIOS DOS COMPANHEIROS

I. EQUIPARAÇÃO E DESEQUIPARAÇÃO ENTRE CÔNJUGE E COMPANHEIRO EM MATÉRIA SUCESSÓRIA

I.I. A progressiva equiparação legal entre cônjuges e companheiros

20. A Constituição de 1988, como se viu, constitui o marco de uma importante mudança de paradigma em relação ao conceito – social e constitucional – de família. A família passa a ser protegida não como um "bem em si", mas como meio para que as pessoas possam se realizar, o que independe

12 ADPF 132 e ADI 4277, Rel. Min. Ayres Britto, j. em 05.05.2011.

da configuração de família adotada. Entretanto, como se verá, o Código Civil de 2002 não foi capaz de acompanhar essa evolução no tratamento do regime sucessório aplicável aos companheiros e aos cônjuges.

21. Após a Constituição de 1988 e antes da edição do CC/2002, o regime jurídico da união estável foi objeto de duas leis específicas, as Leis nº 8.971, de 29.12.1994 e nº 9.278, de 10.02.1996. A primeira delas (Lei nº 8.971/1994) praticamente reproduziu o regime sucessório estabelecido para os cônjuges no CC/1916[13 14], vigente à época. Desse modo, (i) estabeleceu que o companheiro seria o terceiro na ordem sucessória (atrás dos descendentes e dos ascendentes); (ii) concedeu-lhe direito de usufruto idêntico ao do cônjuge sobrevivente, e (iii) previu o direito do companheiro à meação quanto aos bens da herança adquiridos com sua colaboração. Embora esta Lei não tenha tornado o companheiro um herdeiro necessário (era apenas herdeiro legítimo), tal regramento em nada diferia daquele previsto para o cônjuge, que também não era herdeiro necessário no CC/1916.

22. A diferença entre os dois regimes sucessórios era basicamente a ausência de direito real de habitação para o companheiro. Tal direito era concedido somente aos cônjuges casados sob o regime da comunhão universal, apenas enquanto permanecessem viúvos, e, ainda assim, só incidia sobre o imóvel residencial da família que fosse o único daquela natureza a inventariar[15]. Porém, logo essa diferença foi suprimida. A Lei nº 9.278/1996, ao reforçar a proteção às uniões estáveis, concedeu direito real de habitação aos companheiros[16]. E o fez sem exigir o regime de comunhão universal de bens, nem que o imóvel residencial fosse o único de tal natureza. Ou seja, a legislação existente até a entrada em vigor do Código Civil de 2002 previa um regime jurídico sucessório até mesmo *mais favorável* ao companheiro do que ao cônjuge[17 18].

---

13 Lei nº 8.971/1994, art. 2º: "As pessoas referidas no artigo anterior participarão da sucessão do(a) companheiro(a) nas seguintes condições: (...) III - na falta de descendentes e de ascendentes, o(a) companheiro(a) sobrevivente terá direito à totalidade da herança."

14 CC/1916, art. 1611: "Na falta de descendentes ou ascendentes será deferida a sucessão ao cônjuge sobrevivente se, ao tempo da morte do outro, não estava dissolvida a sociedade conjugal."

15 Veja-se: CC/1916, art. 1611, §2º: "Ao cônjuge sobrevivente, casado sob o regime da comunhão universal, enquanto viver e permanecer viúvo será assegurado, sem prejuízo da participação que lhe caiba na herança, o direito real de habitação relativamente ao imóvel destinado à residência da família, desde que seja o único bem daquela natureza a inventariar."

16 Lei nº 9.278/1996, art. 7º, parágrafo único: "Dissolvida a união estável por morte de um dos conviventes, o sobrevivente terá direito real de habitação, enquanto viver ou não constituir nova união ou casamento, relativamente ao imóvel destinado à residência da família."

17 Zeno Veloso, Novo código civil: sucessão dos cônjuges. Revista do Advogado, São Paulo, n. 98, p. 237-238, 2008.

18 Essa discrepância despertou inúmeras críticas da doutrina, que não via razoabilidade na

23. As leis relativas ao regime sucessório nas uniões estáveis foram, portanto, progressivamente concretizando aquilo que a CF/1988 já sinalizava: cônjuges e companheiros devem receber a mesma proteção quanto aos direitos sucessórios, pois, independentemente do tipo de entidade familiar, o objetivo estatal da sucessão é garantir ao parceiro remanescente meios para que viva uma vida digna. Conforme já adiantado, o Direito Sucessório brasileiro funda-se na noção de que a continuidade patrimonial é fator fundamental para a proteção, para a coesão e para a perpetuação da família.

I.2. A desequiparação de regimes sucessórios trazida pelo art. 1790 do CC/2002

24. Essa evolução, no entanto, foi abruptamente interrompida pelo Código Civil de 2002. O Código trouxe dois regimes sucessórios diversos, um para a família constituída pelo matrimônio, outro para a família constituída por união estável. Com o CC/2002, o cônjuge foi alçado à categoria de herdeiro necessário (art. 1.845), o que não ocorreu – ao menos segundo o texto expresso do CC/2002 – com o companheiro[19]. Assim, caso se interprete o Código Civil em sua literalidade, um indivíduo jamais poderá excluir seu cônjuge da herança por testamento, mas este mesmo indivíduo, caso integre uma união estável, poderá dispor de toda a herança, sem que seja obrigado a destinar qualquer parte dela para seu companheiro ou companheira[20].

25. Além disso, o CC/2002 não previu direito real de habitação para o companheiro, embora o tenha feito para o cônjuge (art. 1.831, CC/2002). Passou-se, então, a debater se o companheiro ainda teria esse direito com base na Lei nº 9.278/1996 ou se ele teria sido revogado pelo novo Código Civil. O mais curioso é que, relativamente ao direito real de habitação do cônjuge, o CC/2002 incorporou os requisitos mais brandos que a Lei nº 9.278/96 previa para as uniões estáveis. Ou seja, melhorou a situação do cônjuge, dando a ele os direitos atribuídos ao companheiro, mas nada disse em relação a este último.

26. O grande marco na involução na proteção do companheiro foi, porém, o art. 1.790 do CC/2002, questionado nesta ação direta, que dispôs sobre o regime da sucessão legítima nas uniões estáveis de forma diversa do regime geral previsto no art. 1.829 do mesmo Código em relação ao cônjuge. Veja-se a redação de ambos os dispositivos:

---

medida. Sobre o tema, v. Giselda Maria Fernandes Novaes Hironaka. Direito sucessório brasileiro: ontem, hoje e amanhã. In: Revista Brasileira de Direito de Família, ano III, nº 12, p. 68, jan.-mar./2002.

19 Art. 1845. Herdeiros necessários são descendentes, ascendentes e cônjuges.

20 A herança não se confunde, é claro, com a meação, que corresponde à metade do patrimônio comum do casal, a que faz jus o cônjuge ou o companheiro, a depender do regime de bens adotado.

> Art. 1.790. A companheira ou o companheiro participará da sucessão do outro, quanto aos bens adquiridos onerosamente na vigência da união estável, nas condições seguintes:
>
> I - se concorrer com filhos comuns, terá direito a uma quota equivalente à que por lei for atribuída ao filho;
>
> II - se concorrer com descendentes só do autor da herança, tocar-lhe-á a metade do que couber a cada um daqueles;
>
> III - se concorrer com outros parentes sucessíveis, terá direito a um terço da herança;
>
> IV - não havendo parentes sucessíveis, terá direito à totalidade da herança.

> Art. 1.829. A sucessão legítima defere-se na ordem seguinte:
>
> I - aos descendentes, em concorrência com o cônjuge sobrevivente, salvo se casado este com o falecido no regime da comunhão universal, ou no da separação obrigatória de bens (art. 1.640, parágrafo único); ou se, no regime da comunhão parcial, o autor da herança não houver deixado bens particulares;
>
> I - aos ascendentes, em concorrência com o cônjuge;
>
> III - ao cônjuge sobrevivente;
>
> IV - aos colaterais.

I.3. Principais diferenças entre os regimes sucessórios de cônjuge e companheiro no novo Código Civil

27. Da leitura conjunta desses artigos do Código Civil, a primeira diferença que se nota é que o novo regramento restringe a participação hereditária do companheiro aos bens adquiridos *onerosamente* na vigência da união estável, em relação aos quais o companheiro já possuía meação. A regra de que o companheiro só é herdeiro quando for meeiro não possui qualquer similar no regime sucessório do cônjuge, e, além disso, não se coaduna com a ideia de proteção do regime sucessório, já que, em relação a esses bens, o companheiro já teria direito à meação. Por outro lado, o *caput* do art. 1.790 do CC/2002 exclui da sucessão qualquer bem adquirido gratuitamente pelo falecido, assim como qualquer bem adquirido onerosamente em período anterior à vigência da união estável.

28. A segunda diferença entre as ordens de vocação hereditária nos dois regimes é que, em regra, quando o companheiro tem direito à sucessão, seu quinhão é muito inferior ao que lhe seria conferido caso fosse casado com o falecido. Nesse ponto particular, a situação dos presentes autos é simbólica. No caso concreto, a recorrente vivia em união estável, em regime de comunhão parcial de bens, até que seu companheiro veio a falecer. O falecido não possuia descendentes nem ascendentes, mas apenas três irmãos. Pelo regramento do CC/2002, em referida hipótese, a companheira recebe apenas um terço dos bens adquiridos onerosamente durante a vigência da união, enquanto os irmãos recebem *todos* os demais bens. No entanto, se, diversamente, a recorrente fosse casada com o falecido, ela teria direito a todo o monte sucessório.

29. De forma ainda mais contrária à lógica do Direito das Sucessões, a distribuição citada acima seria a mesma, caso, ao invés de irmãos, o falecido houvesse deixado apenas um tio-avô, um primo, ou um sobrinho-neto. Esses receberiam todos os bens adquiridos gratuitamente, todos os adquiridos antes da união estável, e mais dois terços daqueles adquiridos onerosamente durante a união estável. É que, nos termos do Código Civil, os colaterais até o quarto grau são parentes sucessíveis (art. 1.729, III c/c art. 1.839). Acerca dessa escolha legislativa, vale destacar a fina percepção de Zeno Veloso:

> "A lei não está imitando a vida, nem está em consonância com a realidade social, quando decide que uma pessoa que manteve a mais íntima e completa relação com o falecido, que sustentou com ele uma convivência séria, sólida, qualificada pelo animus de constituição de família, que com o autor da herança protagonizou, até a morte deste, um grande projeto de vida, fique atrás de parentes colaterais dele, na vocação hereditária". [21]

30. Nesse panorama, é possível constatar a discrepância não razoável entre o grau de proteção legal do cônjuge supérstite e do companheiro supérstite. O CC/2002 confere amplos recursos para que o cônjuge remanescente consiga levar adiante sua vida de forma digna, em um momento em que estará psicológica e economicamente mais vulnerável, mas, na maior parte dos casos, trata de forma diametralmente oposta o companheiro remanescente, como se este fosse merecedor de menor proteção.

31. Porém, o regime sucessório traçado pelo Código Civil de 2002 nem sempre privilegia o casamento em relação à união estável. Mesmo que esta

21 Zeno Veloso, Do direito sucessório dos companheiros. In: Maria Berenice Dias; Rodrigo da Cunha Pereira (Coord.), Direito de família e o novo código civil, 2005, p. 249.

não tenha sido a intenção do legislador, a literalidade do texto dá ensejo a que, em algumas circunstâncias, os companheiros passam a ter mais direitos que os cônjuges na sucessão. Um exemplo pode facilitar a demonstração. Imagine-se uma situação em que o *de cujus* tenha deixado descendentes comuns, que todo o seu patrimônio tenha sido adquirido onerosamente durante a vigência da união estável (sem deixar bens particulares), e que o regime de bens entre os companheiros seja o da comunhão universal, da separação obrigatória ou da comunhão parcial. Nessa hipótese, o companheiro teria direito a uma quota equivalente à que por lei for atribuída a cada filho comum (art. 1.790, I). No entanto, caso fossem casados, o cônjuge supérstite não teria direito a participar da sucessão (art. 1.829, I), e, logo, não herdaria nada.

32. O exemplo serve para demonstrar que, ainda que o propósito do legislador fosse a de colocar o casamento em um patamar hierárquico superior ao da união estável, a grande complexidade e variedade de regimes e situações constantes do art. 1.790 do CC/2002 fez com que tal objetivo se perdesse pelo caminho. Hoje, a distinção de regimes sucessórios estabelecida pelo CC/2002 desprotege o companheiro em inúmeras situações, retirando-lhe direitos que já haviam sido conferidos por lei, ao mesmo tempo em que, em outras situações, privilegia a união estável, protegendo o companheiro, mesmo que involuntariamente, de forma mais intensa que o cônjuge.

33. É preciso, então, verificar se essa diferenciação de regimes jurídicos sucessórios tem algum amparo constitucional ou se, ao contrário, viola os direitos e garantias previstos na Constituição Federal.

II. INEXISTÊNCIA DE HIERARQUIA CONSTITUCIONAL ENTRE AS FORMAS DE FAMÍLIA

II.1. As famílias na Constituição

34. A Constituição de 1988, em seu artigo 226, *caput*, dispõe, genericamente, que "*a família, base da sociedade civil, terá especial proteção do Estado*". Nos parágrafos seguintes, o texto constitucional confere previsão expressa a três categorias de organização familiar: o casamento (§§ 2º e 3º), a união estável (§ 3º) e a família monoparental (§ 4º), nos seguintes termos:

> Art. 226. A família, base da sociedade, tem especial proteção do Estado.
>
> § 1º O casamento é civil e gratuita a celebração.
>
> § 2º O casamento religioso tem efeito civil, nos termos da lei.
>
> § 3º Para efeito da proteção do Estado, é reconhe-

> cida a união estável entre o homem e a mulher como entidade familiar, devendo a lei facilitar sua conversão em casamento.
>
> § 4º Entende-se, também, como entidade familiar a comunidade formada por qualquer dos pais e seus descendentes.

35. Como se vê, a ampliação do conceito jurídico de família pela CF/1988 não significou uma equiparação absoluta do casamento às demais entidades familiares. Especificamente em relação à união estável, a Constituição, de um lado, dispõe que ela é reconhecida como entidade familiar para efeito de proteção do Estado, mas, de outro, prevê que a lei deve facilitar sua conversão em casamento. À luz do texto constitucional, casamento e união estável são, assim, organizações familiares distintas. Caso não o fossem, não haveria sentido tratá-las em trechos distintos da Constituição, nem se afirmar que a lei deve facilitar a conversão da união estável em casamento.

36. Na verdade, há várias diferenças entre casamento e união estável, que decorrem de fatores diversos, como os modos de constituição, de comprovação e de extinção. A questão que se coloca, porém, é saber se é possível extrair do art. 226 alguma hierarquia constitucional entre as formas de constituição de família, que autorize a instituição de regimes sucessórios diversos em relação a elas. Em outras palavras, resta analisar se as diferenças entre casamento e união estável justificam uma disparidade de tratamento no que diz respeito ao regime sucessório de cônjuges e de companheiros.

II.2. Demonstração da ilegitimidade da hierarquização das formas de família

37. Os quatro elementos tradicionais de interpretação jurídica – o gramatical, o teleológico, o histórico e o sistemático – podem auxiliar na solução desta matéria. Examina- se, em primeiro lugar, a *interpretação semântica*, também referida como gramatical, literal ou filológica. Trata-se do ponto de partida do intérprete, sempre que exista uma norma expressa acerca da questão que lhe caiba resolver. Embora, naturalmente, o espírito e os fins da norma sejam mais importantes que a sua literalidade, é fora de dúvida que os sentidos mínimo e máximo das palavras figuram como limites à atuação criativa do intérprete. Pois bem: a norma aqui analisada estabelece, de forma inequívoca, que a família tem especial proteção do Estado, sem fazer qualquer menção a um modelo familiar que seria mais ou menos merecedor desta proteção. Veja-se: o texto do art. 226, seja em seu *caput,* seja em seu § 3º, não traça qualquer diferenciação entre o casamento e a união estável para fins de proteção estatal. Se o texto constitucional não hierarquizou as famílias para tais objetivos, o legislador infraconstitucional não deve poder fazê-lo.

38. Em segundo lugar, a *interpretação teleológica* reforça a inexistência de hierarquia entre ambas as formas de constituição familiar. A interpretação teleológica tem como objetivo a realização dos fins previstos na norma, a concretização, no mundo dos fatos, do propósito abrigado na Constituição. Quais seriam, então, os fins visados pelo art. 226? Parece inequívoco que a finalidade da norma é garantir a proteção das famílias como instrumento para a própria tutela de seus membros. Como já se expôs, se o Estado tem como principal meta a promoção de uma vida digna a todos os indivíduos, e se, para tanto, a família desempenha um papel essencial, é natural concluir que o dever estatal de proteção não pode se limitar às famílias constituídas pelo casamento, estendendo-se a outras entidades familiares igualmente formadas pelo afeto e pelo desejo de comunhão de vida, e igualmente capazes de contribuir para o desenvolvimento de seus integrantes. Daí poder-se concluir que a Constituição impede a discriminação entre indivíduos unicamente como resultado do tipo de entidade familiar que formam. Todos os indivíduos, sejam eles cônjuges ou companheiros, têm direito a igual proteção legal.

39. Em terceiro lugar, a *interpretação histórica* do dispositivo constitucional aponta para o mesmo resultado. A partir dos anais da Constituinte de 1987/1988, percebe-se que a inspiração da norma do art. 226 da CF/1988 foi inclusiva, e não segregativa[22]. Não se buscou dividir as famílias em classes de primeira e segunda ordem. Muito pelo contrário, o objetivo foi ampliar a proteção estatal às diversas configurações familiares (biológicas e afetivas) existentes *de fato* na sociedade, mas juridicamente desamparadas até então. Tudo isso com o objetivo de assegurar que todos possam ser igualmente respeitados e protegidos, independentemente da formalização de suas uniões pelo matrimônio. Nesse sentido, a defesa de uma hierarquia entre casamento e união estável vai de encontro à vontade originária do constituinte, em nítida interpretação involutiva.

40. Por fim, a *interpretação sistemática* traz uma importante contribuição para a análise do ponto. Como se sabe, o sistema constitucional, como qualquer outro, pressupõe unidade e harmonia. A interpretação sistemática situa o dispositivo a ser interpretado dentro do contexto normativo geral e particular, estabelecendo a conexão própria com outras normas, de modo a evitar contradições e antinomias. No caso em exame, cabe verificar as interações entre o *caput* e os parágrafos do art. 226, bem como de outros dispositivos constitucionais que tratam dos papeis da família.

41. Apesar de não reconhecer qualquer diferença entre as entidades familiares para fins de proteção estatal, a parte final do § 3º do art. 226 da CF/1988 estipula que a lei deve facilitar a conversão da união estável em ca-

22 Para um estudo dos anais do processo constituinte acerca da norma contida no art. 226 da CF/88, v. http://www2.camara.leg.br/atividade-legislativa/legislacao/Constituicoes_Brasileiras/constituica o-cidada/o- processo-constituinte.

samento. Está implícita nesta cláusula a possibilidade de o legislador infraconstitucional traçar contornos distintos para as duas entidades familiares. Afinal, se a lei deve facilitar a conversão de uma em outra, pressupõe-se que ambas são figuras juridicamente (e não apenas socialmente) distintas. Essa é uma primeira constatação importante que decorre do sistema constitucional: *o legislador pode atribuir regimes jurídicos diversos ao casamento e à união estável*. Todavia, como será detalhado adiante, a partir da interpretação conjunta de diversos dispositivos da Constituição de 1988, que trazem a noção de *funcionalização* da família, alcança-se uma segunda constatação importante: *só será legítima a diferenciação de regimes entre casamento e união estável se não implicar hierarquização de uma entidade familiar em relação à outra, desigualando o nível de proteção estatal conferido aos indivíduos*.

II.3. Situações de desequiparação legítima entre formas de família

42. Assim, a partir da ideia de que o legislador pode adotar regimes jurídicos diversos para o casamento e a união estável, torna-se necessário separar as situações em que a diferenciação de regimes jurídicos é feita de forma legítima daquelas em que é feita de forma arbitrária. Essa é uma questão importante, pois, para parcela da doutrina e da jurisprudência, o fato de o texto constitucional prestigiar a facilitação da conversão da união estável em casamento significa que o constituinte conferiu um tratamento privilegiado às uniões matrimoniais. Segundo esse entendimento, tal privilégio autorizaria o legislador a instituir, de forma legítima, regimes jurídicos diversos para as duas entidades familiares, inclusive quanto à questão sucessória[23].

43. Essa, porém, não parece ser a leitura mais adequada do texto constitucional. Como já se disse, é possível extrair da interpretação conjunta de diversos dispositivos da Constituição de 1988 (*e.g.*, arts. 205, 226, §7º, 227, 230), a noção de *funcionalização* da família, que aponta o seu caráter instrumental em prol da dignidade e da realização existencial de seus membros. Se o papel de qualquer entidade familiar constitucionalmente protegida é contribuir para o desenvolvimento da dignidade e da personalidade dos indivíduos, será arbitrária toda diferenciação de regime jurídico que busque inferiorizar um tipo de família em relação a outro, diminuindo o nível de proteção estatal aos indivíduos somente pelo fato de não estarem casados. Desse modo, a diferenciação de regimes entre casamento e união estável somente será legítima quando não promover a hierarquização de uma entidade familiar em relação à outra.

44. Por outro lado, se a diferenciação entre os regimes basear-se em

23 Gustavo Tepedino. A disciplina civil-constitucional das relações familiares. In: Vicente Barreto (Org.). *A nova família: problemas e perspectivas*, 1997, pp. 58-59.

circunstâncias inerentes às peculiaridades de cada tipo de entidade familiar, tal distinção será perfeitamente legítima. É o caso, por exemplo, da diferença quanto aos requisitos para a comprovação do casamento e da união estável. O casamento é um instituto formal, solene, e permite às partes comprovarem o estado civil de casadas com a mera exibição da certidão matrimonial, independentemente de prova de convivência. Na verdade, duas pessoas poderiam se conhecer e se casar em período de tempo muito curto, e não haveria qualquer questionamento quanto ao estado civil de ambas. Da mesma forma, se os cônjuges entenderem que não há mais razões para o casamento perdurar, é preciso que passem por um procedimento igualmente formal e solene, ao fim do qual poderão exibir uma certidão que comprove o novo estado civil.

45. Diferentemente, a união estável pressupõe (como demonstra o próprio nome) que as partes estejam em uma relação constante e prolongada no tempo, com a finalidade de constituição de família. Este último elemento é o traço que a distingue, por exemplo, de outros tipos de relações amorosas informais. No entanto, não há formalidade para a constituição da união estável: ela decorre dos fatos da vida. É verdade que as partes podem comparecer a um cartório e registrar sua existência, mas esse registro será declaratório, e não constitutivo. Se a união estável existir, seu registro apenas refletirá um fato anterior. Já se não houver verdadeiramente uma união estável, o registro não passará de uma declaração falsa, pois não servirá para criá-la.

46. É justamente nesse ponto que se pode identificar o motivo pelo qual o texto constitucional optou por facilitar a conversão da união estável em casamento. Entra em cena a questão da segurança jurídica. A união estável depende da verificação de uma situação de fato. Não há um documento único que a constitua e que sirva de prova definitiva. Consequentemente, para todos os terceiros que se relacionam com os companheiros, e para a sociedade em geral, há um nível menor de segurança. Imagine-se o caso de um particular que deseja adquirir um imóvel de outro, que esteja registrado apenas no nome do vendedor. Não será possível ao comprador, por exemplo, saber se o vendedor vive em união estável, nem se o imóvel foi adquirido onerosamente durante a vigência da referida união, o que poderá gerar futuros riscos de questionamento da operação por parte de eventual companheira.

47. E a citada insegurança afeta também a Administração Pública em diversas situações. Uma delas, muito comum, é representada por um significativo número de processos judiciais em que, com o intuito de obter benefício previdenciário, a parte requerente busca comprovar a existência de uma união estável com o segurado falecido. Mais recentemente, mesmo na ausência de lei específica, alguns entes públicos passaram a estender aos servidores

em união estável direitos de servidores casados, exigindo, porém, requisitos diferenciados que permitam aferir com um mínimo de segurança a existência da união estável, como o registro da união em cartório[24]. Como se vê, a exigência de documentos que comprovem a existência de união estável não configura hierarquização entre tipos de família, pois decorre naturalmente das peculiaridades da entidade familiar. Tampouco representa distinção no grau de proteção estatal ao indivíduo, pois não confere a este menos direitos unicamente em razão de integrar uma ou outra forma de constituição de família.

48. Ante o exposto, conclui-se que a facilitação da conversão da união estável em casamento não reflete suposta preferência hierarquizada do casamento em relação à união estável. Representa, sim, o desejo estatal de garantir maior segurança jurídica nas relações sociais. Seria mais seguro e conveniente para o sistema jurídico que todas as uniões fossem formalizadas pelo casamento. Mas uma coisa é ser mais seguro, e outra, totalmente diferente, é constituir condição para que os indivíduos sejam tratados com igual respeito e dignidade. No julgamento da mencionada ADPF 132, o Min. Luiz Fux sintetizou o ponto com precisão:

> "Existe razoável consenso na ideia de que não há hierarquia entre entidades. Portanto, entre o casamento e a união estável heterossexual não existe, em princípio, distinção ontológica; o tratamento legal distinto se dá apenas em virtude da solenidade de que o ato jurídico do casamento – rectius, o matrimônio – se reveste, da qual decorre a segurança jurídica absoluta para as relações dele resultantes, patrimoniais (como, v.g., o regime de bens ou os negócios jurídicos praticados com terceiros) e extrapatrimoniais. A união estável, por seu turno, demandará, em muitos casos, a produção de outras provas facilmente substituídas, num casamento, pela respectiva certidão, mas, como entidades familiares, funcionarão substancialmente do mesmo modo."

49. Como decorrência lógica da inexistência de qualquer hierarquia entre as diferentes entidades familiares e do direito a igual proteção legal de todas as famílias, é inconstitucional o art. 1.790, do Código Civil, ao prever regimes sucessórios distintos para o casamento e para a união estável. Se o legislador civil entendeu que o regime previsto no art. 1.829 do CC/2002

24 É o caso, por exemplo, do deferimento de licença-gala para servidores que formalizam união estável quando a legislação apenas prevê o benefício na hipótese de casamento.

é aquele que melhor permite ao cônjuge viver sua vida de forma digna após o óbito de seu parceiro, não poderia, de forma alguma, estabelecer regime diverso e menos protetivo para o companheiro.

III. DIGNIDADE DA PESSOA HUMANA, PROIBIÇÃO DE PROTEÇÃO DEFICIENTE E VEDAÇÃO AO RETROCESSO

III.1. Violação ao princípio da dignidade da pessoa humana

50. Além de estabelecer uma inconstitucional hierarquização entre entidades familiares, o art. 1.790 do CC/2002 também viola o *princípio da dignidade da pessoa humana*. Como já defendi em trabalho doutrinário, a dignidade humana identifica (1) o valor intrínseco de todos os seres humanos, assim como (2) a autonomia de cada individuo, (3) limitada por algumas restrições legítimas impostas a ela em nome de valores sociais ou interesses estatais (valor comunitário)[25]. No caso da previsão de um regime sucessório diverso ao cônjuge e ao companheiro, há afronta tanto à dignidade na vertente do valor intrínseco, quanto à dignidade na vertente da autonomia, sem que haja qualquer valor social ou interesse estatal legítimo nessas limitações.

51. A dignidade como valor intrínseco postula que todos os indivíduos têm igual valor e por isso merecem o mesmo respeito e consideração[26]. Isso implica a proibição de discriminações ilegítimas devido à raça, cor, etnia, nacionalidade, sexo ou idade, e também devido à forma de constituição de família adotada. Se o Direito Sucessório brasileiro tem como fundamento a proteção da família, por meio da transferência de recursos para que os familiares mais próximos do falecido possam levar suas vidas adiante de forma digna, é incompatível com a ordem de valores consagrada pela Constituição de 1988 definir que cônjuges e companheiros podem receber maior ou menor proteção do Estado simplesmente porque adotaram um ou outro tipo familiar.

52. Já a dignidade como autonomia garante a todos os indivíduos a possibilidade de buscarem, da sua própria maneira, o ideal de viver bem e de ter uma vida boa. A autonomia privada consiste na capacidade de o indivíduo fazer escolhas pessoais ao longo da vida sem influências externas indevidas. Quanto maior a conexão dessas escolhas com o desenvolvimento da personalidade e a autorrealização individual, maior deve ser a proteção conferida à autonomia. Nesse sentido, não há dúvida de que a opção de constituir uma família, bem como de adotar uma determinada forma de consitituição familiar é uma das mais relevantes decisões existenciais. Trata-se de uma questão que

25 Luís Roberto Barroso, "Aqui, lá e em todo lugar": a dignidade humana no direito contemporâneo e no discurso transnacional, Revista dos Tribunais, vol. 919, p. 127, maio/2012.

26 Ronald Dworkin, The sovereign virtue: the theory and practice of equality, 2002, p. 1-7.

toca a intimidade de cada indivíduo, de sua vontade de seguir (ou não) tradições, crenças e sonhos, e de viver sua união segundo a sua própria concepção de vida boa. Porém, quando o Código Civil cria regimes sucessórios diversos para os casais casados e para os que vivem em união estável, restringe-se inequivocamente a autonomia de optar por um ou outro regime. Considerando-se que, na quase totalidade dos casos, o companheiro terá menos direitos sucessórios em relação ao cônjuge, o ordenamento jurídico impõe um ônus maior às famílias em união estável. Assim, acaba-se induzindo quem deseja viver em união estável a adotar o modelo do casamento, por receio de que seus parceiros não venham a fazer jus ao regime sucessório devido.

53. Não há que se falar aqui que a diferença de regimes sucessórios decorreria da própria autonomia da vontade, já que conferiria aos indivíduos a possibilidade de escolher o sistema normativo (casamento ou união estável) que melhor se ajusta aos projetos de vida de cada um. O que a dignidade como autonomia protege é a possibilidade de opção entre um e outro tipo de entidade familiar, e não entre um e outro regime sucessório. Pensar que a autonomia de vontade do indivíduo referente à decisão de casar ou não casar se resume à escolha do regime sucessório é amesquinhar o instituto e, de forma geral, a ideia de vínculos afetivos e de solidariedade. É pensar de forma anacrônica e desprestigiar o valor intrínseco da família, restringindo-a a um aspecto meramente patrimonial, como costumava ocorrer preteritamente à Constituição de 1988.

54. Em verdade, a ideia de se prever em lei um regime sucessório impositivo parte justamente da concepção de que, independentemente da vontade do indivíduo em vida, o Estado deve fazer com que ao menos uma parcela de seu patrimônio seja distribuída aos familiares mais próximos no momento de sua morte, de modo a garantir meios de sustento para o núcleo familiar. E não faz sentido desproteger o companheiro na sucessão legítima apenas porque não optou pelo casamento. O fato de as uniões estáveis ocorrerem com maior frequência justamente nas classes menos favorecidas e esclarecidas da população apenas reforça o argumento da impossibilidade de distinguir tais regimes sucessórios, sob pena de prejudicar justamente aqueles que mais precisam da proteção estatal e sucessória.

55. Diante do exposto, conclui-se que a diferenciação entre os regimes sucessórios do casamento e da união estável promovida pelo art. 1.790 do Código Civil de 2002 viola o princípio da dignidade da pessoa humana, tanto na dimensão do valor intrínseco, quanto na dimensão da autonomia. Além disso, ao outorgar ao companheiro direitos sucessórios distintos daqueles conferidos ao cônjuge pelo artigo 1.829, o CC/2002 produz lesão ao *princípio da proporcionalidade como proibição de proteção deficiente*[27].

27 Sobre o tema, ver: Daniel Sarmento, Cláudio Pereira de Souza Neto, Direito Constitucio-

III.2. Violação ao princípio da proporcionalidade

56. O princípio da proporcionalidade, tal como é hoje compreendido, não possui apenas uma dimensão negativa, relativa à *vedação do excesso*, que atua como limite às restrições de direitos fundamentais que se mostrem inadequadas, desnecessárias ou desproporcionais em sentido estrito. Ele abrange, ainda, uma dimensão positiva, referente à *vedação à proteção estatal insuficiente* de direitos e princípios constitucionalmente tutelados. A ideia nesse caso é a de que o Estado também viola a Constituição quando deixa de agir ou quando não atua de modo adequado e satisfatório para proteger bens jurídicos relevantes. Tal princípio tem sido aplicado pela jurisprudência desta Corte em diversas ocasiões para afastar a incidência de normas que impliquem a tutela deficiente de preceitos constitucionais[28].

57. No caso em discussão, a violação à proporcionalidade como vedação à proteção deficiente é bastante evidente. Como se viu, o conjunto normativo resultante do art. 1.790 do Código Civil veicula uma proteção insuficiente ao princípio da dignidade da pessoa humana em relação aos casais que vivem em união estável. A depender das circunstâncias, tal regime jurídico sucessório pode privar o companheiro supérstite dos recursos necessários para seguir com sua vida de forma digna. Porém, a deficiência da atuação estatal em favor da dignidade humana dos companheiros não é justificada pela tutela de nenhum outro interesse constitucional contraposto[29]. Conforme já analisado, não se pode defender uma preferência constitucional ao casamento para justificar a manutenção da norma do Código Civil menos protetiva da união estável em relação ao regime sucessório aplicável. À luz da Constituição de 1988, não há hierarquia entre as famílias e, por isso, não se pode desigualar o nível de proteção estatal a elas conferido.

nal: teoria, história e métodos de trabalho, 2014, p. 482 e sgs; Ingo Wolfgang Sarlet, A eficácia dos direitos fundamentais: uma teoria geral dos direitos fundamentais na perspectiva constitucional, 2015.

28 Nesse sentido, vejam-se: RE 418376. Rel. p/ acórdão Min. Joaquim Barbosa; ADI 3112, Rel. Min. Enrique Lewandowski; HC 104410, Rel. Min. Gilmar Mendes; e HC 16212, Rel. Min. Marco Aurélio.

29 A proteção insuficiente de determinado direito ou princípio constitucional é apurada através da aplicação dos subprincípios do princípio da proporcionalidade, devendo-se verificar, no caso concreto, "(a) se a sua omissão ou atuação deficiente contribuiu para a promoção de algum objetivo legítimo (subprincípio da adequação); (b) se não existia outro meio menos prejudicial àquele direito que favorecesse, em igual intensidade o citado objetivo (subprincípio da necessidade); e (c) se a promoção do referido objetivo compensa, sob o ângulo constitucional, a deficiência na proteção ou promoção do direito em discussão (subprincípio da proporcionalidade em sentido estrito)." (Cláudio Pereira de Souza Neto; Daniel Sarmento. Direito Constitucional: Teoria, História e Métodos de Trabalho, 2014, p. 481)

III.3. Violação ao princípio da vedação do retrocesso

58. Não bastasse, o art. 1.790 promove uma involução na proteção dos direitos dos companheiros que viola o *princípio da vedação ao retrocesso*[30]. Trata-se de princípio constitucional implícito, extraído dos princípios do Estado Democrático de Direito, da dignidade da pessoa humana e da máxima efetividade dos direitos fundamentais (art. 5º, §1º), que impede a retirada de efetividade das normas constitucionais. Entende-se que a Constituição estabelece para o legislador a obrigação de concretizar, por meio da legislação, os direitos fundamentais estabelecidos no texto constitucional. Como resultado, quando o legislador tenha cumprido tal função, impede-se tanto que (i) possa revogar tais concretizações sem aprovar legislação substitutiva, de modo a aniquilar a proteção constitucional conferida ao direito, quanto que (ii) possa editar legislação substitutiva que limite ou reduza, de forma arbitrária ou desproporcional, o grau de concretização do direito fundamental anteriormente em vigor.

59. O princípio não significa, por óbvio, que nenhum passo atrás possa ser dado na proteção de direitos. Isso limitaria excessivamente o exercício da função típica do Poder Legislativo e seria incompatível com o princípio democrático. Todavia, a proibição de retrocesso veda que, diante de uma mesma situação de fato, sejam implementadas involuções desproporcionais na proteção de direitos ou que atinjam o seu núcleo essencial.

60. Pois bem: não há dúvida de que o regime sucessório dos companheiros estabelecido pelo novo Código Civil representou uma involução desproporcional na proteção dos direitos fundamentais dos indivíduos que vivem em uniões estáveis. Antes do CC/2002, o regime jurídico sucessório da união estável estabelecido pelas Leis nº 8.971/1994 e nº 9.278/1996 era substancialmente igual àquele previsto para o casamento no CC/1916, então vigente. Cônjuges e companheiros ocupavam a mesma posição na ordem de vocação hereditária (ambos ficavam atrás dos descendentes e dos ascendentes), possuíam idêntico direito à meação, e ostentavam tanto o direito de usufruto, quanto o direito real de habitação. Tais leis, portanto, concretizaram o imperativo constitucional de proteção às famílias (independentemente de seu modo de constituição), previsto no art. 226 da Carta de 1988.

---

30 Sobre o tema, ver: Christian Courtis (org.), Ni un paso atrás: La prohibición de regresividad en material de derechos sociales, 2006; Luís Roberto Barroso e Ana Paula de Barcellos, O começo da história. A nova interpretação constitucional e o papel dos princípio no direito brasileiro. In: A nova interpretação constitucional: ponderação, direitos fundamentais e relações privadas, 2003, p. 370. Felipe Derbli, Proibição de retrocesso social: uma proposta de sistematização à luz da Constituição de 1988, In: A reconstrução democrática do direito público no Brasil, 2007; Ingo Wolfgang Sarlet. Proibição de retrocesso, dignidade da pessoa humana e direitos sociais: manifestação de um constitucionalismo dirigente possível, Revista Eletrônica sobre a Reforma do Estado, n. 15, set.-nov./2008.

61. Porém, conforme exposto ao longo deste voto, o Código Civil de 2002 aprovou regulamentação alternativa que simplesmente anulou boa parte da proteção sucessória conferida pelas Leis nº 8.971/1994 e nº 9.278/1996 aos companheiros. No que concerne a essa involução, convém destacar que a proposta de redação originária do artigo do CC/2002 que versava sobre regime sucessório foi elaborada em 1985, antes mesmo da edição da Constituição de 1988. Embora tenham transcorrido mais de quinze anos entre o projeto original da norma sobre o regime sucessório dos companheiros e a efetiva promulgação do Código Civil (em 2002), a proposta permaneceu praticamente inalterada. Não foram consideradas em sua elaboração nem a completa alteração dos paradigmas familiares pela nova Constituição, nem a igualação dos regimes sucessórios de cônjuges e companheiros pelas leis posteriores. Nesse sentido, veja-se que o relatório geral da Comissão Especial do Código Civil apontou uma preferência expressa pelo instituto do matrimônio como fundamento do regime sucessório dos companheiros aprovado pelo CC/2002[31]:

> "As diretrizes imprimidas à elaboração do Projeto, fiéis nesse ponto às regras constitucionais e legais vigorantes, aconselham ou, melhor dizendo, impõem um tratamento diversificado, no plano sucessório, das figuras do cônjuge supérstite e do companheiro sobrevivo, notadamente se ocorrer qualquer superposição ou confusão de direitos à sucessão aberta. Impossibilitado que seja um tratamento igualitário, inclusive por descaracterizar tanto a união estável – enquanto instituição-meio -- quanto o casamento – enquanto instituição-fim – na conformidade do preceito constitucional. (...) Tomamos assim como diretrizes básicas, na caracterização dos direitos sucessórios do cônjuge e do convivente, a prevalência da relação matrimonial em confronto com o relacionamento estável"

62. Percebe-se assim que, nesse aspecto, o Código Civil de 2002 foi anacrônico e representou um retrocesso vedado pela Constituição na proteção legal dasfamílias constituídas por união estável. O regime sucessório da união estável traçado pelo CC/2002 ignorou as grandes transformações promovidas pela CF/1988, que funcionalizou a família em favor do indiví-

---

31 Relatório Geral da Comissão Especial do Código Civil. Parecer final às emendas do Senado Federal feitas ao Projeto de Lei da Câmara nº 118, de 1984, que institui o Código Civil. Relator-Geral: Deputado Ricardo Fiuza, volume 1, p. 44.
V. http://www.camara.gov.br/Internet/comissao/index/esp/CEPL634_parecer%20do%20relator.pdf.

duo, e, assim, jogou por terra a evolução legislativa infraconstitucional, que, seguindo a nova orientação constitucional, havia cuidado de aproximar os direitos de cônjuges e companheiros, tendo como norte a ideia de que ambos merecem igual proteção.

63. Fica claro, portanto, que o art. 1.790 do CC/2002 é incompatível com a Constituição Federal. Além da afronta à *igualdade de hierarquia entre entidades familiares*, extraída do art. 226 da Carta de 1988, violou outros três princípios constitucionais, (i) o da *dignidade da pessoa humana*, (ii) o da *proporcionalidade como vedação à proteção deficiente*, e (iii) o da *vedação ao retrocesso*.

Parte III

A SOLUÇÃO DA CONTROVÉRSIA

I. O EXAME DO CASO CONCRETO

64. Fixadas as premissas jurídicas que devem orientar a análise de qualquer situação em que esteja em jogo o regime sucessório entre companheiros, é possível alcançar a solução para o caso versado no presente recurso. A decisão impugnada aplicou o texto literal do art. 1.790 do CC/2002, de modo que à companheira do falecido apenas foi reconhecido o direito a um terço dos bens adquiridos onerosamente na constância da união estável. O restante do patrimônio foi conferido aos três irmãos do falecido.

65. No entanto, como se demonstrou anteriormente, a redação do art. 1.790 do CC/2002 não encontra amparo na Constituição de 1988. Trata-se de norma discriminatória e anacrônica, que busca hierarquizar entidades familiares de diferentes tipos, em violação à igualdade entre as famílias e aos princípios da dignidade da pessoa humana, da proporcionalidade como vedação à proteção deficiente e da vedação ao retrocesso. No caso dos autos, tal dispositivo produz como resultado a redução da proteção sucessória da companheira unicamente em razão da não conversão de sua união em casamento. Consequentemente, a decisão recorrida (assim como qualquer decisão que se fundamente na regra do art. 1.790 do CC/2002) merece reparo.

66. É preciso, no entanto, esclarecer qual regramento é aplicável para reger a sucessão dos companheiros, tendo em vista a exclusão do art. 1.790 do mundo jurídico. Nesse ponto, duas alternativas poderiam ser aventadas. A primeira delas parte da ideia de que, retirada a validade da norma pela declaração de sua inconstitucionalidade, as relações jurídicas devem ser regidas pela norma anteriormente existente, que supostamente havia sido retirada do ordenamento pela norma declarada inválida. Na presente hipótese, isso significaria restabelecer a validade do regime estabelecido pelas Leis nº

8.971/1994 e 9.278/1996. Já a segunda alternativa se funda na concepção de que se deve garantir regimes sucessórios iguais a cônjuges e companheiros, de modo a não promover uma diferenciação ilegítima dessas duas formas de constituição familiar. Como resultado, no caso, o regime estabelecido pelo próprio CC/2002 para os cônjuges seria estendido aos companheiros.

67. A solução mais acertada é justamente esta última. Se é verdade que o CC/2002 criou uma involução inconstitucional em seu art. 1.790 em relação ao companheiro, é igualmente certo que representou razoável progresso no que concerne ao regramento sucessório estabelecido no art. 1.829 para o cônjuge. No citado artigo 1.829, reforça-se a proteção estatal aos parceiros remanescentes do falecido, tanto pela sua elevação à condição de herdeiro necessário, como pelos critérios de repartição da herança mais protetivos em comparação com a legislação até então existente. Considerando-se, então, que não há espaço legítimo para que o legislador infraconstitucional estabeleça regimes sucessórios distintos entre cônjuges e companheiros, chega-se à conclusão de que a lacuna criada com a declaração de inconstitucionalidade do art. 1.790 do CC/2002 deve ser preenchida com a aplicação do regramento previsto no art. 1.829 do CC/2002, e não daquele estabelecido nas leis revogadas. Logo, tanto a sucessão de cônjuges como a sucessão de companheiros devem seguir, a partir da decisão desta Corte, o regime atualmente traçado no art. 1.829 do CC/2002.

68. Por fim, é importante observar que o tema possui enorme repercussão na sociedade, em virtude da multiplicidade de sucessões de companheiros ocorridas desde o advento do CC/2002. Assim, levando-se em consideração o fato de que as partilhas judiciais e extrajudiciais que versam sobre as referidas sucessões encontram-se em diferentes estágios de desenvolvimento (muitas já finalizadas sob as regras antigas), entendo ser recomendável *modular os efeitos da aplicação do entendimento ora afirmado*. Assim, com o intuito de reduzir a insegurança jurídica, entendo que a solução ora alcançada deve ser aplicada apenas aos processos judiciais em que ainda não tenha havido trânsito em julgado da sentença de partilha, assim como às partilhas extrajudiciais em que ainda não tenha sido lavrada escritura pública.

CONCLUSÃO

69. Ante o exposto, dou provimento ao recurso para reconhecer de forma incidental a inconstitucionalidade do art. 1.790 do CC/2002, por violar a igualdade entre as famílias, consagrada no art. 226 da CF/1988, bem como os princípios da dignidade da pessoa humana, da vedação ao retrocesso e da proteção deficiente. Como resultado, declaro o direito da recorrente a participar da herança de seu companheiro em conformidade com o regime jurídico estabelecido no art. 1.829 do Código Civil de 2002.

70. Assento, para fins de repercussão geral, a seguinte tese: "*É inconstitucional a distinção de regimes sucessórios entre cônjuges e companheiros prevista no art. 1.790 do CC/2002, devendo ser aplicado, tanto nas hipóteses de casamento quanto nas de união estável, o regime do art. 1.829 do CC/2002*"

É como voto.

ANEXO II

Enunciados do IBDFAM – Instituto Brasileiro de Direito de Família

Enunciado 1. A Emenda Constitucional 66/2010, ao extinguir o instituto da separação judicial, afastou a perquirição da culpa na DISSOLUÇÃO do casamento e na quantificação dos alimentos.

Enunciado 2. A separação de fato põe fim ao regime de bens e importa extinção dos deveres entre cônjuges e entre companheiros.

Enunciado 3. Em face do princípio da igualdade das entidades familiares, é inconstitucional o tratamento discriminatório conferido ao cônjuge e ao companheiro.

Enunciado 4. A constituição de entidade familiar paralela pode gerar efeito jurídico.

Enunciado 5. Na adoção, o princípio do superior interesse da criança e do adolescente deve prevalecer sobre a família extensa.

Enunciado 6. Do reconhecimento jurídico da filiação socioafetiva decorrem todos os direitos e deveres inerentes à autoridade parental.

Enunciado 7. A posse de estado de filho pode constituir paternidade e maternidade.

Enunciado 8. O abandono afetivo pode gerar direito à reparação pelo dano causado.

Enunciado 9. A multiparentalidade gera efeitos jurídicos.

Enunciado 10. É cabível o reconhecimento do abandono afetivo em relação aos ascendentes idosos.

Enunciado 11. Na ação destinada a dissolver o casamento ou a união estável, pode o juiz disciplinar a custódia compartilhada do animal de estimação do casal.

Enunciado 12. É possível o registro de nascimento dos filhos de casais homoafetivos, havidos de reprodução assistida, diretamente no Cartório do Registro Civil.

Enunciado 13. Na hipótese de adoção *intuitu personae* de criança e de adolescente, os pais biológicos podem eleger os adotantes.

Enunciado 14. Salvo expressa disposição em contrário, os alimentos fixados *ad valorem* incidem sobre todos os rendimentos percebidos pelo alimentante que possua natureza remuneratória, inclusive terço constitucional de férias, 13º salário, participação nos lucros e horas extras.

Enunciado 15. Ainda que casado sob o regime da separação convencional de bens, o cônjuge sobrevivente é herdeiro necessário e concorre com os descendentes.

Enunciado 16. Mesmo quando houver testamento, sendo todos os interessados capazes e concordes com os seus termos, não havendo conflito de interesses, é possível que se faça o inventário extrajudicial.

Enunciado 17. A técnica de ponderação, adotada expressamente pelo art. 489, § 2º, do Novo CPC, é o meio adequado para a solução de problemas práticos atinentes ao Direito das Famílias e das Sucessões.

Enunciado 18. Nas ações de divórcio e de dissolução da união estável, a regra deve ser o julgamento parcial do mérito (art. 356 do Novo CPC), para que seja decretado o fim da conjugalidade, seguindo a demanda com a discussão de outros temas.

Enunciado 19. O rol do art. 693 do Novo CPC é meramente exemplificativo, e não taxativo.

Enunciado 20. O alimentante que, dispondo de recursos econômicos, adota subterfúgios para não pagar ou para retardar o pagamento de verba alimentar, incorre na conduta descrita no art. 7º, inc. IV da Lei nº 11.340/2006 (violência patrimonial).

REFERÊNCIAS BIBLIOGRÁFICAS

A

ABREU, Célia Barbosa. *Curatela & Interdição Civil*. Rio de Janeiro: Lumen Juris, 2009.

AMARAL, Francisco. *Direito civil: introdução*. 3. ed. Rio de Janeiro: Renovar, 2000.

______. *Direito civil: introdução*. 6. ed. Rio de Janeiro: Renovar, 2006.

ANDRADE, Manuel A. de. *Teoria geral da relação jurídica*. Vol. I. Coimbra: Livraria Almedina, 1997.

AQUINO, São Tomás de. *Suma de Teología*. 4. ed. Madri: Biblioteca de Autores Cristianos, 2001.

ASCENÇÃO, José de Oliveira. *O direito: introdução e teoria geral*. 2.ed Rio de Janeiro: Renovar, 2001.

ÁVILA, Humberto. *Teoria dos Princípios: da definição à aplicação dos princípios jurídicos*. 5ª ed. São Paulo: Malheiros, 2006.

AZEVEDO, Antônio Junqueira de. *Negócio jurídico: existência, validade e eficácia*. 4. ed. São Paulo: Saraiva, 2007.

B

BARACHO, José Alfredo de Oliveira. *Direito Processual Constitucional*. Belo Horizonte: Fórum, 2006.

BARBOZA, Heloísa Helena. *Perspectivas do direito civil brasileiro para o próximo século*. In *Revista da Faculdade de Direito*, RJ: UERJ/ Renovar, 1998-1999.

______. BARBOZA, Heloisa Helena. Efeitos jurídicos do parentesco socioafetivo. In: *Revista da Faculdade de Direito da UERJ-RFD*, v.2, n. 24, 2013

BARCELLOS, Ana Paula. *A Eficácia Jurídica dos Princípios Constitucionais*. O princípio da Dignidade da Pessoa Humana. Rio de Janeiro: Renovar, 2002.

BARROSO, Luís Roberto. *O direito constitucional e a efetividade de suas normas*. 5. ed. Rio de Janeiro: Renovar, 2001.

______. *Curso de Direito Constitucional Contemporâneo*. Os conceitos fundamentais e a construção do novo modelo. São Paulo: Saraiva, 2009.

______. *Fundamentos Teóricos e Filosóficos do Novo Direito Constitucional Brasileiro*. Revista de Direito da Procuradoria Geral do Estado do Rio de Janeiro. Rio de Janeiro, volume 54, 2001, p. 72.

______. *A Dignidade da Pessoa Humana no Direito Constitucional Contemporâneo*: Natureza Jurídica, Conteúdos Mínimos e Critérios de Aplicação. Disponível em: <http://www.luisrobertobarroso.com.br/wp-content/uploads/2010/12/Dignidade_texto-base_11dez2010.pdf>. Acesso em: 10 fev. 2014.

BEVILÁQUA, Clóvis. *Código civil dos Estados Unidos do Brasil comentado por Clóvis Beviláqua*. V. 1. Edição histórica. Rio de Janeiro: Rio, 1976.

______. *Código civil comentado*. Vol. IV. Rio de Janeiro: Rio, 1976.

______. *Direito das obrigações*. Bahia: José Luiz da Fonseca Magalhães, 1896.

BITTAR, Carlos Alberto. *Os direitos da personalidade*. 7. ed. Rio de Janeiro: Forense Universitária, 2004.

BODIN DE MORAES, Maria Celina. *Princípios do direito civil contemporâneo*. Rio de Janeiro: Renovar, 2006.

______. *Constituição e direito civil: tendências*. Revista Direito,Estado e Sociedade, n. 15, Rio de Janeiro: PUC-Rio. Ago.-dez. 1999.

______. *Um ano histórico para o direito de família*. Editorial à Civilistica.com. Rio de Janeiro, a. 5, n. 2, 2016. Disponível em:< http://civilistica.com/wp-content/uploads/2016/12/Editorial-civilistica.com-a.5.n.2.2016.pdf>. Acesso em: 21 jan. 2017

BOÉCIO. *Escritos* (OPUSCULA SACRA). Tradução, introdução, estudos introdutórios e notas Juvenal Savian Filho. Prefácio de Marilena Chauí. São Paulo: Martins Fontes, 2005.

BONAVIDES, Paulo. *Curso de Direito Constitucional*. 8. ed. São Paulo: Malheiros, 1999. p. 525.

C

CANELLAS, Alfredo. *Constituição interpretada pelo STF, tribunais superiores e textos legais*. 2. ed. Rio de Janeiro: Freitas Bastos, 2006.

CANOTILHO, José Joaquim Gomes. *Direito constitucional e teoria da constituição*. 7. ed. Coimbra: Almedina, 2003.

CANOTILHO, Joaquim José Gomes. *Direito Constitucional e Teoria da Constituição*. 7.ed. Coimbra: Almedina, 2010.

CARPENA, Heloísa. *Abuso do direito no código de 2002: relativização de direitos na ótica civil-constitucional*. In: TEPEDINO, Gustavo. A parte geral do novo código civil: estudos na perspectiva civil-constitucional. Rio de Janeiro: Renovar, 2002.

CARVALHO FILHO, José dos Santos. *Manual de direito administrativo*. 15. ed. Rio de Janeiro: Lumen Juris, 2006, p. 373.

CARVALHO SANTOS, J. M. de. *Código civil brasileiro interpretado*. 5. ed. Vol. III. Rio de Janeiro: Freitas Bastos, 1953.

______. *Código civil brasileiro interpretado.* Vol. I. 6. ed. Rio de Janeiro: Freitas Bastos. 1955.

______. *Código civil brasileiro interpretado.* Vol. XI. 6. ed. Rio de Janeiro: Freitas Bastos, 1953.

______. *Código civil brasileiro interpretado.* 6. ed. Vol XIII. Rio de Janeiro: Freitas Bastos, 1955.

CASTRO, Isabele Soares de. *Da Emenda Constitucional n. 66/2010 e a polêmica quanto à permanência do instituto da separação judicial no ordenamento jurídico brasileiro.* In: *Revista Interdisciplinar da Faculdade de Direito de Valença.* Disponível em: < http://faa.edu.br/revistas/fdv-2012>. Acesso em: 20 jan. 2017.

______; PIERRI, Jean Carlos Cardoso. *O Reconhecimento dos Efeitos Positivos da Putatividade na União Estável, em Obediência aos Princípios da Isonomia e da Dignidade da Pessoa Humana.* In: PEREIRA, Antônio Celso Alves; MELLO, Cleyson de Moraes. Hermenêutica, Direitos Fundamentais e Dignidade da Pessoa Humana: Primeiras Linhas. Juiz de Fora, Editar, 2011, p. 79-80.

CAVALIERI FILHO, Sérgio. *Programa de responsabilidade civil.* 6. ed. São Paulo: Malheiros, 2005.

______. DIREITO, C. A. M.; Comentários ao novo código civil. *Revista IOB de Direito de Família*, n° 54, vol. XIII. Rio de Janeiro: Forense, 2004. jun--jul/09, p. 101.

CHAVES, Antônio. *Tratado de direito civil. Volume II.* Direito das obrigações. Tomo I. 3. ed. São Paulo: Revista dos Tribunais, 1984.

CAHALI, Yussef Said. *Dos alimentos.* 2. ed. São Paulo: Revista dos Tribunais, 1993.

CHOERI, Raul Cleber da Silva. *O Conceito de Identidade e a Redesignação Sexual.* Rio de Janeiro: Renovar, 2004.

CUNHA GONÇALVES, Luiz da. *Tratado de direito civil.* Vol. I, Tomo I, 2. ed. São Paulo: Max Limonad, 1955.

______.*Vol. III*, Tomo II. São Paulo: Max Limonad, 1956.

______.*Vol. IV*. Tomo II. São Paulo: Max Limonad, 1958.

______.*Vol. V.* Tomo I. São Paulo: Max Limonad, 1955.

D

DANTAS, San Tiago. *Programa de direito civil II: Aulas proferidas na Faculdade Nacional de Direito, fim de 1943 – 1945.* Rio de Janeiro: Rio, 1978.

DE RUGGIERO, Roberto. *Instituições de direito civil.* Vol. I. São Paulo: Saraiva, 1972.

DELGADO, José Augusto. *Comentários ao novo código civil.* Volume XI. Tomo II. Rio de Janeiro: Forense, 2004.

DIAS, Maria Berenice. *Manual de Direito das Famílias.* 11. ed. São Paulo: Revista dos Tribunais, 2016.

______. *Manual de Direito das Famílias*. 6.ed. São Paulo: Revista dos Tribunais, 2010.

DINIZ, Maria Helena. *Norma constitucional e seus efeitos*. 6. ed. São Paulo: Saraiva, 2003.

DIREITO, Carlos Alberto Menezes; CAVALIERI FILHO, Sérgio. *Comentários ao novo código civil*. Volume XIII. Rio de Janeiro: Forense, 2004.

______. *Comentários ao novo código civil*. Revista IOB de Direito de Família, n° 54, vol. XIII. Rio de Janeiro: Forense, 2004. jun-jul/09, p. 101.

F

FACHIN, Luiz Edson. *Estabelecimento da filiação e paternidade presumida*. Porto Alegre: Fabris, 1992.

FACHIN, Luiz Edson. *Comentários ao novo código civil*. Volume XVIII. Rio de Janeiro: Forense, 2004, p. 29.

FARIAS, Cristiano Chaves de; ROSENVALD, Nélson. *Direito civil: teoria geral*. 6. ed. Rio de Janeiro: Lumen Juris, 2007.

______. *Direito das obrigações*. Rio de Janeiro: Lumen Juris, 2006.

FLORENCE, Tatiana Magalhães. *Aspectos pontuais da cláusula penal*. In: TEPEDINO, Gustavo. Obrigações: estudos na perspectiva civil-constitucional. Rio de Janeiro: Renovar, 2005.

FRAGA, Thelma Araújo Esteves; MELLO, Cleyson de Moraes. *Direito civil: introdução e parte geral*. Niterói: Impetus, 2004.

FRAGA, Thelma Araújo Esteves. *A Guarda e o Direito à Visitação sob o Prisma do Afeto*. Niterói, RJ: Impetus, 2005.

FORBES, Jorge; FERRAZ JUNIOR, Tercio Sampaio; REALE JÚNIOR, Miguel (Org.). *A Invenção do Futuro:* Um debate sobre a pós-modernidade e a hipermodernidade. Barueri: Manole, 2005

FULGÊNCIO, Tito. In: LACERDA, Paulo. *Manual do código civil brasileiro: do direito das obrigações*. Vol X. Rio de Janeiro: Jacintho Ribeiro dos Santos, 1928, p. 15.

G

GADAMER, Hans-Georg. *Verdade e método: traços fundamentais de uma hermenêutica filosófica*. Tradução Flávio Paulo Meurer. Petrópolis: Vozes, 1997.

GAIO JÚNIOR, Antônio Pereira. *Tutela Específica das Obrigações de Fazer*. 6.ed. Curitiba: Juruá Editora, 2016.

GAMA, Guilherme Calmon Nogueira da. *A Nova Filiação – O Biodireito e as Relações Parentais*. Rio de Janeiro: Renovar, 2003

GOMES, Orlando. *Introdução ao direito civil*. 19. ed. Rio de Janeiro: Forense, 2007.

______. *Obrigações*. 17. ed. Rio de Janeiro: Forense, 2007.

GONÇALVES, Carlos Roberto. *Direito civil brasileiro: parte geral*. Vol. I. São Paulo: Saraiva, 2003.

______. *Direito civil brasileiro*. Vol. II: Teoria geral das obrigações. São Paulo: Saraiva, 2004.

______. *Direito Civil Brasileiro*. v. VI. São Paulo: Saraiva, 2005

GRAU, Eros Roberto; GUERRA FILHO, Willis Santiago. *Direito constitucional: estudos em homenagem a Paulo Bonavides*. São Paulo: Malheiros, 2001.

GRONDIN, Jean. *Introdução à hermenêutica filosófica*. Tradução: Benno Dischinger. São Leopoldo: Unisinos, 1999.

GUASTINI, Ricardo. *Estudios de teoria constitucional*. UNAM/Fontamara, México, 2003.

GUSMÃO, Paulo Dourado de. *Introdução ao estudo do direito*. 33. ed. Rio de Janeiro: Forense, 2003.

H

HABERMAS, Jürgen. *Um Ensaio sobre a Constituição da Europa*. Tradução de Mirian Toldy; Teresa Toldy. Lisboa: Edições 70, 2012.

HEIDEGGER, Martin. *Sobre o Humanismo*. Tradução de Emmanuel Carneiro Leão. 2.ed. Rio de Janeiro: Tempo Brasileiro, 1995.

______. *Ser e Tempo*. Parte I. Tradução de Márcia Sá Cavalcante Schuback. 12.ed. Petrópolis: Vozes, 2002.

HENRIQUES, Rodrigo Arruda de Holanda; LEITE, Tatiana Henriques. *Bioética em reprodução humana assistida: influência dos fatores sócio-econômicoculturais sobre a formulação das legislações e guias de referência no Brasil e em outras nações*. In: *Physis Revista de Saúde Coletiva*, Rio de Janeiro, 24 [1]: 31-47, 2014

HOFFE, Otfried. *Immanuel Kant*. Tradução Christian Viktor Hamm e Valerio Rohden. São Paulo: Martins Fontes, 2005.

HIRONAKA, Giselda. *Principiologia contratual e a valoração ética no Código Civil Brasileiro*. Civilistica.com. Rio de Janeiro, a. 3, n. 1, jan.-jun./2014. Disponível em: <http://civilistica.com/principiologia-contratual-e-a-valoracao-etica-no-codigo-civil-brasileiro/>. 03 out. 2016.

K

KANT, Immanuel. *Crítica da razão prática*. Tradução Valerio Rohden. São Paulo: Martins Fontes, 2002.

______. *Fondements de la métaphysique des Moeurs*. Paris: Librairie Philosophique J. Vrin, 1992.

KELSEN, Hans. *Teoria pura do direito*. Tradução João Baptista Machado. São Paulo: Martins Fontes, 1995.

L

LACERDA, Bruno Amaro. *A Dignidade Humana Em Giovanni Pico Della Mirandola. In:* Revista *Legis Augustus* (Revista Jurídica) Vol. 3, n. 1, p. 16-23, setembro 2010.

LARENZ, Karl. *Derecho civil: parte general*. Traducción y notas de Miguel Izquierdo y Macías-Picavea. Madrid: Editoriales de Derecho Reunidas, 1978.

_______. *Derecho justo: fundamentos de ética jurídica*. Tradução: Luis Díe-z-Picazo. Madrid: Civitas, 2001.

LARENZ, Karl. *Metodologia da Ciência do Direito*. Lisboa: Fundação Calouste Gulbenkian, 1997.

LEAL, Câmara. *Da prescrição e da decadência*, n. 96, p. 146. In: THEODORO JÚNIOR, Humberto. Comentários ao novo código civil. 2. ed. Vol. III, Tomo II. Rio de Janeiro: Forense, 2003.

LEITE, Tatiana Henriques; HENRIQUES, Rodrigo Arruda de Holanda. *Bioética em reprodução humana assistida: influência dos fatores sócio-econômicoculturais sobre a formulação das legislações e guias de referência no Brasil e em outras nações*. In: Physis Revista de Saúde Coletiva, Rio de Janeiro, 24 [1]: 31-47, 2014

LIPOVETSKY, Gilles. *A Sociedade Pós-Moralista:* O crepúsculo do dever e a ética indolor dos novos tempos democráticos. Tradução Armando Braio Ara. Barueri, São Paulo: Manole, 2005.

LÔBO, Paulo. *Direito Civil: Famílias*. São Paulo: Saraiva, 2008.

_______. *Guarda e convivência dos filhos após a lei n. 11.698/2008*. Revista brasileira de direito das famílias e sucessões, v.6. Porto Alegre: Magister; Belo Horizonte: IBDFAM, out. nov. 2008.

M

MADALENO, Rolf. *Alimentos e sua restituição judicial*. Revista Jurídica, Porto Alegre, n.211, p.5, maio 1995.

_______. *Curso de Direito de Família*. Rio de Janeiro: Forense, 2008, p.66

_______. *Direito de Família*, 7.ed. São Paulo: Forense, 11/2016. VitalBook file.

_______. *Obrigação, dever de assistência e alimentos transitórios*. In: R. CEJ, Brasília, n. 27, p. 69-78, out./dez. 2004, p.76-77

MARTÍNEZ, Gregorio Peces-Barba. *Lecciones de derechos fundamentales*. Madrid: Dykinson, 2004.

MARTINS-COSTA. Judith. *Comentários ao novo código civil*. Volume V. Tomo I. 2. ed. Rio de Janeiro: Freitas Bastos, 2006.

MARTINS FILHO, Ives Gandra. *O que significa dignidade da pessoa humana?* Jornal Correio Braziliense de 08-09-08. p. 27.

MASSAÚ, Guilherme Camargo. *Dignidade Humana e Marsilio Ficino: a* perspectiva do Renascimento. In: *Revista Direitos Humanos e Democracia* Unijuí: Unijuí, ano 2, n. 3, jan./jun, 2014.

MELLO, Cleyson de Moraes. *Hermenêutica e direito.* Rio de Janeiro: Freitas Bastos, 2006.

______. *Introdução ao estudo do direito.* Rio de Janeiro: Freitas *Bastos, 2006.*

______. *Código civil interpretado.* Rio de Janeiro: Freitas Bastos, 2007.

______; FRAGA, Thelma Araújo Esteves (Orgs.). *Direitos humanos: coletânea de legislação.* Rio de Janeiro: Freitas Bastos Editora. 2003.

______. *Direito civil: introdução e parte geral.* Niterói: Impetus, 2005.

MELLO, Marcos Bernardes de. *Teoria do fato jurídico: plano da existência.* 13. ed. São Paulo: Saraiva, 2007.

MIRANDA, Jorge. *Manual de Direito Constitucional.* v.4. Coimbra: Coimbra Editores, 1988.

MONTEIRO, Washington de Barros. *Curso de direito civil: direito das obrigações.* 1ª Parte. Vol. 4. 32. ed. São Paulo: Saraiva, 2003.

MORENTE, Manuel García. *Fundamentos de filosofia: lições preliminares.* Tradução Guillermo de la Cruz Coronado. 8. ed. São Paulo: Mestre Jou, 1980.

MÜLLER, Friedrich. *Métodos de trabalho do direito constitucional.* 3. ed. Rio de Janeiro: Renovar, 2005.

N

NADER, Paulo. *Introdução ao estudo do direito.* 21. ed. Rio de Janeiro: Forense, 2001.

______. NADER, Paulo. *Curso de Direito Civil*: Direito de Família. Vol.5. Rio de Janeiro: Forense, 2016.

NEGREIROS, Teresa. *Teoria do Contrato* – novos paradigmas. Rio de Janeiro. Renovar. 2002.

NEVES, Castanheira. *O actual problema metodológico da interpretação jurídica* – I. Coimbra: Coimbra Editores, 2003.

NEVES, José Roberto de Castro. *Uma introdução ao direito civil.* Parte geral. Rio de Janeiro: Letra Legal, 2005, p. 123-124.

NERY JÚNIOR, Nélson; ANDRADE NERY, Rosa Maria de. *Código civil comentado.* 4. ed. São Paulo: Revista do Tribunais, 2006.

NOVAIS, Jorge Reis. *Direitos fundamentais: trunfos contra a maioria.* Coimbra: Coimbra Editora, 2006.

O

OLIVEIRA, J. M. Leoni Lopes de. *Introdução ao direito.* Rio de Janeiro: Lumen Juris, 2004.

______. *Novo código civil anotado.* Vol. I. Rio de Janeiro: Lúmen Júris, 2004.

______. *Novo código civil anotado.* 2. ed. Vol. II. Rio de Janeiro: Lumen Juris, 2003.

OLIVEIRA, Carlos Santos de. *Da prova dos negócios jurídicos*. In: TEPEDINO, Gustavo. A parte geral do novo código civil: estudos na perspectiva constitucional. Rio de Janeiro: Renovar, 2002.

OLIVEIRA, Manfredo Araújo de. *Reviravolta Lingüístico-Pragmática na Filosofia Contemporânea*. 2.ed. São Paulo: Loyola, 2001b. p.232.

P

PECES-BARBA, Gregorio; FERNÁNDEZ, Eusebio; ASÍS, Rafael de. *Curso de teoría del derecho.* 2. ed. Madrid: Marcial Pons, 2000.

PEREZ LUNO, Antonio-Enrique. *Los derechos fundamentales*. 8. ed. Madrid: Tecnos, 2004.

PEREIRA, Caio Mário da Silva. *Instituições de direito civil: teoria geral das obrigações*. V. II, 20. ed. Rio de Janeiro: Forense, 2003.

PEREIRA, Rodrigo da Cunha. *Comentários ao Novo Código Civil*. Vol. XX. Rio de Janeiro: Forense, 2007, p. 5-6.

PETRILLO, Regina Pentagna. Amor: desencontro e solidão, em Dias perdidos, de Lúcio Cardoso. In: *Revista Interdisciplinar da Faculdade de Direito de Valença*, v.8, 2011, p.209-210. Disponível em: < http://faa.edu.br/revistas/docs/RID/2011/RID_2011_14.pdf>. Acesso em: 28 jan. 2017.

PIERRI, Jean Carlos Cardoso; CASTRO, Isabele Soares de. *O Reconhecimento dos Efeitos Positivos da Putatividade na União Estável, em Obediência aos Princípios da Isonomia e da Dignidade da Pessoa Humana*. In: PEREIRA, Antônio Celso Alves; MELLO, Cleyson de Moraes. Hermenêutica, Direitos Fundamentais e Dignidade da Pessoa Humana: Primeiras Linhas. Juiz de Fora, Editar, 2011, p. 79-80.

PIOVESAN, Flávia. *Direitos Humanos e o Direito Constitucional Internacional*. 13. ed. São Paulo: Saraiva, 2012.

PONTES DE MIRANDA. *Tratado de direito privado*. Parte especial. Tomo XXII. 2. ed. Rio de Janeiro: Borsoi, 1958.

______. *Tratado de direito privado. Parte especial.* Tomo XXIII. 2. ed. Rio de Janeiro: Borsoi, 1958.

______. *Tratado de direito privado. Parte especial.* Tomo XXIV. 2.ed. Rio de Janeiro: Borsoi, 1959.

Q

QUEIROZ, Cristina. *Direitos Fundamentais Sociais*. Coimbra: Coimbra, 2006.

QUINTANA, Mário. *Poesia completa*. Rio de Janeiro: Nova Aguilar, 2005.

R

RÁO, Vicente. *Ato jurídico*. 4. ed. São Paulo: Revista dos Tribunais, 1997.

______. *O direito e a vida dos direitos*. 4. ed. V. 2. São Paulo: Revista dos Tribunais, 1997.

REALE, Miguel. *Filosofia do direito*. 19. ed. São Paulo: Saraiva, 1999.

______. *Lições preliminares de direito*. 27. ed. São Paulo: Saraiva, 2003.

RENNER, Rafael Henrique. *O novo direito contratual: a tutela do equilíbrio contratual no código civil*. Rio de Janeiro: Freitas Bastos, 2007.

RIBEIRO, Joaquim de Souza. *O problema do contrato: as cláusulas contratuais gerais e o princípio da liberdade contratual*. Coimbra: Almedina, 2003.

RODRIGUES, Ricardo Antonio. *A Pessoa Humana é Relação*. In: Thaumazein, Ano IV, número 08, Santa Maria (Dezembro de 2011).

______. *Severino Boécio e a Invenção Filosófica da Dignidade Humana*. In: Seara Filosófica. N. 5, Verão, 2012.

S

SARLET, Ingo Wolfgang. *A eficácia dos direitos fundamentais*. 3. ed. Porto Alegre: Livraria do Advogado, 2003.

______. *O novo código civil e a constituição*. 2. ed. Porto Alegre: Livraria do Advogado, 2006.

______. *A eficácia dos direitos fundamentais: uma teoria geral dos direitos fundamentais na perspectiva constitucional*. 10. ed. Porto Alegre: Livraria dos Advogados; 2011.

SARMENTO, Daniel. *Direitos fundamentais e relações privadas*. 2. ed. Rio de Janeiro: Lumen Juris, 2006.

______. *A Ponderação de Interesses na Constituição Federal*. Rio de Janeiro: Lumen Juris, 2002

SILVA, José Afonso da. *Aplicabilidade das normas constitucionais*. 2. ed. São Paulo: Malheiros, 1998.

______. *A Dignidade da Pessoa Humana como Valor Supremo da Democracia*. Revista de Direito Administrativo, n. 212, 1998, p.91.

SOUZA NETO, Cláudio Pereira de; SARMENTO, Daniel. (Orgs.) *A constitucionalização do direito: fundamentos teóricos e aplicações específicas*. Rio de Janeiro. Lumen Juris, Renovar. 2007.

STEIN, Ernildo. *Nas Proximidades da Antropologia*: Ensaios e Conferências Filosóficas. Ijuí: Unijuí, 2003.

T

TARTUCE, Flávio. *Direito Civil*: Direito de Família. Vol. 5. 11.ed. Rio de Janeiro: Forense, 2016.

______. TARTUCE, Flávio. *2016*: *O ano da afetividade na jurisprudência superior brasileira*. Disponível em: http://www.migalhas.com.br/FamiliaeSucessoes/104,MI250528,91041-2016+O+ano+da+afetividade+na+jurisprudencia+superior+brasileira.> Acesso em: 22 jan. 2017.

TEPEDINO, Gustavo. *Direitos humanos e relações jurídicas privadas*. In: Temas de direito civil. Rio de Janeiro: Renovar: 1999.

______. *O código civil, os chamados microssistemas e a constituição: premissas para uma reforma legislativa*. In: *TEPEDINO, Gustavo (Org.) Problemas de direito civil-constitucional*. Rio de Janeiro. Renovar.
2000.

__. *Obrigações: estudos na perspectiva civil-constitucional*. Rio de Janeiro: Renovar, 2005.

THEODORO JÚNIOR, Humberto. *Comentários ao novo código civil*. Vol. III. Tomo I. Rio de Janeiro: Forense, 2003, p. 41-42.

______. *As novas reformas do código de processo civil*. Rio de Janeiro: Forense, 2006.

TORRES, Ricardo Lobo. *O Direito ao Mínimo Existencial*. Rio de Janeiro: Renovar, 2009.

V

VARELA, João de Matos Antunes. *Das obrigações em geral*. Vol. I, 10. ed. Coimbra: Almedina, 2006.

VASCONCELOS, Pedro Pais de. *Teoria geral do direito civil*. Coimbra: Almedina, 2005.

VENCELAU, Rose Melo. *Status de filho e direito ao conhecimento da origem biológica*. in: RAMOS, Carmem Lucia Silveira; TEPEDINO, Gustavo; BARBOZA, Heloisa Helena; GEDIEL, José Antônio Peres; FACHIN, Luiz Edson; MORAES, Maria Celina Bodin de (Org.). *Diálogos sobre Direito Civil: construindo uma racionalidade contemporânea*. Rio de Janeiro: Renovar, 2002.

VESSELIZZA, Juliana de A. França dos Anjos. In: FONSECA PINTO, Adriano Moura da (Coord.). *Curso de direito processual civil: procedimentos especiais*. Rio de Janeiro: Freitas Bastos, 2007.

VATTIMO, Gianni. *O Fim da Modernidade:* Niilismo e Hermenêutica na Cultura Pós-Moderna. Tradução Maria de Fátima Boavida. Lisboa: Presença, 1987.

Von TUHR, Andreas. *Derecho civil: teoría general del derecho civil alemán*. Vol. I. Tradução: Tito Ravà. Buenos Aires: Depalma, 1946.

VAZ, Henrique Cláudio Lima. *Antropologia Filosófica II*. 4.ed. São Paulo: Loyola, 2003.

W

WARAT, Luis Alberto. *Epistemologia e Ensino do Direito:* O Sonho Acabou. Florianópolis: Fundação Boiteux, 2004b. V.2, p.28.

Z

ZAGREBELSKY. Gustavo. *Historia y Constitución*. Madrid: Trotta, 2005